"十三五"国家重点图书出版规划项目

中国现代化报告 2020

——世界现代化的度量衡

何传启 主编

图书在版编目(CIP)数据

中国现代化报告.2020:世界现代化的度量衡/何传启主编.—北京:北京大学出版社,2020.11
ISBN 978-7-301-31625-2

Ⅰ.①中… Ⅱ.①何… Ⅲ.①现代化建设—研究报告—中国—2020 ②现代化—研究报告—世界—2020 Ⅳ.①D61 ②F113.4

中国版本图书馆 CIP 数据核字(2020)第 177335 号

书　　　名	中国现代化报告2020——世界现代化的度量衡 ZHONGGUO XIANDAIHUA BAOGAO 2020——SHIJIE XIANDAIHUA DE DULIANGHENG
著作责任者	何传启　主编
责任编辑	黄　炜
标准书号	ISBN 978-7-301-31625-2
出版发行	北京大学出版社
地　　　址	北京市海淀区成府路 205 号　100871
网　　　址	http://www.pup.cn　新浪微博:@北京大学出版社
电子信箱	zpup@pup.cn
电　　　话	邮购部 010-62752015　发行部 010-62750672　编辑部 010-62764976
印　刷　者	北京宏伟双华印刷有限公司
经 销 者	新华书店
	850 毫米×1168 毫米　16 开本　26 印张　725 千字 2020 年 11 月第 1 版　2020 年 11 月第 1 次印刷
定　　　价	105.00 元

未经许可,不得以任何方式复制或抄袭本书之部分或全部内容。
版权所有,侵权必究
举报电话:010-62752024　电子信箱:fd@pup.pku.edu.cn
图书如有印装质量问题,请与出版部联系,电话:010-62756370

内 容 提 要

党的十九大报告提出"两步走"战略安排,即到2035年基本实现社会主义现代化,到2050年把我国建成社会主义现代化强国。2020年中国将开启现代化建设的新征程,需要现代化进程的新指标和新评价。研制科学和规范的世界现代化的度量衡,可为探索和建立中国特色的现代化指标和评价体系提供科学参考和国际借鉴,同时为顺利推进现代化建设和全面建设社会主义现代化国家提供一种科学支撑。

《中国现代化报告2020》聚焦世界现代化的度量衡,主要包括五项内容:一是现代化度量衡研究。世界现代化的度量衡既是关于现代化过程的度量和标准(Criteria and Measures)的统称,也是现代化领域的计量和标准体系的一种简称或通俗表述,它包括现代化指标、现代化评价和现代化标准等。其中,现代化指标是反映现代化现象的水平、特征和状态的指标,现代化评价是对现代化现象的过程和结果的评价,现代化标准是关于现代化现象的指标、评价、过程和结果的标准。二是构建世界现代化的指标体系,系统分析世界现代化100个核心指标的发展趋势和未来前景。三是完成中国现代化100个核心指标的实证分析和前景分析。四是简要分析世界现代化的评价案例,包括国家、地区和领域现代化评价。五是完成世界现代化的定量评价,描绘2017年世界和中国现代化的定位图等。

《中国现代化报告2020》是国际欧亚科学院院士何传启及其团队完成的第19部年度报告,是"十三五"国家重点图书出版规划项目。全书70余万字,包括400多张图表。报告提出和构建了世界现代化的度量衡体系、世界现代化的指标体系、世界现代化的定量标准体系、中国现代化的指标体系并进行水平预测等,可为国家、地区和部门的现代化战略和规划提供科学、系统和定量的决策参考。

中国现代化战略研究课题组

顾　问

　　周光召　院士　　　中国科学院前院长
　　路甬祥　院士　　　中国科学院前院长
　　徐冠华　院士　　　科学技术部前部长
　　白春礼　院士　　　中国科学院院长
　　许智宏　院士　　　北京大学前校长
　　陈佳洱　院士　　　国家自然科学基金委员会前主任
　　孙永福　院士　　　中国工程院工程管理学部前主任
　　郭传杰　研究员　　中国科学院原党组副书记、国际欧亚科学院院士
　　方　新　研究员　　中国科学院原党组副书记、发展中国家科学院院士
　　李主其　教授　　　国家自然科学基金委员会原副主任

组　长

　　何传启　研究员　　中国科学院中国现代化研究中心主任、国际欧亚科学院院士

成　员（按姓氏笔画为序）

　　于维栋　研究员　　　中共中央办公厅调研室
　　马　诚　研究员　　　中国科学院生物科学与技术学部
　　方竹兰　教授　　　　中国人民大学经济学院
　　叶　青　研究员　　　中国科学院中国现代化研究中心
　　刘　雷　副研究员　　中国科学院中国现代化研究中心
　　刘细文　研究员　　　中国科学院文献情报中心
　　刘洪海　编审　　　　国际欧亚科学院中国科学中心
　　朱文瑜　助理研究员　中国科学院中国现代化研究中心
　　朱庆芳　研究员　　　中国社会科学院社会学研究所
　　汤锡芳　编审　　　　国家自然科学基金委员会
　　吴述尧　研究员　　　国家自然科学基金委员会
　　张　凤　研究员　　　中国科学院科技战略咨询研究院
　　李　力　助理研究员　中国科学院中国现代化研究中心
　　李　宁　教授　　　　美国东华盛顿大学
　　李　扬　助理研究员　中国科学院中国现代化研究中心
　　李存富　高级编辑　　中国科学报社
　　李泊溪　研究员　　　国务院发展研究中心
　　杜占元　研究员　　　教育部

杨重光	研究员	中国社会科学院城市与环境研究中心
邹力行	研究员	国家开发银行研究院
陈　丹	研究员	中国科学院文献情报中心
陈永申	研究员	国家国有资产管理局
岳启明	助理研究员	中国科学院中国现代化研究中心
武夷山	研究员	科学技术部中国科技发展战略研究院
胡志坚	研究员	科学技术部中国科技发展战略研究院
赵西君	副研究员	中国科学院中国现代化研究中心
赵学文	研究员	国家自然科学基金委员会
程　萍	教授	中央党校(国家行政学院)
董正华	教授	北京大学世界现代化进程研究中心
谢文蕙	教授	清华大学经济管理学院
裘元伦	研究员	中国社会科学院欧洲研究所、中国社会科学院学部委员
靳　京	副研究员	中国科学院中国现代化研究中心

前　言

2017年中国共产党第十九次全国代表大会报告（以下简称十九大报告）提出未来30年中国现代化建设的"两步走"战略安排：第一步，从2020年到2035年，基本实现社会主义现代化；第二步，从2035年到2050年，把我国建成社会主义现代化强国。2020年中国将全面建成小康社会，开启现代化建设新征程。全面建设现代化国家，需要科学合理的现代化指标、现代化评价和现代化标准。

《中国现代化报告2020》是我们完成的第19部年度报告，聚焦世界现代化的度量衡。现代化度量衡是现代化过程的度量和标准（Criteria and Measures）的统称，它包括现代化指标、现代化评价和现代化标准等。其中，现代化指标是反映现代化现象的水平、特征和状态的指标，现代化评价是对现代化现象的过程和结果的评价，现代化标准是关于现代化现象的指标、评价、过程和结果的标准。现代化度量衡研究，可以为国家现代化建设的宏观决策提供科学支撑。

《中国现代化报告2020》主要包括五项内容：一是现代化度量衡研究，从自然科学角度，提出和构建世界现代化的度量衡体系和定量标准体系；二是构建世界现代化的指标体系，系统分析世界现代化100个核心指标的发展趋势和未来前景；三是完成中国现代化100个核心指标的实证分析和前景分析；四是简要分析世界现代化的评价案例，包括国家、地区和领域现代化评价；五是完成世界现代化的定量评价，描绘2017年世界和中国现代化的定位图等。

众所周知，实现现代化是我们的国家目标，现代化研究是交叉科学领域的前沿课题。现代化战略和理论研究，可以为现代化强国建设的战略决策、为科技创新和工程技术创新管理的宏观决策提供参考依据。2001年开始出版的《中国现代化报告》是一部年度性报告。前18部年度性报告主题各异，分别涉及基本原理（现代化科学、现代化理论、现代化与评价、知识经济与现代化）、分层现代化（世界、国际、地区、城市）、领域现代化（经济、社会、文化、生态）、部门现代化（农业、工业、服务业、健康）、产业结构和生活质量现代化。

2000年以来，报告研究先后得到国家自然科学基金、国家科技攻关计划和中国科学院的资助，得到课题组顾问们的关怀和指导，受到国际同行和社会各界的持续关注，特此感谢！

首先，报告得到中国科学界众多前辈的关怀和指导。中国科学院前院长周光召院士题词：为可持续发展的现代化奋斗。中国科学院前院长路甬祥院士题词：研究现代化规律，创新现代化理论，促进现代化建设。中国科学院前院长路甬祥院士和院长白春礼院士、科学技术部前部长徐冠华院士为报告作序，国家自然科学基金委员会前主任陈佳洱院士为首部报告作序。

2011年中国工程院前院长宋健院士说：你们近几年出版的现代化报告，非常好，对各界极有参考价值，很有思想性。2017年中国科学院前院长路甬祥院士说：传启同志及其团队关于现代化的研究坚持十余年，形成比较系统的理论体系，应积极加强对外传播和应用。2011年科学技术部前部长徐冠华院士说：现代化科学的出现，不仅是一门新学科，而且蕴涵一种新希望，中国的现代化建设和民族复兴将更具科学性。

其次，报告受到国际同行的高度肯定，并在俄罗斯等国得到实际应用。2010年美国杜克大学社会学荣誉教授图亚江（E. Tiryakian）说：毫无疑问，报告代表了世界先进水平，在新一轮现代化过程中，何传启主持的现代化中心正在发挥引领作用。2012年《现代化科学》英文版由斯普林格（Springer）出版社出版，全书648页，被德国学者评价为该领域一个原创性贡献，现代化科学的第一部英文著作，一部中国视角的世界现代化的全景概览。2018年英国伦敦政治经济学院前院长吉登斯（A. Giddens）

说:《如何成为一个现代化国家:中国现代化报告概要 2001~2016》(英文版)是一项非凡成就,我肯定其影响会很大。2018 年该书被美国斯坦福大学、俄罗斯圣彼得堡大学等多所欧美大学用作教学材料。俄罗斯科学院通讯院士拉宾(N. Lapin)采用第二次现代化理论研究发现,2010 年俄罗斯有 19 个地区已进入第二次现代化,有 64 个地区处于第一次现代化。

最后,报告两次入选国家重点图书出版规划项目("十二五"规划和"十三五"规划),三次获得中国大学出版社协会图书奖(一等奖一次,二等奖两次)。2001 年以来新华社、中国新闻社、《人民日报》《光明日报》《科技日报》和《中国科学报》等 280 多家中国媒体对报告进行报道或评论;美国、英国、德国、韩国和澳大利亚等国家的媒体进行了多次报道。2008 年香港中国评论通讯社的报道说:《中国现代化报告》的影响力很大,对政府长远政策的制定、对社会精英的思考模式、对社会舆论的理论引导、对民意的启发,都具有无法低估的作用。《中国现代化报告》已成为中国现代化战略研究的代表作。

本报告与以往报告一样,世界现代化评价注意了如下几个方面:① 有限目标;② 评价方法的科学性;③ 评价指标的合理性;④ 评价数据的权威性和一致性;⑤ 评价结果的相对性和客观性。影响现代化的因素很多,评价结果更多反映一种发展趋势。

本报告研究得到中国科学院发展规划局的资助。中国科学院文献情报中心和中国未来研究会现代化研究分会给予了许多帮助。中国科学院中国现代化研究中心全体同仁齐心协力,相互配合。北京大学出版社在很短时间内完成编辑出版工作。特此表示诚挚的谢意!

特别感谢中国现代化研究中心理事会的大力支持。理事会成员包括:理事长汪克强,前理事长郭传杰,前理事长方新,理事于维栋、任玉岭、刘细文、刘春杰、刘洪海、李一军、李泊溪、杨宜勇、何传启、邹力行、武夷山、董正华、薛澜。

本报告由何传启研究员主持完成,是集体合作的成果,课题组进行了多次研讨。

各部分执笔人如下:何传启,前言、综述、第一章和第五章;刘雷,第二章和附录一(局部);赵西君,第三章和附录一(局部);叶青,第四章第一节;李力,第四章第二节;靳京,第四章第三节;张凤,第五章(参与)、附录二和附录三;岳启明,世界统计数据录入;李扬,中国地区统计数据录入;附件 A,由何传启、刘雷和赵西君共同完成。

本报告包含 400 多张图表和大量数据,在处理过程中难免出现遗漏和错误;有些统计指标有多个版本,有些观点只是一家之言。敬请读者不吝赐教,我们将虚心学习和不断改进。

何传启
国际欧亚科学院院士
中国现代化战略研究课题组组长
中国科学院中国现代化研究中心研究员、主任
中国科学院大学公共政策与管理学院岗位教授
世界现代化论坛联合主席
2020 年 4 月 20 日

目　录

综述　世界现代化的度量衡 ·· i

上篇　现代化进程的度量衡研究

第一章　世界现代化的度量衡 ·· 4
第一节　现代化的"度"：指标体系 ·· 10
　　一、现代化的科学内涵 ··· 11
　　二、现代化指标的选择 ··· 29
　　三、现代化指标的体系 ··· 32
第二节　现代化的"量"：评价体系 ·· 35
　　一、现代化评价的原理 ··· 35
　　二、现代化评价的方法 ··· 39
　　三、现代化评价的体系 ··· 42
第三节　现代化的"衡"：标准体系 ·· 45
　　一、现代化的国际标准 ··· 46
　　二、现代化标准的建立 ··· 48
　　三、现代化标准的体系 ··· 62

第二章　世界现代化的 100 个指标 ·· 69
第一节　世界现代化指标的趋势分析 ··· 73
　　一、经济和社会指标的趋势分析 ·· 75
　　二、政治和文化指标的趋势分析 ·· 84
　　三、环境和个人生活指标的趋势分析 ·· 89
第二节　世界现代化指标的现实水平 ··· 96
　　一、经济和社会指标的现实水平 ·· 97
　　二、政治和文化指标的现实水平 ·· 102
　　三、环境和个人生活指标的现实水平 ·· 105
第三节　世界现代化指标的前景分析 ··· 109
　　一、经济和社会指标的前景分析 ·· 110
　　二、政治和文化指标的前景分析 ·· 115
　　三、环境和个人生活指标的前景分析 ·· 119

第三章 中国现代化的100个指标 123
第一节 中国现代化指标的趋势分析 127
一、经济和社会指标的趋势分析 128
二、政治和文化指标的趋势分析 137
三、环境和个人生活指标的趋势分析 143
第二节 中国现代化指标的现实水平 150
一、中国经济和社会指标的现实水平 151
二、中国政治和文化指标的现实水平 156
三、中国环境和个人生活指标的现实水平 159
第三节 中国现代化指标的前景分析 163
一、经济和社会指标的前景分析 164
二、政治和文化指标的前景分析 171
三、环境和个人生活指标的前景分析 176

第四章 现代化评价的特点和案例 182
第一节 国家现代化评价 183
一、国家现代化评价的概述 183
二、国家现代化评价的特点 185
第二节 地区现代化评价 189
一、地区现代化评价的概述 189
二、地区现代化评价的特点 192
三、地区现代化评价的案例 194
第三节 领域现代化评价 196
一、领域现代化评价 196
二、部门现代化评价 203

下篇 世界和中国现代化评价

第五章 2017年世界和中国现代化指数 212
第一节 2017年世界现代化指数 213
一、2017年世界现代化的总体水平 214
二、2017年世界现代化的国际差距 219
三、2017年世界现代化的国际追赶 221
第二节 2017年中国现代化指数 223
一、2017年中国现代化的总体水平 223
二、2017年中国现代化的国际差距 226
三、2017年中国现代化的国际追赶 228
第三节 2017年中国地区现代化指数 230
一、2017年中国地区现代化的总体水平 232
二、2017年中国地区现代化的国际差距 235

三、2017年中国地区现代化的国际追赶 ································· 237

技术注释 ··· 238

<h1 style="text-align:center">附　　录</h1>

附录一　现代化度量衡的数据集 ··· 249
附录二　世界现代化水平评价的数据集 ··································· 287
附录三　中国地区现代化水平评价的数据集 ······························· 334

数据资料来源 ··· 356
参考文献 ··· 357

图 表 目 录

图 A	世界现代化的度量衡(示意Ⅰ)	i
图 B	世界现代化的度量衡的分析框架(车轮模型)	iii
图 C	现代化概念的三种视角	iii
图 D	现代化的过程分析(示意)	v
图 E	现代化的结果分析(示意)	v
图 F	现代化研究对象与现代化度量衡的复合矩阵	vi
图 G	现代化研究对象与现代化指标的复合矩阵	vii
图 H	现代化研究对象与现代化指标体系的复合矩阵	viii
图 I	现代化研究对象与现代化评价体系的复合矩阵	ix
图 J	现代化研究对象与现代化标准体系的复合矩阵	x
图 K	世界现代化指数评价	xx
图 L	1950~2017年世界现代化进程	xx
图 M	国家现代化的水平分类标准(示意)	xxv

图一	人类文明和世界现代化的路线(示意)	3
图1-1	世界现代化的度量衡(示意Ⅱ)	8
图1-2	世界现代化的两种含义(示意)	8
图1-3	世界范围的现代化的分析结构	8
图1-4	国家现代化的分析结构	9
图1-5	现代化研究的两种视角(示意)	9
图1-6	统计指标、发展指标和现代化指标的关系(示意)	10
图1-7	中国20世纪30年代出版的现代化文集和现代化杂志	11
图1-8	两次现代化关系(示意)	14
图1-9	世界现代化研究的三次浪潮	16
图1-10	现代化的三种视角	16
图1-11	现代化的三种视角的相互关系(示意)	17
图1-12	现代化是一个世界现象:犹如一场人类发展的国际马拉松比赛	17
图1-13	21世纪现代化的三条路径(示意)	18
图1-14	现代化科学的四部学术著作	19
图1-15	现代化的结构模型:三个层次的变化	19
图1-16	现代化的概念模型	20
图1-17	现代化过程和结果的分析结构	22
图1-18	人类文明与现代化的分析结构(示意)	27
图1-19	现代化研究对象的三个维度	27

图表	标题	页码
图 1-20	现代化指标的基本类型	30
图 1-21	综合评价原理（示意）	36
图 1-22	在 t 年国家现代化的位置和水平（示意）	36
图 1-23	选择评价指标的两个维度	38
图 1-24	环境指标数量与环境政策覆盖率的关系	39
图 1-25	第二次现代化指数的评价指标	44
图 1-26	综合现代化指数的评价指标	44
图 1-27	地区现代化指数的评价指标	45
图 1-28	现代化标准的分析框架（示意）	46
图 1-29	开放型指标与适度型指标的差别（示意）	49
图 1-30	开放型指标的水平分类（示意）	51
图 1-31	适度型指标（处于相对稳定期）的水平分类（示意）	52
图 1-32	发达国家与发展中国家的水平差别（示意）	56
图 1-33	国家现代化水平的分类标准（简单标准）（示意）	57
图 1-34	现代化国家的三种标准（示意）	57
图 1-35	《中国现代化报告》的国家水平分类（示意）	66
图 2-1	1960～2018 年人均 GDP 及人均制造业、知识产业增加值（2010 年价格美元）	78
图 2-2	1995～2018 年三次产业劳动生产率	78
图 2-3	1960～2017 年三次产业增加值比例和知识产业增加值比例	78
图 2-4	1970～2018 年三次产业劳动力比例和知识产业劳动力比例	78
图 2-5	1960～2018 年城市人口比例和老龄人口比例	82
图 2-6	1970～2018 年中学普及率和大学普及率	82
图 2-7	1980～2018 年互联网普及率和移动通信普及率	88
图 2-8	1960～2018 年人均知识产权进出口	88
图 2-9	1970～2018 年生活废水处理率和城市废物处理率	91
图 2-10	1970～2018 年国际贸易比例和国际移民比例	91
图 2-11	1960～2017 年平均预期寿命	95
图 2-12	1970～2018 年人均航行次数	95
图 3-1	1960～2018 年中国人均 GDP、人均制造业增加值、人均知识产业增加值的变化	130
图 3-2	1990～2018 年中国劳动生产率及农业、工业和服务业劳动生产率的变化	130
图 3-3	1960～2018 年中国产业结构的变化	131
图 3-4	1962～2018 年中国就业结构的变化	131
图 3-5	1960～2018 年中国人均 GDP 与高收入国家和世界的绝对差距	132
图 3-6	1997～2017 年中国三次产业增加值比例与高收入国家的绝对差距	132
图 3-7	1960～2018 年中国城市人口比例和老龄人口比例的变化	135
图 3-8	1995～2018 年中国人均国民收入和人均购买力的变化	135
图 3-9	1960～2018 年中国城市人口比例和老龄人口比例与高收入国家的绝对差距（绝对差异）	136
图 3-10	1995～2018 年中国人均国民收入和人均购买力与高收入国家的相对差距	136
图 3-11	1960～2018 年中国政府收入比例与政府消费比例的变化	138

图 3-12	1990～2018 年中国养老金支出比例的变化	138
图 3-13	1990～2018 年中国女性全国人大代表比例与高收入国家女性国会议员比例的相对差距变化	139
图 3-14	2005～2016 年中国政府收入比例与高收入国家和世界的绝对差距变化	139
图 3-15	2000～2018 年中国互联网普及率和移动通信普及率的变化	141
图 3-16	2000～2018 年中国人均知识产权出口和进口的变化	141
图 3-17	1996～2017 年中国科研经费比例与高收入国家的绝对差距变化	143
图 3-18	1997～2018 年中国人均知识产权进出口与高收入国家的绝对差距变化	143
图 3-19	1990～2017 年中国 $PM_{2.5}$ 年均浓度的变化	145
图 3-20	1960～2014 年中国二氧化碳排放密度的变化	145
图 3-21	1971～2014 年中国人均能源消费与高收入国家的相对差距变化	146
图 3-22	1992～2017 年中国简单平均关税与高收入国家、世界的绝对差距变化	146
图 3-23	1960～2017 年中国平均预期寿命的变化	148
图 3-24	1960～2017 年中国总和生育率的变化	148
图 3-25	1960～2017 年中国平均预期寿命与高收入国家的绝对差距变化	150
图 3-26	1974～2018 年中国人均航行次数与高收入国家、世界的绝对差距变化	150
图 4-1	地区现代化的研究范围	189
图二	现代化评价的结构	211
图 5-1	2017 年世界现代化进程的坐标图	213
图 5-2	2017 年世界现代化的定位（基于现代化阶段和第二次现代化水平）	215
图 5-3	2017 年中国第一次现代化的特点	224
图 5-4	2017 年中国第二次现代化的特点	224
图 5-5	2017 年中国综合现代化的特点	225
图 5-6	1950～2017 年中国现代化指数的增长	228
图 5-7	1970～2017 年中国现代化水平的提高	229
图 5-8	2017 年中国地区现代化进程的坐标图	230
图 5-9	2017 年中国现代化的地区定位（第二次现代化水平的定位）	232
图 5-10	2017 年中国地区第一次现代化指数	233
图 5-11	2017 年中国地区第二次现代化指数	233
图 5-12	2017 年中国地区综合现代化指数	234
图 a	第一次现代化阶段评价的信号指标变化	241

表 A	现代化指标的主要类型（举例）	vii
表 B	世界现代化指标体系	xi
表 C	世界现代化指标体系的指标分布	xi
表 D	世界现代化指标体系的指标分类（按功能分类）	xi
表 E	世界现代化的水平评价指标	xii
表 F	世界现代化指标体系的指标来源和数据来源	xii
表 G	世界现代化 30 个典型指标的发展趋势	xii
表 H	中国现代化 30 个典型指标的发展趋势	xvi

表 I	2000～2017年基于第二次现代化指数的国家分组	XXI
表 J	现代化指标的水平分类标准（开放型指标）	XXII
表 K	现代化国家的分类标准（综合标准）	XXIII
表 L	国家现代化水平的分类标准（综合标准）	XXIII
表 M	国家实现现代化的判断标准（简表）	XXIV

表 1A	现代化研究对象与现代化度量衡的复合矩阵	4
表 1-1	人类生活和世界现代化的度量衡	7
表 1-2	统计指标、发展指标和现代化指标	10
表 1-3	英文单词"modernization"的起源和含义	11
表 1-4	"现代化"的三种解释	12
表 1-5	从"现代的"到"现代化"	12
表 1-6	中文单词"现代化"的几种用法	12
表 1-7	在经典现代化理论中不同学科的学者对"现代化"的解释（举例）	13
表 1-8	关于"后现代化"的几种观点	13
表 1-9	从"现代化"的基本词义到理论含义	15
表 1-10	现代化的操作性定义	19
表 1-11	现代化前沿过程的阶段	20
表 1-12	两次现代化的比较特点	21
表 1-13	现代化过程的10个基本原则	21
表 1-14	现代化的国家目标	22
表 1-15	现代化的动力模型（举例）	23
表 1-16	第一次现代化路径的数字化图景（举例）	23
表 1-17	第一次现代化的要素组合模式（举例）	24
表 1-18	第二次现代化路径的数字化图景（举例）	24
表 1-19	第二次现代化的要素组合模式（举例）	25
表 1-20	综合现代化路径的数字化图景（举例）	25
表 1-21	综合现代化的要素组合模式（举例）	26
表 1-22	现代化研究对象和研究内容的结构矩阵	28
表 1-23	现代化研究的六个领域及其主要相关部门	28
表 1-24	现代化指标的主要类型（举例）	29
表 1-25	现代化指标的变化趋势（根据长期趋势和变化特点）	31
表 1-26	现代化指标体系构建的依据和类型	32
表 1-27	现代化研究对象与现代化指标体系的复合矩阵	33
表 1-28	现代化前沿指标体系和指标举例	33
表 1-29	现代化过程指标体系和指标举例	34
表 1-30	现代化评价指标体系和指标举例	34
表 1-31	现代化监测指标体系和指标举例	34
表 1-32	现代化特征指标体系和指标举例	34
表 1-33	现代化评价的主要类型（举例）	35

表 1-34	现代化评价指标的选择原则	37
表 1-35	建立现代化评价指标体系的原则	38
表 1-36	现代化绩效评价的类型	42
表 1-37	现代化绩效评价的指标选择	42
表 1-38	现代化绩效评价的评价标准	42
表 1-39	现代化研究对象与现代化评价体系的复合矩阵	43
表 1-40	现代化评价与研究对象的组合关系	43
表 1-41	现代化的三个视角和相关标准	46
表 1-42	世界现代化的共性标准的主要类型（举例）	48
表 1-43	现代化指标的世界前沿标准	48
表 1-44	现代化定量指标的分类和举例	50
表 1-45	现代化定量指标的水平分类的参考标准和判断方法	50
表 1-46	2015年现代化指标的水平分类与高收入国家平均值和世界平均值的对应关系	52
表 1-47	21世纪现代化的四个判断标准	54
表 1-48	判断标准的相对性、协调性和适用性	54
表 1-49	两次现代化的起步和完成标准	55
表 1-50	现代化国家和国家现代化水平的分类标准	56
表 1-51	发展中国家（非现代化国家）的分类标准	58
表 1-52	国家基本实现现代化的标准（基于经典现代化理论）	59
表 1-53	国家基本实现现代化的标准（基于第二次现代化理论）	59
表 1-54	国家实现现代化的标准（基于经典现代化理论）	60
表 1-55	英克尔斯教授提出的现代化评价指标和评价标准	60
表 1-56	国家实现现代化的阶段标准和水平标准（基于第二次现代化理论）	61
表 1-57	国家实现现代化的三级标准	62
表 1-58	国家全面实现现代化的领域标准和地区标准	62
表 1-59	现代化研究对象与现代化标准体系的复合矩阵	63
表 1-60	现代化标准与研究对象的组合关系	63
表 1-61	国家现代化水平的分类标准（严标准）	67
表 2A	世界现代化指标的性质分类	69
表 2B	世界现代化指标的性质分类和功能分类的对应关系	69
表 2C	1960～2018年世界现代化指标国际差距（差异）的变化	72
表 2-1	世界现代化的指标体系	73
表 2-2	1960～2018年世界现代化指标的发展趋势	73
表 2-3	世界现代化指标的国际比较	74
表 2-4	世界现代化指标的数值变化和差距变化的分类标准	74
表 2-5	世界现代化指标的国际比较的计算方法和判断标准	75
表 2-6	1960～2018年25个经济指标发展水平的变化	75
表 2-7	1960～2018年经济指标发展趋势的分类	77
表 2-8	1960～2018年经济指标国际差距（差异）的变化	79
表 2-9	1960～2018年25个社会指标发展水平的变化	80

表 2-10	1960~2018 年社会指标发展趋势的分类	81
表 2-11	1960~2018 年社会指标国际差距(差异)的变化	83
表 2-12	1960~2018 年 12 个政治指标发展水平的变化	84
表 2-13	1960~2018 年政治指标发展趋势的分类	85
表 2-14	1960~2018 年政治指标国际差距(差异)的变化	86
表 2-15	1960~2018 年 12 个文化指标发展水平的变化	87
表 2-16	1960~2018 年文化指标发展趋势的分类	88
表 2-17	1960~2018 年文化指标国际差距(差异)的变化	89
表 2-18	1960~2018 年 12 个环境指标发展水平的变化	90
表 2-19	1960~2018 年环境指标发展趋势的分类	91
表 2-20	1960~2018 年环境指标国际差距(差异)的变化	92
表 2-21	1960~2018 年 14 个个人生活指标发展水平的变化	93
表 2-22	1960~2018 年个人生活指标发展趋势的分类	94
表 2-23	1960~2018 年个人生活指标国际差距(差异)的变化	95
表 2-24	现代化指标与国家经济水平的关系	96
表 2-25	2018 年截段现代化指标与国家经济水平的关系	97
表 2-26	2018 年截段经济指标的水平和状态	97
表 2-27	经济指标与国家经济水平的关系	98
表 2-28	2018 年截段经济指标的国际差距(差异)	98
表 2-29	2018 年截段社会指标的水平和状态	99
表 2-30	社会指标与国家经济水平的关系	100
表 2-31	2018 年截段社会指标的国际差距(差异)	101
表 2-32	2018 年截段政治指标的水平和状态	102
表 2-33	政治指标与国家经济水平的关系	102
表 2-34	2018 年截段政治指标的国际差距(差异)	103
表 2-35	2018 年截段文化指标的水平和状态	103
表 2-36	文化指标与国家经济水平的关系	104
表 2-37	2018 年截段文化指标的国际差距(差异)	104
表 2-38	2018 年截段环境指标的水平和状态	105
表 2-39	环境指标与国家经济水平的关系	106
表 2-40	2018 年截段环境指标的国际差距(差异)	106
表 2-41	2018 年截段个人生活指标的水平和状态	107
表 2-42	个人生活指标与国家经济水平的关系	108
表 2-43	2018 年截段个人指标的国际差距(差异)	108
表 2-44	2050 年世界现代化指标的前景分析	109
表 2-45	经济指标的发达国家平均水平的情景分析	110
表 2-46	社会指标的发达国家平均水平的情景分析	112
表 2-47	政治指标的发达国家平均水平的情景分析	115
表 2-48	文化指标的发达国家平均水平的情景分析	117
表 2-49	环境指标的发达国家平均水平的情景分析	119

表 2-50	个人生活指标的发达国家平均水平的情景分析	121
表 3A	2018~2050 年中国现代化指标的水平分析	123
表 3B	1960~2018 年中国现代化指标国际差距的变化	125
表 3C	2018 年截段中国现代化指标的水平分类	126
表 3-1	1960~2018 年中国现代化指标的发展趋势	127
表 3-2	中国现代化指标的国际比较的计算方法和判断标准	128
表 3-3	1960~2018 年中国 25 个经济指标发展水平的变化	128
表 3-4	1960~2018 年中国经济指标发展趋势的分类	130
表 3-5	1960~2018 年中国经济指标国际差距(差异)的变化	131
表 3-6	1960~2018 年中国 25 个社会指标发展水平的变化	133
表 3-7	1960~2018 年社会指标发展趋势的分类	134
表 3-8	1960~2018 年中国社会指标国际差距(差异)的变化	135
表 3-9	1960~2018 年中国 12 个政治指标发展水平的变化	137
表 3-10	1960~2018 年政治指标发展趋势的分类	138
表 3-11	1960~2018 年中国政治指标国际差距(差异)的变化	139
表 3-12	1990~2018 年中国 12 个文化指标发展水平的变化	140
表 3-13	1990~2018 年文化指标发展趋势的分类	141
表 3-14	1990~2018 年中国文化指标国际差距(差异)的变化	142
表 3-15	1960~2018 年中国 12 个环境指标发展水平的变化	143
表 3-16	1960~2018 年环境指标发展趋势的分类	144
表 3-17	1960~2018 年中国环境指标国际差距(差异)的变化	145
表 3-18	1960~2018 年中国 14 个个人生活指标发展水平的变化	146
表 3-19	1960~2018 年个人生活指标发展趋势的分类	147
表 3-20	1960~2018 年中国个人生活指标国际差距(差异)的变化	149
表 3-21	2018 年截段中国现代化指标的水平分布	150
表 3-22	2018 年截段中国经济指标的水平	151
表 3-23	2018 年截段中国经济指标的国际比较	151
表 3-24	2018 年截段中国经济指标的国际差距(差异)	152
表 3-25	2018 年截段中国社会指标的水平	153
表 3-26	2018 年截段中国社会指标的国际比较	154
表 3-27	2018 年截段中国社会指标的国际差距(差异)	154
表 3-28	2018 年截段中国政治指标的水平	156
表 3-29	2018 年截段中国政治指标的国际比较	156
表 3-30	2018 年截段中国政治指标的国际差距(差异)	157
表 3-31	2018 年截段中国文化指标的水平	158
表 3-32	2018 年截段中国文化指标的国际比较	158
表 3-33	2018 年截段中国文化指标的国际差距	158
表 3-34	2018 年截段中国环境指标的水平	159
表 3-35	2018 年截段中国环境指标的国际比较	160
表 3-36	2018 年截段中国环境指标的国际差距(差异)	160

表 3-37	2018年截段中国个人生活指标的水平	161
表 3-38	2018年截段中国个人生活指标的国际比较	162
表 3-39	2018年截段中国个人生活指标的国际差距（差异）	162
表 3-40	2035年和2050年中国现代化指标水平的前景分析	164
表 3-41	2035年和2050年中国经济指标发展水平的前景预测	165
表 3-42	2020~2050年中国经济指标发展水平的情景分析	165
表 3-43	2035年和2050年中国社会指标发展水平的前景预测	168
表 3-44	2020~2050年中国社会指标发展水平的情景分析	168
表 3-45	2035年和2050年中国政治指标发展水平的前景预测	172
表 3-46	2020~2050年中国政治指标发展水平的情景分析	172
表 3-47	2035年和2050年中国文化指标发展水平的前景预测	174
表 3-48	2020~2050年中国文化指标发展水平的情景分析	174
表 3-49	2035年和2050年中国环境指标发展水平的前景预测	177
表 3-50	2020~2050年中国环境指标发展水平的情景分析	177
表 3-51	2035年和2050年中国个人生活指标发展水平的前景预测	179
表 3-52	2020~2050年中国个人生活指标发展水平的情景分析	179
表 4-1	现代化评价的文献检索	183
表 4-2	布莱克评价模型的现代化指标	186
表 4-3	国家现代化评价常用指标	188
表 4-4	地区现代化、城市现代化和农村现代化的概念内涵	190
表 4-5	地区现代化评价的研究文献	191
表 4-6	地区现代化相关评价的代表性研究文献	192
表 4-7	地区现代化评价的基本原理	193
表 4-8	地区现代化评价指标使用频度统计	193
表 4-9	1960年、1990年美国州级地区的现代化指标	195
表 4-10	俄罗斯北极地区现代化评价指标	196
表 4-11	领域现代化的相关理论	197
表 4-12	领域现代化评价的论文检索	198
表 4-13	分领域现代化的评价研究（举例）	198
表 4-14	经济现代化水平评价的特点	200
表 4-15	经济现代化水平的评价指标体系	201
表 4-16	哥伦比亚经济现代化项目的宏观经济中期目标	202
表 4-17	哥伦比亚经济现代化项目的宏观经济绩效指标	202
表 4-18	领域现代化的一些相关评价（举例）	203
表 4-19	经济部门现代化的相关理论	203
表 4-20	经济部门现代化评价的论文检索	204
表 4-21	分部门现代化的评价研究（举例）	204
表 4-22	工业现代化水平的评价指标体系	205
表 4-23	工业现代化水平的评价指标	206
表 4-24	工业现代化绩效评价指标体系	207

表 4-25	工业、农业、服务业现代化的一些相关评价(举例)	208
表 5-1	世界现代化指数的组成	213
表 5-2	2000～2017 年的世界现代化进程	214
表 5-3	2000～2017 年根据第二次现代化水平的国家分组	214
表 5-4	2017 年国家现代化的水平与阶段的关系	214
表 5-5	2017 年 20 个发达国家的现代化指数	215
表 5-6	2017 年 19 个中等发达国家的现代化指数	216
表 5-7	2017 年 38 个初等发达国家的现代化指数	217
表 5-8	2017 年 54 个欠发达国家的现代化指数	218
表 5-9	2017 年处于第二次现代化发展期的发达国家	220
表 5-10	2017 年世界现代化的前沿国家	220
表 5-11	2017 年世界现代化的后进国家	220
表 5-12	世界现代化的国际差距	221
表 5-13	2000～2017 年世界现代化的国际地位发生变化的国家	221
表 5-14	1960～2017 年世界现代化的国际地位发生变化的国家	222
表 5-15	世界现代化的国家地位的转移概率(马尔科夫链分析)	222
表 5-16	1950～2017 年中国现代化指数	223
表 5-17	1970～2017 年中国第二次现代化指数	225
表 5-18	1980～2017 年中国综合现代化指数	226
表 5-19	2017 年中国现代化指数的国际比较	226
表 5-20	2017 年中国第一次现代化评价指标的差距	226
表 5-21	2017 年或近年中国第二次现代化评价指标的国际比较	227
表 5-22	2017 年或近年中国综合现代化评价指标的国际比较	227
表 5-23	21 世纪中国第二次现代化指数的世界排名的估算	229
表 5-24	21 世纪中国现代化水平的推算	230
表 5-25	2017 年中国地区现代化指数	231
表 5-26	1990～2017 年的中国现代化进程	232
表 5-27	2017 年中国不同区域的现代化水平的比较	234
表 5-28	2017 年中国内地地区现代化的前沿水平和国际比较	235
表 5-29	1990～2017 年中国内地地区现代化的地区差距	236
表 5-30	1990～2017 年中国内地地区现代化的国际差距	236
表 5-31	2000～2017 年中国内地地区第二次现代化指数的地区分组变化	237
表 5-32	2000～2017 年中国内地地区综合现代化指数的分组变化	237
表 a	《中国现代化报告 2003》的国家分组	239
表 b	第一次现代化的评价指标和评价标准(1960 年工业化国家指标平均值)	240
表 c	第一次现代化信号指标的划分标准和赋值	241
表 d	第二次现代化评价指标	242
表 e	第二次现代化信号指标的标准和赋值	244
表 f	综合现代化评价指标	245

综述 世界现代化的度量衡

如果没有现代化指标,就不知现代化进步有多大。如果没有现代化评价,就不知现代化水平有多高。如果没有现代化标准,就不知现代化实现没有。如果把关于现代化过程的指标、评价和标准集合起来,可以合称为现代化过程的度量和标准(Criteria and Measures)。世界现代化的度量衡,既是关于现代化过程的度量和标准的统称,也是现代化过程的计量和标准体系的一种简称或通俗表述。根据历史经验,现代化既有共性又有个性,既有规律性又有多样性,既有国别差异又有时代差异。其中,共性和规律性,是建立国际度量和标准的基础;个性和多样性,是设立国家度量和标准的依据。现代化研究有两种视角:一是社会科学视角,以定性研究为主,以阐释性和描述性为特点;二是自然科学视角,以定量研究为主,以实证性和模型化为特点。本报告主要从自然科学视角研究世界现代化的度量衡的国际度量和标准。国家度量和标准需要专题研究。

2020年中国将开启现代化建设的新征程。研制科学、规范的世界现代化的度量衡,可为探索和建立中国特色的现代化指标和评价体系提供科学参考和国际借鉴,同时它也是顺利推进现代化建设和全面建成现代化国家的一个客观要求。

一、世界现代化的度量衡

世界现代化的度量衡(图 A),既是现代化规律的一种体现,也是现代化政策和现代化研究的一种分析工具(专栏 A)。研制世界现代化的度量衡,必须遵循现代化的基本规律,反映世界现代化的长期趋势和时代前沿,同时"过滤"掉短期行为和随机波动。

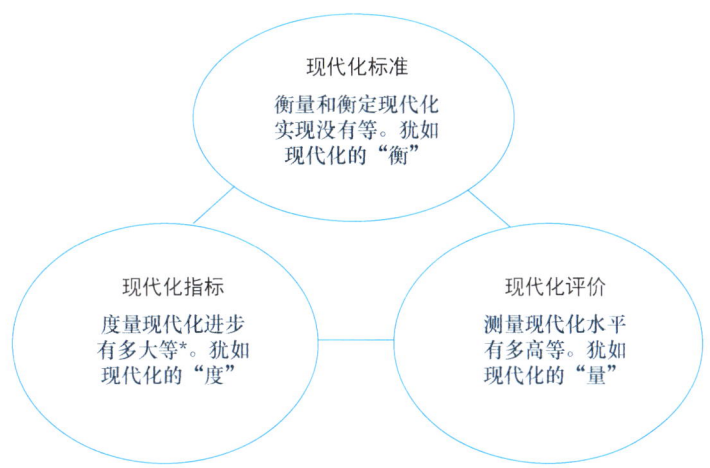

图 A 世界现代化的度量衡(示意Ⅰ)

注:* 用指标来反映和显示现代化进步有多大等。世界现代化的度量衡是关于现代化过程的计量和标准体系(A System of Criteria and Measures on Modernization)的一种简称或通俗表述。

专栏 A 现代化研究的基本概念和数据来源

现代化研究是对现代化现象的一种科学研究,涉及多个学科领域和多种研究方法。

20世纪50年代以来,世界现代化研究出现了三次高潮,分别是50~60年代的现代化研究(又称经典现代化研究)、70~80年代的后现代研究(又称后现代化研究)和90年代以来的新现代化研究。一般而言,经典现代化研究和后现代化研究,分别与工业化、城市化、民主化、现代性和后现代性等紧密相关,属于社会科学的范畴,多采用社会科学和历史学的研究方法;新现代化研究,与知识化、信息化、智能化、绿色化和高技术等紧密相关,属于交叉科学的范畴,多采用自然科学视角和交叉科学研究方法,需要自然科学与社会科学的通力合作。

目前,现代化研究大致有两种基本视角:一是社会科学视角,一般以定性研究为主,以阐释性和描述性为主要特点;二是自然科学视角,一般以定量研究为主,以实证性和模型化为主要特点。当然,这种区分是相对的,两种视角可以互补;两者结合的研究方法属于交叉科学研究。如果把交叉科学研究作为一种视角,现代化研究就有三种视角,即自然科学、社会科学和交叉科学视角。事实上,很多时候现代化研究是一种交叉的综合的研究。

一般而言,新现代化研究属于一种交叉科学研究,通常采用交叉科学的研究方法。其中,现代化指标、现代化评价和现代化标准,是经常用到的研究方法和工具。研制和建立现代化研究领域的度量衡,一方面可以发展和完善新现代化研究的研究方法,并为新现代化研究提供一种有效工具;另一方面为国家现代化建设的宏观决策提供一种政策分析工具。

《中国现代化报告》采用新现代化研究的交叉科学方法。它从自然科学视角,遵循系统科学原理,采用定量与定性相结合的实证研究方法,科学地研究世界现代化的发展规律和中国现代化的战略选择,同时为我国现代化建设的战略决策提供科学依据,为科学和工程技术创新管理的宏观决策提供现代化依据。其研究对象为2000年人口超过100万和数据齐全的131个国家,覆盖全球96%的人口;时间跨度约为400年(1700~2100年)。2001年以来,完成和出版年度报告19部,完成世界131个国家1950~2017年现代化水平评价。2018年《如何成为一个现代化国家:中国现代化报告概要2001~2016》英文版被多所欧美大学教授用作教学材料。

《中国现代化报告2020》的数据,主要来自世界银行世界发展指标(WDI)数据库、经济合作与发展组织(OECD)统计数据库和《中国统计年鉴》等(附表1-1-2)。

现代化发生在人类文明的所有层次、领域、部门和方面,现代化的度量衡必然涉及人类发展的所有层次、领域、部门和方面。在很多时候,国家既是现代化建设的操作单元,也是现代化研究的分析单元。研制世界现代化的度量衡,应该以全球范围为空间尺度,以国家现代化为基本单元,以现代化过程为实践基础,以现代化规律为理论指导,以现代化趋势和现代化理想为发展方向,形成一个涉及现代化过程、现代化结果、现代化指标、现代化评价和现代化标准的开放体系(An Open System of Standards and Measurements on Modernization)(图B)。

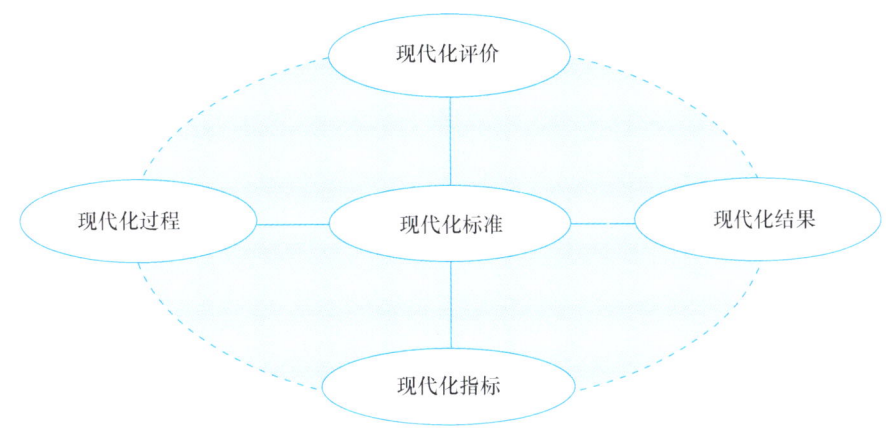

图 B　世界现代化的度量衡的分析框架(车轮模型)

1. 世界现代化需要度量衡

现代化是一个世界现象,大致起步于18世纪,扩散于19世纪,流行于20世纪和21世纪。从18世纪到21世纪,现代化的内涵和特征发生了深刻变化。在21世纪,新现代化研究可以从三种视角分析现代化(图C)。其中,作为一个世界现象,现代化要有观测指标,简称为"度";作为一种文明进步,现代化要有科学评价,简称为"量";作为一个发展目标,现代化要有客观标准,简称为"衡"。如果把现代化的"度""量""衡"集合起来,可以统称为现代化的"度量衡"。研究和建立现代化的度量衡,可为现代化研究提供分析工具,为现代化政策提供决策依据。

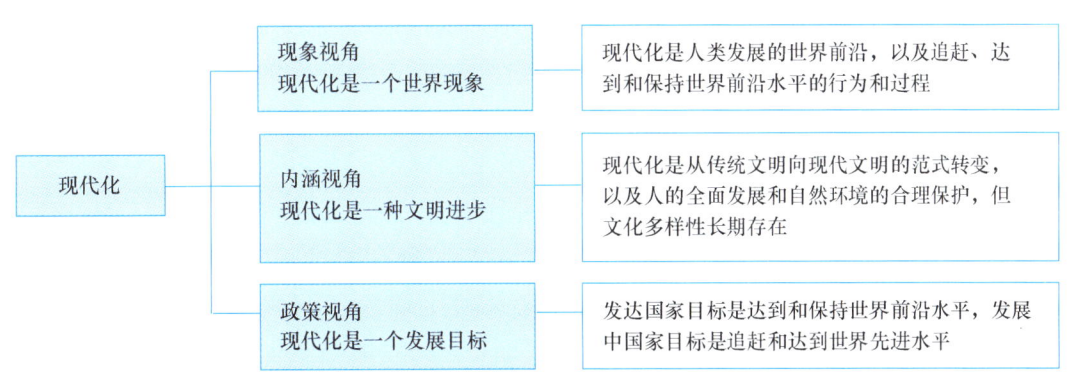

图 C　现代化概念的三种视角

资料来源:何传启,2017a。

(1) 现代化的科学内涵

其一,现代化是一个世界现象。从现象角度和世界范围看,现代化是18世纪工业革命以来人类发展的世界前沿,以及追赶、达到和保持世界前沿水平的行为和过程。现代化现象首先出现在少数先行国家,然后扩散到世界绝大多数的国家和地区,但也有少数的民族和地区没有参与现代化进程。

- 现代化现象:可以和需要用现代化指标来描述和反映。
- 世界的前沿:需要有前沿标准,需要有水平分类标准。

- 行为和过程：需要有行为标准，需要有过程标准等。

其二，现代化是一种文明进步。从内涵和本质角度看，现代化是18世纪工业革命以来从传统文明向现代文明的范式转变，以及人的全面发展和自然环境的合理保护；它发生在人类文明的所有层次、领域、部门和方面，同时文化多样性长期存在并发挥作用，现代化存在副作用和副产物。

- 文明的进步：需要发展评价，需要发展指标和评价标准。
- 现代化水平：需要水平评价，需要水平指标和水平标准。
- 评价的标准：包括定量标准和定性标准，共性标准和个性标准等。
- 标准的来源：实证性标准来自实证分析，价值性标准来自价值判断等。

其三，现代化是一个发展目标。从政策角度和实际应用来看，许多国家和地区都把实现现代化作为一个发展目标。已经实现现代化的国家和地区，其目标是保持现代化水平；没有实现现代化的国家和地区，其目标是早日实现现代化。在有些规模较大的发达国家或现代化国家，其内部发展不平衡，有些地区或有些方面没有达到现代化水平；实现某个方面或某个地区的现代化常常成为一种政策选择。

- 现代化目标：涉及现代化指标、现代化评价和现代化结果。
- 目标的实现：需要有结果标准，涉及水平标准、绩效标准、完成标准等。
- 标准的特点：水平标准与水平相关，绩效标准与政策有关，完成标准与实现程度有关。
- 标准的类型：理论性标准源于理论分析，政策性标准基于政策需要等。

从现代化的科学内涵，可以推导出现代化度量衡的理论和实践意义。后者既是现代化的重要内容，反映现代化的部分特点，也是研究和分析现代化的重要工具。

（2）现代化的系统分析

《中国现代化报告》建立了从创新到现代化的全过程系统分析方法，它包括前沿分析、过程分析和结果分析，包括时序分析、截面分析和范式分析，包括定量分析和定性分析，并通过模型化、图形化和数字化，解析现代化的原理和特征。

其一，前沿分析。新现代化研究是一种交叉科学研究。它聚焦世界前沿，解析世界前沿的形成和变化，涉及什么是世界前沿、如何保持世界前沿、如何追赶世界前沿等。现代化涉及人类文明方方面面的变化，所有方面都涉及前沿分析。

- 单方面前沿：单指标的前沿，需要水平标准或价值标准，或者案例研究。
- 领域的前沿：如领域或部门现代化的前沿，需要相应的水平评价和评价标准。
- 文明的前沿：如国家或地区现代化的前沿，需要相应的水平评价和评价标准。
- 前沿的类型：单一前沿、多元前沿、无前沿。
- 前沿的变化：趋势分析、回归分析、时序分析、科学预测、案例研究等。

其二，过程分析。重点关注现代化的类型、阶段、特点、内容、原理、动力、路径和模式等（图D），而且都可采用指标、水平和特征等因素来分析。前沿过程指发达国家的现代化，追赶过程指发展中国家的现代化，两者既独立又相互影响。

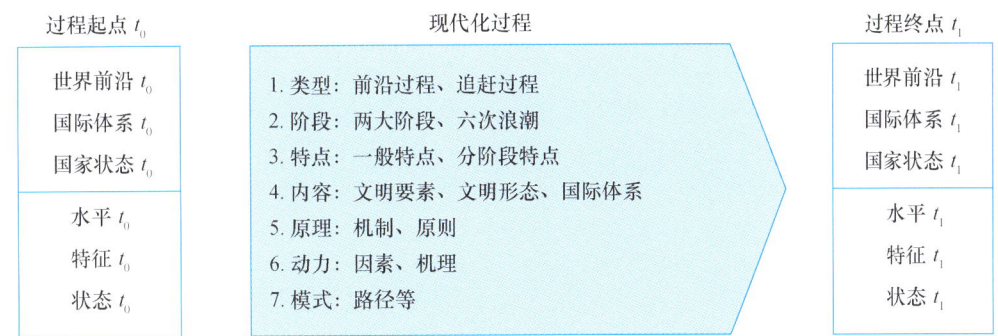

图 D　现代化的过程分析（示意）

资料来源：何传启，2010。注：国家状态涉及国家的水平、特征、状态和国际地位等。

- 类型分析：前沿过程的指标和标准，追赶过程的指标和标准。
- 阶段分析：阶段划分的指标和标准，阶段完成的标准。
- 特点分析：反映特点的指标，涉及定量指标和定性指标、共性指标和个性指标。
- 内容分析：反映内容的指标、指标体系。
- 动力分析：反映动力的指标、指标体系。
- 模式分析：反映路径和模式的指标、指标体系等。

其三，结果分析。在宏观层次，涉及世界前沿、国际体系和国家状态的变化，以及国家目标的实现等；在微观层次，涉及水平、特征和状态的变化等（图 E）。一般而言，微观变化是宏观变化的物质基础，宏观变化是微观变化的集中体现。

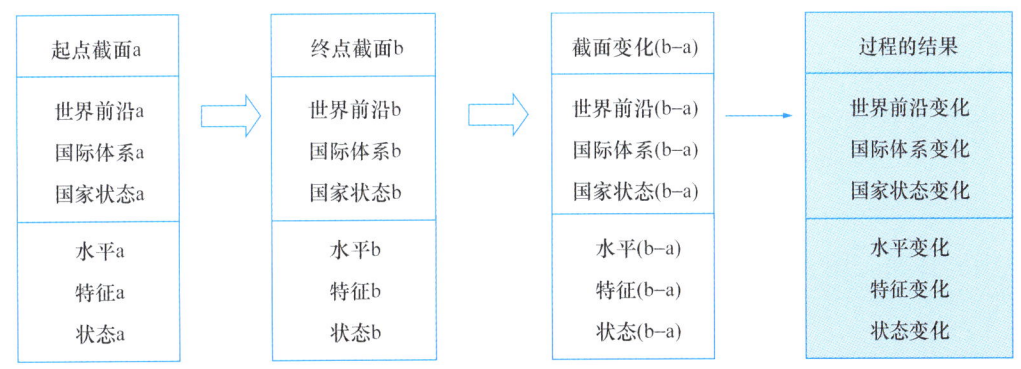

图 E　现代化的结果分析（示意）

资料来源：何传启，2010。注：国家状态涉及国家的水平、特征、状态和国际地位等。

- 世界前沿：涉及现代性、特色性和副作用等，可用指标来描述。
- 国际体系：国际体系的结构变化，涉及结构指标和水平标准。
- 国家状态：国家状态的变化，需要有指标体系和分类标准。
- 国家目标：国家目标的实现，需要有指标体系和完成标准等。

从现代化的系统分析，可以推导出现代化度量衡的方法价值。现代化度量衡既是现代化研究的重要工具，也是现代化研究的组成部分，而且不可或缺和不可替代。

(3) 现代化度量衡的矩阵

现代化发生在人类文明的所有层次、领域、部门和方面。所以,现代化度量衡涉及人类发展的所有层次、领域、部门和方面。参照矩阵结构,把现代化的研究对象和现代化度量衡进行排列,可构建现代化度量衡的复合矩阵(图F)。所有研究对象,包括四个维度的每个对象和跨维度的各种组合,都有相应的度量衡。

研究对象	现代化度量衡		
	现代化指标	现代化评价	现代化标准
层次维度:世界、国际、国家、地区、机构、个体	四个维度和跨维度组合的现代化指标和指标体系	四个维度和跨维度组合的现代化评价和评价体系	四个维度和跨维度组合的现代化标准和标准体系
领域维度:经济、社会、政治、文化、环境、个人			
部门维度:农业、工业、服务业、科技、教育等			
时间维度:第一次现代化、第二次现代化、综合现代化	水平指标 特征指标 状态指标	水平评价 绩效评价 其他评价	指标标准 评价标准 过程标准 结果标准
跨维度组合:跨两个和跨三个维度的各种组合,如层次+领域、层次+领域+时间等			

图F 现代化研究对象与现代化度量衡的复合矩阵

注:研究对象的每个维度和跨维度组合,都分别有相应的度量衡(指标、评价和标准)。

本报告重点讨论世界现代化的度量衡的国际度量和标准,即世界范围的国家现代化的共性度量和标准。关于度量衡的国别标准,则需要专题研究。

2. 世界现代化的"度"

现代化的"度"是现代化指标和指标体系的简称,用来度量"现代化进步有多大、现代化处于什么状态"等。其中,现代化指标是反映现代化现象的水平、特征和状态的指标,现代化指标体系是根据现代化原理建立的、具有系统结构的现代化指标的有机集合。现代化指标具有国际可比性、理论基础和政策含义,可从统计指标、发展指标和调查指标中遴选。现代化指标和指标体系是动态的和开放的。

(1) 现代化指标的类型

关于现代化指标的分类,没有统一方法(表A)。例如,根据功能分类,可分为水平指标、特征指标和状态指标;根据性质分类,可分为共性指标和个性指标等;根据特点分类,可分为定量指标和定性指标;根据用途分类,可分为评价指标和监测指标等。把研究对象和现代化指标进行排列,可构建现代化指标的复合矩阵(图G)。

表 A 现代化指标的主要类型(举例)

分类依据	类型	解释	举例
指标功能	水平指标	反映现代化某方面达到的高度	劳动生产率
	特征指标	反映现代化某方面的主要特点	城市化(城市人口比例)
	状态指标	反映现代化某方面的形态或态势	国防费用比例、物价指数
指标性质 (代表性、 实用性)	共性指标	反映现代化的共性	平均预期寿命
	个性指标	反映现代化的个性	人均农业用地
	正指标	指标数值变化与水平变化正相关	人均国民收入
	逆指标	指标数值变化与水平变化负相关	婴儿死亡率
	转折指标	指标数值变化发生趋势逆转	工业增加值比例*
	波动指标	指标数值变化上下波动,趋势不明显	失业率
	中性指标	指标数值变化与水平无显著关系	政府消费比例
	合理值指标	指标数值变化存在一个合理值	人均能源消费
指标特点	定量指标	反映现代化的定量变化	大学普及率
	定性指标	反映现代化的定性变化	环境保护意识
指标用途	评价指标	用于现代化评价的指标	农业增加值比例
	监测指标	用于现代化监测的指标	人均可耕地面积
变化趋势 (数值变化)	上升变量	指标数值随时间上升	互联网普及率
	下降变量	指标数值随时间下降	农业劳动力比例
	转折变量	指标数值变化会发生转折	$PM_{2.5}$年均浓度*
	波动变量	指标数值随时间波动	人均GDP增长率
	随机变量	指标数值随机变化	自然灾害发生率
	地域变量	指标数值具有地域特点	人均矿产储量
	稳定变量	指标数值相对稳定	国土面积
	饱和变量	指标数值达到饱和	小学普及率**
	适度变量	指标数值存在合理值	人均食物消费量

注:现代化指标的分类是相对的,例如,有些指标既反映特征又反映水平等。* 转折指标(转折变量),先升后降。
** 饱和变量,发达国家的小学普及率已经饱和。

		现代化指标		
		水平指标	特征指标	状态指标
研究对象	层次维度:世界、国际、国家、地区、机构、个体	四个维度和跨维度组合的现代化水平指标	四个维度和跨维度组合的现代化特征指标	四个维度和跨维度组合的现代化状态指标
	领域维度:经济、社会、政治、文化、环境、个人			
	部门维度:农业、工业、服务业、科技、教育等			
	时间维度:第一次现代化、第二次现代化、综合现代化	正指标 逆指标 等	转折指标 合理值指标 等	波动指标 中性指标 等
	跨维度组合:跨两个和跨三个维度的各种组合,如层次+领域、层次+领域+时间等			

图 G 现代化研究对象与现代化指标的复合矩阵

注:研究对象的每个维度和跨维度组合,都分别有相应的指标(水平、特征和状态指标)。

- 定量指标大致有10种类型：合成指标、总量指标、人均指标、结构指标、比例指标、效率指标、效益指标、质量指标、速度指标、其他指标。一般而言，人均指标、结构指标、比例指标、效率指标、效益指标和质量指标等，适用于水平评价。
- 有些定量指标的数值是开放的，如人均国民收入等。有些定量指标的数值存在某种极限或合理值，不会"无限"上升或下降，如人均能源消费和城市人口比例等。为了叙述方便，大体而言，指标数值开放的指标可简称为开放型指标，指标数值存在极限或合理值的指标可简称为适度型指标或合理值指标。

（2）现代化指标的体系

现代化指标体系的构建主要有三种思路：一是按照研究对象（研究维度）的结构，把相关现代化指标组织起来；二是按照研究内容（或学术需要）的结构，把相关现代化指标组织起来；三是按照研究目的（或政策需要）的结构，把相关现代化指标组织起来。参照矩阵结构，把研究对象和三种思路进行排列，可以形成现代化指标体系的复合矩阵（图H）。

	现代化指标体系		
	研究维度	研究内容	研究目的
研究对象	层次维度：世界、国际、国家、地区、机构、个体	四个维度和跨维度组合的现代化指标体系	四个维度和跨维度组合的现代化前沿、过程和结果指标体系	四个维度和跨维度组合的现代化评价、监测和其他指标体系
	领域维度：经济、社会、政治、文化、环境、个人			
	部门维度：农业、工业、服务业、科技、教育等			
	时间维度：第一次现代化、第二次现代化、综合现代化	水平指标体系 特征指标体系 状态指标体系 综合指标体系	前沿指标体系 过程指标体系 结果指标体系	评价指标体系 监测指标体系 其他指标体系
	跨维度组合：跨两个和跨三个维度的各种组合，如层次+领域、层次+领域+时间等			

图H 现代化研究对象与现代化指标体系的复合矩阵

注：研究对象的每个维度和跨维度组合，都可以分别按照研究维度（跨维度组合）、研究内容和研究目的来构建指标体系。指标体系还包括定量指标、定性指标和综合指标体系等。

3. 世界现代化的"量"

现代化的"量"是现代化评价和评价体系的简称，用来测量"现代化水平有多高、现代化处于什么阶段"等。其中，现代化评价是对现代化现象的过程和结果的评价，现代化评价体系是遵循现代化原理、具有系统结构的现代化评价的有机集合。一般而言，现代化的水平评价，突出国际可比性。现代化的绩效评价，强调实用价值，兼顾国际可比性。现代化评价和评价体系同样是动态的和开放的。

（1）现代化评价的类型

现代化评价是对现代化的过程和结果的评价。它既是现代化理论研究的一种常用方法，也是现代化实证研究和政策研究的一个关键环节。现代化评价涉及评价的原理、对象、范围(空间和时间)、目的、内容、指标、方法和结果等。关于现代化评价的类型划分,没有统一方法。例如,根据目的或方法分类等。

- 根据评价目的分类:水平评价、绩效评价和其他评价等。
- 根据评价方法分类:定量评价、定性评价和综合评价等。

在水平评价过程中,正指标是数值与水平正相关的指标,逆指标是数值与水平负相关的指标。如果需要把特征指标用作水平评价,则需要谨慎和区别对待。

(2) 现代化评价的体系

现代化评价体系的构建,主要有两种思路:一是以研究对象为基础,与现代化评价相对应,构成现代化评价体系;二是以现代化评价为基础,与研究对象相对应,构成现代化评价体系。参照矩阵结构,把研究对象和现代化评价进行排列,可构成现代化评价体系的复合矩阵(图 I)。

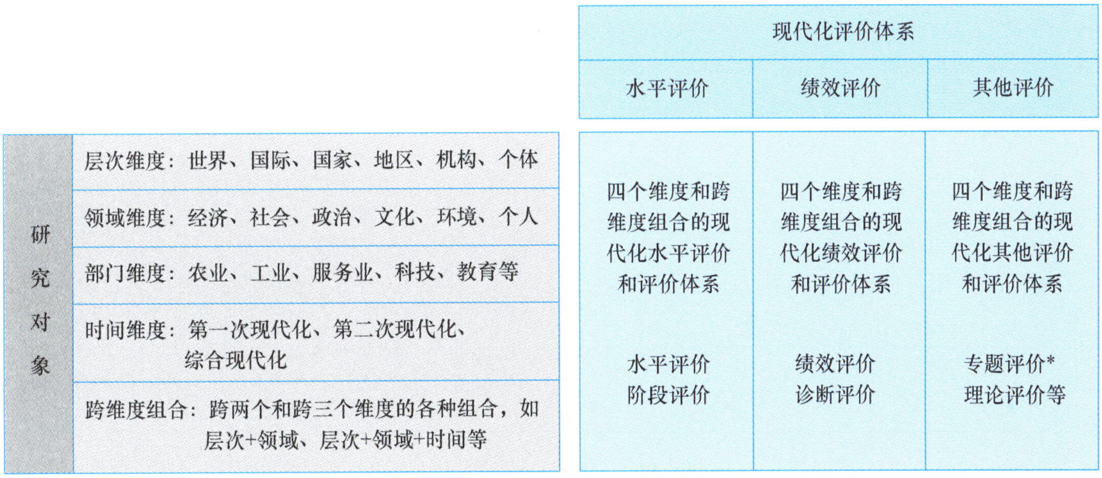

		现代化评价体系		
		水平评价	绩效评价	其他评价
研究对象	层次维度:世界、国际、国家、地区、机构、个体	四个维度和跨维度组合的现代化水平评价和评价体系	四个维度和跨维度组合的现代化绩效评价和评价体系	四个维度和跨维度组合的现代化其他评价和评价体系
	领域维度:经济、社会、政治、文化、环境、个人			
	部门维度:农业、工业、服务业、科技、教育等			
	时间维度:第一次现代化、第二次现代化、综合现代化	水平评价 阶段评价	绩效评价 诊断评价	专题评价* 理论评价等
	跨维度组合:跨两个和跨三个维度的各种组合,如层次+领域、层次+领域+时间等			

图 I 现代化研究对象与现代化评价体系的复合矩阵

注:研究对象的每个维度和跨维度的各种组合,都可以分别进行相应的水平评价、绩效评价和其他评价。 * 专题评价包括创新力评价、竞争力评价和生活质量评价等。

4. 世界现代化的"衡"

现代化的"衡"是现代化标准和标准体系的简称,用来衡量和衡定"现代化实现没有、现代化指标达标没有"等。其中,现代化标准是关于现代化现象的指标、评价、过程和结果的标准,现代化标准体系是符合现代化原理、具有系统结构的现代化标准的有机集合。现代化标准和标准体系同样是动态的和开放的。这里重点讨论现代化标准的国际标准,关于国家标准和国别差异需要专题研究。

(1) 现代化标准的共性标准

这里,我们从自然科学视角,讨论现代化标准的共性标准,即国际标准。

现代化标准的共性标准,是基于现代化的实证研究建立的一种国际标准,它遵循现代化的基本原理,反映现代化的共性特征,代表现代化的发展方向,同时没有反映现代化的个性和多样性,个性和多样性是建立现代化标准的国别标准的重要依据。

现代化标准的共性标准，涉及现代化指标、现代化评价、现代化过程和现代化结果四个方面。不同方面的标准有所不同，现代化标准有多种类型。

- 现代化指标的共性标准，主要涉及世界前沿标准、水平分类标准等。
- 现代化评价的共性标准，主要涉及水平评价标准、绩效评价和其他评价的水平标准。
- 现代化过程的共性标准，主要涉及时间标准、性质标准、阶段标准等。
- 现代化结果的共性标准，主要涉及水平标准、实现程度标准等。

（2）现代化标准的体系

现代化标准体系的构建，主要有两种思路：一是按照研究对象的结构，把现代化标准组织起来，构成现代化标准体系；二是按照现代化标准的类型，把现代化标准组织起来，构成现代化标准体系。参照矩阵结构，把研究对象和现代化标准进行排列，可构成现代化标准体系的复合矩阵（图 J）。

		现代化标准体系			
		指标标准	评价标准	过程标准	结果标准
研究对象	层次维度：世界、国际、国家、地区、机构、个体	四个维度和跨维度组合的现代化指标标准和标准体系	四个维度和跨维度组合的现代化评价标准和标准体系	四个维度和跨维度组合的现代化过程标准和标准体系	四个维度和跨维度组合的现代化结果标准和标准体系
	领域维度：经济、社会、政治、文化、环境、个人				
	部门维度：农业、工业、服务业、科技、教育等				
	时间维度：第一次现代化、第二次现代化、综合现代化				
	跨维度组合：跨两个和跨三个维度的各种组合，如层次+领域、层次+领域+时间等	前沿标准 分类标准	水平评价标准 绩效评价标准 其他评价标准	时间标准 性质标准 阶段标准	水平标准 程度标准

图 J 现代化研究对象与现代化标准体系的复合矩阵

注：研究对象的每个维度和跨维度的各种组合，都分别有相应的四类标准（指标、评价、过程和结果标准）。

二、世界现代化的指标研究

现代化是一种文明进步，发生在人类文明的所有层次、领域和方面。在不同层次、领域和方面，现代化既有共性特点，又各有千秋。研究建立它们的现代化指标，反映和刻画它们的现代化水平、特征和状态，具有理论和实用价值。

1. 世界现代化的指标体系

（1）现代化指标研究

现代化指标研究大致可以追溯到 20 世纪 60 年代。20 世纪 50 年代美国开始现代化研究；60 年代欧美兴起"社会指标运动"，推进社会科学定量化。70 年代以来，现代化指标研究逐步增多。目前，现代化指标和指标体系众多（表 A 和图 H）。

（2）世界现代化的 100 个指标

根据现代化度量衡的原理和第二次现代化理论，参考 OECD 的国家概览指标体系、世界银行的世界发展指标体系和《中国现代化报告 2010》的世界现代化概览指标体系等，遴选和构建了世界现代化指标体系。它系统反映世界范围的国家现代化的水平、特征和状态，故又称为国家现代化指标体系。

世界现代化指标体系包括 100 个指标（附表 1-1-1），涉及现代化的 6 个领域、15 个主题、35 个亚主题（表 B）以及行为、结构、制度、观念和副作用五个维度（表 C）。其中，水平指标 50 个，特征指标 28 个，状态指标 22 个（表 D）；可用于现代化水平评价的指标有 72 个，包括 18 个开放型指标和 54 个适度型指标（表 E）。

表 B 世界现代化指标体系

领域	主题	主题个数	亚主题个数	指标个数
经济	生产与流通、分配与消费	2	5	25
社会	人口与卫生、学习与工作、休闲与福利	3	7	25
政治	政治参与、国家治理、公共安全	3	5	12
文化	文化生活、科技与创新	2	4	12
环境	生态环境、国际环境	2	8	12
个人生活*	营养与健康、家庭与住房、生活模式	3	6	14
合计		15	35	100

注：详见附表 1-1-1。* 个人生活现代化是人的现代化的组成部分。

表 C 世界现代化指标体系的指标分布　　　　　　　　　　　　　　单位：个

领域	行为指标	结构指标	制度指标	观念指标	副作用指标	指标合计
经济	10	8	2	4	1	25
社会	13	4	4	2	2	25
政治	3	2	5	1	1	12
文化	7	1	1	2	1	12
环境	4	3	2	1	2	12
个人生活	9	1	1	2	1	14
合计	46	19	15	12	8	100

注：详见附表 1-1-2。

表 D 世界现代化指标体系的指标分类（按功能分类）　　　　　　　单位：个

领域	水平指标	特征指标	状态指标	指标合计	其中：合理值指标
经济	11	7	7	25	4
社会	15	7	3	25	5
政治	3	5	4	12	2
文化	7	4	1	12	3
环境	4	4	4	12	3
个人生活	10	1	3	14	5
合计	50	28	22	100	22

注：合理值指标是数值变化存在合理值的指标。详见附表 1-1-2。

表 E　世界现代化的水平评价指标　　　　　　　　　　　　　　　　　　　　　单位：个

领域	开放型指标	适度型指标	指标合计	正指标	逆指标
经济	8	8	16	14	2
社会	3	18	21	15	6
政治	2	6	8	5	3
文化	3	8	11	11	0
环境	0	5	5	4	1
个人生活	2	9	11	10	1
合计	18	54	72	59	13

注：开放型指标数值变化是开放的，适度型指标数值变化存在合理值或极限值。正指标的数值变化与水平变化正相关，逆指标的数值变化与水平变化负相关。详见附表1-1-2。

世界现代化指标体系的100个指标中，54个指标选自OECD的国家概览指标，15个指标选自世界银行的世界发展指标（WDI），27个指标选自《中国现代化报告》系列的现代化指标，4个指标为新选指标。国际指标中，有91个指标数据来自世界银行WDI数据库和OECD统计数据库等；中国指标中，有78个指标数据来自世界银行WDI数据库和《中国统计年鉴》等（表F，附表1-1-3）。

表 F　世界现代化指标体系的指标来源和数据来源

指标来源	指标个数	国际指标数据来源	指标个数	中国指标数据来源	指标个数
OECD的国家概览指标	54	世界银行WDI数据库	75	世界银行WDI数据库	67
世界银行的世界发展指标	15	OECD统计数据库等	16	《中国统计年鉴》等	11
《中国现代化报告》系列的现代化指标	27	其他来源	9	其他来源	12
新选指标	4			无数据	10
合计	100	合计	100	合计	100

注：指标和数据来源详见附表1-1-2和附表1-1-3。

2. 世界现代化指标的实证分析

20世纪60年代以来，世界现代化指标的变化有规律可循。这里以高收入国家平均值代表世界先进水平（表G），以世界平均值代表世界平均水平，以它们之间的差距（差异）代表国际差距（差异），简要分析世界现代化指标的发展趋势、国际差距（差异）和未来30年的前景预测；100个指标的解释和单位见附表1-1-1。

表 G　世界现代化30个典型指标的发展趋势

领域/主题	指标和单位	1990	2000	2010	2020	2035	2050
经济与社会							
生产与流通	劳动生产率/2010年价格美元	65 387	78 858	87 873	96 407	112 087	130 318
	能源生产率*	6.4	7.1	8.1	10.0	12.9	16.8

(续表)

领域/主题	指标和单位	1990	2000	2010	2020	2035	2050
	人均制造业增加值/2010年价格美元	4148	5153	5559	6209	7141	8213
	服务业增加值比例/(%)	67.9	72.1	75.1	76.6	79.5	82.0
	服务业劳动力比例/(%)	63.0	67.8	73.2	75.2	79.5	82.9
分配与消费	最终消费比例/(%)	72.9	71.3	73.1	70.7	70.3	69.9
人口与卫生	城市人口比例/(%)	74.3	76.7	79.9	81.9	86.0	90.3
	医生比例/(‰)	2.1	2.6	3.1	3.1	3.6	4.1
学习与工作	大学普及率/(%)	41.6	56.0	73.2	75.9	81.7	88.1
	人均国民收入/2010年价格美元	29 172	35 551	39 363	44 966	53 630	63 964
休闲与福利	休闲和个人保健的时间/(分钟/天)**	—	—	959	965	1009	1055
	养老保险覆盖率/(%)	—	84.2	86.4	98.8	100	100
政治与文化							
政治参与	女性国会议员比例/(%)	12.2	18.1	22.6	28.6	34.7	42.1
国家治理	营商环境指数/指数***	—	—	72.5	74.3	80.1	86.2
	平均出口通关时间/天	—	4.8	3.7	3.5	2.5	1.8
公共安全	道路交通死亡率/(人/10万人)	—	—	7.9	8.7	10.1	11.7
文化生活	人均出国旅游次数/(次/年)	0.4	0.5	0.6	0.7	0.9	1.1
	互联网普及率/(%)	1.0	30.5	72.1	87.6	100	100
科技与创新	科研经费比例/(%)	2.2	2.3	2.4	2.6	2.9	3.1
	人均知识产权出口/美元	26	82	211	355	1067	3209
环境与个人							
生态环境	人均能源消费/千克石油当量	4 575	5 048	4 943	4 559	4 424	4 294
	$PM_{2.5}$年均浓度/(微克/米^3)	16.6	16.2	16.7	14.4	13.2	12.1
	生活废水处理率/(%)	90.0	93.0	98.0	98.9	100	100
国际环境	简单平均关税/(%)	8.4	6.5	4.8	3.5	2.2	1.4
营养与健康	营养不良人口比例/(%)	—	2.8	2.8	2.6	1.9	1.4
	平均预期寿命/岁	75.4	77.6	79.8	81.3	84.1	87.1
家庭与住房	人均住房面积/米^2	—	—	39.8	49.4	58.0	68.2
生活模式	安全饮水普及率/(%)	—	99.1	99.3	99.6	100	100
	汽车普及率/(‰)****	396	436	447	481	517	556
	生活满意度/指数*****	—	—	7.1	7.0	7.1	7.2

注:(1) 2010年价格美元为按2010年不变价格计算的美元,2011年价格国际美元为按2011年不变价格计算的国际美元,后同。(2) * 能源生产率的单位:2011年价格国际美元/千克石油当量; ** 2010年数值为最近年的数值; *** 指数数值从低到高(0~100),越高越好; **** 2000年数据为1999年的数值; ***** 指数数值从低到高(4~10),越高越好。(3) 1990~2010年部分指标的数值为估计值或附近年值;发达国家数值为高收入国家平均值或20个发达国家的算术平均值;2020~2050年数值根据2000~2018年年均增长率估算,部分指标的增长率有调整。(4) 表头中1990~2050对应的是各年份,后各表同。

(1) 世界现代化指标的发展趋势

其一,经济与社会指标(以发达国家平均值为代表)。

- 生产与流通。① 生产:1960~2018年,人均国内生产总值(GDP)由11 872美元增加到43 559美元(2010年价格),其国际绝对差距由8 126美元扩大到32 701美元。② 效率:1991~2018

年,劳动生产率由65 387国际美元提升到94 489国际美元(2011年价格),其国际绝对差距由44 205国际美元扩大到57 739国际美元。③ 经济结构:1960~2017年,农业增加值比例从16.8%下降到1.3%,工业增加值比例先升后降,服务业增加值比例从61.9%提高到76.0%;1991~2018年,农业劳动力比例从6.6%下降到3.0%,工业劳动力比例从30.4%下降到22.5%,服务业劳动力比例从63.0%上升到74.5%。

- 知识经济(估计值)。1970~2015年,人均知识产业增加值由623美元增加到15 078美元(2010年价格),知识产业增加值比例从18.8%上升到38.2%,知识产业劳动力比例从25.5%上升到44.5%。
- 分配与消费。2000~2015年,劳动者税收比例由37.2%下降到35.2%;1972~2017年,国家税收比例在15%上下波动;1960~2018年,最终消费比例由81.6%下降到70.8%,1972~2018年固定资本形成比例由25.8%下降到21.5%。
- 人口与卫生。① 人口:1970~2018年,人口自然增长率由1.0%下降到0.5%;1960~2018年,城市人口比例由63.5%上升到81.3%,老龄人口比例由8.7%上升到17.9%。② 公共卫生:2000~2016年,卫生支出比例由9.4%提升到12.6%;1960~2015年,医生比例由1.2‰增加到3.0‰;1990~2015年,护士比例由6.4‰增加到8.8‰;1960~2018年,婴儿死亡率由27.9‰下降到4.3‰。
- 学习与工作。① 教育:1970~2016年,政府教育支出比例由4.8%提升至5.9%;1970~2018年,大学普及率由23.7%上升到75.1%;1991~2018年,平均受教育年限由9.7年上升到12.6年。② 就业:1980~2018年,成年女性就业率由43.1%上升到50.8%。
- 收入与贫困。① 收入:1970~2018年,人均国民收入由17 992美元上升到43 922美元(2010年价格),其国际绝对差距由12 589美元扩大到33 042美元;1990~2018年,人均购买力由29 037国际美元上升到45 312国际美元(2011年价格),其国际绝对差距由19 909国际美元扩大到29 418国际美元。② 贫困:1981~2015年,绝对贫困人口比例基本保持在0.6%。
- 休闲与福利。① 时间使用:1960~2015年,实际平均工作时间由1961小时/年下降到1615小时/年;近年来,OECD国家人口用于休闲和个人保健的时间平均为959分钟/天,约16小时/天。② 社会保障:2000~2010年,养老保险覆盖率(适龄老龄人领取养老金比例)由84.2%提高到86.4%。

其二,政治与文化指标(以发达国家平均值为代表)。

- 政治参与。2013~2017年,选民投票率约为74%;1990~2018年,女性国会议员比例由12.2%上升到27.9%。
- 国家治理。① 政府收支:1974~2017年,政府收入比例在24%上下波动;1970~2018年,政府消费比例在17%上下波动;1972~2017年,转移支付比例由4.6%上升到18.4%。② 国家治理:2013~2018年,法律权力指数由5.19提高到5.59;2015~2018年,营商环境指数由72.5上升到73.6;2008~2011年,养老金支出比例由8.4%提高到9.2%;2003~2018年,开办企业所需天数从36.0天减少到11.8天;2005~2018年,平均出口通关时间从4.8天减少到3.7天。
- 公共安全。1960~2018年,国防费用比例由6.8%减少到2.3%;2013~2016年,道路交通死亡率由7.9人/10万人上升到8.3人/10万人。
- 文化生活。① 大众文化:1995~2017年,人均年看电影次数先上升后下降;1997~2017年,人均出国旅游次数由0.4次/年上升到0.7次/年。② 网络文化:1993~2017年,互联网普及率由1%增长到85%;1984~2018年,移动通信普及率由0.04%增长到126.03%;2014~2017年,美国网络音乐用户比例由2.4%增加到10.9%;2001~2018年,美国网络犯罪报案比例由163起/10万人上升到980起/10万人。

- 科技与创新。① 科技投入:1996~2017年,科研经费比例由2.2%提高到2.6%;1996~2015年,科研人员比例由2837人/100万人提高到4158人/100万人。② 科技产出:1985~2018年,发明专利申请比例由4.5项/万人上升到6.8项/万人。③ 知识产权交易:1967~2018年,人均知识产权出口由0.08美元上升到306.29美元;1960~2018年,人均知识产权进口由0.001美元上升到289.22美元;2018年,高收入国家平均企业创新比例为17.1%。

其三,环境与个人指标(以发达国家平均值为代表)。

- 生态环境。① 能源使用:1971~2015年,人均能源消费先上升后下降;1990~2015年,可再生能源消费比例由6.4%上升到11.2%。② 资源:人均淡水消费国别差异较大,1990~2016年,森林覆盖率基本保持在29%左右。③ 大气环境:1990~2017年,$PM_{2.5}$年均浓度由16.6微克/米^{3}下降到14.7微克/米^3。④ 环境治理:1970~2017年,生活废水处理率由45%提高到98%;1990~2018年,城市废物处理率基本保持100%。

- 国际环境。① 国际移民:1990~2015年,国际移民比例由7.7%上升到13.6%。② 国际贸易:1970~2018年,国际贸易比例由30.8%上升到62.7%。③ 国际投资:1970~2018年,外国直接投资净流入比例先上升后下降。④ 关税:1990~2017年,简单平均关税由8.4%下降到3.9%,其国际绝对差距由6.7%缩小到1.3%。

- 营养与健康。① 营养供应:1961~2013年,人均蛋白质供应由89.2克/天上升到105.6克/天;2000~2017年,营养不良人口比例由2.81%下降到2.71%。② 合理饮食:1990~2017年,儿童超重比例由5.1%上升到6.1%。③ 健康:1960~2017年,平均预期寿命由68.5岁增加到80.7岁,其绝对差距由15.9岁缩小到8.3岁。

- 家庭与住房。① 家庭规模:1960~2017年,总和生育率由3.03下降到1.63。② 家庭收入:2013~2017年,家庭人均可支配收入由26 584国际美元提高到30 369国际美元(现价)。③ 住房:2008年,人均住房面积约为43.4米^2,国别差异比较大。

- 生活模式。① 家庭设施:2002~2017年,安全饮水普及率由99.1%提升到99.5%;2000~2017年,卫生设施普及率由98.6%提升到99.4%。② 交通和旅行:1980~2015年,汽车普及率由338辆/千人增加到470辆/千人;1970~2018年,人均航行次数由0.32次/年上升到2.02次/年。③ 网络生活:2010~2016年,网购人口比例由53.5%上升到63.1%。④ 智慧生活:2016~2018年,世界平均人工智能家庭普及率由0.063%上升到0.215%。⑤ 生活满意度:国别差异较大。

(2) 世界现代化指标的国际差距

在1960~2018年期间,高收入国家平均值与世界平均值之间的国际差距(差异)发生很大变化。在100个指标中,绝对差距(绝对差异)扩大的指标约占20%,缩小的指标约占18%;相对差距(相对差异)扩大的指标约占13%,缩小的指标约占23%。

(3) 世界现代化指标的前景分析

世界现代化指标的前景分析,采用两种情景预测,时间跨度约为30年(2018~2050

年)。按 2000~2018 年年均增长率进行预测和分析的结果如下。

- 2020~2050 年,高收入国家平均值变幅较大的指标包括:人工智能家庭普及率、人均知识产权进口、人均知识产权出口、工业机器人使用比例、网络音乐用户比例、开办企业所需天数、水生产率、孕产妇死亡率、可再生能源消费比例、人均知识产业增加值、人均航行次数、农业劳动力比例、婴儿死亡率等。
- 2020~2050 年,世界平均值变幅较大的指标包括:人工智能家庭普及率、人均知识产权进口、绝对贫困人口比例、人均知识产权出口、婴儿死亡率、发明专利申请比例、人均航行次数、工业机器人使用比例、人均 GDP、人均国民收入、人均制造业增加值、农业劳动生产率、护士比例、人均购买力、人均知识产业增加值、汽车普及率、劳动生产率、人均出国旅游次数等。

3. 中国现代化指标的实证分析

这里采用世界现代化指标体系和分析方法,分析中国现代化指标的发展趋势、现实水平和未来前景(表 H)。中国数据主要来自世界银行 WDI 数据库、OECD 统计数据库、国际劳工组织数据库和《中国统计年鉴》等。有时候不同来源的数据存在差异,需要谨慎对待。面板数据分析,更多反映发展趋势。

表 H 中国现代化 30 个典型指标的发展趋势

领域/主题	指标和单位	1990	2000	2010	2020	2035	2050
经济与社会							
生产与流通	劳动生产率/2010 年价格美元	2879	6470	16830	31600	58697	88695
	能源生产率*	1.98	4.1	4.86	6.6	9.6	13.8
	人均制造业增加值/2010 年价格美元	—	508	1439	2531	4558	8209
	服务业增加值比例/(%)	32.4	39.8	44.2	53.5	62.1	68.5
	服务业劳动力比例/(%)	18.5	25.7	35.8	46.8	59.0	65.9
分配与消费	最终消费比例/(%)	63.6	63.5	48.3	54.4	62.2	71.1
人口与卫生	城市人口比例/(%)	26.4	35.9	49.2	60.4	70.1	81.4
	医生比例/(‰)	1.1	1.2	1.5	2.0	2.5	3.2
学习与工作	大学普及率/(%)	3.0	7.95	24.2	52.1	65.2	81.5
	人均国民收入/2010 年价格美元**	1208	1749	4531	8678	20796	49840
休闲与福利	休闲和个人保健的时间/(分钟/天)***	—	—	921	927	969	1014
	养老保险覆盖率/(%)	—	24.4	74.4	85.1	100	100
政治与文化							
政治参与	女性全国人大代表比例/(%)	21.3	21.8	21.3	25.1	26.9	28.7
国家治理	营商环境指数/(指数)****	—	—	63.1	74.1	75.3	76.4
	平均出口通关时间/天	—	—	7.6	7.0	3.8	2.1
公共安全	道路交通死亡率/(人/10 万人)	—	—	18.8	17.7	16.1	14.6
文化生活	人均出国旅游次数/(次/年)	—	0.01	0.04	0.1	0.3	0.6
	互联网普及率/(%)	—	1.8	34.3	59.3	92.4	100
科技与创新	科研经费比例/(%)	0.56	0.89	1.71	2.2	2.5	3.0
	人均知识产权出口/美元	—	0.06	0.62	6.0	102	1779

(续表)

领域/主题	指标和单位	1990	2000	2010	2020	2035	2050
环境与个人							
生态环境	人均能源消费/千克石油当量	767	899	1955	2446	3058	3823
	PM$_{2.5}$年均浓度/(微克/米³)	57.8	60.7	69.5	48.1	30.5	19.3
	生活废水处理率/(%)	—	52	82.3	98.8	100	100
国际环境	简单平均关税/(%)	39.7	16.4	8.1	7.9	5.6	4.0
营养与健康	营养不良人口比例/(%)	—	16.2	12.0	8.0	5.6	4.1
	平均预期寿命/岁	69.1	71.4	74.4	77.1	79.9	82.9
家庭与住房	人均住房面积/米²		24.5	31.6	38.1	44.2	51.3
生活模式	安全饮水普及率/(%)	—	80.4	88.5	94.2	100	100
	汽车普及率/‰	7	46	16.4	126	263	546
	生活满意度/指数*****	7.3	6.8	6.8	6.9	7.0	7.1

注：(1) * 能源生产率的单位：2011年价格国际美元/千克石油当量；** 1990年数值为1995年数据；*** 2010年数值为最近年的数值；**** 指数数值从低到高(0～100)，越高越好；***** 指数数值从低到高(4～10)，越高越好。(2) 休闲时间换算成小时，分别为15.4、15.4、16.2和16.9小时/天。(3) 2020～2050年数值是根据2000～2018年年均增长率的60%估算，部分指标的增长率有调整；1990～2010年部分指标的数值为估计值或附近年值。

(1) 中国现代化指标的发展趋势

其一，经济与社会指标。

- 生产与流通。① 生产：1960～2018年，人均GDP提高约39倍；2005～2017年，人均制造业增加值提高约3.4倍。② 效率：1991～2018年，劳动生产率和工业劳动生产率都提高9倍多，农业和服务业劳动生产率分别提高4.4倍和3.7倍。③ 经济结构：1960年以来，农业增加值比例下降，工业增加值比例先升后降，服务业增加值比例上升；1962年以来，农业劳动力比例下降，工业和服务业劳动力比例上升。近年来工业机器人使用比例上升。

- 知识经济（估计值）。2005～2017年，人均知识产业增加值提高约6倍，知识产业增加值比例从16.5%提高到24.1%；1980～2015年，知识产业劳动力比例从5.4%提高到约18.0%。

- 分配与消费。1960～2010年，最终消费比例下降，固定资本形成比例上升；但2010年以来出现新变化。

- 人口与卫生。① 人口：1960～2018年，城市人口比例提高了2.7倍，老龄人口比例提高了约2倍，人口自然增长率先升后降。② 公共卫生：1970～2015年，医生比例提高约1倍；1990～2015年，护士比例提高约1.8倍；1970年以来，婴儿死亡率和孕产妇死亡率下降；2000～2016年，卫生支出比例增加。

- 学习与工作。1970年以来，中学普及率和大学普及率提高，其中1970～2018年大学普及率从0.13%上升到50.60%；1990～2018年，平均受教育年限从4.8年提高到7.9年；1971～2017年，政府教育支出比例提高约2倍；1974～2018年，小学生师比从28.7下降到17.4。

- 收入与贫困。1995～2018年，人均国民收入和人均购买力均提高了5倍多；1990～2015年，基尼系数先升后降，2010年为最高点，约43.7%（世界银行的估计值）；1990～2015年，绝对贫困人口比例（绝对贫困率）从66.2%下降到0.7%。

其二，政治与文化指标。

- 政治参与。1990~2018年，女性全国人大代表比例从21.3%提高到24.9%。
- 国家治理。2005~2016年，政府收入比例提高了约65%；1960~2018年，政府消费比例从13.0%提高到14.7%；2015~2018年，营商环境指数从63.1上升到74.0；1990~2018年，养老金支出比例提高了约5.6倍；2013~2018年，开办企业所需天数从32.3天降低到8.5天，2012年，平均出口通关时间约7.6天。
- 公共安全。1990~2018年，国防费用比例下降；2013~2016年，道路交通死亡率从18.8人/10万人降为18.2人/10万人。
- 文化生活。1995~2017年，人均年看电影次数提高了9倍多；2000~2017年，人均出国旅游次数提高约9倍；2000~2017年，互联网普及率提高29.2倍；2000~2018年，移动通信普及率提高16.4倍；2012~2018年，网络音乐用户比例从32.3%提高到41.3%。
- 科技与创新。1996~2017年，科研经费比例提高约3倍；1996~2017年，科研人员比例提高约2倍；1990~2018年，发明专利申请比例从0.05项/万人提高到10.0项/万人；1997~2018年，人均知识产权出口和人均知识产权进口都大幅提高，但人均知识产权出口与发达国家的绝对差距从55.2美元扩大到302.3美元，人均知识产权进口与发达国家的绝对差距从45.7美元扩大到264.0美元。

其三，环境与个人指标。

- 生态环境。1971~2014年，人均能源消费提高了约4倍；1990~2015年，可再生能源消费比例从34.1%下降到12.4%；1990~2016年，森林覆盖率提高到22.4%；1990~2017年，$PM_{2.5}$年均浓度先上升后下降，2011年为最高点；2005~2017年，生活废水处理率（中国数据采用城市污水处理率）从52.0%提高到94.5%；2005~2018年，城市废物处理率（中国数据采用城市生活垃圾无害化处理率）从51.7%提高到99.0%。
- 国际环境。1990~2015年，国际移民比例提高了1倍多；1960~2018年，国际贸易比例先上升后下降，2006年为最高点；1980~2018年，外国直接投资净流入比例先上升后下降，1993年为最高点；1992~2017年，简单平均关税从39.7%下降到8.5%，与发达国家的绝对差距缩小到4.6个百分点。
- 营养与健康。1961~2017年，人均蛋白质供应提高了1.6倍；2000~2017年，营养不良人口比例从16.2%下降到8.6%；1990~2010年，儿童超重比例增加；1960~2017年，平均预期寿命从43.7岁提高到76.5岁，与发达国家的绝对差距缩小到约4.2岁。
- 家庭与住房。1960~2017年，总和生育率从5.8下降到1.7；1980~2018年，家庭人均可支配收入（中国数据采用居民人均可支配收入）提高了约25倍；2002~2016年，人均住房面积（中国数据采用城镇居民人均住房建筑面积）提高了49%。
- 生活模式。2000~2017年，安全饮水普及率和卫生设施普及率分别提高了12.4个百分点和28.5个百分点；2005~2015年，汽车普及率提高了5倍多；1980~2018年，人均航行次数从0.003次/年提高到0.443次/年；2010~2018年，网购人口比例提高了约3倍。

(2) 中国现代化指标的国际差距

在 1960~2018 年期间,在统计数据比较齐全的 88 个指标中,中国与高收入国家平均值之间的国际差距(差异)发生很大变化,其中,绝对差距(绝对差异)缩小的指标约占 61%,相对差距(相对差异)缩小的指标约占 77%。在 2010~2018 年期间,在统计数据比较齐全的 64 个水平评价指标中,中国约有 12 个指标已经达到中等发达水平。

(3) 中国现代化指标的前景分析

中国现代化指标的前景分析,同样采用两种情景预测,时间跨度约为 30 年(2018~2050 年)。其中,关于 64 个水平评价指标的水平预测和比较的结果如下。

- 按 2000~2018 年年均增长率的 60% 估算(部分指标增长率有调整),2035 年中国约有 16 个指标有可能达到发达水平,约 24 个指标可能达到中等发达水平;2050 年中国约有 27 个指标有可能达到发达水平,约有 28 个指标可能达到中等发达水平。
- 按 1990~2018 年年均增长率的 60% 估算(部分指标增长率有调整),2035 年中国约有 12 个指标有可能达到发达水平,约有 27 个指标可能达到中等发达水平;2050 年中国约有 23 个指标有可能达到发达水平,约有 25 个指标可能达到中等发达水平。

三、世界现代化的评价研究

现代化犹如一场人类发展的国际马拉松比赛;跑在前面的国家成为发达国家,其他国家是发展中国家,两类国家之间可以流动。通过对现代化进程和结果的客观评价,动态监测现代化进程的国家水平和国际地位变化,具有理论和实践意义。

1. 世界现代化的水平评价

(1) 现代化评价研究

现代化评价研究,大致可以追溯到 20 世纪 60 年代。目前,现代化评价有许多类型(图 I)。例如,根据评价目的的不同,可以分为水平评价、绩效评价和其他评价等;根据评价方法不同,可以分为定性评价、定量评价和综合评价;根据评价对象不同,可以分为国家评价、地区评价、领域评价或部门评价等。

(2) 世界现代化指数

2001 年以来,《中国现代化报告》建立了一种现代化水平和阶段评价体系,简称世界现代化指数评价(图 K)。其中,现代化水平评价包括第一次现代化指数、第二次现代化指数和综合现代化指数,现代化阶段评价包括第一次现代化阶段评价和第二次现代化阶段评价。报告已经完成世界 131 个国家 1950~2017 年的现代化水平评价和阶段评价(图 L)、中国 34 个地区 1970~2017 年的现代化水平评价和阶段评价。还建立水平评价模型,完成世界经济、社会、文化、生态、农业、工业、服务业、健康、生活质量和产业结构现代化的定量评价等。

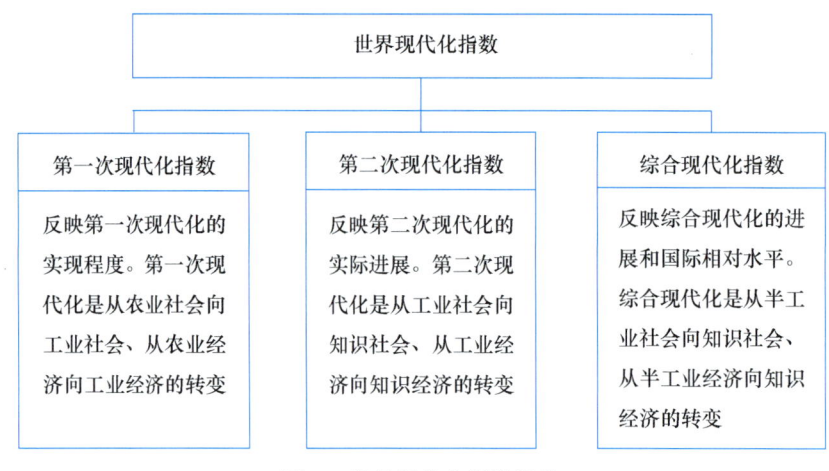

图 K 世界现代化指数评价

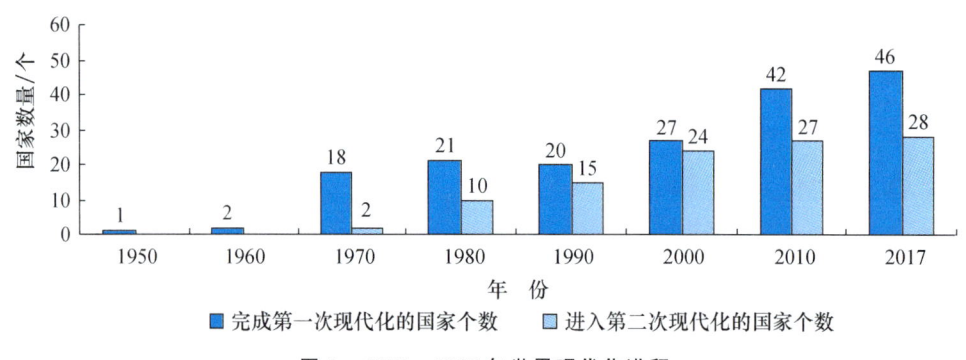

图 L 1950～2017 年世界现代化进程

2. 世界现代化的水平评价

《中国现代化报告 2020》完成 2017 年世界和中国现代化水平评价。

(1) 2017 年世界现代化水平

其一,总体水平。2017 年,美国等 28 个国家已进入第二次现代化,中国等 100 个国家处于第一次现代化,乍得等 3 个国家处于传统农业社会,有些原住民族仍然生活在原始社会。

其二,国际体系。基于第二次现代化指数进行国家分组,2017 年,美国等 20 个国家为发达国家,俄罗斯等 19 个国家为中等发达国家,中国等 38 个国家为初等发达国家,肯尼亚等 54 个国家为欠发达国家(表 I)。

其三,世界前沿。2017 年第二次现代化指数排世界前 10 位的国家是:丹麦、瑞典、瑞士、荷兰、美国、比利时、新加坡、德国、挪威、芬兰。

其四,国际追赶。在 2000～2017 年期间,根据第二次现代化指数分组,在 131 个参加评价的国家中,有 22 个国家的分组发生了变化,其中,组别上升国家有 7 个,组别下降国家有 15 个。组别上升代表水平提高,组别下降代表水平下降。

表 I 2000～2017 年基于第二次现代化指数的国家分组

项目		2000	2010	2015	2016	2017
国家数量 /(个)	发达国家	17	20	20	21	20
	中等发达国家	30	23	20	18	19
	初等发达国家	33	34	36	40	38
	欠发达国家	51	54	55	52	54
国家比例 /(%)	发达国家	13	15	15	16	15
	中等发达国家	23	18	15	14	15
	初等发达国家	25	26	27	31	29
	欠发达国家	39	41	42	40	41

(2) 2017 年中国现代化水平

2017 年中国是一个发展中国家，处于发展中国家的中间位置，具有初等发达国家水平。中国与中等发达国家的差距比较小，但与发达国家的差距仍然较大。

2017 年中国第一次现代化指数约为 99，排名世界 131 个国家的第 48 位；第二次现代化指数和综合现代化指数分别约为 44 和 45，排名第 47 位和第 64 位。2017 年与 2016 年相比，第一次现代化指数和第二次现代化指数排名上升。

2017 年中国现代化不平衡，其中，人均知识产权贸易、人均公共教育经费、人均知识创新经费、劳动生产率、人均国民收入、空气质量等指标，国际差距较大。

3. 地区现代化的水平评价

《中国现代化报告 2020》完成 2017 年中国地区现代化水平评价。

其一，总体水平。2017 年，北京等 5 个地区进入第二次现代化，天津等 29 个地区处于第一次现代化，局部地区仍然有传统农业社会的特点。

其二，水平结构。根据第二次现代化指数分组，2017 年北京、香港和澳门 3 个地区具有发达水平的部分特征，上海、台湾、天津、江苏、浙江、广东、福建和重庆 8 个地区具有中等发达水平的特征，湖北等 21 个地区具有初等发达水平的特征，其他地区发展水平比较低。

其三，前沿水平。2017 年中国内地地区现代化①的前沿已进入第二次现代化的发展期，前沿水平接近发达国家水平的底线，部分指标达到发达国家水平的门槛。例如，2017 年北京处于第二次现代化的发展期，北京和上海的部分指标接近或达到西班牙和意大利的水平。

四、世界现代化的常用标准

现代化既是一种人类行为，也是一种发展目标。在现代社会，人类行为有准则，发展水平有标杆。现代化研究和实践，都需要客观标准。现代化标准，既可以来自理论研究，反映人类对现代化的追求和理想；但更多来自实证研究，反映世界现代化的客观进步和历史经验。目前关于现代化标准没有统一认识。下面举例介绍一些常用标准，主要来自

---

① 关于中国内地地区现代化的评估仅涉及 31 个省、自治区和直辖市，不包括香港、澳门和台湾。后同。

《中国现代化报告》过去 20 年的实证研究(何传启,2019a)。

1. 指标和评价标准

(1) 世界前沿的判断标准(定量标准)

- 世界前沿水平:达到或超过高收入国家的平均水平(或发达国家的平均水平)。
- 世界先进水平:达到或超过高收入国家平均水平(或发达国家平均水平)的 80%。
- 世界平均水平:世界平均值代表的水平。

(2) 现代化指标的水平分类标准(定量标准和相对标准)

现代化指标具有多样性。水平分类标准,适用于水平指标和部分特征指标(能够反映水平的特征指标),不适用于状态指标和转折指标。开放型指标和适度型指标的水平分类标准有所不同。表 J 显示开放型指标的水平分类标准。

表 J　现代化指标的水平分类标准(开放型指标)

指标水平	水平分类标准
发达水平	达到或超过高收入国家水平的 80%
中等发达水平	低于发达水平,但达到或超过高收入国家平均水平的 50% 和世界平均水平
初等发达水平	低于中等发达水平,但达到或超过高收入国家平均水平的 30% 和世界平均水平的 60%
欠发达水平	低于高收入国家平均水平的 30% 和世界平均水平的 60%

注:本表为开放型指标的水平分类标准。

(3) 评价标准

- 水平评价。以发达国家平均值(或高收入国家平均值)为标准值(基准值)。
- 绩效评价。以发达国家平均值为水平标准,以国家目标为绩效标准。

2. 过程标准

(1) 时间标准

- 世界现代化的起步时间:18 世纪 60 年代(从理论角度看)。
- 国家现代化的起步时间:工业化或民主化的起始时间(有国别差异)。

(2) 性质标准

20 世纪 60 年代以来满足下面四个标准的文明变化,才属于现代化。

- 生产力标准:有利于生产力的解放和发展。
- 社会进步标准:有利于社会的公平和进步。
- 人类发展标准:有利于人的自由解放和全面发展。
- 环境友好标准:有利于人与自然的互利共生。

(3) 阶段标准

首先,阶段划分的参考标准。

- 第一次现代化的起步标准:工业化或民主化起步(工业革命开始),现代工业比例上升,城市人口比例上升,农业比例下降等。

- 第二次现代化的起步标准：第一次现代化完成，工业比例持续下降，知识产业比例上升，服务业增加值比例和劳动力比例都超过60%等。

其次，阶段完成的判断标准。

- 第一次现代化的完成标准：完成从农业社会向工业社会的转变，国家发展水平达到1960年发达工业国家的平均水平，城市人口比例超过60%，农业增加值比例小于15%，农业劳动力比例小于30%等。
- 第二次现代化的完成标准：完成从工业社会向知识社会的转变，知识产业增加值比例超过60%，知识产业劳动力比例超过60%（一种预测）等。

3. 结果标准

（1）现代化国家的分类标准

一般而言，现代化国家是具有现代化水平和特征的国家，其分类标准如表K所示。

表K 现代化国家的分类标准（综合标准）

项目	水平分类标准	排名标准
现代化国家（发达国家）	国家现代化指数达到或超过高收入国家平均值的80%；60%的现代化指标水平达到发达水平，关键现代化指标的平均水平达到发达水平	排名进入世界前20位
非现代化国家（发展中国家）	国家现代化指数没有达到高收入国家平均值的80%；60%的现代化指标水平没有达到发达水平，关键现代化指标的平均水平没有达到发达水平	排名没有进入世界前20位

（2）国家现代化水平的分类标准

根据国家现代化水平，可以把国家水平分为四类，即发达水平、中等发达水平、初等发达水平和欠发达水平，其对应国家分别为发达国家、中等发达国家、初等发达国家和欠发达国家（表L）；其中，后三类国家可以统称为发展中国家。

表L 国家现代化水平的分类标准（综合标准）

项目	水平分类标准	排名标准
发达水平（发达国家）	国家现代化指数达到或超过高收入国家平均值的80%；60%的现代化指标水平达到发达水平，关键现代化指标的平均水平达到发达水平	排名进入世界前20位
中等发达水平（中等发达国家）	国家现代化指数达到或超过高收入国家平均值的50%和世界平均值，但低于高收入国家平均值的80%；60%的现代化指标水平达到中等发达水平，关键现代化指标的平均水平达到中等发达水平	排名进入世界第21～40位
初等发达水平（初等发达国家）	国家现代化指数达到或超过高收入国家平均值的30%和世界平均值的60%，但低于高收入国家平均值的50%和世界平均值；60%的现代化指标水平和关键现代化指标的平均水平达到初等发达水平	排名进入世界约第41～80位
欠发达水平（欠发达国家）	国家现代化指数低于高收入国家平均值的30%和世界平均值的60%；60%的现代化指标水平和关键现代化指标的平均水平低于初等发达水平	排名处于世界约第81～131位

注：排名标准是动态的，可根据实际评价结果逐年调整。本表排名标准约为2015年标准。

（3）国家实现现代化的判断标准

根据国家现代化水平的高低，国家现代化实现程度可以分为三个等级，即基本实现现代化、平均实现现代化和全面实现现代化。它们的判断标准如表M。

表 M　国家实现现代化的判断标准(简表)

项目	国家现代化水平	世界排名
基本实现现代化	严标准：国家现代化水平达到或超过高收入国家平均水平的50%和世界平均水平，但低于高收入国家平均水平的80%；60%的现代化指标水平和关键现代化指标的平均水平，达到或超过中等发达水平；进入中等发达国家行列	前第21～40位
平均实现现代化（全国平均实现现代化）	国家现代化水平达到或超过高收入国家平均水平的80%，但低于高收入国家平均水平；60%的现代化指标水平和关键现代化指标的平均水平达到发达水平；进入发达国家行列	前第11～20位
全面实现现代化（高标准实现现代化）	国家现代化水平达到或超过高收入国家平均水平；60%的现代化指标水平和关键现代化指标的平均水平达到或超过高收入国家平均水平；进入世界前列和发达国家前列	约前10位

注：排名标准是动态的，可根据实际评价结果逐年调整。本表排名标准约为2015年标准。

其一，基本实现现代化的判断标准(严标准)。

- 定性标准。现代化水平达到中等发达国家水平，具有中等发达国家的典型特征等。
- 定量标准。第二次现代化指数和综合现代化指数超过高收入国家平均水平的50%和世界平均水平，但低于高收入国家平均水平的80%。
- 排名标准。现代化指数排名处于世界第21～40位(在131个国家中)，这是2015年的排名标准。排名标准是动态的，可根据实际评价结果逐年调整。

其二，平均实现现代化的判断标准。

- 定性标准：现代化水平达到发达国家水平，具有发达国家的典型特征等。
- 定量标准：第二次现代化指数和综合现代化指数达到高收入国家平均水平的80%。
- 排名标准：现代化指数排名处于世界前20位以内(在131个国家中)，这是2015年的排名标准。排名标准是一种动态标准，可根据实际评价结果逐年调整。

其三，全面实现现代化的判断标准。

- 综合标准：现代化水平达到世界前沿水平(达到或超过高收入国家平均水平或发达国家平均水平)，第二次现代化指数达到或超过高收入国家平均水平，现代化水平的排名进入世界约前10位(在131个国家中)。
- 领域标准：在政治、经济、社会、文化、生态和人的现代化六个领域达到世界先进水平；在行为、结构、制度和观念现代化等方面达到世界先进水平。人的现代化包括个人生活现代化等。
- 地区标准：所有地区达到发达水平；大部分地区达到世界前沿水平。

(4) 国家现代化的水平分类标准汇总

国家现代化的水平分类标准，是政策研究和理论分析的常用标准(图 M)。

| 世界水平分类 | | 国家水平 | 国家水平分类 |

```
世界水平分类          国家水平                              国家水平分类

                    ┌ 世界最高水平 ─────  国家最高水平
                    │                   (高收入国家平均值的120%)
        ┌ 现代化国家 ┤ 世界前沿水平
        │ (发达国家) │ (世界前列)
        │           │ 世界先进水平 ─────  发达国家的平均水平         发达国家
        │           └ (发达水平)          (高收入国家平均值的100%)
        │
        │                              发达国家的底线(门槛)
        │                              (高收入国家平均值的80%)
        │
        │           ┌ 中等发达水平 ─────  中等发达国家的平均水平      中等发达国家
        │           │
        │           │                  中等发达国家的底线
        │           ┤ 世界平均水平       (高收入国家平均值的50%
        │ 非现代化国家│                  和世界平均值)
        ┤ (发展中国家)│
        │           │ 初等发达水平 ─────  初等发达国家的平均水平      初等发达国家
        │           │
        │           │                  初等发达国家的底线
        │           │                  (高收入国家平均值的30%
        │           │                  和世界平均值的60%)
        │           │
        │           │ 欠发达水平 ───────  欠发达国家的平均水平        欠发达国家
        │           │ 世界末尾水平
        │           │ (世界后列)
        │           └ 世界最低水平 ─────  高收入国家平均值的0%
```

图 M 国家现代化的水平分类标准(示意)

注:基于第二次现代化指数的水平分类。第二次现代化指数,世界和国家最大值为120,高收入国家平均值为100,世界平均值约为50(每年有所不同)。世界平均值与高收入国家平均值的50%不一致时,分组标准值就高不就低;其他类推。实际世界最高水平可以低于高收入国家平均值的120%,实际世界最低水平可以高于高收入国家平均值的0%。

资料来源:何传启,2019a。

五、结束语

没有规矩,不成方圆。人类生活离不开度量衡,世界现代化需要度量衡。在日常生活里,度量衡是计量体系的一种简称或通俗表述。其中,在中文里,度量衡涉及物体长度、容积和质量的计量;在国际上,度量衡涉及多种物理计量和标准。度量衡既有国际和国家标准,也有国别和时代差异。在现代化科学领域,世界现代化的度量衡既是现代化过程的计量和标准体系的一种简称或通俗表述,也是现代化过程的度量和标准的统称;它包括现代化指标、现代化评价和现代化标准等。其中,现代化指标是反映现代化现象的水平、特征和状态的指标,现代化评价是对现代化现象的过程和结果的评价,现代化标准是关于现代化现象的指标、评价、过程和结果的标准。世界现代化的度量衡是现代化进程的度量衡,是现代化规律和特征的集中体现,是现代化研究和政策研究的分析工具,具有较大理论和实用价值。建议条件成熟时,把它纳入国际标准体系。

现代化是一个世界现象,它既有共性又有个性,既有规律性又有多样性。其中,共性和规律性,是建立国际度量和标准的基础;个性和多样性,是设立国家度量和标准的依据。本报告系统分析了世界现代化的度量衡的国际度量和标准。中国现代化的度量衡的研制,可以参考国际度量和标准,研究制定适合中国国情的度量和标准。

世界现代化的度量衡是一个开放的计量和标准体系,它包括现代化指标和指标体系、现代化评价和评价体系、现代化标准和标准体系等,它需要世界范围的统计指标、统计数据和统计体系为支撑。同时,它有一个假设的前提条件,即国际统计数据是真实的、可靠的和国际可比的。但事实上,目前不同国家的统计口径和统计质量存在差异,发展中国家的统计质量需要提高,世界统计还处于发展之中。这些对世界现代化的度量衡的精确性和可靠性会有影响。世界现代化是动态的和开放的。世界现代化的度量衡要保持一定弹性和开放性,需要不断发展和完善。基于定量指标和统计数据的国际比较研究要保持谨慎态度,对于其研究结果要谨慎对待。

何传启
国际欧亚科学院院士
中国现代化战略研究课题组组长
中国科学院中国现代化研究中心研究员、主任
中国科学院大学公共政策与管理学院岗位教授
世界现代化论坛联合主席
2020 年 4 月 20 日

上 篇
现代化进程的度量衡研究

没有规矩,不成方圆。没有指标,不知进步。

没有评价,不知水平。没有标准,不知成败。

现代化既是一个世界现象,又是一种文明进步,还是一个发展目标(图一)。作为世界现象,现代化要有观测指标,简称为"度"。作为文明进步,现代化要有科学评价,简称为"量"。作为发展目标,现代化要有客观标准,简称为"衡"。研究和建立世界现代化的度量衡,可为现代化研究提供分析工具,为现代化政策提供决策依据。它是本报告的研究主题。

世界现代化的度量衡,是现代化进程的度量衡,涉及现代化现象、现代化研究和现代化建设等。借鉴计量学的相关概念和方法,研究世界现代化的度量衡,具有一定的理论和实践意义。

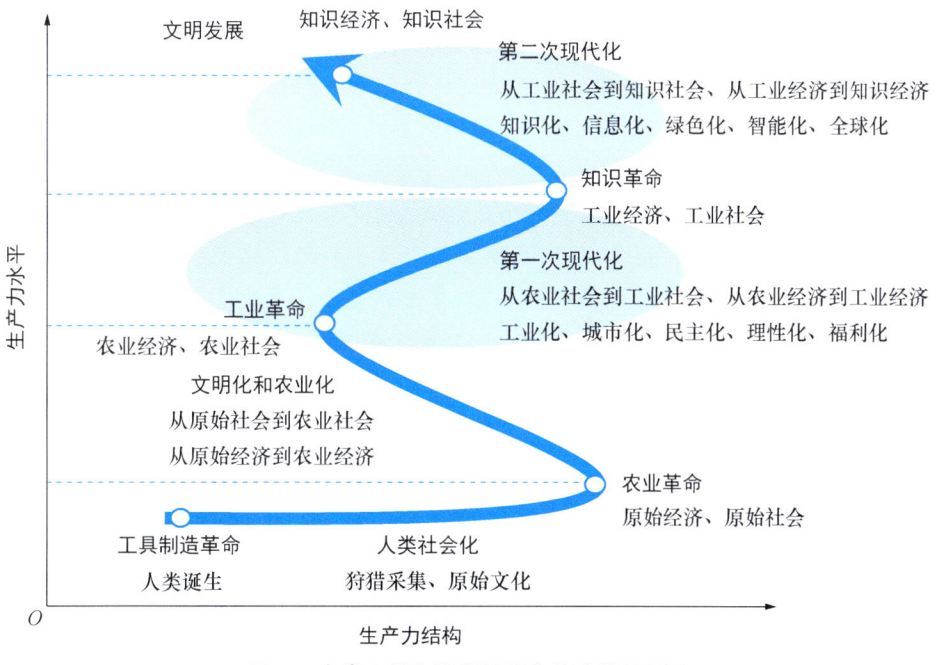

图一　人类文明和世界现代化的路线(示意)

注:本图是人类文明和世界现代化的前沿过程示意图,不同国家和地区的发展是不同步的。生产力结构刻度采用劳动力结构数值;原始经济为非狩猎采集与狩猎采集劳动力之比,农业经济为非农业与农业劳动力之比,工业经济为工业与非工业劳动力之比,知识经济为非知识产业与知识产业劳动力之比。圆圈代表工具制造革命、农业革命、工业革命、知识革命(包含信息革命和生态革命)等。

第一章　世界现代化的度量衡

提要

世界现代化的度量衡,既是关于现代化过程的度量和标准(Criteria and Measures)的统称,也是现代化领域的计量和标准体系(A System of Criteria and Measures on Modernization)的一种简称或通俗表述;它包括现代化指标、现代化评价和现代化标准等。其中,现代化指标是反映现代化现象的水平、特征和状态的指标,现代化评价是对现代化现象的过程和结果的评价,现代化标准是关于现代化现象的指标、评价、过程和结果的标准。

现代化研究有两种基本视角:一是社会科学视角,以定性研究为主,以阐释性和描述性为特点;一是自然科学视角,以定量研究为主,以实证性和模型化为特点。两种视角是相对的。本章从自然科学和交叉科学的视角,重点讨论世界现代化的度量衡的国际度量和标准,国家标准和国别差异需要专题研究。

现代化是一个世界现象,它既有共性又有个性,既有规律性又有多样性。其中,共性和规律性,是建立国际度量和标准的基础;个性和多样性,是设立国家度量和标准的依据。世界现代化的度量衡是开放的和与时俱进的,既有国际标准和国家标准,又有国别和时代差异。

现代化发生在人类文明的所有层次、领域、部门和方面,世界现代化的度量衡涉及人类发展的所有层次、领域、部门和方面。以现代化的研究对象为基础,与现代化的度量衡相对应,可构建现代化度量衡的复合矩阵(表1A)。

表1A　现代化研究对象与现代化度量衡的复合矩阵

			现代化度量衡		
			现代化指标	现代化评价	现代化标准
研究对象	层次维度	世界、国际、国家、地区、机构、个体	四个维度和跨维度组合的现代化指标和指标体系	四个维度和跨维度组合的现代化评价和评价体系	四个维度和跨维度组合的现代化标准和标准体系
	领域维度	经济、社会、政治、文化、环境、个人			
	部门维度	农业、工业、服务业、科教、健康、交通等			
	时间维度	第一次现代化、第二次现代化、综合现代化	水平指标 特征指标 状态指标	水平评价 绩效评价 其他评价	指标标准 评价标准 过程标准 结果标准
	跨维度的组合	跨两维度(层次+领域、层次+部门、层次+时间、领域+时间、部门+时间)和跨三维度(层次+领域+时间、层次+部门+时间)的各种组合			

1. 世界现代化的"度":现代化指标和指标体系

现代化的"度"是现代化指标和指标体系的简称,用来度量"现代化进步有多大、现代化处于什么状态"等。其中,现代化指标是反映现代化现象的水平、特征和状态的指标,现代化指标体系是根据现代化原理建立的、具有系统结构的现代化指标的有机集合。一般而言,现代化指标应该具有国际可比性、理论基础和政策含义,可从统计指标、发展指标和调查指标中遴选,也可研究后设立。现代化指标和指标体系是动态的和开放的。

(1) 现代化指标的主要类型

关于现代化指标的分类,没有统一方法。例如,根据指标功能,可分为水平指标、特征指标和状态指标等;根据指标性质,可分为共性指标和个性指标等;根据指标特点,可分为定量指标和定性指标等;根据指标用途,可分为评价指标和监测指标、通用指标和专用指标等。

(2) 现代化指标的体系

现代化指标体系的构建,主要有三种思路:一是按照研究对象的结构,把现代化指标组织起来;二是按照研究内容的结构,把相关现代化指标组织起来;三是按照研究目的的结构,把相关现代化指标组织起来。参照矩阵结构,把研究对象和三种思路进行排列,可形成一个指标体系的复合矩阵。研究对象每一个维度、跨两个维度和跨三个维度的各种组合,都可以构建单个维度或跨维度的指标体系,或按研究内容和研究目的构建指标体系。

- 按研究对象划分指标体系:层次维度、领域维度、部门维度、时间维度和跨维度的指标体系。
- 按研究内容划分指标体系:前沿指标体系、过程指标体系和结果指标体系。
- 按研究目的划分指标体系:评价指标体系、监测指标体系和其他指标体系。

2. 世界现代化的"量":现代化评价和评价体系

现代化的"量"是现代化评价和评价体系的简称,用来测量"现代化水平有多高、现代化处于什么阶段"等。其中,现代化评价是对现代化现象的过程和结果的评价,现代化评价体系是遵循现代化原理、具有系统结构的现代化评价的有机集合。一般而言,现代化的水平评价,突出国际可比性;现代化的绩效评价,强调实用价值,兼顾国际可比性。同现代化指标和指标体系一样,现代化评价和评价体系也是动态的和开放的。

(1) 现代化评价的主要类型

现代化评价是对现代化现象的过程和结果的评价。它既是现代化理论研究的一种常用方法,也是现代化政策研究的一个关键环节。现代化评价涉及评价的原理、对象、范围(空间和时间)、目的、内容、指标、方法和结果等。根据评价目的的不同,可以分为水平评价、绩效评价和其他评价;根据评价特点不同,可以分为定量评价、定性评价和综合评价等。

(2) 现代化评价的体系

现代化评价体系的构建,主要有两种思路:一是按照研究对象的结构,把现代化评价组织起来;二是按照现代化评价的类型,把相关现代化评价组织起来。参照矩阵结构,把研究对象和现代化评价进行排列,可构成现代化评价体系的复合矩阵。所有研究对象,跨两维度和跨三维度的各种组合,都可以进行水平评价、绩效评价和其他评价等。

3. 世界现代化的"衡":现代化标准和标准体系

现代化的"衡"是现代化标准和标准体系的简称,用来衡量和衡定"现代化实现没有、现代化指标达标没有"等。其中,现代化标准是关于现代化现象的指标、评价、过程和结果的标准,现代化标准体系是符合现代化原理、具有系统结构的现代化标准的有机集合。在过去300年里,现代化是动态的和开放的,现代化标准和标准体系也是动态和开放的。

(1) 现代化标准的共性标准

这里,我们从自然科学视角,讨论现代化标准的共性标准,即国际标准。

现代化标准的共性标准,是基于现代化的实证研究建立的一种国际标准,它遵循现代化的基本原理,反映现代化的共性特征,代表现代化的发展方向,同时没有反映现代化的个性和多样性,个性和多样性是建立现代化的国别标准的重要依据。

- 现代化指标的共性标准,主要包括世界前沿标准、水平分类标准。
- 现代化评价的共性标准,主要包括水平评价标准、绩效评价标准和其他评价标准。
- 现代化过程的共性标准,主要包括时间标准、性质标准、阶段标准。
- 现代化结果的共性标准,主要包括水平标准、程度标准等。

(2) 现代化标准的体系

现代化标准体系的构建,主要有两种思路:一是按照研究对象的结构,把现代化标准组织起来;二是按照现代化标准的类型,把相关现代化标准组织起来。其中,参照矩阵结构,把研究对象和现代化标准进行排列,可构成现代化标准体系的复合矩阵。所有研究对象,跨两个维度和跨三个维度的各种组合,都有四类标准。

(3) 国家现代化水平的分类标准

发达国家:国家现代化指数达到或超过高收入国家平均水平的80%,60%的现代化指标的水平和关键现代化指标的平均水平达到发达水平,其水平排名进入世界前20位。

中等发达国家:国家现代化指数达到或超过高收入国家平均水平的50%和世界平均水平,但低于高收入国家平均水平的80%;60%的现代化指标的水平和关键现代化指标的平均水平达到中等发达水平;其水平排名分别进入世界第21～40位。

初等发达国家:国家现代化指数达到或超过高收入国家平均水平的30%和世界平均水平的60%,但低于高收入国家平均水平的50%和世界平均水平;60%的现代化指标的水平和关键现代化指标的平均水平达到初等发达水平;其水平排名分别进入世界第41～80位。

欠发达国家:国家现代化指数低于高收入国家平均水平的30%和世界平均水平的60%;60%的现代化指标的水平和关键现代化指标的平均水平低于初等发达水平;其水平排名分列世界第81～131位。

排名标准是动态的,应根据实际评价结果逐年调整。上述约为2015年排名标准,是在2000年人口超过100万的131个国家中的排名。

世界现代化的度量衡是现代化指标、现代化评价和现代化标准的有机集合。从学术角度看,它是现代化领域的一种计量和标准体系。从应用角度看,它是现代化进程的度量衡,具有广泛用途。它遵循现代化规律(何传启,2010,2011,2019a),借鉴计量学和统计学的相关概念和方法(卜雄洙 等,2018;贾俊平 等,2018;李东升,2019),为世界现代化提供一种分析工具和标准体系,具有较大理论和实用价值。条件成熟时,可以把它纳入国际标准体系。

人类生活离不开度量衡。在中文里，度量衡涉及物体长度、容积和质量的计量。在国际上，度量衡涉及多种物理量的计量和标准。度量衡既有国际和国家标准，也有国别和时代差异（专栏1-1）。同样道理，世界现代化需要度量衡。世界现代化的度量衡，既是关于现代化过程的度量和标准的统称，也是现代化领域的计量和标准体系的一种简称或通俗表述；它包括现代化指标、现代化评价和现代化标准等。世界现代化的度量衡，同样既有国际和国家标准，也有国别和时代差异。

专栏1-1　什么是度量衡

度量衡是计量体系的一种简称或通俗表述。在中文里，度量衡涉及物体长度、容积和质量的计量。在国际上，度量衡涉及多种物理计量和标准。度量衡既有国际和国家标准，也有国别和时代差异。早在公元前221年，中国就开始统一度量衡（表1-1）。1901年美国国家标准局（NBS）成立，1988年更名为国家标准与技术研究院（NIST），其物理计量实验室（PML）设有度量衡办公室（Office of Weights and Measures）。1875年国际计量局（International Bureau of Weights and Measures，BIPM）成立，它是国际计量大会的执行机构，旨在促进全球计量能力和国际计量体系的发展。2019年它修订的七个国际制基本单位正式生效，包括长度、质量、时间、电流、热力学温度、物质的量和发光强度的单位。1947年国际标准化组织（ISO）成立，旨在促进国际标准的制定和交流。截至2020年5月，国际标准化组织已推出23 000多条国际标准。

世界现代化的度量衡，既是关于现代化过程的度量和标准的统称（表1-1），也是现代化领域的计量和标准体系的一种简称。它是现代化研究和政策研究的重要标准，具有较大理论和实用价值。条件成熟时，可以把它纳入国际标准体系。

表1-1　人类生活和世界现代化的度量衡

	中国古代的度量衡*	世界现代化的度量衡
度	长度计量，如，寸、尺、丈	现代化指标（Indicators），如，水平指标、特征指标等
量	容积计量，如，升、斗、斛	现代化评价（Evaluations），如，水平评价、绩效评价等
衡	质量计量，如，铢、两、斤	现代化标准（Criteria），如，指标标准、评价标准等
备注	秦始皇统一度量衡	现代化的度量衡（Criteria and Measures）

注：* 中国古代的度量衡与现代社会的度量衡有很大差别。

历史经验显示，现代化既有共性又有个性，既有规律性又有多样性。其中，共性和规律性，是建立国际度量和标准的基础；个性和多样性，是设立国家度量和标准的依据。本章重点讨论世界现代化度量衡的国际度量和标准（图1-1）。国家标准需要专题研究。

世界现代化有两种含义（图1-2），狭义指世界层面的现代化，广义指世界范围的现代化，前者是后者的一个组成部分（图1-3）。一般而言，世界现代化是以国家为基本单元进行的。国家现代化一般指国家层面的现代化，包括世界范围的国家现代化和单个国家的国家现代化（图1-4）。在本章，世界现代化的度量衡，特指世界范围的国家现代化的度量衡。

目前，现代化研究大致有两种基本视角，即社会科学视角和自然科学视角。社会科学视角一般以定性研究为主，以阐释性和描述性为主要特点。自然科学视角一般以定量研究为主，以实证性和模型化为主要特点。当然，这种区分是相对的，两种视角可以互补。

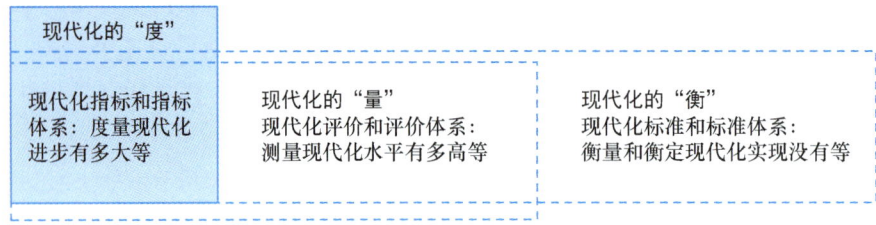

图 1-1　世界现代化的度量衡(示意Ⅱ)

注:(1) 在中文里,"衡"是一个多义词。例如,衡器(秤杆)、称重(称量)、平衡、衡量和衡定(准则和标准)等。现代化的"衡",取其标准之意(Criteria or Standards)。(2) 在本章里,度量和计量被视作同义词,其英文单词为 Measure。计量学(Metrology)是一个学科。(3) 指标是反映和显示事物的事实或趋势(水平或状态)的一种表示方法,一般包括概念、单位和数据(或描述)。(4) 现代化的度量衡包括现代化指标、评价和标准,它们既相互独立又相互关联,组成一个计量和标准的开放体系。例如,现代化指标,部分指标可以用于现代化评价,并需要评价标准;现代化评价,涉及现代化指标和评价标准,以及评价方法等;现代化标准,既涉及现代化指标和评价标准,也包括现代化过程和结果的标准等。

图 1-2　世界现代化的两种含义(示意)

注:世界层面的现代化是一个用于科学研究的概念,而不是现代化建设的操作单元。

图 1-3　世界范围的现代化的分析结构

注:世界层面的现代化,是一种分层现代化,属于世界范围的现代化的一种表现形式。

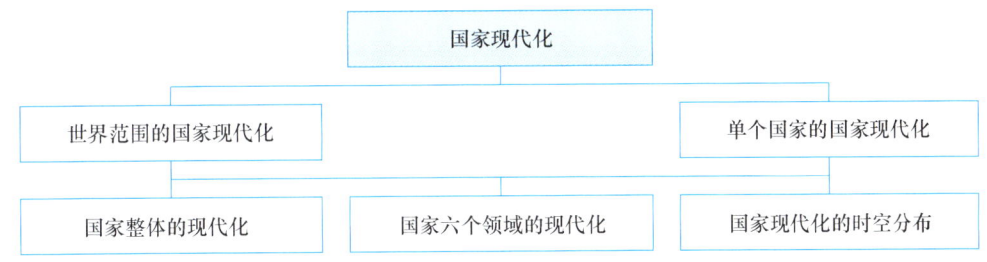

图 1-4　国家现代化的分析结构

资料来源:何传启,2010,2011。

形象地说,"现代化研究犹如爬香山"(图1-5)。如果说,社会科学视角相当于从南面爬香山,自然科学视角相当于从北面爬香山,那么,从南面和北面看到的景色是不同的,但它们都是香山风光;南北结合才是完整的香山。两者结合的研究方法属于交叉科学研究。如果把交叉科学研究作为一种视角,现代化研究就有三种视角,即自然科学、社会科学和交叉科学视角。事实上,这种划分是相对的,许多时候是交叉综合研究。

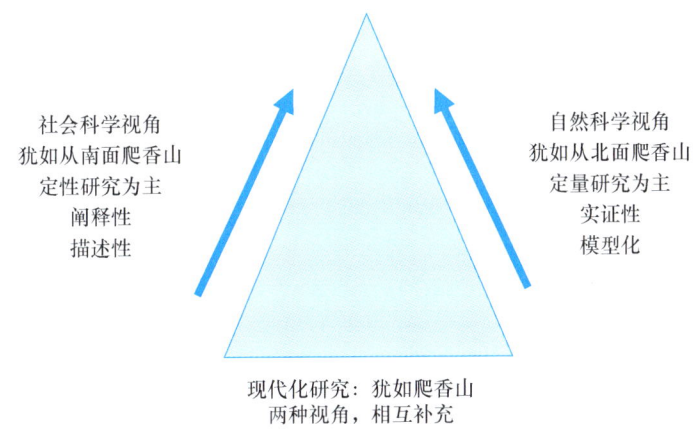

图 1-5　现代化研究的两种视角(示意)

注:两种视角的区分是相对的,因为社会科学研究也有定量研究和模型分析,自然科学研究也有定性和描述研究。两种视角相结合的研究方法,属于一种交叉科学研究。

资料来源:何传启,2010,2011。

根据现代化研究的两种视角,世界现代化的度量衡的研制和建立,也会有两种视角。从社会科学视角研制世界现代化的度量衡,侧重于定性和描述性的度量衡。从自然科学视角研制世界现代化的度量衡,侧重于定量和实证性的度量衡。

- 从自然科学视角,研制世界现代化的度量衡,侧重定量和实证,强调共性和国际可比性。
- 从社会科学视角,研制世界现代化的度量衡,侧重定性和描述,兼顾共性和国际多样性。

《中国现代化报告》从自然科学视角,遵循系统科学原理,采用定量与定性相结合的实证研究方法,系统和科学地研究世界现代化的发展规律和中国现代化的战略选择。其研究对象是人口超过100万和统计数据齐全的131个国家(包括中国),覆盖全球96%的人口;时间跨度为400年(约1700~2100年),研究重点包括理论研究和实证研究等。

大体而言,《中国现代化报告》采用自然科学视角,兼有交叉科学的特点。这种研究,反映了世界现代化的部分内容和特征,而不是全部。要全面研究现代化,还需要从社会科学视角的研究。两种视角的研究,可以互补和交叉检验;两者结合,揭示现代化的全貌。

- 本报告关于世界现代化的度量衡的研制,继续采用自然科学和交叉科学的视角。
- 从社会科学视角研制世界现代化的度量衡,需要由相关专业机构开展专题研究。
- 关于世界现代化的度量衡没有统一认识。我们的分析,只是一家之言,谨供参考。

第一节 现代化的"度":指标体系

现代化的"度"是现代化指标和指标体系的简称,用来度量"现代化进步有多大、现代化处于什么状态"等。其中,现代化指标是反映现代化现象的水平、特征和状态的指标,现代化指标体系是根据现代化原理建立的、具有系统结构的现代化指标的有机集合。现代化指标具有国际可比性、理论基础和政策含义,可从统计指标、发展指标和调查指标中遴选(表 1-2,图 1-6),也可研究后设立。现代化指标和指标体系是动态的和开放的。

表 1-2 统计指标、发展指标和现代化指标

项目	统计指标	发展指标	现代化指标
内涵	反映统计对象的总体数量特征(概念和数值)的指标	反映事物发展的基本状况(事实、水平和特征)的指标	反映现代化现象的基本事实(水平、特征和状态)的指标
特点	定量、综合、具体、开放,具有统计学意义	定量、定性、开放、纵向可比,具有连续可获得性	定量、定性、开放、横向和纵向可比、具有理论基础和政策含义
来源	统计、调查、专题研究等	统计、调查、专题研究等	统计或发展指标、专题研究等
用途	定量反映统计对象的总体状况、定量指标的数据源、统计学、政策研究等	发展的动态监测、综合评价、发展研究、政策研究等	现代化的动态监测、综合评价、国际比较研究、战略研究、理论研究等
举例	联合国统计署和各国统计局的统计指标	世界银行的世界发展指标(含近1600 个指标)、联合国的可持续发展指标等	《中国现代化报告》系列的现代化指标等

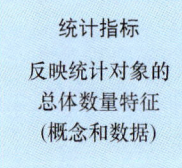

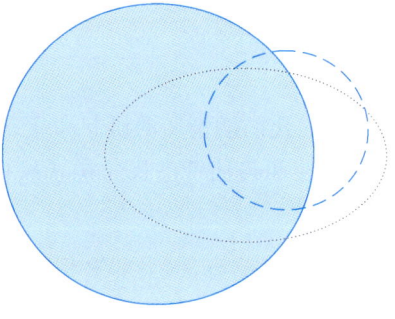

图 1-6 统计指标、发展指标和现代化指标的关系(示意)

注:(1) 有些统计指标,不再纳入世界发展指标,如电视普及率等。(2) 有些统计指标,在发展中国家是现代化指标,但在发达国家不是现代化指标,而且没有统计数据,如童工比例等。(3) 有些发展指标或现代化指标,目前尚没有纳入统计指标体系,如人工智能(机器人/仿生人)家庭普及率等。(4) 不是所有的统计指标都属于发展指标,不是所有的发展指标都属于现代化指标,反之亦如此。(5) 现代化是一个复杂的世界现象,要反映这种现象,不仅要有指标,还要有指标体系,而且指标体系必须是科学合理的。

一、现代化的科学内涵

现代化指标是反映和描述现代化现象的指标,必然遵循现代化的科学原理。深刻认识现代化的科学内涵和基本原理,是研究和建立现代化指标和指标体系的重要基础。

1. 什么是现代化?

在英文里,单词"modernization"(现代化)大约出现于 18 世纪,是从单词"modern"(现代的)衍生而来(表 1-3)。在中文里,单词"现代化"大约出现于 20 世纪初,是从外文翻译而来。20 世纪 30 年代,中国学者开始讨论现代化问题(图 1-7)。20 世纪 50 年代,美国学者建议用"现代化"来表述从传统社会向现代社会的转变(杨豫,1996)。

表 1-3 英文单词"modernization"的起源和含义

英文单词		英文单词及其含义的中文翻译
Modern	现代的	形容词,出现于约 1585 年 1. 当前的或最近的特征,或与当前或最近相关的 2. 大约公元 1500 年到当前,或与这个时期相关的
Modernity	现代性	名词,出现于约 1635 年 1. 现代的状态或质量 2. 现代的生活或思考方式
Modernize	现代化	动词,出现于约 1716 年* 1. 使某种东西成为现代的、更加适合当前的风格或需要 2. 采用现代方式,或成为现代的:使用最新的信息、方法或技术
Modernization	现代化	名词,出现于约 1770 年 1. 正在开展现代化的行动;正在被现代化的状态 2. 实现现代化后的状态:一种现代化后的情景

注:* "Modernize"的出现时间,在《韦氏词典》早期版本中为 1748 年,在新版本中为 1716 年。
英文单词及含义来源:韦氏在线词典(https://www.merriam-webster.com),2018-06-03。

图 1-7 中国 20 世纪 30 年代出版的现代化文集和现代化杂志

注:1933 年上海《申报月刊》刊发的现代化文集。1937 年在太原出版的《现代化》半月刊。

(1) "现代化"单词的起源

根据韦氏词典,"modernization"(现代化)是"modern"(现代的)的衍生词(表 1-3)。形容词"modern"出现于约 1585 年,动词"modernize"出现于约 1716 年,名词"modernization"出现于约 1770 年。从形容词到名词,经历约 185 年,其基本词义一脉相承。

在16世纪,欧洲文艺复兴进入尾声,地理大发现激发了人们的空前热情。相比中世纪的封建专制,此时欧洲社会的思想和生活发生了巨大变化。欧洲人相信一个新时代已经来临,那就是现代"modern period"。部分欧洲学者把历史分为古代、中世纪和现代三个阶段。

16~17世纪欧洲发生了科学革命,17世纪发生了英国资产阶级革命,17~18世纪发生了启蒙运动,18世纪发生了英国工业革命和法国大革命等。到18世纪上半叶,欧洲社会的变化已经使人们相信,"具有现代特点、适合现代需要"代表了发展方向。于是,动词"modernize"(现代化)诞生;50多年后,名词"modernization"(现代化)问世。

(2)"现代化"的三种解释

在18~19世纪,"现代化"是一个普通词。20世纪50年代以来,"现代化"逐步成为一个学术名词(专业词)。目前,"现代化"是一个多义词,没有统一定义(Pandey,1988),大致有三种解释(表1-4)。三种解释,各有特点和用途,彼此之间有一定相关性。

表1-4 "现代化"的三种解释

项目	内容	特点
基本词义	不同词典对"现代化"的定义和解释	词义相对稳定,习惯用法
理论含义	不同现代化理论对"现代化"的理论解释	存在学派差别,学术名词
政策含义	不同国家对"现代化"的政策解释	存在时代差异,政策术语

其一,基本词义。指不同词典对"现代化"的定义和解释。这里以韦氏词典为例。单词"modernization"(现代化)是单词"modern"(现代的)的一个衍生词(表1-3)。一般而言,可以根据"现代的"的基本词义,推导出"现代化"的基本词义(表1-5)。

表1-5 从"现代的"到"现代化"

Modern(现代的)	Modernization(现代化)
表示性质或特征,指当前的或最近的。这种性质或特征,没有领域的限制,只有时间要求,即当前或最近时期内出现的性质或特征	**表示一种行为**,指实现现代化的行为(英文直译:正在开展现代化的行为,或正在被现代化的状态),即成为现代的、适合现代需要的行为
表示时间,指从大约公元1500年到当前这段历史时间。它有时间上限(约公元1500年),没有时间下限,即对未来时间是开放的	**表示一种状态**,指完成现代化后的状态(或一种现代化后的情景),即具有现代特点、适合现代需要的状态

中文单词"现代化"大致有三种用法(表1-6)。其中,名词用法有两种,一种指正在开展现代化,其含义与动词用法相近;一种指实现现代化后的状态,其含义与形容词用法相近。

表1-6 中文单词"现代化"的几种用法

项目	用作名词	用作动词	用作形容词
对应英文	Modernization	Modernize	Modernized
用法和含义	(1)正在开展现代化。含义与其动词用法相近 (2)实现现代化后的状态。含义与其形容词用法相近。通常指具有世界先进水平	使某种东西现代化。通常指使某种东西追赶、达到或保持世界先进水平	已经现代化的。通常指最新的、最好的或最先进的
举例	国家的现代化、现代化的国家等	农业现代化等	现代化学校等

其二,理论含义。指各种现代化理论对"现代化"的解释。20世纪50年代以来,从事现代化研究

的学者来自多个学科,采用多种研究方法,形成了众多的现代化理论。这使人联想到"盲人摸象"的故事,即从不同角度对"现代化"进行解释。其中,影响比较大的理论包括:经典现代化理论、依附理论、世界体系理论、后现代化理论、生态现代化理论、反思性现代化理论、多元现代性理论、全球化理论、第二次现代化理论和综合现代化理论等,现代化科学则是现代化研究和现代化理论的系统集成。这里简要介绍其中的三种理论。

① 经典现代化理论。经典现代化理论是20世纪50~60年代形成的。它不是一个单一理论,而是关于现代化研究的一个理论集合。相关学者分别来自政治学、经济学、社会学、心理学和历史学等学科,不同学科的学者对"现代化"的解释有所差别(表1-7)。

表1-7 在经典现代化理论中不同学科的学者对"现代化"的解释(举例)

学科	不同学科的学者对"现代化"的解释
社会学	美国社会学教授本迪克斯说,我把现代化理解为社会变迁的一种类型,它起始于英国工业革命和政治性的法国大革命;它存在于几个先锋社会(Pioneer Societies)的经济和政治进步以及继之而来的后进社会的变迁进程之中(Bendix,1967)
社会学	以色列社会学教授艾森斯塔特认为:现代化是社会、经济、政治体制向现代类型变迁的过程。它从17世纪至19世纪形成于西欧和北美,而后扩及其他欧洲国家,并在19世纪和20世纪传入南美、亚洲和非洲(Eisenstadt,1966)
历史学	中国历史学教授罗荣渠认为:广义而言,现代化作为一个世界性的历史过程,是指人类社会从工业革命以来所经历的一场急剧变革,它以工业化为推动力,导致从传统农业社会向现代工业社会的全球性的大转变,它使工业主义渗透到经济、政治、文化、思想各个领域,引起深刻的相应变化;狭义而言,现代化指落后国家迅速赶上先进工业国家水平和适应现代世界环境的发展过程。作为人类近期历史发展的特定过程,把高度发达的工业社会的实现作为现代化完成的一个主要标志也许是合适的(罗荣渠,1993)

- 概括地说,经典现代化理论认为:现代化既是一种社会变迁,也是一个历史过程;既是从传统社会向现代社会的转变,也是发展中国家追赶发达工业国家水平的过程。

② 后现代化理论。20世纪70~80年代,后现代化理论受到国际关注。它并不是一个完整的理论体系,而是关于后工业社会、后现代主义、后现代性和后现代化研究的一个思想集合(表1-8),同样存在争论。

表1-8 关于"后现代化"的几种观点

学科	不同学科的观点
哲学	法国哲学教授利奥塔是后现代主义的代表人物之一,他在《后现代状态:关于知识的报告》一书中指出,在后工业和后现代的年代,知识成为一种商品和首要生产力(Lyotard,1979)。
社会学	美国社会学教授贝尔认为,人类社会发展分为三个阶段:前工业社会、工业社会和后工业社会(Bell,1973)。
政治学	美国政治学教授殷格哈特认为,现代化是非线性的,从传统社会向现代社会的转变是现代化,从现代社会向后现代社会的转变是后现代化(Inglehart,1997)。

- 概括地说,后现代化理论认为:现代社会不是历史终点,现代化是非线性的,从传统社会向现代社会的转变是现代化,从现代社会向后现代社会的转变是后现代化。

③ 第二次现代化理论。第二次现代化理论是中国学者何传启1998年提出来的(何传启,1998,1999,2013a);它与信息革命、知识经济、知识社会、信息社会、环境保护和国家创新体系紧密相关。它

是20世纪80年代以来涌现出来的众多新现代化理论中的一种代表性理论。新现代化理论包括生态现代化、反思性现代化、多元现代性等。

- 第二次现代化理论认为,现代化既是一种文明变化,是从传统文明向现代文明的范式转变,发生在政治、经济、社会、文化、环境和个人行为等领域;也是一个世界现象,是18世纪工业革命以来人类发展的世界前沿,以及追赶、达到和保持世界前沿水平的行为和过程。在18世纪至21世纪末期间,世界现代化的前沿过程可以分为两大阶段,其中,第一次现代化是经典现代化,是从农业经济向工业经济、从农业社会向工业社会的转变;第二次现代化是新型现代化,是从工业经济向知识经济、从工业社会向知识社会的转变。没有完成第一次现代化的国家,可以推动两次现代化的协调发展,集聚两次现代化的精华,降低现代化过程的失误,迎头赶上第二次现代化的未来世界前沿;这种模式被称为"综合现代化",即从半工业经济向知识经济、从半工业社会向知识社会的转变(何传启,1999,2013a)。
- 概括地说,现代化既是一种文明变化,是从传统文明向现代文明的范式转变;也是一个世界现象,是追赶、达到和保持人类发展的前沿水平的行为和过程;从18世纪到21世纪末,世界现代化的前沿过程可分为两大阶段,即第一次和第二次现代化;22世纪还会有新变化。

如果把传统社会分为原始社会和农业社会两个阶段,把现代社会分为工业社会和知识社会两个阶段(图1-8),那么,经典现代化是从农业社会向工业社会的转变,后现代化是从工业社会向知识社会转变的过渡期,第二次现代化是从工业社会向知识社会的转变。经典现代化理论、后现代化理论和第二次现代化理论分别解释了这三种转变。

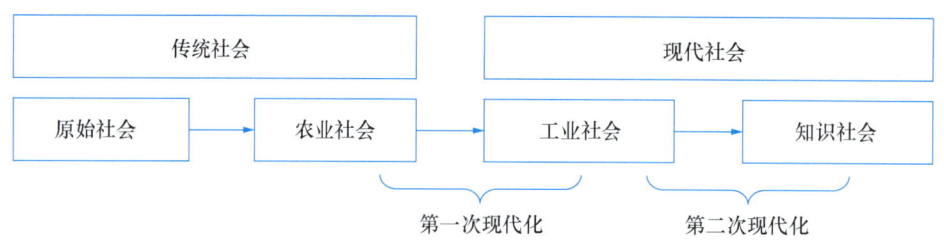

图1-8 两次现代化关系(示意)

注:经典现代化是第一次现代化,后现代化是从第一次现代化向第二次现代化转变的过渡期。

其三,政策含义。指不同国家对"现代化"的政策解释。它往往表现为国家推进现代化的各种战略和政策措施的一个集合。

"现代化"政策含义的主要来源有两个:一是"现代化理论"在政策领域的实际应用,二是"现代化"基本词义在政策领域的一种反映。社会理想或社会问题同样是其来源。

- 首先,不同现代化理论有不同的政策含义。例如,前面提到的经典现代化理论、后现代化理论和第二次现代化理论,就有不同的政策含义和不同的适用范围,需要区别对待。
- 其次,同一现代化理论可以有多种政策含义。例如,经典现代化理论在不同国家、不同时期和不同领域有不同的政策含义。在20世纪60年代,经典现代化理论在发展中国家,在经济领域的政策含义是推进工业化、标准化、规模化、市场化、农业现代化、工业现代化和管理现代化等;在社会领域的政策含义是推进城市化、福利化、教育现代化和科技现代化等。
- 再次,不同国家的现代化政策存在差别。目前,发达国家和发展中国家所处的发展阶段不同,国际差距非常明显。现代化理论在发达国家和发展中国家的政策含义有比较大的差别。

其四,"现代化"的三种解释之间的关系。形象地说,"现代化"犹如一个盒子,从盒子的三个侧面看,看到了"现代化"的三种解释。其中,基本词义相对稳定,理论含义存在学派差别,政策含义则与时俱进。一般而言,政策含义是理论含义的实际应用,理论含义与基本词义紧密相关,但它们的内涵有所不同。从"现代化"的基本词义到理论含义,大致在六个方面发生了变化(表1-9)。

表1-9 从"现代化"的基本词义到理论含义

	基本词义	第一种理论含义	第二种理论含义
时间	大约16世纪以来	大约18世纪以来	大约18世纪以来
性质	现代的、当前的	工业化的、现代的	先进的、前沿的、发达的
状态	具有现代特点的	具有工业化国家特征	具有世界先进水平
行为	成为现代的行为	从传统向现代的转变	达到世界前沿和先进水平
过程	走向现代的过程	从传统向现代的转变	达到世界前沿和先进水平
本质	一个发展方向 一个新鲜事物	一种社会变迁 一种社会转型	一种文明变化(进步) 一种文明转型

注:第一种和第二种理论含义分别指经典现代化理论和第二次现代化理论的理论解释。

(3) 21世纪的现代化

从理论角度看,大体而言,现代化起步于18世纪,扩散于19世纪,流行于20世纪和21世纪。从18世纪到21世纪,现代化的内涵和特征发生了巨大变化。目前,世界上绝大多数国家都在自觉或不自觉地经历某种现代化过程,都在直接或间接地把实现现代化作为一种发展目标(马蒂内利,何传启,2014)。相对于18~20世纪,21世纪的现代化将更加复杂。

显然,现代化指标和指标体系,不能采用20世纪50~60年代的经典现代化理论作为理论基础,不能采用70~80年代的后现代化理论作为理论支撑,而应采用90年代以来的新现代化理论作为理论基石。否则,就不符合21世纪的现代化。

其一,21世纪的现代化有新理论和新科学。

根据历史经验,"现代化"的基本词义是相对稳定的,理论含义和政策含义是变化的,后两者与现代化进程、现代化研究和现代化理论紧密相关。

- 18~19世纪的现代化,是一个社会现象,发生在少数国家,属于一种"自然演化"。那时,有"现代化"单词,但没有现代化研究和现代化理论。
- 20世纪的现代化,是一个世界现象,并有"现代化研究"和"现代化理论"。在20世纪后50年里,现代化研究出现了三次浪潮(即现代化研究、后现代化研究和新现代化研究),产生了众多现代化理论(图1-9)。从政策角度看,在发展中国家,经典现代化理论和依附理论等发挥较大作用;在发达国家,后现代化理论、生态现代化理论和反思性现代化理论等发挥较大作用。
- 21世纪的现代化,有了"新现代化研究""新现代化理论"和"现代化科学"。20世纪90年代以来,现代化研究的世界前沿进入"新现代化研究"阶段,产生和发展了一批"新现代化理论"(图1-9)。2010年《现代化科学》问世(何传启,2010)。在21世纪,现代化科学、第二次现代化理论、反思性现代化理论、生态现代化理论、多元现代性理论和全球化理论等,适用于所有国家;综合现代化理论和经典现代化理论等适用于尚未完成第一次现代化的国家。

其二,21世纪的现代化有新内涵和新视角。

现代化是动态的和开放的,现代化的内涵和特征是变化的。在18~20世纪60年代期间,现代化的内涵和特征包括工业化、城市化、民主化、理性化、现代科技和普及义务教育等。20世纪70年代以

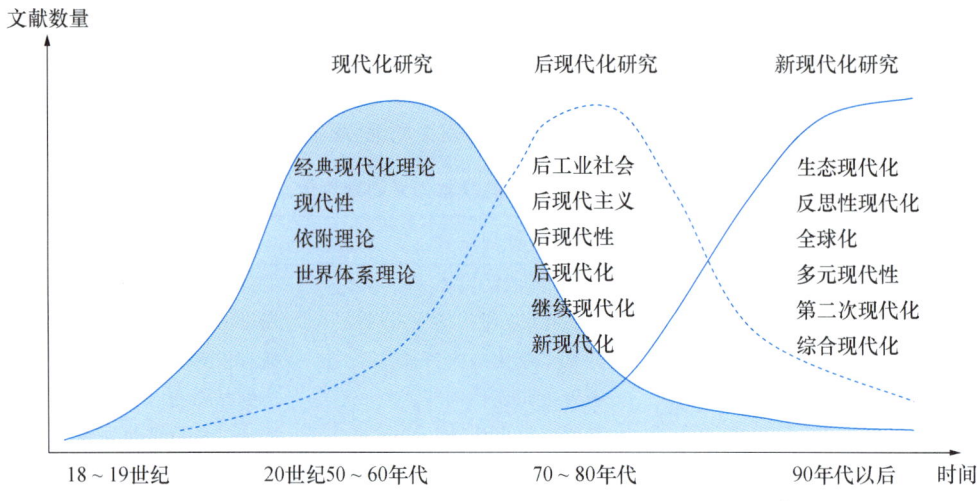

图 1-9 世界现代化研究的三次浪潮

资料来源:何传启,2010,2011。

来,现代化的内涵和特征包括后工业化、郊区化、知识化、信息化、网络化、绿色化、全球化、创新体系和普及高等教育等。21 世纪初,它还包括智能化、多元化和虚拟现实等,将来还会有新生物学和再生革命、新物理学和时空革命的影响等。

在 21 世纪,现代化既有新内涵,也有新视角。在新现代化研究中,可从三种视角观察和分析现代化(图 1-10)。首先,从现象视角看,现代化是一个世界现象;其次,从内涵视角看,现代化是一种文明进步;再次,从政策视角看,现代化可作为一个发展目标。三种视角相互关联(图 1-11),其中,文明进步是本质,世界现象是表现形式,发展目标是政策意义。通俗地说,现代化既是一个世界现象,也是一种文明进步,还是一个发展目标。

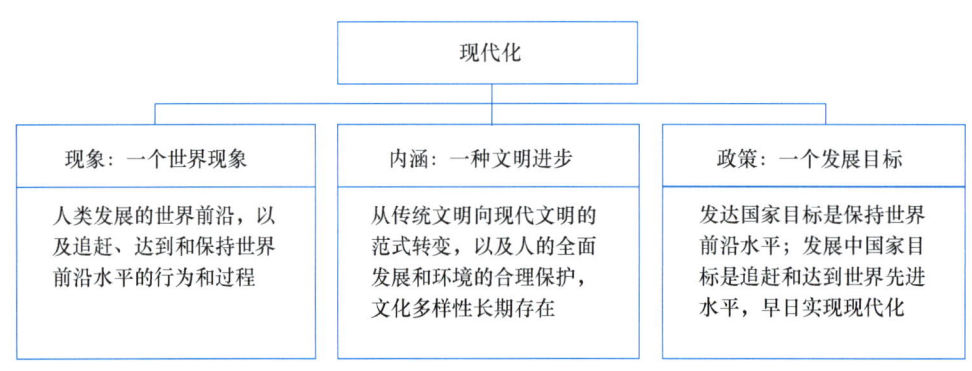

图 1-10 现代化的三种视角

① 现代化是一个世界现象。从现象角度看,现代化是一个世界现象和国际潮流。作为一个世界现象,现代化是 18 世纪工业革命以来人类发展的世界前沿,以及不同国家追赶、达到和保持世界前沿水平的行为和过程。现代化现象首先出现在少数先行国家,然后扩散到世界绝大多数的国家和地区,但也有少数的民族和地区没有参与现代化进程。

形象地说,现代化就像是一场人类发展的国际马拉松比赛(图 1-12),跑在前面的国家成为发达国家,其他国家是发展中国家;发达国家有可能掉下来,发展中国家也可以赶上去,这种位置转换具有一

观察和分析现代化的三种视角：
- 现象视角：它是一个世界现象
- 内涵视角：它是一种文明进步
- 政策视角：它是一个发展目标

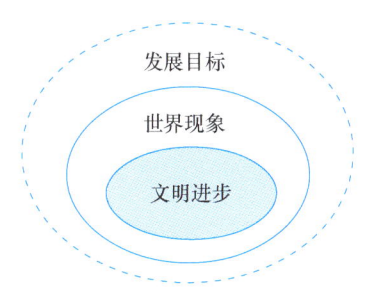

图 1-11 现代化的三种视角的相互关系（示意）

资料来源：何传启，2019a。

定规律性。《中国现代化报告 2010》发现，在 20 世纪后 50 年里，发达国家下降为发展中国家的比例约 10%，发展中国家升级为发达国家的比例约 5%。

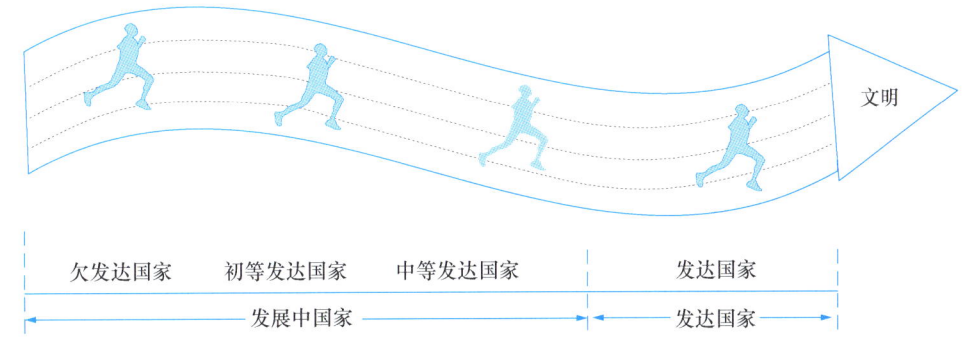

图 1-12 现代化是一个世界现象：犹如一场人类发展的国际马拉松比赛

资料来源：何传启，2010，2011。

② 现代化是一种文明进步。从内涵角度看，现代化是一种文明进步。作为一种文明进步，现代化是从传统文明向现代文明的范式转变，以及人的全面发展和自然环境的合理保护；它发生在人类文明的所有层次（世界、国际、国家、地区、机构和个体层次）、所有领域（政治、经济、社会、文化、环境和个人生活领域）和所有方面（行为、生活、结构、制度和观念等），同时文化多样性长期存在并发挥作用。现代化存在副作用和副产物。

作为一种文明转变，现代化至少包括五个转变，即从传统政治向现代政治、从传统经济向现代经济、从传统社会向现代社会、从传统文化向现代文化、从传统人向现代人的转变。在现代化过程中，人既是现代化的行为主体，也是现代化的受益者。

③ 现代化是一个发展目标。从政策角度看，在许多国家和地区，现代化被作为一个发展目标。其中，已经实现现代化的国家，其目标是保持现代化水平；没有实现现代化的国家，其目标是早日实现现代化。

国家和地区现代化是全面的现代化，包括所有领域、所有部门和所有方面的现代化，例如，政治现代化、经济现代化、社会现代化、文化现代化、生态现代化和人的现代化（如个人生活现代化等）；行为、生活、结构、制度和观念的现代化等。

其三，21 世纪的现代化有新路径和新模式。

在 21 世纪，现代化大致有三条路径，即第一次现代化路径、第二次现代化路径和综合现代化路径（图 1-13），它们都将受第二次现代化、新科技革命和新产业革命的影响，形成和表现出新的特点。不同路径有不同模式,有不同理论基础。

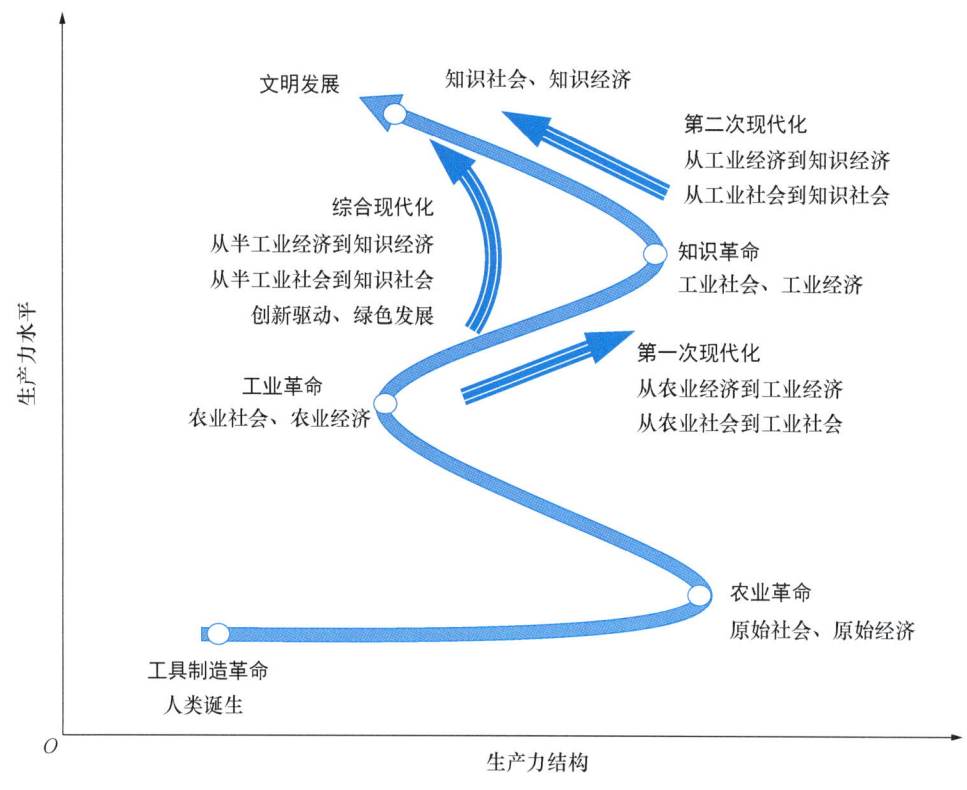

图1-13　21世纪现代化的三条路径(示意)

注:人类文明中轴发生了三次转换,形成四个时期,每个时期文明结构不同。坐标横轴为生产力结构,纵轴为生产力水平。横轴刻度:原始文化时期为非狩猎采集与狩猎采集劳动力之比,农业文明时期为非农业与农业劳动力之比,工业文明时期为工业与非工业劳动力之比,知识文明时期为非知识产业与知识产业劳动力之比。圆圈代表工具制造革命、农业革命、工业革命和知识革命(包含信息革命和生态革命)等。在21世纪,第一次现代化路径会受到第二次现代化的吸引,而发生向第二次现代化的迁移。

资料来源:何传启,2010,2011。

2015年世界上约有20多个国家处于第二次现代化,100多个国家处于第一次现代化,少数国家处于传统农业社会。未来90年,处于第一次现代化的国家数量将下降,进入第二次现代化的国家数量会增长,没有完成第一次现代化的国家多数会选择综合现代化路径。

2. 现代化科学的基本原理

现代化科学是采用科学方法、系统研究现代化现象的一门交叉科学,是"科学大家庭"的新成员。它是何传启2010年提出来的,目前有四部学术著作(图1-14):科学出版社出版的《现代化科学:国家发达的科学原理》(何传启,2010)、北京大学出版社出版的《中国现代化报告2011:现代化科学概论》(何传启,2011)和斯普林格出版社出版的 *Modernization Science: The Principles and Methods of National Advancement*(He,2012)。

2019年出版的《现代化科学领导干部读本》(何传启,2019a),主要从自然科学角度,采用跨学科方法,配合270多张图表,系统解析关于现代化的100个核心问题,试图为读者提供一部百科全书式的世界现代化概览,为中国现代化的研究者和建设者提供一部工具书,为全国中等和高等学校的广大师生提供一本关于现代化科学的科普读物。

图 1-14　现代化科学的四部学术著作

（1）现代化的概念模型

在现代化科学里，现代化没有统一定义，但有多种操作性定义。虽然单个操作性定义并不完备，但可反映现代化的某种特征，适合和满足现代化研究的某种需要。它们集合起来，可以反映现代化的科学内涵。这里介绍几种操作性定义和概念模型（表 1-10）。

表 1-10　现代化的操作性定义

项目	操作性定义	应用
定义一	现代化是 18 世纪以来人类文明的一种前沿变化和国际竞争（图 1-15），是现代文明的形成、发展、转型和国际互动的前沿过程，是文明要素的创新、选择、传播和退出交替进行的复合过程，是追赶、达到和保持世界先进水平的国际竞争和国际分化；达到和保持世界先进水平的国家是发达国家，其他国家是发展中国家，两类国家之间可以转换	理论分析
定义二	现代化是 18 世纪以来文明发展、文明转型和国际互动的交集（图 1-16）	定量评价
定义三	现代化是现代文明的世界前沿，以及追赶、达到和保持世界前沿的行为和过程	政策分析

资料来源：何传启，2010。

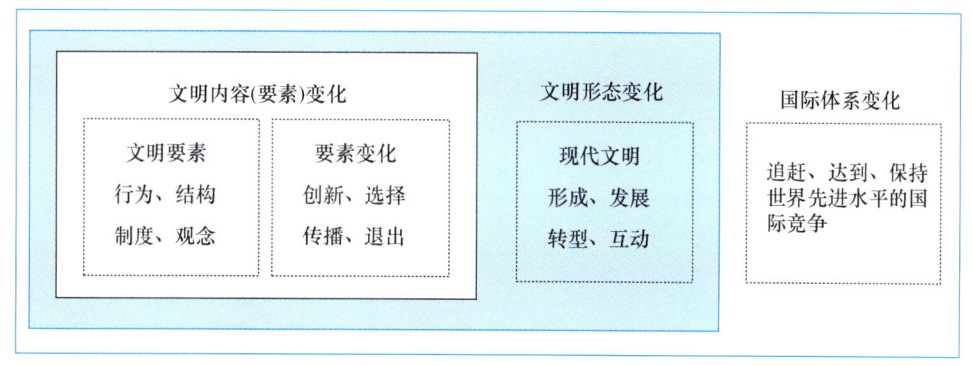

图 1-15　现代化的结构模型：三个层次的变化

注：人类文明的前沿变化包括文明内容（要素）和文明形态的变化，国际竞争伴随国际体系变化。
资料来源：何传启，2010。

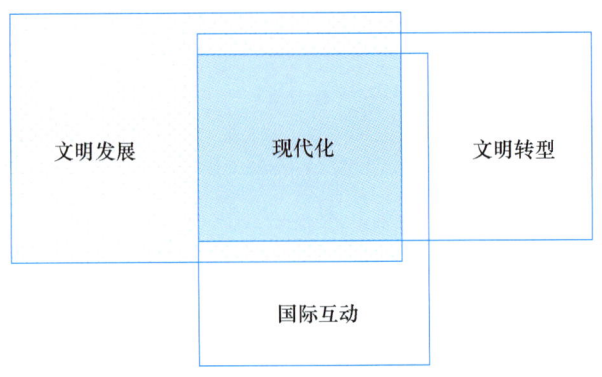

图 1-16　现代化的概念模型

注：现代化是文明发展、文明转型和国际互动的交集，文明发展包括文明进步和文明正向适应。
资料来源：何传启，2010。

（2）现代化过程的特点

现代化过程可以分为两类：一类是前沿过程，一般指发达国家的现代化；另一类是追赶过程，一般指发展中国家的现代化。两类过程既有联系又有区别，而且相互影响。在公平贸易条件下，两类过程可以相互促进；在不公平贸易条件下，两类过程可能发生矛盾，甚至相互抑制。前沿过程是现代化理论研究的重点，追赶过程是现代化政策研究的重点。

其一，前沿过程的阶段划分。在18～21世纪期间，现代化前沿过程可以分为第一次现代化和第二次现代化两大阶段（表1-11）。其中，第一次现代化进程分为起步、发展、成熟和过渡四小阶段，包含机械化、电气化和自动化三次浪潮；第二次现代化进程分为起步、发展、成熟和过渡四小阶段，包含信息化、仿生化和体验化三次浪潮，后两次浪潮是一种预测。

表 1-11　现代化前沿过程的阶段

项目	第一次现代化阶段	第二次现代化阶段
时间	约1760—1970年	约1970—2100年
内容	从农业文明向工业文明、从传统文明向现代文明的转变 从农业社会向工业社会、农业经济向工业经济、农业政治向工业政治、农业文化向工业文化的转变等	从工业文明向知识文明、从物质文明向生态文明的转变 从工业社会向知识社会、工业经济向知识经济、工业政治向知识政治、工业文化向知识文化、物质文化向生态文化的转变等
特点	工业化、城市化、民主化、理性化， 社会福利、社会流动、提升效率， 现代科技、普及义务教育， 经常"以经济增长为中心"	知识化、信息化、绿色化、全球化， 物质生活趋同、精神生活多样化， 创新驱动、普及高等教育， 经常"以生活质量为中心"
周期	起步期、发展期、成熟期、过渡期	起步期、发展期、成熟期、过渡期
浪潮	机械化、电气化、自动化	信息化、仿生化、体验化

资料来源：何传启，2010。

两次现代化之间，既有继承，又有本质差别。① 第一次现代化是第二次现代化的基础。第一次现代化是以工业经济和工业社会为支柱和导向的经典现代化，经常以经济增长为中心，奠定人类发展的物质基础。第二次现代化是以知识经济和知识社会为支柱和导向的新型现代化，经常以生活质量为中心，物质生活趋同，精神生活多样化，开辟人类发展的新前沿。② 第二次现代化在某些方面是第一次现代化的继承和发展,如民主化、理性化、现代教育和科技进步等;在某些方面是第一次现代化的"反向"或转折,如从工业化到非工业化、从城市化到郊区化、从集中化到分散化、从生态破坏到环境保护等;在某些方面是创新,如知识化、信息化和智能化等。③ 两次现代化的协调发展并向第二次现代化转型的过程是综合现代化,即从半工业经济和半工业社会向知识经济和知识社会的转变。

其二,追赶过程的阶段划分。现代化追赶过程的阶段划分,既有共性,也有国际差异。在追赶过程中,两次现代化的六次浪潮的内容不可缺省,但它们的时间顺序可以发生变化。六次浪潮可以循序推进,也可以多次浪潮同时推进。例如,1960年开始现代化的国家,没有必要先进行机械化后进行电气化,可以同时推进机械化、电气化和自动化,相当于三次浪潮内容同时推进,三次浪潮融合起来,浪潮表现不明显。其他可以类推。

其三,两大阶段的特点。简单地说,第一次现代化是从农业经济向工业经济、从农业社会向工业社会的转变,它的主要特点包括工业化、城市化、民主化、理性化、市场化、福利化、现代科技和普及义务教育等,在不同领域有不同特点。第二次现代化是从工业经济向知识经济、从工业社会向知识社会的转变,目前它的主要特点包括知识化、信息化、智能化、绿色化、全球化、个性化、多元化、创新驱动和普及高等教育等,在不同领域有不同特点。两次现代化在经济、社会、政治、文化、环境和人的现代化等方面有不同特点(表1-12)。

表1-12 两次现代化的比较特点

项目	第一次现代化	第二次现代化
时间	约1760~1970年	约1970~2100年
综合	工业化、城市化、民主化、理性化、市场化、福利化、现代科技、生活水平	知识化、信息化、智能化、绿色化、全球化、多样化、创新驱动、生活质量
经济	工业化、市场化、标准化、非农业化	非工业化、知识化、生态化、全球化
社会	城市化、福利化、流动化、普及义务教育	郊区化、信息化、绿色化、普及高等教育
政治	民主化、法治化、职业化、制度化	知识化、国际化、分散化、个性化
文化	理性化、世俗化、大众化、物质价值	多元化、网络化、产业化、生活质量
环境	经济主义、征服自然、生态破坏	保护环境、互利共生、经济与环境双赢
个人	开放、平等、成就感、个人价值	终身学习、个性化、幸福感、自我实现
副作用	环境污染、贫富分化、经济危机周期等	信息鸿沟、网络犯罪、技术风险等
其他	部分传统价值持续存在并发挥作用	部分传统价值持续存在并发挥作用

注:第二次现代化的特点是截至2015年的特点,未来它还会有新发展。
资料来源:何传启,2010。

其四,现代化过程的原则。根据300年国际经验,现代化过程一般遵循10个基本原则(表1-13),分别涉及文明内容、文明形态和国际体系变化,涉及现代化的进程、分布、结构、水平(地位)、行为、路径、需求、效用、状态和中轴等。

表1-13 现代化过程的10个基本原则

原则	内容或解释	备注
进程不同步	不同国家、领域和要素的现代化进程都是不同步的	
分布不均衡	现代化的空间、领域和要素的横向和纵向分布都不均衡	国际体系
结构稳定性	发达国家比例小于20%,发展中国家比例大于80%	
地位可变迁	发达国家降级概率约10%,发展中国家升级概率约5%	

(续表)

原则	内容或解释	备注
行为可预期	行为决策具有有限的理性(来自西蒙教授的"有限理性原理")	
路径可选择	路径选择受自身历史和条件的制约(路径依赖性)	文明内容
需求递进	需求Ⅰ—满足—需求Ⅱ(来自马斯洛教授的"需求层次理论")	
效用递减	创新Ⅰ—效用变化—创新Ⅱ,效用周期、效用固化	
状态不重复	状态Ⅰ—变迁—状态Ⅱ	文明形态
中轴转变	不同的领域有不同的中轴(来自贝尔教授的"社会中轴原理")	

资料来源:何传启,2010。

(3)现代化的主要结果

现代化的结果是时间的函数,随时间而变化,可以从世界前沿、国际体系和国家状态三个层次进行分析(图 1-17),涉及水平、特征和状态(含结构)的变化。

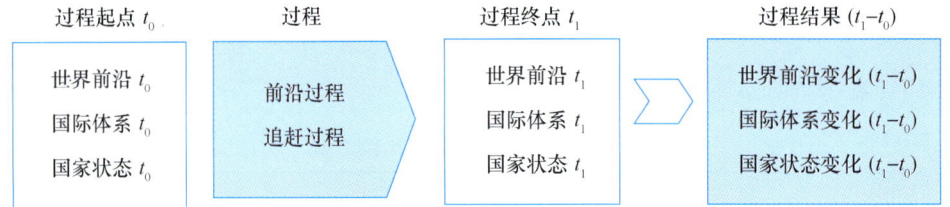

图 1-17 现代化过程和结果的分析结构

注:一般而言,过程结果等于过程终点与过程起点之间的差别(过程结果=终点截面 t_1 — 起点截面 t_0)。现代化结果包括水平、特征和状态(含结构)的变化。

资料来源:何传启,2010。

其一,一般结果。包括现代性、特色性和多样性的形成,包括劳动生产率和生活质量提高、社会进步、政治民主、文化多元、生态变化和人的全面发展,包括国际分化、国家分层和副作用,包括世界前沿、国际体系和国家状态的变化等。

其二,三种变化。一是世界前沿的变化,包括两次现代化的变化。二是国际体系的变化,包括体系组成、结构、水平和特征的变化。三是国家状态的变化,包括阶段、前沿、水平和国际地位的变化等。前沿变化同样包括现代性、特色性和副作用的形成。

其三,国家目标。现代化的国家目标可以分为理论目标和政策目标(表 1-14)。

表 1-14 现代化的国家目标

	理论目标		政策目标	
第一目标	实现第一次现代化,完成从农业社会向工业社会的转变	阶段目标,固定目标。所有国家都有可能完成,但完成时间有先有后	国家进步目标	提高生产力和生活质量,促进社会的公平和进步,促进人的全面发展,促进人与自然互利共生等
第二目标	实现第二次现代化,完成从工业社会向知识社会的转变	阶段目标,目前是动态的。所有国家都有可能完成,完成时间差别很大	国际地位目标	追赶、达到或保持世界先进水平。发达国家的政策目标是保持世界先进水平,或实现某个领域或方面的现代化(如果某领域或方面没有达到世界先进水平)。发展中国家的政策目标是追赶和达到世界先进水平
第三目标	追赶、达到和保持人类发展的世界先进水平	水平目标,动态目标。达到和保持世界先进水平的国家是少数,没有达到世界先进水平的国家是多数		

资料来源:何传启,2017a。

(4) 现代化的主要动力

一般而言,现代化的动力因素包括创新、竞争、适应、交流、国家利益和市场需求等。其中,创新是现代化的根本来源,竞争是现代化的激励机制,适应是现代化的自调机制,交流是现代化的促进因素,国家利益是国际竞争的主导因子,市场需求是产品创新的主导因素。

现代化的动力机制,需要建立动力模型,包括微观、宏观和定量模型(表 1-15)。

表 1-15 现代化的动力模型(举例)

模型	内容或解释	备注
创新驱动模型	创新产生新观念、新制度、新知识和新物品,推动现代化	
双轮驱动模型	国家利益和市场需求的共同作用,推动现代化	微观
联合作用模型	创新、竞争、适应、交流的联合作用,推动现代化	
创新扩散模型	重大创新的国内扩散和国际扩散,推动现代化	
创新溢出模型	重大创新的外部效应(对其他领域的影响),推动现代化	宏观
竞争驱动模型	国际竞争、市场竞争、民主竞选的作用,推动现代化	
生产力函数	生产率与技术进步、人均技能和人均资本成正比	
要素优化模型	生产率与先进技术、优质资产和优质劳动比例成正比	定量
结构优化模型	生产率与高效产业比例和优质企业比例成正比	
创新价值模型	生产率与创新价值比例和物化劳动比例成正比	

注:创新扩散模型和创新溢出模型是创新理论模型在现代化领域的应用。
资料来源:何传启,2010,2017a。

(5) 现代化的主要模式

21 世纪世界现代化有三条基本路径(图 1-13),每条路径有不同模式。

其一,第一次现代化路径(表 1-16)。从农业文明向工业文明、从传统文明向现代文明、从农业经济向工业经济、从农业社会向工业社会的转变,重点是工业化、城市化、民主化、理性化、市场化和福利化,普及义务教育,重视经济增长,提高生活水平等。

表 1-16 第一次现代化路径的数字化图景(举例)

领域	核心要素	指标	变化趋势
政治	民主化	普选覆盖率	上升:从 0 到 100%
经济	工业化	工业比例	上升:从 5% 到 50%(国别差异)
		农业比例	下降:从 90% 到 10%
社会	城市化	城市人口比例	上升:从 20% 到超过 60%
	现代教育	小学普及率	上升:从 10% 到 100%
	福利化	养老保险覆盖率	上升:从 0 到 100%(国别差异)
文化	理性化	成人识字率	上升:从 10% 到 100%
		报纸阅读率	上升:从 0 到超过 60%(国别差异)
环境		环境质量	下降:从环境友好到环境退化

资料来源:何传启,2017a。

第一次现代化路径的要素组合模式(表 1-17)。第一次现代化包括很多要素,如工业化、城市化、理性化、民主化和国际互动等。不同国家在不同时期采用的策略不同,在某个时期相对优先发展某种要素,于是形成不同模式。

表 1-17 第一次现代化的要素组合模式(举例)

序号	要素组合	模式	国家举例
1	工业化与民主化	工业化优先	德国、日本、韩国等
2		民主化优先	法国、芬兰、新西兰等
3		协调发展	英国、美国、瑞典等
4	工业化与城市化	工业化优先	法国、芬兰等
5		城市化优先	意大利、澳大利亚等
6		协调发展	瑞典、英国等
7	经济与教育	经济优先	英国、葡萄牙等
8		教育优先	德国、瑞典、美国等
9		协调发展	意大利、法国等
10	市场与计划	自由市场经济	18~19 世纪的西方国家
11		计划指令经济	20 世纪 50~80 年代的东欧国家
12		混合经济	20 世纪 40 年代以来的西方国家
13	追赶工业化	进口替代	20 世纪 30~80 年代部分拉美国家
14		出口导向	20 世纪 50 年代以来部分东亚国家(地区)
15		协调发展	20 世纪 90 年代以来部分发展中国家
16	国际互动	民族工业保护	19 世纪德国等(后发国家)
17		自由贸易	19 世纪英国等(先行国家)
18		殖民帝国	18~20 世纪早期的西方殖民帝国
19		依附发展	20 世纪部分的拉美国家和新独立国家

资料来源:中国现代化战略研究课题组等,2010。

其二,第二次现代化路径(表 1-18)。从工业文明向知识文明、从物质文明向生态文明、从工业经济向知识经济、从工业社会向知识社会的转变;重点是知识化、信息化、网络化、智能化、绿色化、多元化和全球化,创新驱动,普及高等教育,重视工作和生活的平衡,经济增长与环境保护的双赢,提高生活质量等。

表 1-18 第二次现代化路径的数字化图景(举例)

领域	核心要素	指标	变化趋势
政治	民主化	普选覆盖率	保持:100%;国际化
经济	服务化 知识化	农业比例	下降:从 10% 到 1%
		工业比例	下降:从 50% 到 20%
		服务业比例	上升:从 40% 到 80%(国别差异)
		知识型服务业比例	上升:从 20% 到 50%
社会	郊区化 教育	郊区人口比例	上升:从 20% 到 50%
		中学普及率	上升:从 60% 到 100%
文化	知识化 信息化	大学普及率	上升:从 10% 到 100%
		互联网普及率	上升:从 0 到 100%
环境	绿色化	废水处理率	上升:从 0 到 100%

资料来源:何传启,2017a。

第二次现代化路径的要素组合模式(表 1-19)。目前,第二次现代化的实践只有 40 多年历史。第二次现代化包括很多要素,如知识化、信息化、生态化和全球化等,不同要素组合就形成不同发展模式。不同国家在不同时期采用的策略不同,在某个时期相对优先发展某种要素,就会形成不同模式;

如知识化优先、信息化优先、生态化优先、协调发展等。

表 1-19　第二次现代化的要素组合模式（举例）

序号	要素组合	模式	国家举例
1	知识化与信息化	知识化优先	美国、瑞典、芬兰等
2		信息化优先	日本、荷兰等
3		协调发展	澳大利亚、英国等
4	知识化与生态化	知识化优先	芬兰、比利时等
5		生态化优先	英国、荷兰等
6		协调发展	日本、挪威等
7	信息化与生态化	信息化优先	挪威、日本等
8		生态化优先	德国、英国等
9		协调发展	加拿大、比利时等
10	全球化	高贸易、高投资	爱尔兰、比利时等
11		中贸易、中投资	德国、法国等
12		低贸易、低投资	美国、日本等
13	经济与社会	经济优先	日本、爱尔兰等
14		社会优先	德国、瑞典、芬兰等
15		协调发展	比利时、荷兰、奥地利等
16	经济与生态	经济优先	美国、澳大利亚、加拿大等
17		生态优先	瑞士、奥地利、西班牙等
18		协调发展	德国、法国等
19	社会与生态	社会优先	美国、澳大利亚、加拿大等
20		生态优先	瑞士、奥地利、西班牙等
21		协调发展	丹麦、英国、法国等
22	经济、社会与生态	协调发展	法国、丹麦、英国等

注：高贸易、高投资：国际贸易和投资占 GDP 比例≥100％；中贸易、中投资：50％≤国际贸易和投资占 GDP 比例＜100％；低贸易、低投资：国际贸易和投资占 GDP 比例＜50％。
资料来源：中国现代化战略研究课题组等，2010。

其三，综合现代化路径（表 1-20）。两次现代化的协调发展，并持续向知识文明的迈进；重点是新型的工业化、城市化、福利化和知识化、信息化、智能化、民主化，以及农业现代化、创新驱动和绿色发展等。不同国家的综合现代化，既有共性又有差别。

表 1-20　综合现代化路径的数字化图景（举例）

领域	核心要素	指标	变化趋势
政治	民主化	普选覆盖率	上升：达到 100％（国别差异）
经济	工业化 服务化 知识化	农业比例	下降：从 50％ 到 10％ 或更低
		工业比例	波动：从 20％ 至 40％（国别差异）
		服务业比例	上升：从 30％ 到 60％ 或更高
		知识型服务业比例	上升：从 20％ 到 40％（国别差异）
社会	城市化 郊区化	城市人口比例	上升：从 30％ 到 80％（国别差异）
		郊区人口比例	上升：从 10％ 到 30％（国别差异）
	现代教育	小学普及率	上升：从 60％ 到 100％
		中学普及率	上升：从 50％ 到 100％
	社会福利	养老保险覆盖率	上升：从 20％ 到 100％（国别差异）

(续表)

领域	核心要素	指标	变化趋势
文化	理性化 知识化 信息化	成人识字率 大学普及率 互联网普及率	上升：从60%到100% 上升：从10%到60%（国别差异） 上升：从0到80%（国别差异）
环境	绿色化	废水处理率	上升：从10%到80%（国别差异）

资料来源：何传启，2017a。

综合现代化路径的要素组合模式（表1-21）。综合现代化是两次现代化协调发展，实际上是两次现代化的关键要素的不同组合。它是一个动态调整的过程，大致可以分为三个阶段。第一阶段：工业化为主，知识化为辅，第一次现代化要素占优势地位；第二阶段：工业化和知识化并重，两次现代化并重；第三阶段：知识化为主，工业化为辅，第二次现代化要素占优势地位，第一次现代化逐步完成，然后全面进入第二次现代化。

表1-21 综合现代化的要素组合模式（举例）

序号	要素组合	模式	国家举例
1	知识化与工业化	知识化优先	希腊、巴拿马等
2		工业化优先	墨西哥、南非等
3		协调发展	智利、土耳其、泰国等
4	信息化与工业化	信息化优先	马来西亚、哥斯达黎加等
5		工业化优先	埃及、印度尼西亚等
6		协调发展	土耳其、泰国、越南等
7	工业化与生态化	工业化优先	马来西亚、泰国等
8		生态化优先	哥伦比亚、秘鲁等
9		协调发展	智利、哥斯达黎加等
10	国际互动	高贸易、高投资	马来西亚等
11		中贸易、中投资	中国等
12		低贸易、低投资	巴西等
13	城市化与生态化	城市化优先、生态化优先、协调发展	
14	城市化与信息化	城市化优先、信息化优先、协调发展	
15	经济与教育	经济优先、教育优先、协调发展	
16	经济与社会	经济优先、社会优先、协调发展	
17	经济与生态	经济优先、生态优先、协调发展	
18	社会与生态	社会优先、生态优先、协调发展	
19	经济社会与生态	协调发展	

资料来源：中国现代化战略研究课题组等，2010。

综合现代化的模式同样具有很大国别差异。第一次和第二次现代化都具有模式多样性，综合现代化的模式多样性更大，它的要素组合模式更多。例如，工业化优先、民主化优先、城市化优先、知识化优先、信息化优先、知识化与工业化协调发展、信息化与工业化协调发展、工业化与生态化协调发展、城市化与信息化协调发展、城市化与生态化协调发展等。

3. 现代化研究的分析结构

在20世纪，现代化研究属于社会科学或人文科学的一个分支，一般采用社会科学或历史学的研究范式。在21世纪，现代化科学是一种交叉科学，可以借鉴自然科学和社会科学的研究方法，逐步形成系统的研究范式和分析结构（图1-18）。

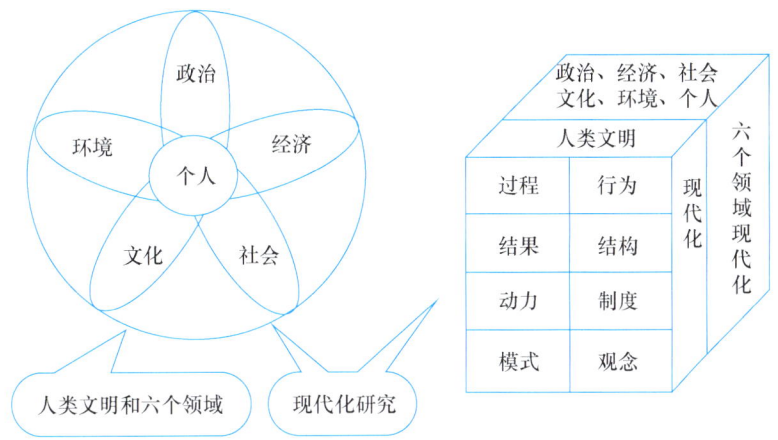

图 1-18 人类文明与现代化的分析结构(示意)

注:人类文明既是一个有机整体,又是国家文明的一个集合。关于人类文明和现代化的科学研究,可以分领域和分国家进行。主要领域包括经济、社会、政治、文化、环境和个人等。六个领域是并行的,它们既相对独立又相互交叉。这种分析结构是一种操作性界定;作为一个分析框架,虽不完备,但有意义。

资料来源:何传启,2010。

(1) 现代化研究的四个维度

从过程角度看,现代化是一个四维过程,包括时间维度(分阶段进行)、空间维度(层次维度)(分层次进行)、领域维度(分领域和分部门进行)和内容维度(行为、结构、制度和观念等)。

如果不考虑内容维度,现代化研究对象涉及时间、空间和领域三个维度(图 1-19)。

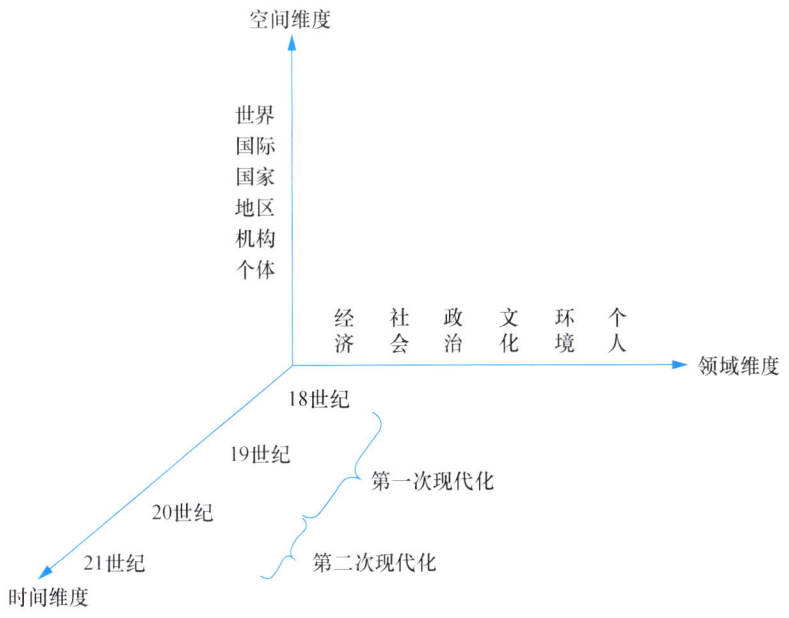

图 1-19 现代化研究对象的三个维度

资料来源:何传启,2010。

(2) 现代化研究的结构矩阵

现代化研究的对象涉及人类文明的所有层次、领域和部门等,内容涉及四种要素、四个方面和三个问题研究等,它们组成一个结构矩阵(表1-22)。其中,领域研究是相互交叉的,涉及许多部门(表1-23)。现代化研究是高度交叉和综合的。

表1-22　现代化研究对象和研究内容的结构矩阵

			研究内容		
			四个要素	四个方面	三个问题
研究对象	层次维度	世界、国际、国家、地区、机构、个体	四个维度和跨维度组合的行为(生活)、结构(器物)、制度和观念的现代化	四个维度和跨维度组合的现代化的过程(投入)、结果(产出)、动力和模式	四个维度和跨维度组合的世界前沿、如何保持前沿、如何追赶前沿
	领域维度	经济、社会、政治、文化、环境、个人			
	部门维度	农业、工业、服务业、科教、健康、交通等			
	时间维度	第一次现代化、第二次现代化、综合现代化			
	跨维度的组合	跨两维度(层次+领域、层次+部门、层次+时间、领域+时间、部门+时间)和跨三维度(层次+领域+时间、层次+部门+时间)的各种组合			

注:本表结构是一种操作性结构。也许它不完备,但作为一个分析框架,仍有意义。

表1-23　现代化研究的六个领域及其主要相关部门

	政治	经济	社会	文化	个人	环境(自然和国际环境)	
	政治现代化	经济现代化	社会现代化	文化现代化	人的现代化	生态现代化	国际现代化
政府	*						
国防	*						*
外交	*						*
立法	*						
司法	*						
农业		*				*	
工业		*				*	
服务业		*				*	
人口			*		*	*	*
卫生			*		*		
社保			*				
能源		*	*			*	
运输		*	*			*	
信息		*	*	*			
贸易		*	*				*
金融		*					
旅游		*	*	*		*	
科技		*		*		*	
教育			*	*	*		
文化				*	*		
体育			*	*	*		*
环境						*	*

注:*表示该领域现代化研究所涉及的主要部门。国际现代化属于"跨国层次"的现代化。

根据前面的界定,本章所讨论的世界现代化的度量衡,特指世界范围的国家现代化的度量衡。① 在层次维度,涉及世界范围的全部国家;② 在时间维度,涉及两次现代化,但以第二次现代化为主;

③ 在领域维度,涉及全部领域和部门(表1-23);④ 在内容维度,涉及全部内容,包括四个要素、四个方面和三个问题等(表1-22)。

二、现代化指标的选择

现代化现象是一个复杂的世界现象,现代化指标是反映这个现象的指标。关于现代化的科学内涵、基本原理和分析结构的讨论,为选择现代化指标奠定了学术基础。同时,现代化指标既要满足现代化科学和现代化研究的需要,也要满足现代化政策制定的需要。

一般而言,现代化指标是反映现代化现象和过程的水平、特征和状态的指标,可以用来研究、监测和评价现代化的实际进展、发展水平和状态。现代化发生在人类文明的所有层次、领域、部门和方面。不同层次、领域、部门和方面的变化和进步,多数可以用指标来测量或反映。有些新现象暂时没有指标,需要研究和建立新指标。

1. 现代化指标的分类

关于现代化指标的分类,没有统一认识,没有统一分类(表1-24)。例如,根据指标功能或意义,分为水平指标、特征指标和状态指标;根据指标性质,分为共性指标和个性指标;根据指标特点,分为定量指标和定性指标等。如果按用途分类,可分为通用指标和专用指标、评价指标和监测指标等。这些分类都是相对的,而且有所交叉。

表1-24 现代化指标的主要类型(举例)

分类依据	类型	解释	举例
指标功能	水平指标	反映现代化某方面达到的高度	劳动生产率
	特征指标	反映现代化某方面的主要特点	城市化(城市人口比例)
	状态指标	反映现代化某方面的形态或态势	国防费用比例、物价指数
指标性质 (代表性、 实用性)	共性指标	反映现代化的共性、普遍特征和要求的指标	人均收入、平均寿命
	个性指标	反映现代化的个性、特殊性和多样性的指标	人均资源、饮食文化
	正指标	指标数值变化与水平变化正相关	人均国民收入
	逆指标	指标数值变化与水平变化负相关	婴儿死亡率
	转折指标	指标数值变化发生趋势逆转	工业增加值比例
	波动指标	指标数值变化上下波动,趋势不明显	失业率
	中性指标	指标数值变化与水平变化无显著关系	政府消费比例
	合理值指标	指标数值变化存在一个合理值	人均能源消费
指标特点	定量指标: 合成指标	多个单项指标经过计算合成一个综合指标	人类发展指数
	总量指标	指标数值反映总量	人口、GDP
	人均指标	指标数值反映人均量	人均GDP
	结构指标	指标数值反映结构特点	农业劳动力比例
	比例指标	指标数值反映比例关系	科研经费占GDP比例
	效率指标	指标数值反映单位产出	劳动生产率
	效益指标	指标数值反映投入产出比	资本利润率
	质量指标	指标数值反映质量特征	单位GDP的能源消耗
	增长率指标	指标数值反映年度变化率	人均GDP的增长率
	其他指标	指标数值反映其他状态、水平或特征	家庭平均规模
	定性指标: 制度指标	制度的特征和变化	养老保险制度
	观念指标	观念的特征和变化	环境保护观念

(续表)

分类依据	类型	解释	举例
指标用途	评价指标 监测指标	用于现代化评价的指标 用于现代化监测的指标	农业劳动力比例 人均可耕地面积

资料来源：何传启，2010。

(1) 按功能分类

根据指标功能，现代化指标可以大致分为三类：水平指标、特征指标和状态指标（图1-20）。一般而言，水平指标反映现代化的水平，特征指标反映现代化的阶段和特征，状态指标反映现代化的状态。其中，状态指标的数值变化，与现代化水平没有显著线性关系；特征指标与现代化的发展阶段和特点直接相关，同时与现代化水平相关。

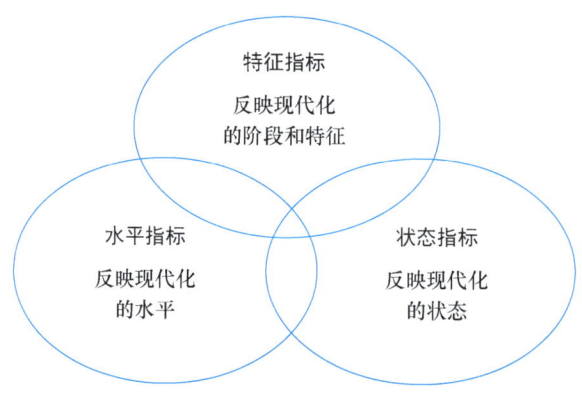

图1-20 现代化指标的基本类型

当然，这种分类是相对的，部分指标可以相互交叉或转换。① 有些指标，既反映水平，也反映状态。例如，小学入学率，在发展中国家反映教育现代化水平；但在发达国家，只反映教育现代化状态，因为它的小学入学率早已达到饱和（100%）。② 有些指标，既反映水平，也反映特征。例如工业化、城市化和信息化指标等，反映现代化的阶段和水平。③ 有些指标，既反映状态，又与特征有关。例如，老龄人口比例，既反映老龄化状态，也反映老龄社会特征，但不反映现代化水平。④ 有些指标，同时与水平、特征和状态相关。例如，森林覆盖率比例，既是一个状态指标，也可反映绿色发展的水平和特征。

(2) 按性质分类

按性质分类，大致有两种分类：一是根据代表性分类；二是根据实用性分类。

首先，按代表性，可以分为两类。其中，共性指标反映现代化的共性、普遍特征和要求，如人均收入和平均寿命等，多数为定量指标；个性指标反映现代化的个性、特殊性和多样性，多数为定性指标，如社会保障模式等，部分个性指标为定量指标，如人均资源等。

其次，按实用性，可以大致分为六类。其中，正指标为指标数值变化与水平变化正相关的指标，逆指标为指标数值变化与水平变化负相关的指标，转折指标为指标数值变化发生趋势逆转的指标，波动指标为指标数值上下波动且变化趋势不十分明显的指标，中性指标为指标数值变化与水平变化无显著关系的指标，合理值指标为指标数值变化存在合理值的指标（即指标数值不会"无限"上升或下降的指标）。

(3) 按特点分类

现代化指标的特点很多，分类方法也很多，例如定量指标和定性指标等。

定量指标是有定量数据的指标，多数可以通过统计资料获得数据；没有统计数据的定量指标（新现象),需要专题研究。定性指标是没有或很难获得定量数据的指标。一般而言,制度和观念变化多数是定性指标。有些时候,定性指标可以通过社会调查,转换成相应的定量指标。例如,世界价值观调查项目,通过统计调查问卷的结果,研究世界观念变化。

定量和定性指标,还可以细分成很多类型。一般而言,人均指标、结构指标、比例指标、效率指标、效益指标、质量指标等,可用于水平评价和动态监测;总量指标、增长率指标、定性指标等,可用于特征和状态分析;共性指标可用于水平评价,个性指标多用于动态监测。

2. 现代化指标的变化趋势

根据长期趋势和变化特点的不同,现代化指标的数值变化可分为九种类型(表1-25)。

表1-25 现代化指标的变化趋势(根据长期趋势和变化特点)

类型	长期趋势和变化特点	举例	变化模式
上升变量	长期上升,数值开放 短期波动,与国家水平相关	人均收入	
	长期上升,数值有极限 短期波动,与国家状态相关	成人识字率	
下降变量	长期下降,数值"开放" 短期波动,与国家水平相关	人口死亡率	
	长期下降,数值趋向极限 短期波动,与国家水平相关	农业比例	
转折变量	先升后降 与发展阶段相关	工业比例	
	先降后升 与发展阶段和状态相关	劳动安全性	
波动变量	长期波动,趋势平缓 与国家状态相关	失业率	
	周期性波动,趋势平缓 与国家状态相关	GDP增长率	
随机变量	偶然发生,随机变化 与国家水平和状态相关	科学发现 自然灾害	
地域变量	全球趋势存在明显的地域和国家差异,有升降等多种形式	矿产资源	
稳定变量	数值相对稳定的变量	国土面积	基本不变
饱和变量	数值饱和的变量	小学入学率	数值饱和(100%)
适度变量	数值存在某种合理值	人均能源消费	存在合理值

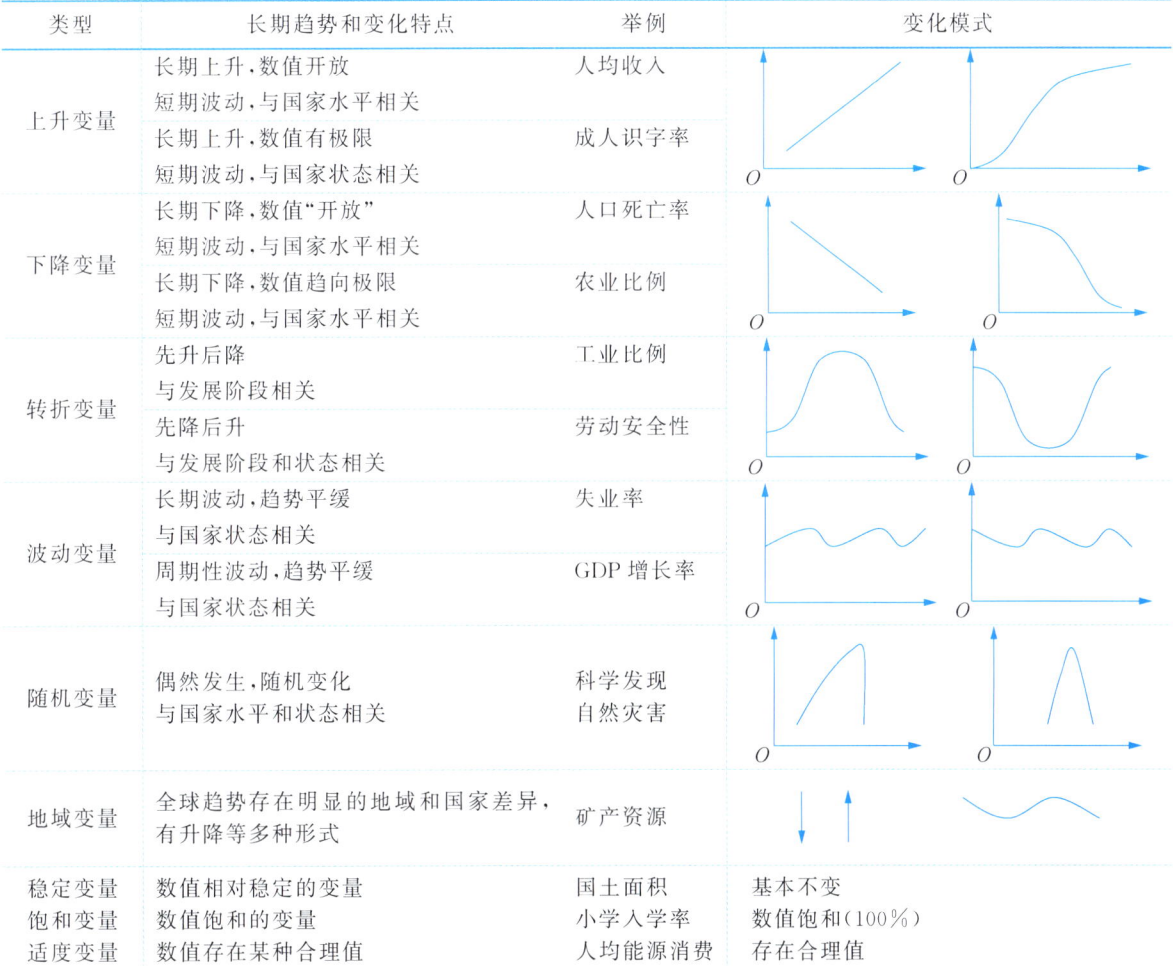

注:如果考虑到上升和下降变量,部分达到或趋向数值饱和(达到或趋向极限值),那么,还有第八类变量,即数值饱和变量。数值饱和变量,国际差距会越来越小,最后,不同国家的指标都趋向极限值。所以,数值饱和变量,不宜作为国际比较的指标。有些变量存在某种合理值,不会无限上升或下降,这种变量可以称为适度变量,如人均能源消费等。

资料来源:何传启,2010。

① 上升变量:随时间而上升,其数值会发生短期波动。
② 下降变量:随时间而下降,其数值会发生短期波动。
③ 转折变量:经历上升和下降(或者下降和上升)两个阶段。
④ 波动变量:长期在一定范围内波动,运动没有明显的方向性,趋势很平缓。

⑤ 随机变量:变化是随机的,趋势不明显。

⑥ 地域变量:变化趋势存在明显的地域差异和多种形式,没有统一趋势。

⑦ 稳定变量:变化幅度非常小,或几乎没有明显变化,如国土面积等。

⑧ 饱和变量:在上升或下降变量中,有些变量的数值已经饱和或接近饱和。例如,许多国家的小学普及率已经达到100%。

⑨ 适度变量:有些变量的数值变化,存在某种合理值。如人均能源消费不会无限增长,城市人口比例不会无限增长等。

很显然,波动变量和随机变量的国际可比性较差,上升变量和下降变量的国际可比性较好,转折变量、地域变量、饱和变量、适度变量的政策意义较好。

一般而言,上升变量和下降变量可以用于现代化评价,转折变量和波动变量用于政策分析。

3. 现代化指标的选择原则

开展现代化研究,需要选择合适的现代化指标。指标选择需要考虑如下方面。

其一,反映现代化的典型特征、发展水平或发展阶段。

其二,具有较高学术价值或政策意义。

其三,国际可比性好,历史可比性好,便于分析。

其四,数据连续可获得,获取成本可接受。

其五,比较直观,便于理解,便于传播。

其六,保持开放,采纳反映新现象、新趋势的新指标。

三、现代化指标的体系

现代化发生在人类文明的所有层次、领域、部门和方面,现代化指标必然涉及人类发展的所有层次、领域、部门和方面。现代化指标体系的构建,主要有三种依据(思路)(表1-26):一是按照研究对象的结构,把现代化指标组织起来,构成指标体系;二是按照研究内容(或学术需要)的结构,把相关现代化指标组织起来,构成指标体系;三是按照研究目的(或政策需要)的结构,把相关现代化指标组织起来,构成指标体系。

表1-26 现代化指标体系构建的依据和类型

构建依据	主要类型	指标体系的内容和举例
研究对象	层次维度指标体系 领域维度指标体系 部门维度指标体系 时间维度指标体系	世界、国家、地区、城市、农村的现代化指标体系 经济、社会、政治、文化、环境和个人现代化的指标体系 农业、工业、服务业、教育、科技和交通现代化等的指标体系 第一次现代化、第二次现代化、综合现代化的指标体系
研究内容	前沿指标体系 过程指标体系 结果指标体系	现代化前沿指标体系(行为、结构、制度、观念) 现代化过程指标体系(过程、结果、动力、模式) 现代化结果指标体系(现代性、多样性、副作用、国际体系)
研究目的	评价指标体系 监测指标体系 其他指标体系	现代化评价指标体系(文明发展、文明转型、国际互动) 现代化监测指标体系(监测指标、国家目标、国际对照) 如现代化特征指标体系(城市化、信息化、绿色化等)

参照矩阵结构,以研究对象为基础,把三种思路集成起来,可以形成指标体系的复合矩阵(表1-27)。① 研究对象分为四个维度,每一个维度都可直接构建单一维度的指标体系,也可按研究内容和研究目的构建指标体系;② 跨两个维度(层次+领域、层次+部门、层次+时间、领域+时间、部门+

时间)的各种组合,都可构建跨维度的指标体系,或按研究内容和研究目的构建指标体系;③ 跨三个维度(层次+领域+时间、层次+部门+时间)的各种组合,都可构建跨维度的指标体系,或按研究内容和研究目的构建指标体系。

表 1-27 现代化研究对象与现代化指标体系的复合矩阵

			现代化指标体系		
			研究维度	研究内容	研究目的
研究对象	层次维度	世界、国际、国家、地区、机构、个体	四个维度和跨维度组合的现代化指标体系	四个维度和跨维度组合的现代化前沿、过程和结果指标体系	四个维度和跨维度组合的现代化评价、监测和其他指标体系
	领域维度	经济、社会、政治、文化、环境、个人			
	部门维度	农业、工业、服务业、科教、健康、交通等			
	时间维度	第一次现代化、第二次现代化、综合现代化			
	跨维度的组合	跨两维度(层次+领域、层次+部门、层次+时间、领域+时间、部门+时间)和跨三维度(层次+领域+时间、层次+部门+时间)的各种组合	定量指标体系 定性指标体系 综合指标体系	前沿指标体系 过程指标体系 结果指标体系	评价指标体系 监测指标体系 其他指标体系

注:研究对象的每个维度和跨维度组合,都可以分别按照研究维度(跨维度组合)、研究内容和研究目的来构建指标体系。

(1) 建立现代化指标体系的原则

其一,具有理论基础,符合现代化的科学原理。

其二,有较高政策价值和社会意义,便于社会传播。

其三,有限目标,需求导向,根据需求构建。

其四,逻辑简明,指标体系的结构清晰,逻辑自洽,没有自相矛盾和重复。

其五,比例合理,活跃指标和惰性指标、定量指标和定性指标的比例适度。

其六,规模适度,指标数量规模控制在便于分析、解释和理解的范围内。

(2) 建立现代化指标体系的方法

建立现代化指标体系,需要遵循现代化的科学原理,需要尊重建立指标体系的目的和需要,需要遵循现代化指标的选择原则和现代化指标体系的建立原则。一般而言,按研究内容和研究目的建立的指标体系是基础,按研究对象建立指标体系可参照前两者的做法。

其一,根据研究内容建立现代化指标体系,如前沿指标体系(表 1-28)和过程指标体系(表 1-29)等。前者聚焦世界现代化的前沿变化,后者关注世界现代化的过程变化,它们可以为评价指标体系和监测指标体系的建立提供国际参考。本报告提出的世界现代化指标体系和世界现代化的 100 个指标(附表 1-1-1),就是一种现代化前沿指标体系。

表 1-28 现代化前沿指标体系和指标举例

项目	行为指标	结构指标	制度指标	观念指标	副作用
经济	劳动生产率	产业结构	个人税收比例	储蓄率	通货膨胀率
社会	大学普及率	老龄人口比例	养老保险覆盖率	女性就业率	贫困人口比例
政治	选民投票率	政府收入比例	转移支付比例	女性议员比例	腐败比例
文化	互联网普及率	科研经费比例	发明专利申请比例	人均年看电影次数	网络犯罪率
环境	生活废水处理率	森林覆盖率	简单平均关税	可再生能源利用	城市废物排放
个人	人均航行次数	营养不良比例	总和生育率	生活满意度	儿童超重比例

注:行为指标可包含生活指标、人均指标、比例指标、效率指标、效益指标和质量指标等,结构指标可包含构成指标,制度指标可包含组织指标。有些指标涉及多个领域,但一个指标只归入一个领域。

表 1-29 现代化过程指标体系和指标举例

项目	过程指标	结果指标	动力指标	模式指标	副作用
经济	人均制造业	人均 GDP	投资比例	服务业比例	资源损耗
社会	劳动力就业率	人均国民收入	教育投入比例	郊区人口比例	失业率
政治	政府消费比例	政府效率	国家税收比例	养老金支出比例	罢工比例
文化	科研人员比例	人均知识产权出口	创新企业比例	网络音乐用户	种族歧视
环境	人均能源消费	PM$_{2.5}$ 年均浓度	绿色消费	清洁生产	工业废气排放
个人	人均蛋白质供应	平均预期寿命	人均可支配收入	网购人口比例	成人肥胖率

注：过程指标可含投入指标，结果指标可包含产出指标。

其二，根据研究目的（或政策需要）建立现代化指标体系，如评价指标体系（表 1-30）和监测指标体系（表 1-31）等。评价指标体系需要尊重科学评价的原理和现代化的规律，需要满足评价的目的和要求，需要注意可操作性、国际可比性和政策意义等。

表 1-30 现代化评价指标体系和指标举例

项目	文明发展指标	文明转型指标	国际互动指标
经济	农业生产率、工业生产率	工业比例、知识产业比例	国际投资
社会	人均购买力、婴儿死亡率	城市人口比例、郊区人口比例	国际移民
政治	民主化程度、政府效率	选民投票率、转移支付比例	国际组织参与率
文化	互联网普及率、人均科研经费	人均年看电影次数、宽带网普及率	人均国际旅游次数
环境	PM$_{2.5}$ 年均浓度、能源生产率	单位 GDP 的能源消耗、城市废物处理率	国际环境合作
个人	平均预期寿命、卫生设施普及率	家庭汽车普及率、人工智能家庭普及率	国际留学

注：文明发展包括文明进步和文明正向适应。

表 1-31 现代化监测指标体系和指标举例

项目	监测指标	国家目标	发达水平	世界水平
经济	劳动生产率、人均 GDP	世界前沿		
社会	医护人员比例、平均受教育年限	世界先进		
政治	政府效率、政府消费比例	世界平均	具体目标	具体目标
文化	科研经费比例、人均国际旅游次数	国内先进		
环境	PM$_{2.5}$ 年均浓度、城市废物处理率	国内平均		
个人	平均预期寿命、生活满意度			
副作用	人均废物排放、失业率			

注：一般而言，监测指标体系需要有对照；国家目标（或预期目标）、发达水平（发达国家平均水平）和世界水平（世界平均水平）可以作为对照。

其三，根据典型特征建立现代化指标体系（表 1-32）。为促进现代化知识的社会传播，可以按现代化的典型特征建立指标体系，并定期公布相应的进展或成就。

表 1-32 现代化特征指标体系和指标举例

项目	第一次现代化的特征	第二次现代化的特征	特征指标
经济	工业化、市场化、标准化	非工业化、知识化、生态化、全球化	工业比例
社会	城市化、福利化、义务教育	郊区化、信息化、绿色化、高等教育	城市人口比例
政治	民主化、制度化、高效率	知识化、国际化、个性化	选民投票率

(续表)

项目	第一次现代化的特征	第二次现代化的特征	特征指标
文化	理性化、世俗化、科学化	网络化、产业化、生活质量	互联网普及率
环境	生态破坏、资源损耗	保护环境、经济与环境双赢	可再生能源消费比例
个人	开放、平等、成就感	终身学习、幸福感、自我实现	家庭汽车普及率
副作用	环境污染、贫富分化	信息鸿沟、网络犯罪	工业废水排放

第二节 现代化的"量":评价体系

现代化的"量"是现代化评价和评价体系的简称,用来测量"现代化水平有多高、现代化处于什么阶段"等。其中,现代化评价是对现代化现象的过程和结果的评价,现代化评价体系是遵循现代化原理、具有系统结构的现代化评价的有机集合。一般而言,现代化的水平评价,突出国际可比性。现代化的绩效评价,强调实用价值,兼顾国际可比性。同现代化指标和指标体系一样,现代化评价和评价体系也是动态的和开放的。

俗话说,知己知彼,百战不殆。现代化犹如一场国际马拉松比赛;跑在前面的国家成为发达国家,其他国家是发展中国家,两类国家可以转变。通过对现代化的客观评价,可以动态监测现代化进程的国家水平和国际地位变化。现代化评价是现代化决策的重要基础。

一、现代化评价的原理

现代化评价是对现代化现象的过程和结果的评价。它既是现代化理论研究的一种常用方法,也是现代化政策研究的一个关键环节。现代化评价涉及评价的原理、对象、范围(时间和空间)、目的、内容、指标、方法和结果等。根据评价目的的不同,现代化评价可以分为多种类型(表1-33);根据评价性质和特点的不同,可以分为定量评价、定性评价和综合评价等。不同类型评价的原理和方法有所不同。这里讨论它的一般原理和方法。

表 1-33 现代化评价的主要类型(举例)

类型	主要评价	评价目的	评价的特点
水平评价	现代化水平评价 现代化阶段评价	现代化的相对水平 现代化的发展阶段	理论一致性、国际可比性、引导性、连续性、开放性、可操作性
绩效评价	现代化绩效评价 现代化诊断评价	现代化的进展和绩效 现代化过程的得失和原因	政策一致性、历史可比性、针对性、实用性、时效性、可操作性
其他评价	创新力评价 竞争力评价 生活质量评价 理论评价	现代化的发展动力 现代化的竞争能力 现代化的生活质量 检验理论假设的科学性	专题评价(如创新力评价、竞争力评价和生活质量评价等)兼有水平评价和绩效评价的特点 理论评价具有探索性

资料来源:何传启,2010。

1. 理论基础

现代化评价的理论基础包括评价理论、系统科学和现代化科学等。

(1) 评价理论

综合评价是一种常用评价方法。其思路是:评价对象是一个复杂系统,单个指标不足以评价它,需要将多个指标转化成一个综合指数进行评价;不同指标经过统计学处理,转化成标准化的单项指数,多个单项指数通过加权和计算,生成一个综合指数(图 1-21)。

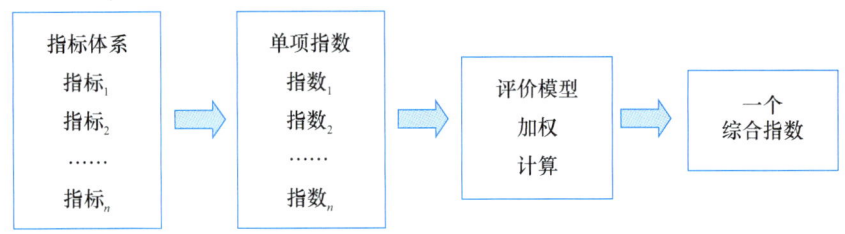

图 1-21 综合评价原理(示意)

(2) 系统科学

根据系统科学原理,人类社会是一个开放的大系统。这个系统是可以控制的,也是可以评价的。社会系统包含若干子系统,不同子系统有不同功能和特点,需要和可以分别评价。

(3) 现代化科学

现代化科学认为,现代化是文明发展、文明转型和国际互动的交集(图 1-16);在 18~21 世纪期间,现代化的前沿过程可以分为第一次现代化和第二次现代化,两次现代化的协调发展是综合现代化(图 1-13)。其中,第一次现代化是从农业社会向工业社会的转变,第二次现代化是从工业社会向知识社会的转变,综合现代化是从半工业社会向知识社会的转变。

现代化评价需要完成四个任务(图 1-22):即评价现代化阶段、第一次现代化实现程度(水平)、第二次现代化实际进展(水平)和综合现代化实际进展(相对水平)。

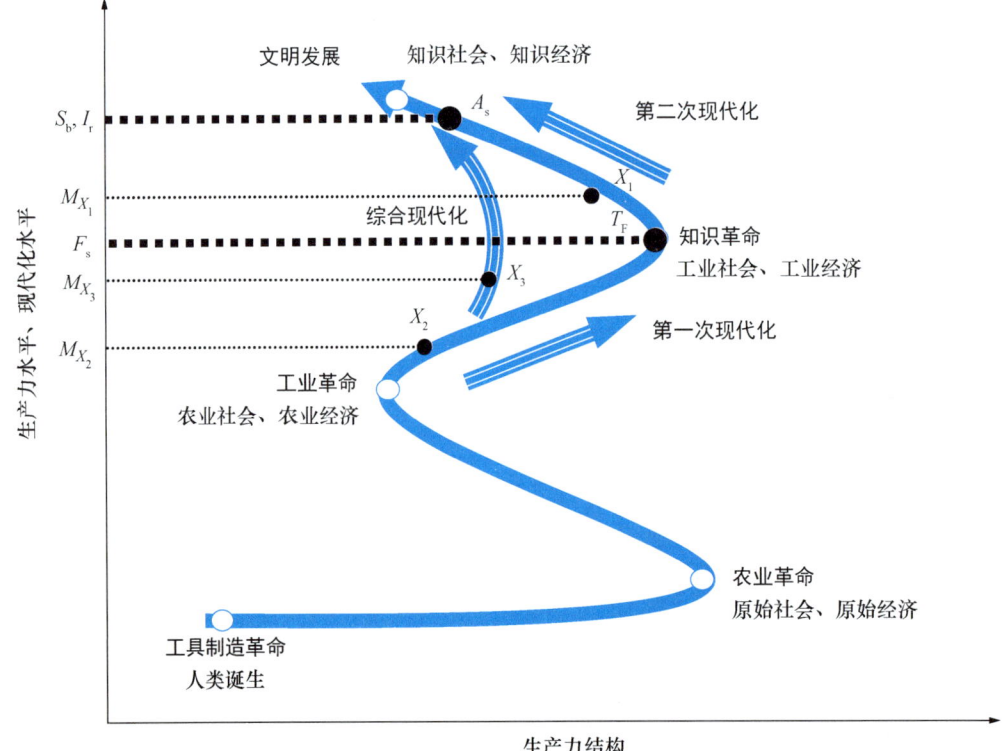

图 1-22 在 t 年国家现代化的位置和水平(示意)

其中，X_1 为走第二次现代化道路的国家在 t 年所在的位置，X_2 为选择第一次现代化道路的国家在 t 年所在的位置，X_3 为选择综合现代化道路的国家在 t 年所在的位置；A、为在 t 年世界先进水平（在 t 年发达国家平均水平）；T_F 为第一次现代化完成的时间点（1960 年工业化国家平均完成），F_s 为第一次现代化水平的标准值（1960 年工业化国家平均水平）；S_b 为在 t 年第二次现代化水平的基准值，I_r 为在 t 年综合现代化水平的参考值；M_{X_1} 为 X_1 在 t 年的现代化水平，M_{X_2} 为 X_2 在 t 年的现代化水平，M_{X_3} 为 X_3 在 t 年的现代化水平。显然，F_s 是一个固定值，S_b 和 I_r 是变量，M_{X_1}、M_{X_2} 和 M_{X_3} 也是变量。

现代化水平评价的原理是：根据现代化科学，选择代表现代化典型特征的关键指标，建立第一次现代化、第二次现代化和综合现代化的评价模型，建立 F_s、S_b 和 I_r 的数值，计算不同国家相对于 F_s、S_b 和 I_r 的水平，即计算 M_{X_1}、M_{X_2} 和 M_{X_3} 的数值。

2. 一般要求

一般而言，现代化评价需要尊重现代化规律和评价规范，需要注意如下几个问题。

其一，有限目标。现代化过程是一个非线性的和复杂的历史过程，现代化系统是一个开放的和动态的大系统。现代化评价不可能面面俱到，只能突出重点。

其二，评价指标的合理性。一般选择典型性、关键性、可比性和连续性的指标。

其三，评价方法的科学性。评价方法包括定性评价、定量评价和综合评价等。

其四，评价数据的质量保证。一般采用国际和官方统计机构公布的统计数据等。

其五，评价结果的相对性。不同国家统计方法和统计指标有一定差异；有些年份有些国家数据不全；有些重要的新现象没有统计数据；这些对评价结果有一定影响。

其六，评价结果的客观性和可比性。尽量减少人为因素的影响，计算可以由计算机完成。一般而言，现代化评价的结果，应该具有历史可比性和国际可比性。

3. 基本内容

一般包括六项内容：其一，明确评价的目的和要求；其二，认识评价对象的特点和规律；其三，寻求评价的理论基础和基本原理；其四，选择评价指标，建立指标体系；其五，选择评价方法，建立评价模型；其六，采集数据，进行评价，报告结果。

（1）评价指标的选择

第一节关于现代化指标的选择原则，适用于评价指标选择。一般而言，选择评价指标，既要考虑评价目的，也要尊重现代化规律，大约有六个选择原则（表 1-34）。

表 1-34 现代化评价指标的选择原则

编号	选择原则	备注
1	反映典型特征的、具有代表性的关键指标	上升变量、下降变量、转折变量（需谨慎）
2	反映发展水平的、具有国际可比性的指标	人均指标、结构指标、效率指标、效益指标
3	容易理解和接受、具有政策意义的指标	常用指标、人们比较关心的指标
4	可以获得连续数据的指标	统计指标、社会调查、观察指标等
5	指标的内涵具有相对的独立性	避免指标相互重叠和重复评价
6	从过程和要素两个维度选择	反映现代化的科学内涵

注：一般而言，总量指标、饱和变量、波动变量、随机变量和地域变量等不宜作为评价指标。
资料来源：何传启，2010。

首先，从两个维度出发选择评价指标（图 1-23）。一是过程维度，从现代化的投入、过程、产出和效率(效益)四个环节选择评价指标。二是要素维度,从现代化的行为(生活)、结构(内容)、制度和观念四种要素选择评价指标。

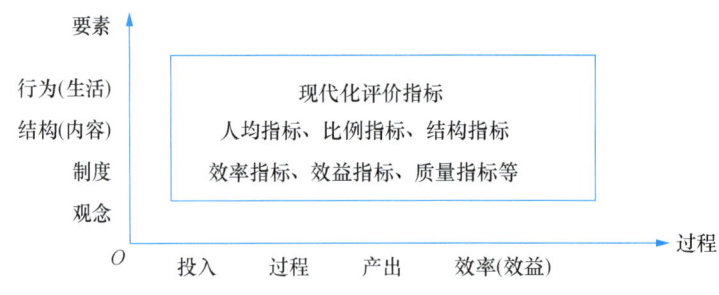

图 1-23 选择评价指标的两个维度

其次,选择评价指标,可能会遇到如下问题,需要理性应对。

- 有些指标,如公平指标等,非常重要,但数据的获取比较困难。特别是发展中国家的数据获取,更是困难重重。数据不完备,就会影响评价结果。
- 有些指标,如工业劳动力比例等,变化是非线性的,或者与其他指标相关性不好。如果参加评价,将影响评价结果;如果不参加评价,又会引起争议。
- 有些指标,如知识产业劳动力比例等,反映新趋势,对于现代化非常重要,但尚没有统计数据,或者没有世界范围的、连续的统计数据。
- 有些指标,如成人识字率等,非常有意义,但是它们已经达到发展的顶点,变化已经不大,评价灵敏度不高,而且可能掩盖其他指标的变化。
- 有些变量,如制度和观念等,非常重要,属于定性指标,很难定量评价。
- 有些指标,如失业率等,很重要,但与水平的相关性不明显,如果参加评价,会影响结果。
- 有些指标,如增长率等,是波动的,尽管与现代化有关,但其随机性会影响评价结果。

(2)评价指标体系的建立

第一节关于建立现代化指标体系的原则,适用于建立评价指标体系。建立评价指标体系,既要坚持目标和需求导向,也要尊重现代化规律,大约有六个原则(表 1-35)。

表 1-35 建立现代化评价指标体系的原则

编号	选择原则	备注
1	符合现代化的科学内涵和基本原理	保证评价的科学性
2	符合评价的目的和要求	保证评价的政策意义
3	容易理解,便于传播	保证评价的社会意义
4	指标之间具有较好的相关性	避免指标评价结果的相互抵消
5	评价指标的数量要适度	一般在 10~30 个指标左右
6	注意指标体系的系统性和平衡性	惰性指标、活跃指标的比例要合适

其一,评价指标的数量不宜过多或过少。指标过多,评价难度大。指标过少,评价不稳定和失真。例如,30 个左右的环境指标可以反映 90% 左右的环境政策需要(图 1-24)。

其二,评价指标体系的系统性和合理性。现代化是不同步的,在某个时期不同指标的敏感性(弹性)不同。有些指标是相对惰性的(变化较慢),有些指标是相对活跃的(变化较快)。在评价指标体系

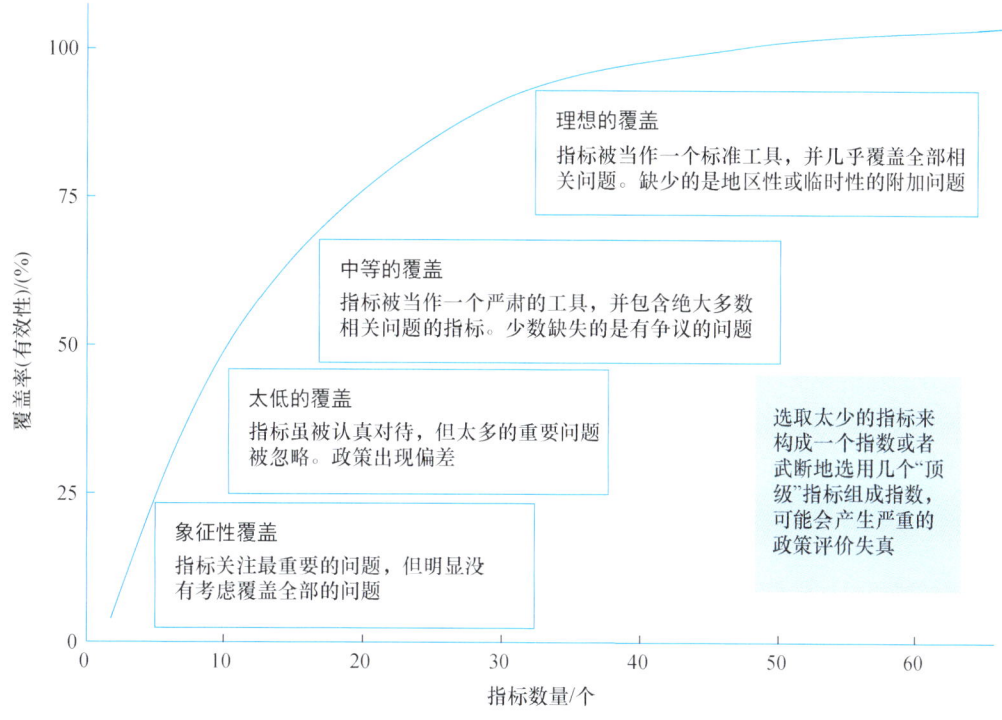

图 1-24　环境指标数量与环境政策覆盖率的关系

资料来源：Jesinghaus，1999。

中，如果惰性指标占的比例大，评价指数可能不灵敏；如果活跃指标占的比例大，评价指数可能不稳定。建立评价指标体系时，需要注意它们的平衡。

其三，评价指标体系的相关性检验。在评价前，要对指标进行相关性检验。剔除和更换那些与其他指标的变化没有相关性或者相关性不显著的指标。一般而言，在指标体系中，1 个合适的指标，至少需要与 3 个以上的其他指标的变化是显著相关的。

4. 注意事项

其一，评价需求与评价规范的协调。有效的评价，评价指标不应太多。研究者和政策制定者可能会关心很多不同问题和指标。需要协调两者的矛盾。

其二，重要性与可行性的协调。有些现代化指标非常重要，但数据的获取比较困难。特别是发展中国家的数据获取，更是困难比较大。数据不完备，会影响评价结果。

其三，慎重对待非线性指标。有些指标是非线性指标，或者与其他指标相关性不好。如果参加评价，将影响评价结果；如果不参加评价，又会引起争议。

其四，慎重对待新现象和新指标。有些新现象和新指标非常重要，反映现代化新趋势，但尚没有统计数据，或者没有世界范围的、连续的统计数据。

其五，谨慎对待指标权重。指标权重的设置，直接影响评价结果。

其六，谨慎对待评价结果。评价结果的政策解释要适度，不可无限延伸。

二、现代化评价的方法

现代化评价的方法，既有共性也有差异，既有定性评价和定量评价，也有定性和定量相结合的综合评价。这里简要介绍水平评价和绩效评价的评价方法。

1. 水平评价

水平评价是对评价对象的现代化的实际进展和相对水平的综合评价,属于一种学术性评价。一般而言,它以现代化原理为基础,以世界前沿为导向,强调评价的科学性、国际可比性、开放性、导向性和可操作性的平衡,评价对象包括一组国家或全部国家。

(1) 一般评价方法

其一,评价原理。现代化是18世纪以来文明发展、文明转型和国际互动的交集。通过对评价对象的文明发展、文明转型和国际互动的水平评价,可以反映其现代化水平。

其二,评价目的。现代化水平的国际比较,为现代化政策提供基础。

其三,评价对象。人类发展的所有层次、领域和部门。

其四,评价指标。结合文明发展、转型和国际互动,从两个维度选择指标(图1-23)。

其五,指标权重。可以根据经验或评价原理,选择权重或等权重。

其六,评价标准。一般以发达国家平均值(高收入国家平均值)为基准。

其七,评价模型。包括指标体系、单指标指数计算、分指数计算、综合指数计算。

其八,评价结果。一般为现代化指数。

(2) 单指标指数计算方法

单指标指数计算,有多种方法。目前,常用方法有两种:直接比值法和间接比值法。水平评价主要选择水平指标和部分特征指标进行评价,一般不对状态和中性指标进行水平评价。根据指标数值变化特点,水平指标可以分为正指标和逆指标,两者计算方法不同。

- 正指标:数值与水平正相关的指标,一般为上升变量;
- 逆指标:数值与水平负相关的指标,一般为下降变量;
- 如果把转折指标或状态指标用作评价指标,则需谨慎对待。

首先,直接比值法。《中国现代化报告》系列主要采用这种方法。

$$D_i = \frac{X_i}{B_i} \times 100 \quad (正指标) \tag{1}$$

$$D_i = \frac{B_i}{X_i} \times 100 \quad (逆指标) \tag{2}$$

其中,D_i是第i号评价指标的指数,i为评价指标的编号,X_i为第i号评价指标的实际值,B_i为第i号评价指标的基准值(Benchmark)。

特点和注意事项:① 简明易懂。② 基准值选择,如采用第i号评价指标的实际最大值或某种适度值,会影响评价结果。③ D_i取值区间,可以适度调整。例如,《中国现代化报告》系列,采用发达国家平均值(高收入国家平均值)为基准值,D_i取值区间有两种,即0~100(综合现代化指数的指标评价)和0~120(第二次现代化指数的指标评价)。

其次,间接比值法。联合国开发计划署的人类发展指数(HDI)评价采用这种方法。

$$D_i = \frac{X_i - \min X_i}{\max X_i - \min X_i} \times 100 \quad (正指标) \tag{3}$$

$$D_i = \frac{\max X_i - X_i}{\max X_i - \min X_i} \times 100 \quad (逆指标) \tag{4}$$

其中,D_i是第i号评价指标的指数,i为评价指标的编号,X_i为第i号评价指标的实际值,$\min X_i$为第i号评价指标的实际(或设定)最小值,$\max X_i$为第i号评价指标的实际(或设定)最大值。

特点和注意事项:① 评价基准值为"合成值";② D_i的取值区间为0~100。③ 如果最大值和最小值是设定值,设定方法会对评价结果有较大影响。

(3) 综合指数计算方法

综合指数的计算有两种情形:一是没有分指数,直接计算综合指数;二是有分指数,先计算分指数,后计算综合指数。如果有分指数,指标体系就有分层。例如,有一级分指数,指标体系就有两层指标;其中,分指数(指标)为一级指标,实际指标为二级指标。其余可以类推。指标体系分层越多越复杂,但计算原理和方法是基本一致的。

综合指数计算,涉及指标权重和分指数权重。大致有两种情形:一是没有权重,就是等权重,各个指标(或各个分指数)同等重要;二是有权重,各个指标(或各个分指数)的重要性可以不同。权重的设置,有多种方法,如专家咨询法和层次分析法等。

首先,简单综合指数计算。没有分指数,只有综合指数。

简单综合指数计算,有多种方法,如算术平均法、几何平均法和加权计算法。

算术平均值(5)、几何平均值(6)和加权计算法(7)各有特点。

$$算术平均值,指标等权重:M_1 = \left(\sum_{i=1}^{n} D_i\right) \Big/ n \tag{5}$$

$$几何平均值,指标等权重:M_1 = \left(\prod_{i=1}^{n} D_i\right)^{1/n} \tag{6}$$

$$加权计算法,指标有权重:M_1 = \left(\sum_{i=1}^{n} W_i D_i\right), \quad \sum_{i=1}^{n} W_i = 100 \tag{7}$$

其中,M_1 为现代化指数,D_i 是第 i 号评价指标的指数,W_i 是第 i 号评价指标的权重,i 为评价指标的编号,n 为参加评价的指标个数。

其次,复合综合指数计算。分两步走,先计算分指数,后计算复合综合指数。

第一步,分指数(一级指标)的计算。采用上述方法(5)(6)(7)中的一种,先计算各个分指数的指数,并把计算结果命名为 D_j,D_j 是第 j 号分指数的指数。

第二步,计算复合综合指数。复合综合指数的计算方法如下。

$$算术平均值,指标等权重:M_1 = \left(\sum_{j=1}^{k} D_j\right) \Big/ k \tag{8}$$

$$几何平均值,指标等权重:M_1 = \left(\prod_{j=1}^{k} D_j\right)^{1/k} \tag{9}$$

$$加权计算法,指标有权重:M_1 = \left(\sum_{j=1}^{k} W_j D_j\right), \quad \sum_{j=1}^{k} W_j = 100 \tag{10}$$

其中,M_1 为现代化指数,D_j 是第 j 号分指数的指数,W_j 是第 j 号分指数的权重,j 为分指数的编号,k 为分指数的个数。

2. 绩效评价

绩效评价是对评价对象的现代化过程的结果和效果的评价,属于一种政策性评价。一般而言,它以水平评价为基础,以评价目的(实用目标)为导向,强调评价的科学性、政策引导性、针对性、实用性和可操作性的平衡。

其一,评价原理。现代化是现代文明的世界前沿,以及追赶、达到和保持世界前沿的行为和过程。通过对评价对象的相对水平、目标差距和国际差距的评价,可以反映其绩效。

绩效评价包括两个部分:水平评价、目标评价。前者突出国际可比性,后者强调政策导向性。两者的比例关系,决定了评价结果的特点。一般而言,水平评价比例不低于60%;大致有如下四种组合方式,水平评价和目标评价的比例从 6∶4 到 9∶1。
- 水平评价∶目标评价＝6∶4
- 水平评价∶目标评价＝7∶3
- 水平评价∶目标评价＝8∶2
- 水平评价∶目标评价＝9∶1

其二,评价目的。绩效评价的目的可以分为三类:现代化实际进展评价、现代化目标监测评价、现代化战略目标预测评价(表 1-36)。它们的功能和用途是不同的。

表 1-36 现代化绩效评价的类型

评价类型	评价目的和评价内容	评价用途
实际进展评价	某一时期的现代化进展	战略咨询、竞选咨询、诊断评价
目标监测评价	现代化目标的达标程度	目标管理、政策咨询、诊断评价
目标预测评价	现代化水平的国际比较和目标预测	战略目标的研制、竞选咨询、现代化规划

其三,评价对象。人类发展的所有层次、领域和部门。

其四,评价指标。可以根据评价目的和要求,从两个维度选择指标(图 1-23)。一般而言,需要注意水平和目标指标的比例,重视政策和实用价值,便于分析和测量(表 1-37)。

表 1-37 现代化绩效评价的指标选择

政策和实用价值	便于分析	可以测量
反映现代化典型特征	有较好的理论基础	数据可以获取
简明,容易表达,反映趋势	有国际标准	用合理成本获得数据
提供国际比较的基础	有指标合法性的国际共识	有充分的资料和高质量的数据
表达国家关切的问题	与国家统计信息系统相关	有可靠的定期更新的数据
有边界或引用价值	便于分析	可以测量
用户能够评价其意义		

其五,指标权重。可以根据政策需要和现代化规律确定指标权重。

其六,评价标准。发达国家和发展中国家可以有不同标准(表 1-38)。

表 1-38 现代化绩效评价的评价标准

国家	评价标准	评价用途
发达国家	世界最高水平、发达国家平均水平、预期目标	竞选咨询、政策咨询
中等发达国家	发达国家平均水平、预期目标	目标管理、政策咨询、现代化规划
其他国家	发达国家平均水平、世界平均水平、预期目标	目标管理、政策咨询、现代化规划

其七,评价模型。根据评价需要,选择合适的评价方法和评价模型。

其八,评价结果。一般为现代化绩效指数。

三、现代化评价的体系

现代化发生在人类文明的所有层次、领域、部门和方面,现代化评价的对象必然涉及人类发展的所有层次、领域、部门和方面。一般而言,现代化评价体系的构建,主要有两种思路:一是按照研究对象的结构,把现代化评价组织起来,构成现代化评价体系;二是按照评价类型的结构,把相关现代化评价组织起来,构成现代化评价体系。

1. 现代化评价体系的结构

首先,参照矩阵结构,以研究对象为基础,与现代化评价相对应,构成现代化评价体系的复合矩阵(表1-39)。① 所有研究对象,都可以进行水平评价、绩效评价和理论评价;② 跨两个维度(层次+领域、层次+部门、层次+时间、领域+时间、部门+时间)和跨三个维度(层次+领域+时间、层次+部门+时间维度)的各种组合,都可以进行水平评价、绩效评价和理论评价;③ 层次、领域和部门维度,可进行专题评价。

表1-39 现代化研究对象与现代化评价体系的复合矩阵

			现代化评价体系		
			水平评价	绩效评价	其他评价
研究对象	层次维度	世界、国际、国家、地区、机构、个体	四个维度和跨维度组合的现代化水平评价和评价体系	四个维度和跨维度组合的现代化绩效评价和评价体系	四个维度和跨维度组合的现代化其他评价和评价体系
	领域维度	经济、社会、政治、文化、环境、个人			
	部门维度	农业、工业、服务业、科教、健康、交通等			
	时间维度	第一次现代化、第二次现代化、综合现代化			
	跨维度的组合	跨两维度(层次+领域、层次+部门、层次+时间、领域+时间、部门+时间)和跨三维度(层次+领域+时间、层次+部门+时间)的各种组合	水平评价 阶段评价	绩效评价 诊断评价	专题评价* 理论评价等

注:研究对象的每个维度和跨维度的各种组合,都可以分别进行相应的水平评价、绩效评价和其他评价。* 专题评价包括创新力评价、竞争力评价和生活质量评价等。

- 世界现代化评价,世界第一次现代化评价、第二次现代化评价、综合现代化评价;
- 经济现代化评价,经济第一次现代化评价、第二次现代化评价、综合现代化评价;
- 农业现代化评价,农业第一次现代化评价、第二次现代化评价、综合现代化评价;
- 世界经济现代化评价,世界经济第一次现代化评价、第二次现代化评价、综合现代化评价;
- 世界农业现代化评价,世界农业第一次现代化评价、第二次现代化评价、综合现代化评价。

其次,参照矩阵结构,以现代化评价为基础,与研究对象相对应,构成两者的组合关系(表1-40)。① 水平评价和绩效评价,适用于所有研究对象及其组合;② 专题评价一般适用于层次、领域和部门维度的评价;③ 理论评价,适用于所有对象及其组合。

表1-40 现代化评价与研究对象的组合关系

			研究对象			
			层次维度	领域维度	部门维度	时间维度
现代化评价	水平评价	现代化水平评价 现代化阶段评价	层次维度(世界、国际、国家、地区、机构、个体)的三类评价	领域维度(经济、社会、政治、文化、环境、个人)的三类评价	部门维度(农业、工业、服务业、科教、健康、交通等)的三类评价	时间维度(第一次现代化、第二次现代化、综合现代化)的三类评价
	绩效评价	现代化绩效评价 现代化诊断评价				
	其他评价	专题评价* 理论评价等				

注:* 专题评价包括创新力评价、竞争力评价和生活质量评价等。

2. 现代化水平评价案例

《中国现代化报告》建立一个世界范围的国家现代化的水平评价体系,即世界现代化指数。世界现代化指数是世界现代化评价的结果,反映世界131个国家、不同组国家和世界平均的现代化水平,包括第一次现代化指数、第二次现代化指数和综合现代化指数。它体现世界现代化在经济、社会、知识和环境等领域的综合水平,它没有包括政治等领域的现代化水平。其中,第一次现代化指数反映完成第一次现代化的程度,第二次现代化指数反映第二次现代化的进展,综合现代化指数反映与世界先进水平的相对差距。关于现代化指数的评价方法和评价结果,请阅读技术注释和第五章。

第二次现代化指数反映世界现代化的趋势和水平。知识创新、知识传播和知识应用推进了第二次现代化,知识创新、知识传播和知识应用的水平反映了第二次现代化水平,知识应用包括经济和社会应用,分别用经济质量和生活质量来反映(图1-25)。

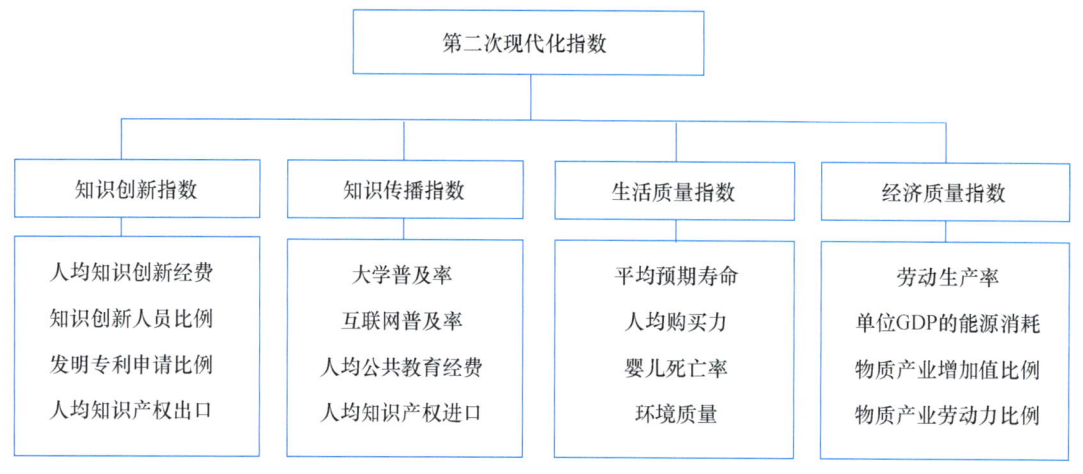

图1-25 第二次现代化指数的评价指标

注：评价指标可以根据第二次现代化的进展和需求进行调整。实际评价时,人均知识创新经费指人均研究与发展(R&D)经费投入,知识创新人员比例指从事研究与发展(R&D)活动的研究人员的比例,互联网普及率用宽带网普及率代替,环境质量为$PM_{2.5}$年均浓度。物质产业增加值比例=100%－服务业增加值比例,物质产业劳动力比例=100%－服务业劳动力比例。物质产业是农业和工业的加和。

综合现代化指数反映世界现代化的相对水平。它认为,综合现代化的实质是经济发展、社会发展和知识发展,三个方面的水平反映了综合现代化水平(图1-26)。

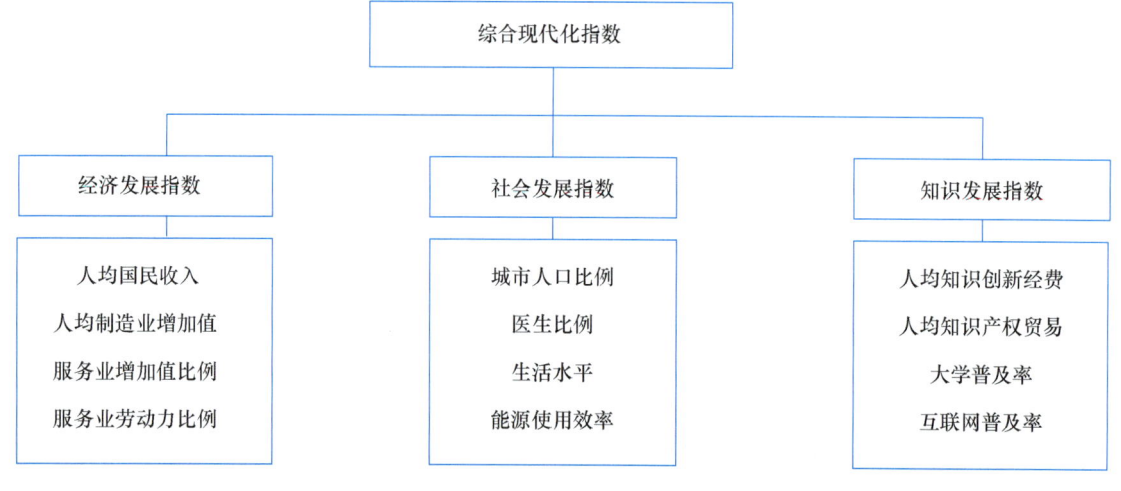

图1-26 综合现代化指数的评价指标

3. 现代化阶段评价案例

《中国现代化报告》建立一个世界范围的国家现代化的阶段评价体系，即两次现代化的阶段评价。第一次现代化和第二次现代化的阶段评价，请阅读技术注释。

4. 现代化绩效评价案例

根据前面的分析，绩效评价是对评价对象的现代化过程的结果和效果的评价，属于一种政策性评价。绩效评价包括两个部分：水平评价、目标评价。前者突出国际可比性，后者强调政策导向性。两者的比例关系，决定了评价结果的特点。中国的国家目标是 2035 年基本实现现代化，中国地区现代化绩效评价要加强国际可比性。

这里简要介绍一种地区现代化的绩效评价，包括五个维度：生活质量、经济质量、环境质量、创新驱动和生活满意度（图 1-27）。其中，前四个维度采用水平评价，第五个维度采用目标评价。如果五个维度和 40 个指标采用等权重，那么，水平评价占 80%，目标评价占 20%。当然，实际评价时，可以适度调整维度权重和指标权重。水平评价可以采用高收入国家平均值作为水平标准值，目标评价可用 100% 满意度作为目标标准值。

图 1-27　地区现代化指数的评价指标

注：一个指标归入一个维度，尽管有些指标有多重意义。科研经费比例为科技经费占 GDP 比例，科技人员比例为每万人中从事科技开发的人员数，发明专利申请比例为每万人拥有的发明专利申请数，产权贸易比例为知识产权进出口（或技术贸易）占 GDP 比例，企业创新比例为从事科技开发活动的企业比例，高新技术比例为高新技术企业增加值占 GDP 比例。政府服务包括各种民政服务和基本公共服务（不包含健康和教育服务）等。

第三节　现代化的"衡"：标准体系

现代化的"衡"是现代化标准和标准体系的简称，用来衡量和衡定"现代化实现没有、现代化指标达标没有"等。其中，现代化标准是关于现代化现象的指标、评价、过程和结果的标准，现代化标准体系是符合现代化原理、具有系统结构的现代化标准的有机集合。在过去300年里,现代化是动态的和开放的,现代化标准和标准体系也是动态的和开放的。本节重点讨论世界现代化的国际标准,关于国家标准和国别差异需要专题研究。

现代化是一种文明变化,但并非所有文明变化都属于现代化,只有满足现代化标准的文明变化才属于现代化。现代化发生在人类文明的所有层次、领域、部门和方面。所以,现代化标准涉及人类发展的所有层次、领域、部门和方面。虽然不同层次、领域、部门和方面有所不同,但现代化有一些共性特点和基本要求。这里从自然科学视角,讨论世界现代化的共性标准和标准体系。当然,这种讨论更多是学术性的,而不是政策性的。

一、现代化的国际标准

现代化标准是关于现代化现象的指标、评价、过程和结果的标准。其中,现代化指标和评价的标准,与现代化过程和结果的标准,既相关又独立(图1-28)。迄今为止,关于现代化没有统一定义,关于现代化标准也没有统一认识。这里主要从自然科学和实证研究的视角,讨论"世界现代化的国际标准"。现代化的国别标准需要专题研究。

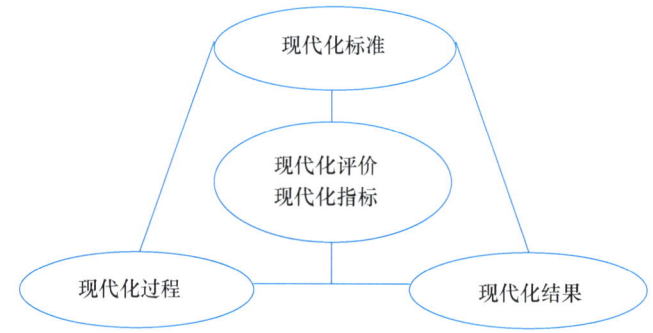

图1-28 现代化标准的分析框架(示意)

1. 从现代化内涵到现代化标准

前面提到,在21世纪,现代化既有新内涵,也有新视角;一般可从三个视角观察和分析现代化(图1-10)。三个视角涉及三类标准,它们既有联系又有区别(表1-41)。

表1-41 现代化的三个视角和相关标准

视角	指标	评价	标准	相关标准的类型
世界现象	*		*	指标标准:前沿标准和分类标准,定量标准和定性标准
文明进步		*	*	评价标准:实证标准和价值标准,共性标准和个性标准,定量标准和定性标准
发展目标			*	结果标准:实证标准和价值标准,共性标准和个性标准,理论标准和政策标准,定量标准和定性标准

注:实证标准是客观存在的标准(多为定量标准),价值标准是根据价值和意义判断的标准(多为定性标准)。

其一,现代化是一个世界现象。现代化是18世纪工业革命以来人类发展的世界前沿,以及追赶、达到和保持世界前沿水平的行为和过程。

- 从学术和政策角度看,现代化现象可以和需要用现代化指标来描述和反映。这些指标,既有定量的,也有定性的。关于世界前沿的判断,需要有指标和判断标准;关于指标水平的判断,需要有水平标准;关于指标水平的分类,需要有分类标准。有些标准是定性的,有些是定量的。

其二,现代化是一种文明进步。现代化是从传统文明向现代文明的范式转变,也是人的全面发展和自然环境的合理保护;它发生在人类文明的所有层次、领域和方面,同时文化多样性长期存在并发挥作用,现代化存在副作用和副产物。

- 从学术和政策角度看,文明进步需要评价,现代化水平需要评价。评价标准,既有定量的,也有定性的;既有实证性标准,也有价值性标准;既有共性标准,也有个性标准(国家标准)。其中,个性标准更多地适用于具有多样性特征的指标,如制度和观念指标等。

其三,现代化是一个发展目标。已经实现现代化的国家,其目标是保持现代化水平;没有实现现代化的国家,其目标是早日实现现代化。

- 从政策角度看,发展目标有没有实现,需要判断标准。这些标准,有定量的,也有定性的;有实证性标准,也有价值性标准;有共性标准,也有个性标准(国家标准);有理论性标准,也有政策性标准。其中,共性标准更多是定量标准,适用于定量指标和水平评价等。

现代化既是一个世界现象,又是一种文明进步和发展目标,它们涉及现代化的指标、评价、过程和结果,它们都涉及标准。在某种意义上,"标准无处不在"。

2. 研制现代化标准的两种视角

目前,现代化研究大致有两种基本视角,即社会科学和自然科学视角(图1-5)。前者一般以定性研究为主,以阐释性和描述性为主要特点;后者一般以定量研究为主,以实证性和模型化为主要特点。当然,这种区分是相对的,两种视角可以互补。

根据现代化研究的两种视角,现代化标准的研制,也会有两种视角。从社会科学视角研制,侧重于定性和描述性的标准。从自然科学视角研制,侧重定量和实证性的标准。

- 从自然科学视角,研制世界现代化的标准,侧重定量和实证,强调共性和国际可比性。
- 从社会科学视角,研制世界现代化的标准,侧重定性和描述,兼顾共性和国际多样性。

《中国现代化报告》采用自然科学视角和系统科学方法进行研究,反映了世界现代化的部分内容和特征,而不是全部。从自然科学视角研制和建立的现代化标准,只是现代化标准的一个组成部分,而不是全部。全面研究现代化的标准,还需社会科学视角和自然科学视角的通力合作。两者结合,可以建立完整的现代化标准。

- 本报告关于世界现代化的标准的研制,继续采用自然科学的视角。
- 从社会科学视角研制世界现代化的标准,需要由相关专业机构开展专题研究。
- 关于世界现代化的标准没有统一认识。我们的分析,只是一家之言,谨供参考。

3. 世界现代化的共性标准

这里,我们从自然科学视角,讨论世界现代化的共性标准,即国际标准。

世界现代化的共性标准,是基于世界现代化的实证研究建立的一种国际标准,它遵循世界现代化的基本原理,反映世界现代化的共性特征,代表世界现代化的发展方向,同时没有反映世界现代化的个性和多样性,个性和多样性是建立现代化的国别标准的重要依据。

世界现代化的共性标准,涉及现代化指标、现代化评价、现代化过程和现代化结果四个方面。不同方面的标准有所不同,世界现代化的共性标准有多种类型(表1-42)。

表 1-42 世界现代化的共性标准的主要类型（举例）

类型	主要标准	标准举例	适用范围
指标标准	世界前沿标准 水平分类标准	人均国民收入的世界前沿标准 人均国民收入的水平分类标准	现代化的前沿和结果分析 单指标的水平分析
评价标准	水平评价标准 绩效评价标准 其他评价标准	第二次现代化基准值 绩效评价的标准值 其他评价的基准值	国际水平比较 国家政策分析 其他专题研究
过程标准	时间标准 性质标准 阶段标准	起步时间 现代化的行为标准 国家现代化的阶段标准	所有对象 现代化的行为分析 现代化的阶段分析
结果标准	水平标准 程度标准	国家现代化的水平标准 国家现代化的完成标准	现代化的水平分析 现代化的结果分析

其一，现代化指标的共性标准，主要包括世界前沿标准、水平分类标准。
其二，现代化评价的共性标准，主要包括水平评价标准、绩效评价标准、其他评价标准。
其三，现代化过程的共性标准，主要包括时间标准、性质标准、阶段标准。
其四，现代化结果的共性标准，主要包括水平标准、程度标准等。

二、现代化标准的建立

根据标准的用途，现代化标准分为四类，即指标标准、评价标准、过程标准和结果标准。不同类型标准有不同特点，需要分别研究和建立。

1. 现代化指标和评价的标准

（1）现代化指标的世界前沿标准

现代化指标的世界前沿标准，即判断它的世界前沿的标准（表1-43）。

表 1-43 现代化指标的世界前沿标准

指标类型		世界前沿或世界前沿的判断标准	指标举例
定量指标	上升变量	世界最大值，指标数值超过高收入国家平均值	人均国民收入
	下降变量	世界最小值，指标数值低于高收入国家平均值	婴儿死亡率
	转折变量	以高收入国家平均值为参照	工业增加值比例
	波动变量	存在国际差别，一般没有世界前沿	GDP增长率
	随机变量	存在国际差别，一般没有世界前沿	自然灾害发生频率
	地域变量	存在国际差别，没有世界前沿	人均土地资源
定性指标	制度变量	需要个案研究，有时发达国家的制度代表前沿，有时是多元前沿	福利制度
	观念变量	需要个案研究，有时发达国家的观念代表前沿，有时是多元前沿	文化观念
	特征变量	需要个案研究，有时发达国家的特征代表前沿，有时是多元前沿	教育模式
	状态变量	需要个案研究，有时发达国家的状态代表前沿，有时没有前沿，只有国际差别	政府收入比例

资料来源：何传启，2010。

- 有些方面的变化，可以定量分析，而且已有统计数据；可以通过统计数据的国际比较来判断。

- 有些方面的变化,可以定量分析,尚没有统计数据,需要进行案例研究和国际比较来判断。
- 有些方面的变化,很难定量分析,需要进行综合分析,包括实证研究和阐释研究。
- 有些方面的变化,是刚刚发生的。这种变化是否是世界前沿,需要理性的分析和时间的检验。

(2) 现代化指标的水平分类标准

其一,水平分类是相对的。一般而言,水平是客观的,水平分类是相对的。现代化指标的水平分类标准,是一个相对标准,用来判断和反映现代化指标的相对水平,主要是相对于发达国家平均水平的相对水平,主要适用于定量指标。它有两个基准值:一个是高收入国家平均值,另一个是世界平均值。通过与两个基准值的比较,判断指标的发展水平。

参考世界银行人均国民收入分类(高收入、中高收入、中低收入和低收入)(World Bank,2020)、联合国人类发展水平分类(极高人类发展水平、高人类发展水平、中人类发展水平和低人类发展水平)(UNDP,2019a)和《中国现代化报告》国家现代化水平分类(何传启,2017a),现代化指标水平可分为四类:发达水平、中等发达水平、初等发达水平和欠发达水平。

其二,定量指标的水平分类。现代化指标具有高度多样性(表1-24,表1-25),不同类型指标有不同特点。要制定统一的现代化指标水平分类标准,几乎是难以完成的任务。这里讨论能够反映现代化水平的定量指标(包括正指标和逆指标)的水平分类标准。

根据指标数值变化特点,反映现代化水平的定量指标可以分为两类:开放型和适度型(图1-29)。其中,开放型指标是指标数值变化没有"天花板"的指标(相对的),就是没有极限或限制的指标;适度型指标是指标数值变化存在"天花板"的指标,就是存在合理值、极限值、饱和值的指标。一般而言,开放型指标主要包括人均指标和效率指标(其中的合理值指标例外),适度型指标主要包括结构指标、比例指标和合理值指标(表1-44)。

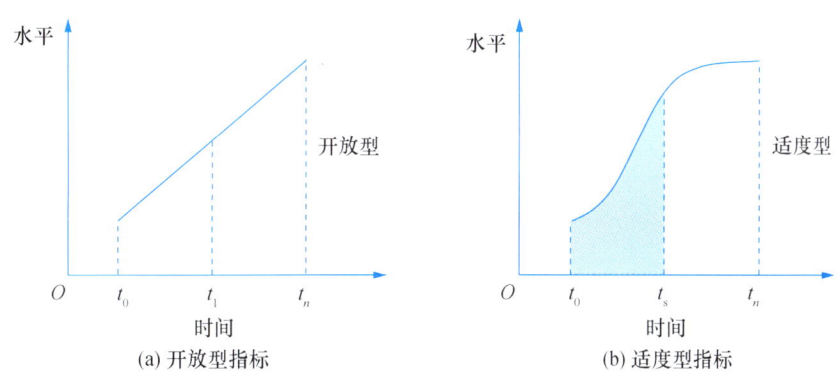

图1-29 开放型指标与适度型指标的差别(示意)

注:适度型指标的变化可以分为两个阶段:① 快速变化阶段($t_0 \sim t_s$),指标数值快速变化,具有开放型指标的部分特点;② 相对稳定阶段($t_s \sim t_n$),指标数值接近或达到"天花板"时,数值变化缓慢或基本稳定。处于快速变化阶段的适度型指标,可按开放型指标对待。大体而言,当发达国家适度型指标的数值达到其合理值的80%之前,可以算作其快速变化阶段;达到80%以后,可以算作相对稳定阶段。

由于开放型指标和适度型指标具有不同特点,需要分别研究制定其水平分类参考标准。根据《中国现代化报告》20年实证研究和现代化水平评价经验,参考国家现代化水平分类标准(何传启,2017a),提出现代化定量指标的水平分类标准和判断方法(表1-45),供大家讨论。目前,这是一个建议标准,还需要不断研究和发展完善。水平评价指标包括正指标和逆指标,下面以正指标为例,说明水平分类标准的推导过程;逆指标可以按此思路类推。

表 1-44　现代化定量指标的分类和举例

类型	特点	相应指标类型	指标举例	指标个数
开放型指标	指标数值变化没有"天花板"的指标(相对的),就是没有极限或限制的指标	人均指标 效率指标 (合理值指标除外)	人均国民收入 劳动生产率	18
适度型指标	指标数值变化存在"天花板"的指标,就是存在合理值、极限值、饱和值的指标	结构指标 比例指标 合理值指标	城市人口比例 中学入学率 汽车普及率	54

注:* 有些人均指标具有合理值,如人均蛋白质供应和平均预期寿命等,属于合理值指标。指标个数指的是该类型指标在世界现代化100个指标中的个数。

表 1-45　现代化定量指标的水平分类的参考标准和判断方法

项目	发达水平	中等发达水平	初等发达水平	欠发达水平
开放型指标的分类标准	达到或超过高收入国家平均水平的80%	低于发达水平、但达到或高收入国家平均水平的50%和世界平均水平	低于中等发达水平,但达到或超过高收入国家平均水平的30%和世界平均水平的60%	低于高收入国家平均水平的30%和世界平均水平的60%
正指标的判断方法	指标数值达到或超过高收入国家平均值的80%	指标数值低于高收入国家平均值的80%、但达到或超过高收入国家平均值的50%和世界平均值	指标数值低于高收入国家平均值的50%和世界平均值、但达到或超过高收入国家平均值的30%和世界平均值的60%	指标数值低于高收入国家平均值的30%和世界平均值的60%
逆指标的判断方法	指标数值等于或低于高收入国家平均值的125%	指标数值高于高收入国家平均值的125%、但等于或低于高收入国家平均值的200%和世界平均值	指标数值高于高收入国家平均值的200%和世界平均值、但等于或低于高收入国家平均值的333%和世界平均值的166%	指标数值高于高收入国家平均值的333%和世界平均值的166%
适度型指标的分类标准	达到或超过高收入国家平均水平的100%	低于发达水平、但达到或高收入国家平均水平的80%和世界平均水平	低于中等发达水平,但达到或超过高收入国家平均水平的30%和世界平均水平的60%	低于高收入国家平均水平的30%和世界平均水平的60%
正指标的判断方法	指标数值达到或超过高收入国家平均值的100%	指标数值低于高收入国家平均值的100%、但达到或超过高收入国家平均值的80%和世界平均值	指标数值低于高收入国家平均值的80%和世界平均值、但达到或超过高收入国家平均值的30%和世界平均值的60%	指标数值低于高收入国家平均值的30%和世界平均值的60%
逆指标的判断方法	指标数值等于或低于高收入国家平均值的100%	指标数值高于高收入国家平均值的100%、但等于或低于高收入国家平均值的125%和世界平均值	指标数值高于高收入国家平均值的125%和世界平均值,但等于或低于高收入国家平均值的333%和世界平均值的166%	指标数值高于高收入国家平均值的333%和世界平均值的166%

注:① 高收入国家和世界平均值数据都来自世界银行的《世界发展指标》,高收入国家平均值为高收入国家和地区的平均值,世界平均值为全世界的平均值。2018年世界银行给出63个高收入国家和地区的人均国民收入。2018年高收入的分类标准为12 055美元。② 本表分类标准适用于定量指标,不适用于定性指标;但可为定性指标分类提供借鉴,定性指标分类标准需要专题研究。③ 开放型指标标准,适用于人均指标和效率指标(合理值指标除外),以及处于快速变化阶段的适度型指标(发达国家适度型指标的数值大约低于其合理值、饱和值或稳定值的80%时,可以算作其快速变化阶段);适度型指标标准,适用于接近或达到合理值(发达国家适度型指标的数值超过其合理值、饱和值和稳定值的80%)的结构指标、比例指标和合理值指标。④ 正指标指数=实际值/标准值,逆指标指数=标准值/实际值。⑤ 高收入国家平均值的指数=100。⑥ 重要数值,100/125=80%,100/200=50%,100/333≈30%,100/166≈60%。⑦ 适度型指标,在从快速变化期到相对稳定期的过渡期间,如果有需要,可以适度调整标准,并作注释;例如,发达水平标准:达到或超过高收入国家平均水平的90%;中等发达水平标准:低于发达水平,达到或超过高收入国家平均水平的70%和世界平均水平;初等发达水平的下限和欠发达水平的标准不变。

其三,开放型指标的水平分类参考标准。假设在时间 t_1 截面,世界某个开放型指标的指标水平可以分为四组：发达水平、中等发达水平、初等发达水平和欠发达水平。参照国家现代化水平分类标准（何传启，2017a），设定指标水平的分类标准（图 1-30）。

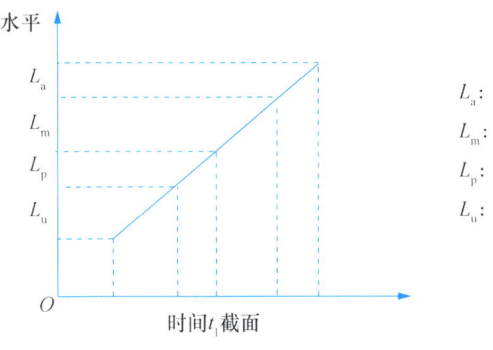

图 1-30　开放型指标的水平分类（示意）

注：本图为正指标的水平分类示意，逆指标可以类推。

开放型指标的水平分类参考标准：

- 发达水平：达到或超过高收入国家平均水平的 80%；中等发达水平：低于发达水平，但达到或超过高收入国家平均水平的 50% 和世界平均水平；初等发达水平：低于中等发达水平，但达到或超过高收入国家平均水平的 30% 和世界平均水平的 60%；欠发达水平：低于高收入国家平均水平的 30% 和世界平均水平的 60%。

其四，适度型指标的水平分类参考标准，需要分阶段设定（图 1-29）。

- 快速变化阶段（$t_0 \sim t_s$）的水平分类。适度型指标，当所有国家指标数值处于快速变化阶段时，具有开放型指标的部分特点（图 1-29），可以直接采用开放型指标的水平分类标准（图 1-30）。
- 相对稳定阶段（$t_s \sim t_n$）的水平分类。适度型指标，当发达国家（世界前沿）指标数值进入相对稳定阶段时，发达国家指标数值相对稳定，其水平相对稳定；发展中国家指标数值继续变化，其绝对水平继续提高。① 现代化指标的水平分类是相对水平分类，其基本算法是：相对水平＝实际值/发达国家平均值。② 由于发达国家平均值基本稳定（基本算法的分母基本稳定），发达国家指标的相对水平基本稳定，发展中国家指标的相对水平被"虚高"。③ 如果分类标准不变，发展中国家指标的相对水平分类结果也被"虚高"。为保持适度型指标水平分类的精度，可以适当调整其水平分类标准。

假设在时间 t_n 截面，世界某个适度型指标，已经进入相对稳定阶段，其指标水平同样可以分为四类：发达水平、中等发达水平、初等发达水平和欠发达水平。参照国家现代化水平分类标准（何传启，2017a）和《中国现代化报告》20 年的实证分析经验，设定指标水平的分类标准（图 1-31）。其中，发达水平和中等发达水平分类，采用调整后的水平分类标准；初等发达水平的下限和欠发达水平分类，沿用开放型指标的分类标准。

适度型指标（处于相对稳定期）的水平分类参考标准：

- 发达水平：达到或超过高收入国家平均水平的 100%；中等发达水平：低于发达水平，但达到或超过高收入国家平均水平的 80% 和世界平均水平；初等发达水平：低于中等发达水平，但达到或超过高收入国家平均水平的 30% 和世界平均水平的 60%；欠发达水平：低于高收入国家平均水平的 30% 和世界平均水平的 60%。

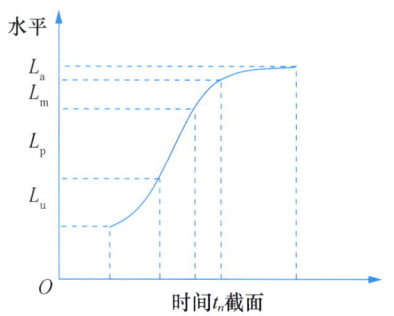

图 1-31 适度型指标（处于相对稳定期）的水平分类（示意）

注：本图为正指标的水平分类示意，逆指标可以类推。其中，发达水平和中等发达水平采用调整后的水平分类标准；初等发达水平的下限和欠发达水平分类标准沿用开放型指标的分类标准。

在不同类型的指标中，现代化指标水平分类标准的适用性，存在比较大的差异。

- 按功能分类，现代化指标包括水平指标、特征指标和状态指标（表 1-24）。现代化指标的水平分类标准，主要适用于水平指标，部分适用于特征指标（不适用于转折指标），不适用于状态指标。
- 按性质分类，现代化指标包括正指标、逆指标、转折指标、波动指标、中性指标和合理值指标。一般而言，现代化指标的水平分类标准，主要适用于正指标和逆指标，部分适用于合理值指标（转折指标除外），不适用于转折指标，不适用于波动指标和中性指标。
- 按变化趋势分，现代化指标的变化类型，可以分为上升变量、下降变量、转折变量、波动变量、随机变量、地域变量、稳定变量、饱和变量和适度变量等。一般而言，现代化指标的水平分类标准，不适用于转折变量、波动变量、随机变量和地域变量，其他需要专题研究。

现代化指标的水平分类标准，有两个基准值：一个是高收入国家平均值，另一个是世界平均值。通过与两个基准值的比较，可判断指标的发展水平（表 1-45）。现代化指标的水平定量标准与高收入国家平均值和世界平均值之间，存在一定对应关系。这里选择两个开放型指标和两个适度型指标（处于相对稳定期），比较它们的对应关系（表 1-46）。

表 1-46 2015 年现代化指标的水平分类与高收入国家平均值和世界平均值的对应关系

	开放型指标		适度型指标	
	人均国民收入 /美元	劳动生产率 /2011 年价格国际美元	服务业劳动力比例 /(%)	大学普及率 /(%)
发达水平的分类标准	≥33 714	≥73 505	≥73.9	≥75.5
中等发达水平的分类标准	≥21 071	≥45 941	≥59.2	≥60.4
初等发达水平的分类标准	≥12 643	≥27 564	≥28.6	≥22.7
欠发达水平的分类标准	<12 643	<27 564	<28.6	<22.7
高收入国家平均值的 80%	33 714	73 505	59.2	60.4

(续表)

	开放型指标		适度型指标	
	人均国民收入/美元	劳动生产率/2011年价格国际美元	服务业劳动力比例/(%)	大学普及率/(%)
高收入国家平均值的50%	21 071	45 941	37.0	37.8
高收入国家平均值的30%	12 643	27 564	22.2	22.7
世界平均值的60%	6393	20 574	28.6	22.1
高收入国家平均值	42 143	91 881	73.9	75.5
世界平均值	10 655	34 290	47.6	36.8
中上收入国家平均值	8319	30 780	49.8	49.2
中下收入国家平均值	2034	15 934	36.9	23.7
中等收入国家平均值	5005	23 891	43.8	34.4
低收入国家平均值	792	4091	25.6	9.0

注：① 本表为正指标的对应关系，逆指标可以类推。② 指标水平的分类标准和分类方法见表1-45。③ 国家收入水平的分类标准。2018年人均国民收入的国家分类标准为：高收入国家高于12 055美元；中上收入国家3896～12 055美元；中下收入国家996～3895美元；低收入国家低于996美元。

数据来源：World Bank，2020。

- 发达水平：开放型指标，不低于高收入国家平均值的80%；适度型指标，不低于高收入国家平均值的100%。
- 中等发达水平：开放型指标，不低于高收入国家平均值的50%和世界平均值，不低于中上收入国家平均值；适度型指标，不低于高收入国家平均值的80%和世界平均值，不低于中上收入国家平均值。
- 初等发达水平：开放型指标，不低于高收入国家平均值的30%和世界平均值的60%，不低于中下收入国家平均值；适度型指标，不低于高收入国家平均值的30%和世界平均值的60%，不低于中下收入国家平均值。
- 欠发达水平：开放型指标，低于高收入国家平均值的30%和世界平均值的60%；适度型指标，低于高收入国家平均值的30%和世界平均值的60%。
- 以上为正指标的对应关系，逆指标可以类推。

现代化定量指标的水平分类标准，有一个假设的前提条件，即国际统计数据是真实的、可靠的和国际可比的。但事实上，目前不同国家的统计口径和统计质量存在差异，发展中国家统计质量需要提高，世界统计还处于发展之中。它们对现代化指标的水平分类有一定影响。现代化指标的水平分类标准是相对的，需要保持一定弹性和开放性，要谨慎对待。

(3) 现代化评价的标准

其一，水平评价的标准。以发达国家平均值（高收入国家平均值或OECD高收入国家平均值）为评价标准值（基准值）。

其二，绩效评价的标准。以发达国家平均值为水平标准，以国家目标为参考标准。

其三，其他评价的标准。以发达国家平均值为水平标准，以国家目标为参考标准。

2. 现代化过程的标准

(1) 现代化过程的时间标准

现代化过程的时间标准，主要涉及现代化的起步时间，没有统一认识。

- 世界现代化的起点时间:大致18世纪60年代(工业革命的起点时间)。
- 国家现代化的起点时间:工业化或民主化的起始时间。
- 政治现代化的起点时间:民主化的起始时间。
- 经济现代化的起点时间:工业革命和工业化的起始时间。
- 社会现代化的起点时间:城市化的起始时间。
- 文化现代化的起点时间:思想启蒙和理性化的起始时间。

(2) 现代化过程的性质标准

现代化过程的性质标准,主要涉及现代化行为的性质。一般而言,完全满足四个标准的行为和过程,属于现代化(表1-47);完全不满足上述四个标准的行为和过程,不属于现代化;部分满足上述标准的行为和过程,是否属于现代化,则需要"一事一议"式的判断。

表1-47 21世纪现代化的四个判断标准

标准	主要内容	备注
标准一	有利于生产力的解放和提高	生产力标准
标准二	有利于社会的公平和进步	社会进步标准
标准三	有利于人的自由解放和全面发展	人类发展标准
标准四	有利于人与自然的互利共生	环境友好标准

资料来源:何传启,2010。

上述四个判断标准是定性标准,不是定量标准;是相对标准,不是绝对标准。在实际工作中,有时需要兼顾原则性和灵活性(表1-48)。

表1-48 判断标准的相对性、协调性和适用性

特点	举例说明
相对性	例如,社会公平是一个相对概念。社会公平包括机会公平、过程公平和结果公平等。但是,过程公平和结果公平很难或不可能同时实现,因为人类个体能力存在很大差异,过程公平会导致结果不公平,结果公平会导致过程不公平。这就是所谓的"公平悖论"。在不同时代、不同国家和文化模式中,关于社会公平和人类发展的理解,存在不少差异
协调性	生产力、社会进步、人类发展和环境友好四个标准之间,并不总是协调的,有时甚至相互矛盾。例如,提高生产力与环境保护之间有时存在"矛盾"。此时,需要原则性和灵活性的平衡
适用性	如果把完全不满足上述四个标准的行为和过程说成是"现代化",那么,这种"现代化"就是一种"假现代化"或"伪现代化"

(3) 现代化过程的阶段标准

现代化是一个长期的历史过程,必然有发展阶段。这就涉及两类标准:一是阶段划分的标准,二是阶段完成的标准。关于现代化的阶段划分有多种划分方法,这里介绍第二次现代化理论的观点。

第二次现代化理论认为,现代化发生在人类文明的所有领域和层次,不同领域和层次(如国家和地区)的现代化进程是不同步的。世界现代化、不同领域和层次的现代化的阶段划分,既有共性又有差别。

其一,阶段起步的标准。世界现代化的阶段划分,一般以先行国家的阶段划分为代表;不同国家的阶段划分,可以参考先行国家的阶段划分;不同领域的阶段划分,可以参考先行国家的领域阶段划分。例如,世界现代化两大阶段的划分,可大致采用下列标准(表1-49)。

表 1-49　两次现代化的起步和完成标准

标准	内容
第一次现代化起步标准	工业化或民主化起步(工业革命开始),现代工业比例上升,城市人口比例上升,农业比例下降等
第一次现代化完成标准	工业化和民主化完成,国家发展水平和劳动生产率达到1960年发达工业国家的平均水平,城市人口比例超过60%,农业增加值比例小于15%,农业劳动力比例小于30%等
第二次现代化起步标准	第一次现代化完成,工业比例持续下降,知识产业比例上升,服务业比例超过60%等
第二次现代化完成标准	知识化和信息化完成,知识产业增加值比例超过60%,知识产业劳动力比例超过60%(一种预测)等

其二,阶段完成的标准(表1-49)。同样以两大阶段的完成标准为例。1960年发达工业国家完成第一次现代化,并先后进入"后工业化"或"后现代化",工业比例下降,郊区人口比例上升,服务业比例上升。从定量分析角度看,可把1960年发达工业国家平均水平作为完成第一次现代化的标准。

其三,细分阶段的划分标准。世界现代化进程,既有两大阶段的阶段划分,又有细分阶段的划分。关于后者,需要专题讨论。

3. 现代化结果的标准

现代化结果,涉及世界前沿水平、国家现代化水平和国家现代化的实现程度。国家现代化实现程度可分为三个等级:基本实现、实现(平均实现)、全面实现(高标准实现)。

(1) 世界前沿水平的标准

第二次现代化理论认为,现代化是人类发展的世界前沿,以及追赶、达到和保持世界前沿水平的行为和过程。那么,什么是人类发展的世界前沿?什么是世界前沿水平和世界先进水平?其标准是什么?

其一,单个方面的世界前沿的判断标准(表1-43)。现代化发生在人类文明的所有方面,每个方面的变化都可以用发展指标或现代化指标来分析。

其二,某个领域的世界前沿的判断标准。从操作角度考虑,可以采取该领域的关键指标比较法,也可建立综合指数来衡量和比较,综合指数可以包括定量和定性指标。单个领域发达国家的水平和特征,更多地代表了世界前沿,但有例外。

其三,不同层次的世界前沿(如国家和地区发展的世界前沿)的判断标准。从操作角度考虑,可以建立综合指数来衡量和比较,可以包括定量指标和定性指标。发达国家的水平和特征,更多地代表了世界前沿。

其四,世界前沿的三种类型。单一前沿:有些方面的世界前沿是单一的,如大学普及率等。多元前沿:有些方面的世界前沿是多元的,如文化观念等。没有前沿:有些方面的变化,没有世界前沿,如自然灾害发生率等。

在新现代化研究领域,世界前沿水平和世界先进水平的判断标准如下:

- **世界前沿水平**:达到或超过高收入国家的平均值(或高收入OECD国家的平均值,或国家发展水平最高的20个国家的算术平均值)。
- **世界先进水平**:达到或超过高收入国家的平均值(或高收入OECD国家的平均值,或国家发展水平最高的20个国家的算术平均值)的80%。
- **两者的关系**:世界前沿水平是世界先进水平的一个子集,换言之,后者包含前者。

世界现代化的不平衡性,既存在于国家和领域之间,也存在于国家和领域内部(指标之间)。一般而言,发达国家多数领域和方面达到世界先进水平,可能有少数没有达到;发展中国家多数领域和方面没有达到世界先进水平,但可有少数方面达到(图1-32,附表2-3-1)。

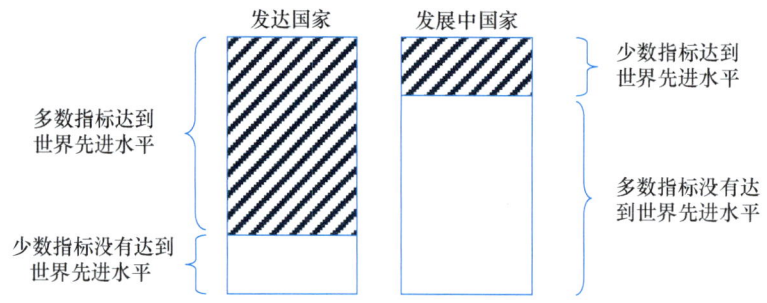

图 1-32　发达国家与发展中国家的水平差别(示意)

注:达到世界先进水平的指标比例越高,国家现代化水平越高。有些发展中国家,没有指标达到世界先进水平,它们属于现代化水平较低的发展中国家。有些发达国家所有指标都达到世界先进水平。详见附表2-3-1。

(2) 现代化国家的分类标准

《中国现代化报告》完成了1950~2016年世界131个国家的现代化水平评价,提出了现代化国家和国家现代化水平的分类标准(表1-50,图1-33)。一般而言,达到世界先进水平的国家是现代化国家(发达国家),其他国家是非现代化国家(发展中国家)。

表 1-50　现代化国家和国家现代化水平的分类标准

两分类	四分类	国家现代化水平*	世界排名
现代化国家	发达国家	国家现代化水平达到或超过高收入国家平均水平的80%	第1~20位
非现代化国家 发展中国家**	中等发达国家	国家现代化水平低于高收入国家平均水平的80%,但达到或超过高收入国家平均水平的50%和世界平均水平	第21~40位
	初等发达国家	国家现代化水平低于高收入国家平均水平的50%和世界平均水平,但达到或超过高收入国家平均水平的30%和世界平均水平的60%	第41~80位
	欠发达国家	国家现代化水平低于高收入国家平均水平的30%和世界平均水平的60%	第81~131位

注:* 国家现代化水平可用三类指标来衡量:① 国家现代化指数,② 60%的现代化指标,③ 关键现代化指标的平均水平。本表排名标准为2015年131个国家的国家水平分类的排名标准(略有调整)。排名标准是一种动态标准,应根据实际评价结果逐年调整。** 非现代化国家是发展中国家,包括三组国家,即中等发达国家、初等发达国家和欠发达国家。发展中国家的国家分类标准采用严标准(表1-51)。

资料来源:何传启,2017a,2019a。

现代化国家(发达国家)的判断标准,大致有如下三种(图1-34)。

- 水平标准:国家现代化指数达到或超过高收入国家平均值的80%。
- 排名标准:国家现代化指数的排名进入世界前20位(在131个国家中)。
- 综合标准:国家现代化指数达到或超过高收入国家平均水平的80%,60%的现代化指标和关键现代化指标的平均水平达到发达水平,其排名分别进入世界前20位(在131个国家中)。

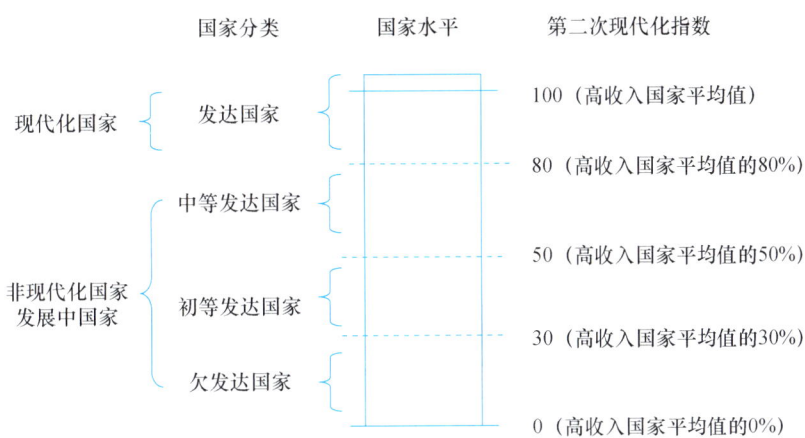

图 1-33　国家现代化水平的分类标准(简单标准)(示意)

- 排名标准是动态的。排名标准应根据实际评价结果逐年调整。上述标准为 2015 年标准。

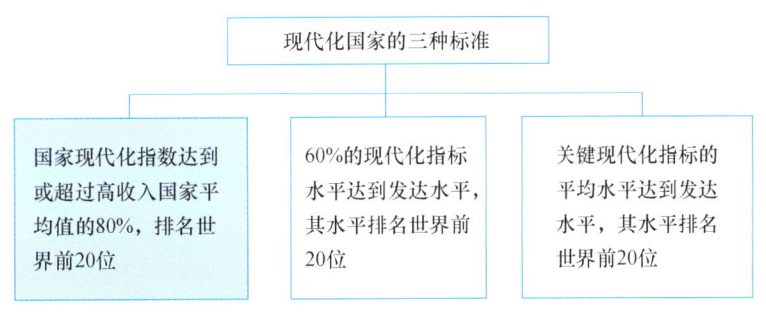

图 1-34　现代化国家的三种标准(示意)

非现代化国家(发展中国家)的判断标准,大致有如下三种。

- 水平标准:国家现代化指数低于高收入国家平均值的 80%。
- 排名标准:国家现代化指数的排名没有进入世界前 20 位(在 131 个国家中)。
- 综合标准:国家现代化指数没有达到高收入国家平均水平的 80%,60% 的现代化指标和关键现代化指标的平均水平没有达到发达水平,其排名没有进入世界前 20 位(在 131 个国家中)。
- 排名标准是动态的。排名标准应根据实际评价结果逐年调整。上述标准约为 2015 年标准。

非现代化国家(发展中国家)包括三组国家:中等发达国家、初等发达国家和欠发达国家。发展中国家的分类标准,主要以高收入国家平均值和世界平均值为参考依据,大致有简单标准、平均标准、严标准和宽标准四种分类标准(表 1-51)。

表 1-51　发展中国家（非现代化国家）的分类标准

项目	分类依据	分类标准
简单标准	以高收入国家平均值为分类参考依据	中等发达国家：低于高收入国家平均值的80%，但达到或超过高收入国家平均值的50% 初等发达国家：低于高收入国家平均值的50%，但达到或超过高收入国家平均值的30% 欠发达国家：低于高收入国家平均值的30%
平均标准	主要以世界平均值为分类参考依据	中等发达国家：低于发达国家（高收入国家平均值的80%），但达到或超过世界平均值 初等发达国家：低于世界平均值，但达到或超过世界平均值的60% 欠发达国家：低于世界平均值的60%
严标准	同时以高收入国家平均值和世界平均值为分类参考依据；当高收入国家平均值的50%与世界平均值两者数值不一致，高收入国家平均值的30%与世界平均值的60%两者数值不一致时，分类标准值就高不就低，即两个参考标准必须同时满足	中等发达国家：低于高收入国家平均值的80%，但达到或超过高收入国家平均值的50%和世界平均值 初等发达国家：低于高收入国家平均值的50%和世界平均值，但达到或超过高收入国家平均值的30%和世界平均值的60% 欠发达国家：低于高收入国家平均值的30%和世界平均值的60%
宽标准	同时以高收入国家平均值和世界平均值为分类参考依据；当高收入国家平均值的50%与世界平均值两者数值不一致，高收入国家平均值的30%与世界平均值的60%两者数值不一致时，分类标准值就低不就高，即两个参考标准满足一个就可	中等发达国家：低于发达国家水平（低于高收入国家平均值的80%），但达到或超过高收入国家平均值的50%或世界平均值 初等发达国家：低于中等发达国家水平，但达到或超过高收入国家平均值的30%或世界平均值的60% 欠发达国家：低于初等发达国家水平

注：本表分类标准是基于国家现代化指数（国家现代化水平）的分类标准。本表中的分类标准不能用于单个指标水平的判断。单指标水平分类标准见表 1-45。

(3) 基本实现现代化的标准

从字面看，基本实现现代化是基本达到现代化的标准和要求。现代化发生在人类文明所有的层次、领域和方面，基本实现现代化同样发生在人类文明所有的层次、领域和方面。这里，简要讨论"什么是国家基本实现现代化？"，其他层次、领域和方面的基本实现现代化可以类推。

其一，如何理解基本实现现代化。基本实现现代化是部分实现现代化。那么，现代化实现了多少，才算是基本实现现代化？在这里，关键点是如何理解"基本"的含义。目前，"基本"是一个多义词，如根本的、主要的（main）、基础的、大致的（basic）。这里，"基本"指主要的、大致的、大部分的（most）。

其二，国家基本实现现代化的理论性标准：基于理论的标准。一是基于经典现代化理论的理论性标准（表 1-52），以 1960 年发达工业化国家平均值为参照。二是基于第二次现代化理论的理论性标准。基于第二次现代化理论，实现现代化的标准包括阶段标准和水平标准。根据这些标准，可以分别推导出基本实现现代化的阶段标准和水平标准。基本实现现代化的水平标准包括定性和定量标准（表 1-53）。

表 1-52　国家基本实现现代化的标准（基于经典现代化理论）

标准	主要内容
定性标准	基本实现现代化指基本完成从传统社会向现代社会的转变，基本完成工业化、城市化、民主化、福利化和普及义务教育等，基本建成高度发达的工业社会，基本具有发达工业社会的典型特征
定量标准	基本实现现代化指现代化指标基本达到评价标准，或多数指标（一般超过 60% 的指标）达到现代化指标的评价标准
适用范围	20 世纪 60 年代以来，发达工业国家先后进入后工业社会或第二次现代化，上述标准的政策意义逐步减弱

表 1-53　国家基本实现现代化的标准（基于第二次现代化理论）

标准	主要内容（宽标准）
定性标准	基本实现现代化指国家现代化水平达到中等发达国家水平，具有中等发达国家的典型特征等。现代化水平可以采用第二次现代化指数或综合现代化指数来衡量
定量标准	基本实现现代化指其第二次现代化指数和综合现代化指数达到或超过高收入国家平均值的 50% 和世界平均值，但低于高收入国家平均值的 80%；现代化指数排名处于世界前 40 位以内，但低于前 20 位（何传启，2017a）。其中，排名标准是 2015 年标准。排名标准应根据实际评价结果逐年调整

其三，国家基本实现现代化的政策性标准：从政策角度看的标准。这里基于第二次现代化理论，推导基本实现现代化的政策性标准。

- 共性标准：达到或保持中等发达国家水平，包括定性标准和定量标准。
- 个性标准：在某些领域和地区达到或保持发达国家水平或竞争优势。

（4）实现现代化的标准

从字面看，实现现代化是达到现代化的标准和要求。现代化发生在人类文明的所有层次、领域和方面，实现现代化同样发生在人类文明的所有层次、领域和方面。这里，简要讨论"什么是国家实现现代化？"，其他层次、领域和方面的实现现代化可以类推。

- 不同层次的实现现代化：如国家、地区、城市和农村实现现代化；
- 不同领域的实现现代化：如政治、经济、社会和文化实现现代化；
- 不同方面的实现现代化：如行为、结构、制度和观念实现现代化等。

其一，国家实现现代化的两类标准。从字面看，国家实现现代化是国家达到现代化国家的标准和要求。这里讨论综合标准，即国家实现现代化的判断标准。

一般而言，国家实现现代化的判断标准，可以分为两类，即理论性标准和政策性标准。其中，理论性标准是从现代化理论角度看实现现代化的标准，政策性标准是从现代化政策角度看实现现代化的标准。

从理论角度看，现代化理论有众多流派，不同流派的理论对现代化的解释和要求有所不同。下面将以经典现代化理论和第二次现代化理论为例。从政策角度看，不同国家有不同特点，对现代化的理解和要求有所不同。

其二，国家实现现代化的理论性标准：从理论角度看的标准。

一是基于经典现代化理论的理论性标准。经典现代化理论认为，现代化是从传统社会向现代社会的转变，即从农业社会向工业社会的转变，其主要特点包括工业化、城市化、民主化、理性化、福利化和普及义务教育等。中国学者罗荣渠（1993）认为：把高度发达的工业社会的实现作为现代化完成的一个主要标志也许是合适的。

根据经典现代化理论,国家实现现代化大致有如下标准(表 1-54,表 1-55)。

表 1-54 国家实现现代化的标准(基于经典现代化理论)

标准	主要内容
定性标准	实现现代化指完成从传统社会向现代社会的转变,完成工业化、城市化、民主化、福利化和普及义务教育等,建成高度发达的工业社会。简单地说,是否具有发达工业社会的典型特征是实现现代化的定性标准
定量标准	20 世纪 80 年代初,美国斯坦福大学社会学教授英克尔斯(Alex Inkeles)提出了现代化的 11 个评价指标和评价标准(孙立平,1988)。现代化指标是否达到评价标准,可作为实现现代化的定量标准(表 1-55)
适用范围	20 世纪 60 年代以来,发达工业国家先后进入后工业社会或第二次现代化。在这种情况下,上述标准的政策意义逐步减弱

表 1-55 英克尔斯教授提出的现代化评价指标和评价标准

编号	指标	标准
1	人均国民生产总值	3000 美元(需逐年计算*)
2	农业产值占国内生产总值比例	15% 以下
3	服务业产值占国内生产总值比例	45% 以上
4	农业劳动力占总劳动力比例	30% 以下
5	成人识字率	80% 以上
6	在校大学生占 20~24 岁人口比例	10%~15%
7	每名医生服务的人数	1000 人以下
8	婴儿死亡率	30‰ 以下
9	人口自然增长率	1% 以下
10	平均预期寿命	70 岁以上
11	城市人口占总人口比例	50% 以上

注:20 世纪 80 年代英克尔斯教授提出的标准为人均国民生产总值 3000 美元。考虑到通货膨胀率,《中国现代化报告》把人均国民生产总值(人均国民收入)标准调整为:1960 年 1280 美元,1970 年为 1702 美元,1980 年为 3411 美元,1990 年为 5147 美元,2000 年为 6399 美元,2010 年为 8000 美元,2015 年为 8680 美元。

资料来源:何传启,2019a。

2015 年世界上约有 47 个国家第一次现代化指数达到 100%(何传启,2018),达到了表 1-49 和表 1-55 的标准。但是,这些国家中只有 20 个国家属于发达国家,其他是发展中国家。显然,我们不能说发展中国家是现代化国家;20 世纪 60~80 年代提出的现代化标准,已经不适用于 21 世纪。

二是基于第二次现代化理论的理论性标准。第二次现代化理论认为,在 18~21 世纪末期间,世界现代化的前沿过程可以分为两大阶段,其中,第一次现代化是从农业社会向工业社会、从农业经济向工业经济的转变,第二次现代化是从工业社会向知识社会、从工业经济向知识经济的转变(何传启,1999)。第一次现代化是经典现代化,典型特征是工业化、城市化和民主化等;第二次现代化是新型现代化,目前典型特征是知识化、信息化和绿色化等。现代化的理论目标大致有三个:① 实现第一次现代化;② 实现第二次现代化;③ 达到和保持人类发展的世界前沿水平。前两个目标是阶段目标,第三个目标是水平目标。

根据第二次现代化理论,国家实现现代化包括阶段标准和水平标准(表 1-56)。其中,水平标准是动态的。例如,今年达到了发达国家水平,今年就实现现代化;明年没有达到发达国家水平,明年就没有实现现代化。从这个角度看,实现现代化不是一劳永逸的,而是不进则退。

表1-56 国家实现现代化的阶段标准和水平标准(基于第二次现代化理论)

标准	标准的内涵
阶段标准Ⅰ	实现第一次现代化的标准:完成从农业社会向工业社会的转变,具有发达工业社会的典型特征,第一次现代化指数达到100%。第一次现代化指数是以1960年工业化国家的平均值为标准的评价结果
阶段标准Ⅱ	实现第二次现代化的标准:完成从工业社会向知识社会的转变,具有先进知识社会的典型特征等。目前,尚没有国家实现第二次现代化
水平标准Ⅰ	实现现代化的定性标准:现代化水平达到发达国家水平,具有发达国家的典型特征等
水平标准Ⅱ	实现现代化的定量标准:第二次现代化指数和综合现代化指数达到或超过高收入国家平均值的80%,现代化指数排名大致处于世界前20位以内(何传启,2017a);其中,排名标准是2015年标准。排名标准是一个动态标准,应根据实际评价结果逐年调整

注:世界现代化指数反映131个国家现代化的定量水平,它包括第一次现代化指数、第二次现代化指数和综合现代化指数。

其三,国家实现现代化的政策性标准:从政策角度看的标准。

一般而言,现代化政策是现代化理论的实际应用。现代化政策既要遵循现代化规律,又要尊重基本国情。现代化理论是一个"大家庭",不同理论有不同政策含义,同一理论在不同国家和不同时代有不同政策含义。

20世纪60年代以来,发达国家先后完成经典现代化或第一次现代化,先后进入后工业化、后现代化或第二次现代化阶段。

21世纪以来,完成第一次现代化的国家增多,进入第二次现代化的国家增多。在世界范围内,经典现代化理论的实用性逐步减少;在已经完成第一次现代化的国家,经典现代化理论的历史使命已经完成。

由此可见,现代化政策应该主要采用新现代化研究的观点。这里基于第二次现代化理论,推导实现现代化的"政策性标准"。

一般而言,实现现代化的政策性标准包括共性标准和个性标准。

- 共性标准:达到或保持世界先进水平(发达国家水平),包括定性标准和定量标准。
- 个性标准:在某些领域或地区达到或保持世界前沿水平或竞争优势。

(5)全面实现现代化的标准

从字面看,"全面实现现代化"是全面达到现代化的标准和要求。现代化发生在人类文明的所有层次、领域和方面,"全面实现现代化"同样发生在人类文明的所有层次、领域和方面。下面,简要讨论"什么是国家全面实现现代化?",其他层次、领域和方面的全面实现现代化可以类推。

国家实现现代化有理论性标准和政策性标准,国家全面实现现代化也同样有这两类标准。根据第二次现代化理论,国家全面实现现代化的理论性标准,涉及综合标准、分领域标准和分层次标准等。

首先,国家全面实现现代化的综合标准。《中国现代化报告》提出了国家全面实现现代化的综合标准。从"基本实现现代化""平均实现现代化"到"全面实现现代化",代表了国家实现现代化的三级标准(表1-57)。

表 1-57 国家实现现代化的三级标准

目标	国家现代化水平	世界排名
全面实现现代化（高标准实现现代化）	国家现代化水平达到或超过高收入国家平均值,进入世界前列和发达国家前列;60%的现代化指标达到或超过高收入国家平均水平,关键现代化指标的平均水平达到或超过高收入国家平均水平	约前 10 位
平均实现现代化（全国平均实现现代化）	国家现代化水平达到或超过高收入国家平均值的80%,但低于高收入国家平均值,进入发达国家行列;60%的现代化指标的水平和关键现代化指标的平均水平达到或超过高收入国家平均水平的80%	约前第11~20 位
基本实现现代化	严标准:国家现代化水平达到或超过高收入国家平均值的50%和世界平均值,但低于高收入国家平均值的80%,进入中等发达国家行列;60%的现代化指标的水平和关键现代化指标的平均水平达到或超过高收入国家平均水平的50%和世界平均水平	约前第21~40 位

注:本表标准为 2015 年 131 个国家的国家水平分类的排名标准。排名标准是一种动态标准,应根据实际评价结果逐年调整。

资料来源:何传启,2017a,2019a。

其次,国家全面实现现代化的领域标准和地区标准(表 1-58)。

表 1-58 国家全面实现现代化的领域标准和地区标准

项目	标准
六个领域	在政治、经济、社会、文化、生态和人的现代化六个领域,都达到世界先进水平
三个关键	先进生产力、社会进步和人的发展,都达到世界先进水平
四个方面	在行为(生活)、结构(器物)、制度和观念现代化等方面,达到世界先进水平
所有地区	达到发达国家的水平(世界先进水平)
大部分地区	达到世界前沿水平

注:人的现代化包括个人生活现代化等。

三、现代化标准的体系

现代化发生在人类文明的所有层次、领域、部门和方面,现代化标准必然涉及人类发展的所有层次、领域、部门和方面。一般而言,现代化标准体系的构建,主要有两种思路:一是按照研究对象的结构,把现代化标准组织起来,构成现代化标准体系;一是按照现代化标准的类型,把相关现代化标准组织起来,构成现代化标准体系。

1. 现代化标准体系的结构

首先,参照矩阵结构,以研究对象为基础,与现代化标准相对应,构成现代化标准体系的复合矩阵(表 1-59)。① 所有研究对象,都有四类标准;② 跨两个维度(层次+领域、层次+部门、层次+时间、领域+时间、部门+时间)的各种组合,都有四类标准;③ 跨三个维度(层次+领域+时间、层次+部门+时间)的各种组合,都有四类标准。

表 1-59　现代化研究对象与现代化标准体系的复合矩阵

			现代化标准体系			
			指标标准	评价标准	过程标准	结果标准
研究对象	层次维度	世界、国际、国家、地区、机构、个体	四个维度和跨维度组合的现代化指标标准和标准体系	四个维度和跨维度组合的现代化评价标准和标准体系	四个维度和跨维度组合的现代化过程标准和标准体系	四个维度和跨维度组合的现代化结果标准和标准体系
	领域维度	经济、社会、政治、文化、环境、个人				
	部门维度	农业、工业、服务业、科教、健康等				
	时间维度	第一次现代化、第二次现代化、综合现代化				
	跨维度的组合	跨两维度(层次+领域、层次+部门、层次+时间、领域+时间、部门+时间)和跨三维度(层次+领域+时间、层次+部门+时间)的各种组合	前沿标准 分类标准	水平评价标准 绩效评价标准 其他评价标准	时间标准 性质标准 阶段标准	水平标准 程度标准

注：研究对象的每个维度和跨维度组合，都分别有相应的四类标准（指标、评价、过程和结果标准）。

其次，参照矩阵结构，以现代化标准为基础，与研究对象相对应，构成两者的组合关系（表 1-60）。① 四类标准，适用于所有研究对象；② 四类标准，适用于跨两个维度（层次+领域、层次+部门、层次+时间、领域+时间、部门+时间）的各种组合；③ 四类标准，适用于跨三个维度（层次+领域+时间、层次+部门+时间）的各种组合。

表 1-60　现代化标准与研究对象的组合关系

			研究对象			
			层次维度	领域维度	部门维度	时间维度
现代化标准	指标标准	前沿标准 分类标准	层次维度(世界、国际、国家、地区、机构、个体)的四类标准	领域维度(经济、社会、政治、文化、环境、个人)的四类标准	部门维度(农业、工业、服务业、科教、健康、交通等)的四类标准	时间维度(第一次现代化、第二次现代化、综合现代化)的四类标准
	评价标准	水平评价标准 绩效评价标准 其他评价标准				
	过程标准	时间标准 性质标准 阶段标准				
	结果标准	水平标准 程度标准				

2. 现代化标准体系的常用标准

这些标准主要是以国家为基础，而且是相对的，只是一种观点。

(1) 时间标准

- 世界现代化的起步时间：18 世纪 60 年代（从理论角度看）。
- 国家现代化的起步时间：工业化或民主化的起始时间（有国别差异）。

(2) 性质标准

21 世纪满足下面四个标准的文明变化，才属于现代化。

- 生产力标准：有利于生产力的解放和发展。
- 社会进步标准：有利于社会的公平和进步。

- 人类发展标准：有利于人的自由解放和全面发展。
- 环境友好标准：有利于人与自然的互利共生。

(3) 阶段标准

首先，阶段划分的参考标准。

- 第一次现代化的起步标准：工业化或民主化起步（工业革命开始），现代工业比例上升，城市人口比例上升，农业比例下降等。
- 第二次现代化的起步标准：第一次现代化完成，工业比例持续下降，知识产业比例上升，服务业增加值比例和劳动力比例超过60%等。

其次，阶段完成的判断标准。

- 第一次现代化的完成标准：完成从农业社会向工业社会的转变，国家发展水平达到1960年发达工业国家的平均水平，城市人口比例超过60%，农业增加值比例小于15%，农业劳动力比例小于30%等。
- 第二次现代化的完成标准：完成从工业社会向知识社会的转变，知识产业增加值比例超过60%，知识产业劳动力比例超过60%（一种预测）等。

(4) 指标水平标准

首先，世界前沿水平的判断标准。

- 世界前沿水平，一般以发达国家的平均水平为底线；
- 世界先进水平，一般以发达国家的平均水平的80%为底线；
- 发达国家的平均水平，一般以高收入国家的平均值（或高收入OECD国家的平均值，或国家现代化水平最高的20个国家的算术平均值）为代表。

其次，指标水平的分类标准。

开放型指标的水平分类标准如下，适度型指标的水平分类标准见表1-45。

- 发达水平。达到或高于发达国家平均水平的80%。
- 中等发达水平。低于发达水平，但达到或高于发达国家平均水平的50%和世界平均水平。
- 初等发达水平。低于中等发达水平，但达到或高于发达国家平均水平的30%和世界平均水平的60%。
- 欠发达水平。低于发达国家平均水平的30%和世界平均水平的60%。

(5) 实现现代化的判断标准

首先，基于经典现代化理论的判断标准。

经典现代化理论认为，现代化是从传统社会向现代社会的转变，即从农业社会向工业社会的转变。根据这种理论，国家实现现代化的标准如下。

- 定性标准：完成从传统社会向现代社会的转变，完成工业化、城市化、民主化、福利化和普及义务教育等，建成高度发达的工业社会。
- 适用范围：20世纪60年代以来，发达工业国家先后进入"后工业社会"或第二次现代化，上述标准的政策意义已逐步减弱。

其次，基于第二次现代化理论的判断标准。

第二次现代化理论认为,世界现代化进程分为两大阶段,其中,第一次现代化是从农业社会向工业社会的转变,第二次现代化是从工业社会向知识社会的转变。国家现代化有三个目标:① 实现第一次现代化;② 实现第二次现代化;③ 追赶、达到和保持世界先进水平。其中,第一个和第二个目标是阶段目标;第三个目标是水平目标,也是动态目标。

- 从文明进步和发展阶段角度看,每个国家都在进步,都能实现第一次现代化和第二次现代化,但实现时间有先有后;阶段完成的判断标准同前。
- 从国际体系和发展水平角度看,在任何时候,只有部分国家能够达到世界先进水平,多数国家不能达到世界先进水平;实现水平目标的国家是少数。

根据第二次现代化理论,从水平角度看,国家实现现代化的标准如下:

- 定性标准:现代化水平达到发达国家水平,具有发达国家的典型特征等。
- 定量标准:第二次现代化指数和综合现代化指数超过或等于高收入国家平均值的80%。
- 排名标准:现代化指数排名处于世界前20位以内(在131个国家中),这是约2015年的排名标准。排名标准是一种动态标准,应根据实际评价结果逐年调整。

131个国家为《中国现代化报告》的研究对象,是2000年人口超过100万和统计数据齐全的国家,后同。目前联合国会员国有193个。相对而言,国家分类的定量标准是独立的和稳定的,排名标准则是非独立的和可变的。在任何年份,国家水平分类的结果,决定了当年的国家排名标准。

(6) 基本实现现代化的判断标准

首先,根据经典现代化理论,国家基本实现现代化的标准如下。

- 定性标准:基本完成从传统社会向现代社会的转变,基本完成工业化、城市化、民主化、福利化和普及义务教育,基本具有发达工业社会的主要特征。
- 适用范围:20世纪60年代以来,发达工业国家先后进入后工业社会或第二次现代化,上述标准的政策意义已逐步减弱。

其次,根据第二次现代化理论,国家基本实现现代化的标准如下。

- 定性标准:现代化水平达到中等发达国家水平,具有中等发达国家的典型特征等。
- 定量标准(严标准):第二次现代化指数和综合现代化指数超过高收入国家平均值的50%和世界平均值,但低于高收入国家平均值的80%。
- 排名标准:现代化指数排名处于世界第21~40位(在131个国家中),这是2015年的排名标准。排名标准是动态的,应根据实际评价结果逐年调整。

(7) 全面实现现代化(高标准实现现代化)的判断标准

根据第二次现代化理论,从水平角度看,全面实现现代化的标准如下。

- 综合标准:现代化水平超过高收入国家平均值,水平排名进入世界约前10位(在131个国家中)。
- 领域标准:在政治、经济、社会、文化、生态和人的现代化六个领域达到世界先进水平;在行为、结构、制度和观念现代化等方面达到世界先进水平。
- 地区标准:所有地区达到发达国家水平;大部分地区达到世界前沿水平。

(8) 现代化国家的判断标准

首先,根据经典现代化理论,现代化国家的判断标准如下。

- 现代化国家:完成从农业社会向工业社会的转变,完成工业化、城市化、民主化、福利化和普及义务教育,具有发达工业社会特征的国家。
- 适用范围:20世纪60年代以来,发达工业国家先后进入后工业社会或第二次现代化,上述标准的政策意义已逐步减弱。

其次,根据第二次现代化理论,从水平角度看,现代化国家的标准如下。

- 现代化国家(图1-34):国家现代化指数达到发达国家水平(即高收入国家平均值的80%),60%的现代化指标和关键现代化指标的平均水平达到发达水平,其排名分别进入世界前20位(在131个国家中)。
- 非现代化国家:国家现代化指数没有达到发达国家水平,60%的现代化指标的水平和关键现代化指标的平均水平没有达到发达水平,其排名没有进入世界前20位(在131个国家中)。
- 上述排名标准约为2015年标准。排名标准应根据实际评价结果逐年调整。

(9) 国家水平分类的标准

《中国现代化报告》基于国家现代化指数(国家现代化水平),把世界131个国家分为如下四类(图1-35)。其中,发展中国家(中等发达国家、初等发达国家和欠发达国家)的分类标准采用"严标准"(表1-51)。

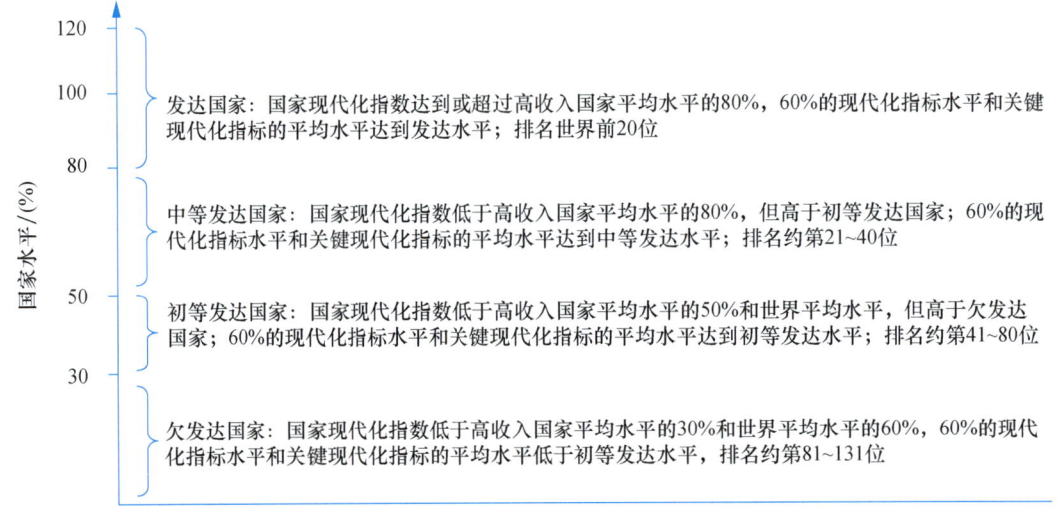

图1-35 《中国现代化报告》的国家水平分类(示意)

注:国家水平坐标刻度分别指高收入国家平均值的120%、100%、80%、50%和30%。排名标准是相对的,可以根据实际评价结果逐年调整。发展中国家分类标准采用严标准(表1-51)。

资料来源:何传启,2019a。

3. 国家现代化水平的分类标准汇总

基于国家现代化指数,国家现代化水平的分类标准见表1-61。关于发展中国家(中等发达国家、初等发达国家和欠发达国家)的分类标准,采用严标准(表1-51)。

表 1-61 国家现代化水平的分类标准(严标准)

编号	项目	水平分类标准	注释
1	世界最高水平	世界排名第 1 位的水平	世界水平分类
2	世界前沿水平	超过高收入国家平均水平,超过发达国家平均水平	
3	世界的前列	同上	
4	世界先进水平	达到或超过高收入国家平均水平的 80%	
5	世界平均水平	世界平均值	
6	世界最低水平	世界排名倒数第 1 位的水平	
7	发达水平	达到或超过发达国家平均水平的 80%	指标水平分类
8	中等发达水平	低于发达水平,但达到或高于发达国家平均水平的 50% 和世界平均水平	本表为开放型指标的水平分类标准;适度型指标水平分类标准见表 1-45
9	初等发达水平	低于中等发达水平,但达到或高于发达国家平均水平的 30% 和世界平均水平的 60%	
10	欠发达水平	低于发达国家平均水平的 30% 和世界平均水平的 60%	
11	发达国家	国家水平达到或超过高收入国家平均水平的 80%;60% 的现代化指标达到发达水平,关键现代化指标的平均水平达到发达水平;其水平排名世界前 20 位	国家水平分类 排名标准约为 2015 年排名标准
12	发展中国家	国家水平低于高收入国家平均水平的 80%;60% 的现代化指标没有达到发达水平,关键现代化指标的平均水平没有达到发达水平;其水平排名世界前 20 位以后	
13	现代化国家	国家水平分类标准,与发达国家相同	国家水平分类
14	非现代化国家	国家水平分类标准,与发展中国家相同	
15	发达国家	国家水平达到或超过高收入国家平均水平的 80%;60% 的现代化指标达到发达水平,关键现代化指标的平均水平达到发达水平;其水平排名世界前 20 位	发达国家的水平分类标准和水平结构 排名标准约为 2015 年排名标准
16	发达国家的平均水平	高收入国家的平均值	
17	发达国家的前列	国家水平超过高收入国家平均水平	
18	发达国家的后列	国家水平低于高收入国家平均水平,但高于中等发达国家	
19	中等发达国家	国家水平低于发达国家水平,但达到或超过高收入国家平均水平的 50% 和世界平均水平;60% 的现代化指标达到中等发达水平,关键现代化指标的平均水平达到中等发达水平;水平排名世界前 21~40 位	中等发达国家的水平分类标准和水平结构 排名标准约为 2015 年排名标准。中等发达国家的平均值可参考中高收入国家平均值
20	中等发达国家的平均水平	中等发达国家的平均值	
21	中等发达国家的前列	国家水平低于发达国家水平,但超过中等发达国家平均水平	
22	中等发达国家的后列	国家水平低于中等发达国家平均水平,但高于初等发达国家	
23	初等发达国家	国家水平低于中等发达国家水平,但达到或超过高收入国家平均水平的 30% 和世界平均水平的 60%;60% 的现代化指标达到初等发达水平,关键现代化指标的平均水平达到初等发达水平;其水平排名世界前 41~80 位	初等发达国家的水平分类标准和水平结构 排名标准约为 2015 年排名标准。初等发达国家的平均值可参考中低收入国家平均值

(续表)

编号	项目	水平分类标准	注释
24	初等发达国家的平均水平	初等发达国家的平均值	
25	初等发达国家的前列	国家水平低于中等发达国家水平,但超过初等发达国家平均水平	
26	初等发达国家的后列	国家水平低于初等发达国家平均水平,但高于欠发达国家	
27	欠发达国家	国家水平低于高收入国家平均水平的30%和世界平均水平的60%;60%的现代化指标为欠发达水平,关键现代化指标的平均水平为欠发达水平;其水平排名世界第81~131位	欠发达国家的水平分类标准和水平结构排名标准约为2015年排名标准。欠发达国家的平均值可参考低收入国家平均值
28	欠发达国家的平均水平	欠发达国家的平均值	
29	欠发达国家的前列	国家水平低于初等发达国家水平,但超过欠发达国家平均水平	
30	欠发达国家的后列	国家水平低于欠发达国家平均水平	

注:国家水平分类标准是基于第二次现代化指数的国家水平分类标准。第二次现代化指数,世界和国家最大值为120,高收入国家平均值为100,世界平均值约为50。世界平均值与高收入国家平均值的50%不一致时,分类标准值就高不就低;其他类推。排名标准应根据实际评价结果逐年调整,为人口超过100万和统计数据比较齐全的131个国家的排名。发展中国家分类标准采用严标准(表1-51)。

资料来源:何传启,2019a。

第二章 世界现代化的100个指标

提要

根据现代化度量衡的原理,主要参考OECD的国家概览指标体系、世界银行的世界发展指标体系和《中国现代化报告2010》的世界现代化概览指标体系,构建世界现代化指标体系,提出世界现代化的100个核心指标。其中,按指标性质分类,它包括59个正指标、13个逆指标、9个转折指标、3个波动指标和16个中性指标(表2A);按指标功能分类,它包括50个水平指标、28个特征指标和22个状态指标;性质分类和功能分类的对应关系如表2B。采用时序分析、截面分析和情景分析方法,系统分析世界现代化100个指标的发展趋势、现实水平和未来前景。其中,以高收入国家平均值代表世界前沿水平,以世界平均值代表世界平均水平,以它们之间的差距代表国际差距。

表2A 世界现代化指标的性质分类   单位:个

领域	正指标	逆指标	转折指标	波动指标	中性指标	合计	其中:合理值指标
经济	14	2	2	2	5	25	4
社会	15	6	2	1	1	25	5
政治	5	3	0	0	4	12	2
文化	11	0	0	0	1	12	3
环境	4	1	4	0	3	12	3
个人生活	10	1	1	0	2	14	5
合计	59	13	9	3	16	100	22

表2B 世界现代化指标的性质分类和功能分类的对应关系   单位:个

	正指标	逆指标	转折指标	波动指标	中性指标	合计	其中:合理值指标
水平指标	38	12	0	0	0	50	8
特征指标	21	1	6	0	0	28	12
状态指标	0	0	3	3	16	22	2
合计	59	13	9	3	16	100	22

1. 世界现代化指标的发展趋势

(1) 经济指标

- 生产与流通。① 生产:1960～2018年,人均GDP由11872美元增加到43559美元(2010年价格),提高了2.7倍;其国际绝对差距由8126美元扩大到32701美元,国际相对差距先扩大后缩小。② 效率:1991～2018年,劳动生产率由65387国际美元提升到94489国际美元(2011年价格),提高了约50%;其国际绝对差距由44205国际美元扩大到57739国际美元。③ 经济结构:1960～2017年,农业增加值比例从16.8%下降到1.3%,工业增加值比例先升后降,服务业增加值比例从 61.9% 提高到 76.0%；1991~2018 年，农业劳动力比例从 6.6% 下降到 3.0%，工业劳动力比例从 30.4% 下降到 22.5%，服务业劳动力比例从 63.0% 上升到 74.5%。

- 知识经济（估计值）。1970~2015 年，人均知识产业增加值年均增长率为 7.3%，2010 年之后有波动；人均知识产业增加值由 623 美元增加到 15 078 美元（2010 年价格）；知识产业增加值比例从 18.8% 上升到 38.2%，知识产业劳动力比例从 25.5% 上升到 44.5%。

- 分配与消费。2000~2015 年，劳动者税收比例由 37.2% 下降到 35.2%；1972~2017 年，国家税收比例在 15% 上下波动，国际相对差异基本保持不变；1960~2018 年，最终消费比例由 81.6% 下降到 70.8%；1972~2018 年，固定资本形成比例由 25.8% 下降到 21.5%。

(2) 社会指标

- 人口与卫生。① 人口：1970~2018 年，人口自然增长率由 1.0% 下降到 0.5%；1960~2018 年，城市人口比例由 63.5% 上升到 81.3%，老龄人口比例由 8.7% 上升到 17.9%，其国际绝对差异由 3.7% 扩大到 9.1%。② 公共卫生：2000~2016 年，卫生支出比例由 9.4% 提升到 12.6%，其国际绝对差距由 0.8% 扩大到 2.6%；1960~2015 年，医生比例由 1.2‰ 增加到 3.0‰，其国际绝对差距由 0.9‰ 扩大到 1.5‰；1990~2015 年，护士比例由 6.4‰ 增加到 8.8‰，其国际绝对差距缩小；1960~2018 年，婴儿死亡率由 27.9‰ 下降到 4.3‰。

- 学习与工作。① 教育：1970~2016 年，政府教育支出比例由 4.8% 提升至 5.9%；1970~2018 年，大学普及率由 23.7% 上升到 75.1%；1991~2018 年，平均受教育年限由 9.7 年上升到 12.6 年，其国际绝对差距由 3.8 年扩大到 4.2 年。② 就业：1980~2018 年，成年女性就业率由 43.1% 上升到 50.8%。③ 收入：1970~2018 年，人均国民收入由 17 992 美元上升到 43 922 美元（2010 年价格），其国际绝对差距由 12 589 美元扩大到 33 042 美元；1990~2018 年，人均购买力由 29 037 国际美元上升到 45 312 国际美元（2011 年价格），其国际绝对差距扩大，但相对差距缩小。④ 贫困：1981~2015 年，绝对贫困人口比例基本保持在 0.6%。

- 休闲与福利。① 时间使用：1960~2015 年，实际平均工作时间由 1961 小时/年 下降到 1615 小时/年；近年来，OECD 国家人口用于休闲和个人保健的时间平均为 959 分钟/天。② 社会保障：2000~2010 年，养老保险覆盖率由 84.2% 提高到 86.4%。

(3) 政治指标

- 政治参与。2013~2017 年，选民投票率约为 74%。1990~2018 年，女性国会议员比例由 12.2% 上升到 27.9%，提高了 1.3 倍。

- 国家治理。① 政府收支：1974~2017 年，政府收入比例在 24% 上下波动，其国际相似度保持在 104% 左右；1970~2018 年，政府消费比例在 17% 上下波动，其国际相似度保持在 107% 左右。1972~2017 年，转移支付比例由 4.6% 上升到 18.4%，增长了 3 倍。② 国家治理：2013~2018 年，法律权力指数由 5.19 提高到 5.59；2015~2018 年，营商环境指数由 72.5 上升到 73.6；2008~2011 年，养老金支出比例由 8.4% 提高到 9.2%；2003~2018 年，开办企业所需天数由 36.0 天减少到 11.8 天，其绝对差距由 15.5 天缩小到 8.7 天；2005~2018 年，平均出口通关时间由 4.8 天减少到 3.7 天，其绝对差距由 4.8 天缩小到 4 天，相对差距保持在 2 倍。

- 公共安全。1960~2018 年，国防费用比例由 6.8% 减少到 2.3%，其国际相似度保持在 106% 左右；2013~2016 年，道路交通死亡率由 7.9 人/10 万人上升到 8.3 人/10 万人，相对差距基本保持在 2.2 倍。

（4）文化指标

- 文化生活。① 大众文化：1995～2017 年，人均年看电影次数先上升后下降，2017 年高收入国家平均为 2.6 次/年；1997～2017 年，人均出国旅游次数由 0.4 次/年上升到 0.7 次/年。② 网络文化：1993～2017 年，互联网普及率由 1% 增长到 85%，其相对差距由 4 倍缩小到 1.7 倍；1984～2018 年，移动通信普及率由 0.04% 增长到 126.03%，其相对差距由 5.8 倍缩小到 1.2 倍；2014～2017 年，美国网络音乐用户比例由 2.4% 增加到 10.9%；2001～2018 年，美国网络犯罪报案比例由 163 起/10 万人上升到 980 起/10 万人。
- 科技与创新。① 科技投入：1996～2017 年，科研经费比例由 2.2% 提高到 2.6%，其相对差距基本保持在 1.1 倍；1996～2015 年，科研人员比例由 2837 人/100 万人提高到 4158 人/100 万人，其绝对差距由 2000 人/100 万人扩大到 2680 人/100 万人，相对差距基本保持在 2.9 倍。② 科技产出：1985～2018 年，发明专利申请比例由 4.5 项/万人上升到 6.8 项/万人。③ 知识产权交易：1967～2018 年，人均知识产权出口由 0.08 美元上升到 306.29 美元，其国际绝对差距由 0.06 美元扩大到 256.18 美元，相对差距由 3.9 倍扩大到 6.1 倍；1960～2018 年，人均知识产权进口由 0.001 美元上升到 289.22 美元，其绝对差距由约 0 美元扩大到 233.11 美元，相对差距由不足 1 倍上升到 5.2 倍。2018 年，高收入国家平均企业创新比例为 17.1%。

（5）环境指标

- 生态环境。① 能源使用：1971～2015 年，人均能源消费先上升后下降；其中，2015 年高收入国家人均能源消费平均为 4605 千克石油当量；1990～2015 年，可再生能源消费比例由 6.4% 上升到 11.2%。② 资源方面：人均淡水消费国别差异较大，其中，1980～2012 年，法国人均淡水消费由 561 米^3 下降到 454 米^3；1990～2016 年，森林覆盖率基本保持在 29% 左右。③ 大气环境：1960～2014 年，二氧化碳排放密度由 0.63 千克/美元下降到 0.27 千克/美元（2010 年价格），其相对差异由 1.3 倍扩大到 1.8 倍；1990～2017 年，$PM_{2.5}$ 年均浓度由 16.6 微克/米^3 下降到 14.7 微克/米^3，其相对差异由 2.7 倍扩大到 3.1 倍。④ 环境治理：1970～2017 年，生活废水处理率由 45% 提高到 98%；1990～2018 年，城市废物处理率基本保持 100%。
- 国际环境。① 国际移民：1990～2015 年，国际移民比例由 7.7% 上升到 13.6%。② 国际贸易：1970～2018 年，国际贸易比例由 30.8% 上升到 62.7%。③ 国际投资：1970～2018 年，外国直接投资净流入比例先升后降，其中，2018 年，高收入国家外国直接投资净流入比例平均为 1.1%。④ 关税：1990～2017 年，简单平均关税由 8.4% 下降到 3.9%，其国际绝对差距由 6.7% 缩小到 1.3%。

（6）个人生活指标

- 营养与健康。① 营养供应：1961～2013 年，人均蛋白质供应由 89.2 克/天上升到 105.6 克/天，其相对差距由 1.5 倍缩小到 1.3 倍；2000～2017 年，营养不良人口比例由 2.81% 下降到 2.71%，其绝对差距由 12% 缩小到 8%。② 合理饮食：1990～2017 年，儿童超重比例由 5.1% 上升到 6.1%。③ 健康：1960～2017 年，平均预期寿命由 68.5 岁增加到 80.7 岁，其绝对差距由 15.9 岁缩小到 8.3 岁，相对差距由 1.3 倍缩小到 1.1 倍。
- 家庭与住房。① 家庭规模：1960～2017 年，总和生育率由 3.03 下降到 1.63。② 家庭收入：2013～2017 年，家庭人均可支配收入由 26 584 国际美元提高到 30 369 国际美元（现价）。③ 住房：2008 年，人均住房面积约为 43.4 米^3，国别差异比较大。

- 生活模式。① 家庭设施:2002~2017年,安全饮水普及率由99.1%提升到99.5%,其绝对差距由17.6%缩小到9.9%;2000~2017年,卫生设施普及率由98.6%提升到99.4%,其绝对差距由43.1%缩小到26.0%。② 交通和旅行:1980~2015年,汽车普及率由338辆/千人增加到470辆/千人,相对差距由1990年的4.3倍缩小到2015年的3.6倍;1970~2018年,人均航行次数由0.32次/年上升到2.02次/年,其绝对差距由0.24次/年扩大到1.46次/年。③ 网络生活:2010~2016年,网购人口比例由53.5%上升到63.1%。④ 智慧生活:2016~2018年,世界平均人工智能家庭普及率由0.063%上升到0.215%。⑤ 生活满意度:国别差异较大。

2. 世界现代化指标的国际差距

在1960~2018年期间,高收入国家与世界平均值之间的国际差距(差异)发生很大变化。在100个指标中,绝对差距(差异)扩大的指标约占20%,缩小的指标约占18%;相对差距(差异)扩大的指标约占13%,缩小的指标约占23%(表2C)。

表2C 1960~2018年世界现代化指标国际差距(差异)的变化 单位:个

差距(差异)	变化	经济	社会	政治	文化	环境	个人生活	合计/个	比例/(%)
绝对差距 (绝对差异)	扩大	6	6	0	4	1	3	20	20
	缩小	4	5	1	0	3	5	18	18
	不变	1	0	0	0	0	0	1	1
	其他	14	14	11	8	8	6	61	61
	合计	25	25	12	12	12	14	100	100
相对差距 (相对差异)	扩大	4	3	0	2	3	1	13	13
	缩小	4	6	0	3	3	7	23	23
	不变	5	0	4	2	0	0	11	11
	其他	12	16	8	5	6	6	53	53
	合计	25	25	12	12	12	14	100	100

3. 世界现代化指标的前景分析

世界现代化指标的前景分析,采用两种情景预测,时间跨度约为30年(2018~2050年)。按2000~2018年年均增长率进行分析的结果如下。这种分析只是提供一种可能性。

- 2020~2050年,高收入国家平均值变幅较大的指标包括:人工智能家庭普及率、人均知识产权进口、人均知识产权出口、工业机器人使用比例、网络音乐用户比例、开办企业所需天数、水生产率、孕产妇死亡率、人均知识产业增加值、人均航行次数、农业劳动力比例、婴儿死亡率、简单平均关税等。

- 2020~2050年,世界平均值变幅较大的指标包括:人工智能家庭普及率、人均知识产权进口、绝对贫困人口比例、人均知识产权出口、婴儿死亡率、发明专利申请比例、人均航行次数、工业机器人使用比例、人均GDP、人均国民收入、人均制造业增加值、农业劳动生产率、护士比例、人均购买力、人均知识产业增加值、汽车普及率、劳动生产率、人均出国旅游次数等。

根据现代化的度量衡的原理，现代化指标是反映现代化现象的水平、特征和状态的指标，现代化指标体系是根据现代化原理建立的、具有系统结构的现代化指标的有机集合。我们简要回顾20世纪50年代以来的现代化指标研究（附录一），构建世界现代化的指标体系（表2-1），提出世界现代化的100个核心指标，涉及经济、社会、政治、文化、环境和个人生活六个领域。

表 2-1　世界现代化的指标体系　　　　　　　　　　　　　单位：个

领域	主题	亚主题数	指标
经济	生产与流通、分配与消费	5	25
社会	人口与卫生、学习与工作、休闲与福利	7	25
政治	政治参与、国家治理、公共安全	5	12
文化	文化生活、科技与创新	4	12
环境	生态环境、国际环境	8	12
个人生活	营养与健康、家庭与住房、生活模式	6	14
合计		15	35	100

注：指标名称、解释和单位详见附表1-1-1。个人生活现代化是人的现代化的组成部分。

世界现代化有两种含义，即世界范围和世界层面的现代化。本章讨论世界范围的现代化，并以世界范围的国家现代化为代表（以下简称世界现代化）。现代化是以国家为基本单元进行的，世界层面的现代化是一个用于科学研究的概念，而不是操作单元。本章以高收入国家平均值代表世界前沿，以世界平均值代表世界平均，以它们之间的差距代表国际差距。

本章采用时序分析、截面分析和情景分析的方法，系统分析和定量预测世界100个现代化指标的发展趋势、现实水平和未来前景。其中，时序分析的时间跨度约为60年（1960～2018年），分析样本为世界前沿和世界平均；截面分析的时间截面为2018年，分析样本为全球人口超过100万的131个国家；情景分析的时间跨度约为30年（2018～2050年），分析样本为世界前沿和世界平均。三种分析方法具体参考《中国现代化报告2019》。

第一节　世界现代化指标的趋势分析

世界现代化指标的趋势分析，采用《中国现代化报告》长期使用的时序分析法。时序分析法是对时间序列数据进行分析，试图发现和归纳世界现代化的客观事实和发展趋势。分析内容包括发展趋势（以世界前沿为代表）（表2-2）和国际差距（世界前沿与世界平均相比）的变化。

表 2-2　1960～2018年世界现代化指标的发展趋势

类型	经济/个	社会/个	政治/个	文化/个	环境/个	个人生活/个	合计/个	比例/(%)
上升变量	14	13	4	9	4	10	54	54
下降变量	6	6	3	0	4	2	21	21
转折变量	2	1	0	1	2	0	6	6
波动变量	2	2	2	0	0	0	6	6
其他变量	1	3	3	2	2	2	13	13
合计	25	25	12	12	12	14	100	100

注：世界现代化100个指标的可获得数据时间区间见附表1-1-4。

世界现代化指标可以大致分为三类(表2-3)。这种分类是相对的;它们各有不同,有时会发生相互交叉或转换。一般而言,水平指标主要反映发展水平,状态指标主要反映发展状态,特征指标主要反映发展阶段和特点等。指标的数值变化和差距变化的分类标准见表2-4。国际比较的计算方法和判断标准见表2-5。本章主要分析世界现代化指标的世界前沿水平与世界平均水平的发展趋势和国际差距,其计算方法见专栏2-1。

表2-3 世界现代化指标的国际比较

指标分类	指标性质	国际比较	差距(差异)变化
水平指标	正指标、逆指标	水平差距:绝对差距、相对差距	扩大、缩小、不变、转折、波动、其他(难以判断)
状态指标	中性指标、波动指标 转折指标(部分)	状态差异:绝对差异、相对差异	
特征指标	转折指标	阶段差异:发展阶段的相关差异	转折点、最大值
	合理值指标	阶段差异:合理值的相关差异	达到点、合理值

注:① 指标分类:是现代化指标的一种功能分类,其中,水平指标反映现代化的水平,状态指标反映现代化的状态(指标数值与现代化水平之间没有显著线性关系),特征指标反映现代化的阶段和特征。三类指标的分类是相对的,例如,水平指标与特征指标有交叉,部分特征指标(如部分转折指标)与状态指标有交叉等。
② 指标性质:是《中国现代化报告》系列(2001~2019)根据历史经验(基于1750~2015年期间可获得数据的实证分析)的一种价值判断。其中,正指标为指标数值变化与水平变化正相关的指标;逆指标为指标数值变化与水平变化负相关的指标;中性指标为指标数值变化与水平变化无显著关系的指标;波动指标为指标数值上下波动,且变化趋势不十分明显的指标;转折指标为指标数值变化发生趋势逆转的指标;合理值指标为指标数值变化存在合理值的指标(即指标数值不会"无限"上升或下降的指标)。
③ 指标功能与指标性质:二者是不同概念,前者反映指标的功能,后者反映指标的价值判断。两者之间有一定对应关系(表2B)。在本表中,两者对应关系是一种简化处理,其目的是为了便于进行国际比较。
④ 指标性质与指标变化:是不同概念,前者反映指标的价值判断,后者反映指标的变化。两者之间有一定对应关系,但其对应关系是复杂的。例如,中性指标是一种价值判断,代表"指标数值与国家水平之间没有关系,但与国家状态和状态变化有关";中性指标的变化是多样的,包括数值上升、下降、转折、波动和其他。

表2-4 世界现代化指标的数值变化和差距变化的分类标准

项目	分类	分类标准
数值变化	上升变量	在分析区间,指标数值上升幅度大于或等于5%,即指标终点值/起点值≥1.05
	下降变量	在分析区间,指标数值下降幅度大于或等于5%,即指标终点值/起点值≤0.95
	转折变量	在分析区间,指标最大值在区间内,最大值与起点值或终点值的差异超过5%
	波动变量	在分析区间,指标数值在一定范围内上下波动,且没有明显上升或下降趋势
	状态变量	在分析区间,对比发达和发展中国家,指标数值与发展水平之间无显著关系
	其他变量	在分析区间,指标数值的变化,与上面五种变量不同,或者难以判断
	分类方法	① 观察样本,判断其特征(转折、波动、状态、其他);② 计算数值的变化值,判断变化的类型;③ 样本时间跨度不短于10年,否则可把它归入"其他"
差距变化	差距扩大	在分析区间,差距扩大幅度大于或等于5%,即差距终点值/起点值≥1.05
	差距缩小	在分析区间,差距缩小幅度大于或等于5%,即差距终点值/起点值≤0.95
	差距不变	在分析区间,差距变化幅度小于5%,即差距终点值/起点值<1.05并>0.95
	差距转折	在分析区间,差距最大值在区间内,最大值与起点值或终点值的差异超过5%
	差距波动	在分析区间,差距数值持续上下波动,并且没有明显扩大或缩小趋势
	其他变化	在分析区间,差距数值的变化,与上面五种变化不同,或者难以判断
	分类方法	① 观察样本,判断其特征(转折、波动、其他);② 计算差距的变化值,判断差距变化的类型;③ 样本时间跨度不短于10年,否则可把它归入"其他";④ 为了简化表述,可以把"差距转折、差距波动、其他变化"统称为"其他"

表 2-5　世界现代化指标的国际比较的计算方法和判断标准

指标	绝对差距 (绝对差异)	相对差距 (相对差异)	差距(差异) 的变化	判断标准
正指标	高收入国家－世界	高收入国家/世界	扩大	|变化|≥1.05
波动指标			缩小	|变化|≤0.95
转折指标(上升阶段)			不变	|变化|>0.95,<1.05
中性指标(上升阶段)			转折	差距(差异)发生转折
逆指标	世界－高收入国家	世界/高收入国家	波动	差距(差异)发生波动
转折指标(下降阶段)			其他	变化方式与上不同或数据不全难以判断
中性指标(下降阶段)				

注：① 差距指国际差距，一般适用于正指标和逆指标；差异指国际差异，一般适用于转折、波动和中性指标。
② "高收入国家"指高收入国家平均值，"世界"指世界平均值。后各表同。
③ 国际相对差异可以简称为国际相似度，国际相似度＝(高收入国家/世界)×100%。
④ 变化＝终点值/起点值。\|变化\|为变化的绝对值。

专栏 2-1　数据处理方法简介

本报告主要分析世界现代化指标的世界前沿与世界平均的历史变化与发展趋势。其中：

世界前沿的计算方法：
(1) 直接采用世界银行数据库中指标数据的高收入国家平均值；
(2) 若世界银行没有高收入国家平均值，则采用 2016 年第二次现代化指数排名前 20 位国家的指标数值的算术平均值。该值为估计值，非实际值。

世界平均的计算方法：
(1) 直接采用世界银行数据库中指标数值的世界平均值；
(2) 若某个指标没有世界平均值，则进行估算。估算方法：2016 年第二次现代化指数排名前 20 位国家的该指标数值的算术平均值的 50%(正指标)或 2 倍(逆指标)。该值为估计值。

注：2016 年，第二次现代化指数排名前 20 位的国家分别是：丹麦、美国、瑞典、荷兰、瑞士、比利时、新加坡、爱尔兰、德国、挪威、芬兰、日本、英国、法国、奥地利、澳大利亚、加拿大、以色列、韩国、新西兰。

一、经济和社会指标的趋势分析

经济和社会领域的现代化，涉及众多主题、亚主题和方面。在经济领域，我们选择 2 个主题 5 个亚主题 25 个指标进行分析。在社会领域，我们选择 3 个主题 7 个亚主题 25 个指标进行分析。这些指标的数值变化，反映了经济和社会现代化的部分发展趋势。

1. 经济指标的趋势分析

(1) 经济指标发展水平的变化

经济指标涉及 2 个主题 5 个亚主题 25 个指标，发展趋势见表 2-6，基本事实见专栏 2-2。

表 2-6　1960～2018 年 25 个经济指标发展水平的变化

指标	1960	1970	1980	1990	2000	2010	2018	变化	增长率	趋势	性质
人均 GDP[①]	11 872	17 805	23 028	29 139	35 501	39 174	43 559	3.67	2.27	上升	1
人均制造业增加值[①]	624*	2356*	3468*	4148*	5153	5559	6038[a]	9.68	4.06	上升	1,6
人均知识产业增加值[②]	—	623*	1947*	4919*	6663*	17 852*	15 078[*b]	24.20	7.34	上升	1
人均 GDP 年增长率[①]	—	1.62	0.66	2.35	3.39	2.28	1.74	1.07	0.15	波动	4

(续表)

指标	1960	1970	1980	1990	2000	2010	2018	变化	增长率	趋势	性质
劳动生产率①	—	—	—	65 387^h	78 858	87 873	94 489	1.45	1.32	上升	1
农业劳动生产率①	—	—	—	16 204^g	25 140	32 460	31 541	1.95	2.94	上升	1
工业劳动生产率①	—	—	—	59 957^g	71 155	87 213	93 461^a	1.56	2.04	上升	1
服务业劳动生产率①	—	—	—	74 488^f	77 390	80 620	82 982^a	1.11	0.54	上升	1
能源生产率①	—	—	—	6.37	7.07	8.10	9.16^b	1.44	1.46	上升	1
水生产率①	—	28	21	23	29	42	78^b	2.79	2.30	上升	1
农业增加值比例①	16.83*	8.40*	5.91*	3.78	1.77	1.32	1.31^a	0.08	−4.38	下降	2
工业增加值比例①	21.24*	27.88*	31.14*	28.31*	26.17	23.58	22.7^a	1.37	−0.85	转折	3,6
服务业增加值比例①	61.93*	63.72*	62.95*	67.91*	72.06	75.10	75.99*^{a}	1.23	0.36	上升	1
知识产业增加值比例②	—	18.76*	23.17*	27.56*	33.92*	38.14*	38.24*^{b}	2.04	1.60	上升	1
农业劳动力比例①	—	—	—	6.63^h	4.68	3.49	2.97	0.45	−2.93	下降	2
工业劳动力比例①	—	—	—	30.42^h	27.50	23.34	22.49	0.74	−1.11	转折	3,6
服务业劳动力比例①	—	—	—	62.95^h	67.82	73.17	74.54	1.18	0.63	上升	1
知识产业劳动力比例②	—	25.45*	27.82*	30.10*	39.92*	43.34*	44.47*^{b}	1.75	1.25	上升	1
新企业密度①	—	—	—	—	3.80^e	3.38	4.35^c	1.14	1.70	其他	5
工业机器人使用比例③	—	—	—	—	—	80**^{d}	114**	1.43	6.08	上升	1,6
通货膨胀率①	—	—	—	13.53	5.40	2.58	1.81	1.78	0.13	−5.20	下降	4
劳动者税收比例	—	—	—	—	37.16*	34.79*	35.23*^{b}	0.95	−0.35	下降	5
国家税收比例①	—	13.82^i	14.60	14.58	16.34	13.80	15.59*	1.13	0.27	波动	5
最终消费比例①	81.58*	74.05*	75.61*	72.90*	71.28*	73.08*	70.78*	0.87	−0.24	下降	5
固定资本形成比例①	—	25.82^i	25.75	24.64	23.41	20.33	21.45	0.83	−0.40	下降	5

注:(1)指标解释和单位见附表1-1-1。(2)变化=终点值/起点值。(3)增长率为从起点年到终点年的年均增长率,单位为%。转折指标为从转折点年到终点年的年均增长率。(4)变化趋势分类标准见表2-4。根据样本观察判断,人均GDP年增长率、国家税收比例,为波动变量;工业增加值比例,为转折变量;工业劳动力比例,根据历史数据,1960~2018年期间为转折变量(先升后降),1990年~2018年期间为下降阶段;通货膨胀率,1990年以来为波动式下降;国家税收比例,为波动式上升。(5)性质是根据《中国现代化报告》(基于1750~2015年期间可获得数据的实证分析)的经验判断:1代表正指标,2代表逆指标,3代表转折指标,4代表波动指标,5代表中性指标,6代表合理值指标。(6)数据时间:a为2017年数据,b为2015年数据,c为2014年数据,d为2012年数据,e为2006年数据,f为1997年数据,g为1995年数据,h为1991年数据,i为1972年数据。(7)特殊数据来源。* 为2016年第二次现代化指数排名前20位国家的指标数值的算术平均值,** 为欧洲平均值。(8)表头中1960~2018对应的是各年份,后各表同。

数据来源:① World Bank,2020;② OECD,2020;③ IFR,2019。

专栏2-2 经济指标的基本事实

生产与流通。 ① 生产:1960~2018年,人均GDP由11 872美元增加到43 559美元(2010年价格),提高了2.7倍;其国际绝对差距由8126美元扩大到32 701美元,国际相对差距先扩大后缩小,2018年相对差距为4倍。② 效率:1991~2018年,劳动生产率由65 387国际美元提升到94 489国际美元(2011年价格),提高了约50%;其国际绝对差距由44 205国际美元扩大到57 739国际美元。③ 经济结构:1960~2017年,农业增加值比例从16.8%下降到1.3%,工业增加值比例先升后降,服务业增加值比例从61.9%提高到76.0%;1991~2018年,农业劳动力比例从6.6%下降到3.0%,工业劳动力比例从30.4%下降到22.5%,服务业劳动力比例从63.0%上升到74.5%。

知识经济(估计值)。1970～2015年,人均知识产业增加值增长较快,年均增长率为7.3%,但在2010年之后出现波动;人均知识产业增加值由623美元增加到15 078美元(2010年价格),提高了约23倍;知识产业增加值比例从18.8%上升到38.2%,知识产业劳动力比例从25.5%上升到44.5%。

分配与消费。2000～2015年,劳动者税收比例由37.2%下降到35.2%。1972～2017年,国家税收比例在15%上下波动,国际相对差异基本保持不变,相似度约为103%。1960～2018年,最终消费比例由81.6%下降到70.8%;1972～2018年,固定资本形成比例由25.8%下降到21.5%。

首先,总体发展趋势。25个指标中,上升指标为14个,占比56%;下降指标为6个,占比24%;转折指标为2个,占比8%;波动指标为2个,占比8%;其他指标1个,占比4%(表2-7)。

表2-7 1960～2018年经济指标发展趋势的分类

类型	生产与流通指标/个	分配与消费指标/个	合计/个	比例/(%)
上升变量	14	0	14	56
下降变量	3	3	6	24
转折变量	2	0	2	8
波动变量	1	1	2	8
其他变量	1	0	1	4
合计	21	4	25	100

其次,指标发展趋势。25个指标中,人均制造业增加值等4个指标数据包含估计值;人均知识产业增加值等4个指标数据全部为估计值,详见表2-6。

生产与流通。

- 生产和效率。① 生产:人均GDP和人均制造业增加值提高(图2-1)。其中,1960～2018年,人均GDP由11 872美元增加到43 559美元,提高了2.7倍;1960～2017年,人均制造业增加值由624美元增加到6038美元,提高了8.7倍。② 效率:劳动生产率及农业、工业、服务业劳动生产率(图2-2),能源和水生产率明显提高。其中,1991～2018年,劳动生产率由65 387国际美元提升到94 489国际美元;1995～2018年,农业劳动生产率由16 204美元提升到31 541美元;1995～2017年,工业劳动生产率由59 957美元提升到93 461美元;1997～2017年,服务业劳动生产率由74 488美元提升到82 982美元(图2-2);1990～2015年,能源生产率由6.4国际美元/千克石油当量提升至9.2国际美元/千克石油当量;1970～2015年,水生产率由28美元/米^{3}提升至78美元/米^3,提高了近2倍。

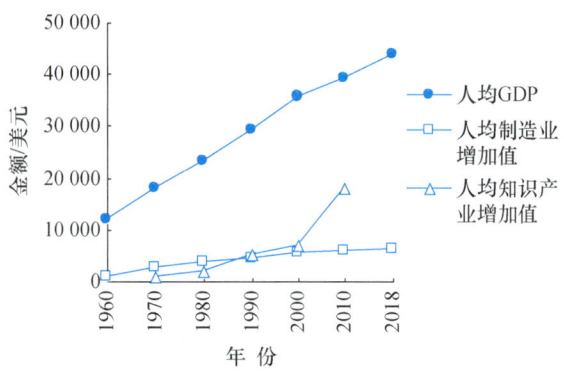

图 2-1　1960~2018 年人均 GDP 及人均制造业、
知识产业增加值（2010 年价格美元）

数据来源：World Bank，2020；OECD，2020。

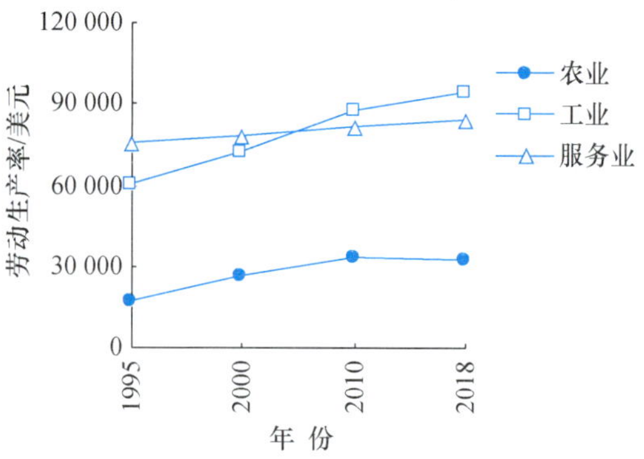

图 2-2　1995~2018 年三次产业劳动生产率

数据来源：World Bank，2020。

- 经济结构。① 增加值结构：农业增加值比例下降，服务业增加值比例上升，工业增加值比例先上升后下降（图 2-3）。其中，1960~2017 年，农业增加值比例从 16.8% 下降到 1.3%，服务业增加值比例从 61.9% 提高到 76.0%。② 就业结构：农业和工业劳动力比例不断下降，服务业劳动力比例上升（图 2-4）。其中，1991~2018 年，农业劳动力比例从 6.6% 下降到 3.0%，工业劳动力比例从 30.4% 下降到 22.5%，服务业劳动力比例从 63.0% 上升到 74.5%。③ 技术进步：2012~2018 年，欧洲工业机器人使用比例由 80 台/万人增加到 114 台/万人。④ 企业结构：2006~2014 年，新企业密度由 3.8 个/千人增加到 4.4 个/千人。

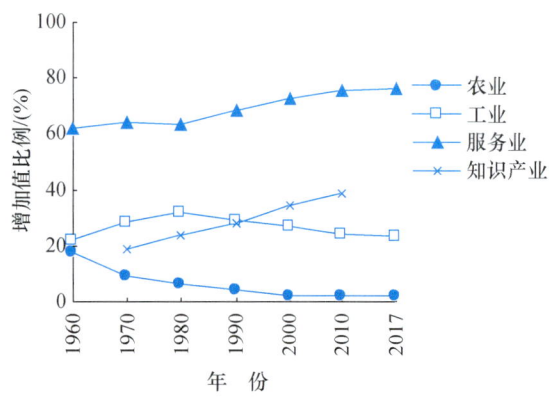

图 2-3　1960~2017 年三次产业增加值比例和
知识产业增加值比例

数据来源：World Bank，2020；OECD，2020。

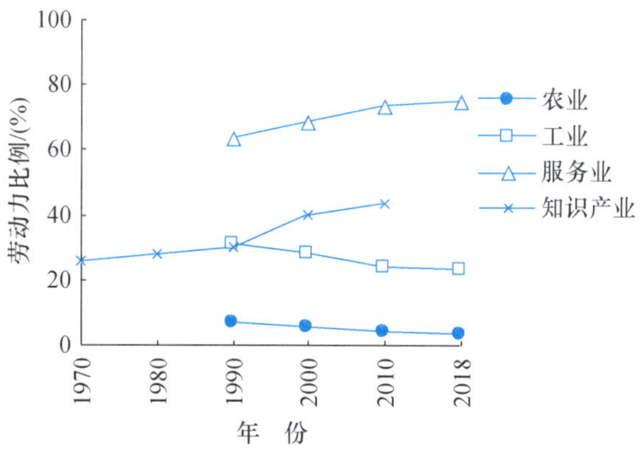

图 2-4　1970~2018 年三次产业劳动力比例和
知识产业劳动力比例

数据来源：World Bank，2020；OECD，2020。

- 知识经济。人均知识产业增加值上升；知识产业增加值比例和知识产业劳动力比例增加。其中，1970~2015 年，人均知识产业增加值由 623 美元增加到 15 078 美元（2010 年价格），提高了约 23 倍；知识产业增加值比例从 18.8% 上升到 38.2%，知识产业劳动力比例从 25.5% 上升到 44.5%。
- 流通。通货膨胀率下降。其中，1980~2018 年，通货膨胀率由 13.5% 下降到 1.8%。

分配与消费。

- 分配。劳动者税收比例下降，国家税收比例波动。其中，2000~2015 年，劳动者税收比例由

37.2%下降到35.2%;1972～2017年,国家税收比例在15%上下波动。
- 消费和投资。最终消费比例和固定资本形成比例下降。其中,1960～2018年,最终消费比例由81.6%下降到70.8%;1972～2018年,固定资本形成比例由25.8%下降到21.5%。

(2) 经济指标国际差距(差异)的变化

首先,总体变化。25个指标中,绝对差距(绝对差异)扩大的指标为6个,占比24%;缩小的指标数量为4个,占比16%;不变的指标数量为1个,占比4%;其他变化类型的指标为14个,占比56%。相对差距(相对差异)扩大的指标为4个,占比16%;缩小的指标数量为4个,占比16%;不变的指标数量为5个,占比20%;其他变化类型的指标为12个,占比48%(表2-8)。

表2-8 1960～2018年经济指标国际差距(差异)的变化

差距(差异)	变化	生产与流通指标/个	分配与消费指标/个	合计/个	比例/(%)
绝对差距 (绝对差异)	扩大	6	0	6	24
	缩小	4	0	4	16
	不变	1	0	1	4
	其他	10	4	14	56
相对差距 (相对差异)	扩大	4	0	4	16
	缩小	4	0	4	16
	不变	4	1	5	20
	其他	9	3	12	48

发展阶段差异的变化:涉及2个指标(工业增加值比例和工业劳动力比例)。1960～2017年,高收入国家的工业增加值比例先上升后下降,以1970年为转折点;其中2000～2017年,高收入国家和世界的平均工业增加值比例均呈下降趋势,二者的绝对差距先扩大后缩小,而相对差距基本保持不变。1990～2018年,高收入国家的工业劳动力比例处于下降阶段,而世界平均工业劳动力比例处于上升阶段,二者的绝对差距和相对差距均缩小。

合理值指标的变化:涉及4个指标(人均制造业增加值、工业增加值比例、工业劳动力比例和工业机器人使用比例)。高收入国家的人均制造业增加值和工业机器人使用比例仍处于上升阶段,而工业增加值比例和工业劳动力比例已经由上升转变为下降。

其次,指标变化。

生产与流通。

- 生产和效率。① 绝对差距(绝对差异)方面:人均GDP、人均制造业增加值、劳动生产率、工业劳动生产率、服务业劳动生产率和水生产率的绝对差距扩大,能源生产率的绝对差距基本保持不变。其中,1960～2018年,人均GDP的绝对差距由8126美元扩大到32 701美元;1960～2017年,人均制造业增加值的绝对差距由312美元扩大到4411美元。② 相对差距(相对差异)方面:人均制造业增加值、服务业劳动生产率和水生产率的相对差距扩大;劳动生产率的相对差距缩小;工业劳动生产率和能源生产率的相对差距基本保持不变。其中,1970～2015年,水生产率的相对差距由1倍扩大到4.9倍。
- 经济结构。① 绝对差距(绝对差异)方面:农业增加值比例、农业劳动力比例、工业劳动力比例和服务业劳动力比例的绝对差距(绝对差异)缩小。其中,2000～2017年,农业增加值比例的绝对差距由3.1%缩小到2.1%;1991～2018年,农业劳动力比例的绝对差距由37.2%缩小到25.3%,服务业劳动力比例的绝对差距由28.4%缩小到25.8%。② 相对差距(相对差异)方面:农业劳动力比例的相对差距扩大,农业增加值比例、工业劳动力比例和服务业劳动力比例的相对差距(相对差异)缩小;工业增加值比例和服务业增加值比例的相对差距(相对差异)基本保持不变。其中,1991~2018年,农业劳动力比例的相对差距由6.6倍扩大到9.5倍;服务业劳动力比例的相对差距由1.8倍缩小到1.5倍。

- 流通。1990~2018年,通货膨胀率的绝对差异和相对差异均呈现波动。

分配与消费。

- 分配。1980~2017年,国家税收比例的相对差异基本保持不变,国际相似度约为103%。

2. 社会指标的趋势分析

(1) 社会指标发展水平的变化

社会指标涉及3个主题7个亚主题25个指标,发展趋势见表2-9,基本事实见专栏2-3。童工比例指标,高收入国家和世界平均值没有数据,许多国家没有统计数据。

表2-9 1960~2018年25个社会指标发展水平的变化

指标	1960	1970	1980	1990	2000	2010	2018	变化	增长率	趋势	性质
人口自然增长率①	—	0.99	0.83	0.78	0.62	0.66	0.49	0.49	−1.45	下降	3,6
城市人口比例①	63.51	68.47	71.68	74.26	76.67	79.92	81.33	1.28	0.43	上升	1,6
郊区人口比例②	—	—	—	—	—	—	28.34*d	—	—	其他	1,6
老龄人口比例①	8.65	9.83	11.30	12.21	13.68	15.32	17.93	2.07	1.26	上升	5
医生比例①	1.18*	1.34*	1.88*	2.11	2.63	3.07*	3.00c	2.54	1.71	上升	1
护士比例①	—	—	—	6.37*	8.19*	11.01*	8.79c	1.38	1.30	上升	1
婴儿死亡率①	27.9*	18.7*	11.6*	10.4	6.6	5.0	4.3	0.15	−3.17	下降	2
孕产妇死亡率②	—	—	—	—	6.1e	5	3.9a	0.64	−3.66	下降	2
卫生支出比例①	—	—	—	—	9.38	11.57	12.59b	1.34	1.86	上升	1,6
中学普及率①	—	72.11	86.10	91.55	98.92	101.58	105.8	1.47	0.80	上升	1
大学普及率①	—	23.71	32.72	41.60	56.00	73.18	75.1	3.17	2.43	上升	1
小学生师比①	—	22.67j	21.84	19.56	18.97	15.06	14.2	0.63	−1.03	下降	2
平均受教育年限③	—	—	—	9.71h	10.88	12.23	12.63	1.30	0.98	上升	1
受过高等教育劳动力比例①	—	—	—	81.67g	80.29	78.17	76.33	0.93	−0.32	下降	1
政府教育支出比例①	—	4.78*	5.17*	4.93*	5.27*	5.76*	5.87b	1.23	0.45	上升	1,6
成年女性就业率①	—	—	43.05	46.08	47.38	48.83	50.82	1.18	0.44	上升	1
童工比例①	—	—	—	—	—	—	—	—	—	其他	2
失业率①	—	—	—	6.73h	6.52	8.22	5.11	0.76	−1.01	波动	4
人均国民收入①	—	17 992	22 927	29 172	35 551	39 363	43 922	2.44	1.88	上升	1
人均购买力①	—	—	—	29 037	35 820	40 243	45 312	1.56	1.60	上升	1
收入不平等:基尼系数①	—	—	31.85*i	32.8h	34.17	31.85	30.01c	1.14	−0.52	转折	3
绝对贫困人口比例①	—	—	0.7i	0.6	0.6f	0.6	0.7c	1.00	0	波动	2
实际平均工作时间②	1961*	1880*	1717*	1670*	1667*	1628*	1615*c	0.82	−0.35	下降	2
休闲和个人保健的时间②	—	—	—	—	—	—	959*k	—	—	其他	1
养老保险覆盖率①	—	—	—	—	84.2*	86.4*	—	1.03	0.26	上升	1

注:(1)指标解释和单位见附表1-1-1。(2)变化=终点值/起点值。(3)增长率为从起点年到终点年的年均增长率,单位为%。(4)变化趋势的分类标准见表2-4。根据样本观察,人口自然增长率处于下降阶段;失业率为波动变量;郊区人口比例、童工比例、休闲和个人保健的时间,时间跨度小于10年;受过高等教育劳动力比例,1990~2018年期间出现下降,可能是国际移民引起的变化;绝对贫困人口比例波动,已接近极限值。根据历史经验,养老保险覆盖率为上升趋势。(5)性质是根据《中国现代化报告》(基于1750~2015年期间可获得数据的实证分析)的经验判断:1代表正指标,2代表逆指标,3代表转折指标,4代表波动指标,5代表中性指标,6代表合理值指标。(6)数据时间:a为2017年数据,b为2016年数据,c为2015年数据,d为2014年数据,e为2005年数据,f为2002年数据,g为1997年数据,h为1991年数据,i为1981年数据,j为1973年数据,k为最近数据。(7)特殊数据来源。*为2016年第二次现代化指数排名前20位国家的指标数值的算术平均值。

数据来源:① World Bank,2020;② OECD,2020;③ UNDP,2020;④ ILO,2020。

专栏 2-3 社会指标的基本事实

人口与卫生。 ① 人口:1970~2018 年,人口自然增长率由 1.0% 下降到 0.5%;1960~2018 年,城市人口比例由 63.5% 上升到 81.3%,老龄人口比例由 8.7% 上升到 17.9%,其国际绝对差异由 3.7% 扩大到 9.1%。② 公共卫生:2000~2016 年,卫生支出比例由 9.4% 提升到 12.6%,其绝对差距由 0.8% 扩大到 2.6%;1960~2015 年,医生比例由 1.2‰ 增加到 3.0‰,其绝对差距由 0.9‰ 扩大到 1.5‰;1990~2015 年,护士比例由 6.4‰ 增加到 8.8‰,其国际绝对差距和相对差距缩小;1960~2018 年,婴儿死亡率由 27.9‰ 下降到 4.3‰,其国际绝对差距缩小。

学习与工作。 ① 教育:1970~2016 年,政府教育支出比例由 4.8% 提升至 5.9%;1970~2018 年,大学普及率由 23.7% 上升到 75.1%;1991~2018 年,平均受教育年限由 9.7 年上升到 12.6 年,其国际绝对差距由 3.8 年扩大到 4.2 年,相对差距由 1.7 倍缩小到 1.5 倍。② 就业:1980~2018 年,成年女性就业率由 43.1% 上升到 50.8%。③ 收入:1970~2018 年,人均国民收入由 17 992 美元上升到 43 922 美元(2010 年价格),其国际绝对差距 12 589 美元扩大到 33 042 美元;1990~2018 年,人均购买力由 29 037 国际美元上升到 45 312 国际美元(2011 年价格),其国际绝对差距由 19 909 国际美元扩大到 29 418 国际美元,但相对差距缩小。④ 贫困:1981~2015 年,绝对贫困人口比例基本保持在 0.6%。

休闲与福利。 ① 时间使用:1960~2015 年,实际平均工作时间由 1961 小时/年下降到 1615 小时/年;近年来,OECD 国家人口用于休闲和个人保健的时间平均为 959 分钟/天。② 社会保障:2000~2010 年,养老保险覆盖率由 84.2% 提高到 86.4%。

首先,总体发展趋势。25 个指标中,上升指标为 13 个,占比 52%;下降指标为 6 个,占比 24%;转折指标为 1 个,占比 4%,波动指标为 2 个,占比 8%;其他指标为 3 个,占比 12%(表 2-10)。

表 2-10 1960~2018 年社会指标发展趋势的分类

类型	人口与卫生指标/个	学习与工作指标/个	休闲与福利指标/个	合计/个	比例/(%)
上升变量	5	7	1	13	52
下降变量	3	2	1	6	24
转折变量	0	1	0	1	4
波动变量	0	2	0	2	8
其他变量	1	1	1	3	12
合计	9	13	3	25	100

其次,指标发展趋势。25 个指标中,医生比例等 4 个指标数据包含估计值;郊区人口比例等 5 个指标数据全部为估计值。

人口与卫生。

- 人口。① 人口增长:人口自然增长率先上升后下降。其中,1970~2018 年,人口自然增长率由 1.0% 下降到 0.5%,降幅 50%。② 人口结构:城市人口比例和老龄人口比例上升(图 2-5)。其中,1960~2018 年,城市人口比例由 63.5% 上升到 81.3%,增加了近 30%;老龄人口比例由

8.7%上升到17.9%,增加了1倍多。
- 公共卫生。① 卫生投入:医生比例、护士比例和卫生支出比例上升。其中,1960~2015年,医生比例由1.2‰增加到3.0‰,提高了1.5倍多;1990~2015年,护士比例由6.4‰增加到8.8‰;2000~2016年,卫生支出比例由9.4%提升到12.6%,增加了30%多。② 卫生产出:婴儿死亡率和孕产妇死亡率下降。其中,1960~2018年,婴儿死亡率由27.9‰下降到4.3‰;2005~2017年,孕产妇死亡率由6.1例/10万活产儿下降到3.9例/10万活产儿。

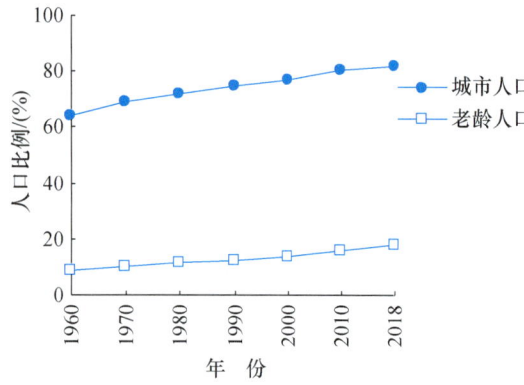

图2-5 1960~2018年城市人口比例和老龄人口比例
数据来源:World Bank,2020。

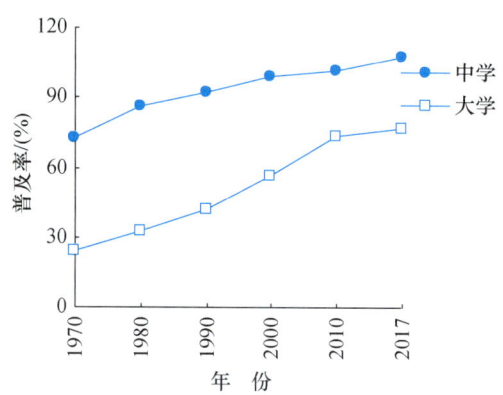

图2-6 1970~2018年中学普及率和大学普及率
数据来源:World Bank,2020。

学习与工作。
- 学习。① 教育投入:政府教育支出比例上升,小学生师比下降。其中,1970~2016年,政府教育支出比例由4.8%提升至5.9%;1973~2018年,小学生师比由22.7%下降到14.2%。② 教育产出:中学普及率、大学普及率和平均受教育年限上升,而受过高等教育劳动力比例下降。其中,1970~2018年,中学普及率由72.1%上升到105.8%;大学普及率由23.7%上升到75.1%,提高了2倍多(图2-6);1991~2018年,平均受教育年限由9.7年上升到12.6年,增加了30%;1997~2018年,受过高等教育劳动力占全部劳动力的比例由81.7%下降为76.3%,这有可能是国际移民带来的影响。
- 工作。失业率波动,成年女性就业率上升。其中1980~2018年,成年女性就业率由43.1%上升到50.8%。
- 收入与贫困。① 收入:人均国民收入和人均购买力上升,基尼系数先上升后下降。其中,1970~2018年,人均国民收入由17 992美元上升到43 922美元(2010年价格),提高近1.5倍;1990~2018年,人均购买力由29 037国际美元上升到45 312国际美元(2011年价格);1981~2015年,基尼系数由1981年的31.9%上升到2000年的34.2%,之后下降到2015年的30.0%。② 消除贫困:1981~2015年,绝对贫困人口比例基本保持在0.6%。

休闲与福利。
- 休闲。1960~2015年,实际平均工作时间由1961小时/年下降到1615小时/年;近年来,OECD国家人口用于休闲和个人保健的时间平均为959分钟/天。
- 社会保障。2000~2010年,养老保险覆盖率由84.2%提高到86.4%。

(2) 社会指标国际差距(差异)的变化

首先,总体变化。25个指标中,绝对差距(绝对差异)扩大的指标为6个,占比24%;缩小的指标数量为 5 个,占比 20%;其他变化类型的指标为 14 个,占比 56%。相对差距(相对差异)扩大的指标为 3 个,占比 12%;缩小的指标数量为 6 个,占比 24%;其他变化类型的指标为 16 个,占比 64%(表 2-11)。

表 2-11　1960～2018 年社会指标国际差距(差异)的变化

差距(差异)	变化	人口与卫生指标/个	学习与工作指标/个	休闲与福利指标/个	合计/个	比例/(%)
绝对差距 (绝对差异)	扩大	3	3	0	6	24
	缩小	4	1	0	5	20
	不变	0	0	0	0	0
	其他	2	9	3	14	56
相对差距 (相对差异)	扩大	3	0	0	3	12
	缩小	2	4	0	6	24
	不变	0	0	0	0	0
	其他	4	9	3	16	64

发展阶段差异的变化:涉及 1 个指标(收入不平等:基尼系数)。基尼系数先上升后下降;其中,1981～2015 年,高收入国家的基尼系数以 2000 年为节点,先上升后下降。

合理值指标的变化:涉及 5 个指标(人口自然增长率、城市人口比例、郊区人口比例、卫生支出比例、政府教育支出比例)。其中,高收入国家的人口自然增长率仍在下降,城市人口比例、卫生支出比例和政府教育支出比例仍处于上升阶段,而郊区人口比例国别差异较大。

其次,指标变化。

人口与卫生。

- 人口。① 绝对差距(绝对差异):老龄人口比例绝对差异扩大,人口自然增长率和城市人口比例的绝对差距(绝对差异)缩小。其中,1960～2018 年,老龄人口比例的绝对差异由 3.7% 扩大到 9.1%;1970～2018 年,人口自然增长率的绝对差距缩小;1960～2018 年,城市人口比例的绝对差距由 29.9% 缩小到 26.1%。② 相对差距(相对差异):老龄人口比例的相对差异扩大,城市人口比例相对差距缩小。其中,1960～2018 年,老龄人口比例的相对差异由 174% 扩大到 202%;1960～2018 年,城市人口比例的相对差距由 1.9 倍缩小到 1.5 倍。
- 公共卫生。① 绝对差距(绝对差异):医生比例和卫生支出比例的绝对差距扩大,护士比例和婴儿死亡率的绝对差距缩小。其中,1990～2015 年,医生比例的绝对差距由 0.9‰ 扩大到 1.5‰;2000～2016 年,卫生支出比例的绝对差距由 0.8% 扩大到 2.6%;2000～2015 年,护士比例的绝对差距由 5.8‰ 缩小到 5.4‰;1990～2018 年,婴儿死亡率的绝对差距由 54.3‰ 缩小到 24.6‰。② 相对差距(相对差异):医生比例和卫生支出比例的相对差距扩大,护士比例的相对差距缩小。其中,1990～2015 年,医生比例的相对差距由 1.7 倍扩大到 2.0 倍;2000～2016 年,卫生支出比例的相对差距由 1.1 倍扩大到 2.3 倍;2000～2015 年,护士比例的相对差距由 3.4 倍缩小到 2.6 倍。

学习与工作。

- 学习。① 绝对差距:1991～2018 年,平均受教育年限的绝对差距由 3.8 年扩大到 4.2 年。② 相对差距:1970～2018 年,中学普及率的相对差距由 1.8 倍缩小到 1.4 倍;1991～2018 年,平均受教育年限的相对差距由 1.7 倍缩小到 1.5 倍。
- 工作。1991~2018 年,失业率的国际绝对差距和相对差距都呈现波动。
- 收入与贫困。① 绝对差距:人均国民收入和人均购买力的绝对差距扩大,绝对贫困人口比例的绝对差距缩小。其中,1970~2018 年,人均国民收入的绝对差距由 12 589 美元扩大到 33 042 美元;1990~2018 年,人均购买力的绝对差距由 19 909 国际美元扩大到 29 418 国际美元;1981~2015 年,绝对贫困人口比例的绝对差距由 41.4% 缩小到 9.3%。② 相对差距:人均购买力和绝对贫困人口比例的相对差距缩小。其中,1981~2015 年,绝对贫困人口比例的相对差距由 60 倍缩小到 14 倍。

休闲与福利。因统计数据不全,无法进行判断。

二、政治和文化指标的趋势分析

政治和文化领域的现代化,涉及众多主题、亚主题和方面。在政治领域,我们选择 3 个主题 5 个亚主题 12 个指标进行分析。在文化领域,我们选择 2 个主题 4 个亚主题 12 个指标进行分析。这些指标的数值变化,反映了政治和文化现代化的部分发展趋势。

1. 政治指标的趋势分析

(1) 政治指标发展水平的变化

政治指标涉及 3 个主题 5 个亚主题 12 个指标,发展趋势见表 2-12,基本事实见专栏 2-4。

表 2-12 1960~2018 年 12 个政治指标发展水平的变化

指标	1960	1970	1980	1990	2000	2010	2018	变化	增长率	趋势	性质
选民投票率①	—	—	—	—	—	74*d	74*a	1.00	0	其他	1
女性国会议员比例②	—	—	—	12.2	18.1i	22.6	27.9	2.29	3.00	上升	1,6
政府收入比例②	—	21.28j	23.28	22.73	25.64	23.67	25.35a	1.19	0.41	波动	5
政府消费比例②	—	15.95	17.32	17.36	16.81	19.01	17.83	1.12	0.23	波动	5
转移支付比例②	—	4.58*k	4.89*	16.22*	17.09*	18.84*	18.41*a	4.02	3.14	上升	1,6
法律权力指数②	—	—	—	—	—	5.19d	5.59	1.08	1.50	上升	1
营商环境指数②	—	—	—	—	—	72.49c	73.58	1.02	0.50	上升	1
养老金支出比例①	—	—	—	—	8.4f	9.3	9.2e	1.10	3.08	其他	5
开办企业所需天数②	—	—	—	—	36.0h	19.1	11.8	0.33	-7.17	下降	2
平均出口通关时间②	—	—	—	—	4.8*g	—	3.7	0.77	-1.98	下降	2
国防费用比例②	6.75	5.13	3.67	3.38	2.21	2.74	2.28	0.34	-1.68	下降	5
道路交通死亡率②	—	—	—	—	—	7.93d	8.33b	1.05	1.65	其他	2

注:(1) 指标解释和单位见附表 1-1-1。(2) 变化=终点值/起点值。(3) 增长率为从起点年到终点年的年均增长率,单位为 %。(4) 变化趋势的分类标准见表 2-4。根据样本观测,政府收入比例、政府消费比例存在波动;选民投票率、养老金支出比例、道路交通死亡率,时间跨度短于 10 年。(5) 性质是根据《中国现代化报告》(基于 1750~2015 年期间可获得数据的实证分析)的经验判断:1 代表正指标,2 代表逆指标,3 代表转折指标,4 代表波动指标,5 代表中性指标,6 代表合理值指标。(6) 数据时间:a 为 2017 年数据,b 为 2016 年数据,c 为 2015 年数据,d 为 2013 年数据,e 为 2011 年数据,f 为 2008 年数据,g 为 2005 年数据,h 为 2003 年数据,i 为 2001 年数据,j 为 1974 年数据,k 为 1972 年数据。(7) 特殊数据来源。* 为 2016 年第二次现代化指数排名前 20 位国家的指标数值的算术平均值。

数据来源:① OECD, 2020;② World Bank, 2020。

> **专栏 2-4 政治指标的基本事实**
>
> **政治参与。** 2013～2017 年,选民投票率约为 74%。1990～2018 年,女性国会议员比例由 12.2% 上升到 27.9%,提高了 1.3 倍。
>
> **国家治理。** ① 政府收支:1974～2017 年,政府收入比例在 24% 上下波动,其国际相似度保持在 104% 左右;1970～2018 年,政府消费比例在 17% 上下波动,其国际相似度保持在 107% 左右。1972～2017 年,转移支付比例由 4.6% 上升到 18.4%,增长了 3 倍。② 国家治理:2013～2018 年,法律权力指数由 5.19 提高到 5.59;2015～2018 年,营商环境指数由 72.5 上升到 73.6;2008～2011 年,养老金支出比例由 8.4% 提高到 9.2%;2003～2018 年,开办企业所需天数由 36.0 天减少到 11.8 天,其绝对差距由 15.5 天缩小到 8.7 天;2005～2018 年,平均出口通关时间由 4.8 天减少到 3.7 天,其绝对差距由 4.8 天缩小到 4 天,相对差距保持在 2 倍。
>
> **公共安全。** 1960～2018 年,国防费用比例由 6.8% 减少到 2.3%,其国际相似度保持在 106% 左右。2013～2016 年,道路交通死亡率由 7.9 人/10 万人上升到 8.3 人/10 万人,相对差距基本保持在 2.2 倍。

首先,总体发展趋势。12 个指标中,上升指标为 4 个,占比 33.4%;下降指标为 3 个,占比 25%;波动指标为 2 个,占比 16.7%;其他指标为 3 个,占比 24.9%(表 2-13)。

表 2-13　1960～2018 年政治指标发展趋势的分类

类型	政治参与指标/个	国家治理指标/个	公共安全指标/个	合计/个	比例/(%)
上升变量	1	3	0	4	33.4
下降变量	0	2	1	3	25.0
转折变量	0	0	0	0	0.0
波动变量	0	2	0	2	16.7
其他变量	1	1	1	3	24.9
合计	2	8	2	12	100

其次,指标发展趋势。12 个指标中,选民投票率、转移支付比例和平均出口通关时间 3 个指标数据全部为估计值,详见表 2-12。

政治参与。

- 政治参与。2013～2017 年,选民投票率基本保持在 74%。1990～2018 年,女性国会议员比例由 12.2% 上升到 27.9%,提高了 1.3 倍。

国家治理。

- 政府收支。政府收入比例和政府消费比例波动、转移支付比例上升。其中,1974～2017 年,政府收入比例在 24% 上下波动;1970～2018 年,政府消费比例在 17% 上下波动;1972～2017 年,转移支付比例由 4.6% 上升到 18.4%,增长了 3 倍。
- 国家治理。开办企业所需天数和平均出口通关时间减少。其中,2003～2018 年,开办企业所需天数由 36.0 天减少到 11.8 天;2005～2018 年,平均出口通关时间由 4.8 天减少到 3.7 天。2013～2018 年,法律权力指数由 5.19 提高到 5.59;2015～2018 年,营商环境指数由 72.5 上升到 73.6；2008～2011 年，养老金支出比例由 8.4% 提高到 9.2%。

公共安全。

- 国防。1960～2018 年，国防费用比例由 6.8% 减少到 2.3%。
- 公共安全。2013～2016 年，道路交通死亡率由 7.9 人/10 万人上升到 8.3 人/10 万人。

(2) 政治指标国际差距(差异)的变化

首先，总体变化。12 个指标中，绝对差距(绝对差异)缩小的指标数量为 1 个，占比 8.3%；其他变化类型的指标数量为 11 个，占比 91.7%。相对差距(相对差异)保持不变的指标数量为 4 个，占比 33.3%；其他变化类型的指标数量为 8 个，占比 66.7%(表 2-14)。

表 2-14　1960～2018 年政治指标国际差距(差异)的变化

差距(差异)	变化	政治参与指标/个	国家治理指标/个	公共安全指标/个	合计/个	比例/(%)
绝对差距 (绝对差异)	扩大	0	0	0	0	0.0
	缩小	0	1	0	1	8.3
	不变	0	0	0	0	0.0
	其他	2	7	2	11	91.7
相对差距 (相对差异)	扩大	0	0	0	0	0.0
	缩小	0	0	0	0	0.0
	不变	0	3	1	4	33.3
	其他	2	5	1	8	66.7

合理值指标：涉及 3 个指标(女性国会议员比例、转移支付比例、养老金支出比例)。其中，高收入国家的女性国会议员比例、转移支付比例仍在上升。

其次，指标变化。

政治参与。

- 政治参与。1990～2018 年，女性国会议员比例的绝对差距和相对差距都呈现波动。

国家治理。

- 政府收支。政府收入比例和政府消费比例波动的相对差异基本保持不变。其中，1974～2017 年，政府收入比例的国际相似度保持在 104% 左右；1970～2018 年，政府消费比例的国际相似度保持在 107% 左右。
- 国家治理。2005～2018 年，平均出口通关时间的绝对差距由 4.8 天缩小到 4 天，相对差距保持在 2 倍。

公共安全。

- 国防。1960～2018 年，国防费用比例的国际相似度保持在 106% 左右。
- 公共安全。2013～2016 年，道路交通死亡率的国际绝对差距由 9.5 人/10 万人扩大到 9.8 人/10 万人，国际相对差距基本保持在 2.2 倍。

2. 文化指标的趋势分析

(1) 文化指标发展水平的变化

文化指标涉及 2 个主题 4 个亚主题 12 个指标，发展趋势见表 2-15，基本事实见专栏 2-5。

表 2-15　1960~2018 年 12 个文化指标发展水平的变化

指标	1960	1970	1980	1990	2000	2010	2018	变化	增长率	趋势	性质
人均年看电影次数①	—	—	—	2.70^h	2.81^e	2.77^*	2.62^a	1.07	−0.41	转折	1,6
人均出国旅游次数②				0.44^f	0.51	0.57	0.67^a	1.52	2.12	上升	1
互联网普及率②				1.0^i	30.5	72.1	85.0^a	85.0	20.34	上升	1
移动通信普及率②			0.04^k	1.08	49.18	109.33	126.03	3151	26.73	上升	1
网络音乐用户比例④						2.4^**c	10.9^**a	4.54	65.60	其他	1
网络犯罪报案比例④					163^**d	896^**	980^**	6.01	11.13	上升	5
科研经费比例②				2.16^g	2.32	2.39	2.57^a	1.19	0.83	上升	1,6
科研人员比例②				2837^g	3080	3830	4158^b	1.47	2.03	上升	1,6
发明专利申请比例②				4.53^j	5.23	6.98	6.79	6.76	1.49	1.22	上升	1
人均知识产权出口②	0.08^l	3.27	10.80	26.39	81.70	210.86	306.29	3923	306.21	上升	1
人均知识产权进口②	0.001	0.79	6.44	22.17	61.91	194.58	289.22	219867	289.22	上升	1
企业创新比例②							17.1			其他	1

注：(1)指标解释和单位见附表 1-1-1。(2)变化=终点值/起点值。(3)增长率为从起点年到终点年的年均增长率，单位为%。(4)变化趋势的分类标准见表 2-4。根据样本观测，人均年看电影次数发生转折；网络音乐用户比例和企业创新比例，时间跨度不到 10 年。(5)性质是根据《中国现代化报告》(基于 1750~2015 年期间可获得数据的实证分析)的经验判断：1 代表正指标，2 代表逆指标，3 代表转折指标，4 代表波动指标，5 代表中性指标，6 代表合理值指标。(6)数据时间：a 为 2017 年数据，b 为 2015 年数据，c 为 2014 年数据，d 为 2001 年数据，e 为 1999 年数据，f 为 1997 年数据，g 为 1996 年数据，h 为 1995 年数据，i 为 1993 年数据，j 为 1985 年数据，k 为 1984 年数据，l 为 1967 年数据。(7)特殊数据来源：* 为 2016 年第二次现代化指数排名前 20 位国家的指标数值的算术平均值，** 为美国统计数据。
数据来源：① UIS，2020；② World Bank，2020；③ RIAA，2020；④ IC3 Report，2019。

专栏 2-5　文化指标的基本事实

文化生活。① 大众文化：1995~2017 年，人均年看电影次数先上升后下降，2017 年高收入国家平均为 2.6 次/年；1997~2017 年，人均出国旅游次数由 0.4 次/年上升到 0.7 次/年。② 网络文化：1993~2017 年，互联网普及率由 1%增长到 85%，其相对差距由 4 倍缩小到 1.7 倍；1984~2018 年，移动通信普及率由 0.04%增长到 126.03%，其相对差距由 5.8 倍缩小到 1.2 倍；2014~2017 年，美国网络音乐用户比例由 2.4%增加到 10.9%；2001~2018 年，美国网络犯罪报案比例由 163 起/10 万人上升到 980 起/10 万人。

科技与创新。① 科技投入：1996~2017 年，科研经费比例由 2.2%提高到 2.6%，其相对差距基本保持在 1.1 倍；1996~2015 年，科研人员比例由 2837 人/100 万人提高到 4158 人/100 万人，其绝对差距由 2000 人/100 万人扩大到 2680 人/100 万人，相对差距基本保持在 2.9 倍。② 科技产出：1985~2018 年，发明专利申请比例由 4.5 项/万人上升到 6.8 项/万人。③ 知识产权交易：1967~2018 年，人均知识产权出口由 0.08 美元/人上升到 306.29 美元/人，其国际绝对差距由 0.06 美元扩大到 256.18 美元，相对差距由 3.9 倍扩大到 6.1 倍；1960~2018 年，人均知识产权进口由 0.001 美元/人上升到 289.22 美元/人，其绝对差距由约 0 美元扩大到 233.11 美元，相对差距由不足 1 倍上升到 5.2 倍。2018 年，高收入国家平均企业创新比例为 17.1%。

首先，总体发展趋势。12 个指标中，上升指标数量为 9 个，占比 75.0%；转折指标数量为 1 个，占比 8.3%；其他指标数量为 2 个,占比 16.7%(表 2-16)。

表 2-16　1960～2018 年文化指标发展趋势的分类

类型	文化生活/个	科技与创新/个	合计/个	比例/(%)
上升变量	4	5	9	75.0
下降变量	0	0	0	0.0
转折变量	1	0	1	8.3
波动变量	0	0	0	0.0
其他变量	1	1	2	16.7
合计	6	6	12	100

其次,指标发展趋势。12 个指标中,人均年看电影次数的指标数据全部为估计值,详见表 2-15。

文化生活。

- 大众文化。1995～2017 年,人均年看电影次数先上升后下降,2017 年高收入国家平均为 2.6 次/年;1997～2017 年,人均出国旅游次数由 0.4 次/年上升到 0.7 次/年,增加了 50% 多。
- 网络文化。互联网普及率、移动通信普及率、网络音乐用户比例和网络犯罪报案比例均上升。其中,1993～2017 年,互联网普及率由 1% 增长到 85%；1984～2018 年,移动通信普及率由 0.04% 增长到 126.03%(图 2-7)；2014～2017 年,美国网络音乐用户比例由 2.4% 增加到 10.9%；2001～2018 年,美国网络犯罪报案比例由 163 起/10 万人上升到 980 起/10 万人。

科技与创新。

- 科技。① 科技投入:科研经费比例和科研人员比例上升。其中,1996～2017 年,科研经费比例由 2.2% 提高到 2.6%；1996～2015 年,科研人员比例由 2837 人/100 万人提高到 4158 人/100 万人。② 科技产出:1985～2018 年,发明专利申请比例由 4.5 项/万人上升到 6.8 项/万人。③ 知识产权交易:人均知识产权出口和人均知识产权进口上升(图 2-8)。其中,1967～2018 年,人均知识产权出口由 0.08 美元/人上升到 306.29 美元/人；1960～2018 年,人均知识产权进口由 0.001 美元/人上升到 289.22 美元/人。
- 创新。2018 年,高收入国家平均企业创新比例为 17.1%。

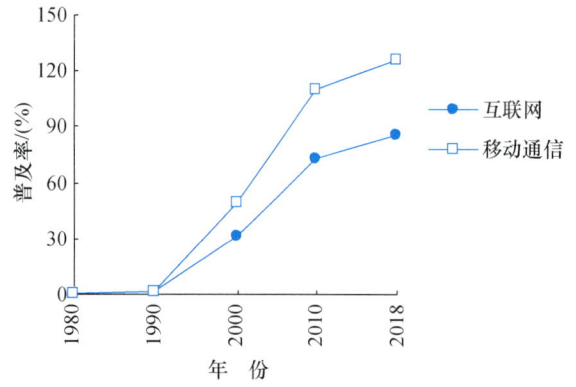

图 2-7　1980～2018 年互联网普及率和移动通信普及率
数据来源:World Bank,2020。

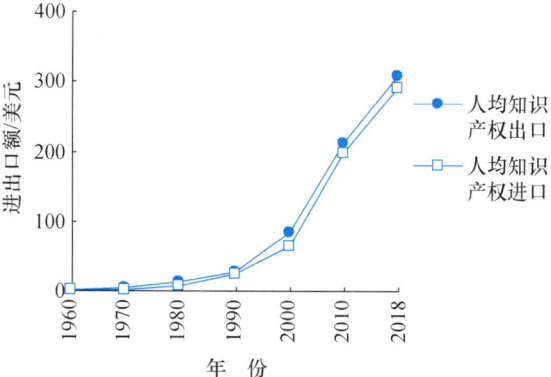

图 2-8　1960～2018 年人均知识产权进出口
数据来源:World Bank,2020。

（2）文化指标国际差距（差异）的变化

首先，总体变化。12 个指标中，绝对差距（绝对差异）扩大的指标数量为 4 个，占比 33.3%；其他变化类型的指标数量为 8 个，占比 77.7%。相对差距（相对差异）扩大的指标数量为 2 个，占比 16.7%；缩小的指标数量为 3 个，占比 25%；保持不变的指标数量为 2 个，占比 16.7%；其他变化类型的指标数量为 5 个，占比 41.6%（表 2-17）。

表 2-17　1960～2018 年文化指标国际差距（差异）的变化

差距（差异）	变化	文化生活指标/个	科技与创新指标/个	合计/个	比例/（%）
绝对差距 （绝对差异）	扩大	1	3	4	33.3
	缩小	0	0	0	0.0
	不变	0	0	0	0.0
	其他	5	3	8	66.7
相对差距 （相对差异）	扩大	0	2	2	16.7
	缩小	3	0	3	25.0
	不变	0	2	2	16.7
	其他	3	2	5	41.6

合理值指标：涉及 3 个指标（人均年看电影次数、科研经费比例、科研人员比例）。其中，高收入国家的科研经费比例和科研人员比例仍持续上升。

其次，指标变化。

文化生活。

- 大众文化。1997～2017 年，人均出国旅游次数的绝对差距由 0.32 次/年扩大到 0.46 次/年，相对差距由 3.8 倍缩小到 3.2 倍。
- 网络文化。1993～2017 年，互联网普及率的相对差距由 4 倍缩小到 1.7 倍；1984～2018 年，移动通信普及率的相对差距由 5.8 倍缩小到 1.2 倍。

科技与创新。

- 科技。① 绝对差距：1996～2015 年，科研人员比例的绝对差距由 2000 人/100 万人扩大到 2680 人/100 万人；1967～2018 年，人均知识产权出口的绝对差距由 0.06 美元扩大到 256.18 美元；1960～2018 年，人均知识产权进口的绝对差距由约 0 美元扩大到 233.11 美元。② 相对差距：1996～2017 年，科研经费比例的相对差距基本保持在 1.1 倍，科研人员比例的相对差距基本保持在 2.9 倍；1967～2018 年，人均知识产权出口的相对差距由 3.9 倍扩大到 6.1 倍；1960～2018 年，人均知识产权进口的相对差距由不足 1 倍上升到 5.2 倍。
- 创新。因统计数据不全，无法进行判断。

三、环境和个人生活指标的趋势分析

环境和个人生活领域的现代化，涉及众多主题、亚主题和方面。在环境领域，我们选择 2 个主题 8 个亚主题 12 个指标进行分析。在个人生活领域，我们选择 3 个主题 6 个亚主题 14 个指标进行分析。这些指标的数值变化，反映了环境和个人生活现代化的部分发展趋势。

1. 环境指标的趋势分析
（1）环境指标发展水平的变化

环境指标涉及 2 个主题 8 个亚主题 12 个指标，发展趋势见表 2-18，基本事实见专栏 2-6。

表 2-18　1960～2018 年 12 个环境指标发展水平的变化

指标	1960	1970	1980	1990	2000	2010	2018	变化	增长率	趋势	性质
人均能源消费①	—	3973ᵍ	4426	4575	5048	4943	4605ᶜ	1.10	−0.61	转折	1,6
可再生能源消费比例①	—	—	—	6.4	7.2	9.6	11.2ᶜ	1.75	2.26	上升	3
人均淡水消费①	—	—	561**	—	524**ᶠ	—	454**ᵉ	0.81	−0.56	下降	1,6
森林覆盖率①	—	—	—	28.5	28.7	28.8	29.0ᵇ	1.02	0.07	不变	3
PM₂.₅年均浓度①	—	—	—	16.63	16.20	16.67	14.68ᵃ	0.88	−0.46	下降	3
二氧化碳排放密度①	0.63	0.62	0.52	0.39	0.34	0.29	0.27ᵈ	0.43	−1.56	下降	3
生活废水处理率②	—	45*	80*	90*	93*	98*	98*ᵃ	2.18	1.67	上升	1
城市废物处理率②	—	—	—	100*	100*	100*	100*	1.00	0.00	不变	1
国际移民比例①	—	—	—	7.69	9.59	12.76	13.56ᶜ	1.76	2.29	上升	5
国际贸易比例①	—	30.8	42.7	40.9	51.6	58.6	62.7	2.04	1.49	上升	5
外国直接投资净流入比例①	—	0.47	0.52	0.95	4.83	2.70	1.10	4.39	−7.89	转折	5
简单平均关税①	—	—	—	8.37	6.47	4.81	3.85ᵃ	0.46	−2.84	下降	2,6

注:(1) 指标解释和单位见附表 1-1-1。(2) 变化＝终点值/起点值。(3) 增长率为从起点年到终点年的年均增长率,单位为%。(4) 变化趋势的分类标准见表 2-4。根据样本观测,人均能源消费、外国直接投资净流入比例发生转折,人均淡水消费下降,城市废物处理率和森林覆盖率变化不大。(5) 性质是根据《中国现代化报告》(基于 1750～2015 年期间可获得数据的实证分析)的经验判断:1 代表正指标,2 代表逆指标,3 代表转折指标,4 代表波动指标,5 代表中性指标,6 代表合理值指标。(6) 数据时间:a 为 2017 年数据,b 为 2016 年数据,c 为 2015 年数据,d 为 2014 年数据,e 为 2012 年数据,f 为 2002 年数据,g 为 1971 年数据。(7) 特殊数据来源。* 为 2016 年第二次现代化指数排名前 20 位国家的指标数值的算术平均值,** 为法国统计数据。

数据来源:① World Bank,2020;② OECD,2020。

专栏 2-6　环境指标的基本事实

生态环境。 ① 能源使用:1971～2015 年,人均能源消费先上升后下降;其中,2015 年高收入国家人均能源消费平均为 4605 千克石油当量;1990～2015 年,可再生能源消费比例由 6.4% 上升到 11.2%。② 资源方面:人均淡水消费国别差异较大。其中,1980～2012 年,法国人均淡水消费由 561 米³ 下降到 454 米³;1990～2016 年,森林覆盖率基本保持在 29%。③ 大气环境:1960～2014 年,二氧化碳排放密度由 0.63 千克/美元下降到 0.27 千克/美元(2010 年价格),其相对差异由 1.3 倍扩大到 1.8 倍;1990～2017 年,PM₂.₅年均浓度由 16.6 微克/米³ 下降到 14.7 微克/米³,其相对差异由 2.7 倍扩大到 3.1 倍。④ 环境治理:1970～2017 年,生活废水处理率由 45% 提高到 98%;1990～2018 年,城市废物处理率基本保持 100%。

国际环境。 ① 国际移民:1990～2015 年,国际移民比例由 7.7% 上升到 13.6%。② 国际贸易:1970～2018 年,国际贸易比例由 30.8% 上升到 62.7%。③ 国际投资:1970～2018 年,外国直接投资净流入比例先上升后下降,其中,2018 年高收入国家外国直接投资净流入比例平均为 1.1%。④ 关税:1990～2017 年,简单平均关税由 8.4% 下降到 3.9%,其国际绝对差距由 6.7% 缩小到 1.3%,相对差距由 1.8 倍缩小到 1.3 倍。

首先,总体发展趋势。12 个指标中,上升指标为 4 个,占比 33.3%;下降指标为 4 个,占比 33.3%;转折指标为 2 个,占比 16.7%;其他指标为 2 个,占比 16.7%(表 2-19)。

表 2-19　1960～2018 年环境指标发展趋势的分类

类型	生态环境指标/个	国际环境指标/个	合计/个	比例/(%)
上升变量	2	2	4	33.3
下降变量	3	1	4	33.3
转折变量	1	1	2	16.7
波动变量	0	0	0	0
其他变量	2	0	2	16.7
合计	8	4	12	100

其次,指标发展趋势。12 个指标中,生活废水处理率和城市废物处理率 2 个指标数据全部为估计值,详见表 2-18。

生态环境。

- 能源。1971～2015 年,人均能源消费先上升后下降;其中,2015 年高收入国家人均能源消费平均为 4605 千克石油当量;1990～2015 年,可再生能源消费比例由 6.4% 上升到 11.2%。
- 资源。人均淡水消费国别差异较大。其中,1980～2012 年,法国人均淡水消费由 561 米^3 下降到 454 米^3。1990～2016 年,森林覆盖率基本保持在 29%。
- 大气环境。1960～2014 年,二氧化碳排放密度由 0.63 千克/美元下降到 0.27 千克/美元。1990～2017 年,PM$_{2.5}$ 年均浓度由 16.6 微克/米^3 下降到 14.7 微克/米^3。
- 环境治理。1970～2017 年,生活废水处理率由 45% 提高到 98%;1990～2018 年,城市废物处理率基本保持 100%(图 2-9)。

国际环境。

- 国际移民。1990～2015 年,国际移民比例由 7.7% 上升到 13.6%(图 2-10)。
- 国际贸易。1970～2018 年,国际贸易比例由 30.8% 上升到 62.7%(图 2-10)。
- 国际投资。1970～2018 年,外国直接投资净流入比例先上升后下降;其中,2018 年高收入国家外国直接投资净流入比例平均为 1.1%。
- 关税。1990～2017 年,简单平均关税由 8.4% 下降到 3.9%。

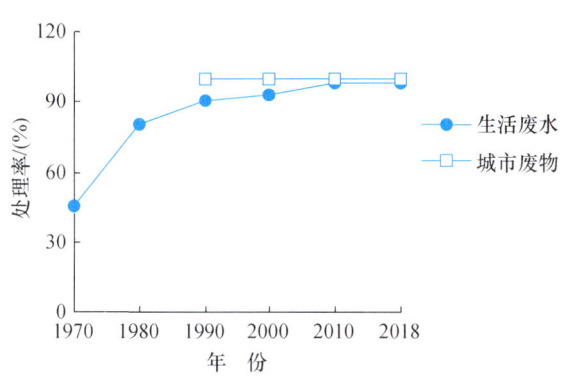

图 2-9　1970～2018 年生活废水处理率和城市废物处理率
数据来源:OECD,2020。

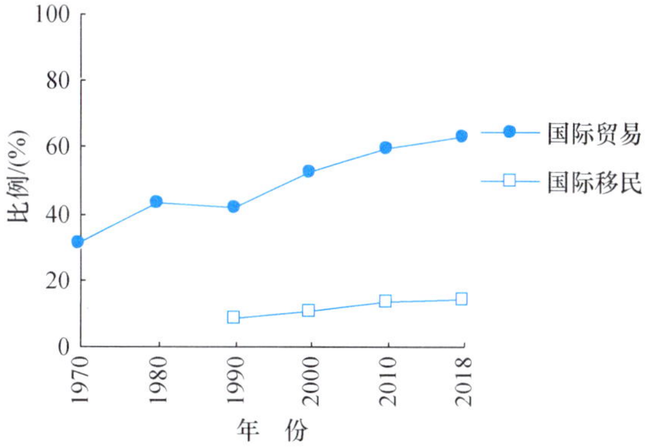

图 2-10　1970～2018 年国际贸易比例和国际移民比例
数据来源:World Bank,2020。

(2) 环境指标国际差距（差异）的变化

首先，总体变化。12个指标中，绝对差距（绝对差异）扩大的指标数量为1个，占比8.3%；缩小的指标数量为3个，占比25%；其他变化类型的指标数量为8个，占比66.7%。相对差距（相对差异）扩大的指标数量为3个，占比25%；缩小的指标数量为3个，占比25%；其他变化类型的指标数量为6个，占比50%（表2-20）。

表2-20　1960～2018年环境指标国际差距（差异）的变化

差距（差异）	变化	生态环境指标/个	国际环境指标/个	合计/个	比例/(%)
绝对差距 （绝对差异）	扩大	0	1	1	8.3
	缩小	2	1	3	25.0
	不变	0	0	0	0.0
	其他	6	2	8	66.7
相对差距 （相对差异）	扩大	2	1	3	25.0
	缩小	2	1	3	25.0
	不变	0	0	0	0.0
	其他	4	2	6	50.0

发展阶段差异的变化：涉及4个指标（可再生能源消费比例、森林覆盖率、$PM_{2.5}$年均浓度和二氧化碳排放密度）。可再生能源消费比例先下降后上升；其中，1990～2015年，高收入国家可再生能源消费比例上升，而世界平均值基本保持在17.5%左右。森林覆盖率先下降后上升；其中，1990～2016年，高收入国家的森林覆盖率上升，而世界平均值下降。$PM_{2.5}$年均浓度先上升后下降；其中，1990～2017年，高收入国家的$PM_{2.5}$年均浓度下降，而世界平均值先上升后下降，以2010年为转折点。二氧化碳排放密度先上升后下降，其中1960～2014年，高收入国家和世界平均二氧化碳排放密度均下降。

合理值指标的变化：涉及3个指标（人均能源消费、人均淡水消费、简单平均关税）。1971～2014年，高收入国家的人均能源消费先上升后下降，而世界人均能源消费持续上升；1980～2012年，人均淡水消费的国别差异较大；1990～2017年，高收入国家和世界的简单平均关税都在下降，二者的绝对差距和相对差距均缩小。

其次，指标变化。

生态环境。

- 能源。1990～2015年，可再生能源消费比例的相对差异缩小，国际相似度上升到62.0%。
- 资源。1990～2016年，森林覆盖率的相对差异缩小，国际相似度上升到94.5%。
- 大气环境。1990～2017年，$PM_{2.5}$年均浓度的相对差异由2.7倍扩大到3.1倍。1960～2014年，二氧化碳排放密度的相对差异由1.3倍扩大到1.8倍。
- 环境治理。因缺少生活废水处理率和城市废物处理率的世界平均统计数据，无法进行判断。

国际环境。

- 国际移民。1990～2015年，国际移民比例的绝对差异由4.8%扩大到10.2%，国际相似度由266%扩大到405%。
- 国际贸易。因缺少国际贸易比例的世界平均统计数据，无法进行判断。
- 国际投资。1970～2018年，外国直接投资净流入比例的绝对差异和相对差异均波动。
- 关税。1990～2017年，简单平均关税的绝对差距由6.7%缩小到1.3%；相对差距由1.8倍缩小到1.3倍。

2. 个人生活指标的趋势分析

（1）个人生活指标发展水平的变化

个人生活指标涉及 3 个主题 6 个亚主题 14 个指标，发展趋势见表 2-21，基本事实见专栏 2-7。

表 2-21 1960～2018 年 14 个个人生活指标发展水平的变化

指标	1960	1970	1980	1990	2000	2010	2018	变化	增长率	趋势	性质
人均蛋白质供应①	89.2ʰ	91.8ᵃ	97.2ᵉ	101.1ᵉ	103.2ᵉ	104.9ᵉ	105.6ᵈ	1.18	0.33	上升	1,6
营养不良人口比例②	—	—	—	—	2.81	2.78	2.71ᵃ	0.96	-0.21	下降	2
儿童超重比例②	—	—	—	5.1	5.4	5.8	6.1ᵃ	1.20	0.67	上升	5
平均预期寿命②	68.5	70.6	73.2	75.4	77.6	79.8	80.7ᵃ	1.18	0.29	上升	1,6
总和生育率	3.03	2.54	1.97	1.85	1.71	1.71	1.63ᵃ	0.54	-1.08	下降	3,6
家庭人均可支配收入③	—	—	—	—	—	26 584ᵈ	30 369	1.14	3.38	上升	1
人均住房面积④	—	—	—	—	39.8**	43.4***ᶜ	—	1.09	1.09	其他	1,6
安全饮水普及率②	—	—	—	—	99.1ᶠ	99.3	99.5ᵃ	1.00	0.02	上升	1
卫生设施普及率②	—	—	—	—	98.6	99.1	99.4ᵃ	1.01	0.05	上升	1
汽车普及率⑤	—	—	338	396	436ᵍ	447ᵉ	470	1.39	0.95	上升	1,6
人均航行次数②	—	0.32	0.57	0.85	1.26	1.52	2.02	6.31	3.91	上升	1
网购人口比例②	—	—	—	—	—	53.46ᶜ	63.13ᵇ	1.18	2.81	上升	1
人工智能家庭普及率⑥	—	—	—	—	—	(0.063ᵇ)	(0.215)	3.41	84.73	上升	1
生活满意度②	—	—	—	—	—	7.1ᵈ	7.0ᵃ	0.99	-0.35	其他	5

注：(1) 指标解释和单位见附表 1-1-1。(2) 变化=终点值/起点值。(3) 增长率为从起点年到终点年的年均增长率，单位为%。(4) 变化趋势的分类标准见表 2-4。根据样本观测：营养不良人口比例，2000 年以来略有下降；儿童超重比例上升，是不良表现；安全饮水普及率、卫生设施普及率，2000 年以来接近饱和；人均住房面积、生活满意度，时间跨度不到 10 年。(5) 性质是根据《中国现代化报告》(基于 1750～2015 年期间可获得数据的实证分析)的经验判断：1 代表正指标，2 代表逆指标，3 代表转折指标，4 代表波动指标，5 代表中性指标，6 代表合理值指标。(6) 数据时间：a 为 2017 年数据，b 为 2016 年数据，c 为 2015 年数据，d 为 2013 年数据，e 为 2008 年数据，f 为 2002 年数据，g 为 1999 年数据，h 为 1961 年数据。(7) 特殊数据来源。* 为 2016 年第二次现代化指数排前 20 位国家的指标数值的算术平均值。** 为具有统计数据的 12 个发达国家的算术平均值。*** 人工智能家庭普及率指标，没有高收入国家平均值数据，表中数据为世界平均值，谨供参考。

数据来源：① FAO，2020；② World Bank，2020；③ OECD，2020；④ Entranze，2020；⑤ OICA，2020；⑥ IFR，2018。

专栏 2-7 个人生活指标的基本事实

营养与健康。 ① 营养供应：1961～2013 年，人均蛋白质供应由 89.2 克/天上升到 105.6 克/天，其相对差距由 1.5 倍缩小到 1.3 倍；2000～2017 年，营养不良人口比例由 2.81% 下降到 2.71%，其绝对差距由 12% 缩小到 8%。② 合理饮食：1990～2017 年，儿童超重比例由 5.1% 上升到 6.1%。③ 健康：1960～2017 年，平均预期寿命由 68.5 岁增加到 80.7 岁，其绝对差距由 15.9 岁缩小到 8.3 岁，相对差距由 1.3 倍缩小到 1.1 倍。

家庭与住房。① 家庭规模:1960~2017年,总和生育率由3.03下降到1.63。② 家庭收入:2013~2017年,家庭人均可支配收入由26 584国际美元提高到30 369国际美元。③ 住房:2008年,人均住房面积为43.4米^2。

生活模式。① 家庭设施:2002~2017年,安全饮水普及率由99.1%提升到99.5%,其绝对差距由17.6%缩小到9.9%;2000~2017年,卫生设施普及率由98.6%提升到99.4%,其绝对差距43.1%缩小到26.0%。② 交通和旅行:1980~2015年,汽车普及率由338辆/千人增加到470辆/千人,相对差距由1990年的4.3倍缩小到2015年的3.6倍;1970~2018年,人均航行次数由0.32次/年上升到2.02次/年,其绝对差距由0.24次/年扩大到1.46次/年。③ 网络生活:2010~2016年,网购人口比例由53.5%上升到63.1%。④ 智慧生活:2016~2018年,世界平均人工智能家庭普及率由0.063%上升到0.215%;高收入国家平均值估计从0.4%上升到1.3%。⑤ 生活满意度:国别差异较大。

首先,总体发展趋势。14个指标中,上升指标为10个,占比71.4%;下降指标为2个,占比14.3%;其他指标为2个,占比14.3%(表2-22)。

表2-22　1960~2018年个人生活指标发展趋势的分类

类型	营养与健康指标/个	家庭与住房指标/个	生活模式指标/个	合计/个	比例/(%)
上升变量	3	1	6	10	71.4
下降变量	1	1	0	2	14.3
转折变量	0	0	0	0	0.0
波动变量	0	0	0	0	0.0
其他变量	0	1	1	2	14.3
合计	4	3	7	14	100

其次,指标发展趋势。14个指标中,人均蛋白质供应、人均住房面积、网购人口比例和生活满意度4个指标数据全部为估计值,汽车普及率部分数据为估计值,详见表2-21。

营养与健康。

- 营养。① 营养供应:1961~2013年,人均蛋白质供应由89.2克/天上升到105.6克/天。② 合理营养:2000~2017年,营养不良人口比例由2.81%下降到2.71%;1990~2017年,儿童超重比例由5.1%上升到6.1%。
- 健康。1960~2017年,平均预期寿命由68.5岁增加到80.7岁(图2-11)。

家庭与住房。

- 家庭。① 家庭规模:1960~2017年,总和生育率由3.03下降到1.63。② 家庭收入:2013~2017年,家庭人均可支配收入由26 584国际美元提高到30 369国际美元。
- 住房。2008年,人均住房面积为43.4米^2。

生活模式

- 生活方式。① 家庭设施:2002~2017年,安全饮水普及率由99.1%提升到99.5%;2000~2017年,卫生设施普及率由98.6%提升到99.4%。② 交通和旅行:1980~2015年,汽车普及率由338辆/千人增加到470辆/千人;1970~2018年,人均航行次数由0.32次/年上升到

2.02次/年(图2-12),提高了5倍多。③ 网络生活:2010~2016年,网购人口比例由53.5%上升到63.1%。④ 智慧生活:2016~2018年,世界平均人工智能家庭普及率由0.063%上升到0.215%。

- 生活满意度。生活满意度的国别差异较大,其中,2013~2017年,OECD调查数据表明:生活满意度的国别差异较大。

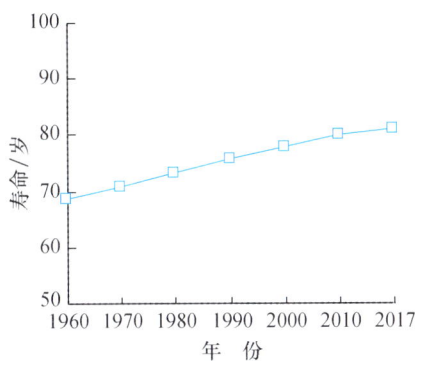

图2-11 1960~2017年平均预期寿命
数据来源:World Bank,2020。

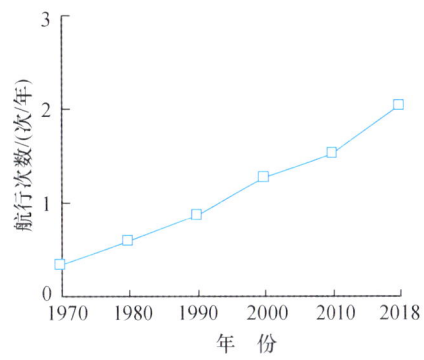

图2-12 1970~2018年人均航行次数
数据来源:World Bank,2020。

(2) 个人生活指标国际差距(差异)的变化

首先,总体变化。14个指标中,绝对差距(绝对差异)扩大的指标数量为3个,占比21.4%;缩小的指标数量为5个,占比35.7%;其他变化类型的指标数量为6个,占比42.9%。相对差距(相对差异)扩大的指标数量为1个,占比7.1%;缩小的指标数量为7个,占比50%;其他变化类型的指标数量为6个,占比42.9%(表2-23)。

表2-23 1960~2018年个人生活指标国际差距(差异)的变化

差距(差异)	变化	营养与健康指标/个	家庭与住房指标/个	生活模式指标/个	合计/个	比例/(%)
绝对差距 (绝对差异)	扩大	1	0	2	3	21.4
	缩小	2	1	2	5	35.7
	不变	0	0	0	0	0.0
	其他	1	2	3	6	42.9
相对差距 (相对差异)	扩大	1	0	0	1	7.1
	缩小	3	1	3	7	50.0
	不变	0	0	0	0	0.0
	其他	0	2	4	6	42.9

发展阶段差异的变化:涉及1个指标(总和生育率)。总和生育率先上升后下降;其中,1960~2018年,高收入国家和世界平均的总和生育率均下降。

合理值指标的变化:涉及4个指标(人均蛋白质供应、总和生育率、人均住房面积、汽车普及率)。1990年以来,高收入国家人均蛋白质供应保持在103克/天左右。1960年以来,高收入国家总和生育率持续下降。1980~2015年,高收入国家的汽车普及率仍在上升。

其次,指标变化。

营养与健康。

- 营养。① 绝对差距：2000~2017 年，营养不良人口比例的绝对差距由 12% 缩小到 8%。② 相对差距：1961~2013 年，人均蛋白质供应的相对差距由 1.5 倍缩小到 1.3 倍；2000~2017 年，营养不良人口比例的相对差距缩小，世界平均值由 5.3 倍缩小到 4.0 倍。
- 健康。1960~2017 年，平均预期寿命的绝对差距由 15.9 岁缩小到 8.3 岁，相对差距由 1.3 倍缩小到 1.1 倍。

家庭与住房。

- 家庭。1960~2017 年，总和生育率的绝对差异和相对差异缩小，国际相似度由 60.9% 上升到 67.1%。

生活模式

- 生活方式。① 绝对差距：2002~2017 年，安全饮水普及率的国际绝对差距由 17.6% 缩小到 9.9%；2000~2017 年，卫生设施普及率的绝对差距由 43.1% 缩小到 26.0%；1990~2015 年，汽车普及率的绝对差距由 305 辆/千人扩大到 341 辆/千人；1970~2018 年，人均航行次数的绝对差距由 0.24 次/年扩大到 1.46 次/年。② 相对差距：2002~2017 年，安全饮水普及率的相对差距由 1.2 倍缩小到 1.1 倍；2000~2017 年，卫生设施普及率的相对差距由 1.8 倍缩小到 1.4 倍；1990~2015 年，汽车普及率的国际相对差距由 4.3 倍缩小到 3.6 倍。
- 生活满意度。生活满意度的国别差异较大，需要进行专题研究。

第二节 世界现代化指标的现实水平

世界现代化指标的水平分析，采用《中国现代化报告》长期使用的截面分析法。截面分析是对关键时期的截面数据进行分析，试图去发现和归纳分析对象的客观事实和发展趋势。本章选择 2018 年截段为分析对象，主要数据为 2015~2018 年期间最新年数据（附表 1-1-4），分析样本为全球人口超过 100 万的 131 个国家。分析内容包括现实水平和国际差距（差异）。

一般而言，国际差距指发展水平的国际差距，比较适用于正指标和逆指标的国际比较；国际差异指发展状态或特征的国际差异，比较适用于状态指标（中性指标、波动指标和转折指标）和部分特征指标等的国际比较。绝对差距（绝对差异）＝高收入国家平均值－世界平均值，相对差距（相对差异）＝高收入国家平均值/世界平均值。国际相对差异可简称为"国际相似度"。一般而言，现代化指标与国家经济水平的截面特征关系，可以大致分为三种类型：正相关、负相关和没有关系（表 2-24，表 2-25）；相关程度大致分为四个等级：相关性没有达到显著程度（没有关系）、相关（正或负相关）、显著相关（正或负相关）和非常显著相关（正或负相关）。

表 2-24 现代化指标与国家经济水平的关系

类型	正相关	负相关	没有关系
特点	现代化指标的数值越大，国家经济水平越高	现代化指标的数值越大，国家经济水平越低	现代化指标的数值变化，与国家经济水平的变化没有关系
举例	人均国民收入越高，国家经济水平越高	婴儿死亡率越高，国家经济水平越低	失业率的变化是波动的，与国家经济水平没有关系

注：没有显著关系的现代化指标，可以分为两类：① 部分相关，但相关性没有达到统计分析的显著水平；② 完全没有关系。它们需要个案分析，区别对待。

表 2-25　2018 年截段现代化指标与国家经济水平的关系

类型	经济/个	社会/个	政治/个	文化/个	环境/个	个人生活/个	合计/个	比例/(%)
正相关	15	12	5	8	4	9	53	55.8
负相关	3	4	2	0	6	2	17	17.9
没有关系	6	8	5	2	2	2	25	26.3
合计	24	24	12	10	12	13	95	100

注：5 个指标缺少统计数据，难以判断相互关系。2018 年截段 100 个指标可获得数据年份见附表 1-1-4。

一、经济和社会指标的现实水平

1. 经济指标的 2018 年截段分析

(1) 经济指标的现实水平

2018 年截段，经济指标的现实水平见表 2-26，与国家经济水平的关系见表 2-27；许多指标的截面分布是波动的，而不是平滑的。

表 2-26　2018 年截段经济指标的水平和状态

国家经济水平	欠发达			初等发达		中等发达		发达		相关系数	显著性
国家分组	1	2	3	4	5	6	7	8	9		
人均国民收入	519	839	1660	4544	8870	15 064	29 109	50 784	74 459		
(1) 生产和效率											
人均 GDP	529	855	1731	4712	9170	15 687	29 045	52 484	73 272	1.000	***
人均制造业增加值	46	69	223	709	1013	2571	4113	8215	9387	0.988	***
人均知识产业增加值ª	—	—	—	1846	3242	6708	14 448	22 039		0.998	***
人均 GDP 年增长率	1.87	3.05	2.60	1.87	0.34	3.71	1.73	1.90	1.33	−0.287	
劳动生产率	3302	5226	12 535	29 266	38 614	58 394	82 293	102 616	107 755	0.928	***
农业劳动生产率	700	950	1972	5746	7705	17 914	32 675	55 219	76 252	0.999	***
工业劳动生产率	3404	6190	8565	16 949	27 095	34 762	77 424	132 614	194 112	0.999	***
服务业劳动生产率	2399	3706	5707	11 866	19 176	31 523	54 714	91 650	114 684	0.995	***
能源生产率ᵇ	3.5	5.1	8.6	10.2	11.1	10.2	9.8	10.7	13.7	0.698	**
水生产率ᶜ	—	—	15	12	64	67	142	406		0.936	***
(2) 经济结构											
农业增加值比例	29.30	30.81	16.24	8.89	4.29	3.86	2.04	1.22	1.23	−0.646	*
工业增加值比例	24.35	18.23	28.19	29.93	27.47	27.46	30.01	23.53	25.19	−0.035	
服务业增加值比例	41.67	41.16	45.95	53.40	55.99	58.08	59.46	65.06	65.33	0.832	***
知识产业增加值比例ª	—	—	—	23.34	30.17	32.08	39.84	42.88		0.959	***
农业劳动力比例	63.75	65.41	43.47	24.83	12.24	9.17	4.88	2.34	2.28	−0.698	*
工业劳动力比例	10.17	9.24	16.45	22.13	22.05	27.67	24.46	20.54	19.04	0.293	
服务业劳动力比例	25.56	25.35	40.07	53.03	65.71	63.35	70.66	77.12	78.68	0.782	**
知识产业劳动力比例ª	—	—	—	31.6	32.78	34.32	46.14	49.76		0.973	***
新企业密度ᵈ	0.13	1.46	0.66	1.74	4.91	5.48	4.33	5.83	7.62	0.838	***
工业机器人使用比例											

(续表)

国家经济水平	欠发达			初等发达		中等发达		发达		相关系数	显著性
国家分组	1	2	3	4	5	6	7	8	9		
人均国民收入	519	839	1660	4544	8870	15 064	29 109	50 784	74 459		
(3) 流通											
通货膨胀率	5.81	3.62	4.38	4.35	3.10	4.01	1.47	1.63	1.62	−0.800	
(4) 分配											
劳动者税收比例[a]	—	—	—	—	19.80	36.76	35.03	39.24	34.29	0.494	
国家税收比例[c]	15.07	15.50	15.21	16.60	15.82	18.00	18.98	18.73	23.46	0.946	***
(5) 消费和投资											
最终消费比例	94.29	97.46	84.41	79.96	74.84	74.31	73.32	71.00	68.40	−0.733	**
固定资本形成比例	24.49	24.19	23.42	22.46	22.48	22.01	20.63	22.47	24.04	−0.082	

注:(1)指标单位见附表1-1-1。(2)部分指标由于统计数据不全,很难判断其相关性,后同。(3) * 表示相关, ** 表示显著相关, *** 表示非常显著相关,其他为不相关。"—"表示没有数据。(4)数据时间:a 为 2015 年数据, b 为 2014 年数据, c 为 2012 年数据, d 为 2016 年数据, e 为 2017 年数据。

表 2-27 经济指标与国家经济水平的关系

主题	正相关/个	负相关/个	没有关系/个	其他/个	合计/个
生产与流通	14	2	4	1	21
分配与消费	1	1	2	0	4
合计	15	3	6	1	25

注:"其他"所包含的为数据不全而不能分类的指标。后同。

(2) 经济指标的国际差距(差异)

经济指标的国际差距(差异),因指标而异(表2-28)。

表 2-28 2018 年截段经济指标的国际差距(差异)

	高收入国家	世界	高收入国家/世界	高收入国家−世界	类型	性质
(1) 生产和效率						
人均 GDP	43 559	10 858	4.01	32 701	差距	1
人均制造业增加值[a]	6038	1627	3.71	4411	差距	1,6
人均知识产业增加值[b]	15 078	—	—	—	差距	1
人均 GDP 年增长率	1.74	1.84	0.95	−0.1	差异	4
劳动生产率	94 489	36 750	2.57	57 739	差距	1
农业劳动生产率	31 541	3192	9.88	28 349	差距	1
工业劳动生产率[c]	93 461	29 847	3.13	63 614	差距	1
服务业劳动生产率[c]	82 982	31 807	2.61	51 175	差距	1
能源生产率[d]	8.9	7.9	1.13	1	差距	1
水生产率[b]	78	16	4.88	62	差距	1
(2) 经济结构						
农业增加值比例[c]	1.31	3.43	0.38(2.62)	−2.12(2.12)	差距	2
工业增加值比例[c]	22.7	25.44	0.89	−2.74	差异	3,6
服务业增加值比例[c]	69.79	65.03	1.07	4.76	差距	1
知识产业增加值比例[b]	38.24	—	—	—	差距	1
农业劳动力比例	2.97	28.26	0.11(9.52)	−25.29(25.29)	差距	2

(续表)

	高收入国家	世界	高收入国家/世界	高收入国家−世界	类型	性质
工业劳动力比例	22.49	22.95	0.98	−0.46	差异	3,6
服务业劳动力比例	74.54	48.79	1.53	25.75	差距	1
知识产业劳动力比例[b]	44.47	—	—	—	差距	1
新企业密度[d]	4.35	—	—	—	差异	5
工业机器人使用比例[e]	114	99	1.15	15	差距	1,6
(3) 流通						
通货膨胀率	1.78	2.41	0.74	−0.63	差异	4
(4) 分配						
劳动者税收比例[**]	35.23	—	—	—	差异	5
国家税收比例[c]	15.59	15.13	1.03	0.46	差异	5
(5) 消费和投资						
最终消费比例[c]	70.78	—	—	—	差异	5
固定资本形成比例	21.45	23.56	0.91	−2.11	差异	5

注：(1) 差距：水平指标的国际差距；差异：状态指标的国际差异。(2) 性质是根据《中国现代化报告》(基于1750～2015年期间可获得数据的实证分析)的经验判断：1代表正指标，2代表逆指标，3代表转折指标，4代表波动指标，5代表中性指标，6代表合理值指标。(3) 逆指标的国际相对差距＝世界/高收入国家；逆指标的国际绝对差距＝世界－高收入国家。(4) 数据时间：a 为 2016 年数据，b 为 2015 年数据，c 为 2017 年数据，d 为 2014 年数据。(5) 特别说明：* 为 2016 年第二次现代化指数排名前 20 位国家的指标数值的算术平均值，** 为高收入国家平均值采用欧洲平均值代替。

国际差距(差异)的特点：

- 国际相对差距(相对差异)比较大的指标(超过 1 倍)：人均 GDP、人均制造业增加值、劳动生产率、农业劳动生产率、工业劳动生产率、服务业劳动生产率、水生产率、农业增加值比例、农业劳动力比例。
- 国际相对差距(相对差异)比较小的指标(超过 50% 小于 1 倍)：服务业劳动力比例。

2. 社会指标的 2018 年截段分析

(1) 社会指标的现实水平

2018 年截段，社会指标的现实水平见表 2-29，与国家经济水平的关系见表 2-30；许多指标的截面分布是波动的，而不是平滑的。

表 2-29 2018 年截段社会指标的水平和状态

国家经济水平	欠发达			初等发达		中等发达		发达		相关系数	显著性
国家分组	1	2	3	4	5	6	7	8	9		
人均国民收入	519	839	1660	4544	8870	15 064	29 109	50 784	74 459		
(1) 人口											
人口自然增长率	2.69	2.70	1.79	1.12	0.85	0.09	0.72	0.59	0.82	−0.527	
城市人口比例	32.18	31.37	41.17	62.76	75.62	69.95	78.87	82.98	82.84	0.733	**
郊区人口比例[a]	—	—	—	11.0	34.7	47.2	24.3	24.2	−0.008		
老龄人口比例	2.9	3.2	4.4	8.0	9.0	15.9	15.7	18.5	18.9	0.856	***

(续表)

国家经济水平	经济欠发达			初等发达		中等发达		经济发达		相关系数	显著性
国家分组	1	2	3	4	5	6	7	8	9		
人均国民收入	519	839	1660	4544	8870	15 064	29 109	50 784	74 459		
(2) 公共卫生											
医生比例[b]	0.04	0.1	0.6	1.5	1.4	3.0	3.4	3.3	4.7	0.894	***
护士比例[b]	0.5	0.4	1.1	2.4	2.8	6.4	6.8	11.0	14.3	0.979	***
婴儿死亡率	49.8	50.0	34.6	16.7	14.7	5.0	3.6	3.1	2.9	−0.689	**
孕产妇死亡率[c]	535	724	207.4	97.4	47.3	10.8	3.6	—	—	−0.657	
卫生支出比例[b]	6.4	5.0	5.4	6.3	6.6	6.4	7.7	10.2	11.0	0.969	***
(3) 学习											
中学普及率[d]	39.2	45.5	67.3	88.8	100.2	105.3	110.1	122.7	125.3	0.781	**
大学普及率[d]	6.9	10.4	18.7	43.4	50.0	67.0	78.1	80.6	72.3	0.752	**
小学生师比[d]	24.4	46.8	21.5	17.8	18.9	15.4	11.6	20.3	10.2	−0.517	
平均受教育年限	4.2	3.8	6.8	9.0	9.5	11.3	10.9	12.6	12.8	0.780	**
受过高等教育劳动力比例[e]	—	—	—	—	—	—	—	77.0	81.1		
政府教育支出比例[b]	3.8	3.5	4.7	3.9	5.2	4.6	5.1	5.5	6.9	0.896	***
(4) 工作											
成年女性就业率	—	43.7	43.6	48.9	44.1	47.1	45.4	53.7	60.3	0.913	***
童工比例[c]	41.0	31.1	22.9	12.1	4.9	4.5	—	—	—	−0.845	**
失业率	4.2	3.1	6.0	8.9	9.2	6.2	7.3	5.1	5.1	−0.132	
(5) 收入与贫困											
人均国民收入	519	839	1660	4544	8870	15064	29109	50784	74459	1.000	
人均购买力	1385	2204	4758	10 295	16 139	25 149	39 673	48 934	55 385	0.953	***
收入不平等:基尼系数[c]	39.1	47.8	39.0	39.0	45.7	36.1	32.4	30.4	29.3	−0.807	***
绝对贫困人口比例[c]	40.0	49.5	14.89	3.27	3.75	0.90	0.83	0.14	0.23	−0.543	
(6) 休闲											
实际平均工作时间[e]	—	—	—	2248	1806	1803	1591	1473		−0.876	**
休闲和个人保健的时间[f]	—	—	941	—	904	942	972	957	976	0.717	
(7) 社会保障											
养老保险覆盖率[g]	5.0	34.1	43.4	46.3	95.9	79.9	84.0	96.1	100	0.718	**

注:(1)指标单位见附表 1-1-1。(2)部分指标由于统计数据不全,很难判断其相关性,后同。(3) * 表示相关, ** 表现显著相关, *** 表示非常显著相关,其他为不相关。"—"表示没有数据。(4)数据时间:a 为 2014 年数据,b 为 2016 年数据,c 为 2012 年数据,d 为 2017 年数据,e 为 2015 年数据,f 为 2010 年数据,g 为最近年数据。(5)特别说明。♯ 根据世界银行数据,2017 年 111 个发展中国家,大学普及率超过 50% 的国家有 27 个,其他国家都低于 50%;大学普及率低于 50% 的发展中国家,受过高等教育劳动力比例一般不会超过 50%。此处将 2018 年截面中第 2～7 组的数据(各组平均大于 70%)作了删减。

表 2-30 社会指标与国家经济水平的关系　　　　　　　　　单位:个

主题	正相关	负相关	没有关系	其他	合计
人口与卫生	5	1	3	0	9
学习与工作	6	2	4	1	13
休闲与福利	1	1	1	0	3
合计	12	4	8	1	25

注:"其他"所包含的为数据不全而不能分类的指标。后同。

(2) 社会指标的国际差距(差异)

社会指标的国际差距(差异),因指标而异(表 2-31)。

表 2-31 2018 年截段社会指标的国际差距(差异)

	高收入国家	世界	高收入国家/世界	高收入国家－世界	类型	性质
(1) 人口						
人口自然增长率	0.49	1.11	0.44	－0.62	差异	3,6
城市人口比例	81.33	55.27	1.47	26.06	差距	1,6
郊区人口比例*	28.34	—	—	—	差距	1,6
老龄人口比例	17.93	8.87	2.02	9.06	差异	5
(2) 公共卫生						
医生比例[b]	3.00	1.50	2.00	1.5	差距	1
护士比例[b]	8.79	3.42	2.57	5.37	差距	1
婴儿死亡率	4.3	28.9	0.15(6.72)	－24.6(24.6)	差距	2
孕产妇死亡率[c]	3.9	—	—	—	差距	2
卫生支出比例[d]	12.59	10.02	1.26	2.57	差距	1,6
(3) 学习						
中学普及率[b]	107.03	75.38	1.42	31.65	差距	1
大学普及率	76.79	37.86	2.03	38.93	差距	1
小学生师比[c]	14.32	17.72	0.81(1.24)	－3.4(3.4)	差距	2
平均受教育年限	12.63	8.40	1.50	4.23	差距	1
受过高等教育劳动力比例*	76.33	—	—	—	差距	1
政府教育支出比例[d]	5.87	—	—	—	差距	1,6
(4) 工作						
成年女性就业率	50.82	—	—	—	差距	1
童工比例	—	—	—	—	差距	2
失业率	5.11	4.95	1.03	0.16	差异	4
(5) 收入与贫困						
人均国民收入	43 922	10 880	4.04	33 042	差距	1
人均购买力	45 312	15 894	2.85	29 418	差距	1
收入不平等:基尼系数	30.01	—	—	—	差异	3
绝对贫困人口比例[b]	0.7	10	0.07(14.29)	－9.3(9.3)	差距	2
(6) 休闲						
实际平均工作时间[b]	1615	—	—	—	差距	2
休闲和个人保健的时间[e]	959	—	—	—	差距	1
(7) 社会保障						
养老保险覆盖率[c]	86.4	—	—	—	差距	1

注:(1) 差距:水平指标的国际差距;差异:状态指标的国际差异。(2) 性质是根据《中国现代化报告》(基于1750～2015 年期间可获得数据的实证分析)的经验判断:1 代表正指标,2 代表逆指标,3 代表转折指标,4 代表波动指标,5 代表中性指标,6 代表合理值指标。(3) 逆指标的国际相对差距＝世界/高收入国家;逆指标的国际绝对差距＝世界－高收入国家。(4) 数据时间:a 为 2014 年数据,b 为 2015 年数据,c 为 2017 年数据,d 为 2016 年数据,e 为 2010 年数据。(5) 特别说明。* 为 2016 年第二次现代化指数排名前 20 位国家的指标数值的算术平均值。

国际差距(差异)的特点:

• 国际相对差距(相对差异)比较大的指标(超过 1 倍):老龄人口比例、医生比例、护士比例、婴儿死亡率、大学普及率、人均国民收入、人均购买力、绝对贫困人口比例。
- 国际相对差距(相对差异)比较小的指标(超过50%小于1倍):平均受教育年限。

二、政治和文化指标的现实水平

1. 政治指标的2018年截段分析

(1) 政治指标的现实水平

2018年截段,政治指标的现实水平见表2-32,与国家经济水平的关系见表2-33;许多指标的截面分布是波动的,而不是平滑的。

表2-32 2018年截段政治指标的水平和状态

国家经济水平	欠发达			初等发达		中等发达		发达		相关系数	显著性
国家分组	1	2	3	4	5	6	7	8	9		
人均国民收入	519	839	1660	4544	8870	15 064	29 109	50 784	74 459		
(1) 政治参与											
选民投票率[a]	—	—	—	72	62	67	73	75		0.651	
女性国会议员比例	20.4	26.3	20.9	21.4	27.4	19.5	25.5	29.5	39.4	0.856	***
(2) 政府收支											
政府一般性收入比例[a]	16.4	18.5	19.5	23.2	24.0	31.5	32.8	29.7	33.9	0.790	**
政府一般性支出比例[a]	15.6	12.6	13.5	14.1	15.5	16.9	19.7	19.0	21.4	0.901	***
转移支付比例[a]	3.6	7.7	7.1	9.4	12.3	16.3	15.4	19.7	16.8	0.782	**
(3) 国家治理											
法律权力指数	4.4	7.1	5.8	5.0	5.6	6.9	4.2	6.8	6.5	0.287	
营商环境指数	46.39	54.30	56.34	64.52	64.78	75.45	74.52	79.75	81.68	0.825	***
养老金支出比例[d]	—	—	—	—	2.2	8.0	10.3	10.4	9.3	0.617	
开办企业所需天数	26.4	20.4	26.7	20.2	34.7	14.3	13.4	7.3	6.3	−0.801	***
平均出口通关时间[c]	8.3	10.5	8.9	4.5	4.8	3.0	6.9	—	—	−0.408	
(4) 国防											
国防费用比例	1.21	1.74	1.71	2.27	1.25	1.92	2.80	1.56	1.13	−0.192	
(5) 交通安全											
道路交通死亡率[b]	29.9	25.9	20.1	17.9	20.0	11.2	9.7	5.2	3.1	−0.875	***

注:(1)指标单位见附表1-1-1。(2)部分指标由于统计数据不全,很难判断其相关性,后同。(3) * 表示相关,** 表示显著相关,*** 表示非常显著相关,其他为不相关。"—"表示没有数据。(4)数据时间:a为2017年数据,b为2016年数据,c为2013年数据,d为2011年数据。

表2-33 政治指标与国家经济水平的关系　　　　单位:个

主题	正相关	负相关	没有关系	其他	合计
政治参与	1	0	1	0	2
国家治理	4	1	3	0	8
公共安全	0	1	1	0	2
合计	5	2	5	0	12

注:"其他"所包含的为数据不全而不能分类的指标。后同。

（2）政治指标的国际差距（差异）

政治指标的国际差距（差异），因指标而异（表2-34）。

表 2-34　2018 年截段政治指标的国际差距（差异）

	高收入国家	世界	高收入国家/世界	高收入国家－世界	类型	性质
（1）政治参与						
选民投票率*	74	—	—	—	差距	1
女性国会议员比例	27.9	24	1.16	3.9	差距	1,6
（2）政府收支						
政府一般性收入比例ª	25.35	24.61	1.03	0.74	差异	5
政府一般性支出比例	17.83	16.93	1.05	0.9	差异	5
转移支付比例*	18.41	—	—	—	差异	1,6
（3）国家治理						
法律权力指数	5.59	5.51	1.01	0.08	差距	1
营商环境指数	73.58	62.23	1.18	11.35	差距	1
养老金支出比例ᶜ	9.2	—	—	—	差异	5
开办企业所需天数	11.8	20.50	0.58(1.74)	−8.7(8.7)	差距	2
平均出口通关时间	3.7	7.7	0.48(2.08)	−4(4)	差距	2
（4）国防						
国防费用比例	2.28	2.14	1.07	0.14	差异	5
（5）交通安全						
道路交通死亡率ᵇ	8.33	18.13	0.46(2.18)	−9.8(9.8)	差距	2

注：（1）差距：水平指标的国际差距。差异：状态指标的国际差异。（2）性质是根据《中国现代化报告》（基于1750～2015年期间可获得数据的实证分析）的经验判断：1代表正指标，2代表逆指标，3代表转折指标，4代表波动指标，5代表中性指标，6代表合理值指标。（3）逆指标的国际相对差距＝世界/高收入国家；逆指标的国际绝对差距＝世界－高收入国家。（4）数据时间：a 为 2017 年数据，b 为 2016 年数据，c 为 2011 年数据。（5）* 为 2016 年第二次现代化指数排名前 20 位国家的指标数值的算术平均值。

国际差距（差异）的特点：

- 国际相对差距（相对差异）比较大的指标（超过1倍）：平均出口通关时间、道路交通死亡率。
- 国际相对差距（相对差异）比较小的指标（超过50%小于1倍）：开办企业所需天数。

2. 文化指标的 2018 年截段分析

（1）文化指标的现实水平

2018年截段，文化指标的现实水平见表2-35，与国家经济水平的关系见表2-36；许多指标的截面分布是波动的，而不是平滑的。

表 2-35　2018 年截段文化指标的水平和状态

国家经济水平	欠发达			初等发达		中等发达		发达		相关系数	显著性
国家分组	1	2	3	4	5	6	7	8	9		
人均国民收入	519	839	1660	4544	8870	15 064	29 109	50 784	74 459		
（1）大众文化											
人均年看电影次数ª	—	—	0.6	0.5	1.3	1.6	2.0	2.7	2.2	0.830	**
人均出国旅游次数ª	0.00	0.01	0.07	0.21	0.16	0.72	0.59	0.92	1.72	0.961	***

(续表)

国家经济水平	欠发达			初等发达		中等发达		发达		相关系数	显著性
国家分组	1	2	3	4	5	6	7	8	9		
人均国民收入	519	839	1660	4544	8870	15 064	29 109	50 784	74 459		
(2) 网络文化											
互联网普及率 a	10.9	19.8	33.4	53.0	64.2	75.6	81.7	87.2	94.7	0.807	***
移动通信普及率	52.9	90.6	100.1	111.9	122.2	129.5	128.7	119.5	121.8	0.490	
网络音乐用户比例 a	—	—	—	—	—	—	—	10.9	—		
网络犯罪报案比例	—	—	—	—	—	—	—	980	—		
(3) 科技											
科研经费比例 a	0.34	0.29	0.26	0.31	0.82	0.94	1.99	2.37	2.84	0.969	***
科研人员比例 a	34	33	496	783	1342	2207	3597	4990	7322	0.992	***
发明专利申请比例	0.00	0.00	0.06	0.20	1.06	0.57	3.66	3.88	1.88	0.706	**
人均知识产权出口	0.31	—	0.43	1.97	3.42	22.07	71.37	722.91	1109.3	0.957	***
人均知识产权进口	0.22	0.11	2.3	14.91	30.58	66.48	127.75	1911.8	623.5	0.689	**
(4) 创新											
企业创新比例 b	—	10.0	17.8	8.3	5.7	10.3	15.1	—	—		

注:(1) 指标单位见附表1-1-1。(2) 部分指标由于统计数据不全,很难判断其相关性,后同。(3) *表示相关,**表现显著相关,***表示非常显著相关,其他为不相关。"—"表示没有数据。(4) 数据时间:a 为 2017 年数据,b 为 2013 年数据。

表 2-36 文化指标与国家经济水平的关系 　　　　　　　单位:个

主题	正相关	负相关	没有关系	其他	合计
文化生活	3	0	1	2	6
科技与创新	5	0	1	0	6
合计	8	0	2	2	12

注:"其他"所包含的为数据不全而不能分类的指标。后同。

(2) 文化指标的国际差距(差异)

文化指标的国际差距(差异),因指标而异(表2-37)。

表 2-37 2018 年截段文化指标的国际差距(差异)

	高收入国家	世界	高收入国家/世界	高收入国家－世界	类型	性质
(1) 大众文化						
人均年看电影次数 a	2.62	—	—	—	差距	1,6
人均出国旅游次数 a	0.67	0.21	3.19	0.46	差距	1
(2) 网络文化						
互联网普及率 a	85.0	49.7	1.71	35.3	差距	1
移动通信普及率	126.03	104.94	1.20	21.09	差距	1
网络音乐用户比例 a	10.9	—	—	—	差距	1
网络犯罪报案比例 a	980	—	—	—	差异	5
(3) 科技						
科研经费比例 a	2.57	2.30	1.12	0.27	差距	1,6
科研人员比例 b	4158	1478	2.81	2680	差距	1,6
发明专利申请比例	6.76	3.02	2.24	3.74	差距	1
人均知识产权出口	306.29	50.11	6.11	256.18	差距	1
人均知识产权进口	289.22	56.12	5.15	233.11	差距	1

(续表)

	高收入国家	世界	高收入国家/世界	高收入国家−世界	类型	性质
(4) 创新						
企业创新比例	17.10	14.50	1.18	2.6	差距	1

注:(1) 差距:水平指标的国际差距。差异:状态指标的国际差异。(2) 性质是根据《中国现代化报告》(基于1750~2015年期间可获得数据的实证分析)的经验判断:1代表正指标,2代表逆指标,3代表转折指标,4代表波动指标,5代表中性指标,6代表合理值指标。(3) 逆指标的国际相对差距=世界/高收入国家;逆指标的国际绝对差距=世界−高收入国家。(4) 数据时间:a为2017年数据,b为2015年数据。*为2016年第二次现代化指数排名前20位国家的指标数值的算术平均值,**为美国统计数据。

国际差距(差异)的特点:

- 国际相对差距(相对差异)比较大的指标(超过1倍):人均出国旅游次数、科研人员比例、发明专利申请比例、人均知识产权出口、人均知识产权进口。
- 国际相对差距(相对差异)比较小的指标(超过50%小于1倍):互联网普及率。

三、环境和个人生活指标的现实水平

1. 环境指标的2018年截段分析

(1) 环境指标的现实水平

2018年截段,环境指标的现实水平见表2-38,与国家经济水平的关系见表2-39;许多指标的截面分布是波动的,而不是平滑的。

表2-38 2018年截段环境指标的水平和状态

国家经济水平	欠发达			初等发达		中等发达		发达		相关系数	显著性
国家分组	1	2	3	4	5	6	7	8	9		
人均国民收入	519	839	1660	4544	8870	15 064	29 109	50 784	74 459		
(1) 能源											
人均能源消费[a]	389	449	537	1300	1818	2563	4080	4673	4124	0.874	***
可再生能源消费比例[b]	82.0	76.5	45.9	22.9	19.5	22.8	13.6	14.2	42.4	−0.355	
(2) 资源											
人均淡水消费[c]	—	—	—	599	642	396	471	475	182	−0.827	**
森林覆盖率[d]	23.1	24.0	27.9	26.3	34.9	35.9	31.1	32.4	37.2	0.673	**
(3) 大气环境											
$PM_{2.5}$年均浓度[e]	39.64	48.81	38.84	25.90	19.63	17.36	25.82	10.69	8.37	−0.780	**
二氧化碳排放密度[a]	0.30	0.29	0.63	0.69	0.58	0.45	0.37	0.20	0.09	−0.710	**
(4) 环境治理											
生活废水处理率[c]					82	100	92	97	100	0.599	
城市废物处理率						95	94	100	100	0.866	
(5) 国际移民											
国际移民比例[b]	1.58	2.27	1.75	5.50	4.83	6.35	19.41	16.52	17.62	0.865	***
(6) 国际贸易											
国际贸易比例	64.3	68.1	76.0	85.5	60.4	108.4	87.7	110.3	96.4	0.642	*

(续表)

国家经济水平	欠发达			初等发达		中等发达		发达		相关系数	显著性
国家分组	1	2	3	4	5	6	7	8	9		
人均国民收入	519	839	1660	4544	8870	15 064	29 109	50 784	74 459		
(7) 国际投资											
外国直接投资净流入比例	4.80	2.70	2.61	4.44	3.31	−1.44	2.07	1.36	−2.91	−0.747	**
(8) 关税											
简单平均关税[e]	12.23	13.24	7.46	5.20	7.09	3.21	2.90	2.33	3.28	−0.663	*

注：(1) 指标单位见附表 1-1-1。(2) 部分指标由于统计数据不全，很难判断其相关性，后同。(3) * 表示相关，** 表现显著相关，*** 表示非常显著相关，其他为不相关。"—"表示没有数据。(4) 数据时间：a 为 2014 年数据，b 为 2015 年数据，c 为 2012 年数据，d 为 2016 年数据，e 为 2017 年数据。

表 2-39　环境指标与国家经济水平的关系　　　　　　　　　　　　　　　　单位：个

主题	正相关	负相关	没有关系	其他	合计
生态环境	2	4	2	0	8
国际环境	2	2	0	0	4
合计	4	6	2	0	12

注："其他"所包含的为数据不全而不能分类的指标。后同。

(2) 环境指标的国际差距（差异）

环境指标的国际差距（差异），因指标而异（表 2-40）。

表 2-40　2018 年截段环境指标的国际差距（差异）

	高收入国家	世界	高收入国家/世界	高收入国家−世界	类型	性质
(1) 能源						
人均能源消费[a]	4733	1922	2.46	2811	差距	1,6
可再生能源消费比例[b]	11.2	18.1	0.62	−6.9	差异	3
(2) 资源						
人均淡水消费[c]	454	—	—	—	差距	1,6
森林覆盖率[d]	29	30.7	0.94	−1.7	差异	3
(3) 大气环境						
$PM_{2.5}$ 年均浓度[e]	14.68	45.52	0.32	−30.84	差异	3
二氧化碳排放密度[a]	0.27	0.49	0.55	−0.22	差异	3
(4) 环境治理						
生活废水处理率[e]	98	—	—	—	差距	1
城市废物处理率[e]	100	—	—	—	差距	1
(5) 国际移民						
国际移民比例[b]	13.56	3.35	4.05	10.21	差异	5
(6) 国际贸易						
国际贸易比例	62.70	59.40	1.06	3.3	差异	5

(续表)

	高收入国家	世界	高收入国家/世界	高收入国家－世界	类型	性质
(7) 国际投资						
外国直接投资净流入比例	1.1	1.4	0.79	－0.3	差异	5
(8) 关税						
简单平均关税c	3.85	5.17	0.74(1.34)	－1.32(1.32)	差距	2,6

注：(1) 差距：水平指标的国际差距。差异：状态指标的国际差异。(2) 性质是根据《中国现代化报告》(基于1750~2015年期间可获得数据的实证分析)的经验判断：1代表正指标，2代表逆指标，3代表转折指标，4代表波动指标，5代表中性指标，6代表合理值指标。(3) 逆指标的国际相对差距＝世界/高收入国家；逆指标的国际绝对差距＝世界－高收入国家。(4) 数据时间：a为2014年数据，b为2015年数据，c为2012年数据，d为2016年数据，e为2017年数据。(5) * 为2016年第二次现代化指数排名前20位国家的指标数值的算术平均值，** 为法国统计数据。

国际差距(差异)的特点：

- 国际相对差距(相对差异)比较大的指标(超过1倍)：人均能源消费、国际移民比例。
- 国际相对差距(相对差异)比较小的指标(超过50%小于1倍)：无。

2. 个人生活指标的2018年截段分析

(1) 个人生活指标的现实水平

2018年截段，个人生活指标的现实水平见表2-41，与国家经济水平的关系见表2-42；许多指标的截面分布是波动的，而不是平滑的。

表2-41 2018年截段个人生活指标的水平和状态

国家经济水平	欠发达			初等发达		中等发达		发达		相关系数	显著性
国家分组	1	2	3	4	5	6	7	8	9		
人均国民收入	519	839	1660	4544	8870	15 064	29 109	50 784	74 459		
(1) 营养											
人均蛋白质供应a	58.2	64.6	68.7	77.5	81.8	94.8	103.0	105.8	105.1	0.835	***
营养不良人口比例b	30.8	20.9	17.3	10.0	8.3	2.6	2.9	2.5	2.5	－0.663	*
儿童超重比例c	4.1	3.8	4.6	8.6	13.1	—	9.5	6.0		0.165	
(2) 个人健康											
平均预期寿命b	61.1	62.4	66.7	73.1	74.2	76.5	80.6	81.8	82.4	0.804	***
(3) 家庭											
总和生育率b	4.80	4.64	3.31	2.45	2.17	1.69	1.73	1.62	1.72	－0.638	*
家庭人均可支配收入b	—	—	—	12 330	17 530	22 050	31 272	32 905		0.959	***
(4) 住房											
人均住房面积d	—	—	—	25.87	26.91	33.97	37.77	48.06		0.989	***
(5) 生活方式											
安全饮水普及率b	55.2	64.1	79.1	91.4	96.2	99.0	99.9	99.6	100	0.611	*
卫生设施普及率b	21.5	35.1	58.0	82.7	87.5	95.7	99.6	98.8	99.2	0.645	*
汽车普及率e	8	15	34	97	169	339	444	473	485	0.875	***
人均航行次数	0.03	0.08	0.10	0.28	0.60	1.04	1.38	4.87	3.39	0.896	***
网购人口比例f	—	—	—	12.52	39.42	41.17	62.47	75.47		0.943	**
人工智能家庭普及率	—	—	—	—	—	—	—	—	—		

(续表)

国家经济水平	欠发达			初等发达		中等发达		发达		相关系数	显著性
国家分组	1	2	3	4	5	6	7	8	9		
人均国民收入	519	839	1660	4544	8870	15 064	29 109	50 784	74 459		
(6) 生活满意度											
生活满意度[b]	—	—	—	—	6	6.9	6.2	6.9	7.5	0.796	

注:(1) 指标单位见附表 1-1-1。(2) 部分指标由于统计数据不全,很难判断其相关性,后同。(3) * 表示相关,** 表现显著相关,*** 表示非常显著相关,其他为不相关。"—"表示没有数据。(4) 数据时间:a 为 2013 年数据,b 为 2017 年数据,c 为 2012 年数据,d 为 2008 年数据,e 为 2015 年数据,f 为 2016 年数据。

表 2-42 个人生活指标与国家经济水平的关系   单位:个

主题	正相关	负相关	没有关系	其他	合计
营养与健康	2	1	1	0	4
家庭与住房	2	1	0	0	3
生活方式	5	0	1	1	7
合计	9	2	2	1	14

注:其他指标为数据不全而不能分类的指标。后同。

(2) 个人生活指标的国际差距(差异)

个人生活指标的国际差距(差异),因指标而异(表 2-43)。

表 2-43 2018 年截段个人指标的国际差距(差异)

	高收入国家	世界	高收入国家/世界	高收入国家−世界	类型	性质
(1) 营养						
人均蛋白质供应[a]	105.61	81.23	1.30	24.38	差距	1,6
营养不良人口比例[b]	2.7	10.8	0.25(4.00)	−8.1(8.1)	差距	2
儿童超重比例[b]	6.1	5.6	1.09	0.5	差异	5
(2) 个人健康						
平均预期寿命[b]	80.7	72.4	1.11	8.3	差距	1,6
(3) 家庭						
总和生育率[b]	1.63	2.43	0.67	−0.80	差异	3,6
家庭人均可支配收入[b]	32 905	—	—	—	差距	1
(4) 住房						
人均住房面积[*]	43.4	—	—	—	差距	1,6
(5) 生活方式						
安全饮水普及率[a]	99.5	89.6	1.11	9.9	差距	1
卫生设施普及率[a]	99.4	73.4	1.35	26	差距	1
汽车普及率[d]	470	129	3.64	341	差距	1,6
人均航行次数	2.02	0.56	3.61	1.46	差距	1
网购人口比例[e**]	63.13	—	—	—	差距	1
人工智能家庭普及率	—	0.215	—	—	差距	1
(6) 生活满意度						
生活满意度[b]	7	—	—	—	差异	5

注:(1) 差距:水平指标的国际差距。差异:状态指标的国际差异。(2) 性质是根据《中国现代化报告》(基于 1750~2015 年期间可获得数据的实证分析)的经验判断:1 代表正指标,2 代表逆指标,3 代表转折指标,4 代表波动指标,5 代表中性指标,6 代表合理值指标。(3) 逆指标的国际相对差距 = 世界/高收入国家;逆指标的国际绝对差距 = 世界 − 高收入国家。(4) 数据时间:a 为 2013 年数据,b 为 2017 年数据,c 为 2008 年数据,d 为 2015 年数据,e 为 2016 年数据。* 为 2016 年第二次现代化指数排名前 20 位国家的指标数值的算术平均值,** 为法国统计数据。

国际差距(差异)的特点:

- 国际相对差距(相对差异)比较大的指标(超过 1 倍):营养不良人口比例、汽车普及率、人均航行次数。
- 国际相对差距或差异比较小的指标(超过 50%小于 1 倍):无。

第三节 世界现代化指标的前景分析

关于世界现代化指标的前景分析,带有科学猜想的性质。在本报告里,世界现代化指标的前景分析,时间跨度约为 30 年(2018~2050 年)。分析对象为高收入国家和世界平均值,分析方法为情景分析。这种分析,只是讨论一种可能性,而不是精确预见,有一定参考意义。

如果 21 世纪前 50 年,① 全球科技突破频率、创新扩散速率、世界文化和国际竞争的合理程度不低于 20 世纪后 50 年,② 不发生改变人类命运的重大危机(如战争、能源危机等),那么,可以根据 20 世纪后期以来(1980~2018 年)世界现代化指标的水平和平均速度,外推未来 30 年的发展水平。21 世纪有很多不确定因素,外推分析只能提供一种可能性。

按指标性质分类,世界现代化 100 个指标包括 59 个正指标、13 个逆指标、9 个转折指标、3 个波动指标和 16 个中性指标。在本章里,我们把正指标和逆指标合称为水平评价指标,把转折指标、波动指标和中性指标合称为其他指标;其中,水平评价指标为 72 个,其他指标为 28 个。世界现代化指标的前景分析,对水平评价指标进行水平预测和前景判断(表 2-44);对其他指标只提供预测数值,需要专题研究。

表 2-44 2050 年世界现代化指标的前景分析　　　　　　　　　　　　　　　单位:个

领域	高收入国家				世界				水平评价指标
	情景一		情景二		情景一		情景二		
	变幅大	变幅小	变幅大	变幅小	变幅大	变幅小	变幅大	变幅小	
经济	4	4	5	7	6	3	5	9	16
社会	2	3	1	5	5	3	5	2	21
政治	1	3	1	0	0	0	0	0	8
文化	3	2	3	3	4	1	4	1	11
环境	1	0	1	0	0	0	0	0	5
个人生活	2	2	2	0	3	2	2	0	11
合计	13	14	13	15	18	9	16	12	72

注:(1) 世界现代化 100 个指标的预测基线值的年份见附表 1-1-4。(2) 本表显示 72 个水平评价指标的预测结果,水平评价指标包括正指标和逆指标;其中,1 个指标缺少数据没有进行预测。(3) 情景一为参考 2000~2018 年年均增长率估算结果,情景二为参考 1990~2018 年年均增长率估算结果。(4) 变幅计算方法:逆指标,变化Ⅰ=2020 年数值/2035 年数值,变化Ⅱ=2020 年数值/2050 年数值;正指标,变化Ⅰ=2035 年数值/2020 年数值,变化Ⅱ=2050 年数值/2020 年数值。(5) 变幅大是指数值变化大于或等于 2;变幅小是指数值变化大于或等于 1.5 但小于 2;其他指标,计算方法同正指标。

100 个指标预测起点的基线值是 2018 年或最近年的数值。其中,高收入国家平均值的基线值数据年份为:43 个指标为 2018 年数据(含 1 个最近年指标),48 个指标为 2015~2017 年数据,8 个指标为 2008~2014 年数据(2014 年 3 个,2013 年 1 个,2012 年 2 个,2011 年 1 个,2008 年 1 个),1 个指标(童工比例指标)没有数据;世界平均值的基线值数据年份为:37 个指标为 2018 年数据,30 个指标为 2015~2017 年数据,3 个指标为 2014 年数据,1 个指标为 2013 年数据,29 个指标没有数据(附表 1-1-4)。

一、经济和社会指标的前景分析

1. 经济指标的前景分析

在 25 个经济指标中,16 个为水平指标,2 个为转折指标,2 个为波动指标,5 个为中性指标。发达国家平均水平(表 2-45)和世界平均水平(附表 1-2-1)分别进行预测。

表 2-45 经济指标的发达国家平均水平的情景分析

项目	增长率 实际值	增长率 预测值	起点(基线值)	2020	2030	2035	2040	2050	变化 I	变化 II	性质
参考 2000～2018 年年均增长率估算											
人均 GDP	1.14	1.14	43 559	44 560	49 923	52 842	55 932	62 663	1.2	1.4	1
人均制造业增加值	0.94	0.94	6038ᵃ	6209	6816	7141	7482	8213	1.2	1.3	1,6
人均知识产业增加值	5.60	2.80	15 078ᵇ	17 310	22 816	26 194	30 073	39 637	1.5	2.3	1
人均 GDP 年增长率	−3.64	−0.20	1.74	1.73	1.70	1.68	1.67	1.63	1.0	0.9	4
劳动生产率	1.01	1.01	94 489	96 407	106 596	112 087	117 861	130 318	1.2	1.4	1
农业劳动生产率	1.27	1.27	31 541	32 346	36 690	39 076	41 618	47 207	1.2	1.5	1
工业劳动生产率	1.62	1.62	93 461ᵃ	98 068	115 131	124 745	135 161	158 677	1.3	1.6	1
服务业劳动生产率	0.41	0.41	82 982ᵃ	84 010	87 529	89 344	91 196	95 017	1.1	1.1	1
能源生产率	1.74	1.74	9.16ᵇ	10.0	11.9	12.9	14.1	16.8	1.3	1.7	1
水生产率	6.82	4.20	78ᵇ	96	145	178	218	329	1.9	3.4	1
农业增加值比例	−1.75	−1.75	1.31ᵃ	1.2	1.0	1.0	0.9	0.7	1.3	1.7	2
工业增加值比例	−0.83	−0.83	22.7ᵃ	22.1	20.4	19.5	18.7	17.2	0.9	0.8	3,6
服务业增加值比例	0.35	0.35	69.79ᵃ	76.6	78.6	79.5	80.4	82.0	1.0	1.1	1
知识产业增加值比例	0.80	1.20	38.24ᵇ	40.6	45.7	48.5	51.5	58.1	1.2	1.4	1
农业劳动力比例	−2.49	−2.49	2.97	2.8	2.2	1.9	1.7	1.3	1.5	2.1	2
工业劳动力比例	−1.11	−1.11	22.49	22.0	19.7	18.6	17.6	15.7	0.8	0.7	3,6
服务业劳动力比例	0.53	0.53	74.54	75.2	78.1	79.5	80.7	82.9	1.1	1.1	1
知识产业劳动力比例	0.72	0.72	44.47ᵇ	46.1	49.5	51.4	53.2	57.2	1.1	1.2	1
新企业密度	1.70	1.00	4.35ᶜ	4.6	5.1	5.4	5.6	6.2	1.2	1.3	5
工业机器人使用比例	6.08	6.08	114**	128	231	311	418	754	2.4	5.9	1,6
通货膨胀率	−2.04	−0.10	1.78	1.8	1.8	1.7	1.7	1.7	1.0	1.0	4
劳动者税收比例	−0.35	−0.35	35.23ᵇ	34.6	33.4	32.8	32.2	31.1	0.9	0.9	5
国家税收比例	−0.28	−0.28	15.59ᵃ	15.5	15.0	14.8	14.6	14.2	1.0	0.9	5
最终消费比例	−0.04	−0.04	70.78ᵃ	70.7	70.4	70.3	70.2	69.9	1.0	1.0	5
固定资本形成比例	−0.48	−0.48	21.45	21.2	20.2	19.7	19.3	18.4	0.9	0.9	5
参考 1990～2018 年年均增长率估算											
人均 GDP	1.45	1.45	43 559	44 828	51 749	55 601	59 740	68 964	1.2	1.5	1
人均制造业增加值	1.40	1.40	6038ᵃ	6295	7234	7755	8313	9553	1.2	1.5	1,6
人均知识产业增加值	4.58	3.00	15 078ᵇ	17 480	23 491	27 233	31 570	42 427	1.6	2.4	1
人均 GDP 年增长率	−1.07	−0.10	1.74	1.74	1.72	1.71	1.70	1.69	1.0	1.0	4
劳动生产率	1.37	1.37	94 489	97 102	119 139	124 114	127 545	146 179	1.3	1.5	1
农业劳动生产率	2.94	2.94	31 541	33 422	44 647	51 603	59 642	79 674	1.5	2.4	1
工业劳动生产率	2.04	2.04	93 461ᵃ	99 293	121 493	134 390	148 657	181 893	1.4	1.8	1
服务业劳动生产率	0.54	0.54	82 982ᵃ	84 337	89 016	91 452	93 954	99 166	1.1	1.2	1
能源生产率	1.46	1.46	9.16ᵇ	9.9	11.4	12.2	13.2	15.2	1.2	1.5	1
水生产率	5.01	4.00	78ᵇ	95	140	171	208	308	1.8	3.2	1

(续表)

项目	增长率 实际值	增长率 预测值	起点（基线值）	2020	2030	2035	2040	2050	变化Ⅰ	变化Ⅱ	性质
农业增加值比例	−2.12	−1.00	1.31ᵃ	1.3	1.1	1.1	1.0	0.9	1.2	1.4	2
工业增加值比例	−0.82	−0.82	22.7ᵃ	22.1	20.4	19.6	18.8	17.3	0.9	0.8	3,6
服务业增加值比例	0.36	0.36	75.99ᵃ	76.6	78.5	79.3	80.2	81.8	1.0	1.1	1
知识产业增加值比例	1.32	1.32	38.24ᵇ	40.8	46.5	49.7	53.1	60.5	1.2	1.5	1
农业劳动力比例	−2.93	−2.93	2.97	2.8	2.1	1.8	1.5	1.1	1.6	2.4	2
工业劳动力比例	−1.11	−1.11	22.49	22.0	19.7	18.6	17.6	15.7	0.8	0.7	3,6
服务业劳动力比例	0.63	0.63	74.54	75.2	78.3	79.6	80.9	83.1	1.1	1.1	1
知识产业劳动力比例	1.57	1.57	44.47ᵇ	45.9	53.6	58.0	62.6	73.3	1.3	1.6	1
新企业密度	—	1.00	4.35ᶜ	4.4	4.9	5.2	5.4	6.0	1.2	1.3	5
工业机器人使用比例	—	5.00	114**	126	205	261	333	543	2.1	4.3	1,6
通货膨胀率	−3.89	−0.20	1.78	1.8	1.7	1.7	1.7	1.7	1.0	0.9	4
劳动者税收比例	—	0.20	35.23ᵇ	35.6	36.3	36.7	37.0	37.8	1.0	1.1	5
国家税收比例	0.32	0.32	15.59ᵃ	15.7	16.2	16.5	16.8	17.3	1.0	1.1	5
最终消费比例	−0.11	−0.11	70.78ᵃ	70.6	69.9	69.5	69.1	68.2	1.0	1.0	5
固定资本形成比例	−0.51	−0.51	21.45	21.2	20.2	19.7	19.2	18.2	0.9	0.9	5

注：(1) 指标单位见附表 1-1-1，后同。(2) 基线值和数据来源见表 2-6（数值为 2018 年或最近可获得年数据）。(3) 变化Ⅰ和变化Ⅱ的计算方法：逆指标（指标性质为 2），变化Ⅰ＝2020 年数值/2035 年数值，变化Ⅱ＝2020 年数值/2050 年数值；其他指标，变化Ⅰ＝2035 年数值/2020 年数值，变化Ⅱ＝2050 年数值/2020 年数值。(4) 基线值对应的年份，a 为 2017 年数据，b 为 2015 年数据，c 为 2014 年数据，其余为 2018 年数据。* 为 2016 年第二次现代化指数排名前 20 位国家的指标数值的算术平均值，** 为欧盟数据。(5) 服务业比例预测：服务业比例＝100−农业比例−工业比例。(6) 表头中 2020～2050 对应的是年份，后各表同。

(1) 经济指标发达国家平均水平的前景分析

情景一：参考 2000～2018 年年均增长率估算

2035 年数值与 2020 年数值比较：

- 变幅大的指标（超过 1 倍）：工业机器人使用比例等。
- 变幅小的指标（超过 50% 小于 1 倍）：人均知识产业增加值、水生产率、农业劳动力比例等。

2050 年数值与 2020 年数值比较：

- 变幅大的指标（超过 1 倍）：人均知识产业增加值、水生产率、农业劳动力比例、工业机器人使用比例等。
- 变幅小的指标（超过 50% 小于 1 倍）：农业劳动生产率、工业劳动生产率、能源生产率、农业增加值比例等。

情景二：参考 1990～2018 年年均增长率估算

2035 年数值与 2020 年数值比较：

- 变幅大的指标（超过 1 倍）：工业机器人使用比例等。
- 变幅小的指标（超过 50% 小于 1 倍）：人均知识产业增加值、农业劳动生产率、水生产率、农业劳动力比例等。

2050 年数值与 2020 年数值比较：

- 变幅大的指标（超过 1 倍）：人均知识产业增加值、农业劳动生产率、水生产率、农业劳动力比例、工业机器人使用比例等。
- 变幅小的指标(超过50%小于1倍):人均GDP、人均制造业增加值、劳动生产率、工业劳动生产率、能源生产率、知识产业增加值比例、知识产业劳动力比例等。

(2) 经济指标世界平均水平的前景分析

情景一:参考2000～2018年年均增长率估算(附表1-2-1)。

2035年数值与2020年数值比较:
- 变幅大的指标(超过1倍):无。
- 变幅小的指标(超过50%小于1倍):人均GDP、人均制造业增加值、农业劳动生产率、工业机器人使用比例等。

2050年数值与2020年数值比较:
- 变幅大的指标(超过1倍):人均GDP、人均制造业增加值、人均知识产业增加值、劳动生产率、农业劳动生产率、工业机器人使用比例等。
- 变幅小的指标(超过50%小于1倍):能源生产率、农业增加值比例、农业劳动力比例等。

情景二:参考1990～2018年年均增长率估算(附表1-2-1)。

2035年数值与2020年数值比较:
- 变幅大的指标(超过1倍):无。
- 变幅小的指标(超过50%小于1倍):人均GDP、农业劳动生产率、水生产率、农业增加值比例、工业机器人使用比例等。

2050年数值与2020年数值比较:
- 变幅大的指标(超过1倍):人均GDP、农业劳动生产率、水生产率、农业增加值比例、工业机器人使用比例等。
- 变幅小的指标(超过50%小于1倍):人均制造业增加值、人均知识产业增加值、劳动生产率、工业劳动生产率、服务业劳动生产率、能源生产率、知识产业增加值比例、农业劳动力比例、知识产业劳动力比例等。

2. 社会指标的前景分析

在25个社会指标中,21个为水平指标,2个为转折指标,1个为波动指标,1个为中性指标。发达国家平均水平(表2-46)和世界平均水平(附表1-2-2)分别进行预测。

表2-46 社会指标的发达国家平均水平的情景分析

项目	增长率		起点(基线值)	2020	2030	2035	2040	2050	变化Ⅰ	变化Ⅱ	性质
	实际值	预测值									
参考2000～2018年年均增长率估算											
人口自然增长率	−1.30	−1.30	0.49	0.48	0.42	0.39	0.37	0.32	0.8	0.7	3,6
城市人口比例	0.33	0.33	81.33	81.9	84.6	86.0	87.4	90.3	1.1	1.1	1,6
郊区人口比例	—	1.50	28.3[d]	30.9	35.9	38.7	41.7	48.4	1.3	1.6	1,6
老龄人口比例	1.51	1.51	17.93	18.5	21.5	23.1	25.0	29.0	1.3	1.6	5
医生比例	0.88	0.88	3[c]	3.1	3.4	3.6	3.7	4.1	1.1	1.3	1

（续表）

项目	增长率		起点（基线值）	2020	2030	2035	2040	2050	变化 I	变化 II	性质
	实际值	预测值									
护士比例	0.47	0.47	8.79^c	9.0	9.4	9.7	9.9	10.4	1.1	1.2	1
婴儿死亡率	−2.35	−2.35	4.3	4.10	3.23	2.87	2.55	2.01	1.4	2.0	2
孕产妇死亡率	−3.66	−3.66	3.9	3.49	2.40	1.99	1.65	1.14	1.7	3.1	2
卫生支出比例	1.86	0.50	12.59^b	12.8	13.5	13.8	14.2	14.9	1.1	1.2	1,6
中学普及率	0.37	0.37	105.75	106.5	110.6	112.6	114.7	119.1	1.1	1.1	1
大学普及率	1.64	0.50	75.1	75.9	79.7	81.7	83.8	88.1	1.1	1.1	1
小学生师比	−1.59	−1.59	14.21	13.8	11.7	10.8	10.0	8.5	1.3	1.6	2
平均受教育年限	0.84	0.84	12.63^c	12.8	14.0	14.6	15.2	16.5	1.1	1.3	1
受过高等教育劳动力比例	—	0.20	76.33	76.6	78.2	79.0	79.8	81.4	1.0	1.1	1
政府教育支出比例	0.68	0.50	5.87^b	6.0	6.3	6.5	6.6	7.0	1.1	1.2	1,6
成年女性就业率	0.39	0.39	50.82	51.2	53.3	54.3	55.4	57.6	1.1	1.1	1
童工比例											2
失业率	−1.34	−0.96	5.1	5.0	4.6	4.3	4.1	3.8	0.9	0.8	4
人均国民收入	1.18	1.18	43 922	44 966	50 571	53 630	56 875	63 964	1.2	1.4	1
人均购买力	1.31	1.31	45 312	46 507	52 971	56 533	60 334	68 721	1.2	1.5	1
收入不平等：基尼系数	−3.15	−1.43	30.0^c	27.9	24.2	22.5	21.0	18.2	0.8	0.7	3
绝对贫困人口比例	1.19	−1.00	0.7^c	0.67	0.60	0.57	0.54	0.49	1.2	1.4	2
实际平均工作时间	−0.21	−0.21	1615^{cc}	1598	1564	1548	1531	1499	1.0	1.1	2
休闲和个人保健的时间	—	0.30	959^{cc}	965	994	1009	1024	1055	1.0	1.1	1
养老保险覆盖率	1.28	0.10	98^{ee}	98.8	99.8	100.0	100.0	100.0	1.0	1.0	1
参考 1990～2018 年平均增长率估算											
人口自然增长率	−1.65	−1.65	0.49	0.47	0.40	0.37	0.34	0.29	0.8	0.6	3,6
城市人口比例	0.33	0.33	81.33	81.9	84.6	85.9	87.4	90.2	1.0	1.1	1,6
郊区人口比例	—	1.00	28.3^d	30.0	33.2	34.9	36.7	40.5	1.2	1.3	1,6
老龄人口比例	1.38	1.38	17.93	18.4	21.1	22.6	24.2	27.8	1.2	1.5	5
医生比例	1.42	1.42	3^c	3.22	3.71	3.98	4.27	4.91	1.2	1.5	1
护士比例	1.30	1.30	8.79^c	9.4	10.7	11.4	12.1	13.8	1.2	1.5	1
婴儿死亡率	−3.11	−3.11	4.3	4.04	2.94	2.52	2.15	1.57	1.6	2.6	2
孕产妇死亡率	—	−2.00	3.9	3.67	3.00	2.71	2.45	2.00	1.4	1.8	2
卫生支出比例	—	0.50	12.59^b	12.8	13.5	13.8	14.2	14.9	1.1	1.2	1,6
中学普及率	0.52	0.10	105.75	106.0	107.0	107.6	108.1	109.2	1.0	1.0	1
大学普及率	2.13	1.00	75.1	76.6	84.6	88.9	93.5	100.0	1.2	1.3	1
小学生师比	−1.13	−1.13	14.21	13.9	12.4	11.7	11.1	9.9	1.2	1.4	2
平均受教育年限	0.98	0.98	12.63^c	12.9	14.2	14.9	15.6	17.2	1.2	1.3	1
受过高等教育劳动力比例	−0.32	0.50	76.33	77.1	81.0	83.1	85.2	89.5	1.1	1.2	1
政府教育支出比例	0.67	0.67	5.87^b	6.0	6.4	6.7	6.9	7.4	1.1	1.2	1,6
成年女性就业率	0.35	0.35	50.82	51.2	53.0	53.9	54.9	56.8	1.1	1.1	1
童工比例	—	—	—	—	—	—	—	—	—	—	2
失业率	−1.01	−0.10	5.1	5.10	5.05	5.03	5.00	4.95	1.0	1.0	4
人均国民收入	1.47	1.47	43 922	45 225	52 341	56 309	60 578	70 111	1.2	1.6	1
人均购买力	1.60	1.60	45 312	46 774	54 820	59 348	64 250	75 303	1.3	1.6	1

(续表)

项目	增长率 实际值	增长率 预测值	起点（基线值）	2020	2030	2035	2040	2050	变化Ⅰ	变化Ⅱ	性质
收入不平等:基尼系数	−0.37	−0.50	30.0ᶜ*	29.3	27.8	27.1	26.5	25.2	0.9	0.9	3
绝对贫困人口比例	0.62	−1.00	0.7ᶜ	0.67	0.60	0.57	0.54	0.49	1.2	1.4	2
实际平均工作时间	−0.13	−0.13	1615ᶜ*	1604	1582	1572	1561	1540	1.0	1.0	2
休闲和个人保健的时间	—	0.20	959**	963	982	992	1002	1022	1.0	1.1	1
养老保险覆盖率	—	0.10	98**	98.79	99.78	100.00	100.00	100.00	1.0	1.0	1

注:(1)指标单位见附表1-1-1,后同。(2)基线值和数据来源见表2-9(数值为2018年或最近可获得年数据)。(3)变化Ⅰ和变化Ⅱ的计算方法:逆指标(指标性质为2),变化Ⅰ=2020年数值/2035年数值,变化Ⅱ=2020年数值/2050年数值;其他指标,变化Ⅰ=2035年数值/2020年数值,变化Ⅱ=2050年数值/2020年数值。(4)基线值对应的年份,a为2017年数据,b为2016年数据,c为2015年数据,d为2014年数据,e为2012年数据,其余为2018年数据。* 为2016年第二次现代化指数排名前20位国家的指标数值的算术平均值,** 为最近年数据。

(1) 社会指标发达国家平均水平的前景分析

情景一:参考2000～2018年年均增长率估算

2035年数值与2020年数值比较:

- 变幅大的指标(超过1倍):无。
- 变幅小的指标(超过50%小于1倍):孕产妇死亡率等。

2050年数值与2020年数值比较:

- 变幅大的指标(超过1倍):婴儿死亡率、孕产妇死亡率等。
- 变幅小的指标(超过50%小于1倍):郊区人口比例、小学生师比、人均购买力等。

情景二:参考1990～2018年年均增长率估算

2035年数值与2020年数值比较:

- 变幅大的指标(超过1倍):无。
- 变幅小的指标(超过50%小于1倍):婴儿死亡率。

2050年数值与2020年数值比较:

- 变幅大的指标(超过1倍):婴儿死亡率。
- 变幅小的指标(超过50%小于1倍):医生比例、护士比例、孕产妇死亡率、人均国民收入、人均购买力等。

(2) 社会指标世界平均水平的前景分析

情景一:参考2000～2018年年均增长率估算(附表1-2-2)

2035年数值与2020年数值比较:

- 变幅大的指标(超过1倍):婴儿死亡率、绝对贫困人口比例。
- 变幅小的指标(超过50%小于1倍):护士比例、人均国民收入、人均购买力等。

2050年数值与2020年数值比较:

- 变幅大的指标(超过1倍):护士比例、婴儿死亡率、人均国民收入、人均购买力、绝对贫困人口比例等。
- 变幅小的指标(超过50%小于1倍):医生比例、中学普及率、大学普及率等。

情景二：参考 1990～2018 年年均增长率估算（附表 1-2-2）

2035 年数值与 2020 年数值比较：

- 变幅大的指标（超过 1 倍）：绝对贫困人口比例等。
- 变幅小的指标（超过 50% 小于 1 倍）：婴儿死亡率、人均国民收入等。

2050 年数值与 2020 年数值比较：

- 变幅大的指标（超过 1 倍）：护士比例、婴儿死亡率、人均国民收入、人均购买力、绝对贫困人口比例等。
- 变幅小的指标（超过 50% 小于 1 倍）：医生比例、平均受教育年限等。

二、政治和文化指标的前景分析

1. 政治指标的前景分析

在 12 个政治指标中，8 个为水平指标，4 个为中性指标。发达国家平均水平（表 2-47）和世界平均水平（附表 1-2-3）分别进行预测。

表 2-47　政治指标的发达国家平均水平的情景分析

项目	增长率		起点（基线值）	2020	2030	2035	2040	2050	变化 I	变化 II	性质
	实际值	预测值									
参考 2000～2018 年年均增长率估算											
选民投票率	0.00	0.10	74ª	74.2	75.0	75.3	75.7	76.5	1.0	1.0	1
女性国会议员比例	2.56	1.30	27.9	28.6	32.5	34.7	37.0	42.1	1.2	1.5	1,6
政府收入比例	−0.07	−0.07	25.3ª	25.3	25.1	25.0	25.0	24.8	1.0	1.0	5
政府消费比例	0.33	0.10	17.8	17.9	18.0	18.1	18.2	18.4	1.0	1.0	5
转移支付比例	0.44	0.10	18.4ª	18.5	18.6	18.7	18.8	19.0	1.0	1.0	1,6
法律权力指数	1.50	1.50	5.6	5.8	6.7	7.2	7.8	9.0	1.2	1.6	1
营商环境指数	0.50	0.50	73.6	74.3	78.1	80.1	82.1	86.2	1.1	1.2	1
养老金支出比例	2.94	2.00	9.2ᶜ	11.0	13.4	14.8	16.3	19.9	1.3	1.8	5
开办企业所需天数	−7.15	−5.00	11.8	10.7	6.4	5.0	3.8	2.3	2.2	4.7	2
平均出口通关时间	−2.11	−2.11	3.7	3.6	2.9	2.5	2.3	1.8	1.4	1.9	2
国防费用比例	0.17	0.17	2.3	2.3	2.3	2.3	2.4	2.4	1.0	1.1	5
道路交通死亡率	1.67	1.00	8.3ᵇ	8.7	9.6	10.1	10.6	11.7	0.9	0.7	2
参考 1990～2018 年年均增长率估算											
选民投票率	—	0.20	74ª	74.4	75.9	76.7	77.5	79.0	1.0	1.1	1
女性国会议员比例	2.99	1.00	27.9	28.4	31.4	33.0	34.7	38.3	1.2	1.3	1,6
政府收入比例	0.40	0.40	25.3ª	25.7	26.7	27.2	27.8	28.9	1.1	1.1	5
政府消费比例	0.09	0.09	17.8	17.9	18.0	18.1	18.2	18.3	1.0	1.0	5
转移支付比例	0.47	0.47	18.4ª	18.7	19.6	20.0	20.5	21.5	1.1	1.2	1,6
法律权力指数	—	1.00	5.6	5.8	6.4	6.7	7.0	7.8	1.2	1.3	1
营商环境指数	—	0.2	73.6	74.0	75.5	76.3	77.0	78.3	1.1	1.1	1
养老金支出比例	—	1.00	9.2ᶜ	9.4	10.4	10.9	11.5	12.7	1.2	1.3	5
开办企业所需天数	—	−3.00	11.8	11.1	8.2	7.1	6.1	4.5	1.6	2.5	2
平均出口通关时间	—	−1.00	3.7	3.59	3.24	3.09	2.93	2.65	1.2	1.4	2

(续表)

项目	增长率		起点（基线值）	2020	2030	2035	2040	2050	变化Ⅰ	变化Ⅱ	性质
	实际值	预测值									
国防费用比例	−1.40	−1.00	2.3	2.2	2.0	1.9	1.8	1.7	0.9	0.7	5
道路交通死亡率	—	−0.50	8.3b	8.2	7.8	7.7	7.5	7.1	1.1	1.2	2

注：(1) 指标单位见附表 1-1-1，后同。(2) 基线值和数据来源见表 2-12（数值为 2018 年或最近可获得年数据）。(3) 变化Ⅰ和变化Ⅱ的计算方法：逆指标（指标性质为 2），变化Ⅰ＝2020 年数值/2035 年数值，变化Ⅱ＝2020 年数值/2050 年数值；其他指标，变化Ⅰ＝2035 年数值/2020 年数值，变化Ⅱ＝2050 年数值/2020 年数值。(4) 基线值对应的年份，a 为 2017 年数据，b 为 2016 年数据，c 为 2011 年数据，其余为 2018 年数据。* 为 2016 年第二次现代化指数排名前 20 位国家的指标数值的算术平均值。

(1) 政治指标发达国家平均水平的前景分析

情景一：参考 2000～2018 年年均增长率估算

2035 年数值与 2020 年数值比较：

- 变幅大的指标（超过 1 倍）：开办企业所需天数等。
- 变幅小的指标（超过 50% 小于 1 倍）：无。

2050 年数值与 2020 年数值比较：

- 变幅大的指标（超过 1 倍）：开办企业所需天数等。
- 变幅小的指标（超过 50% 小于 1 倍）：女性国会议员比例、法律权力指数、平均出口通关时间等。

情景二：参考 1990～2018 年年均增长率估算

2035 年数值与 2020 年数值比较：

- 变幅大的指标（超过 1 倍）：无。
- 变幅小的指标（超过 50% 小于 1 倍）：开办企业所需天数等。

2050 年数值与 2020 年数值比较：

- 变幅大的指标（超过 1 倍）：开办企业所需天数等。
- 变幅小的指标（超过 50% 小于 1 倍）：无。

(2) 政治指标世界平均水平的前景分析

情景一：参考 2000～2018 年年均增长率估算（附表 1-2-3）

2035 年数值与 2020 年数值比较：

- 变幅大的指标（超过 1 倍）：无。
- 变幅小的指标（超过 50% 小于 1 倍）：无。

2050 年数值与 2020 年数值比较：

- 变幅大的指标（超过 1 倍）：无。
- 变幅小的指标（超过 50% 小于 1 倍）：无。

情景二：参考 1990～2018 年年均增长率估算（附表 1-2-3）

2035 年数值与 2020 年数值比较：

- 变幅大的指标(超过 1 倍):无。
- 变幅小的指标(超过 50% 小于 1 倍):无。

2050 年数值与 2020 年数值比较:

- 变幅大的指标(超过 1 倍):无。
- 变幅小的指标(超过 50% 小于 1 倍):无。

2. 文化指标的前景分析

12 个文化指标中,11 个为水平指标(正指标)。发达国家平均水平(表 2-48)和世界平均水平(附表 1-2-4)分别进行预测。

表 2-48 文化指标的发达国家平均水平的情景分析

项目	增长率 实际值	增长率 预测值	起点(基线值)	2020	2030	2035	2040	2050	变化 I	变化 II	性质
参考 2000~2018 年年均增长率估算											
人均年看电影次数	−0.39	0.10	2.62**	2.6	2.7	2.7	2.7	2.7	1.0	1.0	1,6
人均出国旅游次数	1.62	1.62	0.67*	0.7	0.8	0.9	1.0	1.1	1.3	1.6	1
互联网普及率	6.22	1.00	85.0ª	88	97	100	100	100	1.1	1.1	1
移动通信普及率	5.37	0.50	126.0	127	134	137	141	148	1.1	1.2	1
网络音乐用户比例	—	6.00	10.9ª**	13.0	23.2	31.1	41.6	74.6	2.4	5.7	1
网络犯罪报案比例	10.48	2.00	980**	1020	1243	1372	1515	1847	1.3	1.8	5
科研经费比例	0.61	0.61	2.57ª	2.6	2.8	2.9	3.0	3.1	1.1	1.2	1,6
科研人员比例	1.95	1.95	4196ᵇ	4533	5500	6057	6672	8094	1.3	1.8	1,6
发明专利申请比例	−0.18	0.20	6.76	6.8	6.9	7.0	7.1	7.2	1.0	1.1	1
人均知识产权出口	7.62	7.62	306.29	355	739	1067	1540	3209	3.0	9.0	1
人均知识产权进口	8.94	8.94	289.22	343	808	1240	1903	4481	3.6	13.1	1
企业创新比例	—	1.00	17.1	17.4	19.3	20.3	21.3	23.5	1.2	1.3	1
参考 1990~2018 年年均增长率估算											
人均年看电影次数	−0.14	−0.14	2.62**	2.6	2.6	2.6	2.5	2.5	1.0	1.0	1,6
人均出国旅游次数	2.12	2.12	0.67*	0.7	0.9	1.0	1.1	1.3	1.4	1.9	1
互联网普及率	20.34	1.00	85.0ª	88	97	100	100	100	1.1	1.1	1
移动通信普及率	18.53	1.00	126.0	129	142	149	157	173	1.2	1.3	1
网络音乐用户比例	—	4.00	10.9ª**	11.8	17.5	21.2	25.8	38.2	1.8	3.2	1
网络犯罪报案比例	—	3.00	980**	1040	1397	1620	1878	2524	1.6	2.4	5
科研经费比例	0.84	0.84	2.57ª	2.6	2.9	3.0	3.1	3.4	1.1	1.3	1,6
科研人员比例	1.98	1.98	4196ᵇ	4538	5519	6087	6713	8164	1.3	1.8	1,6
发明专利申请比例	0.92	0.92	6.76	6.9	7.5	7.9	8.3	9.1	1.1	1.3	1
人均知识产权出口	6.66	6.66	306.29	348	664	917	1266	2414	2.6	6.9	1
人均知识产权进口	9.61	9.61	289.22	347	870	1376	2176	5446	4.0	15.7	1
企业创新比例	—	2.00	17.1	17.8	21.7	23.9	26.4	32.2	1.3	1.8	1

注:(1) 指标单位见附表 1-1-1,后同。(2) 基线值和数据来源见表 2-15(数值为 2018 年或最近可获得年数据)。(3) 变化 I 和变化 II 的计算方法:逆指标(指标性质为 2),变化 I = 2020 年数值/2035 年数值,变化 II = 2020 年数值/2050 年数值;其他指标,变化 I = 2035 年数值/2020 年数值,变化 II = 2050 年数值/2020 年数值。(4) 基线值对应的年份,a 为 2017 年数据,b 为 2016 年数据,其余为 2018 年数据。* 为 2016 年第二次现代化指数排名前 20 位国家的指标数值的算术平均值,** 为美国数据。

(1) 文化指标发达国家平均水平的前景分析

情景一：参考 2000~2018 年年均增长率估算

2035 年数值与 2020 年数值比较：

- 变幅大的指标（超过 1 倍）：网络音乐用户比例、人均知识产权出口、人均知识产权进口等。
- 变幅小的指标（超过 50% 小于 1 倍）：无。

2050 年数值与 2020 年数值比较：

- 变幅大的指标（超过 1 倍）：网络音乐用户比例、人均知识产权出口、人均知识产权进口等。
- 变幅小的指标（超过 50% 小于 1 倍）：人均出国旅游次数、科研人员比例等。

情景二：参考 1990~2018 年年均增长率估算

2035 年数值与 2020 年数值比较：

- 变幅大的指标（超过 1 倍）：人均知识产权出口、人均知识产权进口等。
- 变幅小的指标（超过 50% 小于 1 倍）：网络音乐用户比例。

2050 年数值与 2020 年数值比较：

- 变幅大的指标（超过 1 倍）：网络音乐用户比例、人均知识产权出口、人均知识产权进口等。
- 变幅小的指标（超过 50% 小于 1 倍）：人均出国旅游次数、科研人员比例、企业创新比例等。

(2) 文化指标世界平均水平的前景分析

情景一：参考 2000~2018 年年均增长率估算（附表 1-2-4）

2035 年数值与 2020 年数值比较：

- 变幅大的指标（超过 1 倍）：发明专利申请比例、人均知识产权出口、人均知识产权进口等。
- 变幅小的指标（超过 50% 小于 1 倍）：无。

2050 年数值与 2020 年数值比较：

- 变幅大的指标（超过 1 倍）：人均出国旅游次数、发明专利申请比例、人均知识产权出口、人均知识产权进口等。
- 变幅小的指标（超过 50% 小于 1 倍）：科研人员比例等。

情景二：参考 1990~2018 年年均增长率估算（附表 1-2-4）

2035 年数值与 2020 年数值比较：

- 变幅大的指标（超过 1 倍）：人均知识产权出口、人均知识产权进口等。
- 变幅小的指标（超过 50% 小于 1 倍）：人均出国旅游次数等。

2050 年数值与 2020 年数值比较：

- 变幅大的指标（超过 1 倍）：人均出国旅游次数、发明专利申请比例、人均知识产权出口、人均知识产权进口等。
- 变幅小的指标（超过 50% 小于 1 倍）：互联网普及率等。

三、环境和个人生活指标的前景分析

1. 环境指标的前景分析

在12个环境指标中,5个为水平指标,4个为转折指标,3个为中性指标。发达国家平均水平(表2-49)和世界平均水平(附表1-2-5)分别进行预测。

表 2-49 环境指标的发达国家平均水平的情景分析

项目	增长率 实际值	增长率 预测值	起点（基线值）	2020	2030	2035	2040	2050	变化Ⅰ	变化Ⅱ	性质
参考2000～2018年年均增长率估算											
人均能源消费	−0.61	−0.20	4605^c	4559	4469	4424	4380	4294	1.0	0.9	1,6
可再生能源消费比例	2.98	2.98	11.2^c	13	17	20	23	31	1.6	2.4	3
人均淡水消费	−1.19	−1.19	454^{c**}	428	379	357	337	299	0.8	0.7	1,6
森林覆盖率	0.07	0.07	29^b	29.1	29.3	29.4	29.5	29.7	1.0	1.0	3
PM$_{2.5}$年均浓度	−0.58	−0.58	14.7^a	14.4	13.6	13.2	12.8	12.1	0.9	0.8	3
二氧化碳排放密度	−1.71	−1.71	0.27^d	0.24	0.20	0.19	0.17	0.14	0.8	0.6	3
生活废水处理率	0.31	0.31	98^{a*}	98.9	100.0	100.0	100.0	100.0	1.0	1.0	1
城市废物处理率	0.00	0.00	100*	100.0	100.0	100.0	100.0	100.0	1.0	1.0	1
国际移民比例	2.34	1.20	13.6^e	14.4	16.2	17.2	18.3	20.6	1.2	1.4	5
国际贸易比例	1.09	0.30	62.7	63.0	64.9	65.9	66.9	69.0	1.0	1.1	5
外国直接投资净流入比例	−7.89	−0.50	1.1	1.1	1.0	1.0	1.0	0.9	0.9	0.9	5
简单平均关税	−3.01	−3.01	3.85^a	3.5	2.6	2.2	1.9	1.4	1.6	2.5	2,6
参考1990～2018年年均增长率估算											
人均能源消费	0.03	0.03	4605^c	4612	4626	4633	4640	4654	1.0	1.0	1,6
可再生能源消费比例	2.24	2.24	11.2^c	12.5	15.6	17.4	19.4	24.3	1.4	1.9	3
人均淡水消费	—	−1.00	454^{c**}	432	390	371	353	319	0.9	0.7	1,6
森林覆盖率	0.07	0.07	29^b	29.1	29.3	29.4	29.5	29.7	1.0	1.0	3
PM$_{2.5}$年均浓度	−0.46	−0.46	14.7^a	14.5	13.8	13.5	13.2	12.6	0.9	0.9	3
二氧化碳排放密度	−1.56	−1.56	0.27^d	0.24	0.21	0.19	0.18	0.15	0.8	0.6	3
生活废水处理率	0.32	0.32	98^{a*}	98.9	100.0	100.0	100.0	100.0	1.0	1.0	1
城市废物处理率	0.00	0.00	100*	100.0	100.0	100.0	100.0	100.0	1.0	1.0	1
国际移民比例	2.29	1.00	13.6^e	14.3	15.7	16.5	17.4	19.2	1.2	1.3	5
国际贸易比例	1.53	0.50	62.7	63.3	66.5	68.2	69.9	73.5	1.1	1.2	5
外国直接投资净流入比例	0.52	0.52	1.1	1.1	1.2	1.2	1.2	1.3	1.1	1.2	5
简单平均关税	−2.84	−2.84	3.85^a	3.5	2.6	2.3	2.0	1.5	1.5	2.4	2,6

注:(1)指标单位见附表1-1-1,后同。(2)基线值和数据来源见表2-18(数值为2018年或最近可获得年数据)。(3)变化Ⅰ和变化Ⅱ的计算方法:逆指标(指标性质为2),变化Ⅰ=2020年数值/2035年数值,变化Ⅱ=2020年数值/2050年数值;其他指标,变化Ⅰ=2035年数值/2020年数值,变化Ⅱ=2050年数值/2020年数值。(4)基线值对应的年份,a为2017年数据,b为2016年数据,c为2015年数据,d为2014年数据,e为2012年数据,其余为2018年数据。* 为2016年第二次现代化指数排名前20位国家的指标数值的算术平均值,** 为法国数据。

(1) 环境指标发达国家平均水平的前景分析

情景一：参考 2000～2018 年年均增长率估算

2035 年数值与 2020 年数值比较：

- 变幅大的指标（超过 1 倍）：无。
- 变幅小的指标（超过 50% 小于 1 倍）：简单平均关税。

2050 年数值与 2020 年数值比较：

- 变幅大的指标（超过 1 倍）：简单平均关税。
- 变幅小的指标（超过 50% 小于 1 倍）：无。

情景二：参考 1990～2018 年年均增长率估算

2035 年数值与 2020 年数值比较：

- 变幅大的指标（超过 1 倍）：无。
- 变幅小的指标（超过 50% 小于 1 倍）：简单平均关税。

2050 年数值与 2020 年数值比较：

- 变幅大的指标（超过 1 倍）：简单平均关税。
- 变幅小的指标（超过 50% 小于 1 倍）：无。

(2) 环境指标世界平均水平的前景分析

情景一：参考 2000～2018 年年均增长率估算（附表 1-2-5）

2035 年数值与 2020 年数值比较：

- 变幅大的指标（超过 1 倍）：无。
- 变幅小的指标（超过 50% 小于 1 倍）：无。

2050 年数值与 2020 年数值比较：

- 变幅大的指标（超过 1 倍）：无。
- 变幅小的指标（超过 50% 小于 1 倍）：简单平均关税。

情景二：参考 1990～2018 年年均增长率估算（附表 1-2-5）

2035 年数值与 2020 年数值比较：

- 变幅大的指标（超过 1 倍）：无。
- 变幅小的指标（超过 50% 小于 1 倍）：无。

2050 年数值与 2020 年数值比较：

- 变幅大的指标（超过 1 倍）：无。
- 变幅小的指标（超过 50% 小于 1 倍）：无。

2. 个人生活指标的前景分析

在 14 个个人生活指标中，11 个为水平指标，1 个为转折指标，2 个为中性指标。发达国家平均水平（表 2-50）和世界平均水平（附表 1-2-6）分别进行预测。

表 2-50　个人生活指标的发达国家平均水平的情景分析

项目	增长率 实际值	增长率 预测值	起点（基线值）	2020	2030	2035	2040	2050	变化Ⅰ	变化Ⅱ	性质
参考 2000～2018 年年均增长率估算											
人均蛋白质供应	0.18	0.05	105.6^d*	106.0	106.5	106.8	107.0	107.6	1.0	1.0	1,6
营养不良人口比例	−0.20	−2.00	2.71^a	2.6	2.1	1.9	1.7	1.4	1.4	1.8	2
儿童超重比例	0.72	−0.30	6.1^a	6.0	5.9	5.8	5.7	5.5	1.0	0.9	5
平均预期寿命	0.23	0.23	80.7^a	81.3	83.2	84.1	85.1	87.1	1.0	1.1	1,6
总和生育率	−0.27	−0.27	1.6^a	1.6	1.6	1.6	1.5	1.5	1.0	0.9	3,6
家庭人均可支配收入	3.38	1.50	30 369^{a*}	31 756	36 854	39 703	42 771	49 637	1.3	1.6	1
人均住房面积	1.08	1.08	43.4***	49.4	55.0	58.0	61.2	68.2	1.2	1.4	1,6
安全饮水普及率	0.03	0.03	99.5^a	99.6	99.9	100.0	100.0	100.0	1.0	1.0	1
卫生设施普及率	0.04	0.04	99.4^a	99.5	99.9	100.0	100.0	100.0	1.0	1.0	1
汽车普及率	0.48	0.48	470^a	481	505	517	530	556	1.1	1.2	1,6
人均航行次数	2.65	2.65	2.0	2.1	2.8	3.1	3.6	4.7	1.5	2.2	1
网购人口比例	2.81	1.00	63.1^b*	65.7	72.6	76.3	80.2	88.5	1.2	1.3	1
人工智能家庭普及率	—	15.00	1.3***	1.7	6.9	13.9	27.9	113.0	8.1	66.2	1
生活满意度	−0.35	0.10	7^e	7.0	7.1	7.1	7.2	7.2	1.0	1.0	5
参考 1990～2018 年年均增长率估算											
人均蛋白质供应	0.19	0.10	105.6^d*	106.4	107.4	108.0	108.5	109.6	1.0	1.0	1,6
营养不良人口比例	—	−0.30	2.71^a	2.7	2.6	2.6	2.5	2.5	1.0	1.1	2
儿童超重比例	0.67	0.33	6.1^a	6.2	6.4	6.5	6.6	6.8	1.0	1.1	5
平均预期寿命	0.25	0.25	80.7^a	81.3	83.4	84.4	85.5	87.7	1.0	1.1	1,6
总和生育率	−0.47	−0.47	1.6^a	1.6	1.5	1.5	1.5	1.4	0.9	0.9	3,6
家庭人均可支配收入	—	1.00	30 369^{a*}	31 289	34 563	36 326	38 179	42 173	1.2	1.3	1
人均住房面积	—	1.00	43.4***	48.9	54.0	56.8	59.7	65.9	1.2	1.3	1,6
安全饮水普及率		0.01	99.5^a	99.6	99.7	99.7	99.8	99.9	1.0	1.0	1
卫生设施普及率		0.01	99.4^a	99.4	99.5	99.5	99.6	99.7	1.0	1.0	1
汽车普及率	0.69	0.20	470^a*	475	484	489	494	504	1.0	1.1	1,6
人均航行次数	3.14	3.14	2.0	2.1	2.9	3.4	4.0	5.4	1.6	2.5	1
网购人口比例	—	0.50	63.1^b*	64.4	67.7	69.4	71.2	74.8	1.1	1.2	1
人工智能家庭普及率	—	14.00	1.3***	1.7	6.2	12.0	23.0	85.4	7.1	51.1	1
生活满意度	—	0.5	7^e	7.1	7.4	7.6	7.8	8.2	1.1	1.2	5

注：(1) 指标单位见附表 1-1-1，后同。(2) 基线值和数据来源见表 2-21（数值为 2018 年或最近可获得年数据）。(3) 变化Ⅰ和变化Ⅱ的计算方法：逆指标（指标性质为 2），变化Ⅰ＝2020 年数值/2035 年数值，变化Ⅱ＝2020 年数值/2050 年数值；其他指标，变化Ⅰ＝2035 年数值/2020 年数值，变化Ⅱ＝2050 年数值/2020 年数值。(4) 基线值对应的年份，a 为 2017 年数据，b 为 2016 年数据，c 为 2015 年数据，d 为 2013 年数据，e 为 2008 年数据，其余为 2018 年数据。* 为 2016 年第二次现代化指数排名前 20 位国家的指标数值的算术平均值。** 为 2008 年 12 个有统计数据的发达国家的算术平均值。*** 数据为估计值，约为世界平均值的 6 倍。

(1) 个人生活指标发达国家平均水平的前景分析

情景一：参考 2000～2018 年年均增长率估算

2035 年数值与 2020 年数值比较：

- 变幅大的指标（超过 1 倍）：人工智能家庭普及率等。
- 变幅小的指标（超过 50% 小于 1 倍）：人均航行次数等。

2050 年数值与 2020 年数值比较：

- 变幅大的指标（超过 1 倍）：人工智能家庭普及率、人均航行次数等。
- 变幅小的指标（超过 50% 小于 1 倍）：营养不良人口比例、家庭人均可支配收入等。

情景二：参考 1990~2018 年年均增长率估算

2035 年数值与 2020 年数值比较：

- 变幅大的指标（超过 1 倍）：人工智能家庭普及率等。
- 变幅小的指标（超过 50% 小于 1 倍）：人均航行次数等。

2050 年数值与 2020 年数值比较：

- 变幅大的指标（超过 1 倍）：人工智能家庭普及率、人均航行次数等。
- 变幅小的指标（超过 50% 小于 1 倍）：无。

（2）个人生活指标世界平均水平的前景分析

情景一：参考 2000~2018 年年均增长率估算（附表 1-2-6）

2035 年数值与 2020 年数值比较：

- 变幅大的指标（超过 1 倍）：人工智能家庭普及率等。
- 变幅小的指标（超过 50% 小于 1 倍）：汽车普及率、人均航行次数等。

2050 年数值与 2020 年数值比较：

- 变幅大的指标（超过 1 倍）：汽车普及率、人均航行次数、人工智能家庭普及率等。
- 变幅小的指标（超过 50% 小于 1 倍）：营养不良人口比例等。

情景二：参考 1990~2018 年年均增长率估算（附表 1-2-6）

2035 年数值与 2020 年数值比较：

- 变幅大的指标（超过 1 倍）：人工智能家庭普及率等。
- 变幅小的指标（超过 50% 小于 1 倍）：人均航行次数等。

2050 年数值与 2020 年数值比较：

- 变幅大的指标（超过 1 倍）：人工智能家庭普及率等、人均航行次数等。
- 变幅小的指标（超过 50% 小于 1 倍）：无。

第三章 中国现代化的100个指标

提要

2020年中国将全面建成小康社会,将开启现代化建设新征程。未来30年,要全面建成现代化国家,需要建立现代化指标体系,需要分析现代化指标的发展趋势和现实水平,需要预测现代化指标的未来水平。本章采用世界现代化的指标体系和分析方法,分析中国现代化的100个核心指标的发展趋势、现实水平和未来前景(表3A)。

表3A 2018~2050年中国现代化指标的水平分析　　　　　　　　　　单位:个

项目	2018年截段	2035年		2050年	
		情景一	情景二	情景一	情景二
发达水平	—	16	12	27	23
中等发达水平	12	24	27	28	25
合计	12	40	39	55	48
实际分析指标	64	64	64	64	64
水平指标总数	72	72	72	72	72

注:(1) 本表是中国72个水平评价指标的分析和预测结果,水平评价指标包括正指标和逆指标(表2A和2B);在72个指标中,有8个指标因中国或国际数据不全,没有进行水平分析和水平预测,实际进行分析和预测的指标为64个。(2) 2018年截段数据来自附表1-1-5,2035年和2050年数据来自表3-40。(3) 2018年截段64个指标数据主要是2015~2018年期间可获得最新年数据;其中,32个指标为2018年数据,26个指标为2015~2017年数据,6个指标为2010~2014年数据(2个指标为2014年数据,2个指标为2012年数据,1个指标为2011年数据,1个指标为2010年数据)。(4) 2018年截段水平分析,在64个水平评价指标中,有部分指标的中国数据与国际数据的年份不匹配,由此会产生一定分析误差(附表1-1-4)。(5) 情景分析方法。情景一,参考2000~2018年年均增长率的60%进行估算;情景二,参考1990~2018年年均增长率的60%进行估算;部分指标增长率有调整。(6) 2018年截段指标水平分类标准,开放型指标和适度型指标的水平分类标准不同。开放型指标的分类标准是:发达水平为达到或超过高收入国家平均水平的80%,中等发达水平为达到或超过高收入国家平均水平的50%和世界平均水平,但低于高收入国家平均水平的80%;适度型指标的分类标准是:发达水平为达到或超过高收入国家平均水平的100%,中等发达水平为达到或超过高收入国家平均水平的80%和世界平均水平,但低于高收入国家平均水平的100%(表1-45)。(7) 2035年和2050年指标水平分类采用统一分类标准。发达水平标准:达到或超过高收入国家平均水平的80%;中等发达水平标准:达到或超过高收入国家平均水平的50%和世界平均水平,但低于高收入国家平均水平的80%。

1. 中国现代化指标的发展趋势

(1) 经济指标

- 生产与流通。① 生产:1960~2018年,人均GDP提高约39倍,2005~2017年人均制造业增加值提高约3.4倍。② 效率:1991~2018年,劳动生产率和工业劳动生产率都提高了9倍多,农业和服务业劳动生产率分别提高4.4倍和3.7倍。③ 经济结构:1960年以来,农业增加值比例下降,工业增加值比例先升后降,服务业增加值比例上升;1962年以来,农业劳动力比例下降,工业和服务业劳动力比例上升。1990年以来,通货膨胀率在波动。近年来工业机器人使用比例上升。
- 知识经济(估计值)。2005~2017年,人均知识产业增加值提高约6倍,知识产业增加值比例从16.5%提高到24.1%。1980~2015年,知识产业劳动力比例从5.4%提高到约18.0%。
- 分配与消费。1960~2010年,最终消费比例下降,固定资本形成比例上升;但2010年以来出现新变化。

(2) 社会指标

- 人口与卫生。① 人口:1960~2018年,城市人口比例提高了2.7倍,与发达国家的绝对差距由47.3个百分点缩小到22.2个百分点;老龄人口比例提高了约2倍,人口自然增长率先升后降。② 公共卫生:1970~2015年,医生比例提高约1倍;1990~2015年,护士比例提高约1.8倍;1970年以来,婴儿死亡率和孕产妇死亡率下降;2000~2016年,卫生支出比例增加。
- 学习与工作。1970年以来,中学普及率和大学普及率提高,其中1970~2018年,大学普及率从0.13%上升到50.6%;1990~2018年,平均受教育年限从4.8年提高到7.9年,与发达国家的绝对差距由4.9年缩小到4.7年,相对差距从2.0倍缩小到1.6倍;1971~2017年,政府教育支出比例提高约2倍;1974~2018年,小学生师比从28.7下降到17.4。
- 收入与贫困。1995~2018年,人均国民收入和人均购买力均提高了5倍多;1990~2015年,基尼系数先上升后下降,2010年为最高点,约43.7%(世界银行的估计值);1990~2015年,绝对贫困人口比例从66.2%下降到0.7%。
- 休闲与福利。2018年,用于休闲和个人保健的时间约921分钟/天,大约15.4小时/天;2000~2011年,养老保险覆盖率提高了2倍多。

(3) 政治指标

- 政治参与。1990~2018年,女性全国人大代表比例从21.3%提高到24.9%。
- 国家治理。2005~2016年,政府收入比例提高了约65%;1960~2018年,政府消费比例从13.0%提高到14.7%;2015~2018年,营商环境指数从63.1上升到74.0,与发达国家的绝对差距和相对差距缩小;1990~2018年,养老金支出比例提高了约5.6倍;2013~2018年,开办企业所需天数从32.3天降低到8.5天,2012年,平均出口通关时间约7.6天。
- 公共安全。1990~2018年,国防费用比例下降;2013~2016年,道路交通死亡率从18.8人/10万人降为18.2人/10万人。

(4) 文化指标

- 文化生活。1995~2017年,人均年看电影次数提高了9倍多,与发达国家的绝对差距从2.6次缩小到1.4次;2000~2017年,人均出国旅游次数提高约9倍,但与发达国家的绝对差距由0.5次扩大到0.6次;2000~2017年,互联网普及率提高29.2倍;2000~2018年,移动通信普及率提高16.4倍;2012~2018年,网络音乐用户比例从32.3%提高到41.3%。
- 科技与创新。1996~2017年,科研经费比例提高约3倍;1996~2017年,科研人员比例提高约2倍;1990~2018年,发明专利申请比例从0.05项/万人提高到10.0项/万人;1997~2018年,人均知识产权出口和人均知识产权进口都大幅提高,但人均知识产权出口与发达国家的绝对差距从55.2美元扩大到302.3美元,人均知识产权进口与发达国家的绝对差距从45.7美元扩大到264美元。2012年,企业创新比例为38.7%。

(5) 环境指标

- 生态环境。1971~2014 年,人均能源消费提高了约 4 倍,与发达国家的绝对差距从 3508 千克石油当量缩小到 2496 千克石油当量;1990~2015 年,可再生能源消费比例从 34.1% 下降到 12.4%;1990~2016 年,森林覆盖率提高了 34%;1990~2017 年,PM$_{2.5}$ 年均浓度先上升后下降,2011 年为最高点,约 70.5 微克/米^3;1960~2014 年,二氧化碳排放密度从 6.1 千克/美元降低到 1.2 千克/美元(2010 年价格),与发达国家的绝对差距从 5.5 千克/美元缩小到 1.0 千克/美元;2005~2017 年,生活废水处理率(中国数据采用城市污水处理率)从 52.0% 提高到 94.5%;2005~2018 年,城市废物处理率(中国数据采用城市生活垃圾无害化处理率)从 51.7% 提高到 99.0%。
- 国际环境。1990~2015 年,国际移民比例提高了 1 倍多;1960~2018 年,国际贸易比例先上升后下降,2006 年为最高点,约 64.5%;1980~2018 年,外国直接投资净流入比例先上升后下降,1993 年为最高点,约 6.2%;1992~2017 年,简单平均关税从 39.7% 下降到 8.5%,与发达国家的绝对差距从 30.8 个百分点缩小到 4.6 个百分点。

(6) 个人生活指标

- 营养与健康。1961~2017 年,人均蛋白质供应提高了 1.6 倍;2000~2017 年,营养不良人口比例从 16.2% 下降到 8.6%;1990~2010 年,儿童超重比例增加;1960~2017 年,平均预期寿命从 43.7 岁提高到 76.5 岁,与发达国家的绝对差距从约 24.8 岁缩小到约 4.2 岁。
- 家庭与住房。1960~2017 年,总和生育率从 5.8 下降到 1.7;1980~2018 年,家庭人均可支配收入(中国数据采用居民人均可支配收入)提高了约 25 倍;2002~2016 年,人均住房面积(中国数据采用城镇居民人均住房建筑面积)提高了 49%。
- 生活模式。2000~2017 年,安全饮水普及率和卫生设施普及率分别提高了 12.4 个百分点和 28.5 个百分点,其中卫生设施普及率与发达国家的绝对差距从 42.3 个百分点缩小到 14.6 个百分点;2000~2015 年,汽车普及率提高了 13 倍多,与发达国家的相对差距从 62.2 倍缩小到 4.8 倍;1980~2018 年,人均航行次数从 0.003 次/年提高到 0.443 次/年;2010~2018 年网购人口比例提高了约 3 倍。

2. 中国现代化指标的国际差距

在 1960~2018 年期间,在统计数据比较齐全的 88 个指标中,中国与高收入国家平均值之间的国际差距或差异发生很大变化,其中,绝对差距(绝对差异)缩小的指标约占 61%,相对差距(相对差异)缩小的指标约占 77%(表 3B)。在 2010~2018 年期间,在统计数据比较齐全的 64 个水平评价指标中,中国约有 12 个指标已经达到中等发达水平(表 3C)。

表 3B 1960~2018 年中国现代化指标国际差距的变化

变化	项目	指标/个	比例/(%)	项目	指标/个	比例/(%)
缩小	绝对差距	54	61	相对差距	68	77
扩大	(绝对差异)	20	23	(相对差异)	8	9
不变		2	2		5	6
其他		12	14		7	8
合计		88	100		88	100

注:(1) 本表是中国 88 个指标与发达国家平均值的面板数据的国际比较分析结果。(2) 中国 12 个指标,缺少中国或国际数据,没有进行国际比较。(3) 其他包括转折、波动和其他变化。

表 3C 2018 年截段中国现代化指标的水平分类

指标水平*	指标/个	比例/(%)	类型**	指标/个	比例/(%)
发达水平	0	0	发达经济国家水平	0	0
中等发达水平	12	19	中等发达经济国家水平	7	12
初等发达水平	33	51	初等发达经济国家水平	38	67
欠发达水平	19	30	欠发达经济国家水平	12	21
合计	64	100	合计	57	100

注:(1) 2018 年截段中国指标数据为 2010~2018 年期间可获得的最新年数据;其中,58 个指标为 2015~2018 年数据,6 个指标为 2010~2014 年数据(详见表 3A 注)。(2) * 中国 72 个水平评价指标与高收入国家和世界平均值的国际比较的分析结果,其中 8 个指标因缺少数据没有进行国际比较。(3) ** 中国 72 个水平评价指标与 9 组国家指标的国际比较的分析结果(表 3-21),其中 15 个指标因缺少数据或数据不全没有进行国际比较;"发达经济国家水平"指中国指标达到发达经济国家的指标水平,其他类推。

3. 中国现代化指标的前景分析

中国现代化指标的前景分析,仅对 72 个水平评价指标进行水平预测和判断(表 3A)。其中,有 8 个指标因为数据不全,没有进行预测或水平判断。实际分析指标为 64 个。

- 参考 2000~2018 年年均增长率的 60% 估算(部分指标增长率有调整),2035 年中国约有 16 个指标有可能达到发达水平,约有 24 个指标可能达到中等发达水平;2050 年中国约有 27 个指标有可能达到发达水平,约有 28 个指标可能达到中等发达水平。
- 参考 1990~2018 年年均增长率的 60% 估算(部分指标增长率有调整),2035 年中国约有 12 个指标有可能达到发达水平,约有 27 个指标可能达到中等发达水平;2050 年中国约有 23 个指标有可能达到发达水平,约有 25 个指标可能达到中等发达水平。

2017年党的十九大报告提出"两步走"战略安排,即到2035年基本实现社会主义现代化,到2050年把我国建成社会主义现代化强国。要全面建成现代化国家,需要有现代化指标和指标体系,需要分析现代化指标的发展趋势和现实水平,需要预测现代化指标的未来水平。根据本报告第一章的分析,现代化指标是反映现代化现象的水平、特征和状态的指标,现代化指标体系是根据现代化原理建立的、具有系统结构的现代化指标的有机集合。

本章采用世界现代化的指标体系和分析方法,分析中国现代化的100个指标。本章数据主要来自世界银行、OECD、联合国粮食及农业组织(FAO)、国际劳工组织(ILO)、联合国教科文组织(UNESCO)和《中国统计年鉴》等。需特别注意的是,不同来源的数据存在一定差异,需谨慎对待。我们将注明数据来源,以便读者比较分析。

第一节 中国现代化指标的趋势分析

中国现代化指标的趋势分析,同样采用《中国现代化报告》长期使用的时序分析法。时序分析是对时间序列数据进行分析,试图去发现和归纳分析对象的客观事实和发展趋势。我们选择高收入国家和世界平均值为参照,时间跨度约为60年(1960～2018年),分析内容包括发展趋势(表3-1)和国际差距(差异)(中国与高收入国家和世界平均值相比)的变化。

表3-1 1960～2018年中国现代化指标的发展趋势

类型	经济/个	社会/个	政治/个	文化/个	环境/个	个人生活/个	合计/个	比例/(%)
上升	15	14	4	9	5	9	56	56
下降	3	4	1	0	3	2	13	13
转折	2	2	0	0	3	0	7	7
波动	3	0	0	0	0	1	4	4
其他	2	5	7	3	1	2	20	20
合计	25	25	12	12	12	14	100	100

注:中国12个指标缺少数据或数据不全,无法判断发展趋势,暂时归入"其他"。

中国现代化指标同样可以大致分为三类(表2-3)。三类指标的分类是相对的;它们各有不同,有时会发生相互交叉或转换。一般而言,水平指标主要反映发展水平,状态指标主要反映发展状态,特征指标主要反映发展特征,后者涉及发展阶段和特点等。指标数值变化和国际差距变化的分类标准见表2-4。国际比较的计算方法和判断标准见表3-2。

- 水平指标,反映现代化水平,一般进行发展水平比较,含绝对差距和相对差距。
- 状态指标,反映现代化状态,一般进行发展状态比较,含绝对差异和相对差异。
- 特征指标,反映现代化特征,一般进行发展阶段和特点比较。其中,转折指标,指指标发展趋势发生转折的指标,需要进行发展阶段及其特点比较;合理值指标,指指标数值存在合理值的指标,需要进行个案分析。

表 3-2　中国现代化指标的国际比较的计算方法和判断标准

指标	绝对差距（绝对差异）	相对差距（相对差异）	差距（差异）的变化	判断标准	
正指标 波动指标 转折指标（上升阶段） 中性指标（上升阶段）	高收入国家−中国	高收入国家/中国	扩大 缩小 不变 转折	｜变化｜≥1.05 ｜变化｜≤0.95 ｜变化｜＞0.95,＜1.05 差距（差异）发生转折	
逆指标 转折指标（下降阶段） 中性指标（下降阶段）	中国−高收入国家	中国/高收入国家	波动 其他	差距（差异）发生波动 变化方式与上不同或数据不全难以判断	

注：① 差距指国际差距，一般适用于正指标和逆指标；差异指国际差异，一般适用于转折、波动和状态指标。
② 国际相对差异可以简称为国际相似度，国际相似度＝（高收入国家/世界）×100%。
③ 变化＝终点值/起点值。｜变化｜为变化的绝对值。
④ 中国与世界比较，在实际计算时，将高收入国家平均值替换成世界平均值就可。

国际比较分析，主要采用表2-4和表3-2的分类方法、计算方法和判断标准。主要步骤是：① 比较2018年截段中国指标水平，判断是否已经达到或超过世界平均水平，是否已经达到发达国家平均水平。② 已经达到发达国家平均水平的指标，不再分析与发达国家平均水平的国际差距的变化；没有达到发达国家平均水平的指标，继续分析与发达国家平均水平的国际差距的变化。③ 已经达到或超过世界平均水平的指标，不再分析与世界平均水平的国际差距的变化；没有达到世界平均水平的指标，继续分析与世界平均水平的国际差距的变化。

一、经济和社会指标的趋势分析

在经济领域，选择2个主题5个亚主题25个指标进行分析。在社会领域，选择3个主题7个亚主题25个指标进行分析。这些指标的数值变化，反映了经济和社会现代化的部分趋势。

1. 经济指标的趋势分析

（1）经济指标的发展趋势

经济指标涉及2个主题5个亚主题25个指标，发展趋势见表3-3，基本事实见专栏3-1。

表 3-3　1960～2018年中国25个经济指标发展水平的变化

指标	1960	1970	1980	1990	2000	2010	2018	变化	增长率	趋势	性质
人均GDP[①]	192	229	347	729	1768	4550	7753	40.4	6.6	上升	1
人均制造业增加值[①]	—	—	—	508[a]	1439	2250[b]		4.4	13.2	上升	1,6
人均知识产业增加值[②]	—	—	—	257[a]	798	1849[b]		7.2	17.9	上升	1
人均GDP年增长率[①]	−26.5[c]	16.05	6.46	2.39	10.74	10.10	6.08	−0.2	—	波动	4
劳动生产率[①]				2879[d]	6470	16830	29499	10.2	9.0	上升	1
农业劳动生产率[①]				714[d]	1076	2097	3830	5.4	6.4	上升	1
工业劳动生产率[①]				2225[d]	5505	13934	23157	10.4	9.1	上升	1
服务业劳动生产率[①]				3214[d]	5085	10197	14992	4.7	5.9	上升	1
能源生产率[①]				1.98	4.10	4.86	5.69[e]	2.9	4.5	上升	1
水生产率[①]			0.77	1.66	4.06	—	15.0[f]	19.5	8.9	上升	1

(续表)

指标	1960	1970	1980	1990	2000	2010	2018	变化	增长率	趋势	性质
农业增加值比例①	23.2	34.8	29.6	26.6	14.7	9.33	7.19	0.3	−2.0	下降	2
工业增加值比例①	44.4	40.3	48.1	41.0	45.5	46.5	40.7	0.9	−0.1	转折	3,6
服务业增加值比例①	32.4	24.9	22.2	32.4	39.8	44.2	52.2	1.6	0.8	上升	1
知识产业增加值比例②	—	—	—	—	16.5ª	18.0	24.1ᵇ	1.5	3.2	上升	1
农业劳动力比例①	82.1ᵍ	80.8	68.7	60.1	50.0	36.7	26.8	0.3	−2.0	下降	2
工业劳动力比例①	8.0ᵍ	10.2	18.2	21.4	24.3	27.5	28.6	3.6	2.3	转折	3,6
服务业劳动力比例①	9.9ᵍ	9.0	13.1	18.5	25.7	35.8	44.6	4.5	2.7	上升	1
知识产业劳动力比例②	—	—	5.4	6.1	5.8	12	18.0ᶠ	3.3	3.5	上升	1
新企业密度	—	—	—	—	—	—	—	—	—	其他	5
工业机器人使用比例③	—	—	—	—	—	36ᵉ	97ʰ	2.7	39.2	上升	1,6
通货膨胀率①	—	—	—	3.05	0.35	3.18	2.07	0.7	−1.4	波动	4
劳动者税收比例	—	—	—	—	—	—	—	—	—	其他	5
国家税收比例①	—	—	—	—	8.6ª	10.2	9.2ʰ	1.1	0.6	波动	5
最终消费比例①	63.4	64.0	64.7	63.6	63.5	48.3	53.4	0.8	−0.3	下降	5
固定资本形成比例①	32.2	23.9	29.3	24.6	33.4	45.1	42.3	1.3	0.5	上升	5

注：指标单位见附表 1-1-1。(1) 变化＝终点值/起点值。增长率为从起点年到终点年的年均增长率，单位为%。(2) 变化趋势的分类标准见第二章表 2-4。其中，人均 GDP 年增长率、工业增加值比例、工业劳动力比例、通货膨胀率、国家税收比例的变化趋势，是根据样本观察的判断；新企业密度、劳动者税收比例，没有数据。(3) 性质是根据《中国现代化报告》(基于 1750～2015 年期间可获得数据的实证分析)的经验判断：1 代表正指标，2 代表逆指标，3 代表转折指标，4 代表波动指标，5 代表中性指标，6 代表合理值指标。(4) 数据时间：a 为 2005 年数据，b 为 2017 年数据，c 为 1961 年数据，d 为 1991 年数据，e 为 2014 年数据，f 为 2015 年数据，g 为 1962 年数据，h 为 2016 年数据。(5) 其他说明：人均知识产业增加值和知识产业增加值比例，是根据《中国统计年鉴》有关指标数据的归类整理和估算。知识产业就业比例数据，采用《中国现代化报告 2018》专栏 3-3 的估计值。

数据来源：① World Bank，2020；②《中国统计年鉴》归类整理所得数据；③ IFR，2020。

专栏 3-1 经济指标的基本事实

生产与流通。 1960～2018 年，人均 GDP 提高约 39 倍；2005～2017 年，人均制造业增加值提高 3.4 倍；1991～2018 年，劳动生产率和工业劳动生产率都提高了 9 倍多，农业和服务业劳动生产率分别提高 4.4 倍和 3.7 倍；1960 年以来，农业增加值比例下降，工业增加值比例先升后降，服务业增加值比例上升；1962 年以来，农业劳动力比例下降，工业和服务业劳动力比例上升；1990 年以来通货膨胀率在波动；近年来工业机器人使用比例上升。

知识经济(估计值)。 2005～2017 年，人均知识产业增加值提高约 6 倍，知识产业增加值比例从 16.5% 提高到 24.1%；1980～2015 年，知识产业劳动力比例从 5.4% 提高到约 18.0%。

分配与消费。 1960～2010 年，最终消费比例下降，固定资本形成比例上升；但 2010 年以来出现新变化。

首先，总体发展趋势。25 个指标中，上升指标为 15 个，占比 60%；下降指标为 3 个，占比 12%；转折指标为 2 个，占比 8%；波动指标为 3 个，占比 12%；其他指标为 2 个，占比 8%(表 3-4)。

表 3-4 1960～2018 年中国经济指标发展趋势的分类

类型	生产与流通指标/个	分配与消费指标/个	合计/个	比例/(%)
上升变量	14	1	15	60
下降变量	2	1	3	12
转折变量	2	0	2	8
波动变量	2	1	3	12
其他变量	1	1	2	8
合计	21	4	25	100

其次,指标发展趋势。

生产与流通。

- 生产和效率。人均国内生产总值、人均制造业和知识产业增加值明显增加(图 3-1);劳动生产率以及农业、工业和服务业劳动生产率(图 3-2),能源和水生产率明显上升。1960～2018 年,人均 GDP 提高了 39 倍多;2005～2017 年,人均制造业增加值和人均知识产业增加值分别提高了 3.4 倍和 6 倍多;1991～2018 年,劳动生产率和工业劳动生产率都提高了 9 倍多,农业和服务业劳动生产率分别提高了 4.4 倍和 3.7 倍;1990～2014 年,能源生产率提高了近 2 倍;1980～2015 年,水生产率提高了 18 倍多。

- 经济结构。① 产业结构变化:农业增加值比例下降,服务业增加值比例上升,工业增加值比例先上升后下降(图 3-3)。② 就业结构变化:农业劳动力比例不断下降,工业劳动力比例先升后降,服务业劳动力比例上升(图 3-4)。知识产业增加值比例和知识产业劳动力比例上升。

  产业结构。1960～2018 年,农业增加值比例从 23.2% 下降到 7.2%;工业增加值比例先升后降;服务业增加值比例从 32.4% 提高到 52.2%,提高了近 20 个百分点。

  就业结构。1962～2018 年,农业劳动力比例从约 82.1% 下降到 26.8%,工业劳动力比例从约 8.0% 上升到 28.6%,服务业劳动力比例从约 10.0% 上升到 44.6%,提高了 3 倍多。

  知识经济(估计值)。2005～2017 年,知识产业增加值比例从约 16.5% 提高到 24.1%;1980～2015 年,知识产业劳动力比例从约 5.4% 提高到 18.0%。

- 技术进步。2014～2017 年,工业机器人使用比例上升,由 36 台/万人升至 97 台/万人。
- 流通。1990～2018 年,通货膨胀率在波动。

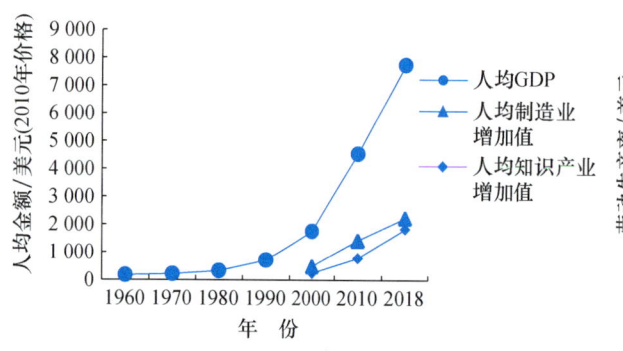

图 3-1 1960～2018 年中国人均 GDP、人均制造业增加值、人均知识产业增加值的变化

数据来源:World Bank,2020;《中国统计年鉴》归类整理。

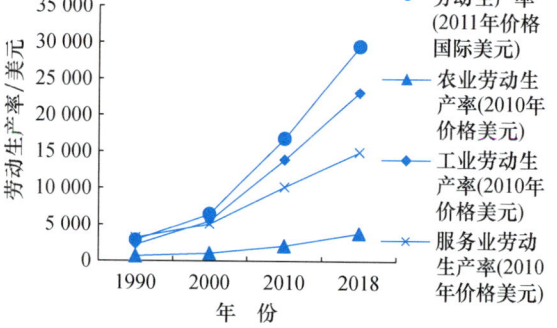

图 3-2 1990～2018 年中国劳动生产率及农业、工业和服务业劳动生产率的变化

数据来源:World Bank,2020。

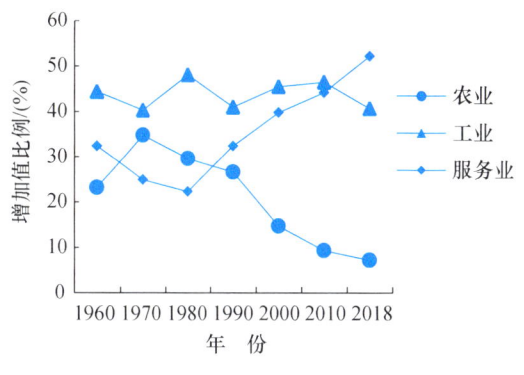

图 3-3　1960~2018 年中国产业结构的变化
数据来源：World Bank，2020。

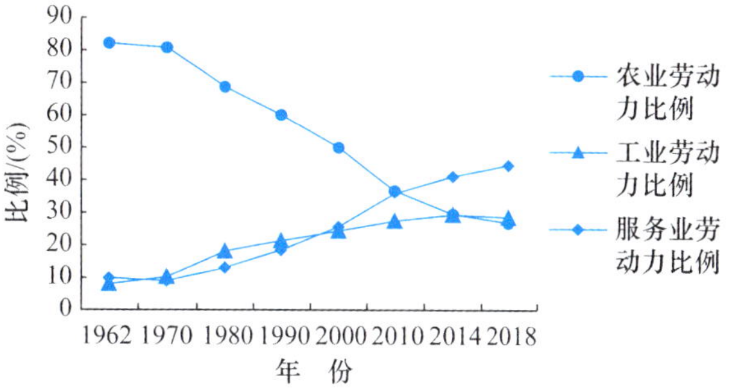

图 3-4　1962~2018 年中国就业结构的变化
数据来源：World Bank，2020。

分配与消费。

- 分配。2005~2016 年，国家税收比例呈波动状态。
- 消费和投资。1960~2010 年，最终消费比例下降，固定资本形成比例上升；但 2010 年以来有新变化；2018 年最终消费比例为 53.4%，固定资本形成比例为 42.3%。

（2）经济指标国际差距的变化

首先，总体变化。中国与发达国家平均值相比，绝对差距（绝对差异）缩小的指标为 13 个、扩大的指标为 5 个、其他指标为 5 个，比例分别为 57%、22% 和 22%；相对差距（相对差异）缩小的指标为 17 个，扩大的指标为 1 个、不变的指标为 3 个、其他指标为 2 个，比例分别为 74%、4%、13% 和 9%（表 3-5）。

表 3-5　1960~2018 年中国经济指标国际差距（差异）的变化

变化	项目	指标/个	比例/(%)	项目	指标/个	比例/(%)
缩小	绝对差距	13	57	相对差距	17	74
扩大	（绝对差异）	5	22	（相对差异）	1	4
不变		0	0		3	13
其他		5	22		2	9
合计		23	100		23	100

注：(1) 本表是中国与发达国家平均值面板数据简单比较的分析结果。(2) 其他包括转折、波动和其他变化。(3) 加和不等于 100%，是四舍五入的原因。(4) 在经济领域 25 个指标中，中国 5 个指标已经达到或超过世界平均水平，2 个指标缺少数据，不进行国际比较。

发展阶段差异的变化：工业增加值比例先升后降，2011 年达到高点 46.53%；工业劳动力比例先升后降，2014 年达到高点 29.4%。中国经济正从工业化阶段进入后工业化阶段。

合理值指标的变化：根据《中国现代化报告 2018》，人均制造业增加值存在合理值。2018 年，中国人均制造业增加值尚没有达到合理值，还有很大发展空间。

其次，指标变化。

生产与流通。

- 生产和效率。人均国内生产总值，人均制造业增加值，人均知识产业增加值，劳动生产率，农业、工业和服务业劳动生产率,能源生产率和水生产率的相对差距明显减小,但绝对差距因指标而异。其中,1960~2018 年,人均 GDP 与发达国家的绝对差距扩大 2 倍多(图 3-5),相对差距由 61.7 倍缩小到 5.6 倍;2005~2017 年,人均制造业增加值与发达国家的绝对差距和相对差距均缩小,但仍明显低于发达国家;1995~2018 年,农业和工业劳动生产率与发达国家的绝对差距分别扩大了 81% 和 28%,相对差距缩小;1990~2014 年,能源生产率与发达国家、世界平均值的绝对差距和相对差距均缩小;1980~2015 年,水生产率与发达国家的绝对差距扩大 2 倍多,相对差距由 27.3 倍降低到 5.2 倍。

- 经济结构。产业结构差距(差异):农业和服务业增加值比例与发达国家的绝对差距缩小,工业增加值比例的绝对差异发生转折(图 3-6)。就业结构差距(差异):农业和服务业劳动力比例与发达国家绝对差距缩小,工业劳动力比例的绝对差异发生转折。
- 知识经济(估计值)。2010~2017 年,知识产业增加值比例与发达国家的绝对差距缩小。1980~2015 年,知识产业劳动力比例与发达国家的绝对差距扩大。
- 技术进步。工业机器人使用比例与欧盟的绝对差距,由 2014 年的 49 台/万人缩小到 2017 年的 17 台/万人。
- 流通。1990~2018 年,通货膨胀率的国际差异在波动。

消费和投资。

- 分配。2005~2016 年国家税收比例的国际差异有所缩小。
- 消费和投资。1970~2018 年,最终消费比例的国际差异有所缩小。1972~2018 年固定资本形成比例的国际差异扩大,2018 年中国远高于高收入国家。

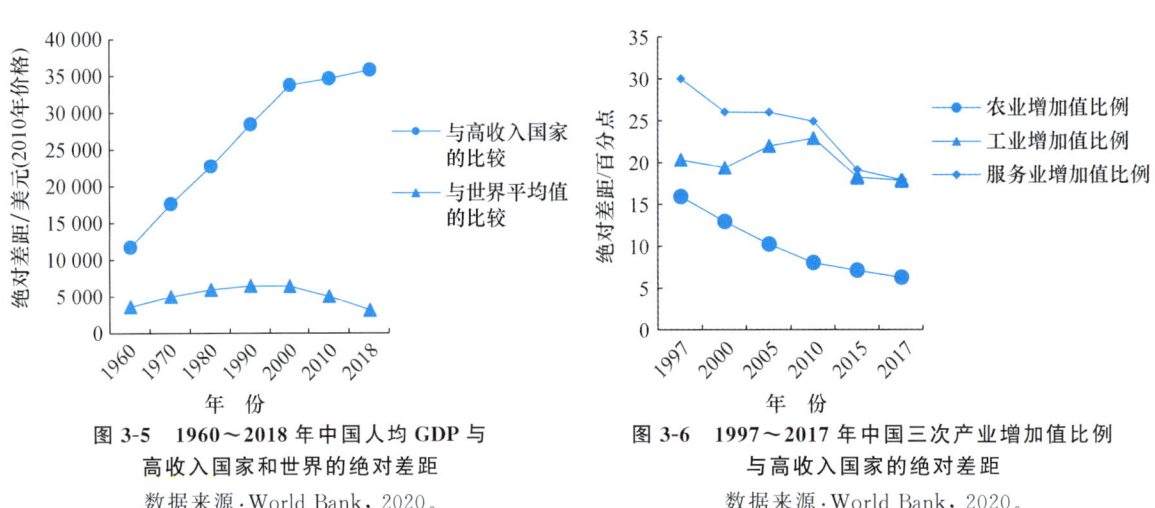

图 3-5　1960~2018 年中国人均 GDP 与
高收入国家和世界的绝对差距
数据来源:World Bank,2020。

图 3-6　1997~2017 年中国三次产业增加值比例
与高收入国家的绝对差距
数据来源:World Bank,2020。

2. 社会指标的趋势分析
(1) 社会指标的发展趋势

社会指标涉及 3 个主题 7 个亚主题 25 个指标,发展趋势见表 3-6,基本事实见专栏 3-2。童工比例指标,高收入国家和世界平均值没有数据,许多国家没有统计数据。

表 3-6 1960～2018 年中国 25 个社会指标发展水平的变化

指标	1960	1970	1980	1990	2000	2010	2018	变化	增长率	趋势	性质
人口自然增长率①	1.83	2.76	1.25	1.47	0.79	0.48	0.46	0.25	-2.35	转折	3,6
城市人口比例①	16.2	17.4	19.4	26.4	35.9	49.2	59.2	3.65	2.26	上升	1,6
郊区人口比例①	—	—	—	—	—	—	—	—	—	其他	1,6
老龄人口比例①	3.7	3.8	4.7	5.6	6.8	8.1	11.0	2.96	1.89	上升	5
医生比例①	—	0.9	1.1	1.1	1.2	1.5	1.8[b]	2.08	1.64	上升	1
护士比例①	—	—	—	0.8	1.0	1.5	2.3[b]	2.78	3.72	上升	1
婴儿死亡率①	—	80.0	48.0	42.1	30.1	13.6	7.4	0.09	-4.84	下降	2
孕产妇死亡率①	—	—	—	—	53.0	30.0	18.3	0.35	-5.74	下降	2
卫生支出比例①	—	—	—	—	4.5	4.2	5.0[c]	1.11	0.72	上升	1,6
中学普及率①	—	27.5	43.2	36.7	60.3	88.2	95.0[b]	3.46	2.80	上升	1
大学普及率①	—	0.13	1.10	3.00	7.95	24.20	50.60	389	13.23	上升	1
小学生师比①	—	28.7[d]	29.9	26.1	26.7	24.0	17.4	0.61	-1.13	下降	2
平均受教育年限②	—	—	—	4.8	6.5	7.3	7.9	1.65	1.80	上升	1
受过高等教育劳动力比例③	—	—	—	—	4.9	12.0	—	2.45	9.37	上升	1
政府教育支出比例①	—	1.4[e]	1.9	1.8	1.9	3.6	4.2[g]	3.00	4.32	上升	1,6
成年女性就业率	—	—	—	—	—	—	—	—	—	其他	1
童工比例	—	—	—	—	—	—	—	—	—	其他	2
失业率①	—	—	—	2.4	3.3	4.5	4.4	1.84	2.20	上升	4
人均国民收入①	—	—	—	1208[f]	1749	4531	7723	6.39	8.40	上升	1
人均购买力	—	—	—	2522[f]	3651	9458	16121	6.39	8.40	上升	1
收入不平等:基尼系数①	—	—	—	32.2	38.7	43.7	38.6[b]	1.20	0.73	转折	3
绝对贫困人口比例①	—	—	—	66.2	31.7	11.2	0.7[b]	0.01	-15.0	下降	2
实际平均工作时间	—	—	—	—	—	—	—	—	—	其他	2
休闲和个人保健的时间①	—	—	—	—	—	921	—	—	—	其他	1
养老保险覆盖率⑤	—	—	—	—	24.4	74.4[h]	—	3.05	10.67	上升	1

注:指标单位见附表 1-1-1。(1) 变化＝终点值/起点值。增长率为从起点年到终点年的年均增长率,单位为%。(2) 变化趋势的分类标准见第二章表 2-4。根据样本观察,人口自然增长率、基尼系数,发生转折;休闲和个人保健的时间,时间跨度不到 10 年;郊区人口比例、成年女性就业率、童工比例、实际平均工作时间,没有数据。(3) 性质是根据《中国现代化报告》(基于 1750～2015 年期间可获得数据的实证分析)的经验判断:1 代表正指标,2 代表逆指标,3 代表转折指标,4 代表波动指标,5 代表中性指标,6 代表合理值指标。(4) 数据时间:a 为 1979 年数据,b 为 2015 年数据,c 为 2016 年数据,d 为 1974 年数据,e 为 1971 年数据,f 为 1995 年数据,g 为 2017 年数据,h 为 2011 年数据。(5) 其他说明:政府教育支出比例 2010 年和 2017 年的数据为《中国统计年鉴 2019》的国家财政性教育经费/GDP 计算所得;受过高等教育劳动力比例数据为 2000 年第五次人口普查和 2010 年第六次人口普查数据所得;休闲和个人保健的时间为近几年调查数据。

数据来源:① World Bank,2020;② UNDP,2020;③ 第五次和第六次人口普查数据;④ OECD,2020;⑤ ILO,2020。

专栏 3-2 社会指标的基本事实

人口与卫生。1960～2018 年,城市人口比例提高了 2.7 倍,老龄人口比例提高了约 2 倍,人口自然增长率先升后降;1970～2015 年,医生比例提高约 1 倍;1990～2015 年,护士比例提高约 1.8 倍;1970 年以来,婴儿死亡率和孕产妇死亡率下降;2000～2016 年卫生支出比例增加。

> **学习与工作。** 1970 以来,中学普及率和大学普及率提高,其中 1970~2018 年大学普及率从 0.13% 上升到 50.60%;1990~2018 年,平均受教育年限从 4.8 年提高到 7.9 年;1971~2017 年,政府教育支出比例提高约 2 倍;1974~2018 年,小学生师比从 28.7 下降到 17.4。
>
> **收入与贫困。** 1995~2018 年,人均国民收入和人均购买力均提高了 5 倍多;1990~2015 年基尼系数先升后降,2010 年为最高点,约 43.7%;1990~2018 年,绝对贫困人口比例从 66.2% 下降到 0.7%。
>
> **休闲与福利。** 2018 年,用于休闲和个人保健的时间约 921 分钟/天;2000~2011 年,养老保险覆盖率提高了 2 倍多。

首先,总体发展趋势。25 个指标中,上升指标为 14 个,占比 56%;下降指标为 4 个,占比 16%;转折指标为 2 个,占比 8%;其他指标为 5 个,占比 20%(表 3-7)。

表 3-7 1960~2018 年社会指标发展趋势的分类

类型	人口与卫生指标/个	学习与工作指标/个	休闲与福利指标/个	合计/个	比例/(%)
上升变量	5	8	1	14	56
下降变量	2	2	0	4	16
转折变量	1	1	0	2	8
波动变量	0	0	0	0	0
其他变量	1	2	2	5	20
合计	9	13	3	25	100

其次,指标发展趋势。

人口与卫生。

- 人口。城市人口比例、老龄人口比例明显增加(图 3-7)。1960~2018 年,城市人口比例提高了 2.7 倍,老龄人口比例提高了约 2 倍。
- 公共卫生。医生比例、护士比例增加,婴儿死亡率、孕产妇死亡率明显下降,卫生支出比例增加。1970~2015 年,医生比例提高了 1 倍多;1990~2015 年,护士比例提高了约 1.8 倍;1970~2018 年,婴儿死亡率从 80‰ 下降到 7.4‰;2000~2018 年,孕产妇死亡率从 53.0 例/10 万例活产儿下降到 18.3 例/10 万例活产儿;2000~2016 年,卫生支出比例提高了 11%。

学习与工作。

- 学习。中学普及率、大学普及率、平均受教育年限、受过高等教育劳动力比例和政府教育支出比例增加,小学生师比下降。1970~2015 年,中学普及率提高了 2.5 倍;1970~2018 年,大学普及率从 0.13% 上升到 50.60%;1990~2018 年,平均受教育年限从 4.8 年上升到 7.9 年;1971~2017 年,政府教育支出比例提高了约 2 倍;1974~2018 年,小学生师比从 28.7 下降到 17.4。
- 工作。1990~2018 年,失业率从 2.4% 上升到 4.4%。
- 收入与贫困。人均国民收入、人均购买力明显增加(图 3-8),基尼系数先上升后下降。1995~2018 年,人均国民收入和人均购买力均提高了 5 倍多。基尼系数 1990 年为 32.2%,2010 年为 43.7%,2015 年为 38.6%;1990~2015 年,绝对贫困人口比例从 66.2% 下降到 0.7%。

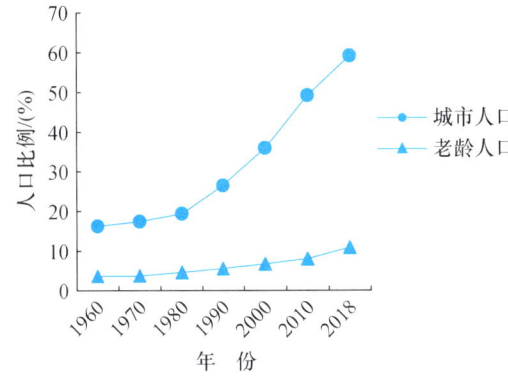

图 3-7　1960～2018 年中国城市人口比例
和老龄人口比例的变化

数据来源：World Bank，2020。

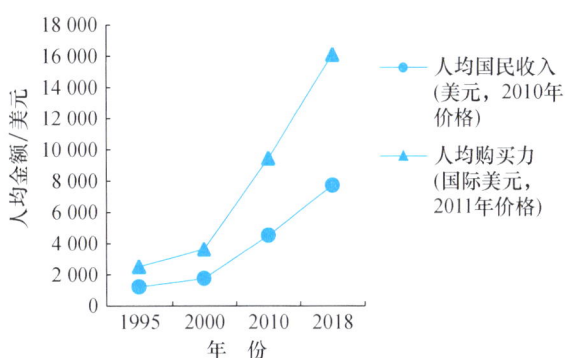

图 3-8　1995～2018 年中国人均国民收入
和人均购买力的变化

数据来源：World Bank，2020。

休闲与福利。

- 休闲。2018 年用于休闲和个人保健的时间约 921 分钟/天。
- 社会保障。2000～2011 年，养老保险覆盖率从 24.4% 提高到 74.4%，提高了 2 倍多。

（2）社会指标国际差距的变化

首先，总体变化。中国与发达国家平均值相比，绝对差距（绝对差异）缩小的指标为 13 个、扩大的指标为 5 个、不变指标为 2 个，占比分别为 65%、25% 和 10%；相对差距（相对差异）缩小的指标为 17 个、扩大的指标为 3 个，占比分别为 85% 和 15%（表 3-8）。

表 3-8　1960～2018 年中国社会指标国际差距（差异）的变化

变化	项目	指标/个	比例/(%)	项目	指标/个	比例/(%)
缩小	绝对差距（绝对差异）	13	65	相对差距（相对差异）	17	85
扩大		5	25		3	15
不变		2	10		0	0
其他		0	0		0	0
合计		20	100		20	100

注：(1) 本表是中国与发达国家平均值面板数据简单比较的分析结果。(2) 其他包括转折、波动和其他变化。(3) 在社会领域 25 个指标中，中国 8 个指标已经达到或超过世界平均水平，5 个指标缺少数据，不做国际比较。

有合理值指标的变化：人口自然增长率、城市人口比例、卫生支出比例、政府教育支出比例存在合理值。2018 年人口自然增长率约为 0.46%、城市人口比例约为 59.2%，2016 年卫生支出比例约为 5.0%，2017 年政府教育支出比例约为 4.2%，均未达到合理值，还有发展空间。

其次，指标变化。

人口与卫生。

- 人口。人口自然增长率、城市人口比例、老龄人口比例的相对差距（相对差异）缩小，但绝对差距（绝对差异）因指标而异。其中，1960～2018 年，城市人口比例与发达国家的绝对差距由 47.3 个百分点缩小到 22.2 个百分点（图 3-9），相对差距由 3.9 倍缩小到 1.4 倍；1960～2018

年,老龄人口比例与发达国家的绝对差异由 5.0 个百分点扩大到 7.0 个百分点,相对差异由 2.3 倍下降到 1.6 倍。1970~2018 年,人口自然增长率与发达国家的绝对差异和相对差异均缩小。

- 公共卫生。1990~2015 年,医生比例与发达国家的绝对差距扩大,由每千人 1 名医生扩大到每千人 1.2 名医生,但相对差距从 1.9 倍下降到 1.7 倍;2000~2015 年,护士比例与发达国家的绝对差距由每千人 7.2 名护士缩小到每千人 6.5 名护士,相对差距也从 8.4 倍下降到 3.8 倍;1990~2018 年,婴儿死亡率与发达国家的绝对差距由 31.7‰ 下降到 3.1‰,相对差距也从 4.1 倍下降到 1.7 倍;2000~2016 年,卫生支出比例与发达国家、世界平均值的绝对差距和相对差距均扩大,其中与发达国家的绝对差距由 4.9 个百分点扩大到 7.6 个百分点,相对差距从 2.1 倍扩大到 2.5 倍。

学习与工作。

- 学习。1970~2015 年,中学普及率与发达国家的绝对差距由 44.6 个百分点缩小到 10.8 个百分点,相对差距由 2.6 倍缩小到 1.1 倍;1970~2018 年,大学普及率与发达国家的相对差距由 185 倍缩小到 1.5 倍;1980~2018 年,小学生师比与发达国家的绝对差距由 8.0 缩小到 3.2,相对差距由 1.4 倍下降到 1.2 倍;1991~2018 年,平均受教育年限与发达国家、世界平均值的绝对差距和相对差距均缩小,其中,与发达国家的绝对差距由 4.9 年缩小到 4.7 年,相对差距从 2.0 倍缩小到 1.6 倍。
- 工作。1991~2018 年,失业率与发达国家、世界平均值的绝对差距(绝对差值)缩小。
- 收入与贫困。1995~2018 年,人均国民收入与发达国家的绝对差距由 29 986 美元扩大到 36 198 美元(2010 年价格),相对差距由 25.8 倍缩小到 5.7 倍;1995~2018 年,人均购买力的绝对差距由 28 731 国际美元扩大到 29 191 国际美元(2011 年价格),相对差距由 12.4 倍缩小到 2.8 倍(图 3-10)。1990~2015 年,绝对贫困人口比例的绝对差距和相对差距均缩小。

休闲与福利。

- 社会保障。2000~2011 年,养老保险覆盖率与发达国家的绝对差距和相对差距均缩小,其中绝对差距从 60 个百分点缩小到 14 个百分点,相对差距从约 3.5 倍缩小到约 1.2 倍。

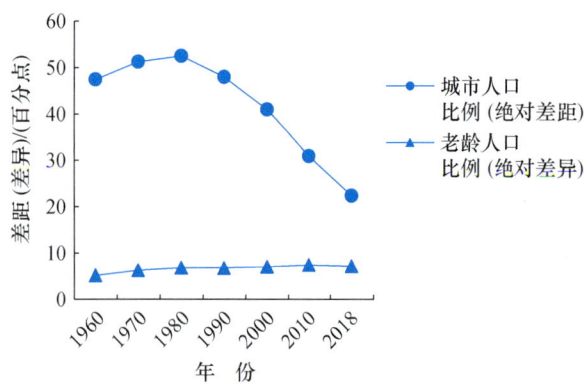

图 3-9 1960~2018 年中国城市人口比例和老龄人口比例与高收入国家的绝对差距(绝对差异)

数据来源:World Bank,2020。

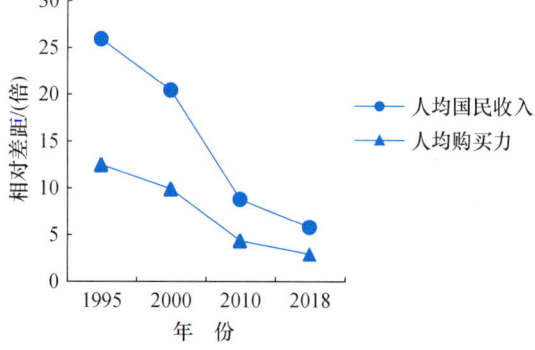

图 3-10 1995~2018 年中国人均国民收入和人均购买力与高收入国家的相对差距

数据来源:World Bank,2020。

二、政治和文化指标的趋势分析

在政治领域,选择 3 个主题 5 个亚主题 12 个指标进行分析。在文化领域,选择 2 个主题 4 个亚主题 12 个指标进行分析。这些指标的数值变化,反映了政治和文化现代化的部分趋势。

1. 政治指标的趋势分析

(1) 政治指标发展水平的变化

政治指标涉及 3 个主题 5 个亚主题 12 个指标,发展趋势见表 3-9,基本事实见专栏 3-3。

表 3-9 1960～2018 年中国 12 个政治指标发展水平的变化

指标	1960	1970	1980	1990	2000	2010	2018	变化	增长率	趋势	性质
选民投票率	—	—	—	—	—	—	—			其他	1
女性全国人大代表比例①	—	—	—	21.3	21.8	21.3	24.9	1.17	0.56	上升	1,6
政府收入比例①					9.6ᵃ	11.2	15.8ᵇ	1.65	4.63	上升	5
政府消费比例①	13.0	11.1	13.7	13.6	16.6	12.8	14.7	1.13	0.21	上升	5
转移支付比例	—	—	—	—	—	—	—			其他	1,6
法律权力指数①						4ᵉ	4	1.00	0	其他	1
营商环境指数①						63.1ᵈ	74.0	1.17	5.46	其他	1
养老金支出比例②				0.8	2.1	2.6	5.3	6.63	6.99	上升	5,6
开办企业所需天数①						32.3ᶜ	8.5	0.26	−23.43	其他	2
平均出口通关时间①						7.6ᶜ				其他	2
国防费用比例①				2.5	1.9	1.9	1.9	0.76	−0.98	下降	5
道路交通死亡率①						18.8	18.2ᵇ	0.97	−1.08	其他	2

注:指标单位见附表 1-1-1。(1) 变化=终点值/起点值。增长率为从起点年到终点年的年均增长率,单位为%。(2) 变化趋势的分类标准见第二章表 2-4。根据样本观察,法律权力指数、营商环境指数、开办企业所需天数、平均出口通关时间、道路交通死亡率,时间跨度不到 10 年;选民投票率、转移支付比例,没有数据。(3) 性质是根据《中国现代化报告》(基于 1750～2015 年期间可获得数据的实证分析)的经验判断:1 代表正指标,2 代表逆指标,3 代表转折指标,4 代表波动指标,5 代表中性指标,6 代表合理值的指标。(4) 数据时间:a 为 2005 年数据,b 为 2016 年数据,c 为 2013 年数据,d 为 2015 年数据,e 为 2012 年数据。(5) 其他说明:养老金支出比例是根据《中国统计年鉴 2019》基本养老保险基金支出/GDP 计算所得;法律权力指数,从弱到强(0～12);营商环境指数,从低到高(0～100)。

数据来源:① World Bank,2020;②《中国统计年鉴 2019》数据计算所得。

专栏 3-3 政治指标的基本事实

政治参与。 1990～2018 年,女性全国人大代表比例从 21.3% 提高到 24.9%。

国家治理。 2005～2016 年,政府收入比例提高了约 65%;1960～2018 年,政府消费比例从 13.0% 提高到 14.7%;2015～2018 年,营商环境指数从 63.1 上升到 74.0;1990～2018 年,养老金支出比例提高了约 5.6 倍;2013～2018 年,开办企业所需天数从 32.3 天降低到 8.5 天,2012 年平均出口通关时间约 7.6 天。

公共安全。 1990～2018 年,国防费用比例下降。

首先,总体发展趋势。12 个指标中,上升指标为 4 个,占比 33%;下降指标为 1 个,占比 8%;其他指标为 7 个,占比 58%(表 3-10)。

表 3-10　1960~2018 年政治指标发展趋势的分类

类型	政治参与指标/个	国家治理指标/个	公共安全指标/个	合计/个	比例/(%)
上升变量	1	3	0	4	33
下降变量	0	0	1	1	8
转折变量	0	0	0	0	0
波动变量	0	0	0	0	0
其他变量	1	5	1	7	58
合计	2	8	2	12	100

注：加和不等于100%,是四舍五入的原因。

其次,指标发展趋势。

政治参与。

- 1990~2018 年,女性全国人大代表比例从 21.3% 提高到 24.9%。

国家治理。

- 政府收支。政府收入比例和政府消费比例提高(图 3-11)。2005~2016 年,政府收入比例从 9.6% 提高到 15.8%,1960~2018 年,政府消费比例从 13.0% 提高到 14.7%。
- 国家治理。营商环境指数提高,法律权力指数没有变化,养老金支出比例增加(图 3-12),开办企业所需天数降低。其中,2015~2018 年,营商环境指数从 63.1 提高到 74.0;1990~2018 年,养老金支出比例提高了约 5.6 倍;2012 年,平均出口通关时间约 7.6 天。

公共安全。

- 国防。1990~2018 年,国防费用比例由 2.5% 下降到 1.9%。
- 交通安全。2013~2016 年,道路交通死亡率从 18.8 人/10 万人降为 18.2 人/10 万人。

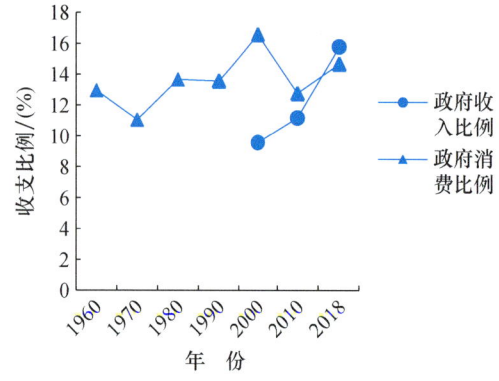

图 3-11　1960~2018 年中国政府收入比例与政府消费比例的变化

数据来源:World Bank,2020。
注:政府收入比例 2000 年和 2018 年数据分别以 2005 年和 2016 年数据代替。

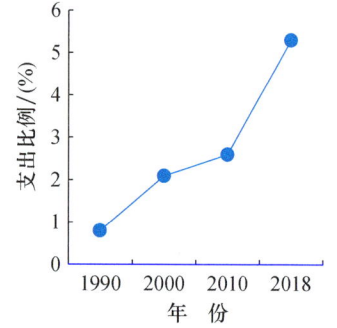

图 3-12　1990~2018 年中国养老金支出比例的变化

数据来源:《中国统计年鉴 2019》计算整理。

(2) 政治指标国际差距(差异)的变化

首先,总体变化。中国与发达国家平均值相比,绝对差距(绝对差异)缩小的指标为 6 个、扩大的指标为 1 个、其他指标为 3 个,占比分别为 60%、10% 和 30%;相对差距(相对差异)缩小的指标为 5 个、扩大的指标为 2 个、其他指标为 3 个,占比分别为 50%、20% 和 30%(表 3-11)。

表 3-11　1960～2018 年中国政治指标国际差距(差异)的变化

变化	项目	指标/个	比例/(%)	项目	指标/个	比例/(%)
缩小	绝对差距	6	60	相对差距	5	50
扩大	(绝对差异)	1	10	(相对差异)	2	20
不变		0	0		0	0
其他		3	30		3	30
合计		10	100		10	100

注:(1) 本表是中国与发达国家平均值面板数据简单比较的分析结果。(2) 其他包括转折、波动和其他变化。(3) 在政治领域 12 个指标中,中国 3 个指标已经达到或超过世界平均水平,2 个指标缺少数据,不做国际比较。

有合理值指标的变化:女性全国人大代表比例、养老金支出比例、转移支付比例存在合理值。2018 年女性全国人大代表比例约为 24.9%、养老金支出比例约为 5.3%,均未达到合理值。转移支付比例中国数据缺少,暂不做分析。

其次,指标变化。

政治参与。

- 政治参与。女性国会议员比例(女性全国人大代表比例),1990 年较发达国家高 9.1 个百分点,2018 年较发达国家低 3.0 个百分点,与发达国家相对差距扩大(图 3-13)。

国家治理。

- 政府收支。2005～2016 年,政府收入比例与发达国家平均值、世界平均值的绝对差异和相对差异均缩小(图 3-14),其中与发达国家的绝对差异从 14.7 个百分点缩小到 9.1 个百分点,相对差异由 2.5 倍缩小到 1.6 倍。1970～2018 年,政府消费比例的国际差异在波动。
- 国家治理。2013～2018 年,法律权力指数的国际差距在扩大;2015～2018 年,营商环境指数与发达国家的绝对差距和相对差距均缩小;2013～2018 年,开办企业所需天数与发达国家的绝对差距和相对差距均缩小,相对差距由 2.0 倍缩小到 0.7 倍。

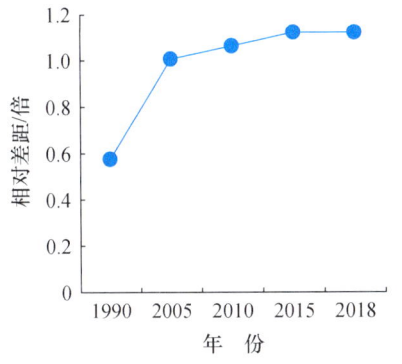

图 3-13　1990～2018 年中国女性全国人大代表比例与高收入国家女性国会议员比例的相对差距变化

数据来源:World Bank,2020。

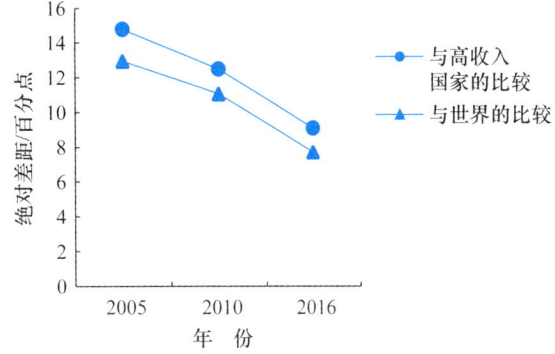

图 3-14　2005～2016 年中国政府收入比例与高收入国家和世界的绝对差距变化

数据来源:World Bank,2020。

公共安全。
- 国防。1990～2018年,国防费用比例的国际差异在波动。
- 交通安全。2013～2016年,道路交通死亡率与发达国家、世界平均值的绝对差距和相对差距均缩小,其中与发达国家的相对差距由1.1倍缩小到1.0倍。

2. 文化指标的趋势分析

(1) 文化指标发展水平的变化

文化指标涉及2个主题4个亚主题12个指标,发展趋势见表3-12,基本事实见专栏3-4。

表3-12 1990～2018年中国12个文化指标发展水平的变化

指标	1990	2000	2005	2010	2015	2018	变化	增长率	趋势	性质
人均年看电影次数①	—	0.12ᵃ	0.13	0.23	0.98	1.23ᵇ	10.25	11.16	上升	1,6
人均出国旅游次数②	—	0.01	0.02	0.04	0.09	0.10ᵇ	10.00	14.50	上升	1
互联网普及率②	—	1.8	8.5	34.3	50.3	54.3ᵇ	30.17	20.84	上升	1
移动通信普及率②	—	6.6	29.6	62.8	91.8	115	17.42	17.21	上升	1
网络音乐用户比例③	—	—	—	32.3ᶜ	36.6	41.3	1.28	4.18	其他	1
网络犯罪报案比例	—	—	—	—	—	—	—	—	其他	5
科研经费比例②	0.56ᵈ	0.89	1.31	1.71	2.06	2.13ᵇ	3.80	6.57	上升	1,6
科研人员比例②	438ᵈ	542	846	890	1159	1235ᵇ	2.82	4.82	上升	1,6
发明专利申请比例②	0.05	0.2	0.7	2.2	7.1	10.0	200	20.83	上升	1
人均知识产权出口②,ᵉ	—	0.06	0.12	0.62	0.79	3.99	66.50	26.26	上升	1
人均知识产权进口②,ᵉ	—	1.02	4.08	9.75	16.1	25.7	25.45	19.70	上升	1
企业创新比例②	—	—	—	38.7ᶜ	—	—	—	—	其他	1

注:指标单位见附表1-1-1。(1) 变化=终点值/起点值。增长率为从起点年到终点年的年均增长率,单位为%。(2) 变化趋势的分类标准见第二章表2-4。根据样本观察,网络音乐用户比例、企业创新比例,时间跨度不到10年;网络犯罪报案比例,没有数据。(3) 性质是根据《中国现代化报告》(基于1750～2015年期间可获得数据的实证分析)的经验判断:1代表正指标,2代表逆指标,3代表转折指标,4代表波动指标,5代表中性指标,6代表合理值的指标。(4) 数据时间:a为1995年数据,b为2017年数据,c为2012年数据,d为1996年数据,e为2000年数值为1997年数据。

数据来源:① UNDP,2020;② World Bank,2020;③ CNNIC(中国互联网络信息中心)数据整理所得。

专栏3-4 文化指标的基本事实

文化生活。1995～2017年,人均年看电影次数提高了9倍多;2000～2017年,人均出国旅游次数提高约9倍;2000～2017年,互联网普及率提高29.2倍;2000～2018年,移动通信普及率提高16.4倍;2012～2018年,网络音乐用户比例从32.3%提高到41.3%。

科技与创新。1996～2017年,科研经费比例提高约3倍;1996～2017年,科研人员比例提高约2倍;1990～2018年,发明专利申请比例从0.05项/万人提高到10.0项/万人;1997～2018年,人均知识产权出口和人均知识产权进口分别提高约66倍和25倍。2012年企业创新比例为38.7%。

首先,总体发展趋势。12个指标中,上升指标为9个,占比75%;其他指标为3个,占比25%(表3-13)。

表 3-13　1990~2018 年文化指标发展趋势的分类

类型	文化生活指标/个	科技与创新指标/个	合计/个	比例/(%)
上升变量	4	5	9	75
下降变量	0	0	0	0
转折变量	0	0	0	0
波动变量	0	0	0	0
其他变量	2	1	3	25
合计	6	6	12	100

其次,指标发展趋势。

文化生活。

- 大众文化。人均年看电影次数和人均出国旅游次数明显增加。1995~2017 年,人均年看电影次数提高了 9 倍多;2000~2017 年,人均出国旅游次数提高约 9 倍。
- 网络文化。互联网普及率和移动通信普及率明显提高(图 3-15),网络音乐用户比例上升。其中,2000~2017 年,互联网普及率提高 29.2 倍;2000~2018 年,移动通信普及率提高 16.4 倍;2012~2018 年,网络音乐用户比例提高了 9 个百分点。

科技与创新。

- 科技。科研经费比例、科研人员比例、发明专利申请比例、人均知识产权进口和出口明显增加(图 3-16)。其中,1996~2017 年,科研经费比例从 0.56% 提高到 2.13%;1996~2017 年,科研人员比例提高约 2 倍;1990~2018 年,发明专利申请比例从 0.05 项/万人提高到 10.0 项/万人;1997~2018 年,人均知识产权出口和人均知识产权进口分别提高约 66 倍和 25 倍。
- 创新。2012 年企业创新比例为 38.7%。

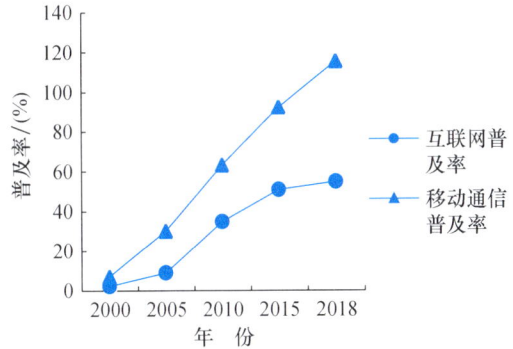

图 3-15　2000~2018 年中国互联网普及率和移动通信普及率的变化

数据来源:World Bank,2020。

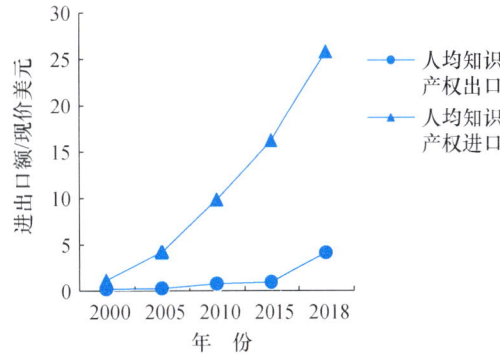

图 3-16　2000~2018 年中国人均知识产权出口和进口的变化

数据来源:World Bank,2020。

（2）文化指标国际差距（差异）的变化

首先，总体变化。中国与发达国家平均值相比，绝对差距（绝对差异）缩小的指标为3个、扩大的指标为5个、其他指标为2个，占比分别为30%、50%和20%；相对差距（相对差异）缩小的指标为9个、其他指标为1个，占比分别为90%和10%（表3-14）。

表3-14　1990~2018年中国文化指标国际差距（差异）的变化

变化	项目	指标/个	比例/(%)	项目	指标/个	比例/(%)
缩小	绝对差距	3	30	相对差距	9	90
扩大	（绝对差异）	5	50	（相对差异）	0	0
不变		0	0		0	0
其他		2	20		1	10
合计		10	100		10	100

注：① 本表是中国与发达国家平均值面板数据简单比较的分析结果。② 其他包括转折、波动和其他变化。③ 在文化领域12个指标中，中国4个指标已经达到或超过世界平均水平，2个指标缺少数据，不做国际比较。④ 发达国家网络音乐用户比例和网络犯罪报案比例指标，采用美国数据。

有合理值指标的变化：人均年看电影次数、科研经费比例和科研人员比例存在合理值。2017年人均年看电影次数约为1.23次/年，中国科研经费比例约为2.1%，科研人员比例约为1235人/100万人，尚没有达到合理值，还有很大发展空间。

其次，指标变化。

文化生活。

- 大众文化。1995~2017年，人均年看电影次数与发达国家的绝对差距从2.6次/年缩小到1.4次/年，相对差距从22.5倍缩小到2.1倍；2000~2017年，人均出国旅游次数与发达国家的绝对差距由0.5次扩大到0.6次，相对差距从61.8倍缩小到6.5倍，与世界平均值的绝对差距和相对差距均缩小。
- 网络文化。1995~2017年，互联网普及率与发达国家的绝对差距扩大了7倍多，相对差距从734倍缩小到1.6倍；1995~2018年，移动通信普及率与发达国家的绝对差距先扩大后缩小，相对差距从26.0倍缩小到1.1倍。

科技与创新。

- 科技。1996~2017年，科研经费比例与发达国家的绝对差距和相对差距均缩小，其中绝对差距从1.6个百分点缩小到0.4个百分点（图3-17）；1996~2016年，科研人员比例与发达国家的绝对差距从每100万人2398人扩大到2991人，相对差距从6.5倍缩小到3.6倍；1985~2018年，发明专利申请比例与发达国家的绝对差距和相对差距均缩小；1997~2018年人均知识产权出口、进口与发达国家和世界平均值的绝对差距均扩大（图3-18），相对差距均缩小，其中人均知识产权出口与发达国家的绝对差距扩大了4倍多，人均知识产权进口与发达国家的绝对差距扩大了约5倍。
- 创新。中国企业创新比例缺少数据，暂不做分析。

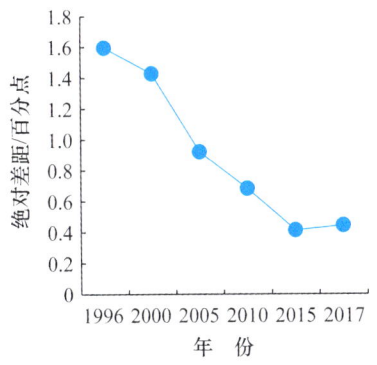

图 3-17　1996～2017 年中国科研经费比例
与高收入国家的绝对差距变化

数据来源：World Bank，2020。

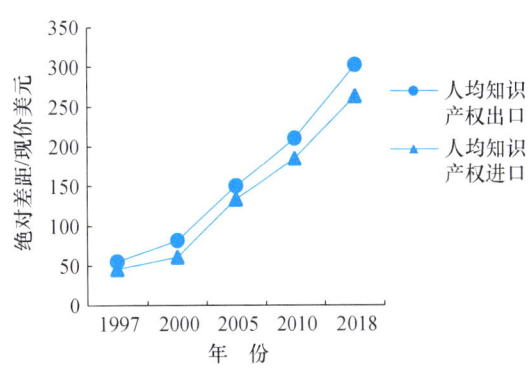

图 3-18　1997～2018 年中国人均知识产权进出口
与高收入国家的绝对差距变化

数据来源：World Bank，2020。

三、环境和个人生活指标的趋势分析

在环境领域，选择 2 个主题 8 个亚主题 12 个指标进行分析。在个人生活领域，选择 3 个主题 6 个亚主题 14 个指标进行分析。这些指标的数值变化，反映了环境和个人生活现代化的部分趋势。

1. 环境指标的趋势分析

（1）环境指标发展水平的变化

环境指标涉及 2 个主题 8 个亚主题 12 个指标，发展趋势见表 3-15，基本事实见专栏 3-5。

表 3-15　1960～2018 年中国 12 个环境指标发展水平的变化

指标	1960	1970	1980	1990	2000	2010	2018	变化	增长率	趋势	性质
人均能源消费①	—	465^a	609	767	899	1955	2237^b	4.81	3.72	上升	1,6
可再生能源消费比例①	—	—	—	34.1	29.7	12.9	12.4^c	0.36	-3.97	下降	3
人均淡水消费①	—	—	452	440	435	444^d	433^c	0.96	-0.12	其他	1,6
森林覆盖率①	—	—	—	16.7	18.9	21.4	22.4^e	1.34	1.14	上升	3
PM$_{2.5}$ 年均浓度①	—	—	—	57.8	60.7	69.5	52.7^f	0.91	-0.34	转折	3
二氧化碳排放密度①	6.1	4.1	4.3	3.0	1.5	1.4	1.2^b	0.20	-2.97	下降	3
生活废水处理率③	—	—	—	—	52.0^g	82.3	94.5^f	1.82	5.10	上升	1
城市废物处理率②	—	—	—	—	51.7^g	77.9	99.0	1.91	3.68	上升	1
国际移民比例①	—	—	—	0.03	0.04	0.06	0.07^e	2.33	3.45	上升	5
国际贸易比例①	8.7	5.0	12.4	24.3	39.4	50.7	38.2	4.39	2.58	转折	5
外国直接投资净流入比例①	—	—	0.2	1.0	3.5	4.0	1.5	7.50	5.45	转折	5
简单平均关税①	—	—	—	39.7^h	16.4	8.1	8.5^f	0.21	-5.76	下降	2,6

注：指标单位见附表 1-1-1。(1) 变化=终点值/起点值。增长率为从起点年到终点年的年均增长率，单位为％。(2) 变化趋势的分类标准见第二章表 2-4。根据样本观察，人均淡水消费的变化不大；PM$_{2.5}$ 年均浓度、国际贸易比例、外国直接投资净流入比例，先升后降。(3) 性质是根据《中国现代化报告》(基于 1750～2015 年期间可获得数据的实证分析)的经验判断：1 代表正指标，2 代表逆指标，3 代表转折指标，4 代表波动指标，5 代表中性指标，6 代表合理值的指标。(4) 数据时间：a 为 1971 年数据，b 为 2014 年数据，c 为 2015 年数据，d 为 2012 年数据，e 为 2016 年数据，f 为 2017 年数据，g 为 2005 年数据，h 为 1992 年数据。(5) 其他说明：中国数据中，生活废水处理率采用城市污水处理率，城市废物处理率采用城市生活垃圾无害化处理率。后同。

数据来源：① World Bank，2020；②《中国统计年鉴》数据；③《中国环境统计年鉴》数据。

> **专栏 3-5　环境指标的基本事实**
>
> **生态环境。** 1971～2014 年,人均能源消费提高了约 4 倍;1990～2015 年,可再生能源消费比例从 34.1% 下降到 12.4%;1990～2016 年,森林覆盖率提高了 34%;1990～2017 年,$PM_{2.5}$ 年均浓度先上升后下降,2011 年为最高点,约 70.5 微克/米^3;1960～2014 年,二氧化碳排放密度从 6.1 千克/美元降低到 1.2 千克/美元(2010 年价格);2005～2017 年,生活废水处理率从 52.0% 提高到 94.5%;2005～2018 年,城市废物处理率从 51.7% 提高到 99.0%。
>
> **国际环境。** 1990～2015 年,国际移民比例提高了 1 倍多;1960～2018 年,国际贸易比例先上升后下降,2006 年为最高点,约 64.5%;1980～2018 年,外国直接投资净流入比例先上升后下降,1993 年为最高点,约 6.2%;1992～2017 年,简单平均关税从 39.7% 下降到 8.5%。

首先,总体发展趋势。12 个指标中,上升指标为 5 个,占比 42%;下降指标为 3 个,占比 25%;转折指标为 3 个,占比 25%;其他指标为 1 个,占比 8%(表 3-16)。

表 3-16　1960～2018 年环境指标发展趋势的分类

类型	生态环境指标/个	国际环境指标/个	合计/个	比例/(%)
上升变量	4	1	5	42
下降变量	2	1	3	25
转折变量	1	2	3	25
波动变量	0	0	0	0
其他变量	1	0	1	8
合计	8	4	12	100

其次,指标发展趋势。

生态环境。

- 能源。1971～2014 年,人均能源消费提高了约 4 倍;1990～2015 年,可再生能源消费比例从 34.1% 下降到 12.4%。
- 资源。人均淡水消费下降,森林覆盖率增加。1980～2015 年,人均淡水消费从 452 米^3 下降到 433 米^3;1990～2016 年,森林覆盖率从 16.7% 提高到 22.4%,提高了约 6 个百分点。
- 大气环境。1990～2017 年,$PM_{2.5}$ 年均浓度先上升后下降,2011 年为最高点,约 70.5 微克/米^3,2017 年约 52.7 微克/米^3(图 3-19);1960～2014 年,二氧化碳排放密度从 6.1 千克/美元降低到 1.2 千克/美元(2010 年价格)(图 3-20)。
- 环境治理。生活废水处理率和城市废物处理率明显提高。2005～2017 年,生活废水处理率从 52.0% 提高到 94.5%;2005～2018 年,城市废物处理率从 51.7% 提高到 99.0%。

国际环境。

- 国际移民。1990～2015 年,国际移民比例从 0.03% 提高到 0.07%。
- 国际贸易。1960～2018 年,国际贸易比例先上升后下降,2006 年为最高点,约 64.5%;其中,1960 年约 8.7%,2018 年约 38.2%,2018 年比 1960 年提高了 3 倍多。
- 国际投资。1980～2018 年,外国直接投资净流入比例先上升后下降,1993 年为最高点,约 6.2%。其中,1980 年约 0.2%,2018 年约 1.5%,2018 年比 1980 年提高了约 6.5 倍。

- 关税。1992～2017 年,简单平均关税从 39.7％ 下降到 8.5％。

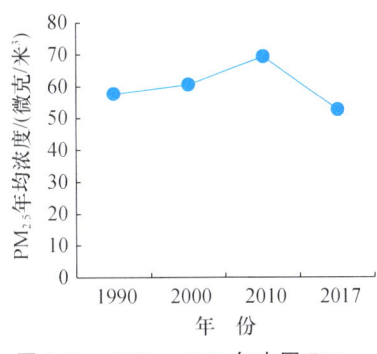

图 3-19　1990～2017 年中国 $PM_{2.5}$ 年均浓度的变化

数据来源:World Bank,2020。

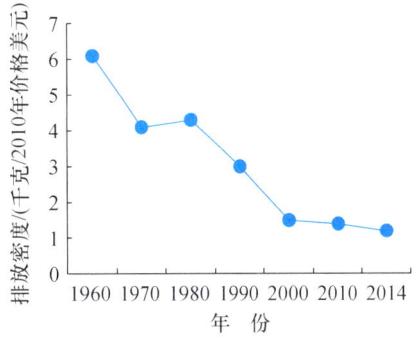

图 3-20　1960～2014 年中国二氧化碳排放密度的变化

数据来源:World Bank,2020。

(2)环境指标国际差距(差异)的变化

首先,总体变化。中国与发达国家平均值相比,绝对差距(绝对差异)缩小的指标为 9 个、扩大的指标为 1 个、其他指标为 2 个,占比分别为 75％、8％ 和 17％;相对差距(相对差异)缩小的指标为 9 个、扩大的指标为 1 个、不变的指标为 1 个、其他指标为 1 个,占比分别为 75％、8％、8％ 和 8％(表 3-17)。

表 3-17　1960～2018 年中国环境指标国际差距(差异)的变化

变化	项目	指标/个	比例/(％)	项目	指标/个	比例/(％)
缩小	绝对差距	9	75	相对差距	9	75
扩大	(绝对差异)	1	8	(相对差异)	1	8
不变		0	0		1	8
其他		2	17		1	8
合计		12	100		12	100

注:(1)本表是中国与发达国家平均值面板数据简单比较的分析结果。(2)其他包括转折、波动和其他变化。(3)在环境领域 12 个指标中,中国 1 个指标已经达到世界平均水平。(4)加和不等于 100％,是四舍五入的原因。

发展阶段差异的变化:$PM_{2.5}$ 年均浓度先升后降,2011 年达到高点 70.5 微克/米^3。

合理值指标的变化:人均能源消费、人均淡水消费、简单平均关税存在合理值。2014 年中国人均能源消费为 2237 千克石油当量,2015 年人均淡水消费为 433 米^3,2017 年简单平均关税约为 8.5％,尚没有达到合理值,还有很大发展空间。

其次,指标变化。

生态环境。

- 能源。1971～2014 年,人均能源消费与发达国家的绝对差距从 3508 千克石油当量缩小到 2496 千克石油当量,相对差距由 8.6 倍缩小到 2.1 倍(图 3-21);1990～2015 年,可再生能源消费比例与发达国家的绝对差异从 27.7 个百分点缩小到 1.2 个百分点。
- 资源。1990～2016 年,森林覆盖率与发达国家、世界平均值的绝对差异和相对差异均缩小,其中与发达国家的绝对差异从 11.7 个百分点缩小到 6.6 个百分点,相对差异由 1.7 倍缩小到 1.3 倍。
- 大气环境。1990～2017 年,$PM_{2.5}$ 年均浓度与发达国家的绝对差距先扩大后缩小,相对差距基本不变,与世界平均值的绝对差距和相对差距均缩小。1960～2014 年,二氧化碳排放密度与发达国家、世界平均值的绝对差距和相对差距均缩小,其中与发达国家的绝对差距从 5.5 千克/美元缩小到 1.0 千克/美元,相对差距由 9.6 倍缩小到 4.6 倍。

国际环境。

- 国际移民。1990～2015 年,国际移民比例与发达国家、世界平均值的绝对差距扩大,相对差距缩小。其中,与发达国家的绝对差异从 7.7 个百分点扩大到 13.5 个百分点,相对差异由 236 倍缩小到 191 倍。
- 国际贸易。1990～2018 年,与发达国家、世界平均值的绝对差异和相对差异均缩小,其中与发达国家的绝对差异从 25.8 个百分点缩小到 24.4 个百分点,相对差异由 6.2 倍缩小到 1.6 倍。
- 国际投资。1982～2018 年,外国直接投资净流入比例的国际差异在波动。
- 关税。1992～2017 年,简单平均关税与发达国家、世界平均值的绝对差距和相对差距均缩小(图 3-22),其中与发达国家的绝对差距从 30.8 个百分点缩小到 4.6 个百分点,相对差距由 4.5 倍缩小到 2.2 倍。

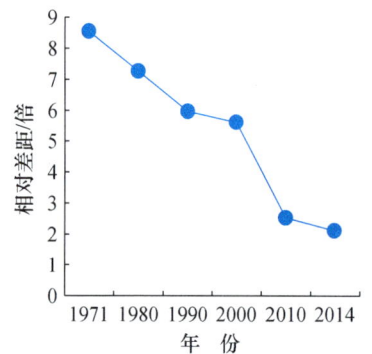

图 3-21 1971～2014 年中国人均能源消费与高收入国家的相对差距变化

数据来源:World Bank,2020。

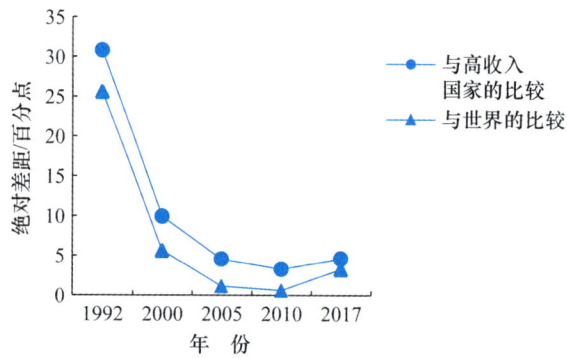

图 3-22 1992～2017 年中国简单平均关税与高收入国家、世界的绝对差距变化

数据来源:World Bank,2020。

2. 个人生活指标的趋势分析

(1) 个人生活指标发展水平的变化

个人生活指标涉及 3 个主题 6 个亚主题 14 个指标,发展趋势见表 3-18,基本事实见专栏 3-6。

表 3-18 1960～2018 年中国 14 个个人生活指标发展水平的变化

指标	1960	1970	1980	1990	2000	2010	2018	变化	增长率	趋势	性质
人均蛋白质供应[①]	39.5[a]	46.2	54.0	65.0	84.0	95.0	101.4[b]	2.57	1.70	上升	1,6
营养不良人口比例[②]	—	—	—	—	16.2	12	8.6[b]	0.53	−3.66	下降	2
儿童超重比例[②]	—	—	—	5.3	3.4	6.6	—	1.25	1.10	上升	5
平均预期寿命[②]	43.7	59.1	66.8	69.1	71.4	74.4	76.5[b]	1.75	0.99	上升	1,6
总和生育率[②]	5.8	5.7	2.6	2.3	1.6	1.6	1.7[b]	0.29	−2.13	下降	3,6

(续表)

指标	1960	1970	1980	1990	2000	2010	2018	变化	增长率	趋势	性质
家庭人均可支配收入⑤	—	—	165	189	450	1849	4267	25.86	8.94	上升	1
人均住房面积③	—	—	—	—	24.5^d	31.6	36.6^c	1.49	2.9	上升	1,6
安全饮水普及率②	—	—	—	—	80.4	88.5	92.8^b	1.15	0.85	上升	1
卫生设施普及率②	—	—	—	—	56.3	73.5	84.8^b	1.51	2.44	上升	1
汽车普及率④	—	—	—	—	7	46	99^c	14.1	19.20	上升	1,6
人均航行次数②	—	—	0.003	0.01	0.05	0.20	0.44	146.7	14.03	上升	1
网购人口比例⑤	—	—	—	—	—	12.0	43.8	3.65	17.57	其他	1
人工智能家庭普及率	—	—	—	—	—	—	—	—	—	其他	1
生活满意度⑥	—	—	—	—	7.29	6.83	6.76	6.85^c	0.93	−0.2	波动	5

注：指标单位见附表 1-1-1。(1) 变化＝终点值/起点值。增长率为从起点年到终点年的年均增长率，单位为%。(2) 变化趋势的分类标准见第二章表 2-4。根据样本观察，网购人口比例时间跨度不到 10 年；人工智能家庭普及率，没有数据。(3) 性质是根据《中国现代化报告》(基于 1750～2015 年期间可获得数据的实证分析)的经验判断：1 代表正指标，2 代表逆指标，3 代表转折指标，4 代表波动指标，5 代表中性指标，6 代表合理值的指标。(4) 数据时间：a 为 1961 年数据，b 为 2017 年数据，c 为 2015 年数据，d 为 2002 年数据，e 为 2016 年数据。(5) 其他说明：人均蛋白质供应 1961～2013 年数据为 Food Balance 统计口径，2014～2017 年为 New Food Balance 统计口径；家庭人均可支配收入用居民人均可支配收入代替；人均住房面积为城镇居民人均住房建筑面积。后同。

数据来源：① FAO，2020；② World Bank，2020；③《中国统计年鉴》数据；④《中国现代化报告 2019》数据；⑤ CNNIC(中国互联网络信息中心)数据整理所得；⑥ 世界价值观调查数据(World Value Survey)整理所得。

专栏 3-6　个人生活指标的基本事实

营养与健康。1961～2017 年，人均蛋白质供应提高了约 1.6 倍；2000～2017 年，营养不良人口比例从 16.2% 下降到 8.6%；1990～2010 年，儿童超重比例增加；1960～2017 年，平均预期寿命从 43.7 岁提高到 76.5 岁，增加了 32.8 岁。

家庭与住房。1960～2017 年，总和生育率从 5.8 下降到 1.7；1980～2018 年，家庭人均可支配收入提高了约 25 倍；2002～2016 年，人均住房面积提高了 49%。

生活模式。2000～2017 年，安全饮水普及率和卫生设施普及率分别提高了 12.4 个百分点和 28.5 个百分点；2000～2015 年，汽车普及率提高了 13 倍多；1980～2018 年，人均航行次数从 0.003 次/年提高到 0.443 次/年；2010～2018 年，网购人口比例提高了约 3 倍。

首先，总体发展趋势。14 个指标中，上升指标为 9 个，占比 64%；下降指标为 2 个，占比 14%；波动指标为 1 个，占比 7%；其他指标为 2 个，占比 14%(表 3-19)。

表 3-19　1960～2018 年个人生活指标发展趋势的分类

类型	营养与健康指标/个	家庭与住房指标/个	生活模式指标/个	合计/个	比例/(%)
上升变量	3	2	4	9	64
下降变量	1	1	0	2	14
转折变量	0	0	0	0	0
波动变量	0	0	1	1	7
其他变量	0	0	2	2	14
合计	4	3	7	14	100

注：加和不等于 100%，是四舍五入的原因。

其次，指标发展趋势。

营养与健康。

- 营养。人均蛋白质供应增加，营养不良人口比例下降，儿童超重比例上升。其中，1961~2017年，人均蛋白质供应提高约1.6倍，2000~2017年，营养不良人口比例从16.2%下降到8.6%。
- 健康。1960~2017年，平均预期寿命从43.7岁提高到76.5岁（图3-23）。

家庭与住房。

- 家庭。1960~2017年，总和生育率从5.8下降到1.7（图3-24），1980~2018年家庭人均可支配收入从165美元提高到4267美元。
- 住房。2002~2016年，人均住房面积从24.5米^{2}提高到36.6米^2。

生活模式。

- 生活方式。安全饮水普及率、卫生设施普及率、汽车普及率、人均航行次数和网购人口比例明显上升。其中，2000~2017年，安全饮水普及率和卫生设施普及率分别提高了12.4个百分点和28.5个百分点。2000~2015年，汽车普及率从7.0辆/千人上升到99辆/千人，提高了13倍多。1980~2018年，人均航行次数从0.003次/年提高到0.443次/年。2010~2018年，网购人口比例提高了约3倍。人工智能家庭普及率缺失数据。
- 生活满意度。根据世界价值观调查数据，1990~2015年，中国生活满意度在波动。

图3-23　1960~2017年中国平均预期寿命的变化

数据来源：World Bank，2020。

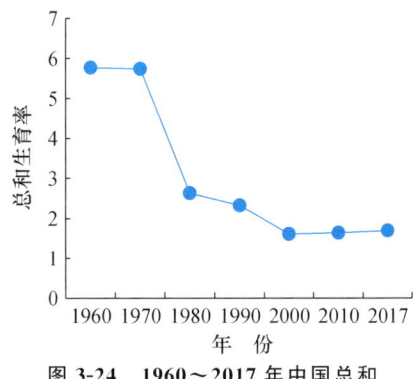

图3-24　1960~2017年中国总和生育率的变化

数据来源：World Bank，2020。

(2) 个人生活指标国际差距（差异）的变化

首先，总体变化。中国与发达国家平均值相比，绝对差距（绝对差异）缩小的指标10个，扩大的指标3个，分别占比77%和23%；相对差距（相对差异）缩小的指标11个、扩大的指标1个、不变的指标1个，分别占比85%、8%和8%（表3-20）。

表 3-20　1960～2018 年中国个人生活指标国际差距(差异)的变化

变化	项目	指标/个	比例/(%)	项目	指标/个	比例/(%)
缩小	绝对差距	10	77	相对差距	11	85
扩大	(绝对差异)	3	23	(相对差异)	1	8
不变		0	0		1	8
其他		0	0		0	0
合计		13	100		13	100

注:(1) 本表是中国与发达国家平均值面板数据简单比较的分析结果。(2) 其他包括转折、波动和其他变化。(3) 在个人生活领域 14 个指标中,中国 5 个指标已经达到或超过世界平均水平,1 个指标缺少数据,不做国际比较。(4) 加和不等于 100%,是四舍五入的原因。

有合理值指标的变化:人均蛋白质供应、平均预期寿命、总和生育率、人均住房面积、汽车普及率存在合理值。2017 年人均蛋白质供应约为 101.4 克/天、平均预期寿命约为 76.5 岁、总和生育率约为 1.7,2016 年人均住房面积约为 36.6 米^2,2015 年汽车普及率约为 99 辆/千人,目前尚没有达到合理值,还有很大发展空间。

其次,指标变化。

营养与健康。

- 营养。1961～2017 年,人均蛋白质供应与发达国家的绝对差距和相对差距均缩小,相对差距由 1.6 倍缩小到 1.1 倍;2000～2017 年,营养不良人口比例与发达国家的绝对差距从 13.4 个百分点缩小到 5.9 个百分点,相对差距均由 5.8 倍缩小到 3.2 倍;1990～2010 年,儿童超重比例与发达国家、世界平均值的绝对差异和相对差异均扩大,其中与发达国家的绝对差异扩大了约 3 倍,相对差异由 1.04 倍扩大到 1.14 倍。
- 健康。1960～2017 年,平均预期寿命与发达国家的绝对差距从约 24.8 岁缩小到约 4.2 岁(图 3-25),相对差距由约 1.6 倍缩小到 1.1 倍。

家庭与住房。

- 家庭。1960～2017 年,总和生育率与发达国家的绝对差异从每名妇女生育 2.7 个减少到约 0.1 个孩子,相对差异扩大了约 84%。

生活模式。

- 生活方式。安全饮水普及率和卫生设施普及率与发达国家的相对差距和绝对差距均缩小。其中,2002～2017 年,安全饮水普及率与发达国家的绝对差距从 17.4 个百分点缩小到 6.7 个百分点,相对差距从 1.2 倍缩小到 1.1 倍;2000～2017 年,卫生设施普及率与发达国家的绝对差距从 42.3 个百分点缩小到 14.6 个百分点,相对差距从 1.8 倍缩小到 1.2 倍;2000～2015 年,汽车普及率与发达国家的绝对差距从每千人 429 辆车缩小到 371 辆车,相对差距由 62.2 倍缩小到 4.8 倍;1974～2018 年,人均航行次数与发达国家和世界平均值的绝对差距扩大(图 3-26),相对差距缩小,其中与发达国家的绝对差距从约 0.4 次/年扩大到 1.6 次/年,相对差距由 519 倍缩小到 4.6 倍。

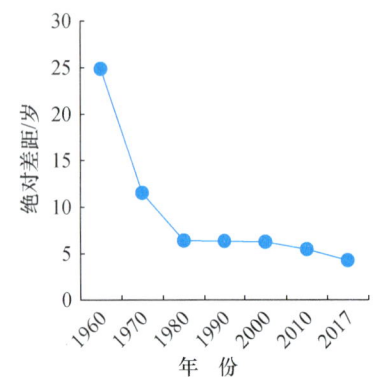

图 3-25　1960~2017 年中国平均预期寿命
与高收入国家的绝对差距变化

数据来源：World Bank，2020。

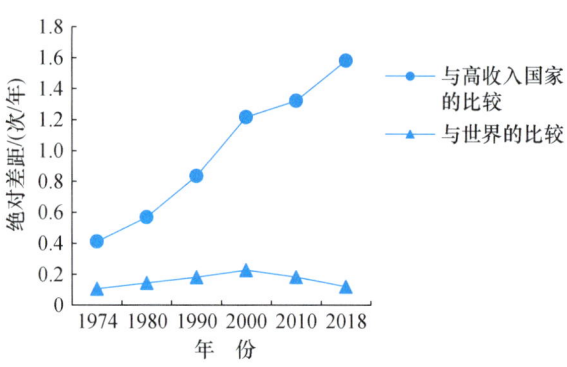

图 3-26　1974~2018 年中国人均航行次数
与高收入国家、世界的绝对差距变化

数据来源：World Bank，2020。

第二节　中国现代化指标的现实水平

中国现代化指标的水平分析，采用《中国现代化报告》长期使用的截面分析法。截面分析是对关键时期的截面数据进行分析，试图去发现和归纳其客观事实和发展趋势。本章截面分析选择 2018 年截段为分析对象，主要数据为 2015~2018 年期间最新年数据。其中，45 个指标为 2018 年数据（含有 1 个最近年数据），37 个指标为 2015~2017 年数据，8 个指标为 2010~2014 年数据（其中，3 个指标为 2014 年数据，2 个指标为 2012 年数据，1 个指标为 2011 年数据，2 个指标为 2010 年数据），10 个指标没有数据。分析内容包括现实水平（表 3-21）和国际差距（差异）。

表 3-21　2018 年截段中国现代化指标的水平分布

类型	经济/个	社会/个	政治/个	文化/个	环境/个	个人生活/个	合计/个	比例/(%)
发达经济国家水平	0	0	0	0	0	0	0	0
中等发达经济国家水平	0	0	1	9	1	3	7	12
初等发达经济国家水平	9	13	3	6	2	5	38	67
欠发达经济国家水平	5	3	2	1	1	0	12	21
合计	14	16	6	9	4	8	57	100

注：(1) 本表是中国指标与 9 组国家指标面板数据国际比较的分析结果。(2) 本表只对 72 个水平评价指标（正指标和逆指标）的发展水平进行比较和判断；其中，15 个指标缺少中国或国际统计数据，难以判断水平。(3) 其他 28 个指标提供现有数据（部分缺少数据），但不做国际比较分析。

一般而言，国际差距指发展水平的国际差距，比较适用于正指标和逆指标的国际比较；国际差异指发展状态或特征的国际差异，比较适用于中性指标、波动指标和转折指标等的国际比较。绝对差距（绝对差异）＝ 高收入国家平均值（世界平均值）－ 中国值，相对差距（相对差异）＝ 高收入国家平均值（世界平均值）/ 中国值。国际相对差异可简称为"国际相似度"。

一、中国经济和社会指标的现实水平

1. 经济指标的 2018 年截段分析

(1) 经济指标的现实水平

经济领域的 25 个指标,16 个为水平指标(正指标和逆指标),9 个为其他指标(转折指标、波动指标和其他指标)(表 2A)。水平指标可以比较和判断发展水平,其他指标可以比较和判断发展阶段和状态。经济指标的水平分析,提供数据和水平判断;其他指标的情况比较复杂,需要专题研究,这里只提供数据。社会领域等五个领域的分析,沿用这种思路和做法。

2018 年截段,中国经济指标中,约有 9 个指标达到经济初等发达国家组的水平,5 个指标为经济欠发达国家组的水平(表 3-22,表 3-23)。

表 3-22 2018 年截段中国经济指标的水平

指标	经济欠发达			经济初等发达		经济中等发达		经济发达		合计
	1组	2组	3组	4组	5组	6组	7组	8组	9组	
生产与流通	0	1	4	6	3	0	0	0	0	14
分配与消费	0	0	0	0	0	0	0	0	0	0
合计	0	1	4	6	3	0	0	0	0	14

注:其他指标 9 个,缺少数据的水平指标 2 个(国际指标数据不全),没有判断水平。

表 3-23 2018 年截段中国经济指标的国际比较

指标	中国数值	中国分组	国际对照(经济水平、国家分组、人均国民收入、指标特征值)								
			经济欠发达			经济初等发达		经济中等发达		经济发达	
			1	2	3	4	5	6	7	8	9
			519	839	1660	4544	8870	15 064	29 109	50 784	74 459
(1) 生产和效率											
人均 GDP	7753	4	529	855	1731	4712	9170	15 687	29 045	52 484	73 272
人均制造业增加值	2250ᵃ	5	46	69	223	709	1013	2571	4113	8215	9387
人均知识产业增加值	1849ᵃ	5	—	—	—	—	1846	3242	6708	14 448	22 039
人均 GDP 年增长率	6.08	—	1.87	3.05	2.6	1.87	0.34	3.71	1.73	1.9	1.33
劳动生产率	29 499	4	3302	5226	12 535	29 266	38 614	58 394	82 293	102 616	107 755
农业劳动生产率	3830	3	700	950	1972	5746	7705	17 914	32 675	55 219	76 252
工业劳动生产率	23 157	4	3404	6190	8565	16 949	27 095	34 762	77 424	132 614	194 112
服务业劳动生产率	14 992	4	2399	3706	5707	11 866	19 176	31 523	54 714	91 650	114 684
能源生产率	5.69ᵇ	2	3.5	5.1	8.6	10.2	11.1	10.2	9.8	10.7	13.7
水生产率	15.0ᶜ	4	—	—	—	15	12	64	67	142	406
(2) 经济结构											
农业增加值比例	7.2	4	29.3	30.8	16.2	8.9	4.3	3.9	2.0	1.2	1.2
工业增加值比例	40.7	—	24.4	18.2	28.2	29.9	27.5	27.5	30.0	23.5	25.2
服务业增加值比例	52.2	3	41.7	41.2	46.0	53.4	56.0	58.1	59.5	65.1	65.3
知识产业增加值比例	24.1ᵃ	5	—	—	—	—	23.3	30.2	32.1	39.8	42.9
农业劳动力比例	26.8	3	63.8	65.4	43.5	24.8	12.2	9.2	4.9	2.3	2.3
工业劳动力比例	28.6	—	10.2	9.2	16.5	22.1	22.1	27.7	24.5	20.5	19.0
服务业劳动力比例	44.6	3	25.6	25.4	40.1	53.0	65.7	63.4	70.7	77.1	78.7
知识产业劳动力比例	18.0ᶜ	—	—	—	—	—	31.6	32.8	34.4	46.1	49.8
新企业密度	—		0.1	1.5	0.7	1.7	4.9	5.5	4.3	5.8	7.6
工业机器人使用比例	97ᵃ										

(续表)

指标	中国数值	中国分组	国际对照(经济水平、国家分组、人均国民收入、指标特征值)								
			经济欠发达			经济初等发达		经济中等发达		经济发达	
			1	2	3	4	5	6	7	8	9
			519	839	1660	4544	8870	15 064	29 109	50 784	74 459
(3)流通											
通货膨胀率	2.07	—	5.81	3.62	4.38	4.35	3.1	4.01	1.47	1.63	1.62
(4)分配											
劳动者税收比例	—	—	—	—	—	—	19.8	36.8	35.0	39.2	34.3
国家税收比例	9.2^d	—	15.1	15.5	15.2	16.6	15.8	18	19.0	18.7	23.5
(5)消费和投资											
最终消费比例	53.4	—	94.3	97.5	84.4	80.0	74.8	74.3	73.3	71.0	68.4
固定资本形成比例	42.3	—	24.5	24.2	23.4	22.5	22.5	22.0	20.6	22.5	24.0

注:(1)指标单位见附表1-1-1。(2)数据时间:a为2017年数据,b为2014年数据,c为2015年数据,d为2016年数据。

(2)经济指标的国际差距(差异)

经济领域的25个指标的国际差距(差异)见表3-24。简单地说,水平指标存在国际发展水平差距,其他指标存在国际发展状态差异(包括发展阶段、特点和状态的差异)。经济指标的国际比较,分为国际水平差距(简称差距)和国际状态差异(简称差异)。社会领域等五个领域的分析沿用此思路。

表3-24 2018年截段中国经济指标的国际差距(差异)

	中国	高收入国家	高收入国家—中国	高收入国家/中国	世界	世界—中国	世界/中国	类型	性质
(1)生产和效率									
人均GDP	7753	43 559	35 806	5.6	10 858	3105	1.4	差距	1
人均制造业增加值	2250^a	6038^a	3788	2.7	1627^a	−623	0.7	差距	1,6
人均知识产业增加值	1849^a	14 237^b	12 388	7.7	—	—	—	差距	1
人均GDP年增长率	6.08	1.74	−4.3	0.3	1.84	−4.2	0.3	差异	4
劳动生产率	29 499	94 489	64 990	3.2	36 750	7251	1.2	差距	1
农业劳动生产率	3830	31 541	27 711	8.2	3192	−638	0.8	差距	1
工业劳动生产率	23 157	93 461^a	70 304	4.0	29 847	6690	1.3	差距	1
服务业劳动生产率	14 992	82 982^a	67 990	5.5	31 807	16 815	2.1	差距	1
能源生产率	5.69^c	8.9^c	3.21	1.6	7.9^c	2.21	1.4	差距	1
水生产率	15.0^d	77.9^d	62.9	5.2	16.3^d	1.3	1.1	差距	1
(2)经济结构									
农业增加值比例	7.2	1.3^a	−5.9 (5.9)	0.2 (5.5)	3.4^a	−3.8 (3.8)	0.5 (2.1)	差距	2
工业增加值比例	40.7	22.7^a	−18	0.6	25.4^a	−15.3	0.6	差异	3,6
服务业增加值比例	52.2	69.8^a	17.6	1.3	65.0^a	12.8	1.2	差距	1
知识产业增加值比例	24.1^a	38.2^d	14.1	1.6	—	—	—	差距	1
农业劳动力比例	26.8	3.0	−23.8 (23.8)	0.1 (8.9)	28.3	1.5 (−1.5)	1.1 (0.9)	差距	2
工业劳动力比例	28.6	22.5	−6.1	0.8	23.0	−5.6	0.8	差异	3,6
服务业劳动力比例	44.6	74.5	29.9	1.7	48.8	4.2	1.1	差距	1
知识产业劳动力比例	18.0^d	44.5^d	26.5	2.5	—	—	—	差距	1
新企业密度	—	4.4^c	—	—	—	—	—	差异	5
工业机器人使用比例	97^a	114	17	1.2	99	2	1.0	差距	1,6

(续表)

	中国	高收入国家	高收入国家－中国	高收入国家/中国	世界	世界－中国	世界/中国	类型	性质
(3) 流通									
通货膨胀率	2.07	1.8	−0.27	0.9	2.4	0.3	1.2	差异	4
(4) 分配									
劳动者报收比例	—	35.2[d]	—	—	17.6[d]	—	—	差异	5
国家税收比例	9.2[b]	15.6[c]	6.4	1.7	15.1[a]	5.9	1.6	差异	5
(5) 消费和投资									
最终消费比例	53.4	70.8	17.4	1.3				差异	5
固定资本形成比例	42.3	21.5	−20.8	0.5	23.6	−18.7	0.6	差异	5

注：(1) 差距指国际差距，一般适用于正指标和逆指标；差异指国际差异，一般适用于状态指标(中性、波动和转折指标)(表3-2)。(2) 指标单位见附表1-1-1。(3) 数据时间：a 为2017年数据，b 为2016年数据，c 为2014年数据，d 为2015年数据。(4) 性质是根据《中国现代化报告》(基于1750～2015年期间可获得数据的实证分析)的经验判断：1代表正指标，2代表逆指标，3代表转折指标，4代表波动指标，5代表中性指标，6代表合理值指标。(5) 农业增加值比例和农业劳动力比例为逆指标，差距为括号内数据，计算方法为：中国－高收入国家(世界)或中国/高收入国家(世界)。

中国指标与发达国家平均值的比较：

- 国际相对差距(相对差异)比较大的指标(大于1倍)：农业劳动力比例、农业劳动生产率、人均知识产业增加值、人均GDP、服务业劳动生产率、农业增加值比例、水生产率、工业劳动生产率、劳动生产率、人均制造业增加值、知识产业劳动力比例。
- 国际相对差距(相对差异)比较小的指标(大于50%小于1倍)：服务业劳动力比例、国家税收比例、知识产业增加值比例和能源生产率等。

中国指标与世界平均值的比较：

- 国际相对差距(相对差异)比较大的指标(大于1倍)：服务业劳动生产率和农业增加值比例。
- 国际相对差距(相对差异)比较小的指标(大于50%小于1倍)：国家税收比例。

2. 社会指标的2018年截段分析

(1) 社会指标的现实水平

2018年截段，中国社会指标中，约有13个指标达到经济初等发达国家组的水平，3个指标为经济欠发达国家组的水平(表3-25，表3-26)。

表3-25 2018年截段中国社会指标的水平

指标	经济欠发达			经济初等发达		经济中等发达		经济发达		合计
	1组	2组	3组	4组	5组	6组	7组	8组	9组	
人口与卫生	0	1	0	2	3	0	0	0	0	6
学习与工作	0	0	2	3	3	0	0	0	0	8
休闲与福利	0	0	0	0	2	0	0	0	0	2
合计	0	1	2	5	8	0	0	0	0	16

注：其他指标4个，缺少数据的水平指标5个(中国指标4个和国际指标1个)，没有判断水平。

表 3-26　2018 年截段中国社会指标的国际比较

指标	中国数值	中国分组	国际对照(经济水平、国家分组、人均国民收入、指标特征值)								
			经济欠发达			经济初等发达		经济中等发达		经济发达	
			1	2	3	4	5	6	7	8	9
			519	839	1660	4544	8870	15 064	29 109	50 784	74 459
(1) 人口											
人口自然增长率	0.46	—	2.69	2.7	1.79	1.12	0.85	0.09	0.72	0.59	0.82
城市人口比例	59.2	4	32.2	31.4	41.2	62.8	75.6	70.0	78.9	83.0	82.8
郊区人口比例	—						11.0	34.7	47.2	24.3	24.2
老龄人口比例	11.0		2.9	3.2	4.4	8.0	9.0	15.9	15.7	18.5	18.9
(2) 公共卫生											
医生比例	1.8ª	5	0.04	0.1	0.6	1.5	1.4	3	3.4	3.3	4.7
护士比例	2.3ª	4	0.5	0.4	1.1	2.4	2.8	6.4	6.8	11	14.3
婴儿死亡率	7.4	5	49.8	50	34.6	16.7	14.7	5	3.6	3.1	2.9
孕产妇死亡率	18.3	5	535	724	207.4	97.4	47.3	10.8	3.6	—	—
卫生支出比例	5.0ᵇ	2	6.4	5.0	5.4	6.3	6.6	6.4	7.7	10.2	11
(3) 学习											
中学普及率	95.0ª	4	39.2	45.5	67.3	88.8	100.2	105.3	110.1	122.7	125.3
大学普及率	50.6	5	6.9	10.4	18.7	43.4	50.0	67	78.1	80.6	72.3
小学生师比	17.4	4	24.4	46.8	21.5	17.8	18.9	15.4	11.6	20.3	10.2
平均受教育年限	7.9	3	4.2	3.8	6.8	9.0	9.5	11.3	10.9	12.6	12.8
受过高等教育劳动力比例①	12ᵉ									77	81.1
政府教育支出比例	4.2ᶜ	3	3.8	3.5	4.7	3.9	5.2	4.6	5.1	5.5	6.9
(4) 工作											
成年女性就业率	—		—	43.7	43.6	48.9	44.1	47.1	45.4	53.7	60.3
童工比例	—		41	31.1	22.9	12.1	4.9	4.5	—	—	—
失业率	4.4		4.2	3.1	6.0	8.9	9.2	6.2	7.3	5.1	5.1
(5) 收入与贫困											
人均国民收入	7723	4	519	839	1660	4544	8870	15 064	29 109	50 784	74 459
人均购买力	16 121	5	1385	2204	4758	10 295	16 139	25 149	39 673	48 934	55 385
收入不平等:基尼系数	38.6ª	—	39.1	47.8	39.0	39.0	45.7	36.1	32.4	30.4	29.3
绝对贫困人口比例	0.7ª	5	40	49.5	14.89	3.27	3.75	0.9	0.83	0.14	0.23
(6) 休闲											
实际平均工作时间	—					2248	1806	1803	1591	1473	
休闲和个人保健的时间	921	5			941	904	942	972	957	976	
(7) 社会保障											
养老保险覆盖率	74.4ᵈ	5	5	34.1	43.4	46.3	95.9	79.9	84	96.1	100

注:(1) 指标单位见附表 1-1-1。(2) 数据时间:a 为 2015 年数据,b 为 2016 年数据,c 为 2017 年数据,d 为 2011 年数据,e 为 2010 年数据。(3)① 国际对照指标数据做了调整,省略第 2 至第 7 组国家数据(详见表 2-29 注释)。

(2) 社会指标的国际差距(差异)

中国社会指标的国际差距(差异),因指标而异(表 3-27)。中国指标与高收入国家平均值和世界平均值的比较,有差别,可以分别讨论。

表 3-27　2018 年截段中国社会指标的国际差距(差异)

	中国	高收入国家	高收入国家—中国	高收入国家/中国	世界	世界—中国	世界/中国	类型	性质
(1) 人口									
人口自然增长率	0.46	0.5	0.04	1.1	1.1	0.64	2.4	差异	3,6
城市人口比例	59.2	81.3	22.1	1.4	55.3	−3.9	0.9	差距	1,6
郊区人口比例	—	28.3ª	—	—	—	—	—	差距	1,6
老龄人口比例	11.0	17.9	6.9	1.6	8.9	−2.1	0.8	差异	5

(续表)

	中国	高收入国家	高收入国家—中国	高收入国家/中国	世界	世界—中国	世界/中国	类型	性质
(2) 公共卫生									
医生比例[b]	1.8	3.0	1.2	1.7	1.5	−0.3	0.8	差距	1
护士比例[b]	2.3	8.8	6.5	3.8	3.4	1.1	1.5	差距	1
婴儿死亡率	7.4	4.3	−3.1 (3.1)	0.6 (1.7)	28.9	21.5 (−21.5)	3.9 (0.3)	差距	2
孕产妇死亡率	18.3	3.9[d]	−14.4 (14.4)	0.2 (4.7)				差距	2
卫生支出比例	5.0	12.6	7.6	2.5	10.0	5	2.0	差距	1,6
(3) 学习									
中学普及率[b]	95.0	107	12	1.1	75.4	−19.6	0.8	差距	1
大学普及率	50.6	76.8	26.2	1.5	37.9	−12.7	0.7	差距	1
小学生师比	17.4	14.3	−3.1 (3.1)	0.8 (1.2)	17.7	0.3 (−1.3)	1.0 (1.0)	差距	2
平均受教育年限	7.9	12.6	4.7	1.6	8.4	0.5	1.1	差距	1
受过高等教育劳动力比例	—	76.3	—	—				差距	1
政府教育支出比例	4.2[d]	5.9[e]	1.7	1.4				差距	1,6
(4) 工作									
成年女性就业率	—	50.8	—	—				差距	1
童工比例	—	—	—	—				差距	2
失业率	4.4	5.11	0.71	1.2	4.95	0.55	1.1	差异	4
(5) 收入与贫困									
人均国民收入	7723	43 922	36 199	5.7	10 880	3157	1.4	差距	1
人均购买力	16 121	45 312	29 191	2.8	15 894	−227	1.0	差距	1
收入不平等:基尼系数[b]	38.6	30.0	−8.6	0.8				差异	3
绝对贫困人口比例	0.7[b]	0.7[b]	0(0)	1.0(1.0)	10[b]	−9.3	14.3(0.1)	差距	2
(6) 休闲									
实际平均工作时间	—	1615	—	—				差距	2
休闲和个人保健的时间	921	959	38	1.0				差距	1
(7) 社会保障									
养老保险覆盖率	74.4[f]	86.4[e]	12	1.2				差距	1

注:(1) 差距指国际差距,一般适用于正指标和逆指标;差异指国际差异,一般适用于状态指标(中性、波动和转折指标)(表 3-2)。(2) 指标单位见附表 1-1-1。(3) 数据时间:a 为 2014 年数据,b 为 2015 年数据,c 为 2016 年数据,d 为 2017 年数据,e 为 2010 年数据,f 为 2011 年数据。(4) 性质是根据《中国现代化报告》(基于 1750～2015 年期间可获得数据的实证分析)的经验判断:1 代表正指标,2 代表逆指标,3 代表转折指标,4 代表波动指标,5 代表中性指标,6 代表合理值指标。(5) 婴儿死亡率、孕产妇死亡率、小学生师比、绝对贫困人口比例为逆指标,差距为括号内数据,计算方法为:中国−高收入国家(世界)或中国/高收入国家(世界)。

中国指标与发达国家平均值的比较:

- 国际相对差距(相对差异)比较大的指标(大于 1 倍):人均国民收入、孕产妇死亡率、护士比例、人均购买力、卫生支出比例。
- 国际相对差距(相对差异)比较小的指标(大于 50% 小于 1 倍):婴儿死亡率、医生比例、老龄人口比例、平均受教育年限、大学普及率。

中国指标与世界平均值的比较:

- 国际相对差距(相对差异)比较大的指标(大于 1 倍):人口自然增长率、卫生支出比例。

- 国际相对差距(相对差异)比较小的指标(大于50%小于1倍):护士比例。

二、中国政治和文化指标的现实水平

1. 政治指标的 2018 年截段分析

(1) 政治指标的现实水平

2018年截段,中国政治指标中,约1个指标达到经济中等发达国家组的水平,约有3个指标达到经济初等发达国家组的水平,2个指标为经济欠发达国家组的水平(表3-28,表3-29)。

表3-28 2018年截段中国政治指标的水平

指标	经济欠发达			经济初等发达		经济中等发达		经济发达		合计
	1组	2组	3组	4组	5组	6组	7组	8组	9组	
政治参与	0	0	0	1	0	0	0	0	0	1
国家治理	1	0	0	1	1	0	1	0	0	4
公共安全	0	0	1	0	0	0	0	0	0	1
合计	1	0	1	2	1	0	1	0	0	6

注:其他指标4个,缺少数据的水平指标2个(中国指标),没有判断水平。

表3-29 2018年截段中国政治指标的国际比较

指标	中国数值	中国分组	国际对照(经济水平、国家分组、人均国民收入、指标特征值)								
			经济欠发达			经济初等发达		经济中等发达		经济发达	
			1	2	3	4	5	6	7	8	9
			519	839	1660	4544	8870	15 064	29 109	50 784	74 459
(1) 政治参与											
选民投票率	—					—	72	62	67	73	75
女性全国人大代表比例	24.9	4	20.4	26.3	20.9	21.4	27.4	19.5	25.5	29.5	39.4
(2) 政府收支											
政府收入比例	15.8[a]	—	16.4	18.5	19.5	23.2	24	31.5	32.8	29.7	33.9
政府消费比例	14.7	—	15.6	12.6	13.5	14.1	15.5	16.9	19.7	19	21.4
转移支付比例	—		3.6	7.7	7.1	9.4	12.3	16.3	15.4	19.7	16.8
(3) 国家治理											
法律权力指数	4	1	4.4	7.1	5.8	5	5.6	6.9	4.2	6.8	6.5
营商环境指数	74.0	5	46.39	54.3	56.34	64.52	64.78	75.45	74.52	79.75	81.68
养老金支出比例	5.3	—					2.2	8	10.3	10.4	9.3
开办企业所需天数	8.5	7	26.4	20.4	26.7	20.2	34.7	14.3	13.4	7.3	6.3
平均出口通关时间	7.6[b]	4	8.3	10.5	8.9	4.5	4.8	3	6.9	—	—
(4) 国防											
国防费用比例	1.9		1.21	1.74	1.71	2.27	1.25	1.92	2.8	1.56	1.13
(5) 交通安全											
道路交通死亡率	18.2[a]	3	29.9	25.9	20.1	17.9	20	11.2	9.7	5.2	3.1

注:(1) 指标单位见附表1-1-1。(2) 数据时间:a为2016年数据,b为2012年数据。

(2) 政治指标的国际差距(差异)

中国政治指标的国际差距(差异),因指标而异(表3-30)。中国指标与高收入国家平均值和世界平均值的比较,有差别,可以分别讨论。

表 3-30 2018 年截段中国政治指标的国际差距(差异)

	中国	高收入国家	高收入国家—中国	高收入国家/中国	世界	世界—中国	世界/中国	类型	性质
(1) 政治参与									
选民投票率	—	74ᵃ	—	—	—	—	—	差距	1
女性全国人大代表比例	24.9	27.9	3.0	1.1	24	−0.9	1.0	差距	1,6
(2) 政府收支									
政府收入比例	15.8ᵇ	25.4ᵃ	9.6	1.6	24.6ᵃ	8.8	1.6	差异	5
政府消费比例	14.7	17.8	3.1	1.2	16.9	2.2	1.2	差异	5
转移支付比例	—	18.4	—	—	—	—	—	差距	1,6
(3) 国家治理									
法律权力指数	4	5.6	1.6	1.4	5.5	1.5	1.4	差距	1
营商环境指数	74.0	73.6	−0.4	1.0	62.2	−11.8	0.8	差距	1
养老金支出比例	5.3	9.2ᶜ	3.9	1.7	—	—	—	差异	5,6
开办企业所需天数①	8.5	11.8	3.3 (−3.3)	1.4 (0.7)	20.5	12.0 (−12)	2.4 (0.4)	差距	2
平均出口通关时间①	7.6ᵈ	3.7	−3.9 (3.9)	0.5 (2.1)	7.7	0.1 (−0.1)	1.0 (1.0)	差距	2
(4) 国防									
国防费用比例	1.9	2.3	0.4	1.2	2.1	0.2	1.1	差异	5
(5) 交通安全									
道路交通死亡率①	18.2	8.3	−9.9 (9.9)	0.5 (2.2)	18.1	−0.1 (0.1)	1.0 (1.0)	差距	2

注:(1) 差距指国际差距,一般适用于正指标和逆指标;差异指国际差异,一般适用于状态指标(中性、波动和转折指标)(表 3-2)。(2) 指标单位见附表 1-1-1。(3) 数据时间:a 为 2017 年数据,b 为 2016 年数据,c 为 2011 年数据,d 为 2012 年数据。(4) 性质是根据《中国现代化报告》(基于 1750~2015 年期间可获得数据的实证分析)的经验判断:1 代表正指标,2 代表逆指标,3 代表转折指标,4 代表波动指标,5 代表中性指标,6 代表合理值指标。(5)① 开办企业所需天数、平均出口通关时间、道路交通死亡率为逆指标,差距为括号内数据,计算方法为:中国—高收入国家(世界)或中国/高收入国家(世界)。

中国指标与发达国家平均值的比较:

- 国际相对差距(相对差异)比较大的指标(大于 1 倍):道路交通死亡率、平均出口通关时间。
- 国际相对差距(相对差异)比较小的指标(大于 50%小于 1 倍):养老金支出比例、政府收入比例。

中国指标与世界平均值的比较:

- 国际相对差距(相对差异)比较大的指标(大于 1 倍):无此区间内的指标。
- 国际相对差距(相对差异)比较小的指标(大于 50%小于 1 倍):政府收入比例。

2. 文化指标的 2018 年截段分析

(1) 文化指标的现实水平

2018 年截段,中国文化指标中,约有 2 个指标达到经济中等发达国家组的水平,约有 6 个指标达到经济初等发达国家组的水平,1 个指标为经济欠发达国家组的水平(表 3-31,表 3-32)。

表 3-31 2018 年截段中国文化指标的水平

指标	经济欠发达			经济初等发达		经济中等发达		经济发达		合计
	1组	2组	3组	4组	5组	6组	7组	8组	9组	
文化生活	0	0	1	3	0	0	0	0	0	4
科技与创新	0	0	0	1	2	0	2	0	0	5
合计	0	0	1	4	2	0	2	0	0	9

注：其他指标 1 个（没有数据），缺少数据的国际指标 1 个、中国指标 1 个（可能统计口径不同），没有判断水平。

表 3-32 2018 年截段中国文化指标的国际比较

指标	中国数值	中国分组	国际对照（经济水平、国家分组、人均国民收入、指标特征值）								
			经济欠发达			经济初等发达		经济中等发达		经济发达	
			1	2	3	4	5	6	7	8	9
			519	839	1660	4544	8870	15 064	29 109	50 784	74 459
(1) 大众文化											
人均年看电影次数	1.23^a	4	—	—	0.6	0.5	1.3	1.6	2	2.7	2.2
人均出国旅游次数	0.10^a	3	0	0.01	0.07	0.21	0.16	0.72	0.59	0.92	1.72
(2) 网络文化											
互联网普及率	54.3^a	4	10.9	19.8	33.4	53	64.2	75.6	81.7	87.2	94.7
移动通信普及率	115	4	52.9	90.6	100.1	111.9	122.2	129.5	128.7	119.5	121.8
网络音乐用户比例	41.3		—	—	—	—	—	—	—	10.9	—
网络犯罪报案比例			—	—	—	—	—	—	—	980	—
(3) 科技											
科研经费比例	2.13^a	7	0.34	0.29	0.26	0.31	0.82	0.94	1.99	2.37	2.84
科研人员比例	1235^a	5	34	33	496	783	1342	2207	3597	4990	7322
发明专利申请比例①	10.0	7	0	0	0.06	0.2	1.06	0.57	3.66	3.88	1.88
人均知识产权出口	3.99	5	0.31	—	0.43	1.97	3.42	22.07	71.37	722.91	1109.3
人均知识产权进口	25.7	4	0.22	0.11	2.3	14.91	30.58	66.48	127.75	1911.8	623.5
(4) 创新											
企业创新比例②	38.7^b	—	26.2	10	17.8	8.3	5.7	10.3	15.1	—	—

注：(1) 指标单位见表 3-12。(2) 数据时间：a 为 2017 年数据，b 为 2012 年数据。(3) ① 发明专利申请比例指标，难以判断水平，暂定为"中等发达水平"。② 企业创新比例，可能统计口径不同，不判断发展水平。

(2) 文化指标的国际差距

中国文化指标的国际差距，因指标而异（表 3-33）。中国指标与高收入国家平均值和世界平均值的比较，有差别，可以分别讨论。

表 3-33 2018 年截段中国文化指标的国际差距

指标	中国	高收入国家	高收入国家—中国	高收入国家/中国	世界	世界—中国	世界/中国	类型	性质
(1) 大众文化									
人均年看电影次数^a	1.23	2.62	1.39	2.1	—	—	—	差距	1,6
人均出国旅游次数^a	0.10	0.67	0.57	6.7	0.21	0.11	2.1	差距	1
(2) 网络文化									
互联网普及率^a	54.3	85	30.7	1.6	49.7	−4.6	0.9	差距	1
移动通信普及率	115	126	11	1.1	105	−10	0.9	差距	1
网络音乐用户比例	41.3	10.9	−30.4	0.3	—	—	—	差距	1
网络犯罪报案比例	—	980	—	—	—	—	—	差距	5

(续表)

	中国	高收入国家	高收入国家—中国	高收入国家/中国	世界	世界—中国	世界/中国	类型	性质
(3) 科技									
科研经费比例[a]	2.13	2.57	0.44	1.2	2.3	0.17	1.1	差距	1,6
科研人员比例	1235[a]	4158[b]	2923	3.4	1478[b]	243	1.2	差距	1,6
发明专利申请比例	10.0	6.76	−3.24	0.7	3.02	−6.98	0.3	差距	1
人均知识产权出口	3.99	306	302	76.7	50	46	12.5	差距	1
人均知识产权进口	25.7	289	263	11.2	56	30.3	2.2	差距	1
(4) 创新									
企业创新比例	—	17.1	—		14.5	—		差距	1

注：(1) 差距指国际差距，一般适用于正指标和逆指标；差异指国际差异，一般适用于状态指标（中性、波动和转折指标）（表 3-2）。(2) 指标单位见附表 1-1-1。(3) 数据时间：a 为 2017 年数据，b 为 2015 年数据。(4) 性质是根据《中国现代化报告》（基于 1750～2015 年期间可获得数据的实证分析）的经验判断：1 代表正指标，2 代表逆指标，3 代表转折指标，4 代表波动指标，5 代表中性指标，6 代表合理值指标。

中国指标与发达国家平均值的比较：

- 国际相对差距比较大的指标（大于 1 倍）：人均知识产权出口、人均知识产权进口、人均出国旅游次数、科研人员比例、人均年看电影次数。
- 国际相对差距比较小的指标（大于 50% 小于 1 倍）：互联网普及率。

中国指标与世界平均值的比较：

- 国际相对差距比较大的指标（大于 1 倍）：人均知识产权出口、人均知识产权进口、人均出国旅游次数。
- 国际相对差距比较小的指标（大于 50% 小于 1 倍）：无此区间内的指标。

三、中国环境和个人生活指标的现实水平

1. 环境指标的 2018 年截段分析

(1) 环境指标的现实水平

2018 年截段，中国环境指标中，约有 1 个指标达到经济中等发达国家组的水平，约有 2 个指标达到经济初等发达国家组的水平，1 个指标为经济欠发达国家组的水平（表 3-34，表 3-35）。

表 3-34　2018 年截段中国环境指标的水平

指标	经济欠发达			经济初等发达		经济中等发达		经济发达		合计
	1组	2组	3组	4组	5组	6组	7组	8组	9组	
生态环境	0	0	0	0	2	0	1	0	0	4
国际环境	0	0	1	0	0	0	0	0	0	0
合计	0	0	1	0	2	0	1	0	0	4

注：其他指标 7 个，缺少数据指标 1 个（国际数据不全），没有判断水平。

表 3-35　2018 年截段中国环境指标的国际比较

指标	中国数值	中国分组	国际对照(经济水平、国家分组、人均国民收入、指标特征值)								
			经济欠发达			经济初等发达		经济中等发达		经济发达	
			1	2	3	4	5	6	7	8	9
			519	839	1660	4544	8870	15 064	29 109	50 784	74 459
(1) 能源											
人均能源消费	2237a	5	389	449	537	1300	1818	2563	4080	4673	4124
可再生能源消费比例	12.4b	—	82	76.5	45.9	22.9	19.5	22.8	13.6	14.2	42.4
(2) 资源											
人均淡水消费	433b	—	—	—	—	599	642	396	471	475	182
森林覆盖率	22.4c	—	23.1	24	27.9	26.3	34.9	35.9	31.1	32.4	37.2
(3) 大气环境											
PM$_{2.5}$ 年均浓度	52.7d	—	39.6	48.8	38.8	25.9	19.6	17.4	25.8	10.7	8.4
二氧化碳排放密度	1.2a	—	0.3	0.29	0.63	0.69	0.58	0.45	0.37	0.2	0.09
(4) 环境治理											
生活废水处理率	94.5d	5	—	—	—	—	82	100	92	97	100
城市废物处理率	99.0	7	—	—	—	—	—	95	94	100	100
(5) 国际移民											
国际移民比例	0.07b	—	1.58	2.27	1.75	5.5	4.83	6.35	19.41	16.52	17.62
(6) 国际贸易											
国际贸易比例	38.2	—	64.3	68.1	76	85.5	60.4	108.4	87.7	110.3	96.4
(7) 国际投资											
外国直接投资净流入比例	1.5	—	4.8	2.7	2.61	4.44	3.31	−1.44	2.07	1.36	−2.91
(8) 关税											
简单平均关税	8.5d	3	12.2	13.2	7.46	5.2	7.09	3.21	2.9	2.33	3.28

注:(1) 指标单位见附表 1-1-1。(2) 数据时间:a 为 2014 年数据,b 为 2015 年数据,c 为 2016 年数据,d 为 2017 年数据。(3) 其他说明:生活废水处理率采用城市污水处理率,城市废物处理率采用城市生活垃圾无害化处理率,后同。

(2) 环境指标的国际差距(差异)

中国环境指标的国际差距(差异),因指标而异(表 3-36)。中国指标与高收入国家平均值和世界平均值的比较,有差别,可以分别讨论。

表 3-36　2018 年截段中国环境指标的国际差距(差异)

	中国	高收入国家	高收入国家—中国	高收入国家/中国	世界	世界—中国	世界/中国	类型	性质
(1) 能源									
人均能源消费a	2237	4733	2496	2.1	1922	−315	0.9	差距	1,6
可再生能源消费比例b	12.4	11.2	−1.2	0.9	18.1	5.7	1.5	差异	3
(2) 资源									
人均淡水消费c	433b	454c	21	1.0	—	—	—	差距	1,6
森林覆盖率d	22.4	29	6.6	1.3	30.7	8.3	1.4	差异	3
(3) 大气环境									
PM$_{2.5}$ 年均浓度e	52.7	14.68	−38.0	0.3	45.52	−7.2	0.9	差异	3
二氧化碳排放密度a	1.2	0.27	−0.93	0.2	0.49	−0.71	0.4	差异	3
(4) 环境治理									
生活废水处理率e	94.5	98	3.5	1.0	—	—	—	差距	1
城市废物处理率	99.0	100	1	1.01	—	—	—	差距	1
(5) 国际移民									
国际移民比例b	0.07	13.56	13.49	193.7	3.35	3.28	47.9	差异	5

(续表)

	中国	高收入国家	高收入国家—中国	高收入国家/中国	世界	世界—中国	世界/中国	类型	性质
(6) 国际贸易									
国际贸易比例	38.2	62.7	24.5	1.6	59.4	21.2	1.6	差异	5
(7) 国际投资									
外国直接投资净流入比例	1.5	1.1	−0.4	0.7	1.4	−0.1	0.9	差异	5
(8) 关税									
简单平均关税	8.5	3.85	−4.7 (4.7)	0.5 (2.2)	5.17	−3.3 (3.3)	0.6 (1.6)	差距	2,6

注:(1) 差距指国际差距,一般适用于正指标和逆指标;差异指国际差异,一般适用于状态指标(中性、波动和转折指标)(表3-2)。(2) 指标单位见附表1-1-1。(3) 数据时间:a 为2014 年数据,b 为2015 年数据,c 为2012 年数据,d 为2016 年数据,e 为2017 年数据。(4) 性质是根据《中国现代化报告》(基于1750～2015 年期间可获得数据的实证分析)的经验判断:1 代表正指标,2 代表逆指标,3 代表转折指标,4 代表波动指标,5 代表中性指标,6 代表合理值指标。(5) 简单平均关税为逆指标,差距为括号内数据,计算方法为:中国—高收入国家(世界)或中国/高收入国家(世界)。

中国指标与发达国家平均值的比较:

- 国际相对差距(相对差异)比较大的指标(大于1倍):国际移民比例、简单平均关税和人均能源消费。
- 国际相对差距(相对差异)比较小的指标(大于50%小于1倍):国际贸易比例。

中国指标与世界平均值的比较:

- 国际相对差距(相对差异)比较大的指标(大于1倍):国际移民比例。
- 国际相对差距(相对差异)比较小的指标(大于50%小于1倍):简单平均关税、国际贸易比例、可再生能源消费比例。

2. 个人生活指标的2018年截段分析

(1) 个人生活指标的现实水平

2018年截段,中国个人生活指标中,约有3个指标达到经济中等发达国家组的水平,约有5个指标达到经济初等发达国家组的水平(表3-37,表3-38)。

表3-37 2018年截段中国个人生活指标的水平

指标	经济欠发达			经济初等发达		经济中等发达		经济发达		合计
	1组	2组	3组	4组	5组	6组	7组	8组	9组	
营养与健康	0	0	0	1	0	2	0	0	0	3
家庭与住房	0	0	0	0	0	0	0	0	0	0
生活模式	0	0	0	4	0	0	1	0	0	5
合计	0	0	0	5	0	2	1	0	0	8

注:其他指标3个,缺少数据(数据不全)的水平指标3个(中国指标1个和国际指标2个),没有判断水平。

表 3-38　2018 年截段中国个人生活指标的国际比较

指标	中国数值	中国分组	国际对照(经济水平、国家分组、人均国民收入、指标特征值)								
			经济欠发达			经济初等发达		经济中等发达		经济发达	
			1	2	3	4	5	6	7	8	9
			519	839	1660	4544	8870	15 064	29 109	50 784	74 459
(1) 营养											
人均蛋白质供应	101.4[a]	6	58.2	64.6	68.7	77.5	81.8	94.8	103	105.8	105.1
营养不良人口比例	8.6[a]	4	30.8	20.9	17.3	10.0	8.3	2.6	2.9	2.5	2.5
儿童超重比例	6.6[b]	—	4.1	3.8	4.6	8.6	13.1		9.5	6	
(2) 个人健康											
平均预期寿命	76.5[a]	6	61.1	62.4	66.7	73.1	74.2	76.5	80.6	81.8	82.4
(3) 家庭											
总和生育率	1.7[a]	—	4.8	4.64	3.31	2.45	2.17	1.69	1.73	1.62	1.72
家庭人均可支配收入	4267		—	—	—	12 330	17 530	22 050	31 272	32 905	
(4) 住房											
人均住房面积	36.6[c]					25.87	26.91	33.97	37.77	48.06	
(5) 生活方式											
安全饮水普及率	92.8[a]	4	55.2	64.1	79.1	91.4	96.2	99	99.9	99.6	100
卫生设施普及率	84.8[a]	4	21.5	35.1	58	82.7	87.5	95.7	99.6	98.8	99.2
汽车普及率	99.0[d]	4	8	15	34	97	169	339	444	473	485
人均航行次数	0.44	4	0.03	0.08	0.1	0.28	0.6	1.04	1.38	4.87	3.39
网购人口比例	43.8	7					12.5	39.4	41.2	62.5	75.5
人工智能家庭普及率	—										
(6) 生活满意度											
生活满意度	6.85[d]	—	—	—	—	—	6	6.9	6.2	6.9	7.5

注:(1) 指标单位见附表 1-1-1。(2) 数据时间:a 为 2017 年数据,b 为 2010 年数据,c 为 2016 年数据,d 为 2015 年数据。

(2) 个人生活指标的国际差距(差异)

中国个人生活指标的国际差距(差异),因指标而异(表 3-39)。中国指标与高收入国家平均值和世界平均值的比较,有差别,可以分别讨论。

表 3-39　2018 年截段中国个人生活指标的国际差距(差异)

	中国	高收入国家	高收入国家—中国	高收入国家/中国	世界	世界—中国	世界/中国	类型	性质
(1) 营养									
人均蛋白质供应[a]	101.4	105.6	4.2	1.0	81.2	−20.2	0.8	差距	1,6
营养不良人口比例[a]	8.6	2.7	−5.9 (5.9)	0.3 (3.2)	10.8	2.2 (−2.2)	1.3 (0.8)	差距	2
儿童超重比例	6.6[b]	6.1	−0.5	0.9	5.6	−1.0	0.8	差异	5
(2) 个人健康									
平均预期寿命[a]	76.5	80.7	4.2	1.1	72.4	−4.1	0.9	差距	1,6
(3) 家庭									
总和生育率[a]	1.7	1.63	−0.07	1.0	2.43	0.73	1.4	差异	3,6
家庭人均可支配收入	4267	32 905[a]	28 638	7.7	—	—	—	差距	1
(4) 住房									
人均住房面积	36.6[c]	39.83	3.23	1.1	—	—	—	差距	1,6

(续表)

	中国	高收入国家	高收入国家－中国	高收入国家/中国	世界	世界－中国	世界/中国	类型	性质
(5) 生活方式									
安全饮水普及率a	92.8	99.5	6.7	1.1	89.6	−3.2	1.0	差距	1
卫生设施普及率a	84.8	99.4	14.6	1.2	73.4	−11.4	0.9	差距	1
汽车普及率c	99.0	470	371	4.7	129	30	1.3	差距	1.6
人均航行次数	0.44	2.02	1.58	4.6	0.56	0.12	1.3	差距	1
网购人口比例	43.8	63.1c	19.3	1.4	—	—	—	差距	1
人工智能家庭普及率	—	—	—	—	0.215	—	—	差距	1
(6) 生活满意度									
生活满意度	6.85d	7a	0.15	1.0	—	—	—	差异	5

注：(1) 差距指国际差距，一般适用于正指标和逆指标；差异指国际差异，一般适用于状态指标（中性、波动和转折指标）(表 3-2)。(2) 指标单位见附表 1-1-1。(3) 数据时间：a 为 2017 年数据，b 为 2010 年数据，c 为 2016 年数据，d 为 2015 年数据。(4) 性质是根据《中国现代化报告》（基于 1750～2015 年期间可获得数据的实证分析）的经验判断：1 代表正指标，2 代表逆指标，3 代表转折指标，4 代表波动指标，5 代表中性指标，6 代表合理值指标。(5) 营养不良人口比例为逆指标，差距为括号内数据，计算方法为：中国－高收入国家（世界）或中国/高收入国家（世界）。

中国指标与发达国家平均值的比较：

- 国际相对差距（相对差异）比较大的指标（大于 1 倍）：家庭人均可支配收入、汽车普及率、人均航行次数、营养不良人口比例。
- 国际相对差距（相对差异）比较小的指标（大于 50% 小于 1 倍）：无此区间内的指标。

中国指标与世界平均值的比较：

- 国际相对差距（相对差异）比较大的指标（大于 1 倍）：无此区间内的指标。
- 国际相对差距（相对差异）比较小的指标（大于 50% 小于 1 倍）：无此区间内的指标。

第三节　中国现代化指标的前景分析

关于中国现代化指标的前景分析，属于一种预测研究。在本报告里，中国现代化指标的前景分析，时间跨度约为 30 年（2018～2050 年），分析内容包括发展水平和国际差距的预测等。这种前景分析，只是提出一种可能性，而不是精确预见。

如果 21 世纪前 50 年，① 全球科技突破频率、创新扩散速率、世界文化和国际竞争的合理程度不低于 20 世纪后 50 年，② 不发生改变人类命运的重大危机（如重大疾病、战争、能源危机等），③ 未来大约 30 年（2018～2050 年）中国经济和科技的平均发展速度不低于过去大约 30 年（1990～2018 年）的平均速度的 60%，那么，可以根据中国过去大约 30 年（1990～2018 年）的水平和平均速度的 60%，外推中国未来大约 30 年的发展水平（表 3-40）。21 世纪有很多不确定因素，外推分析只提供一种可能性，其预测结果只有一定参考意义。

表 3-40 2035 年和 2050 年中国现代化指标水平的前景分析　　　　　　　　　　　　　　单位：个

项目		2035 年		2050 年	
		采用统一分类标准的分类	采用两种分类标准的分类	采用统一分类标准的分类	采用两种分类标准的分类
情景一	发达水平	16	6	27	22
	中等发达水平	24	22	28	29
	合计	40	28	55	51
	指标总数	64	64	64	64
情景二	发达水平	12	6	23	14
	中等发达水平	27	18	25	18
	合计	39	24	48	32
	指标总数	64	64	64	64

注：(1) 情景一，参考 2000～2018 年年均增长率的 60% 估算；情景二，参考 1990～2018 年年均增长率的 60% 估算；部分指标增长率有调整。(2) 在中国 72 个水平评价指标中，有 8 个指标因数据缺失或数据不全没有进行预测或水平判断；实际进行水平判断的水平评价指标只有 64 个。(3) 水平评价指标包括正指标和逆指标，其水平计算和水平判断方法有所不同（表 1-45）。(4) 采用统一分类标准的分类。其中，发达水平：指标水平达到或超过发达国家平均水平的 80%；中等发达水平：指标水平达到或超过发达国家平均水平的 50% 和世界平均水平，但低于发达国家水平的 80%。(5) 采用两种分类标准的分类，其中，两种分类标准指开放型和适度型指标的分类标准（表 1-45，附表 1-1-2）。① 开放型指标的分类标准。发达水平：指标水平达到或超过发达国家平均水平的 80%；中等发达水平：指标水平达到或超过发达国家平均水平的 50% 和世界平均水平，但低于发达国家水平的 80%。② 适度型指标的分类标准。发达水平：指标水平达到或超过发达国家平均水平的 100%；中等发达水平：指标水平达到或超过发达国家平均水平的 80% 和世界平均水平，但低于发达国家平均水平的 100%。(6) 未来具有不确定性，关于未来的预测只有一定参考意义，需谨慎对待。

按指标性质分类，中国现代化 100 个指标包括 59 个正指标、13 个逆指标、9 个转折指标、3 个波动指标和 16 个中性指标。我们把正指标和逆指标合称为水平评价指标，把转折指标、波动指标和中性指标合称为其他指标。水平评价指标为 72 个，其他指标为 28 个。如果按功能分类，72 个水平评价指标中，包含 22 个特征指标。中国现代化指标的前景分析，对水平评价指标进行水平预测和判断；对其他指标只提供预测数值，需要专题研究。

一、经济和社会指标的前景分析

1. 经济指标的前景分析

(1) 中国经济指标发展水平的前景分析

2035 年，参考 2000～2018 年年均增长率估算，按统一分类标准分类，没有指标达到发达水平，7 个指标可能达到中等发达水平；参考 1990～2018 年年均增长率估算，没有指标达到发达水平，5 个指标可能达到中等发达水平（表 3-41，表 3-42）。

2050 年，参考 2000～2018 年年均增长率估算，按统一分类标准分类，6 个指标可能达到发达水平，8 个指标可能达到中等发达水平；参考 1990～2018 年年均增长率估算，2 个指标可能达到发达水平，7 个指标可能达到中等发达水平（表 3-41，表 3-42）。

第三章 中国现代化的100个指标　165

表3-41　2035年和2050年中国经济指标发展水平的前景预测　　　　　　　　　　　　　单位：个

项目	年份	参考2000～2018年年均增长率		参考1990～2018年年均增长率	
		中等发达水平	发达水平	中等发达水平	发达水平
按统一分类标准的分类	2035	7	0	5	0
	2050	8	6	7	0
按开放型和适度型指标水平分类标准的分类	2035	2	0	2	0
	2050	7	4	3	1

表3-42　2020～2050年中国经济指标发展水平的情景分析

项目	增长率		起点（基线值）	2020	2030	2035	2040	2050	变化Ⅰ	变化Ⅱ	性质
	实际值	预测值									
参考2000～2018年年均增长率估算											
人均GDP	8.56	6.00	7753	8711	15601	20877	27938	50033	—	M	1
人均制造业增加值	13.20	4.00	2250ª	2531	3746	4558	5546	8209	M	A	1,6
人均知识产业增加值	17.87	8.00	1849ª	2329	5029	7389	10856	23438	—	M	1
人均GDP年增长率	-3.11	-1.87	6.08	5.86	4.85	4.41	4.02	3.33	—	—	4
劳动生产率	8.79	3.50	29499	31600	52941	58697	62877	88695	—	M	1
农业劳动生产率	7.31	5.00	3830	4223	6878	8778	11204	18250	—	M	1
工业劳动生产率	8.31	6.00	23157	26019	46596	62357	83447	149441	M	A	1
服务业劳动生产率	6.19	4.00	14992	16215	24003	29203	35530	52593	—	M	1
能源生产率	2.37	2.50	5.69ᵇ	6.6	8.4	9.6	10.8	13.8	—	A	1
水生产率	9.10	5.46	15.0ᶜ	20	33	43	57	96	—	M	1
农业增加值比例	-3.90	-4.00	7.19	6.6	4.4	3.6	2.9	1.9	—	—	2
工业增加值比例	-0.62	-1.00	40.7	39.9	36.1	34.3	32.6	29.5	—	—	3,6
服务业增加值比例	1.52	—	52.2	53.5	59.5	62.1	64.4	68.5	—	A	1
知识产业增加值比例	3.21	2.00	24.1ª	25.6	31.2	34.4	38.0	46.3	M	A	1
农业劳动力比例	-3.41	-4.00	26.8	24.7	16.4	13.4	10.9	7.3	—	—	2
工业劳动力比例	0.91	-0.20	28.6	28.5	27.9	27.6	27.4	26.8	—	—	3,6
服务业劳动力比例	3.11	—	44.6	46.8	55.7	59.0	61.7	65.9	M	M	1
知识产业劳动力比例	6.49	3.00	18.0ᶜ	19.1	25.7	29.8	34.5	46.4	—	A	1
新企业密度ᵉ	—	1.00	2.0	2.1	2.3	2.4	2.6	2.8	—	—	5
工业机器人使用比例	—	5.00	97ª	107	174	222	284	462	M	M	1,6
通货膨胀率	10.38	1.04	2.07	2.1	2.3	2.5	2.6	2.9	—	—	4
劳动者税收比例ᵉ	—	1.50	10.0	10.8	12.5	13.5	14.5	16.8	—	—	5
国家税收比例	0.61	0.37	9.2ᵈ	9.3	9.7	9.9	10.1	10.4	—	—	5
最终消费比例	-0.96	0.90	53.4	54.4	59.5	62.2	65.0	71.1	—	—	5
固定资本形成比例	1.32	-2.00	42.3	40.6	33.2	30.0	27.1	22.2	—	—	5
参考1990～2018年年均增长率估算											
人均GDP	8.81	5.29	7753	8594	14385	18611	24079	40303	—	M	1
人均制造业增加值	—	3.00	2250ª	2459	3304	3830	4441	5968	—	M	1,6
人均知识产业增加值	—	7.00	1849ª	2265	4456	6249	8765	17243	—	—	1
人均GDP年增长率	3.39	-0.50	6.08	6.02	5.73	5.58	5.45	5.18	—	—	4
劳动生产率	9.00	4.00	29499	31906	57461	64636	69910	103484	M	M	1

(续表)

项目	增长率 实际值	增长率 预测值	起点（基线值）	2020	2030	2035	2040	2050	变化 I	变化 II	性质
农业劳动生产率	6.42	3.85	3830	4131	6028	7281	8796	12 835	—	—	1
工业劳动生产率	9.06	5.44	23 157	25 744	43 717	56 970	74 239	126 070	—	M	1
服务业劳动生产率	5.87	3.52	14 992	16 067	22 711	27 002	32 103	45 380	—	—	1
能源生产率**	4.50	2.70	5.69^b	6.7	8.7	10.0	11.4	14.8	M	A	1
水生产率	9.20	5.52	15.0^c	20	34	44	58	98	—	—	1
农业增加值比例	−4.56	−2.74	7.19	6.8	5.2	4.5	3.9	3.0	—	—	2
工业增加值比例	−0.03	−1.00	40.7	39.9	36.1	34.3	32.6	29.5	—	—	3,6
服务业增加值比例	1.72	—	52.2	53.3	58.8	61.2	63.5	67.5	—	A	1
知识产业增加值比例	—	1.80	24.1^a	25.4	30.4	33.2	36.3	43.4	M	M	1
农业劳动力比例	−2.84	−3.00	26.8	25.2	18.6	16.0	13.7	10.1	—	—	2
工业劳动力比例	1.04	−0.50	28.6	28.3	26.9	26.3	25.6	24.4	—	—	3,6
服务业劳动力比例	3.19	—	44.6	46.5	54.5	57.8	60.7	65.5	M	M	1
知识产业劳动力比例	4.42	2.65	18.0^c	20.5	26.7	30.4	34.6	45.0	M	M	1
新企业密度*	—	2.00	2.0	2.2	2.7	3.0	3.3	4.0	—	—	5
工业机器人使用比例	—	3.00	97^a	103	138	160	186	250	—	—	1,6
通货膨胀率	−1.37	−0.82	2.07	2.0	1.9	1.8	1.7	1.6	—	—	4
劳动者税收比例*	—	1.00	10.0	10.5	11.6	12.2	12.8	14.2	—	—	5
国家税收比例	—	0.20	9.2^d	9.3	9.5	9.6	9.7	9.8	—	—	5
最终消费比例	−0.62	0.80	53.4	54.3	58.8	61.1	63.6	68.9	—	—	5
固定资本形成比例	1.95	−1.50	42.3	41.0	35.3	32.7	30.3	26.1	—	—	5

注：(1) 采用统一分类标准分类，M 指达到中等发达水平，A 指达到发达水平。(2) 指标单位见附表1-1-1。(3) 实际增长率约为真实增长率的 60%，即分别为 2000～2018 年年均增长率的 60% 或 1990～2018 年年均增长率的 60%；后同。(4) 基线值和数据来源见表3-3（数值为 2018 年或最近可获得年数据）；基线值对应的年份，没有标注的指标数据为 2018 年值；其他数据：a 为 2017 年数据，b 为 2014 年数据，c 为 2015 年数据，d 为 2016 年数据。(5) 指标说明：* 劳动者税收比例、新企业密度的数据采用 2015 年世界平均值，仅供参考。** 水平分类有所调整。(6) 服务业比例预测：服务业比例 = 100 − 农业比例 − 工业比例。(7) 本预测主要是根据面板数据的预测，仅供参考。

情景一：参考 2000～2018 年年均增长率估算

- 2035 年，中国经济指标中，人均制造业增加值、劳动生产率、工业劳动生产率、知识产业增加值比例、服务业劳动力比例、知识产业劳动力比例、工业机器人使用比例等，有可能达到或超过中等发达水平。
- 2050 年，中国经济指标中，人均制造业增加值、工业劳动生产率、能源生产率、服务业增加值比例、知识产业增加值比例、知识产业劳动力比例等指标，有可能达到发达水平；人均 GDP、人均知识产业增加值、劳动生产率、农业劳动生产率、服务业劳动生产率、水生产率、服务业劳动力比例、工业机器人使用比例等指标，有可能达到或超过中等发达水平。

情景二：参考 1990～2018 年年均增长率估算

- 2035 年，中国经济指标中，劳动生产率、能源生产率、知识产业增加值比例、服务业劳动力比例、知识产业劳动力比例等指标，有可能达到或超过中等发达水平。
- 2050 年，中国经济指标中，能源生产率、服务业增加值比例等指标，有可能达到发达水平；人均 GDP、人均制造业增加值、劳动生产率、工业劳动生产率、知识产业增加值比例、服务业劳动力比例、知识产业劳动力比例等指标，有可能达到或超过中等发达水平。

(2) 中国经济指标国际差距(差异)的前景分析[①]**(见附表 1-3-1)**

情景一：参考 2000~2018 年年均增长率估算

2035 年中国与发达国家平均值的比较：

- 国际相对差距(相对差异)比较大的指标(大于 1 倍)：农业劳动力比例、农业劳动生产率、水生产率、农业增加值比例、人均知识产业增加值、服务业劳动生产率、人均 GDP、工业劳动生产率等。
- 国际相对差距(相对差异)比较小的指标(大于 50% 小于 1 倍)：劳动生产率、知识产业劳动力比例、人均制造业增加值等。

2035 年中国与世界平均值的比较：

- 国际相对差距(相对差异)比较大的指标(大于 1 倍)：无此区间内的指标。
- 国际相对差距(相对差异)比较小的指标(大于 50% 小于 1 倍)：人均知识产业增加值、农业增加值比例等。

2050 年中国与发达国家平均值的比较：

- 国际相对差距(相对差异)比较大的指标(大于 1 倍)：农业劳动力比例、水生产率、农业增加值比例、农业劳动生产率等。
- 国际相对差距(相对差异)比较小的指标(大于 50% 小于 1 倍)：服务业劳动生产率、人均知识产业增加值、工业机器人使用比例。

2050 年中国与世界平均值的比较：

- 国际相对差距(相对差异)比较大的指标(大于 1 倍)：无此区间内的指标。
- 国际相对差距(相对差异)比较小的指标(大于 50% 小于 1 倍)：无此区间内的指标。

情景二：参考 1990~2018 年年均增长率估算

2035 年中国与发达国家平均值的比较：

- 国际相对差距(相对差异)比较大的指标(大于 1 倍)：农业劳动力比例、农业劳动生产率、人均知识产业增加值、农业增加值比例、水生产率、服务业劳动生产率、人均 GDP、工业劳动生产率、人均制造业增加值等。
- 国际相对差距(相对差异)比较小的指标(大于 50% 小于 1 倍)：劳动生产率、知识产业劳动力比例、工业机器人使用比例、知识产业增加值比例等。

2035 年中国与世界平均值的比较：

- 国际相对差距(相对差异)比较大的指标(大于 1 倍)：农业增加值比例、人均知识产业增加值。
- 国际相对差距(相对差异)比较小的指标(大于 50% 小于 1 倍)：无此区间内的指标。

2050 年中国与发达国家平均值的比较：

[①] 中国经济指标国际差距(差异)的前景分析，仅针对水平指标(正指标与逆指标)进行比较。同样见于社会、政治、文化、环境和个人生活指标的分析中。

- 国际相对差距(相对差异)比较大的指标(大于1倍):农业劳动力比例、农业劳动生产率、农业增加值比例、水生产率、人均知识产业增加值、服务业劳动生产率、工业机器人使用比例。
- 国际相对差距(相对差异)比较小的指标(大于50%小于1倍):人均GDP、知识产业劳动力比例、人均制造业增加值等。

2050年中国与世界平均值的比较:

- 国际相对差距(相对差异)比较大的指标(大于1倍):农业增加值比例。
- 国际相对差距(相对差异)比较小的指标(大于50%小于1倍):无此区间内的指标。

2. 社会指标的前景分析

(1) 中国社会指标发展水平的前景分析

2035年,参考2000~2018年年均增长率估算,按统一分类标准分类,4个指标可能达到发达水平,8个指标可能达到中等发达水平;参考1990~2018年年均增长率估算,2个指标可能达到发达水平,12个指标可能达到中等发达水平(表3-43,表3-44)。

2050年,参考2000~2018年年均增长率估算,按统一分类标准分类,6个指标可能达到发达水平,8个指标可能达到中等发达水平;参考1990~2018年年均增长率估算,7个指标可能达到发达水平,8个指标可能达到中等发达水平(表3-43,表3-44)。

表3-43 2035年和2050年中国社会指标发展水平的前景预测 单位:个

项目	年份	参考2000~2018年年均增长率		参考1990~2018年年均增长率	
		中等发达水平	发达水平	中等发达水平	发达水平
按统一分类标准的分类	2035	8	4	12	2
	2050	8	6	8	7
按开放型和适度型指标水平分类标准的分类	2035	8	1	6	0
	2050	7	5	5	5

注:3个指标缺少数据,没有进行预测。

表3-44 2020~2050年中国社会指标发展水平的情景分析

项目	增长率		起点(基线值)	2020	2030	2035	2040	2050	变化 I	变化 II	性质
	实际值	预测值									
参考2000~2018年年均增长率估算											
人口自然增长率	−2.96	−1.00	0.46	0.45	0.41	0.39	0.37	0.33	—	—	3,6
城市人口比例	2.82	1.00	59.2	60.4	66.7	70.1	73.7	81.4	A	A	1,6
郊区人口比例*	3.93	2.36	10.8	11.5	14.5	16.3	18.3	23.1	—	—	1,6
老龄人口比例	2.71	1.62	11	11.4	13.3	14.5	15.7	18.4	—	—	5
医生比例	2.74	1.64	1.8[a]	2	2.3	2.5	2.7	3.2	M	M	1
护士比例	5.71	3.43	2.3[a]	2.7	3.8	4.5	5.3	7.5	—	—	1
婴儿死亡率	−7.5	−3.00	7.4	7	5.1	4.4	3.8	2.8	M	M	2
孕产妇死亡率	−5.74	−3.44	18.3	17.1	12	10.1	8.5	6	—	—	2
卫生支出比例	0.66	1.00	5[b]	5.2	5.7	6	6.3	7	—	—	1,6

(续表)

项目	增长率		起点（基线值）	2020	2030	2035	2040	2050	变化 I	变化 II	性质
	实际值	预测值									
参考 2000~2018 年年均增长率估算											
中学普及率	3.08	0.40	95ᵃ	96.9	100.9	102.9	105	109.2	M	M	1
大学普及率	10.83	1.50	50.6	52.1	60.5	65.2	70.2	81.5	M	A	1
小学生师比	−2.35	−1.41	17.4	16.9	14.7	13.7	12.7	11	M	M	2
平均受教育年限	1.09	1.50	7.9	8.1	9.4	10.2	11	12.7	M	M	1
受过高等教育劳动力比例	9.37	4.00	12ᶜ	17.8	26.3	32	38.9	57.6	—	M	1
政府教育支出比例	4.78	1.50	4.2ᵈ	4.39	5.1	5.49	5.92	6.86	A	A	1,6
成年女性就业率											1
童工比例											2
失业率	1.61	0.20	4.4	4.42	4.51	4.55	4.6	4.69			4
人均国民收入	8.6	6.00	7723	8678	15 540	20 796	27 830	49 840		M	1
人均购买力	8.56	4.00	16 121	17 436	25 810	31 402	38 205	56 553	M	A	1
收入不平等：基尼系数	−0.02	−2.00	38.6ᵉ	34.9	28.5	25.8	23.3	19			3
绝对贫困人口比例	−25.42	−2.00	0.7	0.63	0.52	0.47	0.42	0.35	M		2
实际平均工作时间											2
休闲和个人保健的时间		0.30	921ᵉ	927	955	969	984	1014	A	A	1
养老保险覆盖率	6.4	1.50	74.4ᶠ	85.1	98.7	100	100	100	A		1
参考 1990~2018 年年均增长率估算											
人口自然增长率	−4.06	−2.44	0.46	0.44	0.34	0.3	0.27	0.21	—	—	3,6
城市人口比例	2.93	0.80	59.2	60.2	65.1	67.8	70.5	76.4	M	A	1,6
郊区人口比例	—	4.00	10.8	10.8	16	19.5	23.7	35.1	M	A	1,6
老龄人口比例	2.44	1.46	11	11.3	13.1	14.1	15.1	17.5	—	—	5
医生比例	1.99	1.19	1.8ᵃ	1.9	2.2	2.3	2.4	2.7	M	M	1
护士比例	4.31	5.00	2.3ᵃ	2.9	4.8	6.1	7.8	12.7	M	M	1
婴儿死亡率	−6.02	−3.61	7.4	6.9	4.8	4	3.3	2.3	M	M	2
孕产妇死亡率	—	−2.00	18.3	17.6	14.4	13	11.7	9.6			2
卫生支出比例	—	2.00	5ᵇ	5.4	6.6	7.3	8	9.8	M	M	1,6
中学普及率	3.88	0.30	95ᵃ	96	99	101	102	106	M	M	1
大学普及率	10.62	2.00	50.6	53	64	71	78	100			1
小学生师比	−1.44	−0.86	17.4	17.1	15.7	15	14.4	13.2	M	M	2
平均受教育年限	1.8	1.08	7.9	8.1	9	9.5	10	11.1			1
受过高等教育劳动力比例	—	3.00	12ᶜ	16.1	21.7	25.1	29.1	39.1			1
政府教育支出比例	3.19	1.00	4.2ᵈ	4.3	4.8	5	5.3	5.8	M	M	1,6
成年女性就业率	—		—								1
童工比例			—								2
失业率	2.19	0.10	4.4	4.41	4.45	4.48	4.5	4.54			4
人均国民收入	8.4	5.04	7723	8521	13 933	17 817	22 783	37 254		M	1
人均购买力	8.4	4.50	16121	17 605	27 339	34 070	42 457	65 935	M	A	1
收入不平等：基尼系数	0.73	−0.40	38.6ᵉ	37.8	36.3	35.6	34.9	33.5			3
绝对贫困人口比例	−16.64	−1.00	0.7	0.67	0.6	0.57	0.54	0.49	M	M	2
实际平均工作时间	—										2

(续表)

项目	增长率 实际值	增长率 预测值	起点(基线值)	2020	2030	2035	2040	2050	变化 I	变化 II	性质
参考 1990～2018 年年均增长率估算											
休闲和个人保健的时间	—	0.20	921e	925	944	953	963	982	A	A	1
养老保险覆盖率	—	1.00	74.4f	81.4	89.9	94.5	99.3	109.7	A	A	1

注：(1)采用统一分类标准的分类,M 指达到中等发达水平,A 指达到发达水平。(2)指标单位见附表 1-1-1；其中,休闲和个人保健的时间,单位为分钟/天。(3)基线值和数据来源见表 3-6(数值为 2018 年或最近可获得年数据)；基线值对应的年份,没有标注的指标数据为 2018 年值；其他标注数据：a 为 2015 年数据,b 为 2016 年数据,c 为 2010 年数据,d 为 2017 年数据,e 为最近年数据,f 为 2011 年数据。(4)指标说明：* 郊区人口比例数据来自《中国现代化报告 2013》。** 水平分类有所调整。(5)本预测主要是根据面板数据的预测,仅供参考。

情景一：参考 2000～2018 年年均增长率估算

- 2035 年,中国社会指标中,城市人口比例、政府教育支出比例、休闲和个人保健的时间、养老保险覆盖率等指标,有可能达到发达水平；医生比例、婴儿死亡率、中学普及率、大学普及率、小学生师比、平均受教育年限、人均购买力、绝对贫困人口比例等指标,有可能达到或超过中等发达水平。

- 2050 年,中国社会指标中,城市人口比例、大学普及率、政府教育支出比例、人均购买力、休闲和个人保健的时间、养老保险覆盖率等指标,有可能达到发达水平；医生比例、婴儿死亡率、中学普及率、小学生师比、平均受教育年限、受过高等教育劳动力比例、人均国民收入、绝对贫困人口比例等指标,有可能达到或超过中等发达水平。

情景二：参考 1990～2018 年年均增长率估算

- 2035 年,中国社会指标中,休闲和个人保健的时间、养老保险覆盖率等指标,有可能达到发达水平；城市人口比例、郊区人口比例、医生比例、护士比例、婴儿死亡率、卫生支出比例、中学普及率、大学普及率、小学生师比、政府教育支出比例、人均购买力、绝对贫困人口比例等指标,有可能达到或超过中等发达水平。

- 2050 年,中国社会指标中,城市人口比例、郊区人口比例、护士比例、大学普及率、人均购买力、休闲和个人保健的时间、养老保险覆盖率等指标,有可能达到发达水平；医生比例、婴儿死亡率、卫生支出比例、中学普及率、小学生师比、政府教育支出比例、人均国民收入、绝对贫困人口比例等指标,有可能达到或超过中等发达水平。

(2) 中国社会指标国际差距(差异)的前景分析(见附表 1-3-2)

情景一：参考 2000～2018 年年均增长率估算

2035 年中国与发达国家平均值的比较：

- 国际相对差距(相对差异)比较大的指标(大于 1 倍)：孕产妇死亡率、人均国民收入、受过高等教育劳动力比例、郊区人口比例、卫生支出比例、护士比例等。
- 国际相对差距(相对差异)比较小的指标(大于 50% 小于 1 倍)：人均购买力、婴儿死亡率。

2035 年中国与世界平均值的比较：

- 国际相对差距(相对差异)比较大的指标(大于 1 倍)：无此区间内的指标。
- 国际相对差距(相对差异)比较小的指标(大于 50% 小于 1 倍)：卫生支出比例。

2050年中国与发达国家平均值的比较：

- 国际相对差距（相对差异）比较大的指标（大于1倍）：孕产妇死亡率、卫生支出比例、郊区人口比例。
- 国际相对差距（相对差异）比较小的指标（大于50%小于1倍）：无此区间内的指标。

2050年中国与世界平均值的比较：

- 国际相对差距（相对差异）比较大的指标（大于1倍）：无此区间内的指标。
- 国际相对差距（相对差异）比较小的指标（大于50%小于1倍）：卫生支出比例。

情景二：参考1990~2018年年均增长率估算

2035年中国与发达国家平均值的比较：

- 国际相对差距（相对差异）比较大的指标（大于1倍）：孕产妇死亡率、受过高等教育劳动力比例、人均国民收入等。
- 国际相对差距（相对差异）比较小的指标（大于50%小于1倍）：卫生支出比例、护士比例、郊区人口比例、医生比例、人均购买力、婴儿死亡率、平均受教育年限等。

2035年中国与世界平均值的比较：

- 国际相对差距（相对差异）比较大的指标（大于1倍）：无此区间内的指标。
- 国际相对差距（相对差异）比较小的指标（大于50%小于1倍）：无此区间内的指标。

2050年中国与发达国家平均值的比较：

- 国际相对差距（相对差异）比较大的指标（大于1倍）：孕产妇死亡率、受过高等教育劳动力比例。
- 国际相对差距（相对差异）比较小的指标（大于50%小于1倍）：人均国民收入、医生比例、平均受教育年限、卫生支出比例。

2050年中国与世界平均值的比较：

- 国际相对差距（相对差异）比较大的指标（大于1倍）：无此区间内的指标。
- 国际相对差距（相对差异）比较小的指标（大于50%小于1倍）：无此区间内的指标。

二、政治和文化指标的前景分析

1. 政治指标的前景分析

（1）中国政治指标发展水平的前景分析

2035年，参考2000~2018年年均增长率估算，按统一分类标准分类，有1个指标有可能达到发达水平，4个指标可能达到中等发达水平；参考1990~2018年年均增长率估算，有1个指标有可能达到发达水平，5个指标可能达到中等发达水平（表3-45，表3-46）。

2050年，参考2000~2018年年均增长率估算，按统一分类标准分类，有1个指标可能达到发达水平，5个指标可能达到中等发达水平；参考1990~2018年年均增长率估算，有1个指标可能达到发达水平，5个指标可能达到中等发达水平（表3-45，表3-46）。

表 3-45　2035 年和 2050 年中国政治指标发展水平的前景预测　　　　　　　　　　　　　　　单位：个

项目	年份	参考 2000～2018 年年均增长率		参考 1990～2018 年年均增长率	
		中等发达水平	发达水平	中等发达水平	发达水平
按统一分类标准的分类	2035	4	1	5	1
	2050	5	1	5	1
按开放型和适度型指标水平分类标准的分类	2035	4	0	4	1
	2050	4	1	3	1

注：2 个指标缺少数据，没有进行预测。

表 3-46　2020～2050 年中国政治指标发展水平的情景分析

项目	增长率		起点（基线值）	2020	2030	2035	2040	2050	变化 I	变化 II	性质
	实际值	预测值									
参考 2000～2018 年年均增长率估算											
选民投票率	—	—	—	—	—	—	—	—	—	—	1
女性全国人大代表比例	0.74	0.44	24.9	25.1	26.3	26.9	27.5	28.7	M	M	1,6
政府收入比例	4.63	1.00	15.8ᵃ	16.4	18.2	19.1	20.1	22.2	—	—	5
政府消费比例	−0.67	−0.40	14.7	14.6	14.0	13.7	13.4	12.9	—	—	5
转移支付比例	—	—	—	—	—	—	—	—	—	—	1,6
法律权力指数①	—	2.00	4.0	4.2	5.1	5.6	6.2	7.5	—	M	1
营商环境指数	5.46	0.10	74.0	74.1	74.9	75.3	75.6	76.4	A	A	1
养老金支出比例	5.28	3.17	5.3	7.0	9.6	11.2	13.1	17.9	—	—	5,6
开办企业所需天数①	−23.43	−4.00	8.5	7.8	5.2	4.2	3.5	2.3	M	M	2
平均出口通关时间①	—	−4.00	7.6ᵇ	7.0	4.7	3.8	3.1	2.1	M	M	2
国防费用比例	—	0.50	1.9	1.9	2.0	2.1	2.1	2.2	—	—	5
道路交通死亡率	−1.08	−0.65	18.2ᵃ	17.7	16.6	16.1	15.6	14.6	M	M	2
参考 1990～2018 年年均增长率估算											
选民投票率	—	—	—	—	—	—	—	—	—	—	1
女性全国人大代表比例①	0.56	0.34	24.9	25.1	25.9	26.4	26.8	27.7	M	M	1,6
政府收入比例	—	0.5	15.8ᵃ	16.1	16.9	17.4	17.8	18.7	—	—	5
政府消费比例	0.28	0.17	14.7	14.7	15	15.1	15.2	15.5	—	—	5
转移支付比例	—	—	—	—	—	—	—	—	—	—	1,6
法律权力指数	—	1.00	4.0	4.1	4.6	4.8	5	5.6	M	M	1
营商环境指数	—	0.20	74.0	74.4	75.9	76.7	77.5	79	A	A	1
养老金支出比例	6.99	4.19	5.3	5.8	8.7	10.7	13.1	19.7	—	—	5,6
开办企业所需天数①	—	−2.00	8.5	8.16	6.67	6.03	5.45	4.45	M	M	2
平均出口通关时间	—	−2.00	7.6ᵇ	7.3	5.96	5.39	4.87	3.98	M	M	2
国防费用比例	−0.98	−0.59	1.9	1.9	1.8	1.7	1.7	1.6	—	—	5
道路交通死亡率	—	−1.00	18.2ᵃ	17.5	15.8	15	14.3	12.9	M	M	2

注：(1) 采用统一分类标准的分类，M 指达到中等发达国家水平，A 指达到发达国家水平。(2) 指标单位见附表 1-1-1。(3) 基线值和数据来源见表 3-9（数据为 2018 年或最近可获得年数据）；基线值对应的年份，没有标注的指标数值为 2018 年值；其他标注数据：a 为 2016 年数据，b 为 2012 年数据。(4) 指标解释，① 水平分类有所调整。(5) 本预测主要是根据面板数据的预测，仅供参考。

情景一：参考 2000~2018 年年均增长率估算

- 2035 年，中国政治指标中，营商环境指数等指标，有可能达到发达水平；女性全国人大代表比例、开办企业所需天数、平均出口通关时间、道路交通死亡率等指标，有可能达到或超过中等发达水平。
- 2050 年，中国政治指标中，营商环境指数等指标，有可能达到发达水平；女性全国人大代表比例、法律权力指数、开办企业所需天数、平均出口通关时间、道路交通死亡率，有可能达到或超过中等发达水平。

情景二：参考 1990~2018 年年均增长率估算

- 2035 年，中国政治指标中，营商环境指数等指标，有可能达到发达水平；女性全国人大代表比例、法律权力指数、开办企业所需天数、平均出口通关时间、道路交通死亡率等指标，有可能达到或超过中等发达水平。
- 2050 年，中国政治指标中，营商环境指数等指标，有可能达到发达水平；女性全国人大代表比例、法律权力指数、开办企业所需天数、平均出口通关时间、道路交通死亡率，有可能达到或超过中等发达水平。

（2）中国政治指标国际差距（差异）的前景分析（见附表 1-3-3）

情景一：参考 2000~2018 年年均增长率估算

2035 年中国与发达国家平均值的比较：

- 国际相对差距（相对差异）比较大的指标（大于 1 倍）：无此区间内的指标。
- 国际相对差距（相对差异）比较小的指标（大于 50%小于 1 倍）：道路交通死亡率。

2035 年中国与世界平均值的比较：

- 国际相对差距（相对差异）比较大的指标（大于 1 倍）：无此区间内的指标。
- 国际相对差距（相对差异）比较小的指标（大于 50%小于 1 倍）：无此区间内的指标。

2050 年中国与发达国家平均值的比较：

- 国际相对差距（相对差异）比较大的指标（大于 1 倍）：无此区间内的指标。
- 国际相对差距（相对差异）比较小的指标（大于 50%小于 1 倍）：无此区间内的指标。

2050 年中国与世界平均值的比较：

- 国际相对差距（相对差异）比较大的指标（大于 1 倍）：无此区间内的指标。
- 国际相对差距（相对差异）比较小的指标（大于 50%小于 1 倍）：无此区间内的指标。

情景二：参考 1990~2018 年年均增长率估算

2035 年中国与发达国家平均值的比较：

- 国际相对差距（相对差异）比较大的指标（大于 1 倍）：道路交通死亡率。
- 国际相对差距（相对差异）比较小的指标（大于 50%小于 1 倍）：平均出口通关时间。

2035 年中国与世界平均值的比较：

- 国际相对差距（相对差异）比较大的指标（大于 1 倍）：无此区间内的指标。
- 国际相对差距（相对差异）比较小的指标（大于 50%小于 1 倍）：无此区间内的指标。

2050 年中国与发达国家平均值的比较：

- 国际相对差距(相对差异)比较大的指标(大于 1 倍)：无此区间内的指标。
- 国际相对差距(相对差异)比较小的指标(大于 50% 小于 1 倍)：道路交通死亡率、平均出口通关时间等。

2050 年中国与世界平均值的比较：

- 国际相对差距(相对差异)比较大的指标(大于 1 倍)：无此区间内的指标。
- 国际相对差距(相对差异)比较小的指标(大于 50% 小于 1 倍)：无此区间内的指标。

2. 文化指标的前景分析

(1) 中国文化指标发展水平的前景分析

2035 年，参考 2000～2018 年年均增长率估算，按统一分类标准分类，3 个指标可能达到发达水平，3 个指标可能达到中等发达水平；参考 1990～2018 年年均增长率估算，2 个指标可能达到发达水平，3 个指标可能达到中等发达水平(表 3-47，表 3-48)。

2050 年，参考 2000～2018 年年均增长率估算，按统一分类标准分类，4 个指标可能达到发达水平，5 个指标可能达到中等发达水平；参考 1990～2018 年年均增长率估算，4 个指标可能达到发达水平，2 个指标可能达到中等发达水平(表 3-47，表 3-48)。

表 3-47　2035 年和 2050 年中国文化指标发展水平的前景预测　　　　单位：个

项目	年份	参考 2000～2018 年年均增长率		参考 1990～2018 年年均增长率	
		中等发达水平	发达水平	中等发达水平	发达水平
按统一分类标准的分类	2035	3	3	3	2
	2050	5	4		4
按开放型和适度型指标水平分类标准的分类	2035	3	1	2	1
	2050	4	4	2	2

注：网络犯罪报案比例指标缺少数据，没有进行预测。网络音乐用户比例和企业创新比例两个指标，因国际数据不全，不做水平判断。

表 3-48　2020～2050 年中国文化指标发展水平的情景分析

项目	增长率		起点（基线值）	2020	2030	2035	2040	2050	变化 I	变化 II	性质
	实际值	预测值									
参考 2000～2018 年年均增长率估算											
人均年看电影次数	21.4	2.5	1.23ª	1.3	1.7	1.9	2.2	2.8	M	A	1,6
人均出国旅游次数	14.5	5.8	0.1ª	0.12	0.21	0.28	0.37	0.64	—	M	1
互联网普及率	22.19	3	54.3ª	59.3	79.7	92.4	100	100	A	A	1
移动通信普及率*	17.21	1	115	117	130	136	143	158	M	M	1
网络音乐用户比例	4.18	2	41.3	43.8	53.4	59	65.1	79.4			1
网络犯罪报案比例	—	—	—								5
科研经费比例	5.27	1	2.13ª	2.2	2.4	2.5	2.7	3	A	A	1,6
科研人员比例*	4.96	5	1235ª	1430	2329	2972	3793	6179	M	M	1,6
发明专利申请比例	24.28	1.5	10	10.3	12.0	12.9	13.9	16.1	A	A	1
人均知识产权出口	26.26	21	3.99	5.8	39.3	102	264	1779	—	M	1
人均知识产权进口	19.7	16	25.7	34.6	153	320	673	2969	—	M	1
企业创新比例	—	0.1	38.7ᵇ	39.0	39.4	39.6	39.8	40.2			1

(续表)

项目	增长率 实际值	增长率 预测值	起点（基线值）	2020	2030	2035	2040	2050	变化 I	变化 II	性质
参考 1990~2018 年年均增长率估算											
人均年看电影次数	11.16	2.00	1.23ª	1.3	1.6	1.8	1.9	2.4	M	A	1,6
人均出国旅游次数	—	4.00	0.1ª	0.11	0.17	0.20	0.25	0.36	—	—	1
互联网普及率	—	2.00	54.3ª	57.6	70.2	77.6	85.6	100	M	A	1
移动通信普及率*	—	0.50	115	116	122	125	128	135	M	M	1
网络音乐用户比例	—	1.00	41.3	42.1	46.5	48.9	51.4	56.8			1
网络犯罪报案比例											5
科研经费比例	6.57	1.20	2.13ª	2.2	2.5	2.6	2.8	3.2	A	A	1,6
科研人员比例	5.06	4.00	1235ª	1389	2056	2502	3044	4506	—	M	1,6
发明专利申请比例	20.83	1.00	10	10.2	11.3	11.8	12.4	13.7	A	A	1
人均知识产权出口	—	16.00	3.99	5.4	24	50	104	461	—	—	1
人均知识产权进口	—	12.00	25.7	32.2	100	176	311	966	—	—	1
企业创新比例		0.20	38.7ᵇ	39.3	40.1	40.5	40.9	41.8			1

注：(1) 采用统一分类标准的分类，M 指达到中等发达水平，A 指达到发达水平。(2) 指标单位见附表 1-1-1。(3) 基线值和数据来源见表 3-12（数值为 2018 年或最近可获得年数据）；基线值对应的年份，没有标注的指标数据为 2018 年值；其他标注数据：a 为 2017 年数据，b 为 2012 年数据。(4) 指标解释：* 水平分类有所调整。网络音乐用户比例和企业创新比例两个指标，因数据不全或统计口径不同，发展水平不做判断（因为国际可比数据缺乏）。(5) 本预测主要是根据面板数据的预测，仅供参考。

情景一：参考 2000~2018 年年均增长率估算

- 2035 年，中国文化指标中，互联网普及率、科研经费比例、发明专利申请比例等指标，有可能达到发达水平；人均年看电影次数、移动通信普及率、科研人员比例等指标，有可能达到或超过中等发达水平。

- 2050 年，中国文化指标中，人均年看电影次数、互联网普及率、科研经费比例、发明专利申请比例等指标，有可能达到发达水平；人均出国旅游次数、移动通信普及率、科研人员比例、人均知识产权出口、人均知识产权进口等指标，有可能达到或超过中等发达水平。

情景二：参考 1990~2018 年年均增长率估算

- 2035 年，中国文化指标中，科研经费比例、发明专利申请比例等指标，有可能达到发达水平；人均年看电影次数、互联网普及率、移动通信普及率等指标，有可能达到或超过中等发达水平。

- 2050 年，中国文化指标中，人均年看电影次数、互联网普及率、科研经费比例、发明专利申请比例等指标，有可能达到发达水平；移动通信普及率、科研人员比例等指标，有可能达到或超过中等发达水平。

(2) 中国文化指标国际差距（差异）的前景分析（见附表 1-3-4）

情景一：参考 2000~2018 年年均增长率估算

2035 年中国与发达国家平均值的比较：

- 国际相对差距（相对差异）比较大的指标（大于 1 倍）：人均知识产权出口、人均知识产权进口、人均出国旅游次数、科研人员比例。

- 国际相对差距（相对差异）比较小的指标（大于 50% 小于 1 倍）：无此区间内的指标。

2035 年中国与世界平均值的比较：

- 国际相对差距（相对差异）比较大的指标（大于 1 倍）：无此区间内的指标。
- 国际相对差距（相对差异）比较小的指标（大于 50% 小于 1 倍）：无此区间内的指标。

2050 年中国与发达国家平均值的比较：

- 国际相对差距（相对差异）比较大的指标（大于 1 倍）：无此区间内的指标。
- 国际相对差距（相对差异）比较小的指标（大于 50% 小于 1 倍）：人均知识产权出口、人均出国旅游次数、人均知识产权进口。

2050 年中国与世界平均值的比较：

- 国际相对差距（相对差异）比较大的指标（大于 1 倍）：无此区间内的指标。
- 国际相对差距（相对差异）比较小的指标（大于 50% 小于 1 倍）：无此区间内的指标。

情景二：参考 1990~2018 年年均增长率估算

2035 年中国与发达国家平均值的比较：

- 国际相对差距（相对差异）比较大的指标（大于 1 倍）：人均知识产权出口、人均知识产权进口、人均出国旅游次数、科研人员比例。
- 国际相对差距（相对差异）比较小的指标（大于 50% 小于 1 倍）：无此区间内的指标。

2035 年中国与世界平均值的比较：

- 国际相对差距（相对差异）比较大的指标（大于 1 倍）：人均知识产权出口。
- 国际相对差距（相对差异）比较小的指标（大于 50% 小于 1 倍）：人均出国旅游次数。

2050 年中国与发达国家平均值的比较：

- 国际相对差距（相对差异）比较大的指标（大于 1 倍）：人均知识产权进口、人均知识产权出口、人均出国旅游次数。
- 国际相对差距（相对差异）比较小的指标（大于 50% 小于 1 倍）：科研人员比例。

2050 年中国与世界平均值的比较：

- 国际相对差距（相对差异）比较大的指标（大于 1 倍）：无此区间内的指标。
- 国际相对差距（相对差异）比较小的指标（大于 50% 小于 1 倍）：无此区间内的指标。

三、环境和个人生活指标的前景分析

1. 环境指标的前景分析

（1）中国环境指标发展水平的前景分析

2035 年，参考 2000~2018 年年均增长率估算，按统一分类标准分类，3 个指标可能达到发达水平，1 个指标可能达到中等发达水平；参考 1990~2018 年年均增长率估算，3 个指标可能达到发达水平，1 个指标可能达到中等发达水平（表 3-49，表 3-50）。

2050 年，参考 2000~2018 年年均增长率估算，按统一分类标准分类，4 个指标可能达到发达水平，无指标可能达到中等发达水平；参考 1990~2018 年年均增长率估算，3 个指标可能达到发达水平，2 个指标可能达到中等发达水平（表 3-49，表 3-50）。

表 3-49　2035 年和 2050 年中国环境指标发展水平的前景预测　　单位:个

项目	年份	参考 2000～2018 年年均增长率		参考 1990～2018 年年均增长率	
		中等发达水平	发达水平	中等发达水平	发达水平
按统一分类标准的分类	2035	1	3	1	3
	2050	0	4	2	3
按开放型和适度型指标水平分类标准的分类	2035	1	2	1	3
	2050	0	4	1	3

表 3-50　2020～2050 年中国环境指标发展水平的情景分析

项目	增长率 实际值	增长率 预测值	起点(基线值)	2020	2030	2035	2040	2050	变化Ⅰ	变化Ⅱ	性质
参考 2000～2018 年年均增长率估算											
人均能源消费	6.73	1.50	2237^a	2446	2839	3058	3294	3823	M	A	1,6
可再生能源消费比例	−5.66	1.00	12.4^b	13.0	14.4	15.1	15.9	17.6	—	—	5
人均淡水消费	−0.03	−1.00	433^b	412	372	354	337	305	A	A	1,6
森林覆盖率	1.07	0.64	22.4^c	22.98	24.49	25.29	26.11	27.83	—	—	3
PM$_{2.5}$年均浓度	−0.83	−3.00	52.7^d	48.1	35.5	30.5	26.2	19.3	—	—	3
二氧化碳排放密度	−1.58	−0.95	1.2^a	1.1	1.0	1.0	0.9	0.9	—	—	3
生活废水处理率	5.1	1.50	94.5^d	98.8	100	100	100	100	A	A	1
城市废物处理率*	2.73	1.64	84.8^e	97	100	100	100	100	A	A	1
国际移民比例	3.8	2.28	0.07^b	0.08	0.1	0.11	0.12	0.15	—	—	5
国际贸易比例	−0.17	0.50	38.2	38.6	40.6	41.6	42.6	44.8	—	—	5
外国直接投资净流入比例	−4.6	−2.76	1.5	1.4	1.1	0.9	0.8	0.6	—	—	5
简单平均关税	−3.79	−2.28	8.5^d	7.9	6.3	5.6	5	4	—	—	2,6
参考 1990～2018 年年均增长率估算											
人均能源消费	4.56	1.00	2237^a	2375	2623	2757	2897	3201	M	M	1,6
可再生能源消费比例	−3.97	1.50	12.4^b	13.4	15.5	16.7	18.0	20.9	—	—	3
人均淡水消费	−0.06	−0.04	433^b	432	431	430	429	427	A	A	1,6
森林覆盖率	1.14	0.68	22.4^c	23.02	24.63	25.49	26.37	28.22	—	—	3
PM$_{2.5}$年均浓度	−0.34	−2.00	52.7^d	49.6	40.5	36.6	33.1	27.1	—	—	3
二氧化碳排放密度	−3.75	−2.25	1.2^a	1.0	0.8	0.7	0.7	0.5	—	—	3
生活废水处理率	—	1.00	94.5^d	97.4	100	100	100	100	A	A	1
城市废物处理率*	—	1.00	84.8^e	91.8	100	100	100	100	A	A	1
国际移民比例	3.45	2.07	0.07^b	0.08	0.10	0.11	0.12	0.14	—	—	5
国际贸易比例	1.63	0.98	38.2	39.0	42.9	45.1	47.3	52.1	—	—	5
外国直接投资净流入比例	1.46	0.88	1.5	1.5	1.7	1.7	1.8	2.0	—	—	5
简单平均关税	−5.98	−3.59	8.5^d	7.6	5.3	4.4	3.7	2.5	—	M	2,6

注:(1) 采用统一分类标准的分类,M 指达到中等发达水平,A 指达到发达水平。(2) 指标单位见附表 1-1-1。(3) 基线值和数据来源见表 3-15(数值为 2018 年或最近可获得年数据);基线值对应的年份,没有标注的指标数据为 2018 年值;其他标注数据:a 为 2014 年数据,b 为 2015 年数据,c 为 2016 年数据,d 为 2017 年数据,e 为 2012 年数据。(4) * 城市废物处理率数据来自 OECD 数据库,数值=(城市废物处理/城市废物产生)×100%。(5) 本预测主要是根据面板数据的预测,仅供参考。

情景一：参考 2000~2018 年年均增长率估算

- 2035 年，中国环境指标中，人均淡水消费、生活废水处理率、城市废物处理率等指标，有可能达到发达水平；人均能源消费等指标，有可能达到或超过中等发达水平。
- 2050 年，中国环境指标中，人均能源消费、人均淡水消费、生活废水处理率、城市废物处理率等指标，有可能达到发达水平。

情景二：参考 1990~2018 年年均增长率估算

- 2035 年，中国环境指标中，人均淡水消费、生活废水处理率、城市废物处理率等指标，有可能达到发达水平；人均能源消费等指标，有可能达到或超过中等发达水平。
- 2050 年，中国环境指标中，人均淡水消费、生活废水处理率、城市废物处理率等指标，有可能达到发达水平；人均能源消费、简单平均关税等指标，有可能达到或超过中等发达水平。

(2) 中国环境指标国际差距(差异)的前景分析(见附表 1-3-5)

情景一：参考 2000~2018 年年均增长率估算

2035 年中国与发达国家平均值的比较：

- 国际相对差距(相对差异)比较大的指标(大于 1 倍)：简单平均关税。
- 国际相对差距(相对差异)比较小的指标(大于 50% 小于 1 倍)：无此区间内的指标。

2035 年中国与世界平均值的比较：

- 国际相对差距(相对差异)比较大的指标(大于 1 倍)：无此区间内的指标。
- 国际相对差距(相对差异)比较小的指标(大于 50% 小于 1 倍)：简单平均关税。

2050 年中国与发达国家平均值的比较：

- 国际相对差距(相对差异)比较大的指标(大于 1 倍)：简单平均关税。
- 国际相对差距(相对差异)比较小的指标(大于 50% 小于 1 倍)：无此区间内的指标。

2050 年中国与世界平均值的比较：

- 国际相对差距(相对差异)比较大的指标(大于 1 倍)：无此区间内的指标。
- 国际相对差距(相对差异)比较小的指标(大于 50% 小于 1 倍)：简单平均关税。

情景二：参考 1990~2018 年年均增长率估算

2035 年中国与发达国家平均值的比较：

- 国际相对差距(相对差异)比较大的指标(大于 1 倍)：无此区间内的指标。
- 国际相对差距(相对差异)比较小的指标(大于 50% 小于 1 倍)：简单平均关税、人均能源消费。

2035 年中国与世界平均值的比较：

- 国际相对差距(相对差异)比较大的指标(大于 1 倍)：无此区间内的指标。
- 国际相对差距(相对差异)比较小的指标(大于 50% 小于 1 倍)：无此区间内的指标。

2050 年中国与发达国家平均值的比较：

- 国际相对差距(相对差异)比较大的指标(大于 1 倍)：无此区间内的指标。
- 国际相对差距(相对差异)比较小的指标(大于 50% 小于 1 倍)：简单平均关税。

2050 年中国与世界平均值的比较：

- 国际相对差距（相对差异）比较大的指标（大于 1 倍）：无此区间内的指标。
- 国际相对差距（相对差异）比较小的指标（大于 50%小于 1 倍）：无此区间内的指标。

2. 个人生活指标的前景分析

（1）中国个人生活指标发展水平的前景分析

2035 年，参考 2000～2018 年年均增长率估算，按统一分类标准分类，5 个指标可能达到发达水平，1 个指标可能达到中等发达水平；参考 1990～2018 年年均增长率估算，4 个指标可能达到发达水平，1 个指标可能达到中等发达水平（表 3-51，表 3-52）。

2050 年，参考 2000～2018 年年均增长率估算，按统一分类标准分类，6 个指标可能达到发达水平，2 个指标可能达到中等发达水平；参考 1990～2018 年年均增长率估算，6 个指标可能达到发达水平，1 个指标可能达到中等发达水平（表 3-51，表 3-52）。

表 3-51　2035 年和 2050 年中国个人生活指标发展水平的前景预测　　　　　单位：个

项目	年份	参考 2000～2018 年年均增长率		参考 1990～2018 年年均增长率	
		中等发达水平	发达水平	中等发达水平	发达水平
按统一分类标准的分类	2035	1	5	1	4
	2050	2	6	1	6
按开放型和适度型指标水平分类标准的分类	2035	4	2	3	1
	2050	7	2	4	2

表 3-52　2020～2050 年中国个人生活指标发展水平的情景分析

项目	增长率		起点（基线值）	2020	2030	2035	2040	2050	变化 I	变化 II	性质
	实际值	预测值									
参考 2000～2018 年年均增长率估算											
人均蛋白质供应	1.11	0.10	101.4ᵃ	102	103	103	104	105	A	A	1,6
营养不良人口比例	-3.66	-2.19	8.6ᵃ	8	6.4	5.8	5.2	4.1	—	—	2
儿童超重比例	6.86	0.10	6.6ᵈ	6.7	6.7	6.8	6.8	6.9			5
平均预期寿命	0.41	0.24	76.5ᵃ	77.1	79	79.9	80.9	82.9	A	A	1,6
总和生育率	0.36	0.21	1.7ᵃ	1.7	1.7	1.8	1.8	1.8			3,6
家庭人均可支配收入	13.31	7.00	4267	4885	9610	13 479	18 905	37 188		M	1
人均住房面积	2.91	1.00	36.6ᵇ	38.1	42.2	44.2	46.5	51.3			1,6
安全饮水普及率	0.85	0.51	92.8ᵃ	94.2	99.1	100	100	100	A	A	1
卫生设施普及率	2.44	1.46	84.8ᵃ	88.6	100	100	100	100			1
汽车普及率	19.7	5.00	99ᶜ	126	206	263	335	546	M	A	1,6
人均航行次数	12.84	6.00	0.44	0.5	0.9	1.2	1.6	2.8	—	M	1
网购人口比例	17.57	2.00	43.8	45.6	55.5	61.3	67.7	82.5	A	A	1
人工智能家庭普及率	—	18.00	0.43	0.8	4.4	10	22.8	119.5			1
生活满意度	0.02	0.10	6.85ᶜ	6.88	6.95	6.99	7.02	7.09	—	—	5

(续表)

项目	增长率 实际值	增长率 预测值	起点(基线值)	2020	2030	2035	2040	2050	变化 I	变化 II	性质
参考 1990~2018 年年均增长率估算											
人均蛋白质供应	1.95	0.12	101.4ᵃ	102	103	104	104	105	A	A	1,6
营养不良人口比例	—	−1.00	8.6ᵃ	8.3	7.5	7.2	6.8	6.2	—	—	2
儿童超重比例	0.96	0.05	6.6ᵈ	6.6	6.6	6.7	6.7	6.7			5
平均预期寿命	0.38	0.23	76.5ᵃ	77.0	78.8	79.7	80.6	82.4	A	A	1,6
总和生育率	−1.11	−0.67	1.7ᵃ	1.7	1.6	1.5	1.5	1.4			3,6
家庭人均可支配收入	11.78	6.90	4267	4876	9506	13 273	18 532	36 127	—	A	1
人均住房面积		0.50	36.6ᵇ	37.0	38.9	39.8	40.8	42.9			1,6
安全饮水普及率		0.20	92.8ᵃ	93.4	95.2	96.2	97.2	99.1			1
卫生设施普及率		1.00	84.8ᵃ	87.4	96.5	101.4	106.6	117.8	A	A	1
汽车普及率		4.00	99ᶜ	120.4	178.3	216.9	263.9	390.7		M	1,6
人均航行次数	14.47	5.00	0.44	0.5	0.8	1.0	1.3	2.1			1
网购人口比例		1.00	43.8	46	50	53	56	61	M	A	1
人工智能家庭普及率*		15.00	0.43	0.8	3.0	6.1	12.3	49.8			1
生活满意度	−0.25	0.10	6.85ᶜ	6.9	7.0	7.0	7.0	7.1			5

注:(1) 采用统一分类标准分类,M 指达到中等发达水平,A 指达到发达水平。(2) 指标单位见附表1-1-1。(3) 基线值和数据来源见表3-18(数值为2018年或最近可获得年数据);基线值对应的年份,没有标注的指标数据为2018年值;其他标注数据:a 为2017年数据,b 为2016年数据,c 为2015年数据,d 为2010年数据。(4) * 人工智能家庭普及率为估计值,约为世界平均值的2倍。(5) 本预测主要是根据面板数据的预测,仅供参考。

情景一:参考 2000~2018 年年均增长率估算

- 2035 年,中国个人生活指标中,人均蛋白质供应、平均预期寿命、安全饮水普及率、卫生设施普及率、网购人口比例等指标,有可能达到发达水平;汽车普及率等指标,有可能达到或超过中等发达水平。

- 2050 年,中国个人生活指标中,人均蛋白质供应、平均预期寿命、安全饮水普及率、卫生设施普及率、汽车普及率、网购人口比例等指标,有可能达到发达水平;家庭人均可支配收入、人均航行次数等指标,有可能达到或超过中等发达水平。

情景二:参考 1990~2018 年年均增长率估算

- 2035 年,中国个人生活指标中,人均蛋白质供应、平均预期寿命、安全饮水普及率、卫生设施普及率等指标,有可能达到发达水平;网购人口比例等指标,有可能达到或超过中等发达水平。

- 2050 年,中国个人生活指标中,人均蛋白质供应、平均预期寿命、家庭人均可支配收入、安全饮水普及率、卫生设施普及率、网购人口比例等指标,有可能达到发达水平;汽车普及率等指标,有可能达到或超过中等发达水平。

(2) 中国个人生活指标国际差距(差异)的前景分析(见附表1-3-6)

情景一:参考 2000~2018 年年均增长率估算

2035 年中国与发达国家平均值的比较:

- 国际相对差距(相对差异)比较大的指标(大于1倍):营养不良人口比例、家庭人均可支配收入、人均航行次数。

- 国际相对差距(相对差异)比较小的指标(大于50%小于1倍):汽车普及率。

2035年中国与世界平均值的比较:

- 国际相对差距(相对差异)比较大的指标(大于1倍):无此区间内的指标。
- 国际相对差距(相对差异)比较小的指标(大于50%小于1倍):无此区间内的指标。

2050年中国与发达国家平均值的比较:

- 国际相对差距(相对差异)比较大的指标(大于1倍):营养不良人口比例。
- 国际相对差距(相对差异)比较小的指标(大于50%小于1倍):人均航行次数。

2050年中国与世界平均值的比较:

- 国际相对差距(相对差异)比较大的指标(大于1倍):无此区间内的指标。
- 国际相对差距(相对差异)比较小的指标(大于50%小于1倍):无此区间内的指标。

情景二:参考1990~2018年年均增长率估算

2035年中国与发达国家平均值的比较:

- 国际相对差距(相对差异)比较大的指标(大于1倍):人均航行次数、营养不良人口比例、家庭人均可支配收入、汽车普及率。
- 国际相对差距(相对差异)比较小的指标(大于50%小于1倍):人工智能家庭普及率。

2035年中国与世界平均值的比较:

- 国际相对差距(相对差异)比较大的指标(大于1倍):无此区间内的指标。
- 国际相对差距(相对差异)比较小的指标(大于50%小于1倍):无此区间内的指标。

2050年中国与发达国家平均值的比较:

- 国际相对差距(相对差异)比较大的指标(大于1倍):人均航行次数、营养不良人口比例。
- 国际相对差距(相对差异)比较小的指标(大于50%小于1倍):人工智能家庭普及率、人均住房面积。

2050年中国与世界平均值的比较:

- 国际相对差距(相对差异)比较大的指标(大于1倍):无此区间内的指标。
- 国际相对差距(相对差异)比较小的指标(大于50%小于1倍):人均住房面积。

第四章 现代化评价的特点和案例

提要

现代化评价是对现代化过程和结果的一种评价。它既是现代化研究的一种常用方法，也是现代化政策制定的一个重要依据。根据评价对象的不同，现代化评价可分为：国家现代化评价、地区现代化评价、领域和部门现代化评价等。根据评价方法不同，可以分为定量评价、定性评价和综合评价。根据评价目的的不同，可以分为水平评价、绩效评价和专题评价等。

1. 国家现代化评价

国家现代化评价主要有三种类型：水平评价、绩效评价和专题评价等。评价的理论基础包括：现代化理论、系统科学、统计学原理和评价理论等。评价模型从早期的箱根模型到两次现代化评价模型等，各有特色。国家现代化评价的指标体系是多维的，涉及经济、社会、政治、文化、环境和个人生活等。其评价结果既有学术价值，也有政策意义。

2. 地区现代化评价

地区是一个多义词，例如，国内地区和国际地区、城市和农村地区等。城市现代化评价文献较多，地区现代化评价文献较少，农村现代化评价文献更少。在地区现代化评价的指标体系中，使用频率较高的评价维度从高到低依次是经济、社会、个人、环境、生活质量、科技信息、基础设施、政治、国际交往、文化等；使用频率前10位的评价指标依次是医生比例、人均GDP（或GNP）、人均可支配收入（或人均收入）、城市化率、大学（或中学）普及率、第三产业增加值比例、人均住房面积、恩格尔系数、科技人员比例、人均绿地面积。主要采用层次分析、主成分分析、聚类分析、专家咨询等构建综合评价系统和评价模型。

典型案例包括美国州级地区现代化评价和俄罗斯北极地区现代化评价。美国州级地区现代化评价始于20世纪60年代，持续到90年代。在David Morgan的评价中，纽约州、加利福尼亚州、新泽西州、康涅狄格州和科罗拉多州的整体现代化水平较高。2012年俄罗斯北极地区的第一次现代化指数都超过90，但第二次现代化水平落后于俄罗斯全国平均水平。

3. 领域和部门现代化评价

领域现代化评价包括经济、社会、政治、文化、个人和环境六个主要领域的现代化评价。不同领域的现代化评价既有共性，又存在差异。领域现代化评价既遵循现代化评价的一般理论与方法，同时又具有本领域的一些特点。简要介绍六个领域现代化评价，重点分析经济现代化的水平评价和绩效评价，其中，经济现代化水平评价介绍《中国现代化报告2005》的评价工作，经济现代化绩效评价介绍哥伦比亚经济现代化项目的绩效评价工作。

部门现代化评价以经济领域的部门为例。简要介绍农业、工业和服务业三个部门的现代化评价，重点分析工业现代化的水平评价和绩效评价。关于工业现代化水平评价，主要介绍陈佳贵等提出的工业现代化水平评价和《中国现代化报告2014～2015》的工业现代化指数。关于工业现代化绩效评价，主要介绍美国工业现代化绩效评价和我国的工业现代化绩效评价等。不同研究工作在指标体系和评价方法上存在差异。

现代化评价是对现代化过程和结果的一种评价,包括定性评价、定量评价和综合评价等,其中,定量评价更具有可检验性和国际可比性。现代化评价既是现代化研究的一种常用方法,也是现代化政策制定的一个重要依据。关于现代化评价的研究文献比较丰富(表4-1)。

表4-1 现代化评价的文献检索

文献类型	论文/篇		图书/种	
数据库	WOS	CNKI	美国国会图书馆	中国国家图书馆
文献数量	1988	2028	63	24

注:检索方式为"现代化评价"(中文数据库)或"modernization measurement""modernization evaluation""modernization assessment"(英文数据库)主题词检索,检索时间为2019-12-27。
WOS为"Web of Science"网络数据库,它包括自然科学引文索引(SCI-E)、社会科学引文索引(SSCI)、艺术与人文引文索引(A&HCI)、自然科学类会议文献索引(CPCI-S)、社会与人文类会议文献索引(CPCI-SSH)等。CNKI为中国知网数据库。

目前,现代化评价有多种类型,不同类型评价的原理和方法有所不同。其中,现代化水平评价是对评价对象的现代化的实际进展和国际相对水平的定量评价,强调国际可比性;现代化绩效评价是对现代化过程的结果和效果的评价,强调政策引导性和针对性(何传启,2010)。根据现代化评价对象的不同,现代化评价还分为:国家现代化评价、地区现代化评价、领域现代化评价、部门现代化评价和专题评价等。

第一节 国家现代化评价

国家现代化评价是指对世界范围内的国家现代化水平和进程进行评价,评价对象可以是一个国家、一组国家或全部国家,评价结果有国际可比性。国家是一个具有复杂性、动态性的巨系统。国家现代化评价,应设定有限目标,避免进行全方位的动态评价。

一、国家现代化评价的概述

国家现代化评价一般有水平评价和绩效评价等,还包括一些相关评价和专题评价。相关评价和专题评价主要为发展评价、创新评价、竞争力评价和生活质量评价等。

1. 国家现代化评价

首先,国外学者的研究。Buck基于经典现代化理论,用10个评价指标对1960年的115个国家和地区进行评价,为政策制定提供数据和参考(Buck,1969)。20世纪60年代,Cantril对现代化过程中的趋向程度进行了定量研究,他用11个结构变量构成的复合指数,测量了14个国家的相对现代化程度(Cantril,1965;Cantril,2006)。Harbison等对1950~1965年的112个国家和地区进行现代化的定量评价,其评价指标有40个(Harbison,1970)。

Shandra从社会、经济等视角对发展中国家进行跨国的定量分析,提出定量社会学模型,考虑与经济现代化、社会现代化、政治现代化、生态进化和依附理论在内的五种不同理论观点相关的变量,基于59个发展中国家样本的交叉滞后效应回归分析,发现经济现代化及社会现代化相关指标对儿童死亡率有较大影响,比如,跨国公司的渗透会助长儿童死亡率(Shandra et al.,2005)。Shandra还以发展中国家的经济依赖性、压制和森林砍伐为例,考察了各种世界体系指标与一个国家内的政治条件之间的关系(Shandra,2007)。Rubio利用能源消耗(煤炭、石油和水力发电)作为衡量拉丁美洲现代化程度的一个典型指标,通过对该地区30个国家1890～1925年人均能源消耗的分析,从一个侧面评价了拉丁美洲国家的现代化水平,为定量比较分析提供了数据基础(Rubio et al.,2010)。

其次,中国学者的研究。2001年,朱庆芳等用10个评价指标对120个国家1998年的现代化水平进行了评价(朱庆芳 等,2001)。2001年以来,连续出版的《中国现代化报告》,以第二次现代化理论为理论基础,对人口超过100万的131个国家的现代化水平持续进行了定量评价,评价的时间跨度为1950～2016年。

2. 相关和专题评价

其一,发展评价。自1992年联合国环境与发展大会召开之后,可持续发展评价被世界各国广为关注,国际组织、各国政府以及学者从不同角度开展了可持续发展评价研究,提出了各种类型的指数。如联合国可持续发展委员会(UNCS,1996)、联合国环境规划署、世界银行、欧盟委员会(European Union,1999)、美国(曹凤中,1996)和英国(DEUK,1994)等纷纷构建可持续发展评价指标体系。当前可持续发展评价主要分为经济学框架和自然科学框架两大类。经济学框架引入主流经济学理论来评价可持续发展进程,主要包括绿色GDP、自然资源损耗的货币价值核算以及界定强可持续性和弱可持续性等;在经济学框架下建立的指数有可持续经济福利指数、真实进步指数、真实储蓄指数以及新国家财富指标(谢洪礼,1999)等。自然科学框架下,以OECD 1993年提出的压力—状态—响应(PSR)模型为典型代表,PSR模型后被扩展为包含134个指标的驱动力—压力—状态—影响—响应(DPSIR)模型,并于1999年被欧洲环境署所采用。联合国可持续发展委员会建立了一个通用的可持续发展指标体系框架,由社会、经济、环境和制度四大系统组成,用以评价各国政府推进可持续发展目标的进程(CSD,2001)。

1990年,联合国开发计划署(UNDP)提出人类发展指数(HDI),它将经济指标与社会指标相结合,揭示了经济增长与社会发展的不平衡,该指数由人的健康长寿、受到良好教育和生活水平良好三个基本变量构成,用来衡量一个国家国民的总体发展状况(UNDP,1990)。1990年以来,UNDP每年发布的《人类发展报告》都包括世界各国的人类发展指数及其排名。《人类发展报告2019》数据显示,HDI挪威排名第一位,中国香港地区与德国并列第四位,中国内地排名第85位(UNDP,2019a)。

其二,竞争力评价。竞争是现代化的主要动力,竞争力评价是现代化专题评价的重要内容之一。20世纪80年代以来,竞争力评价受到关注,它大致可分为四个层次,分别是国家竞争力、地区竞争力、部门竞争力和企业竞争力等。国家竞争力评价以1980年瑞士洛桑国际管理发展学院(IMD)和世界经济论坛(WEF)联合发表的《全球竞争力报告》最具影响力,1996年后,IMD和WEF分别发布竞争力报告。IMD用340多个指标测算的世界竞争力指数来评价63个国家和地区的竞争力状况(IMD,2018);WEF则用103个指标测算全球竞争力指数,用以评价141个国家和地区的竞争力状况(Schwab,2019)。中国现代化战略研究课题组采用18个指标对131个国家1990～2004年的客观竞争力和人均竞争力进行了评估(中国现代化战略研究课题组 等,2008)。

其三,创新评价。创新同样是现代化的主要动力,创新力评价也是现代化评价的重要组成部分。20世纪90年代以来,创新力评价受到重视。Porter和Stern用12个指标合成创新指数,评价了17个国家1973～1995年之间的创新能力(Porter,1999)。WEF对141个国家和地区的创新能力进行评价,用10个指标测算国家创新能力指数。2019年中国的创新能力指数排在141个国家的第28位(Schwab,2019)。自2007年以来,世界知识产权组织每年发布全球创新指数,用21个指标对129个国家和地区的创新能力进行评价(WIPO,2019)。

其四,生活质量评价。美国学者加尔布雷斯认为生活质量是一种主观体验(加尔布雷斯,1965)。Cantril对20世纪60年代2.4万人的主观感受(如希望、担忧、生活条件、社会态度等)进行调查,测度

14个国家的居民生活质量及社会经济发展水平(Cantril, 1965)。1979年，美国学者莫里斯提出物质生活质量指数，选取识字率、婴儿死亡率和预期寿命3个指标进行物质生活质量评价(莫里斯, 1985)。该评价模型较为简明，且操作性强，受到许多国家政府和学者的关注。生活质量是一个高度综合的概念，其评价是多维的，涵盖居民生活的方方面面，包括生活水平、收入、工作、住房、健康、教育、政府治理、环境、满意度等主观和客观的综合指数。Diener建立基本生活质量指数和美好生活质量指数，各选取7个指标，分别评价了77个发展中国家和发达国家的生活质量(Diener, 1995)。Somarriba从工作、生活、教育、休闲、收入、健康、安全和信任七个维度对欧洲28个国家2008年的生活质量进行评价(Somarriba et al., 2009)。OECD构建美好生活指数，从物质生活条件和生活品质两个方面，选取24个指标对38个国家的生活质量进行开放式评价(OECD, 2019)。何传启等利用现实生活指数和生活满意度两个方面的38个指标，对世界131个国家的生活质量进行综合评价(何传启, 2019b)。

二、国家现代化评价的特点

国家现代化评价在评价原理和指标体系的选择、评价模型及评价结果的意义等方面具有一定的共性特点。

1. 现代化评价的理论基础

现代化评价的原理既有现代化理论，也有其他相关理论。

现代化理论包括经典现代化理论和新现代化理论。20世纪60年代，经典现代化理论逐渐成为主流，它关注工业革命及其扩散对世界发展产生的巨大影响，关注国家工业化过程，用现代化来表述从农业社会向工业社会的转变，社会学家帕森斯、艾森斯塔特，经济学家罗斯托、库兹涅茨，历史学家布莱克等是代表人物。经典现代化理论强调传统与现代的二元区分，人们普遍接受现代化的两个基本内涵：① 现代化是指发达国家工业革命以来发生的深刻变化；② 现代化是指发展中国家追赶世界先进水平的发展过程。

20世纪70年代以来，随着现代化发展的趋势，现代化理论更趋多元化，其中，后现代化理论和新现代化理论最为活跃。后现代化理论包括对经典现代化和现代性的批判、后工业社会的未来学展望、后物质主义和后现代文化的实证研究等。德国胡伯提出生态现代化理论。查普夫是继续现代化理论的主要代表人物。新现代化理论则包括反思性现代化和第二次现代化理论等。1986年德国学者贝克提出反思性现代化理论，又称为再现代化理论。1998年中国学者何传启提出第二次现代化理论，认为在18~21世纪期间，世界现代化的前沿过程可以分为两个阶段，其中，第一次现代化是从农业时代向工业时代的转变，第二次现代化是从工业时代向知识时代的转变。两次现代化的特点不同，第一次现代化以工业化、城市化和民主化为主要特点，第二次现代化则以知识化、信息化和全球化为主要特点(何传启, 2010)。

其他与现代化评价相关的理论主要是系统科学理论和统计学原理。系统科学理论认为，人类社会是一个开放的大系统。这个系统是可以控制的，也是可以评价的。社会系统包含若干子系统，不同子系统有不同的功能和特点，可分别评价。统计学原理认为，综合评价是一种常用的评价方法。若评价对象是一个复杂系统，单个指标不足以完成评价，需要将多个指标转化为一个综合指标进行评价；不同指标经过统计学处理，转化成标准化的单项指数，多个单项指数通过数学处理生成综合指数，利用综合指数进行有限值域的评价。

2. 评价模型及权重分配

关于国家现代化评价的模型很多,有定量评价模型,也有定性评价模型。早期模型如箱根模型等,与其说是模型,不如说是指标体系更准确。以下选取若干典型模型分别阐述。

(1) 评价模型

其一,箱根模型。1960年日本箱根会议上,与会学者对经典现代化的八项评价标准达成一致意见,后被称为箱根模型。这八项标准分别为:① 城市化,② 能源的非生命化、经济的商品化和社会的服务化,③ 社会的参与化,④ 社会的流动性,⑤ 知识化、世俗化和科学化,⑥ 社会的沟通化,⑦ 社会的组织化,⑧ 国家化与全球化(布莱克,1996)。箱根模型的这八项标准比较笼统,未能得到很好的应用,但是它鼓励了更多的学者从定量的角度去关注现代化评价和动态比较。

其二,列维模型。1962年,美国社会学家列维对现代化社会与非现代化社会的特征进行比较,提出现代化社会的八个特征(Levy,1996)。不过,列维模型只是一种定性评价模型。

其三,布莱克模型。1966年,普林斯顿大学国际经济研究中心的布莱克提出用10个指标(表4-2)来说明前现代化社会和高度现代化社会的区别,以反映现代化带来的经济社会跳跃性变化(布莱克,1996)。布莱克评价体系展现了20世纪60年代现代化社会与前现代化社会的差异性,以及人们试图寻找一种简洁、可操作的方法去测量社会发展水平。不过,由于布莱克模型的评价标准比较粗略,未能成为度量现代化进程的有效工具。

表 4-2 布莱克评价模型的现代化指标

序号	指标	低	高
1	人均GNP(以1973年美元计算)	200~300	4000~6000
2	能源消费(人均煤当量,千克)	10~100	5000~10 000
3	劳动就业比例(%)		
	农业	85~95	5~10
	工业	5~10	30~40
	服务业	5~10	40~60
4	各部门占GNP比例(%)		
	农业	40~60	5~10
	工业	10~20	40~60
	服务业	20~40	40~60
5	终极用途占GNP比例(%)		
	消费	80~85	55~60
	资本形成	5~10	20~30
	政府开支	5~10	25~30
6	城市化(10万人以上城市的城市人口占全国人口的百分比)	0~10	50~70
7	教育		
	中小学(适龄人口的入学比例)	20~50	90~100
	高等教育(每100万居民中的学生数)	100~1000	10 000~30 000
8	健康状况		
	新生儿死亡率(每千名新生儿童的死亡人数)	150~500	13~25
	食物供应[千卡/(人·天)]	1500~2000	3000~3500
	医生(每100万居民中的医生数)	10~100	1000~2400

(续表)

序号	指标	低	高
9	交流		
	邮件(每人每年投寄国内信件数)	1~10	100~350
	电话(每千人拥有电话数)	1~10	100~500
	报纸(每千人发行量)	1~15	300~500
	收音机(每千人台数)	10~20	300~1200
	电视机(每千人台数)	1~50	100~350
10	收入分配(按收入的百分比)		
	收入量低的五分之一居民	8~10	4
	收入量高的五分之一居民	40~50	45
	收入量高的百分之一居民	20~30	20

资料来源：布莱克，1996。

其四，英克尔斯模型。美国斯坦福大学社会学教授英克尔斯认为人是现代化进程的基本因素，人的现代化是政治、经济和社会现代化的基础。20世纪80年代，英克尔斯在其现代人模型的基础上，提出现代化的11项评价标准，涉及经济发展、城市化水平和人的生活质量三个维度，用以区分传统国家和现代化国家(孙立平，1988)。这一评价模型只有指标体系，没有具体评价方法。鉴于其指标数量少、数据易获取等特点，英克尔斯评价体系受到中国学者的关注。1995年，中国社会科学院社会学研究所构建的现代化评价体系与英克尔斯模型也有许多共同之处，可视为英克尔斯模型的应用。该评价体系包括经济发展、社会进步、人口素质及生活水平三个维度15个指标。与英克尔斯指标体系相比，该评价体系在指标内容和标准值上进行了调整，增加了信息化、环境综合指数、分配公平指数等新指标(朱庆芳 等，2001)。

其五，第二次现代化模型。1998年，何传启提出第二次现代化理论，由于两次现代化的特点不同，应采用不同的评价体系加以评价。为此，何传启构建了三套指标体系分别用来评价第一次现代化、第二次现代化和综合现代化进程，分别反映第一次现代化的实现程度、第二次现代化的实际进展以及不同国家综合现代化与世界先进水平的相对差距。其中，第一次现代化评价体系是英克尔斯评价模型的修订版，属于经典现代化评价模型；第二次现代化评价体系强调知识产业和可持续发展能力是现代化社会的重要标识；综合现代化评价体系则是综合测量经济发展、社会发展和知识发展三个方面。第二次现代化评价和综合现代化评价都是基于新现代化评价理论而构建的评价模型。

(2) 指标权重

其一，主观赋权法。评价者根据各个指标的重要程度给出权重系数，通常采用向专家或公众征集意见的方法；如人类发展指数，其教育获得指标是用成人识字率(2/3权重)及小学、中学、大学综合入学率(1/3权重)共同衡量(UNDP，2019b)。OECD的美好生活指数是一种开发式评价，公众可根据自己认为的重要性对24个指标分别赋权，并从网站获得评价结果(OECD，2019)。主观赋权法得出的权重主要取决于提供意见者对研究对象的认识，不同的人对同一问题会有不同的看法，所给出的权重也会千差万别，因此这种赋权方法带有较强的人为因素和主观色彩。

其二，客观赋权法。根据指标数值变异程度所提供的信息来计算生成相应的权重系数，如熵值法、主成分分析法和因子分析法等。在经济及区域现代化的多元统计中常用到客观赋权法，该方法避免了主观因素的影响，使不同的评价者就相同的数据可以得到相同的评价结果，因此被认为是较为客观的权重分配方法，但该方法的缺陷是对指标的具体意义重视不够，有时计算得到的权重会与实际的重要程度发生严重偏离。只有在指标提供的信息较为全面的情况下，评价结果才趋向准确。

其三，等权重赋权法。由于主观赋权法和客观赋权法在实际运用时各有优缺点，且其赋权方法的应用都是有条件的。因此，现代化评价中第三种赋权方法是对评价指标进行等权重分配，评价者默认组成现代化评价指标体系的各指标的重要性是相同的。该方法在一定程度上克服了主观赋权法的主观色彩和客观赋权法产生系数与实际的偏离。

3. 评价指标体系

在上述现代化评价模型和指标体系中，现代化评价都是多维的。指标体系一般都包含经济、社会和人的现代化三个维度；而政治、文化、生活质量、环境和创新等维度在不同指标体系里不尽一致。

箱根模型包含社会、经济、环境、知识化和全球化五个维度。列维模型则从社会组织、国家权力、市场、科技、家庭和伦理等方面来衡量现代化和社会。英克尔斯模型涉及经济发展、城市化水平和人的生活质量三个维度，其中，与人相关的指标占了半数以上。中国社会科学院社会学研究所的现代化评价体系包括经济发展、社会进步、人口素质及生活水平三个维度。

何传启构建的三个现代化评价体系中，第一次现代化评价体系包含经济、社会和知识三个维度，其中经济指标4个、社会指标4个、知识指标2个；第二次现代化评价体系由知识创新、知识传播、生活质量和经济质量四个维度组成，每个维度由4个指标构成；综合现代化评价模型则由经济发展、社会发展和知识发展三个维度的12个指标组成。

现代化评价体系中，评价指标的数量一般为8～40个不等。常用到的评价指标有单项指标（表4-3），也有复合指标。

表4-3 国家现代化评价常用指标

维度	评价指标	维度	评价指标
经济	人均GDP 劳动生产率 农业增加值比例 服务业增加值比例 工业增加值比例 服务业劳动力比例 农业劳动力比例 工业劳动力比例 单位GDP的能源消耗 政府开支比例 资本形成比例 国际贸易比例	文化	R&D经费比例 科技人员比例 发明专利申请比例 报纸发行量 博物馆数量 人均屏幕数 国际学生比例 文化产业增加值比例 文化产业出口
社会	城市化比例 收入分配、社会公平、贫困 人均国民收入/人均可支配收入 医生比例、婴儿死亡率 社会保险覆盖率 公共设施覆盖率 电话普及率 互联网普及率 社会安全（犯罪率等）	生态	空气质量 污水处理率 垃圾处理率 人均能源消费 人均电力消耗 人均绿地面积 森林覆盖率
		个人	平均预期寿命 成人识字率 大学普及率 平均受教育年限 教育经费 接受高等教育劳动力比例 性别差异
政治	投票比例 民主化		

注：有些指标有多重意义。例如，教育指标，既是社会发展指标，也是人类发展指标。

4. 评价结果及意义

现代化评价是现代化研究领域不可或缺的内容,现代化评价结果是现代化定量研究的成果之一,有其学术价值。国家现代化评价的结果可显示一国在世界现代化进程中的地位,区分世界范围内的现代化国家和非现代化国家。

一般而言,发达国家就是现代化国家,中等发达、初等发达和欠发达国家都属于非现代化国家。通过横向比较国家现代化的评价结果,可从数据显示不同国家之间现代化水平和阶段的国际差距;纵向比较一国在若干年内的现代化水平,可显示其现代化进程相比同时期其他国家的进步快慢及国家现代化地位的变迁及转移概率等。国家现代化的评价结果,同样对认识当下中国的现代化水平和阶段及国际差距等有一定意义。

现代化评价结果不仅具有理论意义,更重要的是具有实践价值。现代化评价结果对于国家现代化进程的认识和国家战略的制定都起到积极影响。例如,1990年以来,人类发展指数已在指导发展中国家制定相应的发展战略方面发挥了重要作用。

第二节 地区现代化评价

地区现代化是国家现代化的组成部分,且遵循国家现代化的一般规律,但不是地区所在国的国家现代化的简单缩小,不同地区现代化具有不平衡性。地区现代化与地区基础能力关系紧密,在地区现代化过程中存在地区互动和相互依存(中国现代化战略研究课题组 等,2004)。研究地区现代化的评价原理、评价方法及其应用有现实意义。本节将归纳分析地区现代化评价的原理、评价指标、评价模型、评价结果,并针对美国和俄罗斯地区现代化评价进行案例分析。

一、地区现代化评价的概述

1. 基本概念

由于"地区"范围界定的多样性,地区现代化的研究范围宽广,从国家间的地区/区域现代化(如欧盟地区现代化),到一国之内不同行政级别的地区现代化,从城市现代化、农村现代化,到包含城市、郊区、乡村复合体的都市圈现代化(图4-1)。以OECD研究为例,OECD的地区数据库和指标体系研究对象包括国家内部地区和大都市区两个层次,其中第一个层次包括36个成员国以及中国、哥伦比亚、印度、秘鲁、俄罗斯、南非、突尼斯等所包含的约2000个地区,第二个层次包括649个OECD大都市区(25万以上人口的城市功能区)(OECD,2018)。

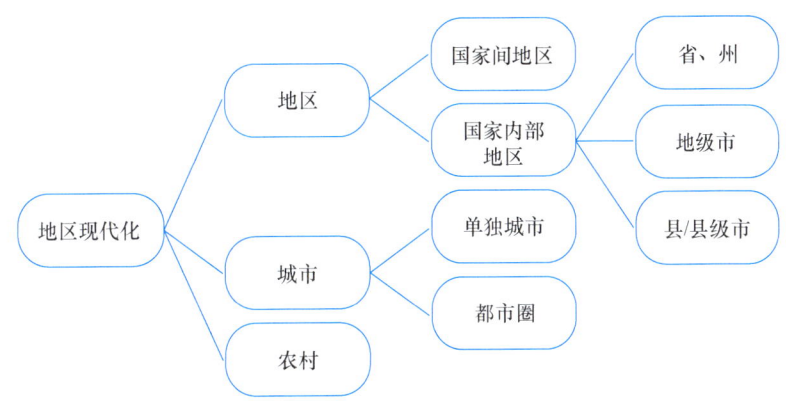

图4-1 地区现代化的研究范围

不同类型的地区现代化,既有共性特点,也有个性特点,在评价中既需要共性指标,也需要特色指标做支撑。由于国家间的地区现代化评价与国家现代化评价有重合,因此,本节研究主要关注国家内部的地区现代化、城市现代化和农村现代化。

不同学者从不同角度分析地区现代化、城市现代化和农村现代化的概念和内涵,为评价原理的确定、评价维度的选择、评价模型的构建提供基础(表 4-4)。

表 4-4　地区现代化、城市现代化和农村现代化的概念内涵

概念	内涵表述	文献来源
地区现代化	地区现代化指 18 世纪工业革命以来地区经济社会等各方面达到、保持及追赶世界先进水平的历史过程及其深刻变化。它既是发达地区达到并保持世界先进水平的过程,又是发展中地区追赶和达到世界先进水平的过程;既是发达地区保持世界先进水平的连续变化的状态函数,又是发展中地区追赶世界先进水平的变化的目标函数。	中国现代化战略研究课题组 等,2004
	现代化不仅是 GDP 赶超的过程,而且是更大范围的追赶过程。因为人类发展指数的三个维度(寿命、知识和资源)都是基本且不同的现代性的组成部分,在讨论意大利现代化时会考虑所有这些组成部分及其相互作用。	Felice et al.,2015
城市现代化	城市现代化是社会现代化的重要组成部分,城市现代化主要有六个方面的标志:城市规划科学合理化、城市基础设施现代化、城市生态环境园林化、城市经济高技术产业化、城市居民生活高度社会化、城市资源利用高度集约化。	姚士谋 等,1999
	城市现代化是指随着现代生产力的进步,经济、政治、文化、社会结构的优化,城市生产条件及生活质量逐步提高、改善的过程。	顾朝林 等,2000
	城市现代化为城市化的高级阶段。城市现代化和城市化既相互区别又相互联系的特点,要求我们对城市现代化指标的选择既要特别注重城市内部质量方面(如城市生活质量、社会安全、城市环境等),又不能忽视与之相关的城市人口、资源等方面。	朱英明 等,2000
	城市现代化是城市素质的综合反映,主要包括城市经济现代化、基础设施现代化和人的现代化三个方面。	叶裕民,2001
	城市现代化的基本内涵可以概括为:经济上的工业化与市场化,政治上的民主化与法制化,城市发展的国际化与都市化,科技与知识的创新及社会信息化,社会生活的公平及生活质量的优化,经济社会发展可持续化与协调化。	吴永保,2001
	城市现代化是在现代工业、科技革命的推动下,以人的全面发展为其终极目标,在经济上高度繁荣化,政治上民主化和法制化,社会发展可持续化,城市文化国际化的一种发展状态。	严辉,2002
	城市现代化是 18 世纪工业革命以来城市和城市系统的一种前沿变化和国际竞争,它包括现代城市的形成、发展、转型和国际互动,城市要素的创新、选择、传播和退出,以及追赶、达到和保持世界城市先进水平的国际竞争和国际分化。	何传启,2013b
	城市现代化既是一种状态,也是一个历史演变、文明演变的过程。20 世纪 70 年代至今,城市现代化的内涵有了深层次的含义,城市经济科技化、知识化、智能化,城市社会多样化、城乡平衡,城市环境呈现资源节约、环境友好,城市文化多样化、网络化,注重人的全面发展和素质教育,城市的功能以服务功能为主,城市管理更加民主化。	王桂芹 等,2016

(续表)

概念	内涵表述	文献来源
农村现代化	农村现代化包括农业现代化、农村工业化、农村城市化和农民知识化四个方面。	唐金虎 等,1993
	农村现代化是个地域性概念,是指在县和县以下广大农村地区实现现代化。这也是通过大搞技术革新、技术革命,用当代的科学技术、管理手段、方法和物质技术装备武装农村国民经济的各个部门。使之获得全面的、根本的改造,从而使整个农村经济和社会生活各个方面赶上、接近或超过当代世界先进水平。	黄文新 等,1995
	农村现代化就是要实现农业现代化、农村工业化、乡村城镇化,达到农村经济发达、农民生活富裕、农业科技先进、基础设施完善、运行机制灵活、环境文明优美的农村社会经济发展水平。	梁丹 等,2005
	农村现代化就是要实现农业现代化、农村工业化、农村城镇化、农村信息化,达到农村经济发达、农民生活富裕、农业科技先进、基础设施完善、运行机制灵活、环境文明优美的农村经济社会发展目标。农村现代化至少包括农民、农业、经济、社会和制度现代化等几个方面。	杜萍,2009
	农村现代化是全面现代化的应有之义,没有农村现代化也就没有完全意义上的现代化,也不可能有百姓的"物质富裕"和"生活品质";农村现代化是"三农"现代化的集中体现,有了现代化的农民、现代化的农业,才可能有现代化的农村。	何关新,2014

2. 地区现代化评价概况

(1) 地区现代化评价

为了研究地区现代化规律,制定地区现代化战略,需要对不同地区的现代化进程进行科学评价,本节研究以地区现代化的定量评价为主。根据评价的类型,地区现代化评价主要分为水平评价和绩效评价。

从现有地区现代化评价的文献检索和整理发现[1],地区现代化评价研究仍处于发展阶段,以水平评价为主,兼顾绩效评价;从评价的对象来看,主要集中在城市现代化评价,其次为地区现代化评价,农村现代化评价涉及较少(表4-5)。

表 4-5 地区现代化评价的研究文献

评价类型	水平评价	绩效评价
地区现代化	Crittenden,1967;Hofferbert,1968;Morgan et al.,1997;中国现代化战略研究课题组 等,2004;Romashkina et al.,2015;Felice et al.,2015;李扬 等,2016	Benton,2005;马铭波,2013;Li et al.,2014;宋彦蓉 等,2015
城市现代化	姚士谋 等,1999;吴永保,2001;阎小培 等,2002;朱新玲 等,2003;宿鹏,2004;谷德斌,2005;李贞 等,2005;石霞 等,2007;耿建敏 等,2007;赵茜,2009;李娟娟 等,2011;彭志宏 等,2012;肖艳玲 等,2013;康丽玮 等,2013;姚丽 等,2014;王茜茜,2017	顾朝林 等,2000;朱英明 等,2000;叶裕民,2001;严辉,2002;戴西超,2003;杨青 等,2005;甄江红 等,2006;林皆敏,2006;张同功,2011;王桂芹 等,2016
农村现代化	黄文新 等,1995;陈海燕 等,1999;梁丹 等,2005;戴林送 等,2007;李永宁,2009;杜萍,2009	唐金虎 等,1993;王春光,1998

有关地区现代化水平评价的代表性研究包括 Crittenden、Hofferbert、Morgan 等人开展的多期美国地区现代化评价。此外,随着中国现代化建设的不断推进,越来越多的中国学者关注地区现代化和城市现代化的评价问题。部分代表性研究将在第三部分的地区现代化评价案例中进一步论述。

---

[1] 以"地区现代化""城市现代化"和"农村现代化"为关键词进行中英文检索,文献主要来源 Elsevier、Springer、Google 学术、中国知网等数据库。

(2) 地区现代化相关评价

如果把文献检索的范围扩大到与地区现代化相关的评价研究[①],则文献量较大,因此对地区现代化相关评价研究的归纳仅限于主要国际组织和重要研究机构关于地区创造力、竞争力、生活质量和发展(包括人类发展、可持续发展)的评价研究,还有部分研究是由一些国际咨询公司完成的(表4-6)。地区监测评价的代表性研究包括OECD在地区和大都市区两个层次持续开展的相关评价,以及由此形成的地区数据库、研究报告和地区评价互动平台。

表4-6 地区现代化相关评价的代表性研究文献

评价内容	发展/人类发展/可持续发展	创造力	竞争力	生活质量
地区	Silva et al.,2014;Schrott et al.,2015;Xu et al.,2020	Iturriagagoitia et al.,2007;European Commission,2012;Valentina et al.,2015;张天译,2017;朱光远,2019;孔伟 等,2019	Huovari et al.,2002;左继宏 等,2004;杨道建 等,2010;Dijkstra et al.,2011;European Commission,2019	OECD,2014
城市	UNCHS,2001;Lee et al.,2007;华强森 等,2017	Solidiance,2013;2Thinknow,2019;吴传清 等,2019;王腾飞 等,2019	黄晓芬,2006;倪鹏飞 等,2018;Mori Memorial Foundation,2019;Kearney,2019;PwC,2019;党亚苹,2019	OECD,2016;The Economist Intelligence,2018;Mercer,2019
农村	Schultink,2000;Long,2011;Bryden,2011		杨晓光 等,2005	

在地区层次上,OECD、欧盟等国际组织开展了地区现代化的相关评价,如OECD的地区生活质量评价(OECD,2014)、欧盟的区域竞争力指数(RCI)(European Commission,2019;Dijkstra et al.,2011)、欧盟的区域创新记分牌(European Commission,2012)等。与城市现代化相关的评价研究较为丰富,并形成多个系列评价指数,部分评价结果具有国际可比性。与城市创造力相关的评价有全球创新城市指数(2Thinknow,2019)。与城市竞争力相关的评价有全球实力城市指数(Mori Memorial Foundation,2019)、全球城市指数(Kearney,2019)、全球城市竞争力排名(倪鹏飞 等,2018)。与城市生活质量相关的评价有全球宜居城市排名(The Economist Intelligence Unit,2018)。与城市发展包括人类发展和可持续发展评价相关的有城市发展指数(City Development Index)(UNCHS,2001)、台北可持续指数(Lee et al.,2007)、城市可持续发展指数(华强森 等,2017)。与之形成鲜明对比的是,与农村现代化相关的评价较为欠缺,这一领域的研究潜力还很大。

二、地区现代化评价的特点

1. 评价原理

地区现代化是广义现代化的组成部分,在地区现代化过程中,可以把广义现代化的基本原理推广到地区现代化,形成地区现代化的四个基本原理,包括:地区现代化进程不同步原理、地区现代化空间不均衡原理、地区现代化结构稳定性原理和地区现代化地位可变迁原理(中国现代化战略研究课题组 等,2004)。

根据地区现代化的基本原理,把经典现代化理论、第一次现代化理论、第二次现代化理论、综合现

---

① 以"地区""城市""农村"和"创造力""竞争力""生活质量""发展""人类发展""可持续发展"为关键词,利用布尔逻辑检索在主要的中英文学术数据库进行检索。

代化理论推广到地区现代化,同时遵循发展理论、区域发展理论、城市发展理论、农村发展理论,形成地区现代化评价的基本原理(表4-7)。

表4-7 地区现代化评价的基本原理

现代化理论	经典现代化理论、第一次现代化理论、第二次现代化理论、综合现代化理论
发展理论	依附理论与世界体系理论
区域发展理论	发展阶段理论、均衡增长理论、不均衡增长理论、区域增长的一般理论模式、新马克思主义理论
城市发展理论	区域理论、经济学理论、人文生态学理论、经济全球化理论、城市进化理论
农村发展理论	传统发展战略、替代发展战略

2. 指标体系

(1) 评价维度

地区现代化评价包括经济、社会、政治、文化、环境、个人等现代化研究维度。通过对表4-5中的45篇地区现代化(包括城市现代化、农村现代化)评价文献进行统计分析,在地区现代化评价中,使用频率较高的评价维度从高到低依次是经济、社会、个人、环境、生活质量、科技信息、基础设施、政治、国际交往、文化等。在地区现代化评价的经济维度中主要包含经济发展、经济质量、经济结构、经济效率、收入、市场化等领域。

(2) 评价指标

随着发达国家和地区第一次现代化的完成,第二次现代化的兴起,衡量地区现代化的量化指标也由以经济指标为主的指标体系逐步转向以满足生活需求、提高生活质量为目标的经济、社会、文化、政治、生态和个人六个方面均衡发展的综合性指标体系。

通过对表4-5中45篇地区现代化评价文献的统计分析,在地区现代化评价中,使用频率在前十位的评价指标依次是医生比例、人均GDP/人均GNP、人均可支配收入/人均收入、城市化率、大学/中学普及率、第三产业增加值比例、人均住房面积、恩格尔系数、科技人员比例、人均绿地面积(表4-8)。

表4-8 地区现代化评价指标使用频度统计

维度	评价指标	频次	维度	评价指标	频次
经济	人均GDP/人均GNP	33	社会	电视机拥有率	8
	人均可支配收入/人均收入	29		燃气普及率	7
	第三产业增加值比例	26		社会保险覆盖率	7
	恩格尔系数	21	政治	投票率	3
	劳动生产率	13	文化	科技人员比例	19
	财政收入占比/人均财政收入	12		互联网/计算机比例	13
	第三产业就业比例	11		人均图书馆藏书量	12
	人均固定资产投资	9		研发资金比例	10
	第二产业增加值比重	8		发明专利申请比例	3
	非农业劳动力比重	7	生态	人均绿地面积	19
社会	医生比例	34		绿地覆盖率	17
	城市化率	28		污水处理率	16
	人均住房面积	23		人均用能、用电量	10
	人均道路面积	19	个人	大学/中学普及率	27
	电话拥有率	17		人口自然增长率	18
	预期寿命	12		教育经费	10
	公共汽车拥有量	10		教师比例	7

3. 地区现代化评价模型和权重

（1）评价模型

地区现代化评价主要采用层次分析、主成分分析、聚类分析、专家咨询等构建综合评价系统和评价模型。在灰色关联度与因子分析等基础上，把地区现代化细分为若干维度或领域的现代化，设置地区现代化指数以及具体维度、领域的地区现代化指数，每个指数下包含若干具体指标。有的研究采用"比值法"进行指标评价，如算术平均值法或加权平均法。为了有效进行国际比较，比值法中评价指标的基准值可以采用发达国家或高收入国家指标的平均值，在数据不足的情况下，可以考虑典型发达国家或地区的指标值。此外，也有研究采用联合国开发计划署的人类发展指数评价模型，计算相对指数和几何平均值，其中最大值和最小值可以选取高收入国家平均值或 OECD 国家平均值作为参照。地区现代化定量评价还可以采用模糊数学的贴近度模型、德尔菲法或其他统计分析法。

（2）评价权重

由于各指标对地区、城市和农村现代化水平的影响程度和重要性不同，因此可以通过各种赋权方法给予各指标相应的权重。赋权方法包括主观赋权法和客观赋权法，主观赋权法如德尔菲法，客观赋权法包括熵值法、变异系数法、复相关系数法、主成分分析法、因子分析法、灰色关联度法等。

4. 评价结果和意义

地区现代化评价的结果涉及评价地区的现代化水平、变化趋势、现代化发展阶段、现代化实现程度，也涉及现代化实现的差距、现代化的地区分级分类等。通过地区现代化评价，能够为地区现代化建设提供科学的依据和有力的支撑，包括地区现代化的进程监测、地区现代化的目标确定、地区现代化的战略路线规划和地区现代化的政策制定。

三、地区现代化评价的案例

1. 美国州级地区现代化评价

20 世纪 70 年代，Sharkansky 就指出美国不同州级地区之间的发展存在巨大差异，美国在现代化发展中存在两种模式。在许多方面美国是世界上工业化程度最高的后工业化国家，但是某些州不仅在经济上，而且在政治、政府和公共政策上都处于落后状态，部分地区与贫穷的发展中国家类似。Sharkansky 认为通过适宜的指标，可以对不同地区进行比较研究（Sharkansky，1975）。

Hofferbert 构建了地区现代化的社会经济多维模型，其中包括 21 个指标，并利用因子分析法研究 1890～1960 年美国各州的地区现代化。在这个研究中，Hofferbert 发现富裕程度和工业化水平这两个维度具有相当大的时间稳定性。但是 Hofferbert 没有根据现代化水平对各州进行分类（Hofferbert，1968）。

Crittenden 系统地建立美国各州现代化评价体系，对美国 48 个州 1960 年的现代化水平进行评价。他采用 15 个指标（如城市化水平、报纸发行量、汽车、电话和医生数量）代表社会经济发展，9 个指标代表政府和政治，还有 6 个参考指标（如人口和地理区域）进行评价（表 4-9）。Crittenden 利用主轴因子分析，把 33 个指标划分为五个因素，包括都市化、综合信息交换、迁徙拉动、政府作用、农业社会。Crittenden 没有计算各州单一的现代化指数，而是采用四分位显示各州的因子得分。纽约州在都市化中名列前茅，康涅狄格州是综合信息交换的第一名，内华达州、亚利桑那州和佛罗里达州是迁徙拉动排名最高的三个州（Crittenden，1967）。

在 Crittenden 的研究基础上，Morgan 等评估了美国各州 1960～1990 年现代化的连续性和变动。研究同样采用 33 个指标和主轴因子分析法（表 4-9）。1990 年影响美国各州现代化的五个主要因素分别为：都市化、政府作用、迁徙拉动、政治参与、权力下放。Morgan 通过因子分析将 33 个变量分配到四个维度：都市化、迁徙拉动、政治参与和权力下放，根据可解释方差的百分比对各指标进行加权，最终得到美国50个州的现代化指数，包括未加权重和加权重的指数得分。研究表明，在都市化方面，纽约州、康涅狄格州和马萨诸塞州得分最高，密西西比州和阿肯色州得分最低。在迁徙拉动方面，阿拉斯加州和加利福尼亚州名列前茅。在政治参与方面，位于山区和北部平原地区的科罗拉多州、内布拉斯加州和北达科他州得分最高。在权力下放方面，纽约州和加利福尼亚州得分最高。总体来说，纽约州、加利福尼亚州、新泽西州、康涅狄格州和科罗拉多州的整体现代化水平最高，而大部分南部州的现代化指数得分较低。Morgan的研究还比较分析了各州在现代化不同方面的排名变迁，现代化水平上升较快的州为新罕布什尔州、弗吉尼亚州、佛蒙特州、北卡罗来纳州、内布拉斯加州、俄勒冈州、怀俄明州等。Morgan的研究也表明上述延续性的研究都是基于工业时代的现代化研究，在后工业化和知识时代下，如何衡量美国各州的现代化还有待进一步分析（Morgan et al.，1997）。

表 4-9　1960 年、1990 年美国州级地区的现代化指标

	1960 年指标和主题	1990 年指标和主题（指标不分类）
基准指标	教育、收入、生育率	医生、人口密度、白领
其他现代化指标	城市化、州外出生、迁移、人口增加	收入、律师、税收水平/人均
	非农业用地、好的住房、通勤、白领	电话机、城市化、种族多样性
	电视机、电话	高管薪金得分、州长权力、报纸发行
	律师、医生	支出水平/人均、好的住房、区域
	报纸发行、汽车	税收水平、电视机、政府就业
	种族多样性、投票	州外出生、迁移、人口增长
政府作用指标	税收水平/人均、税收水平	生育能力、教育
	支出水平/人均、政府就业	非农业用地
集中指标	高管薪金得分、州税收份额	通勤、民主影响、表决
	州支出份额、州就业份额	党派竞争、汽车、州支出份额
	州长的权力	州就业份额、人口、州税收份额
参考指标	人口、地区、人口密度	
	党派竞争、民主影响	

资料来源：根据 Morgan et al.（1997）整理。

2. 俄罗斯地区现代化评价

为了分析俄罗斯地区的现代化水平，拉宾基于第一次现代化、第二次现代化和综合现代化理论，对俄罗斯不同地区的第一次现代化指数（PMI）、第二次现代化指数（SMI）和综合现代化指数（IMI）进行测度（Lapin，2014）。

Romashkina 等同样基于第一次现代化、第二次现代化和综合现代化理论，对俄罗斯北极地区的现代化水平进行评估（评价指标见表 4-10）。第一次现代化指数的评估采用 19 个最发达工业国家 1960 年的平均指标值作为评价标准，借助比例关系方法，计算出单独指标与其标准值的对应程度，最大值设定为 100%，利用所有指标的算术平均值确定第一次现代化指数。第二次现代化指数在计算单独指标的标准化值时最大值设定为 120%。综合现代化指数评估的标准值基于同期发达国家的平均指标值（Romashkina et al.，2015）。

研究表明，2012 年俄罗斯北极地区的第一次现代化指数都超过 90，也就是达到发达国家 1960 年第一次现代化水平的 90%以上，其第一次现代化阶段未完成的主要原因是服务业和就业结构落后。摩尔曼斯克地区与俄罗斯全国的平均水平相当接近，而阿尔汉格尔斯克地区、萨哈共和国和克拉斯诺

亚尔斯克地区则稍稍落后于全国平均水平。不稳定增长改变了地区在 21 世纪头五年的快速现代化进程,某些地区甚至出现经济活动下降现象,例如,涅涅茨地区的第一次现代化指数从 2000 年的 92.2 下降到 2012 年的 90.7。

2012 年,俄罗斯北极地区的第二次现代化水平都落后于全国平均水平(俄罗斯 2012 年第二次现代化指数为 74.4)。阿尔汉格尔斯克州的第二次现代化指数为 65.1,楚科奇自治区为 64.3,克拉斯诺亚尔斯克地区为 69.2,萨哈共和国为 69.3,亚马尔—涅涅茨自治区为 69.8,摩尔曼斯克地区为 73.3。

表 4-10　俄罗斯北极地区现代化评价指标

	第一次现代化指标		第二次现代化指标		综合现代化指标
经济指标	人均 GRP(美元) 农业就业人口占总就业人口的比例 农业增加值占 GRP 的比例 服务业增加值占 GRP 的比例	知识创新	R&D 支出在 GRP 中所占的比例 聘用的研究人员和工程师人数 每万人的 R&D 费用 每 100 万居民中申请专利人数	经济指标	人均 GRP(美元) 按购买力平价计算的人均 GRP 服务业增加值占 GRP 的比例 服务业就业人口占总就业人口的比例
社会指标	城市人口比例 每 1000 人中的医生人数 婴儿死亡率 预期寿命	知识传播	12~17 岁人口中,中学生所占的百分比 18~22 岁人口中的大学生百分比 每 100 户家庭的电视机数量 每 100 户家庭的个人计算机数量	社会指标	城市人口比例 每 1000 人中的医生人数 预期寿命 生态效益:人均 GRP 除以人均能源消耗
知识指标	成年识字率 大学生占 18~22 岁人口比例	生活质量	城市人口百分比 每 1000 人中的医生人数 婴儿死亡率 预期寿命 人均能源消耗 人均原油当量	知识指标	R&D 支出在 GRP 中所占的百分比 申请专利的人数,每 100 万人口 18~22 岁人口中,大学生所占的百分比 互联网数量,每 100 人的用户数
		经济质量	人均 GRP(美元) 按购买力平价计算的人均 GRP 物质生产部门增加值占 GRP 的百分比 物质生产部门就业人口占总就业人口的百分比		

资料来源:根据 Romashkina et al.(2015)整理。

第三节　领域现代化评价

领域现代化评价是对各领域的现代化过程和结果的一种综合评价,它既是领域现代化研究的组成部分,也是领域现代化政策制定的依据之一。领域现代化评价有多种类型,不同类型评价的原理和方法有所不同。本节将介绍领域现代化、部门现代化评价中涉及的一些基本原理、指标体系、评价模型和具体案例等。

一、领域现代化评价

一般而言,现代化研究可分为六个主要领域:经济、社会、政治、文化、个人和环境。不同领域的现代化评价既有共性,又存在差异。领域现代化评价既遵循现代化评价的一般理论与方法,同时又具有本领域的一些特点。

1. 主要特点

依据评价目的不同,领域现代化评价可以包括水平评价和绩效评价等。其中,领域现代化的水平评价是对各领域现代化的实际进展和国际相对水平的定量评价,其评价特点是国际可比性、理论一致性和连续性等;领域现代化的绩效评价是对领域现代化的绩效和进展的评价,其评价特点是政策性、针对性、实用性和实效性等(何传启,2019a)。这里对领域现代化的评价原理、评价指标和评价模型等进行简要介绍。

(1) 评价原理

领域现代化评价理论主要包括领域现代化的相关理论、系统科学理论和评价理论等。系统论认为,世界是一个开放的大系统,这个系统是可以控制的,也是可以评价的。评价理论为领域现代化评价提供了方法论。领域现代化理论为领域现代化评价提供了指导思想和基本要素(表4-11)。

表 4-11 领域现代化的相关理论

领域	现代化相关理论
经济	经典经济现代化理论、广义经济现代化理论、工业化理论、经济发展理论、演化经济学、工业经济、知识经济等
社会	经典社会现代化理论、广义社会现代化理论、后现代化理论、反思性现代化理论、社会发展理论、社会系统理论等
政治	经典政治现代化理论、广义政治现代化理论、发展政治学理论、比较政治学理论、国际关系理论、政治经济学理论等
文化	经典文化现代化理论、广义文化现代化理论、文化变迁理论、文化人类学、文化社会学、文化经济学、体验经济、创意产业、后现代主义等
个人	经典人的现代化理论、广义人的现代化理论、个体行为学、行为心理学、发展心理学、需求层次理论等
环境	生态环境:欧洲生态现代化理论、广义生态现代化理论、宏观生态学、人类生态学、环境科学、生态经济学、生态文化、生态社会等 国际环境:国际现代化理论、世界体系理论、依附理论、全球化理论、国际关系理论、社会互动理论、冲突理论、博弈论等

(2) 评价指标

开展领域现代化评价的一个前提假设是,随着该领域现代化的进程,其评价指标的数值也随之发生变化,领域现代化进程与评价指标的变化线性相关。所以,可以通过评价指标的变化,来反映领域现代化的过程或结果。

领域现代化评价指标可以包括定量指标和定性指标、共性指标和个性指标等。与其他现代化评价类似,领域现代化评价指标的选取,也遵循典型性、独立性、可比性、可行性以及可获取性等基本原则,同时,也要反映本领域的一些特点和要求。可根据时间维度形成适用于不同阶段的指标体系。

(3) 评价方法与评价模型

领域现代化评价可以包括定性评价、定量评价和综合评价(定性和定量相结合)。

领域现代化的水平评价的评价模型可以分为适用于第一次现代化的评价模型、适用于第二次现代化的评价模型和适用于综合现代化的评价模型,不同类型评价模型,需要选择不同的基准值。

领域现代化的绩效评价也是多维的,测量角度和维度不同,其结果也存在差异。可以对水平评价模型中的评价指标、评价方法和基准值等进行扩展与调整,构建领域现代化的绩效评价模型;也可以采用投入产出法等进行绩效评价。

领域现代化评价中的权重选择具有多样性,大致可以包括主观赋权法、客观赋权法和等权重法,可以根据不同领域现代化规律和政策需要确定具体的指标权重。

(4) 评价结果和意义

领域现代化评价的结果多以综合指数的形式表示,在绩效评价方面,也常以目标实现程度等作为评价结果。水平评价的结果反映了领域现代化的国际水平与国际差距,它为制定和调整领域现代化战略与政策提供依据。绩效评价的结果反映了该领域现代化的实际进展或现代化目标的实现程度,它是目标导向的评价,更具有针对性,可以为政策制定提供引导,目标设定不同,评价结果也存在差异。

2. 主要工作

关于领域现代化评价,国内外已有一些相关研究(表 4-12,表 4-13)。领域现代化评价研究大致经历了从定性向定量的发展过程,不同领域评价研究的状况存在差异。

表 4-12 领域现代化评价的论文检索

		经济现代化	社会现代化	政治现代化	文化现代化	生态现代化	人的现代化
CNKI	题名检索	4	1	0	4	9	1
	主题检索	34	128	6	26	56	255
WOS	题名检索	1	0	0	0	7	0
	主题检索	23	12	6	16	64	1

注:中文数据库检索方式"领域(经济、社会等)现代化"+"评价"题名和主题检索;英文数据库检索方式为"领域(economic、social、political、cultural、individual/human、ecological、international)modernization"+"evaluation"或"assessment"或"measurement"题名和主题检索。检索时间为 2020-02-13。

表 4-13 分领域现代化的评价研究(举例)

领域	水平评价	绩效评价
经济现代化	经济发展指数(Harbison et al.,1970) 经济现代化指数(中国现代化战略研究课题组 等,2005)	哥伦比亚经济现代化绩效评价(World Bank,1995) 越南经济现代化指数(贺圣达 等,2007) 俄罗斯经济现代化评价(廖雅珍,2017)
社会现代化	社会现代化指数(中国现代化战略研究课题组 等,2006)	
文化现代化	文化发展指数(Harbison et al.,1970) 国家文化现代化分析(Divale et al. 2001) 文化现代化指数(中国现代化战略研究课题组 等,2009) 城市文化现代化水平评价(叶南客,2013) 区域文化现代化建设现状评价(孟召宜 等,2012)	宁波文化现代化水平评价(陈依元 等,2001)
生态现代化	生态现代化指数(中国现代化战略研究课题组 等,2007);	区域生态现代化指数(陈瑜 等,2010) 国家应对气候变化绩效(基于生态现代化框架)(Glynn et al.,2017)
人的现代化	人的现代化比较社会心理测量模型(Smith et al.,1966); 人的现代性评价(Kahl,1968;Schnaiberg,1970;Armer,1970);	中国人的现代化比较分析(叶南客,1990)

其一,经济现代化评价。20 世纪五六十年代,学者们围绕经济现代化开展了一些定量研究(布莱克,1966)。1960 年以来,学者们关于经济发展阶段的论述为经济现代化定量评价提供了理论依据(罗斯托,1960)。90 年代以后,经济现代化被更多学者所关注(Shillito,1993;Hirschle,2013),我国学

者也基于经济现代化理论开展了许多案例研究(贺圣达 等,2007;廖雅珍,2017)。经济现代化还常常作为一种经济发展计划,被政府和国际组织所关注(World Bank,1995)。有关经济现代化评价的内容将在后面案例部分详细介绍。

其二,社会现代化研究。社会现代化评价与社会发展评价密切相关。通过文献检索发现,专门针对社会现代化评价的研究非常有限,但是与此相关的社会发展或社会进步评价有很多。这些研究工作可以为社会现代化评价提供借鉴。例如,宾夕法尼亚大学 Estes(2015)提出的社会进步指数(WISP),该指数基于10个次级指数和41个指标对不同国家的社会进步状况进行评价;我国学者朱庆芳等(1991)基于16个社会指标对1985、1987年世界120个国家的社会发展水平进行了评价;并从社会结构、人口素质、经济效益和生活质量四个方面,基于40多个社会经济指标对我国1990年不同省区的社会发展水平进行了评价(朱庆芳,1992)。

其三,政治现代化评价。与民主化有关,有大量研究工作。例如,卡特赖特分析了77个国家的政治发展指数与通信指数、城市化指数、教育指数和农业指数等的关系(Cutright,1963);博伦分析了100个国家民主化指数与经济发展水平的关系(Bollen,1979);戴蒙德分析了一些国家民主化与人类发展指数的关系(Diamond,1992);等等。

其四,文化现代化评价。20世纪末,美国纽约城市大学的赛德开展了现代化的跨国文化测量(Seda,1996);迪瓦勒和赛德完成136个国家文化现代化分析(Divale et al.,2001)。21世纪以来,中国学者开展了一些文化现代化的评价研究(叶南客,2013)。

其五,生态现代化评价。许多关于生态现代化的评价研究是针对生态现代化具体实践的绩效评估,例如,Glynn 等(2017)分析了在生态现代化理论框架下,一些国家应对气候变化的进展状况。我国学者也开展了生态现代化评价的相关研究,例如,陈瑜等(2010)从经济、社会和环境三个维度构建生态现代化评价指标体系,并对湖南省的生态现代化进行了评价研究。

其六,人的现代化评价。20世纪60年代,美国哈佛大学国际事务中心的英克尔斯和史密斯等人开展了现代化过程对个人影响的研究,提出个人现代化的比较社会心理测量模型(Smith et al.,1966);1968年美国得克萨斯大学出版了《现代性的测量:巴西和墨西哥价值观念的研究》,美国学者卡尔提出了现代性的14个独立变量和多维测量模型(Kahl,1968);1970年美国密歇根大学人口研究中心的史奈伯格和阿默研究了现代性测量的理论和实践问题,分析了正规教育与个人现代性的关系,提出了现代性的6个指数和45个变量(Schnaiberg,1970;Armer,1970)。70年代以来,一些中国学者开展了中国人的现代化评价研究(叶南客,1990;杨国枢 等,1991)。

2001年以来连续出版的《中国现代化报告》先后提出经济现代化、社会现代化、生态现代化和文化现代化的测量模型,完成了世界131个国家的经济现代化、社会现代化、生态现代化和文化现代化的定量评价(表4-13)。

3. 案例分析

在20世纪五六十年代,涌现出了一些现代化领域的定量研究,这些研究工作主要集中在政治、经济和社会现代化领域(布莱克,1966)。这里以经济现代化评价为案例进行分析。

20世纪五六十年代,学者们围绕经济现代化开展了一些定量研究。在布莱克撰写的《现代化动力》一书中,介绍了该时期与经济现代化相关的定量研究,例如,Simon Kuznets 在《经济发展和文化变革》(1956~1964)上发表的系列文章"各国经济发展的定量方面",Norton Ginsburgin 发表的《经济发展图表集》(1961)等(布莱克,1966)。

90年代以后,经济现代化被更多学者所关注,经济现代化评价指标和评价方法的选取存在差异。一些研究采用单一指标来代表经济现代化,例如,Shillito(1993)采用区域收入增长率指标代表经济现代化,分析了资本积累和外资流入对经济现代化的影响;Hirschle(2013)采用 GDP 指标代表经济现代化,分析了经济现代化对宗教信仰与实践的影响等。

2005 年出版的《中国现代化报告 2005》,从经济增长、经济进步和经济转型三个方面构建经济现代化的评价指标体系,并开展了经济现代化评价的相关研究。我国学者也基于经济现代化理论开展了对俄罗斯、越南等国的案例研究(贺圣达 等,2007;廖雅珍,2017)。

经济现代化还常常作为一种经济发展计划,被政府和国际组织所关注,例如,1990 年,哥伦比亚政府启动经济现代化项目,世界银行对该项目的绩效进行了评价(World Bank,1995)。

(1) 经济现代化的水平评价

根据《中国现代化报告 2005》,经济现代化水平评价的目的是客观评价经济现代化的国际水平,为制定和调整经济现代化战略与政策提供依据。根据广义经济现代化理论,经济现代化包括经典经济现代化和第二次经济现代化两大阶段,两个阶段有不同的特点。世界经济现代化有三条基本路径,它们是经典经济现代化、第二次经济现代化和综合经济现代化,三条路径有不同特点,需要分别进行评价。因此,经济现代化水平评价可以包括三个部分,它们分别是经典经济现代化评价(第一次经济现代化评价)、第二次经济现代化评价和综合经济现代化评价,三种评价各有特点和用途。

其中,经典经济现代化评价包括工业化水平和阶段评价,第二次经济现代化评价包括知识化水平和阶段评价,综合经济现代化评价主要是综合经济现代化相对水平评价,即与世界经济先进水平的相对差距(中国现代化战略研究课题组 等,2005)。三种评价有不同特点(表 4-14)。

表 4-14 经济现代化水平评价的特点

	经典经济现代化评价	第二次经济现代化评价	综合经济现代化评价
目的	经济工业化进展	经济知识化进展	与当年世界先进水平的相对差距
尺度	经典经济现代化指数	第二次经济现代化指数	综合经济现代化指数
方法	发达工业国家 1960 年平均水平为标准值。0<国家得分≤100。100 表示已经完成经典经济现代化	发达国家最新年平均水平为基准值。0<国家得分≤120。120 代表第二次经济现代化的最高水平	发达国家当年平均水平为参考值。0<国家得分≤100。100 表示已经达到当年世界经济现代化先进水平
适用范围	比较适用于发展中国家,不太适用于发达国家	比较适用于发达国家,不太适用于发展中国家	比较适用于走综合经济现代化道路的国家,发达和发展中国家都可用
主要用途	衡量工业化实现程度。分析和监测经典经济现代化实现程度、速度、阶段和差距	衡量知识化的国际水平。分析和监测第二次经济现代化的水平、速度、阶段和差距	衡量综合经济现代化的国际水平。分析和监测评价对象与世界经济现代化水平的差距、综合经济现代化水平相对地位变迁

资料来源:中国现代化战略研究课题组 等,2005。

首先,评价指标。《中国现代化报告 2005》认为,经济现代化水平评价包括经济增长、经济进步和经济转型评价,并分别提出了经典经济现代化水平、第二次经济现代化水平和综合经济现代化水平评价的指标体系(表 4-15)。其中,经典经济现代化水平评价包括 6 个评价指标和 12 个参考指标,第二次经济现代化水平评价包括 6 个评价指标和 12 个参考指标,综合经济现代化水平评价包括 12 个评价指标和 12 个参考指标。评价指标对绝大多数评价对象适用,参考指标适用于多数评价对象。可以根据需要,把评价指标和参考指标进行互相调整。

表 4-15 经济现代化水平的评价指标体系

	经典经济现代化	第二次经济现代化	综合经济现代化
A 组	评价指标	评价指标	评价指标
经济增长指标	1. 增长绩效指标 人均 GDP 2. 增长潜力指标 农业生产率	1. 增长绩效指标 人均 GNP 2. 增长潜力指标 工业生产率	人均 GNP(PPP) 农业生产率 工业生产率 服务业生产率
经济进步指标	3. 进步标志指标 工业化(人均制造业增加值) 4. 进步绩效指标 竞争力(全员劳动生产率)	3. 进步标志指标 知识化(知识资本投入) 4. 进步绩效指标 竞争力(全员劳动生产率)	知识化(知识资本投入) 信息化(互联网普及率) 绿色化(能源使用效率) 全球化(人均国际贸易)
经济转型指标	5. 就业转型指标 农业劳动力比例 6. 产业转型指标 农业增加值比例	5. 就业转型指标 物质产业劳动力比例 6. 产业转型指标 物质产业增加值比例	农业劳动力比例 农业增加值比例 服务业劳动力比例 服务业增加值比例
B 组	参考指标(举例)	参考指标(举例)	参考指标(举例)
经济发展	人均 GDP 增长率 工业生产率	人均 GNP 增长率 服务业生产率	人均 GNP 增长率 劳动生产率
经济转型	工业比例 制造业比例	高技术产业比例 服务业比例	工业比例 高技术产业比例
经济流通	股市和信贷规模 交通基础设施	平均关税率 信息基础设施	中高技术出口 能源基础设施
收入分配	基尼系数 最高收入者的比例	基尼系数 最高收入者的比例	基尼系数 最低收入者的比例
经济制度	最低工资 地区差距	风险投资 转移支付	风险投资 地区差距
经济观念	工作时间和失业率 储蓄和投资率	工作时间和失业率 文化和绿色消费	工作时间和失业率 投资和绿色消费

资料来源:同表 4-14。

其次,评价模型与结果。基本模型为:经济现代化水平包括经济增长、经济进步和经济转型评价;经济现代化指数等于经济增长指数、经济进步指数、经济转型指数的几何平均值。

基于以上模型,《中国现代化报告 2005》对 131 个国家的经济现代化进行了评价。认为 2002 年,大约有 24 个国家已经完成经典经济现代化,约占国家总数的 18%;美国等 18 个国家已经进入第二次经济现代化,约占国家总数的 14%。第二次经济现代化指数世界排名前 10 位的国家依次为美国、瑞士、挪威、丹麦、瑞典、荷兰、日本、法国、英国和比利时。中国属于经济欠发达国家,经典经济现代化指数为 22 分,排名第 64 位;第二次经济现代化指数为 17 分,排名第 68 位;综合经济现代化指数为 16 分,排名第 69 位。

(2) 经济现代化的绩效评价

经济现代化的绩效评价是对国家或地区、城市或农村经济现代化的绩效和进展进行评价。不同国家和地区可以对经济现代化水平评价模型进行扩展,建立适合自身的经济现代化绩效评价模型。经济现代化指数为经济现代化的绩效评价提供了评价基础。

《中国现代化报告 2005》认为,发达国家或地区的经济现代化绩效评价可以对第二次经济现代化水平评价模型进行扩展,建立国家或地区的经济现代化绩效评价模型;发展中国家或地区可以对经典经济现代化或综合经济现代化水平评价模型进行扩展，建立绩效评价模型。绩效评价的指标可以根据评价目标和要求进行选择。

经济现代化的绩效评价也可以基于投入产出的评价方法。例如，1990年，哥伦比亚政府启动经济现代化项目，旨在提高生产力和促进经济的长期增长，项目涉及宏观经济增长以及公共部门、商业和金融领域的结构性改革等（World Bank，1995）。表4-16为该项目的宏观经济中期目标。

表4-16　哥伦比亚经济现代化项目的宏观经济中期目标

	1990	1991	1992
财政赤字（占GDP的百分比）	2.3	≤2	<1
外部经常性账户赤字比例	2%	1%	<1%
国际储备（可满足商品和服务进口的月数）	5	5	5
对公共部门的金融信贷（占GDP的百分比）	1	0	0
对私营部门的金融信贷	略高于名义GDP	与名义GDP持平	与名义GDP持平
对外债务占GDP的百分比	40%		35%（1994年）
偿还债务比率	>45%		33%（1994年）

资料来源：World Bank，1995。

世界银行基于投入产出的方法，从目标实现、项目可持续性、产出评估等方面对该项目涉及的宏观经济、公共部门改革、低收入群体住房改革、农业市场改革、政府绩效等方面进行评估，并认为该项目收到了较好的成效（World Bank，1995）。表4-17为该项目中涉及的宏观经济绩效指标。

表4-17　哥伦比亚经济现代化项目的宏观经济绩效指标

	1990	1991	1992	1993	1994
通货膨胀率/（%）	32.37	26.82	25.14	22.61	22.59
经济增长/（%）	4.31	2.15	3.45	5.23	5.69
国际储备（可满足商品和服务进口的月数）	5.9	8.9	8.8	6.9	5.91
非金融公共部门占GDP的百分比	−0.57	0.04	−0.22	0.13	2.61
对外债务占GDP的百分比	30	32	28	25	22
偿还债务占出口的百分比	46.84	43.43	47.8	42.6	37.85
经常性账户赤字占GDP的百分比	1.35	5.52	1.86	−3.87	−4.4

资料来源：World Bank，1995。

此外，我国学者贺圣达等（2007）基于《中国现代化报告2005》提出的经济现代化指数，对越南经济现代化进行了分析。认为越南革新开放以来，经典经济现代化指数、第二次经济现代化指数和综合经济现代化指数与中等收入国家和世界平均值的差距在不断缩小。其中，1990～2002年经典经济现代化指数的年均增长率为7.85%，说明革新开放以来越南经济的飞速发展，越南要实现经典经济现代化需要30年的时间。廖雅珍（2017）同样基于经济现代化指数，开展了俄罗斯政府主导型经济现代化问题研究。

4. 领域现代化的相关评价

在经济、社会、政治、文化、生态和个人等领域中，许多评价工作与现代化评价相关（表4-18）。

表 4-18 领域现代化的一些相关评价(举例)

领域	评价工作
经济	知识经济指数(Derek et al., 2006);包容性发展指数(WEF, 2018);经济绩效指数(EPI)(Khramov et al., 2012);美国新经济指数(Atkinson et al., 2017)
社会	社会进步指数(WISP)(Estes, 2015);社会健康指数(ISH)(Miringoff, 1999);中国社会发展水平指数(社会发展水平综合评价研究课题组,2003);联合国千年发展目标和指标(United Nations, 2015)
政治	世界治理指数(WGI)(The Forum for a New World Governance, 2010);美国民主与治理评估(US-AID, 2014)
文化	欧洲创意指数(European Creativity Index, ECI)(Florida et al., 2004);文化产业竞争力指数(祁述裕等,2005);中国城市文化产业发展指数(彭翊,2011)
生态	生态足迹(WWF, 2004);可持续发展指数(Sachs et al., 2019);环境可持续性指数(ESI)(Esty et al., 2005);环境绩效指数(EPI)(Wendling et al., 2018)
个人	联合国人类发展指数(UNDP, 2018);美国人类发展指数(Measure of America, 2019);加拿大人类发展指数(Emes et al., 2001)

二、部门现代化评价

领域可以进一步划分为许多部门,如经济领域可以划分为农业、工业和服务业部门;社会领域可以划分为教育和卫生部门等。部门现代化评价既遵循领域现代化评价的一般理论与方法,同时又具有本部门的一些特点。

1. 主要特点

依据评价目的不同,部门现代化评价也可以包括水平评价和绩效评价等。

其中,部门现代化的水平评价是对各部门现代化的实际进展和国际相对水平的定量评价,其评价特点与领域现代化的水平评价相似;部门现代化的绩效评价是对部门现代化的绩效和进展的评价,其评价特点与领域现代化的绩效评价相似。

这里对部门现代化评价的评价原理、评价指标、评价模型等进行简要分析。

(1) 评价原理

部门现代化评价理论也可以包括部门现代化的相关理论、系统科学理论和评价理论等。以经济部门现代化为例,部门现代化理论为部门现代化评价提供了指导思想和基本要素(表 4-19)。

表 4-19 经济部门现代化的相关理论

部门	现代化相关理论
农业	经典农业现代化理论、广义农业现代化理论、农业发展理论、农业经济学理论、农学、林学、生物学、生态学等
工业	广义工业现代化理论、经济现代化理论、生态现代化理论、工业化理论、工业经济学理论、工业生态学理论等
服务业	广义服务业现代化理论、经济现代化理论、服务经济学理论、发展经济学理论、信息经济学理论等

(2) 评价指标

部门现代化评价的指标包括定量指标和定性指标、共性指标和个性指标等。评价指标的选取遵循领域现代化评价的一些基本原则,同时,也要反映本部门的一些特点和要求。部门现代化评价同样可根据发展阶段不同构建不同的指标体系。

(3) 评价方法与评价模型

部门现代化的评价可以分为定性评价、定量评价和综合评价。部门现代化的水平评价和绩效评价可以参考领域现代化评价的相关模型与方法。同时根据部门特点进行调整。

(4) 评价结果和意义

部门现代化评价的结果多以综合指数的形式表示,在绩效评价方面,常以目标实现程度等方式作为评价结果。部门现代化水平评价的结果反映了部门现代化的国际水平与国际差距,它为制定和调整部门现代化战略与政策提供依据。绩效评价的结果反映了部门现代化的实际进展情况或现代化目标的实现程度,目标设定不同,评价结果也存在差异。

2. 经济部门评价

以经济部门为例。在经典经济现代化过程中,产生了一系列新的经济部门,如农业、工业和服务业的相关部门,关于这些经济部门的现代化评价,国内外已有一些相关研究(表 4-20,表 4-21)。

表 4-20 经济部门现代化评价的论文检索

		农业现代化评价	工业现代化评价	服务业现代化评价
CNKI	题名检索	235	15	1
	主题检索	763	31	3
WOS	题名检索	29	4	0
	主题检索	173	21	10

注:中文数据库检索方式为:"农业现代化"+"评价","工业现代化"+"评价","服务业现代化"+"评价"题名检索;英文数据库检索方式为 "agricultural modernization" + " evolution "/"assessment"/"measurement"、"industrial modernization"+" evolution "/"assessment"/"measurement"、"service modernization"+" evolution "/"assessment"/"measurement"题名检索。检索时间为 2020-02-13。

表 4-21 分部门现代化的评价研究(举例)

	水平评价	绩效评价
农业现代化	农业现代化指数(何传启,2012)	中国农业现代化进程评价(徐星明 等,2000) 中国农业现代化发展水平测算(辛岭 等,2010) 中国农业现代化评价指标体系(农业现代化评价指标体系构建研究课题组,2012)
工业现代化	工业现代化指数(何传启,2015) 工业现代化水平评价(陈佳贵 等,2003,2009)	美国工业现代化绩效评价(Shapira et al.,1996) 基于工业现代化评价的产业政策绩效分析(李媛,2015)
服务业现代化	服务业现代化指数(何传启,2016)	

在农业现代化评价方面,我国学者开展了大量工作,例如,辛岭和蒋和平(2010)通过构建农业现代化发展水平的综合评价指标体系,利用专家评价法和层次分析法,对我国改革开放以来(1980~2008 年)农业现代化发展水平进行了定量测算,认为我国农业现代化的发展水平呈整体上升趋势,东、中、西部地区农业现代化发展水平差距明显;农业现代化评价指标体系构建研究课题组(2012)在对农业现代化内涵和特征分析基础上,构建了由六大类 18 个指标组成的指标体系,并提出 18 个指标的目标值,结合江苏农业现代化进行了实证分析。

在工业现代化评价方面,国内外学者均有较多研究,例如,Shapira 等(1996)归纳了美国工业现代化绩效评价中的主要做法;陈佳贵和黄群慧(2003)提出了以工业效率、工业结构和工业环境为主要标志的工业现代化评价指标体系,并对我国工业现代化水平进行了初步评价。相关内容将在后面案例部分进行详细介绍。

在服务业现代化评价方面,专门针对服务业现代化评价的研究工作较少,但是有许多研究与服务业现代化评价相关,例如,陈宪等主编的《中国服务经济发展报告 2012》提出了服务化指数,并分析了部分 OECD 国家和金砖五国的服务化指数差异,认为 OECD 的 19 个国家已完成了由工业经济向服务经济的转型,服务化水平较高,服务经济表现出较高的同质性;金砖五国服务化整体水平落后于 OECD 国家,其平均值仅相当于 OECD 国家服务化指数平均值的一半,且以批发、零售贸易与修理、交通运输等传统服务业为主,各国内在差异性较大。

2001 年以来连续出版的《中国现代化报告》先后提出农业现代化、工业现代化和服务业现代化的测量模型,完成了世界 131 个国家的农业现代化、工业现代化和服务业现代化的定量评价(表 4-21)。

3. 案例分析

以工业现代化评价为例。早期的工业现代化评价主要与工业化相关,美国学者钱纳里(1995)在《工业化和经济增长的比较研究》中,根据 9 个准工业化国家(地区)1960～1980 年间的历史资料,建立了多国模型,提出了工业化的阶段划分模型,即根据人均国内生产总值,将不发达经济到成熟工业经济整个变化过程划分为三个阶段六个时期。这三个阶段分别为初级产业生产阶段、工业化阶段和发达经济阶段,其中,工业化阶段又可以分为初期、中期、后期以及后工业社会四个时期。进入 20 世纪 90 年代,工业现代化定量评价研究逐步展开,在这些研究中,工业现代化评价指标和评价方法存在差异。

(1) 工业现代化的水平评价

关于工业现代化水平评价,介绍以下两项研究工作。

首先,陈佳贵等所做的工业现代化水平评价。

我国学者陈佳贵和黄群慧(2003)认为,工业现代化是指在一国或地区的经济现代化过程中,在现代科学技术进步的推动下,新兴工业部门不断产生和增长,原有工业部门持续变革和发展,并由此导致工业结构变化和整体工业生产力水平的提高,最终达到世界先进水平的过程。一个国家或地区是否实现工业现代化,存在三个方面的标志,即工业效率方面的标志、工业结构方面的标志和工业环境方面的标志。

陈佳贵和黄群慧(2003)以工业效率、工业结构和工业环境三方面作为工业现代化的标志,构建了评价工业现代化水平的指标体系(表 4-22)。该指标体系将指标分为基本指标和辅助指标,并以基本指标作为评价指标。指标体系中,基本指标的参考值大致根据世界银行提供的高收入国家的平均水平确定,辅助指标没有给出具体参考值。

表 4-22 工业现代化水平的评价指标体系

分类	基本指标	参考值	其他相关辅助指标
工业效率标志	工业中每个员工的增加值(全员劳动生产率)	大于 25 000 美元/(年·人)(1980 年美元)	人均 GDP
工业结构标志	主要生产设备达到国际水平的比例 原材料工业增加值占工业增加值比例 高技术工业品贸易竞争指数 高技术出口品占制成品出口比例 研究与发展经费占工业增加值比例	大于 70% 小于 20% 大于 0 大于 30% 大于 6%	专利权申请文件数量 版税和许可费数量 每 100 万人中从事研究与发展的科学家和工程师数量 信息化指数 高技术工业产值占整个制造业产值比例 人均装备率

(续表)

分类	基本指标	参考值	其他相关辅助指标
工业环境标志	每千克能源产生 GDP（PPP 美元） 每个 PPP 美元 GDP 的二氧化碳的排放量（千克）	大于 4 小于 0.5	每万元工业增加值能源消耗量 工业三废排放量 工业三废综合利用率

资料来源：陈佳贵 等，2003。

由于资料获取困难和初步研究定位的考虑，该研究综合工业效率、工业结构和工业环境三方面的评价，给出了中国工业现代化水平一个总体判断。认为 21 世纪初期，中国工业现代化进程处于起步阶段，其水平大致相当于工业现代化国家 20% 左右的水平。

此外，陈佳贵和黄群慧（2009）还对我国能源、高技术、中高技术、中低技术、低技术五大门类工业中的 15 个行业的现代化水平进行了分析评价。认为船舶制造、钢铁、石油工业这三个行业现代化水平最高，已经达到了世界先进水平的 50% 以上，完成了现代化进程一半的路程；电力工业、计算机制造业和纺织工业这三个行业的现代化水平较高，超过了我国整体工业现代化水平，基本接近世界先进水平的 50%；化学工业现代化水平也高于我国整体工业现代化水平；水泥工业、煤炭开采业和机床工具业这三个行业的现代化水平最低，不仅低于我国整体工业现代化水平，甚至未达到世界先进水平的 30%，未走完现代化道路 1/3 的路程；医药、通信设备、汽车、食品、造纸这五个行业与我国工业整体现代化水平大体相当，基本完成了 1/3 强的现代化历程。

其次，《中国现代化报告 2014～2015》的工业现代化指数。

《中国现代化报告 2014～2015》认为，世界工业现代化水平评价可以包括第一次工业现代化指数、第二次工业现代化指数和综合工业现代化指数，分别反映第一次工业现代化的实现程度、第二次工业现代化的实际进展以及不同国家与世界先进水平的相对差距。

该研究认为，工业现代化水平评价可以包括工业效率、工业质量、工业转型和工业环境的评价。其中，工业效率包括劳动效率、资本效率和资源效率；工业质量包括技术水平、工人素质和工业竞争力；工业转型包括宏观经济结构转型和工业经济结构转型；工业环境包括社会环境和生态环境。工业现代化水平评价包括第一次工业现代化评价、第二次工业现代化评价和综合工业现代化评价，每个评价各选取 12 个典型指标（表 4-23）。

表 4-23 工业现代化水平的评价指标

项目	第一次工业现代化评价	第二次工业现代化评价	综合工业现代化评价
评价目的	第一次工业现代化进展	第二次工业现代化进展	与世界水平的相对差距
评价尺度	第一次工业现代化指数	第二次工业现代化指数	综合工业现代化指数
工业效率指标（劳动效率、资本效率、资源效率）	（工业效率） 工业劳动生产率 工业资本生产率 工业能源生产率	（工业效益） 制造业的劳动生产率 制造业劳动力的平均工资 单位工业增加值的电力消耗	（工业效益） 制造业的劳动生产率 工业劳动力的平均工资 单位工业增加值的能源消耗
工业质量指标（技术水平、工人素质、工业竞争力）	人均工业资本 中学普及率 人均制造业出口	全要素生产率 受过高等教育劳动力比例 人均高技术出口	开展科技活动的企业比例 大学普及率 人均高技术出口
工业转型指标（宏观经济结构转型、工业经济结构转型）	工业与农业劳动力之比 工业与农业增加值之比 人均制造业增加值	工业与服务业劳动力之比 工业与服务业增加值之比 高技术出口占制造业出口的比例	工业与农业劳动力之比 工业与服务业劳动力之比 高技术出口占制造业出口的比例

(续表)

项目	第一次工业现代化评价	第二次工业现代化评价	综合工业现代化评价
工业环境指标（社会环境、生态环境）	城市人口比例 人均电力消费 人均GDP	互联网普及率 工业产品简单平均关税 废水处理率	城市人口比例 单位工业增加值有机废水排放量 国家空气质量

资料来源：何传启，2015。

根据广义工业现代化理论，选择代表工业现代化典型特征的关键指标，建立评价模型。工业现代化水平评价的基本模型为：工业现代化水平包括工业效率、工业质量、工业转型和工业环境评价；工业现代化指数等于工业效率指数、工业质量指数、工业转型指数和工业环境指数的几何平均值。

基于以上模型，《中国现代化报告2014～2015》对2010年131个国家的工业现代化进行了评价。报告认为，世界工业现代化的前沿已经进入第二次工业现代化，平均大约处于第一次工业现代化的后期，末尾处于传统农业社会。美国、德国等22个国家属于工业发达国家，希腊和马来西亚等22个国家属于工业发展中国家，南非和中国等21个国家属于工业初等发达国家，肯尼亚等36个国家属于工业欠发达国家。

（2）工业现代化的绩效评价

工业现代化为许多国家和国际组织所关注，例如，联合国工业发展组织设立工业升级和现代化计划（IUMP），以提高一些发展中国家的工业竞争力（UNIDO，2020）；欧盟启动服务工业现代化的智能专业化平台（S3P-Industry），以帮助盟内各区域加速工业现代化进程（European Union，2020）；美国也曾于20世纪90年代实施了一系列促进和实现本国或地区工业现代化的项目（Shapira et al.，1996）。已有研究工作中，工业现代化的绩效评价多是对一些具体项目的评价。

首先，美国工业现代化绩效评价。

90年代，美国政府推行了一系列工业现代化的促进计划（Shapira et al.，1996）。美国学者Shapira等认为，工业现代化的绩效评价是一个复杂的过程，它是使用各种信息和方法对工业现代化项目执行周期中，各个时间节点所产生影响的评估。这种评估可以包括客户评估、外部评估、经济影响评估等不同类型，并提出了不同类型评价的推荐指标（表4-24）。

表4-24 工业现代化绩效评价指标体系

类型	指标
项目层面	客户数量，服务新公司的数量，获得成功产出的次数，重复寻求帮助的次数，收费服务的数量，客户订单数量，客户满意度，服务的分散程度，员工素质
企业层面	技术采用率，成本节约，收入增加，厂房和设备投资，市场份额增加，促使制造业企业发生变化，对竞争力的影响
国家影响	对国家经济的影响，货币流入增加，创造和保持就业岗位

资料来源：Shapira et al.，1994。

其次，中国工业现代化绩效评价。

《中国现代化报告2014～2015》基于工业现代化指数，对我国1970～2010年的工业现代化进程进行了简要分析，认为在过去40年里，我国工业现代化取得显著进展，第一次工业现代化指数从17提高到65；第二次工业现代化指数从15提高到38；综合工业现代化指数从13提高到34。这是对我国工业现代化绩效的一种总体评价。

此外，我国学者李媛（2015）基于工业现代化评价，对我国改革开放后（1952～2012年）工业产业政策绩效进行定量分析,其评价维度参考陈佳贵和黄群慧(2003)的评价框架,主要包括工业效率、工业结构和工业环境三个方面。

4. 部门现代化的相关评价

在工业、农业、服务业等部门中,许多评价工作与现代化评价相关(表 4-25)。

表 4-25 工业、农业、服务业现代化的一些相关评价(举例)

	评价工作
工业	工业竞争力绩效指数(UNIDO,2018),工业生产指数(Board of Governors of the Federal Reserve System,2020)
农业	现代农业发展水平评价(蒋和平 等,2015),农业生产指数(FAO,2020),可持续农业评价(Dumanski et al.,1998)
服务业	服务化指数(陈宪 等,2012),英国服务业指数(Office for National Statistic UK,2019)

下 篇

世界和中国现代化评价

"人不能两次踏入同一条河"。变化是永恒的存在。通过对世界现代化进程的客观评价,可以动态监测世界和中国现代化进程。在《中国现代化报告》中,我们提出了国家、地区、经济、社会、文化、生态和国际现代化的评价方法,建立了世界现代化指数(图二)。

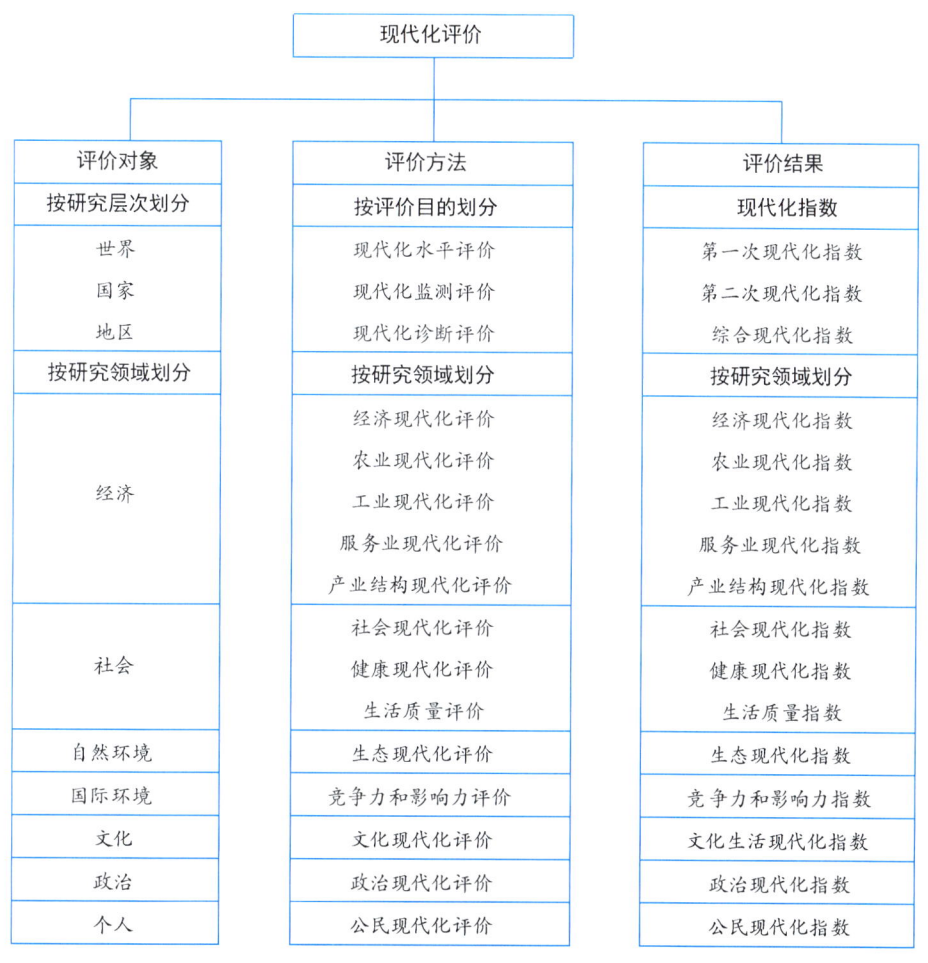

图二 现代化评价的结构

注:现代化水平评价主要反映国家现代化的实际进展和国际相对水平,现代化监测评价主要反映国家现代化的政策目标的实际进展,现代化诊断评价反映国家现代化过程中的优劣和得失;第一次现代化指数主要反映工业化和城市化的实际水平,第二次现代化指数主要反映知识化和信息化的实际水平,综合现代化水平指数主要反映现代化水平的国际相对差距;各领域的现代化评价,反映该领域现代化的实际进展和国际相对水平;本报告不包含政治和国防等的现代化,这些内容需要专门研究。

世界现代化指数主要反映世界现代化在经济、社会、文化和环境等领域的综合成就和相对水平。事实上,现代化还包括政治等各个领域的变化。所以,世界现代化指数,只是反映了现代化的部分内容,而不是全部。此外,统计机构有时会对历史数据进行调整,有些指标的数据不全,这些对评价结果产生一些影响。本报告采用何传启提出的第一次现代化评价模型、第二次现代化评价模型第三版、综合现代化评价模型第三版,对世界131个国家和中国34个地区进行评价。本报告主要反映2017年的评价结果,其他见附录。

第五章 2017年世界和中国现代化指数

提要

1. 2017年世界现代化水平

其一,总体水平。2017年,美国等28个国家已进入第二次现代化,中国等100个国家处于第一次现代化,乍得等3个国家处于传统农业社会,有些原住民族仍然生活在原始社会。

其二,国际体系。根据第二次现代化指数分组,2017年,美国等20个国家为发达国家,俄罗斯等19个国家为中等发达国家,中国等38个国家为初等发达国家,肯尼亚等54个国家为欠发达国家。

其三,世界前沿。2017年第二次现代化指数排世界前10位的国家是:丹麦、瑞典、瑞士、荷兰、美国、比利时、新加坡、德国、挪威、芬兰。

其四,国际追赶。在2000~2017年期间,根据第二次现代化指数分组,在131个参加评价的国家中,有22个国家的分组发生了变化,其中,组别上升国家有7个,组别下降国家有15个。组别上升代表国家水平提高,组别下降代表国家水平下降。

2. 2017年中国现代化水平

其一,总体水平。2017年中国是一个发展中国家,处于发展中国家的中间位置,具有初等发达国家水平。中国与中等发达国家的差距比较小,但与发达国家的差距仍然较大。

其二,世界排名。2017年中国第一次现代化指数为99,排名世界131个国家的第48位;第二次现代化指数和综合现代化指数分别为44和45,排名第47位和第64位。2017年与2016年相比,中国第一次现代化指数和第二次现代化指数的排名上升。

其三,指标水平。2017年中国第一次现代化评价的9个指标已经达标,1个指标(人均国民收入)没有达到标准。预计2020年前中国有可能完成第一次现代化,达到1960年的发达国家平均水平。2017年中国现代化水平不平衡,其中,人均知识产权贸易、人均公共教育经费、人均知识创新经费、劳动生产率、人均国民收入、空气质量等指标,国际差距较大。

3. 2017年中国地区现代化水平

其一,总体水平。2017年,北京等5个地区进入第二次现代化,天津等29个地区处于第一次现代化,局部地区具有传统农业社会的特点。

其二,水平结构。根据第二次现代化指数分组,2017年北京、香港和澳门3个地区具有发达水平的部分特征,上海、台湾、天津、江苏、浙江、广东、福建和重庆8个地区具有中等发达水平的特征,湖北等21个地区具有初等发达水平的特征,其他地区发展水平比较低。

其三,国际追赶。根据综合现代化指数分组,2017年与2000年相比,中国内地23个地区分组发生变化,8个地区的分组没有变化。其中,13个地区从欠发达水平上升为初等发达水平,9个地区从初等发达水平上升为中等发达水平,北京从中等发达水平上升为发达水平。

其四,前沿水平。2017年中国内地地区现代化的前沿已进入第二次现代化的发展期,前沿水平接近发达国家水平的底线,部分指标达到发达国家的门槛。例如,2017年北京处于第二次现代化的发展期,北京和上海的部分指标接近或达到西班牙和意大利的水平。

2017年美国等28个国家已进入第二次现代化,中国等100个国家处于第一次现代化,乍得等3个国家仍然处于传统农业社会,有些原住民族仍然生活在原始社会(图5-1)。根据第二次现代化指数的国家分组,2017年美国等20个国家为发达国家,俄罗斯等19个国家为中等发达国家,中国等38个国家为初等发达国家,肯尼亚等54个国家为欠发达国家。

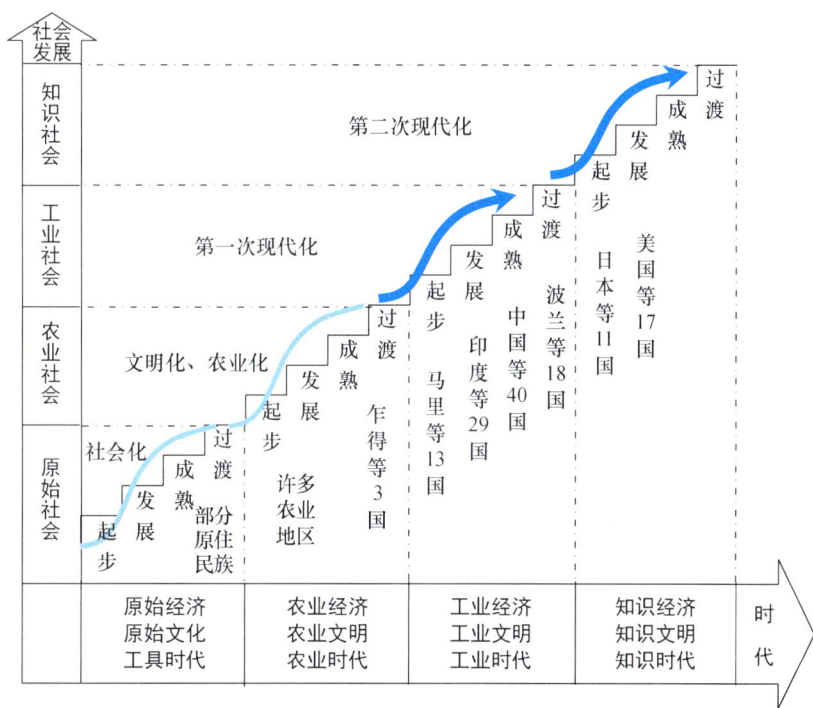

图 5-1　2017 年世界现代化进程的坐标图

第一节　2017 年世界现代化指数

世界现代化指数反映世界131个国家、不同组国家和世界平均现代化水平,包括世界第一次现代化指数(实现程度)、第二次现代化指数和综合现代化指数(表5-1)。它体现世界现代化在经济、社会、知识和环境等领域的综合水平,它没有包括政治等领域的现代化水平。关于现代化指数的评价方法和指标单位,请阅读技术注释。关于现代化评价数据和数据来源,请阅读附录二和数据资料来源。

表 5-1　世界现代化指数的组成

项目	第一次现代化指数	第二次现代化指数	综合现代化指数
用途	第一次现代化是从农业社会向工业社会的转变,典型特征是工业化、城市化和民主化等。本指数反映不同国家和地区完成第一次现代化的进展	第二次现代化是从工业社会向知识社会的转变,目前特征是知识化、信息化和绿色化等。本指数反映不同国家和地区第二次现代化的进展	综合现代化是从半工业社会向知识社会的转变,是两次现代化的协调发展。本指数反映不同国家和地区现代化水平与世界先进水平的相对差距
特点	主要反映"绝对水平"	主要反映"绝对水平"	主要反映"相对水平"

一、2017 年世界现代化的总体水平

2017 年参加评价的 131 个国家中(表 5-2),进入第二次现代化的国家有 28 个,约占国家样本数的 21%;第一次现代化指数达到 100 的国家有 46 个,第一次现代化指数大于 90 小于 100 的国家有 32 个,已经完成和基本实现第一次现代化的国家 78 个,约占国家样本数的 59.5%。

表 5-2　2000～2017 年的世界现代化进程　　　　　　　　　　　　　　　　单位:个

项目	2000	2010	2013	2014	2015	2016	2017
已经完成第一次现代化的国家	27	42	46	46	47	47	46
其中:进入第二次现代化的国家	24	27	27	29	26	28	28
没有完成第一次现代化的国家	104	89	85	85	84	84	85
其中:基本实现第一次现代化的国家	31	27	27	28	25	24	32
处于传统农业社会的国家	13	6	4	3	3	4	3

注:参加评价的国家为 2000 年人口超过 100 万的 131 个国家。第一次现代化指数达到 100,表示达到 1960 年工业化国家平均水平,完成第一次现代化。第一次现代化指数超过 90 但低于 100,表示基本实现第一次现代化。

2017 年根据第二次现代化指数分组,发达国家、中等发达国家、初等发达和欠发达国家分别占国家样本数的比例分别为 15%、15%、29% 和 41%(表 5-3)。

表 5-3　2000～2017 年根据第二次现代化水平的国家分组

项目	2000	2010	2011	2012	2013	2014	2015	2016	2017
发达国家/个	17	20	21	21	20	20	20	21	20
中等发达国家/个	30	23	21	20	25	19	20	18	19
初等发达国家/个	33	34	34	43	34	35	36	40	38
欠发达国家/个	51	54	55	47	52	57	55	52	54
发达国家/(%)	13	15	16	16	15	15	15	16	15
中等发达国家/(%)	23	18	16	15	19	15	15	14	15
初等发达国家/(%)	25	26	26	33	26	27	27	31	29
欠发达国家/(%)	39	41	42	36	40	44	42	40	41

注:第二次现代化评价,2000 年按第一版模型评价,2010～2013 年按第二版模型评价,2014～2017 年按第三版模型评价(见技术注释)。加和不等于 100 是由于四舍五入的原因。

2017 年,发达国家全部进入第二次现代化,5 个国家处于起步期,15 个处于发展期;中等发达国家有 8 个进入第二次现代化,11 个处于第一次现代化;初等发达国家全部处于第一次现代化;欠发达国家有 51 个处于第一次现代化,有 3 个处于传统农业社会(表 5-4)。

表 5-4　2017 年国家现代化的水平与阶段的关系　　　　　　　　　　　　　　　单位:个

国家现代化水平	国家现代化的阶段							合计
	传统社会	F 起步期	F 发展期	F 成熟期	F 过渡期	S 起步期	S 发展期	
发达国家	—	—	—	—	—	5	15	20
中等发达国家	—	—	—	3	8	6	2	19
初等发达国家	—	—	3	25	10	—	—	38
欠发达国家	3	13	26	12	—	—	—	54

注:国家现代化的阶段是根据产业结构和就业结构的划分。其中,传统社会指传统农业社会,F 代表第一次现代化,S 代表第二次现代化。国家水平分组方法:第二次现代化指数,发达国家超过 80,中等发达国家低于 80 但高于 50,初等发达国家低于 50 但高于 30,欠发达国家低于 30。

根据国家的现代化阶段和现代化水平,可以构建世界现代化的定位图:横坐标为国家现代化的阶段,纵坐标为国家现代化的水平(现代化指数和国家分组),例如,基于现代化阶段和第二次现代化水平的定位图(图5-2),基于现代化阶段和综合现代化水平的国家定位图。

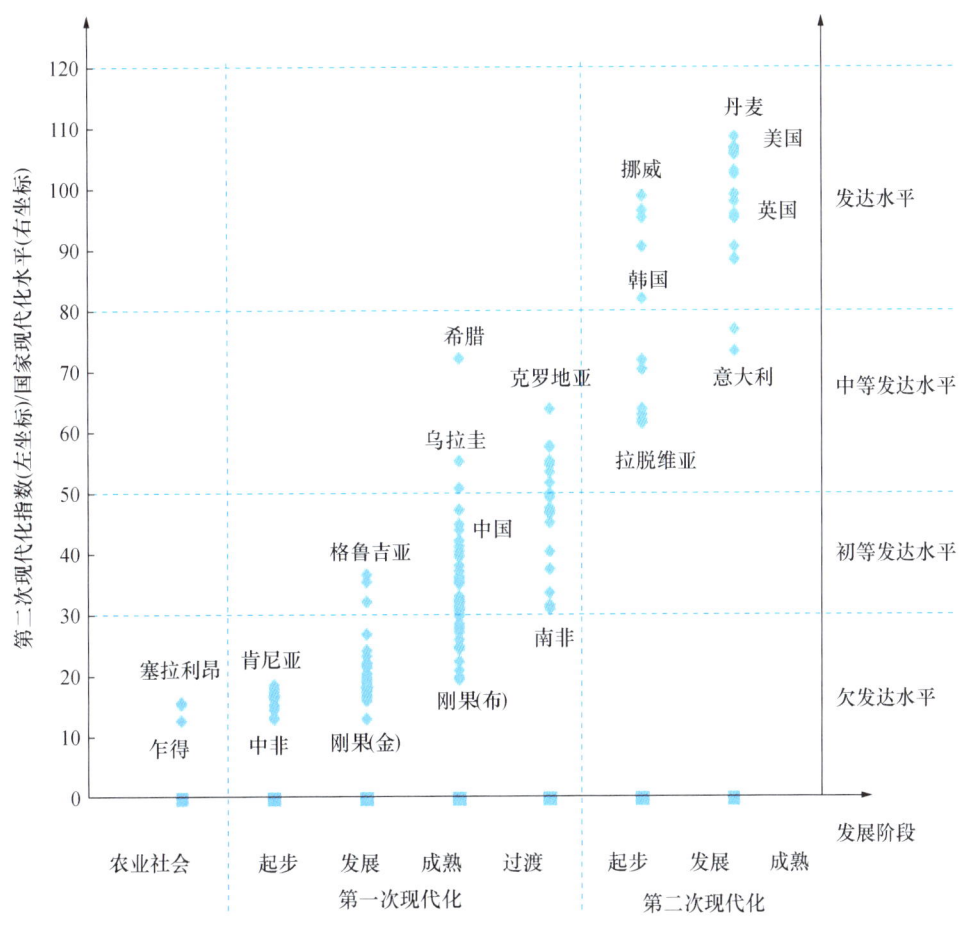

图 5-2　2017 年世界现代化的定位(基于现代化阶段和第二次现代化水平)

注:图中131个点代表不同国家的定位,显示国家的现代化阶段、第二次现代化指数和国家分组。

1. 2017 年发达国家水平

根据第二次现代化水平分组,2017年美国等20个发达国家的第二次现代化指数在80至110之间,它们均已完成第一次现代化,它们的综合现代化指数在80至100之间(表5-5)。

表 5-5　2017 年 20 个发达国家的现代化指数

国家	第一次现代化指数	2017 年排名	2016 年排名	第二次现代化指数	2017 年排名	2016 年排名	综合现代化指数	2017 年排名	2016 年排名
丹麦	100.0	1	1	109.1	1	1	100.0	1	1
瑞典	100.0	1	1	107.5	2	3	98.9	3	3
瑞士	100.0	1	1	107.2	3	5	97.2	8	8
荷兰	100.0	1	1	106.5	4	4	98.4	4	4
美国	100.0	1	1	106.4	5	2	98.3	5	5

(续表)

国家	第一次现代化指数	2017年排名	2016年排名	第二次现代化指数	2017年排名	2016年排名	综合现代化指数	2017年排名	2016年排名
比利时	100.0	1	1	103.5	6	6	99.5	2	2
新加坡	100.0	1	1	102.9	7	7	98.0	6	6
德国	100.0	1	1	99.6	8	9	95.9	9	9
挪威	100.0	1	1	99.3	9	10	92.4	13	13
芬兰	100.0	1	1	98.7	10	11	97.8	7	7
爱尔兰	100.0	1	1	97.2	11	8	93.8	11	10
法国	100.0	1	1	96.4	12	14	91.1	14	14
英国	100.0	1	1	96.0	13	13	90.5	15	15
日本	100.0	1	1	95.9	14	12	94.4	10	11
奥地利	100.0	1	1	95.8	15	15	93.8	12	12
澳大利亚	100.0	1	1	91.1	16	16	90.0	17	17
韩国	100.0	1	1	91.1	17	19	84.8	20	20
以色列	100.0	1	1	89.1	18	18	90.3	16	16
加拿大	100.0	1	1	89.0	19	17	87.7	18	18
新西兰	100.0	1	1	82.4	20	20	85.6	19	19

注：第一次现代化指数达到100时，排名都为1，不分先后。后同。表5-5、表5-6、表5-7和表5-8中参与排名的国家数都是131个。2001~2008年的《中国现代化报告》中参与排名的国家数为108个。

2. 2017年中等发达国家水平

2017年意大利等19个中等发达国家的第二次现代化指数在50至79之间，它们都完成或基本完成第一次现代化，它们的综合现代化指数在57至80之间（表5-6）。

表5-6　2017年19个中等发达国家的现代化指数

国家	第一次现代化指数	2017年排名	2016年排名	第二次现代化指数	2017年排名	2016年排名	综合现代化指数	2017年排名	2016年排名
西班牙	100.0	1	1	77.5	21	21	79.6	21	21
意大利	100.0	1	1	73.8	22	22	78.7	22	22
希腊	100.0	1	1	72.8	23	23	69.4	28	28
葡萄牙	100.0	1	1	72.4	24	25	70.4	26	26
斯洛文尼亚	100.0	1	1	70.9	25	24	73.6	23	23
捷克	100.0	1	1	64.5	26	26	70.4	25	25
爱沙尼亚	100.0	1	1	64.5	27	27	67.0	29	29
匈牙利	100.0	1	1	63.6	28	29	66.0	31	30
立陶宛	100.0	1	1	62.5	29	28	66.9	30	31
拉脱维亚	100.0	1	1	61.9	30	30	65.6	32	32
克罗地亚	100.0	1	1	58.3	31	31	62.1	35	36
沙特阿拉伯	100.0	1	1	58.2	32	34	71.0	24	24
斯洛伐克	100.0	1	1	55.8	33	32	60.9	36	33
乌拉圭	100.0	1	1	55.7	34	36	64.7	33	34
波兰	100.0	1	1	55.2	35	33	59.9	37	39

(续表)

国家	第一次现代化指数	2017年排名	2016年排名	第二次现代化指数	2017年排名	2016年排名	综合现代化指数	2017年排名	2016年排名
阿根廷	100.0	1	1	54.0	36	37	64.5	34	35
俄罗斯	100.0	1	1	52.2	37	35	58.8	40	40
哥斯达黎加	100.0	1	1	51.4	38	39	57.6	41	42
智利	100.0	1	48	50.6	39	38	59.7	38	37

3. 2017年初等发达国家水平

2017年中国等38个初等发达国家,第二次现代化指数在30至50之间;其中有6个国家完成了第一次现代化;它们的综合现代化指数在34至71之间(表5-7)。

表5-7 2017年38个初等发达国家的现代化指数

国家	第一次现代化指数	2017年排名	2016年排名	第二次现代化指数	2017年排名	2016年排名	综合现代化指数	2017年排名	2016年排名
科威特	99.9	46	1	49.8	40	46	70.4	27	27
保加利亚	98.8	50	51	47.9	41	42	55.7	44	45
白俄罗斯	95.5	57	56	47.7	42	40	54.4	46	46
巴西	99.7	47	1	47.5	43	41	57.5	42	44
罗马尼亚	100.0	1	1	47.2	44	44	52.5	51	52
巴拿马	100.0	1	1	45.7	45	48	53.4	48	49
马来西亚	100.0	1	1	45.5	46	45	53.0	49	50
中国	99.7	48	49	44.4	47	49	45.5	64	59
多米尼加	97.9	52	52	42.8	48	51	59.6	39	41
哥伦比亚	96.6	54	53	41.9	49	50	54.0	47	51
哈萨克斯坦	98.9	49	1	41.0	50	53	51.3	53	54
土耳其	100.0	1	1	40.9	51	43	51.2	54	43
伊朗	96.1	56	57	40.1	52	54	48.5	57	56
北马其顿	95.5	58	58	38.6	53	55	48.3	58	57
墨西哥	100.0	1	1	38.0	54	52	52.7	50	53
斯里兰卡	87.6	80	81	37.8	55	63	34.9	83	80
格鲁吉亚	91.5	74	70	37.2	56	59	46.1	63	61
乌克兰	92.2	73	67	36.9	57	56	47.4	61	60
秘鲁	96.8	53	54	36.6	58	62	50.1	55	62
厄瓜多尔	96.5	55	55	36.5	59	57	46.6	62	63
牙买加	95.3	60	76	35.9	60	60	44.2	65	72
阿尔巴尼亚	90.5	77	77	35.9	61	58	47.6	60	58
泰国	94.3	62	73	35.8	62	61	39.9	77	76
黎巴嫩	98.0	51	50	35.5	63	47	56.6	43	38
委内瑞拉	100.0	1	1	34.2	64	69	51.9	52	47
阿尔及利亚	93.8	67	61	33.6	65	71	43.5	68	68
突尼斯	93.8	66	62	32.9	66	65	41.5	69	75
亚美尼亚	93.4	69	71	32.8	67	64	49.7	56	55
博茨瓦纳	91.1	75	75	32.8	68	70	41.1	71	74
摩尔多瓦	90.7	76	74	32.6	69	66	42.8	68	66

(续表)

国家	第一次现代化指数	2017年排名	2016年排名	第二次现代化指数	2017年排名	2016年排名	综合现代化指数	2017年排名	2016年排名
巴拉圭	87.1	83	69	32.3	70	76	40.1	75	71
约旦	94.5	61	60	32.2	71	68	48.2	59	48
叙利亚	95.4	59	82	31.9	72	78	54.7	45	65
阿塞拜疆	92.7	71	66	31.8	73	67	44.2	66	64
南非	94.2	63	65	31.4	74	73	40.6	74	73
萨尔瓦多	94.0	64	59	31.4	75	75	41.2	70	70
菲律宾	93.4	68	68	31.0	76	74	40.1	76	69
摩洛哥	87.0	85	85	30.2	77	72	40.8	73	77

4. 2017年欠发达国家水平

2017年印度等54个欠发达国家的第二次现代化指数在12至30之间,它们中有4个国家基本实现第一次现代化;它们的综合现代化指数在10至42之间(表5-8)。

表5-8 2017年54个欠发达国家的现代化指数

国家	第一次现代化指数	2017年排名	2016年排名	第二次现代化指数	2017年排名	2016年排名	综合现代化指数	2017年排名	2016年排名
蒙古	92.8	70	63	28.9	78	77	41.1	72	67
印度尼西亚	87.5	81	86	28.3	79	80	32.1	87	89
埃及	88.7	79	72	28.1	80	82	33.4	85	85
纳米比亚	84.9	87	88	27.6	81	79	37.3	80	84
越南	83.2	88	89	27.4	82	81	31.9	88	88
危地马拉	93.9	65	64	26.4	83	84	38.0	79	81
洪都拉斯	85.0	86	84	25.3	84	87	29.4	94	87
吉尔吉斯斯坦	87.2	82	79	25.3	85	83	32.6	86	86
玻利维亚	92.7	72	80	25.0	86	86	39.0	78	82
尼加拉瓜	90.1	78	78	24.6	87	88	29.5	93	92
安哥拉	70.9	100	101	23.7	88	91	31.2	89	79
土库曼斯坦	87.0	84	87	22.7	89	92	34.9	84	83
塞内加尔	73.0	98	105	22.6	90	101	29.6	92	104
乌兹别克斯坦	82.7	89	83	22.4	91	89	30.7	91	78
加纳	75.2	96	94	21.9	92	97	35.1	82	91
巴布亚新几内亚	57.1	119	109	21.8	93	85	14.0	126	108
孟加拉国	80.6	91	90	21.2	94	94	26.6	98	94
厄立特里亚	76.2	93	116	20.7	95	115	35.6	81	121
老挝	75.3	95	97	20.7	96	93	25.5	102	99
印度	80.9	90	91	20.1	97	98	26.3	100	98
也门	70.7	102	99	20.1	98	104	27.1	97	100
塔吉克斯坦	79.0	92	92	20.0	99	103	26.4	99	97
刚果(布)	75.6	94	93	19.9	100	95	27.1	96	96
柬埔寨	72.5	99	102	19.7	101	96	21.0	110	107
津巴布韦	67.0	104	107	19.3	102	100	21.0	109	109

(续表)

国家	第一次现代化指数	2017年排名	2016年排名	第二次现代化指数	2017年排名	2016年排名	综合现代化指数	2017年排名	2016年排名
肯尼亚	64.7	108	112	19.1	103	90	20.1	113	111
赞比亚	61.6	110	106	18.8	104	106	23.2	106	105
尼日利亚	66.5	106	103	18.7	105	105	30.8	90	90
缅甸	74.2	97	98	18.7	106	108	23.3	105	102
科特迪瓦	61.9	109	115	18.7	107	117	25.8	101	95
巴基斯坦	70.7	101	96	18.5	108	110	23.5	104	101
海地	61.5	111	104	18.5	109	112	16.2	116	110
马达加斯加	61.2	113	114	18.5	110	102	16.8	120	126
莱索托	60.8	114	95	18.3	111	99	18.7	115	103
喀麦隆	68.3	103	100	18.2	112	111	27.5	95	93
几内亚	56.7	120	118	17.8	113	118	20.5	111	113
马拉维	49.3	127	127	17.8	114	113	13.4	128	129
多哥	65.8	107	113	17.2	115	123	20.4	112	116
卢旺达	58.4	116	117	17.1	116	114	17.9	117	117
毛里塔尼亚	59.6	115	121	17.0	117	122	21.7	108	115
贝宁	61.4	112	111	17.0	118	119	22.9	107	106
莫桑比克	55.8	122	123	16.9	119	109	15.6	122	118
尼泊尔	66.5	105	108	16.8	120	116	23.8	103	114
坦桑尼亚	57.1	118	119	16.7	121	107	17.2	118	122
布基纳法索	55.2	123	122	16.4	122	124	17.1	119	119
塞拉利昂	44.3	129	129	15.9	123	125	15.8	121	123
乌干达	56.0	121	120	15.8	124	120	15.5	123	125
布隆迪	49.9	125	124	15.6	125	126	10.4	131	131
马里	49.6	126	126	15.5	126	127	19.3	114	112
埃塞俄比亚	53.0	124	125	14.9	127	121	13.8	127	127
尼日尔	43.0	130	130	13.7	128	129	13.4	129	128
刚果(金)	57.5	117	110	13.3	129	128	14.4	125	120
中非	45.3	128	128	13.2	130	130	15.0	124	124
乍得	37.4	131	131	12.9	131	131	11.0	130	130

二、2017年世界现代化的国际差距

1. 2017年世界现代化的前沿水平

世界现代化的前沿水平可以从两个方面来反映,一是现代化阶段,二是现代化指数。

2017年世界现代化前沿已经到达第二次现代化的发展期。2017年处于第二次现代化发展期的国家大约有17个,其中,15个国家为发达国家,它们的现代化水平是世界前沿水平的一种反映(表5-9)。

表 5-9　2017 年处于第二次现代化发展期的发达国家

国家	知识创新指数	知识传播指数	生活质量指数	经济质量指数	第二次现代化指数	排名
丹麦	99.4	110.2	113.1	113.7	109.1	1
瑞典	97.2	111.1	112.2	109.5	107.5	2
瑞士	95.7	109.4	115.0	108.7	107.2	3
荷兰	86.8	110.6	113.1	115.3	106.5	4
美国	115.3	94.0	103.2	113.0	106.4	5
比利时	85.4	108.5	109.5	110.7	103.5	6
新加坡	99.3	92.0	104.9	115.4	102.9	7
德国	102.5	86.8	112.1	97.1	99.6	8
芬兰	98.4	96.1	108.9	91.4	98.7	10
法国	75.2	91.3	108.5	110.5	96.4	12
英国	78.8	86.6	106.9	111.8	96.0	13
奥地利	81.1	90.1	111.8	100.1	95.8	15
澳大利亚	58.9	90.8	110.0	104.8	91.1	16
以色列	78.4	75.9	92.3	109.9	89.1	18
加拿大	55.9	105.4	103.4	91.4	89.0	19

2017 年，第二次现代化指数和综合现代化指数排世界前 10 位的国家水平，可以反映世界现代化的先进水平（表 5-10）。

表 5-10　2017 年世界现代化的前沿国家

项目	第二次现代化指数前 10 位	综合现代化指数前 10 位	处于第二次现代化发展期的发达国家
国家	丹麦、瑞典、瑞士荷兰、美国、比利时新加坡、德国、挪威芬兰	丹麦、比利时、瑞典荷兰、美国、新加坡芬兰、瑞士、德国日本	丹麦、瑞典、瑞士、荷兰、美国、比利时、新加坡、德国芬兰、法国、英国、奥地利、澳大利亚、以色列、加拿大

2. 2017 年世界现代化的末尾水平

世界现代化的末尾水平可以从两个方面来反映，一是现代化阶段，一是现代化指数。

2017 年第一次现代化指数、第二次现代化指数和综合现代化指数排世界后 10 位的国家，它们的水平反映了世界现代化的最低水平（表 5-11）。从现代化阶段看，2017 年有 3 个国家仍然是传统农业社会。

表 5-11　2017 年世界现代化的后进国家

项目	传统农业社会	第一次现代化指数的后 10 位	第二次现代化指数的后 10 位	综合现代化指数的后 10 位
国家	乍得布隆迪塞拉利昂	莫桑比克、布基纳法索、埃塞俄比亚、布隆迪、马里、马拉维、中非、塞拉利昂、尼日尔、乍得	布基纳法索、塞拉利昂、乌干达、布隆迪、马里、埃塞俄比亚、尼日尔、刚果（金）、中非、乍得	莫桑比克、乌干达、中非、刚果（金）、巴布亚新几内亚、埃塞俄比亚、马拉维、尼日尔、乍得、布隆迪

3. 2017 年世界现代化的国际差距

2017 年世界现代化的国际差距与 2000 年相比，不同指标的表现有所差别（表 5-12）。

表 5-12 世界现代化的国际差距

项目	第一次现代化指数			第二次现代化指数			综合现代化指数		
	2017	2000	1990	2017	2000	1990	2017	2000	1990
最大值	100.0	100.0	100.0	109.1	108.9	97.8	100.0	98.3	98.1
最小值	37.4	31.1	31.5	12.9	9.5	15.5	10.4	13.8	19.8
平均值	85.5	76.7	72.2	43.1	42.4	41.8	48.0	43.9	48.3
绝对差距	62.6	68.9	68.5	96.2	99.4	82.3	89.6	84.5	78.3
标准差	17.4	22.4	23.2	27.9	26.2	22.8	25.6	23.5	21.8
相对差距	2.7	3.2	3.2	8.4	11.5	6.3	9.6	7.1	5.0
变异系数	0.20	0.29	0.32	0.65	0.62	0.55	0.53	0.53	0.45

- 第一次现代化指数,2017 年绝对差距和相对差距比 2000 年有所减小。
- 第二次现代化指数,2017 年绝对差距和相对差距比 2000 年有所减小。
- 综合现代化指数,2017 年绝对差距和相对差距比 2000 年有所增加。

4. 2017 年世界现代化的地理分布

2017 年世界现代化的地理分布不平衡,世界五大洲的平均现代化水平是不同的。相对而言,欧洲和北美洲水平比较高,南美洲和亚洲相当,非洲比较落后。

三、2017 年世界现代化的国际追赶

1. 2017 年世界现代化的国际体系变化

在 2000～2017 年期间,根据第二次现代化指数分组,在 131 个参加评价的国家中,有 22 个国家的分组发生了变化,其中,组别上升国家有 7 个,组别下降国家有 15 个(表 5-13)。

表 5-13 2000～2017 年世界现代化的国际地位发生变化的国家

升级的国家			降级的国家		
国家	2000 年分组	2017 年分组	国家	2000 年分组	2017 年分组
新加坡	2	1	白俄罗斯	2	3
新西兰	2	1	格鲁吉亚	2	3
爱尔兰	2	1	乌克兰	2	3
哥斯达黎加	3	2	保加利亚	2	3
阿尔巴尼亚	4	3	黎巴嫩	2	3
斯里兰卡	4	3	巴拿马	2	3
叙利亚	4	3	哥伦比亚	2	3
			科威特	2	3
			乌兹别克斯坦	3	4
			牙买加	2	3
			蒙古	3	4
			埃及	3	4
			土库曼斯坦	3	4
			吉尔吉斯斯坦	3	4
			塔吉克斯坦	3	4

注:1 代表发达,2 代表中等发达,3 代表初等发达,4 代表欠发达。

在 1960～2017 年期间,有 29 个国家的分组发生了变化(表 5-14)。其中,地位上升的国家有 11 个,地位下降的国家有 18 个。

表 5-14 1960～2017 年世界现代化的国际地位发生变化的国家

升级的国家			降级的国家		
国家	1960 年分组	2017 年分组	国家	1960 年分组	2017 年分组
韩国	3	1	俄罗斯	1	2
沙特阿拉伯	4	2	罗马尼亚	2	3
新加坡	2	1	委内瑞拉	2	3
爱尔兰	2	1	墨西哥	2	3
哥斯达黎加	3	2	南非	2	3
芬兰	2	1	玻利维亚	3	4
日本	2	1	津巴布韦	3	4
奥地利	2	1	尼加拉瓜	3	4
葡萄牙	3	2	刚果共和国	3	4
博茨瓦纳	4	3	赞比亚	3	4
中国	4	3	危地马拉	3	4
			保加利亚	2	3
			黎巴嫩	2	3
			巴拿马	2	3
			科威特	2	3
			牙买加	2	3
			埃及	3	4
			蒙古	2	4

注:1 代表发达,2 代表中等发达,3 代表初等发达,4 代表欠发达。1960 年根据第一次现代化指数分组,2017 年根据第二次现代化指数分组。

2. 2017 年世界现代化的世界排名变化

根据综合现代化指数的排名变化,从 2000 年到 2017 年,在参加评价的 131 个国家中,综合现代化水平上升的国家有 39 个(指数排名上升在 5 位及以上的),下降的国家有 42 个(排名下降在 5 位及以上的),变化不大的国家约有 50 个(排名变化小于 5 位的)。

3. 2017 年世界现代化的国际转移概率

在 1960～2017 年期间,不同水平国家之间的转移概率见表 5-15。

表 5-15 世界现代化的国家地位的转移概率(马尔科夫链分析)

分组	国家数	发达	中等	初等	欠发达	国家数	发达	中等	初等	欠发达
	1960 年	1960～2017 年转移概率/(%)				1970 年	1970～2017 年转移概率/(%)			
发达	15	93	7	0	0	15	80	13	7	0
中等	23	22	35	39	4	16	44	31	25	0
初等	29	3	7	66	24	26	4	19	58	19
欠发达	40	0	3	5	93	47	0	0	17	83

(续表)

分组	国家数	发达	中等	初等	欠发达	国家数	发达	中等	初等	欠发达
	1980年	1980~2017年转移概率/(%)				1990年	1990~2017年转移概率/(%)			
发达	17	88	6	6	0	16	94	0	6	0
中等	13	23	46	23	8	18	28	50	17	6
初等	41	5	12	56	27	37	0	8	59	32
欠发达	39	0	0	8	92	35	0	0	6	94

注：发达代表发达国家，中等代表中等发达国家，初等代表初等发达国家，欠发达代表欠发达国家。1960年根据第一次现代化指数分组的分组标准：发达国家＞90，中等发达国家为60~90，初等发达国家为40~60，欠发达国家＜40。1970~1990年根据第二次现代化指数分组的分组标准：发达国家的指数大于或等于高收入平均值的80%，中等发达国家的指数高于世界平均值但低于发达国家，初等发达国家的指数低于世界平均值但高于欠发达国家，欠发达国家的指数低于高收入国家平均值的30%；高收入国家平均值为100。2017年根据第二次现代化指数分组的分组标准：发达国家的指数大于高收入平均值的80%，中等发达国家的指数为50%~80%，初等发达的指数为30%~50%，欠发达国家的指数低于高收入国家平均值的30%；高收入国家平均值为100。数值差异是因为四舍五入的原因。

- 发达国家保持发达国家的概率：80%~94%；降级为发展中国家的概率：6%~20%。
- 发展中国家保持发展中国家的概率：91%~94.4%；升级为发达国家的概率：5.6%~9%。其中，1960~2017年期间升级概率约6.5%，1970~2017年期间升级概率约9%，1980~2017年期间升级概率约5.4%，1990~2017年期间升级概率约5.6%。

第二节 2017年中国现代化指数

中国现代化指数包括中国第一次现代化指数、第二次现代化指数和综合现代化指数，反映中国现代化在经济、社会、文化和环境等领域的综合水平。关于中国政治等领域的现代化水平，需要专门研究。中国现代化指数的评价方法和评价数据来源，与世界现代化指数相同。

一、2017年中国现代化的总体水平

2017年中国是一个发展中国家，大约位于发展中国家的中间位置，处于初等发达国家行列；中国现代化水平与世界中等发达国家的差距比较小，但与发达国家的差距比较大。

2017年，中国第一次现代化指数约为99.7，在世界131个国家中排第48位，比2016年提高1位；中国第二次现代化指数为44.4，世界排名第47位，比2016年提高2位；综合现代化指数为45.5，世界排名第64位，比2016年下降5位（表5-16）。

表5-16 1950~2017年中国现代化指数

年份	第一次现代化指数	排名	第二次现代化指数	排名	综合现代化指数	排名
2017	99.7	48	44.4	47	45.5	64
2016	99.4	49	45.3	49	46.7	59
2015	99.0	50	41.0	50	44.0	63
2010	92.0	62	37.7	62	34.0	76
2000	76.0	80	31.0	78	31.0	79
1990	63.0	67	26.0	73	28.0	103
1980	54.0	69	25.0	66	21.0	103

(续表)

年份	第一次现代化指数	排名	第二次现代化指数	排名	综合现代化指数	排名
1970	40.0	72	21.0	60	—	—
1960	37.0	72	—	—	—	—
1950	26.0	—	—	—	—	—

注：(1) 第二次现代化指数和综合现代化指数的评价，2015～2017 年按第三版评价模型进行（见技术注释），2010 年按第二版评价模型进行，1950～2000 年按第一版评价模型进行。(2) 2016 年评价部分指标采用了《中国统计年鉴》数据，2017 年评价绝大多数指标采用世界银行《世界发展指标》2019 年 10 月版数据；数据来源不同，对第二次现代化指数和综合现代化指数的评价结果有一定影响。

1. 2017 年中国第一次现代化指数

2017 年中国进入第一次现代化的成熟期，第一次现代化指数为 99.7，比 2016 年提高 0.3。

2017 年中国第一次现代化的 9 个指标已经达标，1 个指标没有达到标准，即人均国民收入没有达到标准；人均国民收入的达标率约为 97%（图 5-3）。

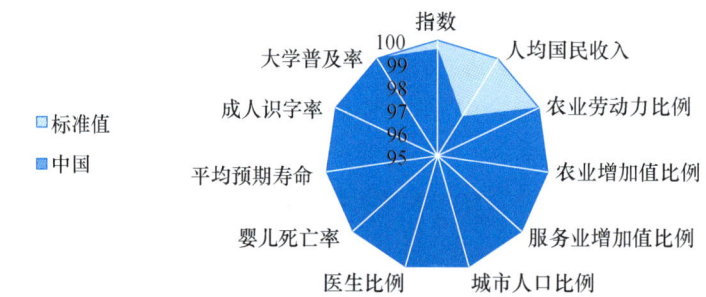

图 5-3　2017 年中国第一次现代化的特点

2. 2017 年中国第二次现代化指数

2017 年中国尚没有完成第一次现代化，也没有进入第二次现代化。由于中国参与全球化进程，第二次现代化的许多要素已经传入中国。如果按第二次现代化评价模型进行评价，可以大概了解中国第二次现代化的进展。这种评价，仅有参考意义。

2017 年中国第二次现代化指数为 44，在 131 个国家中排第 47 位。中国第二次现代化四大类指标发展不平衡，生活质量指数、知识传播指数和知识创新指数达到世界平均水平（图 5-4）。

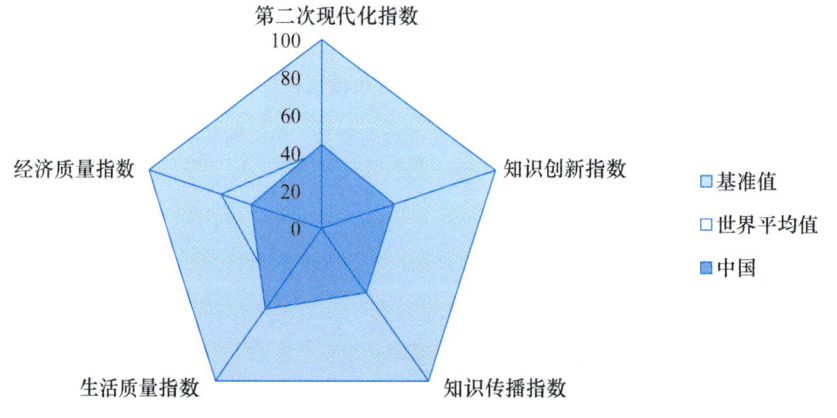

图 5-4　2017 年中国第二次现代化的特点

以2017年高收入国家平均值100为对照,2017年中国知识创新指数为42(世界平均值为29),知识传播指数为42(世界平均值为34),生活质量指数为53(世界平均值为43),经济质量指数为41(世界平均值为59)。2017年中国经济质量、知识创新和知识传播与发达国家的差距较大。

在2000~2017年期间,中国第二次现代化指数约提高了13,知识创新指数约提高了21,知识传播指数约提高了10,生活质量指数约提高了7,经济质量指数约提高了14(表5-17)。

表5-17 1970~2017年中国第二次现代化指数

年份	知识创新指数	知识传播指数	生活质量指数	经济质量指数	第二次现代化指数
2017	41.9	42.0	52.8	40.8	44.4
2016	41.6	40.1	54.4	45.1	45.3
2015	36.4	36.0	51.0	41.0	41.1
2010	31.4	41.4	47.4	30.7	37.7
2000	20.7	31.7	45.7	26.5	31.2
1990	11.0	23.9	41.9	27.1	26.0
1980	—	16.7	32.6	25.0	24.7
1970	—	12.8	24.2	25.9	21.0

注:2015~2017年的评价采用第三版评价模型。2010年的评价采用第二版评价模型。1970~2000年的评价采用第一版评价模型。

3. 2017年中国综合现代化指数

综合现代化指数反映国家水平与世界先进水平的相对差距。2017年中国综合现代化指数为45,在131个国家中排第64位。中国综合现代化三类指标发展不平衡(图5-5)。

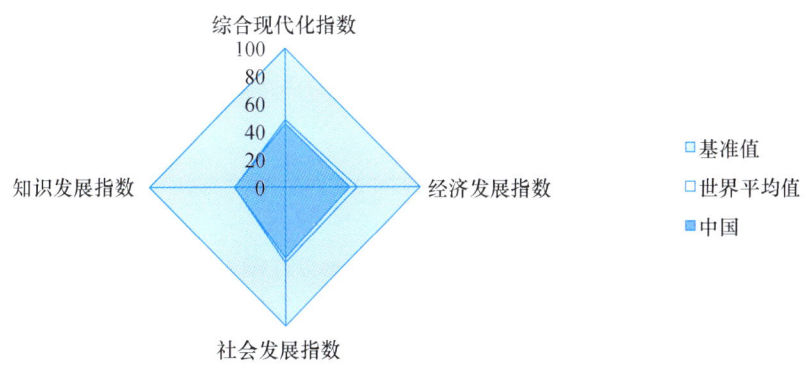

图5-5 2017年中国综合现代化的特点

以2017年高收入国家平均值100为对照,2017年中国经济发展指数为48(世界平均值为54),社会发展指数为51(世界平均值为54),知识发展指数为37(世界平均值为37)。2017年中国知识发展指数与发达国家的差距较大。

在2000~2017年期间,中国综合现代化指数提高了14,排名提高了15位。在1990~2017年期间,中国综合现代化指数提高了17,排名提高了39位(表5-18)。

表 5-18 1980~2017 年中国综合现代化指数

项目	1980[a]	1990[a]	2000[a]	2010[b]	2015[c]	2016[c]	2017[c]
中国指数	21.1	27.7	31.3	34.2	44.4	46.7	45.5
中国排名	103	103	79	76	63	59	64
高收入国家—中国	78.8	72.2	68.6	65.8	55.6	53.3	54.5
世界—中国	38.7	25.2	18.9	10.3	3.8	1.8	2.9
高收入国家[d]	99.9	99.9	99.9	100.0	100.0	100.0	100.0
中等收入国家	51.5	44.4	42.4	31.7	37.2	37.7	37.9
低收入国家	28.2	31.7	23.6	13.6	15.1	17.3	19.2
世界	59.8	52.9	50.2	44.5	48.1	48.4	48.3

注：a. 采用综合现代化评价模型第一版的评价结果，以当年高收入国家平均值为参考值。b. 采用综合现代化评价模型第二版的评价结果，以高收入 OECD 国家平均值为参考值。c. 采用综合现代化评价模型第三版的评价结果，以高收入国家平均值为参考值。d. 1980~2000 年数据为高收入国家平均值，2010 年数据为高收入 OECD 国家平均值。2015~2017 年没有高收入 OECD 国家平均值数据，故评价参考值继续采用高收入国家平均值。

二、2017 年中国现代化的国际差距

2017 年中国现代化的国际差距（表 5-19），第一次现代化指数与完成第一次现代化的国家相差 0.4；第二次现代化指数与高收入国家平均值相差 55.6；综合现代化指数与高收入国家平均值相差 54.5，与世界平均值相差 2.8。

表 5-19 2017 年中国现代化指数的国际比较

项目	中国	高收入国家	中收入国家	低收入国家	世界	高收入国家—中国	世界—中国
第一次现代化指数	99.6	100.0	95.4	60.0	100.0	0.4	0.4
第二次现代化指数	44.4	100.0	30.6	16.3	41.0	55.6	−3.4
综合现代化指数	45.5	100.0	37.9	19.2	48.3	54.5	2.8

1. 中国第一次现代化评价指标的国际差距

2017 年中国第一次现代化评价指标中，人均国民收入指标没有达标（表 5-20）。

表 5-20 2017 年中国第一次现代化评价指标的差距

指标	中国	标准值	世界	标准值—中国	世界—中国	注
人均国民收入/美元	8650	8960	10 447	310	1797	正指标

2. 中国第二次现代化评价指标的国际差距

2017 年中国第二次现代化评价指标中，人均知识产权出口、人均知识产权进口、人均公共教育经费、人均知识创新经费、劳动生产率、知识创新人员比例、人均购买力、空气质量等指标，国际差距较大（表 5-21）。

表 5-21　2017 年或近年中国第二次现代化评价指标的国际比较

指标	中国	高收入国家	中等收入国家	低收入国家	世界	高收入国家/中国	世界/中国
人均知识创新经费*	186	1090	72	5	248	5.8	1.3
知识创新人员比例*	12.3	42.0	7.7	1.7	14.8	3.4	1.2
发明专利申请比例*	9.0	6.9	2.4	0.0	2.9	0.8	0.3
人均知识产权出口/美元	3.4	293	1.5	0.1	48	84.6	13.9
大学普及率/(%)	49.1	76.8	35.8	8.8	37.9	1.6	0.8
宽带网普及率/(%)	27.7	33.3	11.1	0.6	13.7	1.2	0.5
人均公共教育经费/美元	364	2748	406	54	698	7.5	1.9
人均知识产权进口/美元	20.7	275.6	11.9	0.1	53.1	13.3	2.6
平均预期寿命/岁	76.5	80.7	71.7	63.4	72.4	1.1	0.9
人均购买力/国际美元(PPP)	16 770	49 330	12 088	2246	17 123	2.9	1.0
婴儿死亡率/(‰)	7.9	4.3	28.2	49.4	29.7	0.5	3.8
空气质量**	52.7	14.7	52.4	43.2	45.5	0.3	0.9
劳动生产率/国际美元(PPP)	27 645	92 914	25 681	4066	35 761	3.4	1.3
单位 GDP 的能源消耗***	0.29	0.11	0.27	n/a	0.18	0.4	0.6
物质产业增加值比例/(%)	48.1	24.0	40.2	50.7	28.9	0.5	0.6
物质产业劳动力比例/(%)	56.0	25.7	55.0	74.4	51.5	0.5	0.9

注：* 人均知识创新经费：人均研究与发展经费，美元；知识创新人员比例：研究与发展的研究人员/万人；发明专利申请比例：发明专利申请数量/万人。** 指 PM$_{2.5}$ 年均浓度，单位为微克/米^3，为逆指标。*** 逆指标，单位为千克石油当量/美元。人均购买力指按购买力平价计算的人均国民收入。物质产业增加值比例为农业和工业的加总，为逆指标。婴儿死亡率为逆指标。近年指 2015~2017 年期间最近年，后同。

3. 中国综合现代化评价指标的国际差距

2017 年中国综合现代化评价指标中，人均知识产权贸易、人均知识创新经费、人均国民收入、人均购买力、能源使用效率、人均制造业增加值等指标，国际差距比较大（表 5-22）。

表 5-22　2017 年或近年中国综合现代化评价指标的国际比较

指标	中国	高收入国家	中等收入国家	低收入国家	世界	高收入国家/中国	世界/中国
人均国民收入/美元	8650	41 433	4993	791	10 447	4.8	1.2
人均制造业增加值/美元	2567	5853	1077	65	1750	2.3	0.7
服务业增加值比例/(%)	51.9	76.0	59.8	49.3	71.1	1.5	1.4
服务业劳动力比例/(%)	44.0	74.3	45.0	25.6	48.5	1.7	1.1
城镇人口比例/(%)	58.0	81.2	52.0	32.1	54.8	1.4	0.9
医生比例/千人	1.8	3.0	1.3	0.3	1.5	1.7	0.8
人均购买力/国际美元	16 770	49 330	12 088	2246	17 123	2.9	1.0
能源使用效率*	3.4	8.7	3.7	3.6	5.7	2.6	1.7
人均知识创新经费/美元	186	1090	72	5	248	5.8	1.3
人均知识产权贸易/美元	24	569	13	0	101	23.5	4.2
大学普及率/(%)	49	77	36	9	38	1.6	0.8
互联网普及率/(%)	54	85	46	16	50	1.6	0.9

注：* 能源使用效率：美元/千克石油当量。人均知识产权贸易指人均知识产权进口和出口总值。

4. 中国现代化进程的不平衡性

中国现代化进程的不平衡性表现在多个方面,如地区不平衡和指标不平衡等。例如,2017年中国第一次现代化有9个指标已经达到标准,表现最差的指标(人均国民收入)达标程度为97%。第二次现代化的四大类指标和综合现代化的三类指标也不平衡。

三、2017年中国现代化的国际追赶

1. 中国现代化指数的国际追赶

在2000～2017年期间,中国现代化水平有较大提高(表5-16)。

- 第一次现代化指数:提高了23,世界排名提高32位;
- 第二次现代化指数:提高了13,世界排名提高31位;
- 综合现代化指数:提高了14,世界排名提高15位。

在1950～2017年期间,中国第一次现代化指数提高了73;在1970～2017年期间,第二次现代化指数提高了23(图5-6);在1980～2017年期间,综合现代化指数提高了24。

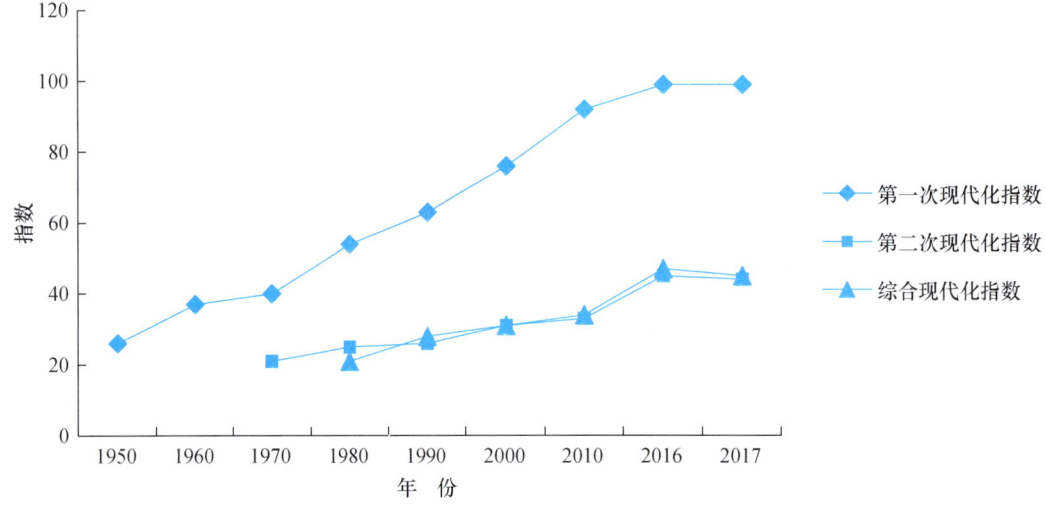

图5-6　1950～2017年中国现代化指数的增长

在1970～2017年期间,中国从第一次现代化的起步期、发展期到达成熟期,国家现代化水平从欠发达水平上升为初等发达水平,中国与中等发达水平的差距缩小(图5-7)。

2. 中国现代化前景的情景分析

(1) 按照"线性外推法"估算中国第二次现代化指数的世界排名

《中国现代化报告2018》对中国现代化前景进行了分析,下面采用并简介其结果。

2015年在131个国家中,中国第二次现代化指数排名第50位。在未来85年里,如果能够按照131个国家1990～2015年或2000～2015年第二次现代化指数的年均增长率估算它们的现代化水平,那么,中国有可能在2030～2040年期间或前后成为中等发达国家,在2060～2080年期间或前后成为发达国家,在2080年前后进入世界前列(表5-23)。

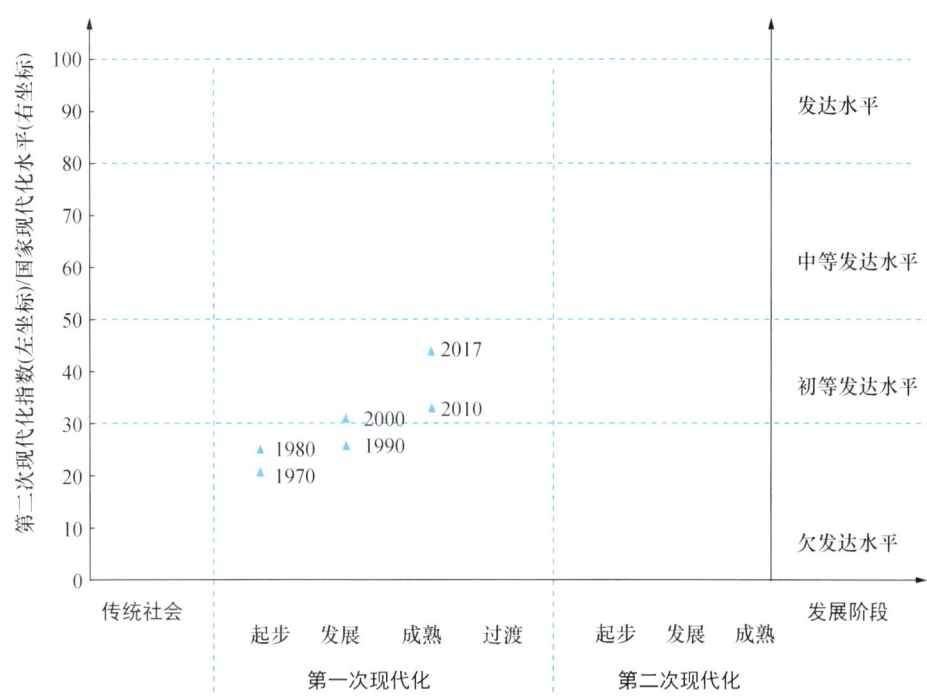

图 5-7　1970～2017 年中国现代化水平的提高

表 5-23　21 世纪中国第二次现代化指数的世界排名的估算

时间	按 1990～2015 年年均增长率估算	按 2000～2015 年年均增长率估算
2020 年	进入 131 个国家的前 50 名左右	进入 131 个国家的前 50 名左右
2030 年	进入 131 个国家的前 40 名左右	进入 131 个国家的前 40 名左右
2040 年	进入 131 个国家的前 30 名左右	进入 131 个国家的前 40 名左右
2050 年	进入 131 个国家的前 30 名左右	进入 131 个国家的前 30 名左右
2060 年	进入 131 个国家的前 20 名左右	进入 131 个国家的前 20 名左右
2080 年	进入 131 个国家的前 10 名左右	进入 131 个国家的前 10 名左右
2100 年	进入 131 个国家的前 10 名左右	进入 131 个国家的前 10 名左右

注：年均增长率见附表 2-3-7。当国家的第二次现代化指数的年均增长率为负值时，年均增长率按 0.5% 估算；当年均增长率超过 4% 时，以"4% +（年均增长率－4%）/10"的增长率估算。1990～2015 年期间，中国按年均增长率 4.03% 估算。2000～2015 年期间，中国按年均增长率 4.21% 估算。

（2）按照"经验外推法"估算中国现代化的水平

2015 年中国为初等发达国家。根据 1960～2015 年的世界经验，在 50 年里，初等发达国家升级中等发达国家的概率为 8%～19%，中等发达国家升级为发达国家的概率为 18%～44%。

如果沿用世界历史经验，那么，2050 年中国成为中等发达国家的概率约为 14%；如果 2050 年中国成为中等发达国家，那么，2100 年中国成为发达国家的概率约为 31%；如果直接推算，中国 2015 年是一个初等发达国家，2100 年成为发达国家的总概率约为 4.3%（表 5-24）。

表 5-24　21 世纪中国现代化水平的推算

世界历史经验		中国现代化水平的推算	
2015 年,初等发达国家	世界经验	2015 年,初等发达国家	估计
50 年后,初等发达升级中等发达的概率	8%～19%	50 年后,成为中等发达国家概率	14%
50 年后,中等发达升级发达国家的概率	18%～44%	50 年后,成为发达国家的概率	31%
100 年后,初等发达升级发达国家的概率	1.4%～8.4%	100 年后,成为发达国家的概率	4.3%
2100 年,成为发达国家的概率	4.9%	2100 年,成为发达国家的概率	4.3%

第一种情景分析,根据世界和中国第二次现代化指数的年均增长率进行估算,中国现代化的前景比较乐观;第二种情景分析,根据世界现代化的历史经验进行估算,中国现代化的前景不太乐观。如果考虑到中国人口、世界资源和国际冲突等因素,21 世纪中国现代化的前景具有很大不确定性。中国现代化的全面实现,不是容易的事情,需要全国人民的共同努力。

第三节　2017 年中国地区现代化指数

中国地区现代化指数包括中国 34 个省级行政区的第一次现代化指数、第二次现代化指数和综合现代化指数,反映 34 个省级地区现代化在经济、社会、文化和环境等领域的综合水平。2017 年,北京等 5 个地区进入第二次现代化,天津等 29 个地区处于第一次现代化(图 5-8),局部地区属于传统农业社会,局部地区还有原始社会的痕迹,如"母系社会"等。根据第二次现代化指数分组,2017 年北京等 11 个地区具有发达或中等发达水平,湖北等 21 个地区具有初等发达水平,其他地区发展水平较低(表 5-25)。

需要注意的是,本节为根据《中国统计年鉴 2018》和各地区统计年鉴的面板数据,采用世界现代化指数的评价方法进行评价的评价结果。我们没有核对面板数据的准确性。部分评价指标没有面板数据,采用估值法进行替代。本节评价结果仅有一定参考意义,需谨慎对待。

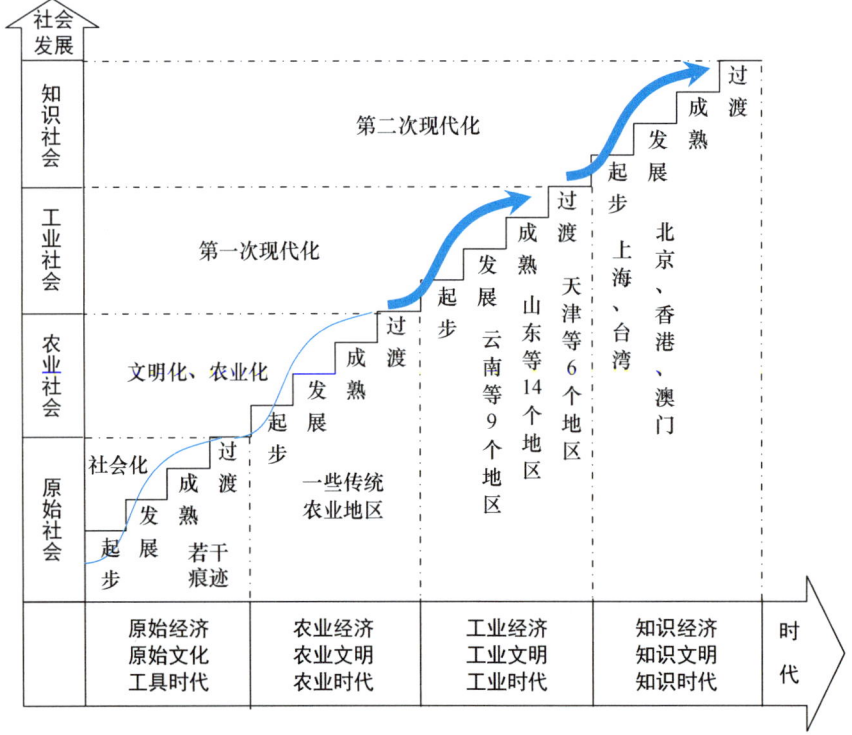

图 5-8　2017 年中国地区现代化进程的坐标图

表 5-25 2017 年中国地区现代化指数

地区	第一次现代化指数	2017年排名	2016年排名	第二次现代化指数	2017年排名	2016年排名	综合现代化指数	2017年排名	2016年排名
北京	100.0	1	1	83.8	1	1	82.7	1	1
上海	100.0	1	1	78.2	2	2	78.8	2	2
天津	100.0	1	1	67.2	3	3	69.6	3	3
江苏	100.0	1	1	64.4	4	4	65.8	4	4
浙江	100.0	1	1	61.4	5	5	61.7	5	5
广东	100.0	1	1	61.4	6	6	54.7	7	6
福建	100.0	1	9	54.3	7	7	54.9	6	7
重庆	100.0	1	1	51.4	8	9	52.0	8	8
山东	100.0	1	1	48.2	9	8	51.0	9	9
湖北	98.4	11	12	47.5	10	10	49.3	12	12
陕西	95.8	18	20	45.2	11	14	47.4	13	14
安徽	96.4	17	17	44.0	12	12	40.8	22	22
辽宁	98.4	10	10	43.7	13	11	50.1	11	10
四川	95.5	22	21	42.2	14	17	41.4	20	23
吉林	98.1	12	11	41.6	15	13	50.2	10	11
广西	91.6	27	27	41.1	16	15	36.5	27	27
海南	92.4	26	26	39.6	17	16	43.7	15	17
河南	95.5	23	23	39.1	18	20	40.7	23	24
湖南	95.7	20	18	38.5	19	21	43.1	16	15
江西	96.7	15	14	36.7	20	22	40.2	24	20
黑龙江	93.0	25	24	36.0	21	19	42.7	17	16
内蒙古	97.2	13	13	35.8	22	18	45.1	14	13
宁夏	95.7	21	19	35.1	23	23	41.1	21	21
山西	96.9	14	22	34.4	24	24	41.8	19	19
河北	96.6	16	15	33.8	25	25	41.9	18	18
甘肃	89.5	30	30	33.5	26	26	33.4	29	29
贵州	90.8	29	29	31.9	27	28	32.5	31	31
西藏	88.6	31	31	31.1	28	29	33.9	28	28
云南	90.9	28	28	30.8	29	27	33.2	30	30
青海	95.8	19	16	29.9	30	30	37.2	26	26
新疆	94.6	24	25	28.5	31	31	38.4	25	25
香港	100.0			86.8			80.4		
澳门	100.0			85.6			81.6		
台湾	100.0			73.8			79.7		
对照									
中国	99.7			43.8			45.5		
高收入国家	100.0			100.0			100.0		
中等收入国家	95.4			29.7			37.9		
低收入国家	60.0			16.0			19.2		
世界	100.0			40.2			48.3		

注：评价指标的面板数据，来自《中国统计年鉴2018》《中国科技统计年鉴2018》《中国能源统计年鉴2018》和各地区统计年鉴等，部分评价指标缺少统计数据，采用估值代替。第二次现代化评价，劳动生产率采用人均GDP代替，第二次现代化指数与世界现代化评价有所不同。本评价结果仅供参考。

一、2017年中国地区现代化的总体水平

2017年,中国属于发展中国家,处于发展中国家的中间位置。根据第二次现代化指数分组,2017年中国多数地区属于发展中地区;北京、香港和澳门3个地区具有发达水平的部分特征,上海、台湾、天津、江苏、浙江、广东、福建和重庆8个地区具有中等发达水平,湖北等21个地区具有初等发达水平,其他地区发展水平比较低(表5-25)。

2017年,中国有12个地区完成第一次现代化,其中,5个地区进入第二次现代化;22个地区没有完成第一次现代化,其中,20个地区基本实现第一次现代化(表5-26)。

表5-26　1990~2017年的中国现代化进程　　　　　　　　　　　　　　单位:个

项目	1990	2000	2010	2015	2016	2017
已经完成第一次现代化的地区	3	3	6	6	11	12
其中:进入第二次现代化的地区	1	2	4	5	5	5
没有完成第一次现代化的地区	31	31	28	28	23	22
其中:基本实现第一次现代化的地区	1	3	16	21	20	20

根据地区的现代化阶段和现代化水平,可以构建中国现代化的地区定位图;横坐标为地区现代化的阶段,纵坐标为地区现代化的水平。例如,基于现代化阶段和第二次现代化水平的地区定位图(图5-9),基于现代化阶段和综合现代化水平的地区定位图。

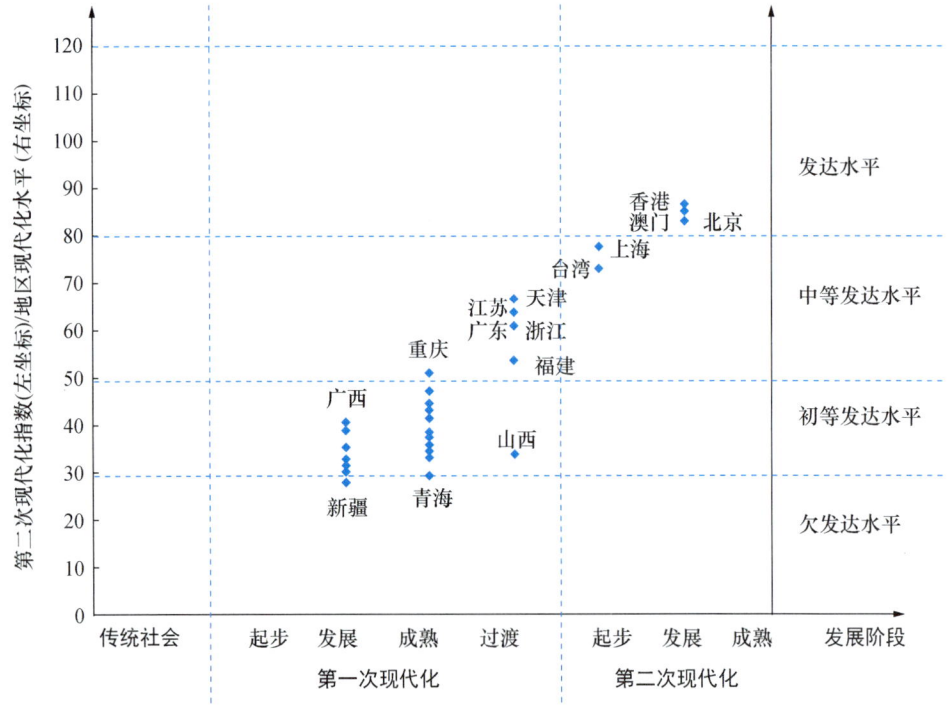

图5-9　2017年中国现代化的地区定位(第二次现代化水平的定位)

注:图中34个点代表不同地区的定位,显示地区的现代化阶段、第二次现代化指数和水平分组。

1. 2017 年中国内地地区第一次现代化指数

2017 年中国内地 31 个地区(不包括香港、澳门、台湾地区,后同)中,9 个地区已经完成第一次现代化,它们是北京、上海、天津、江苏、浙江、广东、福建、重庆和山东;20 个地区基本实现第一次现代化(图 5-10)。

图 5-10　2017 年中国地区第一次现代化指数

注:2017 年中国第一次现代化指数为 99.7。

如果按照 1990～2017 年年均增长率估算,全国多数地区有可能在 2020 年前完成第一次现代化(附表 3-2-4)。完成第一次现代化,表示大约达到 1960 年工业化国家的平均水平。

2. 2017 年中国内地地区第二次现代化指数

根据第二次现代化指数分组,2017 年,北京第二次现代化指数的数值达到发达国家组的水平,上海、天津、江苏、浙江、广东、福建和重庆 7 个地区已经达到中等发达国家组的水平,湖北等 21 个地区达到初等发达国家组的水平(图 5-11)。

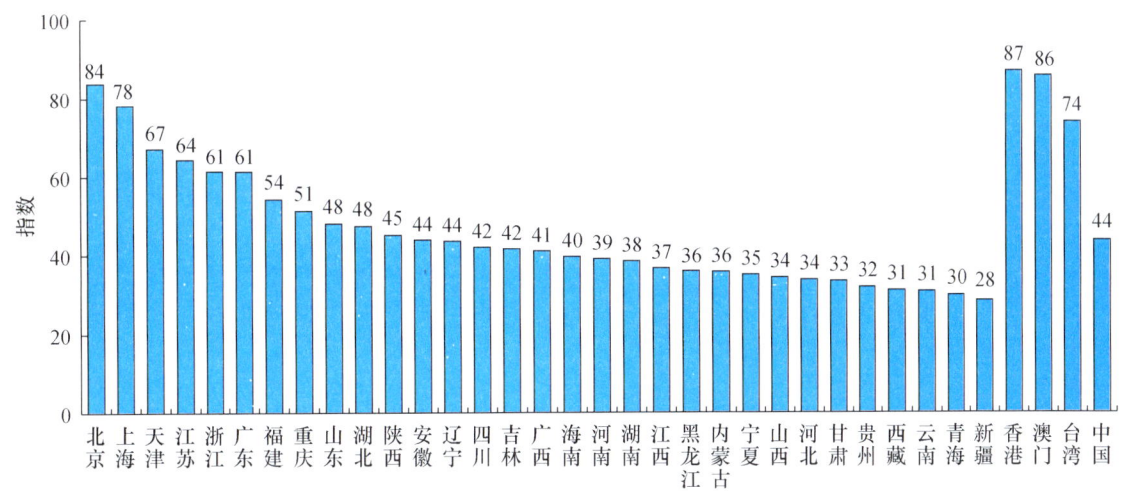

图 5-11　2017 年中国地区第二次现代化指数

注:2017 年青海第二次现代化指数为 29.9。

3. 2017 中国内地地区综合现代化指数

根据综合现代化指数分组,2017年北京综合现代化指数的数值达到发达国家组的水平,上海、天津、江苏、浙江、福建、广东、重庆、山东、吉林和辽宁10个地区达到中等发达国家组的水平,湖北等20个地区达到初等发达国家组的水平(图5-12)。

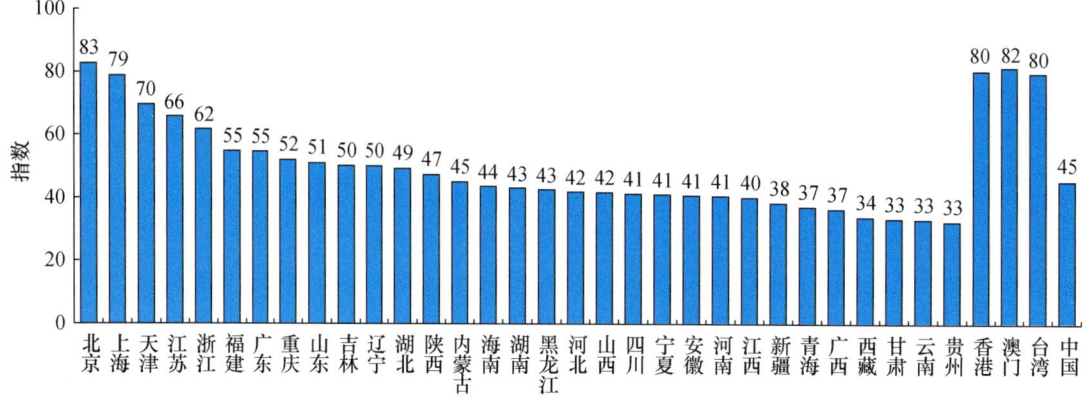

图 5-12　2017 年中国地区综合现代化指数

注:2017年台湾综合现代化指数为79.7。

4. 2017 年中国地区现代化指数的排名

根据《中国统计年鉴》和地方统计年鉴的面板数据,采用世界现代化指数评价方法,如果北京、天津、上海、香港、澳门和台湾不参加排名,2017年中国地区现代化排名如下:

- 第一次现代化指数前10位:江苏、浙江、广东、福建、重庆、山东、辽宁、湖北、吉林、内蒙古。
- 第二次现代化指数前10位:江苏、浙江、广东、福建、重庆、山东、湖北、陕西、安徽、辽宁。
- 综合现代化指数前10位:江苏、浙江、福建、广东、重庆、山东、吉林、辽宁、湖北、陕西。

5. 中国内地不同区域的现代化水平

关于中国区域划分有多种方案。这里采用"三大带、三大片和八大区"的划分(表5-27)。

表 5-27　2017 年中国不同区域的现代化水平的比较

地区	第一次现代化指数	第二次现代化指数	综合现代化指数	人均GDP/美元
东部	98.3	56.4	57.6	12 276
中部	96.4	39.3	43.8	7329
西部	93.6	36.8	39.1	6578
北方片	97.4	46.2	51.2	9767
南方片	97.4	51.6	51.8	10 391
西部片	93.5	34.9	38.1	6375
东北地区	96.5	40.4	47.6	7412
华北沿海	99.1	58.2	61.3	13 543
黄河中游	96.4	38.6	43.7	7759
华东沿海	100.0	68.0	68.8	16 070
华南沿海	96.0	49.1	47.4	9252
长江中游	96.8	41.7	43.3	7271
西南地区	93.2	37.5	38.6	6496
西北地区	93.9	31.7	37.5	6223
中国	99.7	43.8	45.5	8650

(续表)

地区	第一次现代化指数	第二次现代化指数	综合现代化指数	人均GDP/美元
高收入国家	100.0	100.0	100.0	41 433
中等收入国家	95.4	29.7	37.9	4993
低收入国家	60.0	16.0	19.2	791
世界	100.0	40.2	48.3	10 447

注:三大带、三大片和八大区的数值为该区有关地区数值的简单算术平均值。

2017年,从《中国统计年鉴》的面板数据的评价结果看:

其一,三大带不平衡,东部现代化水平高于中部,中部现代化水平高于西部。

其二,三大片不平衡,北方片和南方片现代化水平大体相当,都高于西部片。

其三,八大区不平衡,华东沿海和华北沿海是现代化水平较高的地区,华南沿海、东北地区是现代化水平的第二集团,长江中游、黄河中游是第三集团,西北地区和西南地区是现代化水平较低的地区。

其四,在八大区中,华东沿海地区水平最高,西南地区水平最低。

6. 中国港澳台地区的现代化水平

中国香港、澳门和台湾地区的现代化水平处于中国地区水平的前列。

2017年中国香港、澳门和台湾都已经进入第二次现代化,其中,香港和澳门进入第二次现代化的发展期,台湾进入第二次现代化的起步期。2017年,香港和澳门的第二次现代化指数和综合现代化指数都超过80,台湾都低于80。

2017年中国香港、澳门和台湾的第一次现代化指数都早已达到100。

二、2017年中国地区现代化的国际差距

1. 2017年中国内地地区现代化的前沿水平

2017年,中国内地地区现代化的前沿已经进入第二次现代化的发展期,地区现代化的前沿水平接近发达国家水平的底线,部分指标达到发达国家水平的底线。例如,2017年北京处于第二次现代化的发展期,北京和上海的部分指标接近或达到意大利和西班牙的水平(表5-28)。

表5-28 2017年中国内地地区现代化的前沿水平和国际比较

指标	北京	上海	天津	江苏	浙江	广东	西班牙	意大利	葡萄牙	俄罗斯
第一次现代化指数	100	100	100	100	100	100	100	100	100	100
第二次现代化指数	83.8	78.2	67.2	64.4	61.4	61.4	77.5	73.8	72.4	52.2
综合现代化指数	82.7	78.8	69.6	65.8	61.7	54.7	79.6	78.7	70.4	58.8
人均GDP(GNI)/美元	19 085	18 736	17 599	15 854	13 620	11 974	27 040	31 340	20 040	9230
人均GDP/国际美元(PPP)	36 542	35 874	33 695	30 354	26 078	22 927	38 880	41 430	32 010	25 080
城市人口比例/(%)	86.5	87.7	82.9	68.8	68.0	69.9	80.1	70.1	64.7	74.3
大学普及率/(%)	98	98	98	69	53	35	88.9	61.9	63.9	81.9
互联网普及率/(%)	83.7	74.9	51.1	81.4	96.4	58.0	84.6	63.1	73.8	76.0

注:意大利等5个国家人均GDP(PPP)的数据为人均GNI(PPP)的数值。指标单位见技术注释。

2. 2017年中国内地地区现代化的地区差距

2017年中国内地31个省级地区之间,第一次现代化指数的绝对差距约为11,相对差距约为1.1;

第二次现代化指数的绝对差距是55,相对差距是2.9;综合现代化指数的绝对差距是50,相对差距是2.5;第二次现代化指数的地区差距最大(表5-29)。

表 5-29 1990~2017 年中国内地地区现代化的地区差距

项目	第一次现代化指数			第二次现代化指数			综合现代化指数		
	2017	2000	1990	2017	2000	1990	2017	2000	1990
最大值	100.0	96.5	90.5	83.8	74.2	54.7	82.7	65.2	51.9
最小值	88.6	59.2	44.3	28.5	21.6	19.1	32.5	23.5	22.9
平均值	96.3	75.4	64.2	44.8	32.9	27.6	47.6	33.4	31.0
绝对差距	11.4	37.3	46.2	55.3	52.6	35.6	50.1	41.6	29.0
标准差	3.4	9.2	10.4	14.0	11.5	8.1	12.5	9.5	6.6
相对差距	1.1	1.6	2.0	2.9	3.4	2.9	2.5	2.8	2.3
变异系数	0.04	0.12	0.16	0.31	0.35	0.29	0.26	0.28	0.21

注:绝对差距=最大值－最小值。相对差距=最大值÷最小值。数值差异是因为四舍五入的原因。

在2000~2017年期间,中国内地地区现代化的地区差距有所扩大。其中,第二次现代化指数的绝对差距扩大,相对差距缩小;综合现代化指数的绝对差距扩大,相对差距缩小;但是,第一次现代化指数的地区差距缩小,因为完成第一次现代化的地区增加了(表5-29)。

3. 2017年中国内地地区现代化的国际差距

2017年中国内地31个省级地区中,地区第一次现代化水平与已经完成第一次现代化的国家的最大差距约为11,平均差距为4;地区第二次现代化水平与世界先进水平的最大差距是71,最小差距是16,平均差距是55;地区综合现代化水平与世界先进水平的最大差距是67,最小差距17,平均差距52(表5-30)。

表 5-30 1990~2017 年中国内地地区现代化的国际差距

项目		第一次现代化指数			第二次现代化指数			综合现代化指数		
		2017	2000	1990	2017	2000	1990	2017	2000	1990
与发达国家的差距	最小差距	0.0	3.5	9.5	15.9	26.0	34.2	17.3	34.9	48.0
	最大差距	11.4	40.8	55.7	71.2	78.6	69.8	67.5	76.5	77.1
	平均差距	3.7	24.6	35.8	54.9	67.2	61.3	52.4	66.6	69.0
与世界平均值的差距	最小差距	—	—	—	—	—	—	—	—	—
	最大差距	11.0	30.1	36.7	10.8	24.3	27.7	15.6	26.7	36.5
	平均差距	3.3	14.0	16.8	−5.5	13.0	19.3	0.5	16.8	28.5

在2000~2017年期间,中国内地地区现代化的国际差距有所缩小。其中,第一次现代化指数的平均差距从约24减少到约4;第二次现代化指数的平均差距从约67减少到约55;综合现代化指数的平均差距从66.6减少到52.4,减少14.2(表5-30)。

4. 中国地区现代化的不平衡性

中国地区现代化的不平衡性是非常突出的,包括地区现代化进程的不同步(图5-8)、地区现代化速度有快有慢、地区现代化水平差距比较大、地区现代化指标的表现差别比较大、地区现代化水平的地理分布不均衡等。

三、2017 年中国地区现代化的国际追赶

根据第二次现代化指数分组,2017 年与 2000 年相比,中国内地 19 个地区(北京、江苏等)分组发生变化,12 个地区(上海、天津等)的分组没有变化。其中,重庆从欠发达水平上升为中等发达水平,13 个地区从欠发达水平上升为初等发达水平,4 个地区从初等发达水平上升为中等发达水平,北京从中等发达水平上升为发达水平(表 5-31)。

表 5-31　2000～2017 年中国内地地区第二次现代化指数的地区分组变化

2000 年分组	2017 年分组	地区	地区个数
2	1	北京	1
3	2	江苏、浙江、福建、广东	4
4	2	重庆	1
4	3	河北、内蒙古、安徽、江西、河南、湖南、广西、海南、贵州、云南、西藏、甘肃、宁夏	13

注:1 代表发达水平,2 代表中等发达水平,3 代表初等发达水平,4 代表欠发达水平。

根据综合现代化指数分组,2017 年与 2000 年相比,中国内地 23 个地区分组发生变化,8 个地区的分组没有变化。其中,9 个地区从初等发达水平上升为中等发达水平,13 个地区从欠发达水平上升为初等发达水平,北京从中等发达水平上升为发达水平(表 5-32)。

表 5-32　2000～2017 年中国内地地区综合现代化指数的分组变化

2000 年分组	2017 年分组	地区	地区个数
2	1	北京	1
3	2	天津、辽宁、吉林、江苏、浙江、福建、山东、广东、重庆	9
4	3	河北、安徽、江西、河南、湖南、广西、四川、贵州、云南、西藏、甘肃、青海、宁夏	13

注:1 代表发达水平,2 代表中等发达水平,3 代表初等发达水平,4 代表欠发达水平。

技 术 注 释

《中国现代化报告 2020》采用国际机构、有关国家官方统计机构公布的数据,它包括世界 131 个国家和中国 34 个地区 2017 年的发展数据和评价数据等。由于世界不同国家的统计方法不完全相同,统计方法在不断发展,统计数据的可比性和一致性问题需要特别关注。

一、资料来源

世界现代化 300 年的历史数据主要来自米切尔的《帕尔格雷夫世界历史统计》、麦迪森的《世界经济千年史》、库兹涅茨的《各国的经济增长》、世界银行的《世界发展指标》、联合国统计年鉴、联合国贸易与发展会议(UNCTAD)统计数据、世界贸易组织(WTO)、经济合作与发展组织(OECD)、美国经济分析局(BEA)的数据等。

现代化进程评价所用数据,除少数年份的几个指标的中国数据(世界银行数据集中缺少的数据)来自《中国统计年鉴》外,其他采用世界银行《世界发展指标》2019-12-19 网络版数据、联合国出版的《统计年鉴》、经济合作与发展组织(OECD)的网络数据库等。中国地区现代化评价所用数据,主要来自《中国统计年鉴 2018》。

二、数据一致性和可靠性

世界现代化进程评价,以世界银行出版的《世界发展指标》的系列数据为基本数据来源;部分年份的数据来自联合国贸易与发展会议的《世界投资报告》、世界贸易组织的《国际贸易统计》、联合国的统计年鉴、联合国教科文组织的统计年鉴、国际劳工组织的《劳动力统计年鉴》、OECD 出版物;少数几个中国数据来自《中国统计年鉴》。

许多发展中国家的统计制度还很薄弱,统计方法在不断发展,统计指标的概念存在差异,统计方法在国与国之间差别较大,它们会影响数据的一致性和可靠性。许多国家的统计机构常常修改其历史统计数据。世界银行在历年《世界发展指标》中对数据来源、数据一致性和可靠性进行了说明。世界银行有时根据一些国家提供的新数据,对过去年份的数据进行调整。在不同年份出版的《世界发展指标》中,关于某年的数据不完全一致。如果出现这种情况,一般采用最近年份《世界发展指标》中公布的数据。2017 年世界现代化评价统一采用《世界发展指标》2019 年 12 月网络版数据。数据汇总方法在《世界发展指标》中有专门说明。

中国地区现代化进程评价,以《中国统计年鉴 2018》的系列数据为基本数据来源;《中国统计年鉴》中没有的数据,采用《中国科技统计年鉴》《中国能源统计年鉴》和中国 31 个省级行政地区统计机构出版的地方统计年鉴的数据等。

在世界银行和联合国有关机构出版的统计资料中,中国数据的数值一般为中国内地 31 个省级行政地区统计数据的加总;在《中国统计年鉴》中,香港特区、澳门特区和台湾地区的统计数据单列,全国的加总数在数值上为内地 31 个省级行政地区统计数据的加和。

苏联和东欧国家(捷克斯洛伐克等),1990 年前后发生变化。1990 年前采用原国家数据。1990 年后,分别为俄罗斯、捷克和斯洛伐克的数据。1990 年前德国采用联邦德国的数据。

三、国家分组

关于国家分组的方法有很多。《中国现代化报告 2003》对此进行了专门分析。例如,世界银行根据人均收入大小分组、联合国开发计划署根据人类发展指数分组、联合国工作分组、联合国地区分组、《中国现代化报告》根据第二次现代化指数分组等。一般而言,国家分组是相对的,更多是为了分析和操作的方便。本报告沿用《中国现代化报告 2003》国家分组方法。

《中国现代化报告 2003》采用四种国家分组方法:① 工业化国家和发展中国家;② 发达国家和发展中国家;③ 高收入国家、中等收入国家和低收入国家;④ 发达国家、中等发达国家、初等发达国家和欠发达国家。四种方法具有一定可比性(表 a)。

表 a 《中国现代化报告 2003》的国家分组

国家分组	类别	分组方法或标准
按地区分组	发达国家[a] OECD 国家 比较发达国家 比较不发达国家(发展中国家) 最不发达国家(发展中国家)	高收入国家(不含石油输出国) OECD 国家 按联合国统计司的划分 按联合国统计司的划分 按联合国统计司的划分
按人均国民收入分组 (2000 年)	高收入国家 中等收入国家(中高、中低收入国家) 低收入国家	人均 GNI 大于 9266 美元 人均 GNI 为 756~9265 美元 人均 GNI 小于 755 美元
按第一次现代化实现程度分组 (2000 年)	工业化国家 发展中国家	完成第一次现代化的国家 没有完成第一次现代化的国家
按第二次现代化指数分组 (2000 年)	发达国家[a](高现代化水平) 中等发达国家(中等现代化水平) 初等发达国家(初等现代化水平) 欠发达国家(低现代化水平)	第二次现代化指数大于 80 第二次现代化指数为 46~79.9 第二次现代化指数为 30~45.9 第二次现代化指数小于 30

注:a."发达国家"有两种划分方法:按第二次现代化指数划分的发达国家、按人均收入划分(习惯分法)的发达国家(一般指不含石油输出国的高收入国家)。它们(划分的结果)是基本一致的。

四、第一次现代化指数的评价方法和评价指标

第一次现代化进展评价方法主要有三种:定性评价、定量评价和综合评价(定性和定量相结合)。本报告主要进行经济和社会第一次现代化的实现程度的定量评价。

1. 评价指标

20 世纪 80 年代,美国学者英克尔斯教授访问中国,并提出经典现代化的 11 个评价指标(孙立平,1988)。何传启选择其中的 10 个指标作为第一次现代化的评价指标(表 b)。

表 b 第一次现代化的评价指标和评价标准(1960年工业化国家指标平均值)

项目	指标、单位和指标编号	标准	备注[b]
经济指标	1. 人均国民收入(人均 GNI),美元	逐年计算[a]	正指标
	2. 农业劳动力比例(农业劳动力占总就业劳动力比例),%	30%以下	逆指标
	3. 农业增加值比例(农业增加值占 GDP 比例),%	15%以下	逆指标
	4. 服务业增加值比例(服务业增加值占 GDP 比例),%	45%以上	正指标
社会指标	5. 城市人口比例(城市人口占总人口比例),%	50%以上	正指标
	6. 医生比例(每千人口中的医生人数),‰	1‰以上	正指标
	7. 婴儿死亡率,‰	30‰以下	逆指标
	8. 平均预期寿命(出生时平均预期寿命),岁	70岁以上	正指标
知识指标	9. 成人识字率,%	80%以上	正指标
	10. 大学普及率(在校大学生占20~24岁人口比例),%	15%以上	正指标

注:参考英克尔斯教授的评价指标(孙立平,1988)。a. 以1960年19个市场化工业国家人均国民收入平均值1280美元为基准值,以后逐年根据美元通货膨胀率(或 GDP 物价折算系数)计算标准值。例如,1960年标准值为1280美元,1970年为1702美元,1980年为3411美元,1990年为5147美元,2000年为6399美元,2010年为8000美元,2011年8165美元,2012年8312美元,2013年为8436美元,2014年为8587美元,2015年为8680美元,2016年标准为8800美元,2017年为8960美元。b. 正指标,评价对象数值等于或大于标准值时,表示它达到或超过经典现代化标准;逆指标,评价对象数值等于或小于标准值时,表示它达到或超过经典现代化标准。

2. 评价模型

2001年何传启设计"第一次现代化评价模型",包括10个经济、社会和知识指标,以及评价方法和发展阶段评价。评价标准参考1960年19个工业化国家发展指标的平均值。

$$\begin{cases} FMI = \sum S_i/n \quad (i=1,2,\cdots,n) \\ S_i = 100 \times i_{实际值}/i_{标准值} \quad (正指标, S_i \leqslant 100) \\ S_i = 100 \times i_{标准值}/i_{实际值} \quad (逆指标, S_i \leqslant 100) \end{cases}$$

其中,FMI 为第一次现代化指数,n 为参加评价的指标总个数,S_i 为第 i 号指标的达标程度($S_i \leqslant 100$);i 为评价指标的编号;$i_{实际值}$ 为第 i 号指标的实际值,$i_{标准值}$ 为第 i 号指标的标准值(具体数值见表b)。

3. 评价方法

其一,检验评价指标的相关性。在地区现代化评价时,可以调整部分评价指标。

其二,计算人均 GNI 的标准值。

其三,采用"比值法"计算单个指标达标程度。单个指标达标程度最大值为100%(如果超过100%,取值100%),达到100%表明该指标已经达到第一次现代化水平。

其四,采用"简单算术平均值"法,计算第一次现代化指数。

其五,评价的有效性。如果参加评价国家,有效指标个数占指标总数的比例低于60%(即指标个数少于6个),则视为无效样本,不进行评价。

其六,计算方法。所有评价由计算机自动完成。计算机计算数据时,计算机内部保留小数点后12位小数;显示数据结果时,一般保留整数或1~2位小数。

其七,评价的精确性。在阅读和利用评价数据和结果时,需要特别注意小数"四舍五入"带来的影响。第二次现代化和综合现代化评价,也是如此。

其八,评价误差。有些国家样本,统计数据不全,对评价结果有比较大的影响。水平高的指标的数据缺失,可能拉低评价结果。水平低的指标的数据缺失,可能抬高评价结果。一般而言,指标缺少

4. 第一次现代化的阶段评价

$$\begin{cases} P_{\text{FM}} = (P_{\text{农业增加值比例}} + P_{\text{农业/工业增加值}} + P_{\text{农业劳动力比例}} + P_{\text{农业/工业劳动力}})/4 \\ P_{\text{农业增加值比例}} = (4,3,2,1,0),\text{根据实际值与标准值的比较判断阶段并赋值} \\ P_{\text{农业/工业增加值}} = (4,3,2,1,0),\text{根据实际值与标准值的比较判断阶段并赋值} \\ P_{\text{农业劳动力比例}} = (4,3,2,1,0),\text{根据实际值与标准值的比较判断阶段并赋值} \\ P_{\text{农业/工业劳动力}} = (4,3,2,1,0),\text{根据实际值与标准值的比较判断阶段并赋值} \end{cases}$$

其中,P_{FM}代表第一次现代化的阶段,$P_{\text{农业增加值比例}}$代表根据农业增加值占GDP比例判断的阶段和赋值,$P_{\text{农业/工业增加值}}$代表根据农业增加值比例与工业增加值比例的比值判断的阶段和赋值,$P_{\text{农业劳动力比例}}$代表根据农业劳动力占全部就业劳动力比例判断的阶段和赋值,$P_{\text{农业/工业劳动力}}$代表根据农业劳动力比例与工业劳动力比例的比值判断的阶段和赋值。

其一,根据信号指标实际值与标准值的比较判断阶段并赋值。其二,计算赋值的平均值。其三,综合判断第一次现代化的阶段。第一次现代化阶段评价的4个信号指标的标准和赋值见表c。第一次现代化阶段评价的信号指标的变化如图a所示。

表c 第一次现代化信号指标的划分标准和赋值

	农业增加值占GDP比例/(%)	农业增加值/工业增加值	赋值	说明
过渡期	<5	<0.2	4	农业增加值占GDP比例低于15%为完成第一次现代化的标准,结合工业化国家200年经济史制定
成熟期	5~15,<15	0.2~0.8,<0.2	3	
发展期	15~30,<30	0.8~2.0,<2.0	2	
起步期	30~50,<50	2.0~5.0,<5.0	1	
传统社会	≥50	≥5.0	0	
	农业劳动力占总劳动力比例/(%)	农业劳动力/工业劳动力	赋值	
过渡期	<10	<0.2	4	农业劳动力占总劳动力比例低于30%为完成第一次现代化的标准,结合工业化国家200年经济史制定
成熟期	10~30,<30	0.2~0.8,<0.8	3	
发展期	30~50,<50	0.8~2.0,<2.0	2	
起步期	80~80,<80	2.0~5.0,<5.0	1	
传统社会	≥80	≥5.0	0	

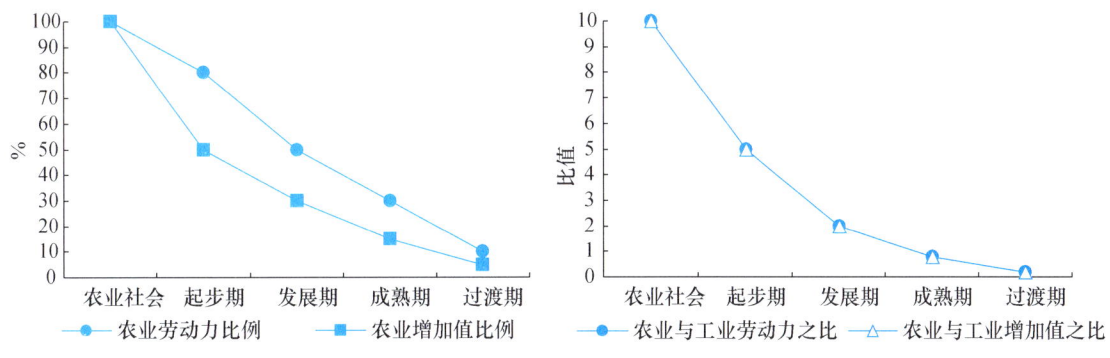

图a 第一次现代化阶段评价的信号指标变化

有些时候,可能是统计数据或者国家差异的原因,产业结构和就业结构的分析结果与现代化总体水平不协调,需要根据第一次现代化实现程度对发展阶段进行调整。

发达国家在 20 世纪 60 年代前后完成第一次现代化,在 70 年代前后进入第二次现代化。第一次现代化评价比较适合于发展中国家,第二次现代化评价比较适合于发达国家。

五、第二次现代化指数的评价方法和评价指标

第二次现代化进展评价同样有定性评价、定量评价和综合评价等三种方法。第二次现代化启动已经超过 40 多年。随着第二次现代化的发展,第二次现代化的评价指标和评价方法应该作相应的调整。

1. 评价指标

第二次现代化理论认为,知识的创新、传播和应用是第二次现代化的动力,知识创新、知识传播和知识应用的水平反映了第二次现代化的水平。

第二次现代化评价包括知识创新、知识传播、知识应用 I 和 II(生活质量和经济质量)四大类指标和 16 个具体指标(表 d)。其中,知识创新指在世界上首次发现、发明、创造或应用某种新知识,包括科学发现、技术发明、知识创造和新知识首次应用;知识应用 I 为改进生活质量,知识应用 II 为改进经济质量;物质产业包括农业和工业。

表 d 第二次现代化评价指标

二级指标	第二次现代化评价模型第一版(2001 年版)		第二次现代化评价模型第三版(2018 年新版)	
	三级指标和编号	指标解释和单位	三级指标和编号	指标解释和单位
知识创新	1. 知识创新经费投入	人均研究与发展经费占 GDP 的比例(R&D 经费/GDP),%	1. 知识创新经费投入	人均研究与发展经费投入,美元
	2. 知识创新人员投入	从事研究与发展(R&D)活动的研究人员比例,人/万人	2. 知识创新人员投入	从事研究与发展活动的研究人员比例,人/万人
	3. 知识创新专利产出	居民申请发明专利比例,项/万人	3. 知识创新专利产出	居民申请发明专利比例,项/万人
			4. 人均知识产权出口	人均知识产权出口,美元
知识传播	4. 中学普及率	在校中学生人数占适龄人口(一般 12~17 岁)比例,%	5. 大学普及率	在校大学生人数占适龄人口(一般 20~24 岁)比例,%
	5. 大学普及率	在校大学生人数占适龄人口(一般 20~24 岁)比例,%	6. 宽带普及率	宽带网用户/百人口,%
	6. 电视普及率	电视用户/百人口,%	7. 人均公共教育经费	人均公共教育费用,美元
	7. 互联网普及率	互联网用户/百人口,%	8. 人均知识产权进口	人均知识产权进口费用,美元
生活质量	8. 城镇人口比例	城镇人口占总人口比例,%	9. 平均预期寿命	新生儿平均预期寿命,岁
	9. 医生比例	每千人口中的医生数,‰	10. 人均购买力	按购买力平价 PPP 计算的人均国民收入,国际美元
	10. 婴儿死亡率	每千例活产婴儿在 1 岁内的死亡率,‰	11. 婴儿死亡率	每千例活产婴儿在 1 岁内的死亡率,‰
	11. 平均预期寿命	新生儿平均预期寿命,岁	12. 环境质量	$PM_{2.5}$ 年均浓度,微克/米^3
	12. 人均能源消费	人均商业能源消费,千克石油当量		

(续表)

二级指标	第二次现代化评价模型第一版(2001年版)		第二次现代化评价模型第三版(2018年新版)	
	三级指标和编号	指标解释和单位	三级指标和编号	指标解释和单位
经济质量	13. 人均国民收入	人均国民收入,美元	13. 劳动生产率	雇员人均GDP,2011年不变价格PPP
	14. 人均购买力	按购买力平价PPP计算的人均国民收入,国际美元	14. 单位GDP的能源消耗	单位GDP的能源消耗,千克石油当量/美元
	15. 物质产业增加值比例	农业和工业增加值占GDP的比例,%	15. 物质产业增加值比例	农业和工业增加值占GDP的比例,%
	16. 物质产业劳动力比例	农业和工业劳动力占总就业劳动力比例,%	16. 物质产业劳动力比例	农业和工业劳动力占总就业劳动力比例,%
基准值	高收入国家的平均值		高收入国家的平均值	

注:中国内地大学普及率为大学在校学生人数占18~21岁人口比例。

(1) 不变部分(继承)

评价原理不变,二级指标不变,三级指标总数不变,13个三级指标保留不变等。

(2) 变化部分

增加3个指标,包括2个知识产权指标和1个环境指标;减少3个指标,包括2个重复性指标(在第一次现代化评价和综合现代化评价中已经采用的指标)和1个数据不可得指标(电视普及率已经饱和,世界银行的世界发展指标已经不包括这个指标);调整1个指标,人均购买力指标从经济质量部分调到生活质量部分。

2. 评价模型

第二次现代化评价包括第二次现代化指数、知识创新指数、知识传播指数、生活质量指数、经济质量数和16个指标的评价,指标评价采用"比值法",指数评价采用算术平均值法,指标和指数采用等权重法。

$$\begin{cases} SMI = (KII + KTI + LQI + EQI)/4 \\ KII = \sum D_i/4 \quad (i=1,2,3,4) \\ KTI = \sum D_i/4 \quad (i=5,6,7,8) \\ LQI = \sum D_i/4 \quad (i=9,10,11,12) \\ EQI = \sum D_i/4 \quad (i=13,14,15,16) \\ D_i = 100 \times i_{实际值}/i_{基准值} \quad (正指标, D_i \leqslant 120) \\ D_i = 100 \times i_{基准值}/i_{实际值} \quad (逆指标, D_i \leqslant 120) \\ (i=1,2,3,4,5,6,7,8,9,10,11,12,13,14,15,16) \end{cases}$$

其中,SMI是第二次现代化指数,KII是知识创新指数,KTI是知识传播指数,LQI是生活质量指数,EQI是经济质量指数,D_i是第i号评价指标的发展指数($D_i \leqslant 120$,避免单个指标数值过高影响总评价结果);i为16个评价指标的编号,从1到16;$i_{实际值}$为第i号指标的实际值,$i_{基准值}$为第i号指标的基准值。16个评价指标的基准值为最新年高收入指标的平均值。

3. 评价方法

其一,检验评价指标的相关性。在地区现代化评价时,可以调整部分评价指标。

其二,确定评价的基准值,为最新年高收入国家的平均值(发达国家平均值)。

其三,采用"比值法"计算单个指标的发展指数。单个指标的发展指数的最高值为120(如果超过

120,取值120),避免单个指标过高造成评价"失真"。

其四,采用"简单算术平均值法",分别计算知识创新指数、知识传播指数、生活质量指数和经济质量指数。

其五,采用"简单算术平均值法"计算第二次现代化指数。

其六,评价的有效性。如果参加评估的有效指标个数占指标总数的比例低于60%,则视为无效样本,不进行评价。

其七,评价的可比性。由于评价基准值不同,《中国现代化报告2014～2015》及之后的报告与前面的13份报告关于第二次现代化进程的评价结果,只具有相对可比性。

其八,评价误差。有些国家样本,统计数据不全,对评价结果有比较大的影响。

4. 第二次现代化的阶段评价

$$P_{SM} = (P_{物质产业增加值比例} + P_{物质产业劳动力比例})/2$$

$P_{物质产业增加值比例} = (3,2,1)$,根据实际值与标准值的比较判断阶段并赋值

$P_{物质产业劳动力比例} = (3,2,1)$,根据实际值与标准值的比较判断阶段并赋值

其中,P_{SM}代表第二次现代化的阶段,$P_{物质产业增加值比例}$代表根据物质产业增加值比例判断的阶段的赋值,$P_{物质产业劳动力比例}$代表根据物质产业劳动力比例判断的阶段的赋值。

其一,筛选出处于第一次现代化过渡期和第二次现代化指数超过60的国家。

其二,根据这些国家信号指标实际值与标准值的比较,判断这些国家的阶段并赋值。

其三,计算赋值的平均值,判断第二次现代化的阶段。

第二次现代化阶段的信号指标的标准和赋值见表e。

表e 第二次现代化信号指标的标准和赋值

阶段	物质产业增加值比例/(%)	物质产业劳动力比例/(%)	赋值	备注(前提条件)
成熟期	<20	<20	3	
发展期	20～30,<30	20～30,<30	2	处于第一次现代化过渡期
起步期	30～40,<40	30～40,<40	1	第二次现代化指数高于60
准备阶段	40～50,<50	40～50,<50	0	

注:进入第一次现代化过渡期和第二次现代化指数高于60的国家,才进一步判断第二次现代化阶段。

有些时候,可能是统计数据或者国家差异的原因,产业结构和就业结构的分析结果与现代化总体水平不协调,需要根据第二次现代化指数对发展阶段进行调整。

六、综合现代化指数的评价方法和评价指标

综合现代化指数,主要反映被评价对象的现代化水平与世界先进水平的相对差距。世界第一次现代化是经典的,第二次现代化是新的。随着第二次现代化的发展,综合现代化水平的评价指标和评价方法应该作相应的调整。

1. 评价指标

综合现代化是两次现代化的协调发展。综合现代化评价,选择第一次现代化和第二次现代化的共性指标,同时适用于发达国家和发展中国家,可以反映发达国家和发展中国家的相对水平。综合现代化水平评价包括经济发展、社会发展和知识发展三大类指标和12个具体指标(表f)。

表 f 综合现代化评价指标

二级指标	综合现代化评价模型第一版(2004年版)		综合现代化评价模型第三版(2018年新版)	
	三级指标和编号	指标解释和单位	三级指标和编号	指标解释和单位
经济发展	1. 人均国民收入	人均国民收入,美元	1. 人均国民收入	人均国民收入,美元
	2. 人均购买力	按购买力平价PPP计算的人均国民收入,国际美元(PPP)	2. 人均制造业增加值	人均制造业增加值,美元
	3. 服务业增加值比例	服务业增加值占GDP比例,%	3. 服务业增加值比例	服务业增加值占GDP比例,%
	4. 服务业劳动力比例	服务业劳动力占总就业劳动力比例,%	4. 服务业劳动力比例	服务业劳动力占就业劳动力比例,%
社会发展	5. 城镇人口比例	城镇人口占总人口比例,%	5. 城镇人口比例	城镇人口占总人口比例,%
	6. 医生比例	每千人口中的医生数,‰	6. 医生比例	每千人口中的医生数,‰
	7. 平均预期寿命	新生儿平均预期寿命,岁	7. 人均购买力	按购买力平价PPP计算的人均国民收入,国际美元
	8. 生态效益(能源使用效率)	人均GDP/人均能源消费,美元/千克标准油	8. 能源使用效率	人均GDP/人均能源消费,美元/千克标准油
知识发展	9. 知识创新经费投入	研究与发展经费占GDP的比例(R&D经费/GDP),%	9. 知识创新经费投入	人均研究与发展经费投入,美元
	10. 知识创新专利产出	每万居民申请发明专利数,项/万人	10. 人均知识产权费用	人均知识产权贸易(人均知识产权进口和出口总值),美元
	11. 大学普及率	在校大学生人数占适龄人口(一般为20~24岁)比例,%	11. 大学普及率	在校大学生人数占适龄人口(一般为20~24岁)比例,%
	12. 互联网普及率	互联网用户/百人,%	12. 互联网普及率	互联网用户/百人,%
参考值	高收入国家的平均值		高收入国家的平均值	

注:中国内地大学普及率为大学在校学生人数占18~21岁人口比例。

(1) 不变部分(继承)

评价原理不变,二级指标不变,三级指标总数不变,9个三级指标保留不变等。

(2) 变化部分

增加3个指标,包括1个知识产权指标、1个社会指标和1个环境指标;减少3个重复性指标(在第一次现代化评价或第二次现代化评价中已经采用的指标)。

2. 评价模型

综合现代化指数评价,要选择两次现代化的典型特征指标和两次现代化都适用的指标作为评价指标。综合现代化评价包括经济、社会和知识等三大类指标和12个具体指标。

$$\begin{cases} IMI = (EI + SI + KI)/3 \\ EI = \sum D_i/4 \quad (i=1,2,3,4) \\ SI = \sum D_i/4 \quad (i=5,6,7,8) \\ KI = \sum D_i/4 \quad (i=9,10,11,12) \\ D_i = 100 \times i_{实际值}/i_{参考值} \quad (正指标, D_i \leq 100) \\ D_i = 100 \times i_{参考值}/i_{实际值} \quad (逆指标, D_i \leq 100) \\ (i = 1,2,3,4,5,6,7,8,9,10,11,12) \end{cases}$$

其中,IMI是综合现代化指数,EI是经济发展指数,SI是社会发展指数,KI是知识发展指数,D_i是第

i 号评价指标的相对发展水平($D_i \leq 100$);i 为 12 个评价指标的编号,从 1 到 12;$i_{实际值}$为第 i 号指标的实际值,$i_{参考值}$为第 i 号指标的参考值。12 个评价指标的参考值为当年高收入国家(发达国家)指标的平均值。

3. 评价方法

其一,检验评价指标的相关性。在地区现代化评价时,可以调整部分评价指标。

其二,确定评价的参考值,为当年高收入国家(发达国家)的平均值。

其三,采用"比值法"计算单个指标的发展水平。单个指标的发展水平的最高值为 100(如果超过 100,取值 100),达到 100 表明该指标已经达到世界前沿水平。

其四,采用"简单算术平均值法",分别计算经济发展、社会发展和知识发展指数。

其五,采用"简单算术平均值法"计算综合现代化水平。

其六,评价的有效性。如果参加评估国家,有效指标个数占指标总数的比例低于 60%,则视为无效样本,不进行评价。有效指标的多少,对评价结果有比较大影响。

附 录

附录一 现代化度量衡的数据集

附件 A 世界现代化指标体系研究 ········· 250
    附表 A1 《联合国统计年鉴1948》指标体系 ········· 250
    附表 A2 1989年联合国《社会指标手册》指标体系 ········· 251
    附表 A3 20世纪70年代以来国际典型指标体系(举例) ········· 252
    附表 A4 国际典型统计指标体系比较 ········· 253
    附表 A5 国际典型发展指标体系比较 ········· 254
    附表 A6 何传启团队提出的现代化指标体系简介(举例) ········· 255
    附图 A1 世界现代化指标体系的构建 ········· 257
    附表 A7 世界现代化指标体系的基本结构 ········· 257
    附表 A8 世界现代化指标的维度分布 ········· 258
    附表 A9 世界现代化指标体系对OECD的国家概览指标体系的采用 ········· 258
    附表 A10 世界现代化指标的功能分类 ········· 259
    附表 A11 世界现代化指标的性质分类 ········· 259
    附表 A12 世界现代化指标的功能分类与性质分类的对应关系 ········· 260
    附表 A13 世界现代化的水平评价指标 ········· 260
附表 1-1-1 世界现代化的100个指标 ········· 261
附表 1-1-2 世界现代化100个指标的数据来源和指标分类 ········· 266
附表 1-1-3 世界现代化100个指标的指标来源和数据来源统计 ········· 269
附表 1-1-4 世界和中国现代化100个指标数据的时间跨度、2018年截段和基线值时间 ········· 270
附表 1-1-5 2018年截段中国现代化100个指标的水平分析 ········· 272
附表 1-2-1 经济指标的世界平均水平的情景分析 ········· 275
附表 1-2-2 社会指标的世界平均水平的情景分析 ········· 276
附表 1-2-3 政治指标的世界平均水平的情景分析 ········· 277
附表 1-2-4 文化指标的世界平均水平的情景分析 ········· 278
附表 1-2-5 环境指标的世界平均水平的情景分析 ········· 279
附表 1-2-6 个人生活指标的世界平均水平的情景分析 ········· 280
附表 1-3-1 中国经济指标国际差距(差异)的情景分析 ········· 281
附表 1-3-2 中国社会指标国际差距(差异)的情景分析 ········· 282
附表 1-3-3 中国政治指标国际差距(差异)的情景分析 ········· 283
附表 1-3-4 中国文化指标国际差距(差异)的情景分析 ········· 284
附表 1-3-5 中国环境指标国际差距(差异)的情景分析 ········· 285
附表 1-3-6 中国个人生活指标国际差距(差异)的情景分析 ········· 286

附件 A 世界现代化指标体系研究

根据现代化度量衡的原理,现代化指标是反映现代化现象的水平、特征和状态的指标,现代化指标体系是根据现代化原理建立的、具有系统结构的、现代化指标的有机集合。现代化指标具有国际可比性、理论基础和政策含义,可从统计指标、发展指标和调查指标中遴选。现代化指标和指标体系是动态的和开放的。本文简要回顾 20 世纪 50 年代以来的国际统计指标、发展指标以及现代化指标研究,并以第二次现代化理论为指导,以 OECD 的国家概览指标体系、世界银行的世界发展指标体系和《中国现代化报告 2010》的世界现代化概览指标体系为基础,研究构建世界现代化指标体系,用以反映全球范围的国家现代化的水平、特征和状态,故可称为世界现代化的国家指标体系,或简称为国家现代化指标体系。一般而言,世界现代化以国家为基本"操作单元"。

一、现代化指标研究的历史回顾

20 世纪 50 年代以来,世界现代化研究出现了三次浪潮,即 20 世纪 50~60 年代的现代化研究、70~80 年代的后现代化研究和 90 年代以来的新现代化研究,并产生了众多理论成果。就指标研究而言,20 世纪 50 年代以来大致经历了三个发展阶段,即 20 世纪 50 年代(40 年代末~50 年代)以《联合国统计年鉴》为代表的世界统计指标体系的建立,60 年代(60 年代中期~70 年代初)由美国发起进而影响全球的社会指标运动,70 年代以来全球统计指标、发展指标和现代化指标等的蓬勃发展。

1. 20 世纪 50 年代以《联合国统计年鉴》为代表的世界统计指标体系的建立

历史统计是研究经济增长和发展历史的原材料,作为对这种新认识的回应,一些国家从 20 世纪 40 年代后期开始进行历史统计数据的汇编工作(Mitchell,2002)。以联合国为代表的国际组织,在各国统计的基础上,为提供方便、全面、国际可比的历史统计数据,组织开展世界统计工作。1949 年,首部《联合国统计年鉴 1948》正式发布,涵盖 200 多个国家和地区从 1928 年到 1948 年的统计数据。它主要以《联合国所有经济活动的国际标准行业分类》为基础进行统计的分类和排序,构建了由 17 个主题(国土、人口和生命统计,劳动力,农业和畜牧业生产,林业,渔业,工业,交通和通信,内部贸易,外部贸易,收支平衡,工资和价格,货币、银行和证券交易,国民收入,公共财政,社会统计,教育和文化,工业事故和纠纷)和 150 多个指标组成的世界统计指标体系(附表 A1),其中经济统计的比重约占 80%,这也充分体现了以经济增长为中心,以效率为导向,追求高收入、高效率、高增长的时代特征。

附表 A1　《联合国统计年鉴 1948》指标体系

编号	主题	指标(举例)
1	国土、人口和生命统计	人口、婴儿死亡率、平均预期寿命
2	劳动力	就业指数、制造业工人每周实际工作时间
3	农业和畜牧业生产	小麦产量、棉花产量
4	林业	木材产量、天然橡胶产量
5	渔业	捕鱼量、捕鲸量

(续表)

编号	主题	指标（举例）
6	工业	煤炭产量、原油产量、钢铁产量、汽车产量
7	交通和通信	铁路货运量、机动车注册数量、国际旅行、电话使用数量
8	内部贸易	批发和零售指数
9	外部贸易	进口值、出口值
10	收支平衡	收支平衡
11	工资和价格	制造业小时工资、生活成本指数
12	货币、银行和证券交易	汇率、货币市场利率
13	国民收入	国民收入
14	公共财政	预算账户和公共债务
15	社会统计	社会保障覆盖人数、住房面积和间数、犯罪人数指数
16	教育和文化	识字率、教师数量、报纸发行量
17	工业事故和纠纷	工业事故、罢工和停工

资料来源：United Nations，1949。

2. 20世纪60年代的社会指标运动

第二次世界大战后由于产业革命和科学技术的迅速发展，许多国家和地区在经济上得到了较快的恢复和发展。进入60年代，在经济迅速增长的同时，社会矛盾与社会问题也日益尖锐。传统的"增长第一战略"受到越来越多的质疑，单纯以经济指标衡量社会发展水平的局限性凸显，如何构建一套完整的指标体系来反映整个社会的全貌，进而能够全面评价社会经济的现状与变化，成为学者、政府，乃至国际组织共同关心的话题（郑杭生 等，1989；朱庆芳 等，2001）。1966年，美国学者雷蒙德·鲍尔（Raymond A. Bauer）出版《社会指标》一书，由此燃起了由美国到全球的社会指标运动。在国际层面，1975年由联合国统计司出版的《社会和人口统计体系》一书在当时被称为社会指标运动以来最系统、最具有代表性的文献之一（陈立新，2005）；在此基础上，联合国先后更新并发布有关社会指标的指导性文件，其中，1989年发布的《社会指标手册》对世界各国社会指标体系的构建产生重要影响（附表A2）。

附表A2　1989年联合国《社会指标手册》指标体系

编号	主题	亚主题	指标（举例）
A	人口组成与变化	按年龄和性别划分的人口结构与规模 按民族划分的人口结构与规模 人口增长率	老龄人口比例 少数民族人口比例 人口自然增长率
B	居住与环境	人口的地理分布与变化 土地使用 住房存量 住房保有权与支出 居住设施 家庭能源消费 个人交通 气候	城市人口比例 人均森林面积 人均住房面积 人均住房支出 室内卫生设施普及率 人均能源消费 家庭汽车普及率 年降水量
C	婚姻、家庭与生育	家庭规模与组成 婚姻状况、生育率	平均家庭规模 结婚率、总和生育率

(续表)

编号	主题	亚主题	指标(举例)
D	健康与营养	健康状况 损伤和残疾 健康服务与资源 营养	平均预期寿命 损伤和残疾人口比例 医生比例 人均蛋白质供应
E	学习和教育服务	教育程度 入学与滞留 成人教育与培训 教育支出	平均受教育年限 中学入学率 参加成人教育的人口比例 政府人均教育支出
F	经济活动和非经济活动	劳动力状况 就业与失业 就业补偿 工作环境与培训	预期工作寿命 失业率 雇员人均工资 周平均工作时间
G	社会阶层与流动	社会阶层与变化时间 代内与代际流动	家庭阶层分布 25岁以上子女与父母阶层不同的比例
H	收入、消费和财富	家庭收入结构与水平 家庭消费结构与水平 收入与支出分配	家庭人均可支配收入 家庭人均支出 家庭可支配收入与家庭收入的比值
I	社会保障和福利	避免收入损失的保护范围 避免收入损失的保护使用与规模	家庭和个人损失保险覆盖率 人均社会保险支出
I	休闲、文化和通信	休闲时间 休闲和文化活动、设施和支出,通信 通信设施	年均休假天数 政府在休闲文化方面的支出比例 家庭电话普及率
J	公共秩序与安全	特定犯罪和受害发生频率与危害程度 罪犯特征与处理 制度、人员与绩效	犯罪率 经司法判定犯罪的比例 司法部门平均办案时间

资料来源:United Nations,1989。

3. 20世纪70年代以来全球指标研究与应用蓬勃发展

20世纪70年代以来,世界范围内各类指标研究与应用蓬勃发展(附表A3)。国际统计指标层面,联合国、世界银行、OECD、欧盟等国际组织和机构在提供国际可比、数据可获取的综合性和专题性的统计指标方面做出了重要的贡献;发展指标,特别是可持续发展指标,成为继经济指标、社会指标之后的又一个全球关注的重点;而现代化指标,充分借鉴指标研究的丰硕成果,逐步由早期的定性转向了定量和综合。统计指标、发展指标和现代化指标的区别与联系在本报告第一章已做介绍,本文不再赘述,以下我们就当前国际上典型的三类指标体系分别予以介绍。

附表A3　20世纪70年代以来国际典型指标体系(举例)

类型	中文名称	英文名称	发布者
统计指标	联合国国家概览 世界统计手册 OECD国家概览 欧盟概况	UN Country Profiles UN World Statistics Pocketbook OECD Country Statistical Profiles,OECD Factbook The EU in the World	联合国 联合国 OECD 欧盟

(续表)

类型	中文名称	英文名称	发布者
发展指标	世界发展指标	World Development Indicator	世界银行
	可持续发展指标	Sustainable Development Goals Indicator	联合国
	人类发展指数	Human Development Index	联合国
	全球竞争力指数	Global Competitiveness Index	世界经济论坛
现代化指标	英克尔斯指标体系	Inkeles Indicator	Alex Inkeles
	中国现代化指标	China Modernization Indicator	何传启

二、当代典型国际指标体系

1. 国际统计指标

联合国国家概览、OECD国家概览以及欧盟概况是国际综合性统计指标体系的典型代表(附表A4)。其中,联合国国家概览包括16个维度,约150个指标;OECD国家概览主要聚焦人口、经济、环境和社会四个方面,包括12个维度约100个指标;欧盟概况主要围绕人、经济和环境三个方面构建包括13个维度和100多个指标的统计指标体系。尽管以上三个统计指标体系的侧重点各有不同,联合国强调发达国家和发展中国家统计的普适性,以发达国家为主体的OECD和欧盟强调经济发展、环境保护和人的发展的协调性,但是在指标体系构建的过程中,三者基本都是围绕经济、社会、政治、文化、环境和个人六个方面展开的,只是在指标设置方面各有侧重,同时OECD和欧盟的指标更加细化。

附表A4 国际典型统计指标体系比较

领域	联合国国家概览	OECD国家概览	欧盟概况
经济	国民账户、劳动力市场 价格与生产指数 国际商品贸易、金融	生产 劳动力 价格	经济与金融、劳动力市场 国际贸易 农业、工业、贸易与服务业
社会	人口、教育、犯罪 性别、通信	人口与移民 教育	人口、教育与培训
政治	发展援助	全球化、政府治理	
文化	科学与技术	科学与技术	科学、技术与数字社会
环境	能源、环境	能源与交通、环境	能源、环境、交通
个人	营养与健康 旅游与交通	家庭收入与财富 健康	生活条件 健康
维度合计	16	12	13

注:以上维度的领域分类是相对的,特别是涉及具体的指标可能存在两可的分类。
资料来源:United Nations,2020;OECD,2020;European Union,2018。

2. 国际发展指标

世界银行的《世界发展指标》是由官方认可的国际来源汇编而成的发展指标集,它提供了现有的最新和最准确的全球发展数据,包括国家、区域和全球估计数,是当前世界最权威的发展指标体系。它包含20个维度和1500多个指标,其中指标和指标数据进行适时调整和更新;与此同时,大多数指标提供了国家分类(高收入国家、中高等收入国家、中等收入国家、中低等收入国家、低收入国家和世界平均)的平均数据,为比较研究,特别是国家发展目标的设定方面提供了有益参考(表A5)。但是世界发展指标体系对新现象、新事物的统计滞后,缺乏前瞻性。

在发展指标中,可持续发展指标是当前全球研究与应用的重点。在国际层面,联合国、OECD、欧盟等国际组织纷纷建立可持续发展指标体系(附表A5)。其中,联合国采用"目标—指标—联系"的工作思路,围绕17个可持续发展目标,构建了全球可持续发展目标指标框架,涉及200多个指标。而OECD和欧盟分别采用"压力—状态—响应"和"驱动力—压力—状态—影响—响应"两种不同的指标体系构建模式建立可持续发展指标体系。不同的框架是为不同的目的服务的,能够被广泛接受是建立并维持一个可持续发展指标体系非常重要的因素(中国21世纪议程管理中心 等,2005)。需要说明的是,指标体系的构建模式并非固定不变,它是基于科学性、可行性,特别是实际可操作性等诸多方面综合研判的结果,会根据实际情况进行相应调整。

附表 A5 国际典型发展指标体系比较

领域	世界发展指标	可持续发展目标指标	全球竞争力指数
经济	经济与增长 金融部门,私营部门 贸易,农业和农村发展 能源与矿产	体面工作和经济增长 工业、创新和基础设施 负责任的消费和生产	宏观经济的稳定性 产品市场,劳动力市场 金融系统,市场规模 商业活力
社会	社会发展,性别 教育 社会保护与劳动力 贫困,城市发展	消除贫困 优质教育 性别平等 可持续城市和社区	技能 通信技术的使用
政治	公共部门 外债 援助效率	缩小差距 和平、正义与强大机构 促进目标实现的伙伴	制度
文化	科学与技术	关系	创新能力
环境	环境 气候变化 基础设施	清洁饮水与卫生设施 廉价和清洁能源 气候行动 水下生物、陆地生物	基础设施
个人	健康	消除饥饿 良好健康与福祉	健康
维度合计	20	17	12

注:以上维度的领域分类是相对的,特别是涉及具体的指标可能存在两可的分类。
资料来源:World Bank,2020;United Nations,2017;World Economic Forum,2018。

3. 现代化指标

在当前的新现代化研究中,中国学者的研究水平与成果位居世界前列。其中,以中国科学院中国现代化研究中心的何传启及其团队完成的工作为典型代表(附表A6)。他们基于"第二次现代化理论",以国家为基本研究单元,历时二十余年先后提出了关于领域、部门、专题等的一系列现代化指标体系,被国内外学者广泛借鉴和应用,为现代化指标和指标体系的深入研究和应用奠定了坚实的基础。其中关于现代化评价体系的部分已在本报告第四章进行了介绍,这里不再赘述。

附表 A6 何传启团队提出的现代化指标体系简介（举例）

类型	指标体系名称	指标体系维度	指标数量	来源
分层现代化	世界现代化概览指标体系（世界现代化的定量指标）	综合指标、经济领域、社会领域、政治领域、文化领域、个人领域、自然环境、国际环境	100	CMR 2010
	国际现代化的分析指标	国际体系层次互动、国家层次互动、水平国际体系、实力国际体系、国家水平、国家实力、世界互动、区域互动、周边互动、政治互动、经济互动、社会互动、文化互动、个体互动、地理影响、生态影响	146	CMR 2008
	国家现代化评价指标	第一次现代化、第二次现代化、综合现代化	32	CMR 2003
	城市现代化指标体系	功能和形态、建筑和住房、基础设施、公共服务、公共管理、国际联系、城市经济、城市社会、城市政治、城市文化、城市环境、城市居民	146	CMR 2013
领域现代化	经济现代化指标体系	经济效率、经济结构、经济制度、经济观念	72	CMR 2005
	社会现代化指标体系	社会生活、社会结构、社会制度、社会观念	84	CMR 2006
	文化现代化指标体系	文化生活、文化结构、文化制度、文化观念	98	CMR 2009
	生态现代化指标体系	生态效率、生态结构、生态制度、生态观念	100	CMR 2007
部门现代化	农业现代化指标体系	农业生产、农业经济、农业要素	144	CMR 2012
	工业现代化指标体系	工业生产、工业经济、工业要素、工业环境	225	CMR 2014~2015
	服务业现代化指标体系	服务生产、服务经济、服务要素	140	CMR 2016
	健康现代化指标体系	健康生活、健康服务、健康环境、健康治理	151	CMR 2017
专题现代化	产业结构现代化指标体系	产业水平、产业结构、产业质量	358	CMR 2018
	生活质量现代化指标体系	私人生活、公共生活、生活环境、生活满意度	152	CMR 2019
	世界现代化指标体系	经济、社会、政治、文化、环境、个人生活	100	CMR 2020

注：CMR 指《中国现代化报告》。

何传启团队提出的系列现代化指标体系，其核心思想是：18 世纪以来，世界现代化进程大致分为两个阶段，其中，第一次现代化（约 1760~1970 年）是从农业经济向工业经济、从农业社会向工业社会的转变，它以工业经济和工业社会为基础，经常以经济增长为中心，主要特点包括工业化、城市化、民主化、理性化、社会福利和重视经济增长等；第二次现代化（约 1970~2100 年）是从工业经济向知识经济、从工业社会向知识社会的转变，它以知识经济和知识社会为基础，物质生活趋同，精神生活多样化，经常以生活质量为中心，目前主要特点包括知识化、信息化、智能化、绿色化、创新驱动和提高生活质量等。世界现代化发展不平衡，两次现代化紧密相关而且相互影响。20 世纪 60 年代以来，发达国家先后完成第一次现代化，建成发达工业社会，先后启动第二次现代化，开始向知识社会迈进；而发展中国家第一次现代化尚未完成，因而受到两次现代化的双重挑战。因此，在指标体系构建和指标遴选的过程中，该系列统筹考虑了两次现代化和两类国家（发达国家和发展中国家）的实际情况，在保证全面性、特征性的同时，引入或创立刻画新现象的指标，使指标体系能够全面、准确地反映国家和世界的现代化进程。就系统性而言，尽管该系列在领域、部门、专题等诸多方面都建立了相应的现代化指标体系，早在 1998 年也构建了世界现代化评价指标体系，但是截至目前尚未进行世界现代化的综合指标体系的构建研究。

三、世界现代化指标体系

1. 理论基础与研究目的

现代化是动态的，其内涵是变化的。在新现代化研究中，"现代化科学"认为现代化既是一种世界现象,又是一种文明进步,同时也是一个发展目标。从现象的角度看,现代化是18世纪工业革命以来人类发展的世界前沿,以及追赶、达到和保持世界前沿水平的行为和过程。现代化现象首先出现在少数先行国家,然后扩散到世界绝大多数的国家和地区,但也有少数的民族和地区没有参与现代化进程。从内涵的角度看,现代化是从传统文明向现代文明的范式转变,以及人的全面发展和自然环境的合理保护;它发生在人类文明的所有层次、领域、部门和方面,同时文化多样性长期存在并发挥作用,现代化存在副作用和副产物。从政策的角度看,在许多国家和地区,现代化被作为一个发展目标。其中已经实现现代化的国家,其目标是保持现代化水平;没有实现现代化的国家,其目标是早日实现现代化(何传启,2019a)。在新现代化研究中,第二次现代化理论占据突出的地位。

世界现代化是以国家现代化为依托,是国家现代化的集中表现;而国家现代化是全面的现代化,包括所有领域、部门和方面的现代化。本研究拟在何传启提出的系列现代化指标体系的基础上,以第二次现代化理论为指导,充分借鉴当前国际权威的统计指标体系和发展指标体系,构建当代世界现代化指标体系,为国家的现代化建设提供参考。

2. 指标体系构建的主要原则与方法

现代化指标体系是根据现代化原理建立的、具有系统结构的现代化指标的有机集合。世界现代化涉及人类社会各个方面的变化,纷繁复杂。世界现代化指标体系的构建需要遵从现代化指标体系构建的指导性原则,按照科学的方法搭建指标体系框架,遴选现代化指标。

(1) 指标体系构建的主要原则

不同的指标体系具有不同的构建原则,除了系统性、可比性、代表性、指标数量适度、数据可获取、主观与客观相结合、定性与定量相结合等一般性的原则外,构建世界现代化指标体系时还应该考虑以下五条指导性原则:

- 整体性原则。指标体系框架完整,尽可能覆盖人类社会发展的各个方面,可以根据需要突出重点,但应避免遗漏重要方面。
- 典型性原则。根据第二次现代化理论,第一次现代化的典型特征包括工业化、城市化和相应的社会经济发展;第二次现代化的典型特征包括知识和信息的生产、传播和应用。世界现代化指标体系能够反映现代化的这些典型特征。
- 全面性原则。现代化是一种文明进步,同时存在副作用和副产物。世界现代化指标体系应该全面、客观地反映现代化过程的结果(正面的、负面的和中性的;过去的、现在的和未来的)。
- 开放性原则。现代化是一个不断发展的过程,对于现代化过程中出现的新现象、新特征,应该突出指标体系的前瞻性,引入或研究建立新指标。
- 容易接受和理解。现代化是社会各界普遍关心的话题,指标体系的构建既要保证学术性,还应该考虑其他社会群体的接受与理解。

(2) 指标体系构建的方法

根据现代化的度量衡的原理,现代化指标体系的构建主要有三种思路:按照研究对象、研究内容和研究目的构建。这里采用研究对象和研究内容相结合的思路,构建指标体系。

其一,基本思路。主要借鉴OECD的国家概览指标体系、世界银行的世界发展指标体系和《中国现代化报告2010》的世界现代化概览指标体系(世界现代化的定量指标)(附图A1),遴选和构建世界现代化指标体系。它反映世界范围的国家现代化的水平、特征和状态,故又称为"国家现代化指标体系"。

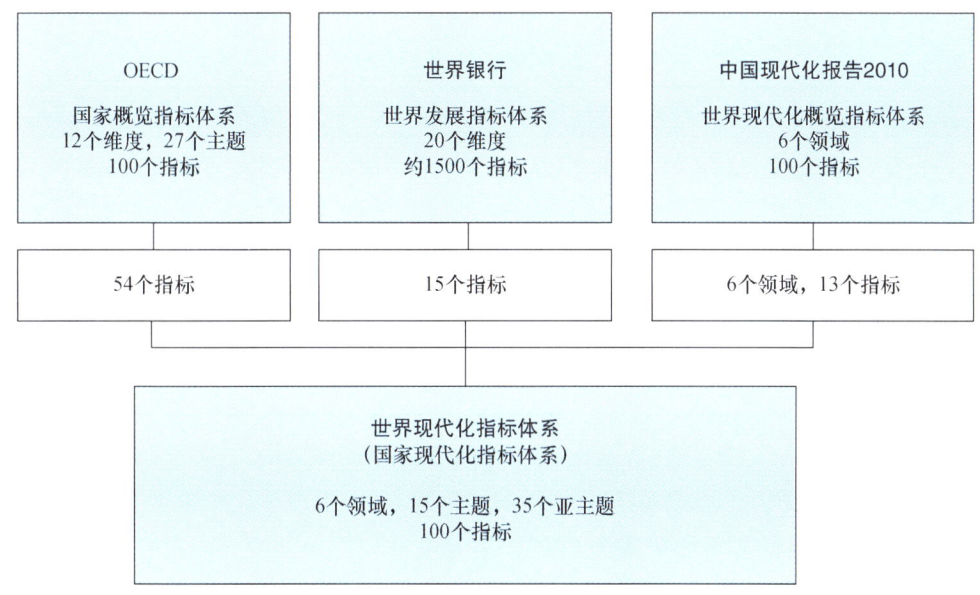

附图 A1 世界现代化指标体系的构建

注：世界现代化指标体系反映世界范围的国家现代化的水平、特征和状态，故又称为"国家现代化指标体系"。在 100 个指标中，82 个指标选自 OECD 的国家概览指标体系、世界银行的世界发展指标体系和《中国现代化报告 2010》的世界现代化概览指标体系，其他 14 个指标选自《中国现代化报告》系列（何传启，2015，2018，2019b），还有 4 个指标是新选指标（附表 1-1-3）。

其二，领域选择。现代化发生在人类文明的所有领域。世界现代化指标体系应该覆盖所有领域，包括经济、社会、政治、文化、环境和个人（个人生活）；每个领域有不同重点，可以选择若干关键主题和亚主题。我们选择 6 个领域 15 个主题和 35 个亚主题（附表 A7）。

附表 A7 世界现代化指标体系的基本结构 单位：个

领域	主题	亚主题	亚主题数	指标数
经济	生产与流通	生产和效率、经济结构、流通	3	21
	分配与消费	分配、消费和投资	2	4
社会	人口与卫生	人口、公共卫生	2	10
	学习与工作	学习、工作、收入与贫困	3	12
	休闲与福利	休闲、社会保障	2	3
政治	政治参与	政治参与	1	2
	国家治理	政府收支、国家治理	2	8
	公共安全	国防安全、交通安全	2	2
文化	文化生活	大众文化、网络文化	2	6
	科技与创新	科技、创新	2	6
环境	生态环境	能源、资源、大气环境、环境治理	4	8
	国际环境	国际移民、国际贸易、国际投资、关税	4	4
个人生活	营养与健康	营养、健康	2	4
	家庭与住房	家庭、住房	2	3
	生活模式	生活方式、生活满意度	2	7
合计	15	35	35	100

其三，指标选择。现代化涉及人类文明各个领域的行为、结构、制度、观念和副作用。世界现代化

指标体系需要反映这些维度的变化。我们选择 5 个维度 100 个指标(附表 A8)。

附表 A8　世界现代化指标的维度分布　　　　　　　　　　　　　　　　　　　　　单位:个

领域	行为	结构	制度	观念	副作用	合计
经济	10	8	2	4	1	25
社会	13	4	4	2	2	25
政治	3	2	5	1	1	12
文化	7	1	1	2	1	12
环境	4	3	2	1	2	12
个人生活	9	1	1	2	1	14
合计	46	19	15	12	8	100

其四,指标来源。按照上述思路,分别从 OECD 的国家概览指标体系、世界银行的世界发展指标体系、《中国现代化报告 2010》的世界现代化概览指标体系和《中国现代化报告》系列其他报告中遴选指标。100 个指标的指标来源如下(附表 1-1-3):

- 54 个指标来自 OECD 的国家概览指标体系(附表 A9)。
- 28 个指标来自世界银行的世界发展指标体系(15 个)和《中国现代化报告 2010》的世界现代化概览指标体系(13 个)。
- 14 个指标分别来自《中国现代化报告》系列,其中,7 个指标来自《中国现代化报告 2019》,4 个指标来自《中国现代化报告 2018》,3 个指标来自《中国现代化报告 2014~2015》。
- 4 个指标,是新选指标。新选指标包括人工智能家庭普及率、网络音乐用户比例、网络犯罪报案比例和转移支付比例。

附表 A9　世界现代化指标体系对 OECD 的国家概览指标体系的采用　　　　　　　　　单位:个

	OECD 的国家概览指标体系				世界现代化指标体系采用的内容			
维度	维度	主题	亚主题	指标	采用维度	采用主题	采用亚主题	采用指标
人口和移民	1	2	8	42	1	2	5	6
生产	1	2	7	37	1	2	6	7
家庭收入和财富	1	3	8	25	1	3	6	6
全球化	1	2	8	34	1	2	2	2
价格	1	2	4	9	1	2	2	2
能源和运输	1	2	10	13	1	2	5	5
劳动力	1	2	9	26	1	2	3	3
科技	1	1	3	3	1	1	3	3
环境	1	2	5	8	1	2	3	3
教育	1	2	9	74	1	2	4	4
政府	1	4	10	31	1	4	5	7
健康	1	3	7	18	1	3	6	6
合计	12	27	88	320	12	27	50	54

其五,指标数据来源。国际和中国指标的数据来源,既有共性,又有不同(附表 1-1-2,附表 1-1-3)。多数指标可以直接获取数据,部分指标需要进行计算。

- 75 个国际指标数据来自世界银行的世界发展指标数据库。
- 16 个国际指标数据来自 OECD 数据库等。其中 1 个指标,发达国家数据来自 OECD,发展中国家数据来自世界银行。
- 9 个国际指标数据分别来自联合国教科文组织、联合国粮农组织、国际劳工组织、联合国开发计划署(人类发展指数)、国际机器人联盟、国际汽车制造商协会、美国(两个专业报告)。
- 67 个中国指标数据来自世界银行的世界发展指标数据库。
- 11 个中国指标数据来自《中国统计年鉴》等。
- 12 个中国指标数据有 11 个来源;还有 10 个指标没有数据。

3. 世界现代化指标体系

世界现代化指标体系由经济、社会、政治、文化、环境和个人生活六大领域、15 个主题、35 个亚主题、100 个指标组成(附表 1-1-1)。在 100 个指标中,按指标功能分类,包括 50 个水平指标、28 个特征指标和 22 个状态指标(附表 A10);按指标性质分类,包括 59 个正指标、13 个逆指标、9 个转折指标、3 个波动指标和 16 个中性指标(附表 A11);功能分类和性质分类的对应关系见附表 A12。其中,72 个指标适用于水平评价(附表 A13)。

附表 A10　世界现代化指标的功能分类　　　　　　　　　　　　　　　　单位:个

领域	水平指标	特征指标	状态指标	指标合计	其中:合理值指标
经济	11	7	7	25	4
社会	15	7	3	25	5
政治	3	5	4	12	2
文化	7	4	1	12	3
环境	4	4	4	12	3
个人生活	10	1	3	14	5
合计	50	28	22	100	22

注:水平指标反映现代化的水平,特征指标反映现代化的阶段和特征,状态指标反映现代化的状态(指标数值变化与现代化水平之间没有显著线性关系)。合理值指标是数值变化存在合理值的指标,其数值变化不会"无限"上升或下降。在 28 个特征指标中,有 22 个指标既反映特征又反映水平。

附表 A11　世界现代化指标的性质分类　　　　　　　　　　　　　　　　单位:个

领域	正指标	逆指标	转折指标	波动指标	中性指标	合计	其中:合理值指标
经济	14	2	2	2	5	25	4
社会	15	6	2	1	1	25	5
政治	5	3	0	0	4	12	2
文化	11	0	0	0	1	12	3
环境	4	1	4	0	3	12	3
个人生活	10	1	1	0	2	14	5
合计	59	13	9	3	16	100	22

注:指标性质分类是《中国现代化报告》系列(2001~2019)根据历史经验(基于 1750~2015 年期间可以获得历史数据的实证分析)的一种指标价值和特点判断。正指标为指标数值变化与水平变化正相关的指标,逆指标为指标数值变化与水平变化负相关的指标,转折指标为指标数值变化发生趋势逆转的指标,波动指标为指标数值上下波动,且变化趋势不十分明显的指标,中性指标为指标数值变化与水平变化无显著关系的指标,合理值指标为指标数值变化存在合理值的指标(即指标数值不会"无限"上升或下降)。

附表 A12　世界现代化指标的功能分类与性质分类的对应关系　　　　单位:个

	正指标	逆指标	转折指标	波动指标	中性指标	合计	其中:合理值指标
水平指标	38	12	0	0	0	50	8
特征指标	21	1	6	0	0	28	12
状态指标	0	0	3	3	16	22	2
合计	59	13	9	3	16	100	22

附表 A13　世界现代化的水平评价指标　　　　单位:个

领域	正指标	逆指标	指标合计	开放型指标	适度型指标
经济	14	2	16	8	8
社会	15	6	21	3	18
政治	5	3	8	2	6
文化	11	0	11	3	8
环境	4	1	5	0	5
个人生活	10	1	11	2	9
合计	59	13	72	18	54

注:水平评价指标是适用于水平评价的指标(简称评价指标),包括正指标和逆指标。根据指标数值的变化特点,水平评价指标还可以分为开放型指标和适度型指标。开放型指标,指标数值变化是开放的,没有"极限"或"限制"。适度型指标,指标数值变化存在合理值或极限值,不会"无限"上升或下降。

四、结束语

关于统计指标、发展指标和现代化指标的研究,已经有 60 多年历史,已经取得大量高质量研究成果。其中,比较有代表性的研究成果不少,例如,联合国和 OECD 提出国家概览指标体系,世界银行提出世界发展指标体系,联合国提出可持续发展指标体系,《中国现代化报告》提出现代化指标体系等。

何传启在《中国现代化报告 2010》中提出世界现代化的定量分析指标体系,包括 6 个领域 100 个指标,主要反映世界范围的现代化概况,简称世界现代化概览指标体系。我们在《中国现代化报告 2020》中提出世界现代化指标体系,包括 6 个领域、15 个主题、35 个亚主题和 100 个指标,主要反映世界范围的国家现代化的水平、特征和状态,可以称为世界现代化的国家指标体系,或简称为国家现代化指标体系。

世界现代化指标体系非常重视生活质量。世界现代化指标体系的 100 个指标与《中国现代化报告 2019》的生活质量指标体系的 100 个指标,有 42 个指标是交叉的。大体而言,世界现代化指标体系 100 个指标中,有 54 个指标与生活质量相关。

(本文作者:何传启、刘 雷、赵西君,刘雷为执笔人)

附表 1-1-1　世界现代化的 100 个指标

编号	领域	主题	亚主题	指标	英文名称和单位	单位	解释*
1	经济	生产与流通	生产和效率	人均GDP*	GDP per capita (constant 2010 US$)	2010年价格美元	按2010年不变价格美元计算的国内生产总值(GDP)/全国人口
2				人均制造业增加值	manufacturing, value added per capita (constant 2010 US$)	2010年价格美元	按2010年不变价格美元计算的制造业增加值/全国人口
3				人均知识产业增加值**	knowledge industries, value added per capita (constant 2010 US$)	2010年价格美元	按2010年不变价格美元计算的知识产业增加值/全国人口
4				人均GDP年增长率	GDP per capita growth (annual %)	%	人均GDP年增长率
5				劳动生产率	GDP per person employed (constant 2011 PPP $)	2011年价格国际美元	按2011年购买力平价(PPP)不变价格计算的GDP/就业劳动力总数
6				农业劳动生产率	agriculture, value added per worker (constant 2010 US$)	2010年价格美元	按2010年不变价格美元计算的农业增加值/农业劳动力
7				工业劳动生产率	industry, value added per worker (constant 2010 US$)	2010年价格美元	按2010年不变价格美元计算的工业增加值/工业劳动力
8				服务业劳动生产率	services, value added per worker (constant 2010 US$)	2010年价格美元	按2010年不变价格美元计算的服务业增加值/服务业劳动力
9				能源生产率	GDP per unit of energy use (constant 2011 PPP $ per kg of oil equivalent)	2011年价格国际美元/千克石油当量	按2011年购买力平价(PPP)不变价格计算的GDP/能源总消费
10				水生产率	water productivity, total (constant 2010 US$ GDP per cubic meter of total freshwater withdrawal)	2010年价格美元/米³	按2010年不变价格美元计算的GDP/淡水汲取总量
11			经济结构	农业增加值比例	agriculture, forestry, and fishing, value added (% of GDP)	%	农业增加值/GDP
12				工业增加值比例	industry (including construction), value added (% of GDP)	%	工业增加值/GDP
13				服务业增加值比例	services etc, value added (% of GDP)	%	服务业增加值/GDP
14				知识产业增加值比例**	knowledge industries, value added (% of GDP)	%	知识产业增加值/GDP
15				农业劳动力比例	employment in agriculture (% of total employment) (modeled ILO estimate)	%	农业劳动力/就业劳动力总数, ILO估计值
16				工业劳动力比例	employment in industry (% of total employment) (modeled ILO estimate)	%	工业劳动力/就业劳动力总数, ILO估计值
17				服务业劳动力比例	employment in services etc (% of total employment) (modeled ILO estimate)	%	服务业劳动力/就业劳动力总数, ILO估计值
18				知识产业劳动力比例**	employment in knowledge industries (% of total employment)	%	知识产业劳动力/就业劳动力总数, ILO估计值

（续表）

编号	领域	主题	亚主题	指标	英文名称和单位	单位	解释*
19				新企业密度	new business density (new registrations per 1000 people ages 15~64)	个/千人	新注册企业个数/15~64岁人口
20				工业机器人使用比例	robot density in manufacturing	台/万人	机器人数量/制造业劳动力总数
21			流通	通货膨胀率	Inflation, consumer prices (annual %)	%	消费者价格年通胀率
22		分配与消费	分配	劳动者税收比例	taxes on the average worker/total labor cost per worker	%	工人人均纳税/工人人均劳动成本
23				国家税收比例	tax revenue (% of GDP)	%	国家税收/GDP
24			消费和投资	最终消费比例	final consumption expenditure (% of GDP)	%	最终消费（家庭和政府消费总和）/GDP
25				固定资本形成比例	gross fixed capital formation (% of GDP)	%	固定资本形成/GDP
26	社会	人口与卫生	人口	人口自然增长率	population growth (annual %)	%	人口自然年增长率
27				城市人口比例	urban population (% of total population)	%	城市人口/全国人口
28				郊区人口比例	distribution of the national area into intermediate regions/percentage	%	郊区人口/全国人口
29				老龄人口比例	population ages 65 and above (% of total population)	%	65岁及以上人口/全国人口
30			公共卫生	医生比例	physicians (per 1000 people)	名/千人	每千人拥有的医生数
31				护士比例	nurses and midwives (per 1000 people)	名/千人	每千人拥有的护士和助产士数
32				婴儿死亡率	mortality rate, infant (per 1000 live births)	‰	婴儿死亡数/千例活产儿
33				孕产妇死亡率	maternal mortality ratio (national estimate, per 100 000 live births)	例/10万例活产儿	孕产妇死亡数/10万活产儿，国家估计数
34				卫生支出比例	current health expenditure (% of GDP)	%	卫生支出/GDP
35		学习与工作	学习	中学普及率	school enrollment, secondary (% gross)	%	在校中学生人数/中学段适龄人口数
36				大学普及率	school enrollment, tertiary (% gross)	%	在校大学生人数/大学段适龄人口数
37				小学生师比	pupil-teacher ratio, primary	比值	小学在校生人数/小学教师数
38				平均受教育年限	mean years of schooling (years)	年	全民平均受教育年限
39				受过高等教育劳动力比例	labor force with advanced education (% of total working-age population with advanced education)	%	受过高等教育劳动力/劳动力总数
40				政府教育支出比例	government expenditure on education, total (% of GDP)	%	政府教育支出/GDP

(续表)

编号	领域	主题	亚主题	指标	英文名称和单位	单位	解释
41			工作	成年女性就业率	employment to population ratio, 15＋, female (％) (national estimate)	％	15岁及以上女性就业人数/15岁及以上女性总人数,国家估计数
42				童工比例	children in employment, total (％ of children ages 7～14)	％	7～14岁儿童就业人数/7～14岁儿童总人数
43				失业率	unemployment, total (％ of total labor force) (modeled ILO estimate)	％	失业人数/劳动力总数,国际劳工组织估计数
44			收入与贫困	人均国民收入	GNI per capita (constant 2010 US＄)	2010年价格美元	按2010年不变价格美元计算的人均国民收入
45				人均购买力	GNI per capita, PPP (constant 2011 international ＄)	2011年价格国际美元	按2011年购买力平价(PPP)不变价格计算的人均国民收入
46				收入不平等：基尼系数	GINI index (World Bank estimate)	％	基尼系数,世界银行估计值
47				绝对贫困人口比例	poverty headcount ratio at ＄1.90 a day (2011 PPP) (％ of population)	％	按拥有每天1.90国际美元(2011年价格)收入衡量的贫困人口数量/全国人口
48		休闲与福利	休闲	实际平均工作时间	average hours actually worked/hours	小时/年	劳动者实际年均工作时间
49				休闲和个人保健的时间	time use in personal care and leisure per day (age 15～64)	分钟/天	劳动者实际天均休闲和个人保健时间
50			社会保障	养老保险覆盖率	share of population above statutory pensionable age receiving an old age pension	％	接受养老金的适龄人口/养老金适龄总人口
51	政治	政治参与	政治参与	选民投票率	voter turnout (％)	％	投票人数/选民人数
52				女性国会议员比例***	proportion of seats held by women in national parliaments (％)	％	女性国会议员人数/议员总数
53		国家治理	政府收支	政府收入比例	revenue, excluding grants (％ of GDP)	％	政府收入(不包括国际援助)/GDP
54				政府消费比例	general government final consumption expenditure (％ of GDP)	％	政府消费(不包括国防支出)/GDP
55				转移支付比例	subsidies and other transfers (％ of GDP)	％	政府转移支付/GDP
56			国家治理	法律权力指数	strength of legal rights index (0＝weak to 12＝strong)	指数	法律权力指数,指数值从弱到强(0～12)
57				营商环境指数	ease of doing business score (0＝lowest performance to 100＝best performance)	指数	营商环境指数,指数数值从低到高(0～100)越高越好
58				养老金支出比例	pension expenditure percentage	％	公共养老金和个人养老金支出之和/GDP
59				开办企业所需天数	time required to start a business (days)	天	开办企业平均所需天数
60				平均出口通关时间	average time to clear exports through customs (days)	天	出口平均通关时间
61	公共安全	国防	国防费用比例	military expenditure (％ of GDP)	％	国防费用/GDP

（续表）

编号	领域	主题	亚主题	指标	英文名称和单位	单位	解释
62			交通安全	道路交通死亡率	mortality caused by road traffic injury (per 100 000 people)	人/10万人	每10万人中道路交通死亡人数
63	文化	文化生活	大众文化	人均年看电影次数	attendance frequency per capita	次/年	年看电影人次/全国人口
64				人均出国旅游次数	international tourism, number of departures per capita	次/年	年出国旅游人次/全国人口
65			网络文化	互联网普及率	individuals using the internet (% of population)	%	互联网个人用户数/全国人口
66				移动通信普及率	mobile cellular subscriptions (per 100 people)	%	手机用户数/全国人口
67				网络音乐用户比例	internet music subscribers (% of total population)	%	网络音乐注册用户数/全国人口
68				网络犯罪报案比例	internet crime complaints (per 100 000 people)	起/10万人	网络犯罪报案登记数/全国人口
69	科技与创新	科技		科研经费比例	research and development expenditure (% of GDP)	%	R&D经费支出/GDP
70				科研人员比例	researchers in R&D (per million people)	人/100万人	R&D人员/全国人口
71				发明专利申请比例	patent applications, residents (per 1000 people)	项/万人	国内居民发明专利申请数/全国人口
72				人均知识产权出口	charges for the use of intellectual property, receipts (current US$)	现价美元	知识产权出口收入/全国人口
73				人均知识产权进口	charges for the use of intellectual property, payments (current US$)	现价美元	知识产权进口支出/全国人口
74			创新	企业创新比例	firms that spend on R&D (% of firms)	%	开展R&D活动的企业数/企业总数
75	环境	生态环境	能源	人均能源消费	energy use (kg of oil equivalent per capita)	千克石油当量	能源消费/全国人口
76				可再生能源消费比例	renewable energy consumption (% of total final energy consumption)	%	可再生能源消费/总能源消费
77			资源	人均淡水消费	annual freshwater withdrawals, (cubic meters per capita)	米^3	年淡水汲取总量/全国人口
78				森林覆盖率	forest area (% of land area)	%	森林面积/国土面积
79			大气环境	PM$_{2.5}$年均浓度	PM$_{2.5}$ air pollution, mean annual exposure (micrograms per cubic meter)	微克/米^3	PM$_{2.5}$年均浓度
80				二氧化碳排放密度	CO$_2$ emissions (kg per 2010 US$ of GDP)	千克/2010年价格美元	CO$_2$排放量/按2010年不变价格美元计算的GDP
81			环境治理	生活废水处理率	wastewater treatment (% population connected)	%	生活废水得到处理的人口数/全国人口
82				城市废物处理率	municipal waste treated	%	城市废物处理量/城市废物产生量
83		国际环境	国际移民	国际移民比例	international migrant stock (% of population)	%	国际移民存量数/全国人口

(续表)

编号	领域	主题	亚主题	指标	英文名称和单位	单位	解释
84			国际贸易	国际贸易比例	trade (% of GDP)	%	国际贸易总额/GDP
85			国际投资	外国直接投资净流入比例	foreign direct investment, net inflows (% of GDP)	%	国外直接投资净流入/GDP
86			关税	简单平均关税	tariff rate, applied, simple mean, all products (%)	%	全部产品的简单平均关税
87	个人生活	营养与健康	营养	人均蛋白质供应	protein supply quantity (g/capita/day)	克/天	每天蛋白质供应总量/全国人口
88				营养不良人口比例	prevalence of undernourishment (% of population)	%	营养不良人数/全国人口
89				儿童超重比例	prevalence of overweight, weight for height (% of children under 5)	%	5岁以下儿童超重人数/5岁以下儿童人数
90			个人健康	平均预期寿命	life expectancy at birth, total (years)	岁	出生时平均预期寿命
91		家庭与住房	家庭	总和生育率	fertility rate, total (births per woman)		妇女平均生育子女数
92				家庭人均可支配收入	household net adjusted disposable income (PPP, current international $)	现价国际美元	全国家庭可支配收入/全国人口
93			住房	人均住房面积	living space, square metres per person	米²	全国家庭住房总面积/全国人口
94		生活模式	生活方式	安全饮水普及率	people using at least basic drinking water services (% of population)	%	获得安全饮水的人口/全国人口
95				卫生设施普及率	people using at least basic sanitation services (% of population)	%	拥有卫生设施的人口/全国人口
96				汽车普及率	passenger cars per 1000 inhabitants	辆/千人	全国家用汽车总量/全国人口
97				人均航行次数	air transport, passengers carried per capita	次/年	年航客人次/全国人口
98				网购人口比例	individuals having ordered goods or services on line as a percentage of all individuals	%	网购用户数/全国人口
99				人工智能家庭普及率	household AI devices per capita	%	全国家用人工智能设备总数/全国人口
100			生活满意度	生活满意度	life satisfaction/average score	指数	生活满意度指数值,指数数值从低到高(4~10)越高越好

注:* 人均GDP=按2010年不变价格美元计算的国内生产总值(GDP)/全国人口,后同。

** 知识产业(knowledge industries)是知识和知识服务的生产部门,包括《国际标准行业分类4.0版》(ISIC 4.0)中的58—66类、69—75类、78—79类、82类、84—88类、90—95类和99类。知识产业相关指标数据是根据OECD产业结构数据估算而成。

*** 中国指标为"女性全国人大代表比例",即女性全国人大代表人数/全国人大代表总人数。后同。

附表 1-1-2 世界现代化 100 个指标的数据来源和指标分类

编号	领域	主题	亚主题	指标	国际数据来源	中国数据来源	性质	意义	功能	类型
1	经济	生产与流通	生产和效率	人均GDP	WDI	WDI	1	行为	水平	1
2				人均制造业增加值	WDI	WDI	1,6	行为	特征	2
3				人均知识产业增加值[a]	OECD	CSY	1	行为	特征	1
4				人均GDP年增长率	WDI	WDI	4	行为	状态	
5				劳动生产率	WDI	WDI	1	行为	水平	1
6				农业劳动生产率	WDI	WDI	1	行为	水平	
7				工业劳动生产率	WDI	WDI	1	行为	水平	
8				服务业劳动生产率	WDI	WDI	1	行为	水平	
9				能源生产率	WDI	WDI	1	行为	水平	
10				水生产率	WDI	WDI	1	行为	水平	1
11			经济结构	农业增加值比例	WDI	WDI	2	结构	水平	2
12				工业增加值比例	WDI	WDI	3,6	结构	特征	
13				服务业增加值比例	WDI	WDI	1	结构	水平	2
14				知识产业增加值比例[a]	OECD	CSY	1	结构	特征	2
15				农业劳动力比例[b]	WDI	WDI,CSY	2	结构	水平	2
16				工业劳动力比例[b]	WDI	WDI,CSY	3,6	结构	特征	
17				服务业劳动力比例[b]	WDI	WDI,CSY	1	结构	水平	2
18				知识产业劳动力比例[c]	OECD	CSY	1	结构	特征	2
19				新企业密度	WDI	无	5	观念	状态	
20				工业机器人使用比例[*]	IFR	IFR	1,6	观念	特征	2
21			流通	通货膨胀率	WDI	WDI	4	副作用	状态	
22		分配与消费	分配	劳动者税收比例	OECD	无	5	制度	状态	
23				国家税收比例	WDI	WDI	5	制度	状态	
24			消费和投资	最终消费比例	WDI	WDI	5	观念	状态	
25				固定资本形成比例	WDI	WDI	5	观念	状态	
26	社会	人口与卫生	人口	人口自然增长率	WDI	WDI	3,6	行为	状态	
27				城市人口比例	WDI	WDI	1,6	结构	特征	2
28				郊区人口比例	OECD	无	1,6	观念	特征	2
29				老龄人口比例	WDI	WDI	5	结构	状态	
30			公共卫生	医生比例	WDI	WDI	1	行为	水平	
31				护士比例	WDI	WDI	1	行为	水平	2
32				婴儿死亡率	WDI	WDI	2	行为	水平	2
33				孕产妇死亡率	WDI,OECD	WDI	2	行为	水平	2
34				卫生支出比例	WDI	WDI	1,6	制度	特征	2
35		学习与工作	学习	中学普及率	WDI	WDI	1	行为	特征	2
36				大学普及率	WDI	WDI	1	行为	水平	2
37				小学生师比	WDI	WDI	2	行为	水平	2
38				平均受教育年限	HDI	HDI	1	行为	水平	1
39				受过高等教育劳动力比例[d]	WDI	第五次和第六次人口普查数据	1	结构	水平	2
40				政府教育支出比例[e]	WDI	WDI,CSY	1,6	制度	特征	2
41			工作	成年女性就业率	WDI	无	1	观念	特征	2
42				童工比例	WDI	无	2	行为	水平	2
43				失业率	WDI	WDI	4	副作用	状态	
44			收入与贫困	人均国民收入	WDI	WDI	1	行为	水平	1
45				人均购买力	WDI	WDI	1	行为	水平	1

(续表)

编号	领域	主题	亚主题	指标	国际数据来源	中国数据来源	性质	意义	功能	类型
46				收入不平等:基尼系数	WDI	WDI	3	副作用	特征	
47				绝对贫困人口比例	WDI	WDI	2	结构	水平	2
48		休闲与福利	休闲	实际平均工作时间	OECD	无	2	行为	水平	2
49				休闲和个人保健的时间	OECD	OECD	1	制度	水平	2
50			社会保障	养老保险覆盖率	ILO	ILO	1	制度	水平	2
51	政治	政治参与	政治参与	选民投票率	OECD	无	1	行为	特征	2
52				女性国会议员比例	WDI	WDI	1,6	观念	特征	2
53		国家治理	政府收支	政府收入比例	WDI	WDI	5	结构	状态	
54				政府消费比例	WDI	WDI	5	结构	状态	
55				转移支付比例	WDI	无	1,6	制度	特征	2
56			国家治理	法律权力指数	WDI	WDI	1	制度	特征	2
57				营商环境指数	WDI	WDI	1	制度	水平	2
58				养老金支出比例[f]	OECD	CSY	5	制度	状态	
59				开办企业所需天数	WDI	WDI	2	行为	水平	1
60				平均出口通关时间	WDI	WDI	2	行为	水平	1
61		公共安全	国防	国防费用比例	WDI	WDI	5	制度	状态	
62			交通安全	道路交通死亡率	WDI	WDI	2	副作用	特征	2
63	文化	文化生活	大众文化	人均年看电影次数	UNESCO	UNESCO	1,6	观念	特征	2
64				人均出国旅游次数	WDI	WDI	1	行为	水平	1
65			网络文化	互联网普及率	WDI	WDI	1	行为	水平	2
66				移动通信普及率	WDI	WDI	1	行为	特征	2
67				网络音乐用户比例[g]	RIAA[**]	《中国互联网络发展状况统计报告》	1	行为	特征	2
68				网络犯罪报案比例	Internet Crime Report	无	5	副作用	状态	
69		科技与创新	科技	科研经费比例	WDI	WDI	1,6	结构	水平	2
70				科研人员比例	WDI	WDI	1,6	行为	水平	2
71				发明专利申请比例	WDI	WDI	1	制度	水平	2
72				人均知识产权出口	WDI	WDI	1	行为	水平	1
73				人均知识产权进口	WDI	WDI	1	行为	水平	1
74			创新	企业创新比例	WDI	WDI	1	观念	特征	2
75	环境	生态环境	能源	人均能源消费	WDI	WDI	1,6	行为	水平	2
76				可再生能源消费比例	WDI	WDI	3	观念	特征	
77			资源	人均淡水消费	WDI	WDI	1,6	行为	特征	2
78				森林覆盖率	WDI	WDI	3	结构	状态	
79			大气环境	$PM_{2.5}$年均浓度	WDI	WDI	3	副作用	特征	
80				二氧化碳排放密度	WDI	WDI	3	副作用	特征	
81			环境治理	生活废水处理率[h]	OECD	《中国环境统计年鉴》	1	行为	水平	2
82				城市废物处理率[i]	OECD	CSY	1	行为	水平	2
83		国际环境	国际移民	国际移民比例	WDI	WDI	5	制度	状态	
84			国际贸易	国际贸易比例	WDI	WDI	5	结构	状态	
85			国际投资	外国直接投资净流入比例	WDI	WDI	5	结构	状态	

(续表)

编号	领域	主题	亚主题	指标	国际数据来源	中国数据来源	性质	意义	功能	类型
86			关税	简单平均关税	WDI	WDI	2,6	制度	水平	2
87	个人生活	营养与健康	营养	人均蛋白质供应	FAO	FAO	1,6	行为	水平	2
88				营养不良人口比例	WDI	WDI	2	结构	水平	2
89				儿童超重比例	WDI	WDI	5	副作用	状态	
90			个人健康	平均预期寿命	WDI	WDI	1,6	行为	水平	2
91		家庭与住房	家庭	总和生育率	WDI	WDI	3,6	制度	状态	
92				家庭人均可支配收入ʲ	OECD	CSY	1	行为	水平	1
93			住房	人均住房面积ᵏ	OECD	CSY	1,6	行为	水平	2
94		生活模式	生活方式	安全饮水普及率	WDI	WDI	1	行为	水平	2
95				卫生设施普及率	WDI	WDI	1	行为	水平	2
96				汽车普及率	OICA***	OICA	1,6	行为	水平	2
97				人均航行次数	WDI	WDI	1	行为	水平	1
98				网购人口比例ᵍ	OECD	《中国互联网络发展状况统计报告》	1	观念	特征	2
99				人工智能家庭普及率	IFR	无	1	行为	水平	2
100		生活满意度	生活满意度		OECD	World Value Survey	5	观念	状态	

注：(1) CSY,《中国统计年鉴》；FAO,联合国粮农组织；HDI,人类发展指数；IFR,国际机器人联盟；ILO,国际劳工组织；OECD,经济合作与发展组织；OICA,国际汽车制造商协会；RIAA,美国唱片协会；UNESCO,联合国教科文组织；WDI,世界发展指标。

(2) *. 数据来自IFR 2009～2019年度报告 *Executive Summary World Robotics Industrial Robots*；**. 网络音乐用户比例国际数据选择美国数据,来自美国唱片协会(RIAA),美国数据为付费音乐用户数/全国人口；***. 数据来自国际汽车制造商协会。

(3) a. 中国数据根据《中国统计年鉴》有关指标数据归类整理和估算；b. 1991年之前中国数据来自《中国统计年鉴》；c. 中国数据采用《中国现代化报告2018》专栏3-3的估计值；d. 中国数据为2000年第五次人口普查和2010年第六次人口普查数据计算所得；e. 中国2010年和2017年数据来自《中国统计年鉴》；f. 中国数据根据《中国统计年鉴》中基本养老保险基金支出/GDP计算所得；g. 中国数据根据中国互联网络信息中心《中国互联网络发展状况统计报告》计算所得；h. 中国指标为城市污水处理率,数据来自《中国环境统计年鉴》,城市污水处理率=城市污水处理量/城市污水排放量；i. 中国指标用"城市生活垃圾无害化处理率"代替,数据来自《中国统计年鉴》；j. 中国指标用"居民人均可支配收入"代替,数据来自《中国统计年鉴》；k. 中国指标为"城镇居民人均住房建筑面积",数据来自《中国统计年鉴》。

性质：反映现代化指标的价值和特点分类。1代表正指标,2代表逆指标,3代表转折指标,4代表波动指标,5代表中性指标,6代表合理值指标。

意义：反映现代化过程的行为、结构、制度、观念和副作用的指标和指标分类。

功能：反映现代化指标的水平、特征和状态的指标分类。水平指标50个,特征指标28个(其中有22个指标同时反映水平),状态指标22个。

类型：反映评价指标的数值变化类型。1代表开放型指标(数值变化是开放的),2代表适度型指标(数值变化存在合理值或极限值)。

评价指标：在世界现代化100个指标中,有72个指标适用于现代化水平评价,其中,59个为正指标,13个为逆指标；在适用于现代化水平评价的72个指标中,18个为开放型指标,54个为适度型指标；在适用于现代化水平评价的72个指标中,50个为水平指标,23个为既反映水平又反映特征的特征指标。

附表 1-1-3　世界现代化 100 个指标的指标来源和数据来源统计

序号	指标来源	指标总数	涉及指标数（含交叉）	实际采用指标数（不含交叉）	国际数据来源	指标数	中国数据来源	指标数
1	OECD 的国家概览指标体系	100(320)②	54	54	世界银行的世界发展指标	75	世界银行的世界发展指标	67
2	世界银行的世界发展指标体系	1500	69	15	OECD 统计数据库	15	中国统计年鉴	7
3	CMR① 2010 世界现代化概览指标体系	100	54	13	WDI/OECD	1	WDI/CSY	4
4	CMR2019	152		7	IFR	2	《中国互联网络发展状况统计报告》	2
5	CMR2020③	100		4	Internet Crime Report	1	FAO	1
6	CMR2018	358		4	FAO	1	HDI	1
7	CMR2014~2015	225		3	HDI	1	IFR	1
8					ILO	1	ILO	1
9					OICA	1	OECD	1
10					RIAA	1	OICA	1
11					UNESCO	1	UNESCO	1
12							第五次和第六次人口普查数据	1
13							World Value Survey	1
14							《中国环境统计年鉴》	1
15							无数据指标	10
16	合计	2535	177	100	合计	100	合计	100

注：① CMR，《中国现代化报告》；② OECD，单项指标约 100 个，细分指标（分解指标）320 个；③ CMR 2020 的指标，是新选指标。

附表 1-1-4　世界和中国现代化 100 个指标数据的时间跨度、2018 年截段和基线值时间

编号	指标	高收入国家平均值			世界平均值			中国		
		时间跨度	2018年截段时间	基线值时间	时间跨度	2018年截段时间	基线值时间	时间跨度	2018年截段时间	基线值时间
1	人均 GDP	1960~2018	2018	2018	1960~2018	2018	2018	1960~2018	2018	2018
2	人均制造业增加值	1960~2017	2018	2017	1997~2017	2016	2017	2005~2017	2017	2017
3	人均知识产业增加值	1970~2015	2015	2015	—	—	2015	2005~2017	2017	2017
4	人均 GDP 年增长率	1970~2018	2018	2018	1961~2018	2018	2018	1961~2018	2018	2018
5	劳动生产率	1991~2018	2018	2018	1991~2018	2018	2018	1991~2018	2018	2018
6	农业劳动生产率	1995~2018	2018	2018	1991~2018	2018	2018	1991~2018	2018	2018
7	工业劳动生产率	1995~2017	2018	2017	1991~2018	2017	2017	1991~2018	2018	2018
8	服务业劳动生产率	1997~2017	2018	2017	1991~2018	2017	2017	1991~2018	2018	2018
9	能源生产率	1990~2015	2014	2015	1990~2014	2014	2014	1990~2014	2014	2014
10	水生产率	1970~2015	2012	2015	1970~2016	2015	2016	1990~2015	2015	2015
11	农业增加值比例	1960~2017	2018	2017	1995~2017	2017	2017	1960~2018	2018	2018
12	工业增加值比例	1960~2017	2018	2017	1995~2017	2017	2017	1960~2018	2018	2018
13	服务业增加值比例	1960~2017	2018	2017	1995~2017	2017	2017	1960~2018	2018	2018
14	知识产业增加值比例	1970~2015	2015	2015	—	—	2015	2005~2017	2017	2017
15	农业劳动力比例	1991~2018	2018	2018	1991~2018	2018	2018	1962~2018	2018	2018
16	工业劳动力比例	1991~2018	2018	2018	1991~2018	2018	2018	1962~2018	2018	2018
17	服务业劳动力比例	1991~2018	2018	2018	1991~2018	2018	2018	1962~2018	2018	2018
18	知识产业劳动力比例	1970~2015	2015	2015	—	—	2015	1980~2015	2015	2015
19	新企业密度[a]	2006~2014	2016	2014						2015
20	工业机器人使用比例[b]	2012~2018	—	2018	2010~2018	2018	2018	2014~2017	2017	2017
21	通货膨胀率	1980~2018	2018	2018	1981~2018	2018	2018	1990~2018	2018	2018
22	劳动者税收比例[c]	2000~2015	2015	2015						2015
23	国家税收比例	1972~2017	2017	2017	1974~2017	2017	2017	2005~2016	2016	2016
24	最终消费比例	1960~2018	2018	2018				1960~2018	2018	2018
25	固定资本形成比例	1972~2018	2018	2018	1970~2018	2018	2018	1960~2018	2018	2018
26	人口自然增长率	1970~2018	2018	2018	1970~2018	2018	2018	1960~2018	2018	2018
27	城市人口比例	1960~2018	2018	2018	1960~2018	2018	2018	1960~2018	2018	2018
28	郊区人口比例[d]	2014	2014	2014						2018
29	老龄人口比例	1960~2018	2018	2018	1960~2018	2018	2018	1960~2018	2018	2018
30	医生比例	1960~2015	2016	2015	1990~2015	2015	2015	1970~2015	2015	2015
31	护士比例	1990~2015	2016	2015	2000~2015	2015	2015	1990~2015	2015	2015
32	婴儿死亡率	1960~2018	2018	2018	1990~2018	2018	2018	1970~2018	2018	2018
33	孕产妇死亡率	2005~2017	2012	2017	—	—	—	2000~2018	2018	2018
34	卫生支出比例	2000~2016	2016	2016	2000~2016	2016	2016	2000~2016	2016	2016
35	中学普及率	1970~2018	2017	2018	1970~2018	2017	2018	1970~2015	2015	2015
36	大学普及率	1970~2018	2017	2018	1970~2018	2017	2018	1970~2018	2018	2018
37	小学生师比	1973~2018	2017	2018	1973~2018	2017	2018	1974~2018	2018	2018
38	平均受教育年限	1991~2018	2018	2018	1991~2018	2018	2018	1990~2018	2018	2018
39	受过高等教育劳动力比例	1997~2018	2018	2018	—	—	—	2000~2010	2010	2010
40	政府教育支出比例	1970~2016	2016	2016				1971~2017	2017	2017
41	成年女性就业率	1980~2018	2018	2018						
42	童工比例	—	2012	—						
43	失业率	1991~2018	2018	2018	1991~2018	2018	2018	1990~2018	2018	2018
44	人均国民收入	1970~2018	2018	2018	1970~2018	2018	2018	1995~2018	2018	2018
45	人均购买力	1990~2018	2018	2018	1990~2018	2018	2018	1995~2018	2018	2018
46	收入不平等：基尼系数	1981~2015	2015	2015						
47	绝对贫困人口比例	1981~2015	2015	2015	1981~2015	2015	2015	1990~2015	2015	2015
48	实际平均工作时间	1960~2015	2015	2015						
49	休闲和个人保健的时间[e]	最近年	最近年	最近年	—	—	—	最近年	最近年	2018
50	养老保险覆盖率[f]	2000~2010	2010	2012				2000~2011	2011	2011
51	选民投票率	2013~2017	2017	2017						
52	女性国会议员比例[g]	1990~2018	2018	2018	1990~2018	2018	2018	1990~2018	2018	2018
53	政府收入比例	1974~2017	2017	2017	1974~2017	2017	2017	2005~2016	2016	2016
54	政府消费比例	1970~2018	2018	2018	1970~2018	2018	2018	1960~2018	2018	2018
55	转移支付比例	1972~2017	2017	2017	—	—	—			

（续表）

编号	指标	高收入国家平均值 时间跨度	高收入国家平均值 2018年截段时间	高收入国家平均值 基线值时间	世界平均值 时间跨度	世界平均值 2018年截段时间	世界平均值 基线值时间	中国 时间跨度	中国 2018年截段时间	中国 基线值时间
56	法律权力指数	2013～2018	2018	2018	2013～2018	2018	2018	2013～2018	2018	2018
57	营商环境指数	2015～2018	2018	2018	2015～2018	2018	2018	2015～2018	2018	2018
58	养老金支出比例	2008～2011	2011	2011	—	—	—	1990～2018	2018	2018
59	开办企业所需天数	2003～2018	2018	2018	2003～2018	2018	2018	2013～2018	2018	2018
60	平均出口通关时间	2005～2018	2013	2018	2018	2018	2018	2012	2012	2012
61	国防费用比例	1960～2018	2018	2018	1960～2018	2018	2018	1990～2018	2018	2018
62	道路交通死亡率	2013～2016	2016	2016	2013～2016	2016	2016	2013～2016	2016	2016
63	人均年看电影次数	1995～2017	2017	2017	—	—	—	1995～2017	2017	2017
64	人均出国旅游次数	1997～2017	2017	2017	1995～2017	2017	2017	2000～2017	2017	2017
65	互联网普及率	1993～2017	2017	2017	1993～2017	2017	2017	2000～2017	2017	2017
66	移动通信普及率	1984～2018	2018	2018	1984～2018	2018	2018	2000～2018	2018	2018
67	网络音乐用户比例	2014～2017	2017	2017	—	—	—	2012～2018	2018	2018
68	网络犯罪报案比例[h]	2001～2018	2018	2018	—	—	—	—	—	—
69	科研经费比例	1996～2017	2017	2017	1996～2017	2017	2017	1996～2017	2017	2017
70	科研人员比例	1996～2015	2017	2016	2000～2015	2015	2015	1996～2017	2017	2017
71	发明专利申请比例	1985～2018	2018	2018	1985～2018	2018	2018	1990～2018	2018	2018
72	人均知识产权出口	1967～2018	2018	2018	1967～2018	2018	2018	1997～2018	2018	2018
73	人均知识产权进口	1960～2018	2018	2018	1960～2018	2018	2018	1997～2018	2018	2018
74	企业创新比例	2018	2013	2018	2018	2018	—	2012	2012	2012
75	人均能源消费	1971～2015	2014	2015	1971～2014	2014	2014	1971～2014	2014	2014
76	可再生能源消费比例	1990～2015	2015	2015	1990～2015	2015	2015	1990～2015	2015	2015
77	人均淡水消费[i]	1980～2012	2012	2012	—	—	—	1980～2015	2015	2015
78	森林覆盖率	1990～2016	2016	2016	1990～2016	2016	2016	1990～2016	2016	2016
79	PM₂.₅年均浓度	1990～2017	2017	2017	1990～2017	2017	2017	1990～2017	2017	2017
80	二氧化碳排放密度	1960～2014	2014	2014	1960～2014	2014	2014	1960～2014	2014	2014
81	生活废水处理率[j]	1970～2017	2017	2017	—	—	—	2005～2017	2017	2017
82	城市废物处理率[k]	1990～2018	2018	2018	—	—	—	2005～2018	2018	2012
83	国际移民比例	1990～2015	2015	2015	1990～2015	2015	2015	1990～2015	2015	2015
84	国际贸易比例	1970～2018	2018	2018	1970～2018	2018	2018	1960～2018	2018	2018
85	外国直接投资净流入比例	1970～2018	2018	2018	1970～2018	2018	2018	1980～2018	2018	2018
86	简单平均关税	1990～2017	2017	2017	1990～2017	2017	2017	1992～2017	2017	2017
87	人均蛋白质供应	1961～2013	2013	2013	1961～2013	2013	2013	1961～2017	2017	2017
88	营养不良人口比例	2000～2017	2017	2017	2000～2017	2017	2017	2000～2017	2017	2017
89	儿童超重比例	1990～2017	2012	2017	1990～2017	2017	2017	1990～2010	2010	2010
90	平均预期寿命	1960～2017	2017	2017	1960～2017	2017	2017	1960～2017	2017	2017
91	总和生育率	1960～2017	2017	2017	1960～2017	2017	2017	1960～2017	2017	2017
92	家庭人均可支配收入	2013～2017	2017	2017	—	—	—	1980～2018	2018	2018
93	人均住房面积[l]	2000～2008	2008	2008	—	—	—	2002～2016	2016	2016
94	安全饮水普及率	2002～2017	2017	2017	2002～2017	2017	2017	2000～2017	2017	2017
95	卫生设施普及率	2000～2017	2017	2017	2000～2017	2017	2017	2000～2017	2017	2017
96	汽车普及率[m]	1980～2015	2015	2015	2005～2015	2015	2015	2000～2015	2015	2015
97	人均航行次数	1970～2018	2018	2018	1970～2018	2018	2018	1980～2018	2018	2018
98	网购人口比例	2010～2016	2016	2016	—	—	—	2010～2018	2018	2018
99	人工智能家庭普及率[n]	—	—	2018	2016～2018	2018	2018	—	—	2018
100	生活满意度	2013～2017	2017	2017	—	—	—	1990～2015	2015	2015

注：a. 中国预测基线值，采用2015年世界平均值。b. 高收入国家平均值为欧洲平均值。c. 中国预测基线值，采用2015年世界平均值。d. 中国预测基线值，采用《中国现代化报告2013》估计值。e. 数据为最近年的值。f. 2000～2010年数据为部分发达国家的平均值，2012年为新西兰的数据。g. 中国数值为女性全国人大代表比例。h. 高收入国家平均值为美国值。i. 高收入国家平均值为法国值。j. 中国生活废水处理率数据，为城市污水处理率数值。k. 中国2005～2018年数据为城市生活垃圾无害化处理率，预测基线值采用OECD"城市废物处理率"数据。l. 2000～2008年数据为部分发达国家的平均值。m. 2010～2015年发达国家数据为估计值。n. 2018年高收入国家平均值为估计值，为世界平均值的6倍；2018年中国值为估计值，为世界2倍。

附表 1-1-5　2018 年截段中国现代化 100 个指标的水平分析

编号	指标名称	指标数据			水平标准					指标水平	指标类型	指标性质
		高收入国家	世界	中国	发达水平	中等发达水平 I	中等发达水平 II	初等发达水平 I	初等发达水平 II	中国水平		
1	人均 GDP	43 559	10 858	7753	34 847	21 780	10 858	13 068	6515	4	1	1
2	人均制造业增加值	6038	1627	2250	4830	3019	1627	1811	976	3	2	1,6
3	人均知识产业增加值	15 078	7539	1849	12 062	7539	7539	4523	4523	4	1	1
4	人均 GDP 年增长率	1.7	1.8	6.1	1.4	0.9	1.8	0.5	1.1			4
5	劳动生产率	94 489	36 750	29 499	75 591	47 245	36 750	28 347	22 050	3	1	1
6	农业劳动生产率	31 541	3192	3830	25 233	15 771	3192	9462	1915	4	1	1
7	工业劳动生产率	93 461	25 075	23 157	74 769	46 731	25 075	28 038	15 045	4	1	1
8	服务业劳动生产率	82 982	23 736	14 992	66 386	41 491	23 736	24 895	14 242	4	1	1
9	能源生产率	9.2	7.9	5.7	7.3	4.6	7.9	2.7	4.7	3	1	1
10	水生产率	78	5	15	62.4	39	5	23.4	3	4	1	1
11	农业增加值比例	1.3	3.4	7.2	1.6	2.6	3.4	4.4	5.7	4	2	2
12	工业增加值比例	22.7	25.4	40.7	18.2	11.4	25.4	6.8	15.3			3,6
13	服务业增加值比例	76.0	65.0	52.2	60.8	38.0	65.0	22.8	39.0	3	2	1
14	知识产业增加值比例	38.2	19.1	24.1	30.6	19.1	19.1	11.5	11.5	3	2	1
15	农业劳动力比例	3.0	28.3	26.8	3.7	5.9	28.3	9.9	46.9	4	2	2
16	工业劳动力比例	22.5	22.8	28.6	18.0	11.2	22.8	6.7	13.7			3,6
17	服务业劳动力比例	74.5	48.8	44.6	59.6	37.3	48.8	22.4	29.3	3	2	1
18	知识产业劳动力比例	44.5	22.2	18.0	35.6	22.2	22.2	13.3	13.3	3	2	1
19	新企业密度	4.4	—	2.0	3.5	2.2	—	1.3				5
20	工业机器人使用比例	114	99	97	91.2	57	99	34.2	59.4	3	3	1,6
21	通货膨胀率	1.8	2.4	2.1	1.4	0.9	2.4	0.5	1.4			4
22	劳动者税收比例	35.2	—	10.0	28.2	17.6	—	10.6				5
23	国家税收比例	15.6	15.1	9.2	12.5	7.8	15.1	4.7	9.1			5
24	最终消费比例	70.8	—	53.4	56.6	35.4	—	21.2				5
25	固定资本形成比例	21.5	23.6	42.3	17.2	10.7	23.6	6.4	14.1			5
26	人口自然增长率	0.49	1.11	0.46	0.39	0.25	1.11	0.15	0.67			3,6
27	城市人口比例	81.3	55.3	59.2	65.1	40.7	55.3	24.4	33.2	3	2	1,6
28	郊区人口比例	28.3	—	10.0	22.7	14.2	—	8.5		3	2	1,6
29	老龄人口比例	17.9	8.9	11.0	14.3	9.0	8.9	5.4	5.3			5
30	医生比例	3.0	1.5	1.8	2.4	1.5	1.5	0.9	0.9	3	2	1
31	护士比例	8.8	3.4	2.3	7.0	4.4	3.4	2.6	2.1	4	2	1
32	婴儿死亡率	4.3	28.9	7.4	5.4	8.6	28.9	14.3	48.0	3	2	2
33	孕产妇死亡率	3.9	—	18.3	4.9	7.8	—	13.0		4	2	2
34	卫生支出比例	12.6	10.0	5.0	10.1	6.3	10.0	3.8	6.0	4	2	1,6
35	中学普及率	107.0	75.6	95.0	85.6	53.5	75.6	32.1	45.3	3	2	1
36	大学普及率	76.8	38.0	50.6	61.4	38.4	38.0	23.0	22.8	3	2	1
37	小学生师比	14.3	17.5	17.4	17.9	28.6	17.5	47.7	29.0	3	2	2
38	平均受教育年限	12.6	8.4	7.9	10.1	6.3	8.4	3.8	5.0	3	1	1
39	受过高等教育劳动力比例	76.3	—	12.0	61.1	38.2	—	22.9		4	2	1
40	政府教育支出比例	5.9	—	4.2	4.7	2.9	—	1.8		3	2	1,6
41	成年女性就业率	50.8	—	—	40.7	25.4	—	15.2			2	1
42	童工比例	—	—	—			—				2	2
43	失业率	5.1	5.0	4.4	4.1	2.6	5.0	1.5	3.0			4
44	人均国民收入	43 922	10 880	7723	35 138	21 961	10 880	13 177	6528	4	1	1
45	人均购买力	45 312	15 894	16 121	36 250	22 656	15 894	13 594	9536	3	1	1

（续表）

编号	指标名称	指标数据			水平标准					指标水平	指标类型	指标性质
		高收入国家	世界	中国	发达水平	中等发达水平Ⅰ	中等发达水平Ⅱ	初等发达水平Ⅰ	初等发达水平Ⅱ	中国水平		
46	收入不平等:基尼系数	30.0	—	38.6	24.0	15.0		9.0				3
47	绝对贫困人口比例	0.7	10	0.7	0.9	1.4	10	2.3	16.6	2	2	2
48	实际平均工作时间	1615	—	—	2019	3230		5378			2	2
49	休闲和个人保健的时间	959	—	921	767	480		288		2	2	1
50	养老保险覆盖率	98.0	—	74.4	78.4	49.0		29.4		3	2	1
51	选民投票率	74	—	—	59.2	37		22.2			2	1
52	女性全国人大代表比例	27.9	24.0	24.9	22.3	14.0	24.0	8.37	14.4		2	1.6
53	政府收入比例	25.4	24.6	15.8	20.3	12.7	24.6	7.6	14.8			5
54	政府消费比例	17.8	16.9	14.7	14.3	8.9	16.9	5.3	10.2			5
55	转移支付比例	18.4	—	—	14.7	9.2	—	5.5			2	1.6
56	法律权力指数	5.6	5.5	4.0	4.5	2.8	5.5	1.7	3.3	3	2	1
57	营商环境指数	73.6	62.2	74.0	58.9	36.8	62.2	22.1	37.3	2	2	1
58	养老金支出比例	9.2	—	5.3	7.4	4.6		2.8				5
59	开办企业所需天数	11.8	20.5	8.5	14.8	23.6	20.5	39.3	34.0	2	1	2
60	平均出口通关时间	3.7	—	7.6	4.6	7.3	—	12.2		3	1	2
61	国防费用比例	2.3	2.1	1.9	1.8	1.1	2.1	0.7	1.3			5
62	道路交通死亡率	8.3	18.1	18.2	10.4	16.7	18.1	27.7	30.1		2	2
63	人均年看电影次数	2.6	—	1.2	2.1	1.3		0.8		3	2	1.6
64	人均出国旅游次数	0.7	0.2	0.1	0.5	0.3	0.2	0.2	0.1	4	1	1
65	互联网普及率	85.0	49.7	54.3	68.0	42.5	49.7	25.5	29.8	3	2	1
66	移动通信普及率	126.0	104.0	115.0	100.8	63.0	104.0	37.8	62.4	2	2	1
67	网络音乐用户比例	10.9	—	41.3	8.7	5.5	—	3.3			2	1
68	网络犯罪报案比例	980	—	—	784	490	—	294				5
69	科研经费比例	2.6	2.3	2.1	2.1	1.3	2.3	0.8	1.4	2	2	1.6
70	科研人员比例	4158	1478	1235	3326	2079	1478	1247	887	3	2	1.6
71	发明专利申请比例	6.8	3.0	10.0	5.4	3.4	3.0	2.0	1.8	2	2	1
72	人均知识产权出口	306	50	4	245	153	50	92	30	4	1	1
73	人均知识产权进口	289	56	26	231	145	56	87	34	4	1	1
74	企业创新比例	17.1	—	38.7	13.68	8.55	—	5.13			2	1
75	人均能源消费	4605	1922	2237	3684	2303	1922	1382	1153	3	2	1.6
76	可再生能源消费比例	11.2	18.1	12.4	8.96	5.6	18.1	3.36	10.86			3
77	人均淡水消费	454	—	433	363	227	—	136				1.6
78	森林覆盖率	29	30.7	22.4	23.2	14.5	30.7	8.7	18.42			3
79	PM$_{2.5}$年均浓度	14.7	45.5	52.7	11.7	7.3	45.5	4.4	27.3			3
80	二氧化碳排放密度	0.27	0.49	1.20	0.21	0.13	0.49	0.08	0.29			3
81	生活废水处理率	98	—	94.5	78.4	49	—	29.4		3	2	1
82	城市废物处理率	100	—	84.8	80	50		30		2	2	1
83	国际移民比例	13.6	3.3	0.1	10.8	6.8	3.3	4.1	2.0			5
84	国际贸易比例	62.7	59.4	38.2	50.2	31.4	59.4	18.8	35.6			5
85	外国直接投资净流入比例	1.1	1.4	1.5	0.9	0.6	1.4	0.3	0.8			5
86	简单平均关税	3.9	5.2	8.5	4.8	7.7	5.2	12.8	8.6	3	2	2.6
87	人均蛋白质供应	106	81	101	84	53	81	32	49	2	2	1.6
88	营养不良人口比例	2.7	10.8	8.6	3.4	5.4	10.8	9.0	17.9	3	2	2
89	儿童超重比例	6.1	5.6	6.6	4.9	3.1	5.6	1.8	3.4			5
90	平均预期寿命	80.7	72.4	76.5	64.6	40.4	72.4	24.2	43.4	2	2	1.6
91	总和生育率	1.6	2.4	1.7	1.3	0.8	2.4	0.5	1.4			3.6
92	家庭人均可支配收入	30369	—	4267	24295	15185	—	9111		4	1	1
93	人均住房面积	43.4	—	36.6	34.7	21.7	—	13.0		3	2	1.6
94	安全饮水普及率	99.5	89.6	92.8	79.6	49.8	89.6	29.9	53.76	2	2	1
95	卫生设施普及率	99.4	73.4	84.8	79.5	49.7	73.4	29.8	44.04	3	2	1

(续表)

编号	指标名称	指标数据*			水平标准**					指标水平***	指标类型****	指标性质*****
		高收入国家	世界	中国	发达水平	中等发达水平Ⅰ	中等发达水平Ⅱ	初等发达水平Ⅰ	初等发达水平Ⅱ	中国水平		
96	汽车普及率	470	129	99	376	235	129	141	77.4	4	2	1,6
97	人均航行次数	2.0	0.6	0.4	1.6	1.0	0.6	0.6	0.3	4	1	1
98	网购人口比例	63.1	—	43.8	50.5	31.6	—	18.9		3	2	1
99	人工智能家庭普及率	—	0.22	—			0.22		0.13		3	1
100	生活满意度	7.0	—	6.9	5.6	3.5	—	2.1				5

注:(1) *. 2018年截段的指标数据,为2010~2018年期间最近年可获得的数据。

**. 本表水平标准为开放型指标的水平标准,适度型指标的水平标准(标准值的计算方法和水平判断方法)见表1-45。

适度型指标的水平标准:发达水平为达到高收入国家平均水平的100%;中等发达水平为低于发达水平、但高于高收入国家平均水平的80%和世界平均水平;初等发达水平为低于中等发达水平,但高于高收入国家平均水平的30%和世界平均水平的60%;欠发达水平为低于初等发达水平。

*** 指标水平,指适用于现代化水平评价的现代化指标的水平(这里简称为水平评价指标),水平评价指标包括指标性质为正指标和逆指标的指标。在中国现代化100个指标中,水平评价指标为72个,其他指标为28个。水平评价指标做国际比较和水平判断,其他指标不做国际比较和水平判断。指标水平:1代表发达水平,2代表中等发达水平,3代表初等发达水平,4代表欠发达水平。

****. 指标类型:1代表开放型指标,2代表适度型指标,3代表处于快速变化阶段的适度型指标(采用开放型指标的水平分组标准)。

*****. 指标性质:1代表正指标,2代表逆指标,3代表转折指标,4代表波动指标,5代表中性指标,6代表合理值指标。

a. 指标水平分组有调整,是考虑中国和国际指标的历史数据、数据齐全性和数据可比性等的调整。

(2) 其他说明:

① 2018年截段,中国72个水平评价指标中,有8个指标因数据不全没有进行水平判断;实际进行国际比较的指标为64个。64个水平评价指标的数据年份分别为:32个指标为2018年数据,26个指标为2015~2017年数据,6个指标为2010~2014年数据。

② 2018年截段,中国水平评价指标的水平分布是:中等发达水平12个、初等发达水平33个、欠发达水平19个;13个指标水平分组有调整。

③ 指标水平分类标准的计算方法,见表1-45。开放型指标和适度型指标、正指标和逆指标的标准值计算和判断方法有差别。

④ 本表水平标准为开放型指标的水平分组标准,其标准值的计算方法如下:

发达水平:正指标标准值=高收入国家平均值的80%,逆指标标准值=高收入国家平均值的125%;

中等发达水平Ⅰ:正指标标准值=高收入国家平均值的50%,逆指标标准值=高收入国家平均值的200%;

中等发达水平Ⅱ:正指标标准值=世界平均值,逆指标标准值=世界平均值;

初等发达水平Ⅰ:正指标标准值=高收入国家平均值的30%,逆指标标准值=高收入国家平均值的333%;

初等发达水平Ⅱ:正指标标准值=世界平均值的60%,逆指标标准值=世界平均值的166%。

⑤ 开放型指标的指标水平的判断方法如下:

发达水平:正指标,数值达到或超过高收入国家水平的80%;逆指标,数值等于或低于高收入国家平均值的125%。

中等发达水平:正指标,数值达到或超过高收入国家平均值的50%和世界平均值,但低于高收入国家平均值的80%;逆指标,数值高于高收入国家平均值的125%,但等于或低于高收入国家平均值的200%和世界平均值。

初等发达水平:正指标,数值达到或超过高收入国家平均值的30%和世界平均值的60%,但低于高收入国家平均值的50%和世界平均值;逆指标,数值高于高收入国家平均值的200%和世界平均值,但等于或低于高收入国家平均值的333%和世界平均值的166%。

欠发达水平:正指标,数值低于高收入国家平均值的30%和世界平均值的60%;逆指标,数值高于高收入国家平均值的333%和世界平均值的166%。

附表 1-2-1　经济指标的世界平均水平的情景分析

项目	增长率 实际值	增长率 预测值	起点（基线值）	2020	2030	2035	2040	2050	变化Ⅰ	变化Ⅱ	性质
参考 2000~2018 年年均增长率估算											
人均 GDP	1.6	3.5	10 858	11 631	16 407	19 487	23 144	32 647	1.7	2.8	1
人均制造业增加值	0.8	3.0	1627ª	1778	2389	2770	3211	4315	1.6	2.4	1,6
人均知识产业增加值	5.6	2.5	7539ᶜ*	8530	10 919	12 354	13 977	17 892	1.4	2.1	1
人均 GDP 年增长率	−2.7	−0.1	1.84	1.84	1.82	1.81	1.8	1.78	1	1	4
劳动生产率	2.3	2.3	36 750	38 478	48 417	54 311	60 923	76 660	1.4	2	1
农业劳动生产率	3.0	3.0	3192	3386	4551	5276	6116	8220	1.6	2.4	1
工业劳动生产率	0.1	1.0	25 075	25 579	28 255	29 696	31 211	34 477	1.2	1.3	1
服务业劳动生产率	−1.5	1.0	23 736	24 213	26 746	28 111	29 545	32 636	1.2	1.3	1
能源生产率	1.4	1.4	7.91ᵈ	8.6	9.9	10.6	11.4	13	1.2	1.5	1
水生产率	−3.6		5ᵇ	6	6	6	6	7	1.2	1	1
农业增加值比例	−2.0	−2.0	3.43ª	3.2	2.6	2.4	2.1	1.7	1.4	1.8	2
工业增加值比例	−0.8	−0.8	25.44ª	24.9	23	22.1	21.3	19.7	0.9	0.8	3,6
服务业增加值比例	0.5	0.5	65.03ª	71.9	74.4	75.5	76.6	78.6	1	1.1	1
知识产业增加值比例	0.8	0.8	19.12ᶜ*	19.9	21.6	22.4	23.3	25.3	1.1	1.3	1
农业劳动力比例	−1.9	−1.9	28.26	27.2	22.4	20.3	18.4	15.2	1.3	1.8	2
工业劳动力比例	0.4	−0.1	22.83	22.8	22.6	22.4	22.3	22.1	1	1	3,6
服务业劳动力比例	1.3	1.3	48.79	50	55	57.2	59.2	62.7	1.1	1.3	1
知识产业劳动力比例	0.7	0.7	22.24ᶜ*	23	24.8	25.7	26.6	28.6	1.1	1.2	1
新企业密度	—	1.0	—	2	2.3	2.4	2.5	2.7	1.2	1.3	5
工业机器人使用比例	9.3	4.0	99	107	159	193	235	347	1.8	3.2	1,6
通货膨胀率	−2.0	−0.1	2.41	2.4	2.4	2.4	2.4	2.3	1	1	4
劳动者税收比例		1.5		10.3	12	12.9	13.9	16.1	1.3	1.6	5
国家税收比例	−0.2	−0.2	15.13ª	15	14.8	14.6	14.5	14.2	1	0.9	5
最终消费比例	—	−0.2	—	79.7	78.1	77.3	76.6	75	1	0.9	5
固定资本形成比例	−0.04	−0.04	23.56	23.5	23.4	23.4	23.3	23.2	1	1	5
参考 1990~2018 年年均增长率估算											
人均 GDP	1.5	3.0	10 858	11 519	15 481	17 947	20 805	27 960	1.6	2.4	1
人均制造业增加值	−0.9	2.0	1627ª	1727	2105	2324	2566	3127	1.3	1.8	1,6
人均知识产业增加值	4.6	2.0	7539ᶜ*	8324	10 147	11 203	12 369	15 077	1.3	1.8	1
人均 GDP 年增长率	1.7	1.7	1.84	1.9	2.24	2.43	2.64	3.12	1.3	1.6	4
劳动生产率	2.1	2.1	36 750	38 280	51 989	55 271	57 573	70 606	1.4	1.8	1
农业劳动生产率	3.2	3.2	3192	3399	4656	5449	6378	8736	1.6	2.6	1
工业劳动生产率	1.6	1.6	25 075	25 905	30 489	33 076	35 882	42 231	1.3	1.6	1
服务业劳动生产率	0.7	2.0	23 736	24 695	30 103	33 236	36 695	44 731	1.3	1.8	1
能源生产率	1.5	1.5	7.91ᵈ	8.6	10	10.8	11.6	13.4	1.2	1.6	1
水生产率	−1.8	3.0	5ᵇ	6	8	9	10	14	1.6	2.4	1
农业增加值比例	−3.6	−3.6	3.43ª	3.1	2.1	1.8	1.5	1	1.7	3	2
工业增加值比例	−1.0	−1.0	25.44ª	24.7	22.2	21	20.1	18.1	0.9	0.7	3,6
服务业增加值比例	0.8	0.8	65.03ª	72.3	75.6	77.1	78.4	80.9	1.1	1.1	1
知识产业增加值比例	1.3	1.3	19.12ᶜ*	20.4	23.3	24.8	26.5	30.2	1.2	1.5	1
农业劳动力比例	−1.6	−1.6	28.26	27.4	23.3	21.4	19.8	16.8	1.3	1.6	2
工业劳动力比例	0.2	0.2	22.83	22.9	23.4	23.6	23.8	24.3	1	1.1	3,6
服务业劳动力比例	1.3	1.3	48.79	49.7	53.4	54.9	56.4	58.9	1.1	1.2	1
知识产业劳动力比例	1.6	1.6	22.24ᶜ*	24	28.1	30.4	32.8	38.4	1.3	1.6	1
新企业密度											5
工业机器人使用比例	—	3.0	99	105	141	164	190	255	1.6	2.4	1,6
通货膨胀率	−4.3	−0.2	2.41	2.4	2.4	2.3	2.3	2.3	1	0.9	4
劳动者税收比例	—	—									5
国家税收比例	0.2	0.2	15.13a	15.2	15.6	15.8	16	16.3	1	1.1	5
最终消费比例									—	—	5
固定资本形成比例	−0.3	−0.3	23.56	23.4	22.7	22.4	22	21.4	1	0.9	5

注:(1) 指标单位见附表 1-1-1,后同。
(2) 基线值的数据来源同表 2-6(数值为 2018 年或最近可获得年数据)。
(3) 变化Ⅰ和变化Ⅱ的计算方法:逆指标(指标性质为 2),变化Ⅰ=2020 年数值/2035 年数值,变化Ⅱ=2020 年数值/2050 年数值;其他指标,变化Ⅰ=2035 年数值/2020 年数值,变化Ⅱ=2050 年数值/2020 年数值。a 为 2017 年数据,b 为 2016 年数据,c 为 2015 年数据,d 为 2014 年数据。* 为 2016 年第二次现代化指数排名前 20 位国家的指标数值的算数平均值的 50%,** 为欧盟数据。
性质:1 为正指标,2 为逆指标,3 为转折指标,4 为波动指标,5 为中性指标,6 为合理值指标,后同。

附表 1-2-2　社会指标的世界平均水平的情景分析

项目	增长率 实际值	增长率 预测值	起点（基线值）	2020	2030	2035	2040	2050	变化 I	变化 II	性质
参考 2000～2018 年年均增长率估算											
人口自然增长率	−0.96	−0.96	1.11	1.09	0.99	0.94	0.9	0.82	0.9	0.7	3,6
城市人口比例	0.94	1.2	55.27	56.6	63.78	67.7	71.86	80.96	1.2	1.4	1,6
郊区人口比例	—	—	—	—	—	—	—	—	—	—	1,6
老龄人口比例	1.4	1.4	8.87	9.13	10.52	11.29	12.12	13.97	1.2	1.5	5
医生比例	1.0	1.6	1.5^c	1.62	1.9	2.06	2.23	2.61	1.3	1.6	1
护士比例	2.3	3.0	3.42^c	3.96	5.35	6.18	7.16	9.62	1.6	2.4	1
婴儿死亡率	−3.3	−5.0	28.9	26.08	15.62	12.08	9.35	5.6	2.2	4.7	2
孕产妇死亡率	—	—	—	—	—	—	—	—	—	—	2
卫生支出比例	0.99	0.5	10.02^b	10.22	10.75	11.02	11.3	11.87	1.1	1.2	1,6
中学普及率	1.3	1.3	75.56	77.53	88.18	94.05	100.3	114.08	1.2	1.5	1
大学普及率	3.9	2.0	38.04	39.58	48.24	53.27	58.81	71.69	1.3	1.8	1
小学生师比	−0.3	−0.2	17.45	17.38	17.04	16.87	16.7	16.37	1	1.1	2
平均受教育年限	0.94	0.94	8.4	8.56	9.4	9.85	10.32	11.33	1.2	1.3	1
受过高等教育劳动力比例	—	—	—	—	—	—	—	—	—	—	1
政府教育支出比例	—	—	—	—	—	—	—	—	—	—	1,6
成年女性就业率	—	—	—	—	—	—	—	—	—	—	1
童工比例	—	—	—	—	—	—	—	—	—	—	2
失业率	−0.2	−0.1	4.95	4.94	4.89	4.87	4.84	4.79	1	1	4
人均国民收入	1.6	3.5	10 880	11 655	16 440	19 526	23 191	32 713	1.7	2.8	1
人均购买力	2.4	3.0	15 894	16 862	22 661	26 270	30 455	40 928	1.6	2.4	1
收入不平等：基尼系数	—	—	—	—	—	—	—	—	—	—	3
绝对贫困人口比例	−6.95	−6.95	10^c	6.98	3.4	2.37	1.65	0.8	2.9	8.7	2
实际平均工作时间	—	—	—	—	—	—	—	—	—	—	2
休闲和个人保健的时间	—	—	—	—	—	—	—	—	—	—	1
养老保险覆盖率	—	—	—	—	—	—	—	—	—	—	1
参考 1990～2018 年年均增长率估算											
人口自然增长率	−1.6	−1.6	1.11	1.07	0.92	0.84	0.78	0.66	0.8	0.6	3,6
城市人口比例	0.9	1.0	55.27	56.38	62.28	65.46	68.8	75.99	1.2	1.3	1,6
郊区人口比例	—	—	—	—	—	—	—	—	—	—	1,6
老龄人口比例	1.3	1.3	8.87	9.1	10.37	11.07	11.81	13.45	1.2	1.5	5
医生比例	0.7	1.5	1.5^c	1.62	1.88	2.02	2.18	2.53	1.3	1.6	1
护士比例	—	2.5	3.42^c	3.87	4.95	5.6	6.34	8.12	1.4	2.1	1
婴儿死亡率	−2.8	−4.0	28.9	26.63	17.71	14.44	11.77	7.83	1.8	3.4	2
孕产妇死亡率	—	—	—	—	—	—	—	—	—	—	2
卫生支出比例	—	—	10.02^b	—	—	—	—	—	—	—	1,6
中学普及率	1.4	1.0	75.56	77.08	85.14	89.49	94.05	103.89	1.2	1.3	1
大学普及率	3.7	1.0	38.04	38.8	42.86	45.05	47.35	52.3	1.2	1.3	1
小学生师比	−0.38	−0.38	17.45	17.32	16.67	16.35	16.04	15.44	1.1	1.1	2
平均受教育年限	1.3	1.3	8.4	8.62	9.83	10.49	11.2	12.77	1.2	1.5	1
受过高等教育劳动力比例	—	—	—	—	—	—	—	—	—	—	1
政府教育支出比例	—	—	—	—	—	—	—	—	—	—	1,6
成年女性就业率	—	—	—	—	—	—	—	—	—	—	1
童工比例	—	—	—	—	—	—	—	—	—	—	2
失业率	0.5	0.1	4.95	4.96	5.01	5.03	5.06	5.11	1	1	4
人均国民收入	1.5	3.0	10 880	11 543	15 512	17 983	20 847	28 017	1.6	2.4	1
人均购买力	2.0	2.5	15 894	16 699	21 376	24 185	27 363	35 027	1.4	2.1	1
收入不平等：基尼系数	—	—	—	—	—	—	—	—	—	—	3
绝对贫困人口比例	−4.98	−4.98	10^c	7.75	4.65	3.6	2.79	1.67	2.2	4.6	2
实际平均工作时间	—	—	—	—	—	—	—	—	—	—	2
休闲和个人保健的时间	—	—	—	—	—	—	—	—	—	—	1
养老保险覆盖率	—	—	—	—	—	—	—	—	—	—	1

注：(1) 基线值的数据来源同表 2-9（数值为 2018 年或最近可获得年数据）。(2) 变化 I 和变化 II 的计算方法：逆指标（指标性质为 2），变化 I = 2020 年数值/2035 年数值，变化 II = 2020 年数值/2050 年数值；其他指标，变化 I = 2035 年数值/2020 年数值，变化 II = 2050 年数值/2020 年数值。(3) 基线值对应的年份，没有标注的指标数值为 2018 年值；其他如标注：a 为 2017 年数据，b 为 2016 年数据，c 为 2015 年数据。

附表 1-2-3　政治指标的世界平均水平的情景分析

项目	增长率		起点（基线值）	2020	2030	2035	2040	2050	变化Ⅰ	变化Ⅱ	性质
	实际值	预测值									
参考 2000~2018 年年均增长率估算											
选民投票率	—	—	—	—	—	—	—	—	—	—	1
女性国会议员比例	3.1	0.3	23.97	24.1	24.7	25	25.3	26	1	1.1	1,6
政府收入比例	0.1	0.1	24.61ᵃ	24.7	24.9	25.1	25.2	25.4	1	1	5
政府消费比例	0.3	0.3	16.93	17	17.4	17.7	17.9	18.3	1	1.1	5
转移支付比例	—	—	—	—	—	—	—	—	—	—	1,6
法律权力指数	3.3	1.0	5.51	5.6	6.2	6.5	6.9	7.6	1.2	1.3	1
营商环境指数	1.3	0.5	62.23	62.9	66.1	67.7	69.4	73	1.1	1.2	1
养老金支出比例	—	—	—	—	—	—	—	—	—	—	5,6
开办企业所需天数	−6.0	−0.5	20.5	20.3	19.3	18.8	18.4	17.5	1.1	1.2	2
平均出口通关时间	—	—	—	—	—	—	—	—	—	—	2
国防费用比例	−0.1	0.1	2.14	2.1	2.2	2.2	2.2	2.2	1	1	5
道路交通死亡率	1.4	0.5	18.13ᵇ	18.5	19.45	19.94	20.44	21.49	0.9	0.9	2
参考 1990~2018 年年均增长率估算											
选民投票率	—	—	—	—	—	—	—	—	—	—	1
女性国会议员比例	2.3	0.2	23.97	24.1	24.6	24.8	25	25.6	1	1.1	1,6
政府收入比例	0.4	0.2	24.61ᵃ	24.8	25.3	25.5	25.8	26.3	1	1.1	5
政府消费比例	0.2	0.2	16.93	17	17.2	17.4	17.5	17.8	1	1	5
转移支付比例	—	—	—	—	—	—	—	—	—	—	1,6
法律权力指数	—	—	5.51	—	—	—	—	—	—	—	1
营商环境指数	—	—	62.23	—	—	—	—	—	—	—	1
养老金支出比例	—	—	—	—	—	—	—	—	—	—	5,6
开办企业所需天数	—	—	20.5	—	—	—	—	—	—	—	2
平均出口通关时间	—	—	—	—	—	—	—	—	—	—	2
国防费用比例	−1.5	−0.1	2.14	2.1	2.1	2.1	2.1	2.1	1	1	5
道路交通死亡率	—	—	18.13ᵇ	—	—	—	—	—	—	—	2

注：(1) 基线值的数据来源同表 2-12（数值为 2018 年或最近可获得年数据）。(2) 变化Ⅰ和变化Ⅱ的计算方法：逆指标（指标性质为 2），变化Ⅰ＝2020 年数值/2035 年数值，变化Ⅱ＝2020 年数值/2050 年数值；其他指标，变化Ⅰ＝2035 年数值/2020 年数值，变化Ⅱ＝2050 年数值/2020 年数值。(3) 基线值对应的年份，没有标注的指标数值为 2018 年值；其他如标注：a 为 2017 年数据，b 为 2016 年数据。

附表 1-2-4　文化指标的世界平均水平的情景分析

项目	增长率		起点（基线值）	2020	2030	2035	2040	2050	变化Ⅰ	变化Ⅱ	性质
	实际值	预测值									
参考2000～2018年年均增长率估算											
人均年看电影次数	—	—	—	—	—	—	—	—	—	—	1,6
人均出国旅游次数	2.4	2.4	0.21ª	0.2	0.3	0.3	0.4	0.5	1.4	2	1
互联网普及率	12.5	1.2	49.7ª	51.5	58	61.6	65.4	73.7	1.2	1.4	1
移动通信普及率	12.8	1.0	104.9	107	118.2	124.3	130.6	144.3	1.2	1.3	1
网络音乐用户比例	—	—	—	—	—	—	—	—	—	—	1
网络犯罪报案比例	—	—	—	—	—	—	—	—	—	—	5
科研经费比例	0.7	0.2	2.30ª	2.3	2.3	2.4	2.4	2.4	1	1	1,6
科研人员比例	2.1	2.1	1478ᶜ	1641	2023	2246	2494	3074	1.4	1.9	1,6
发明专利申请比例	4.6	4.6	3.02	3.3	5.2	6.5	8.1	12.7	2	3.8	1
人均知识产权出口	7.1	7.1	50.11	57	114	161	228	453	2.8	7.9	1
人均知识产权进口	8.9	8.9	56.12	66	155	237	363	847	3.6	12.7	1
企业创新比例	—	—	—	—	—	—	—	—	—	—	1
参考1990～2018年年均增长率估算											
人均年看电影次数	—	—	—	—	—	—	—	—	—	—	1,6
人均出国旅游次数	2.8	2.8	0.21ª	0.2	0.3	0.3	0.4	0.5	1.5	2.3	1
互联网普及率	23.7	2.0	49.7ª	52.7	64.3	71	78.4	95.5	1.3	1.8	1
移动通信普及率	24.9	1.0	104.9	107	118.2	124.3	130.6	144.3	1.2	1.3	1
网络音乐用户比例	—	—	—	—	—	—	—	—	—	—	1
网络犯罪报案比例	—	—	—	—	—	—	—	—	—	—	5
科研经费比例	0.7	0.2	2.30ª	2.3	2.4	2.4	2.4	2.5	1	1.1	1,6
科研人员比例	—	—	1478ᶜ	—	—	—	—	—	—	—	1,6
发明专利申请比例	3.9	2.5	3.02	3.2	4.1	4.6	5.2	6.7	1.4	2.1	1
人均知识产权出口	11.7	11.7	50.11	62	188	326	566	1704	5.2	27.3	1
人均知识产权进口	9.4	9.4	56.12	67	166	260	408	1006	3.9	15	1
企业创新比例	—	—	—	—	—	—	—	—	—	—	1

注：(1)基线值的数据来源同表2-15(数值为2018年或最近可获得年数据)。(2)变化Ⅰ和变化Ⅱ的计算方法：逆指标(指标性质为2)，变化Ⅰ＝2020年数值/2035年数值，变化Ⅱ＝2020年数值/2050年数值；其他指标，变化Ⅰ＝2035年数值/2020年数值，变化Ⅱ＝2050年数值/2020年数值。(3)基线值对应的年份，没有标注的指标数值为2018年值；其他如标注：a为2017年数据，b为2016年数据，c为2015年数据。

附表 1-2-5　环境指标的世界平均水平的情景分析

项目	增长率 实际值	增长率 预测值	起点（基线值）	2020	2030	2035	2040	2050	变化Ⅰ	变化Ⅱ	性质
参考2000~2018年年均增长率估算											
人均能源消费	1.2	1.2	1922^d	2060	2311	2448	2593	2909	1.2	1.4	1,6
可再生能源消费比例	0.1	0.1	18.1^c	18.1	18.2	18.3	18.3	18.4	1	1	3
人均淡水消费	—	—	—	—	—	—	—	—	—	—	1,6
森林覆盖率	−0.1	−0.1	30.7^b	30.6	30.2	30.1	29.9	29.6	1	1	3
PM$_{2.5}$年均浓度	−0.1	−0.1	45.5^c	45.4	45.2	45.1	45	44.7	1	1	3
二氧化碳排放密度	0.0	−0.3	0.49^d	0.48	0.47	0.46	0.45	0.44	1	0.9	3
生活废水处理率	—	—	—	—	—	—	—	—	—	—	1
城市废物处理率	—	—	—	—	—	—	—	—	—	—	1
国际移民比例	1.1	1.1	3.3^c	3.5	4	4.2	4.4	4.9	1.2	1.4	5
国际贸易比例	0.8	0.1	59.4	59.6	60.2	60.5	60.8	61.4	1	1	5
外国直接投资净流入比例	−6.2	1.0	1.4	1.4	1.6	1.7	1.7	1.9	1.2	1.3	5
简单平均关税	−4.2	−2.0	5.2^a	4.9	4	3.6	3.2	2.7	1.4	1.8	2,6
参考1990~2018年年均增长率估算											
人均能源消费	0.6	0.6	1922^d	1993	2118	2183	2249	2390	1.1	1.2	1,6
可再生能源消费比例	0.2	0.2	18.1^c	18.3	18.7	18.9	19.1	19.5	1	1.1	3
人均淡水消费	—	—	—	—	—	—	—	—	—	—	1,6
森林覆盖率	−0.1	−0.1	30.7^b	30.6	30.3	30.2	30	29.7	1	1	3
PM$_{2.5}$年均浓度	0.1	0.1	45.5^c	45.7	46.1	46.4	46.6	47.1	1	1	3
二氧化碳排放密度	−1.4	−1.4	0.49^d	0.45	0.39	0.36	0.34	0.29	0.8	0.7	3
生活废水处理率	—	—	—	—	—	—	—	—	—	—	1
城市废物处理率	—	—	—	—	—	—	—	—	—	—	1
国际移民比例	0.6	0.6	3.3^c	3.4	3.7	3.8	3.9	4.1	1.1	1.2	5
国际贸易比例	1.5	0.2	59.4	59.6	60.5	61	61.4	62.4	1	1	5
外国直接投资净流入比例	1.6	1.6	1.4	1.4	1.7	1.8	2	2.3	1.3	1.6	5
简单平均关税	−3.9	−1.0	5.2^a	5	4.5	4.3	4.1	3.7	1.2	1.4	2,6

注：(1) 基线值的数据来源同表 2-18（数值为 2018 年或最近可获得年数据）。(2) 变化Ⅰ和变化Ⅱ的计算方法：逆指标（指标性质为 2），变化Ⅰ＝2020 年数值/2035 年数值，变化Ⅱ＝2020 年数值/2050 年数值；其他指标，变化Ⅰ＝2035 年数值/2020 年数值，变化Ⅱ＝2050 年数值/2020 年数值。(3) 基线值对应的年份，没有标注的指标数值为 2018 年值；其他如标注：a 为 2017 年数据，b 为 2016 年数据，c 为 2015 年数据，d 为 2014 年数据。

附表 1-2-6 个人生活指标的世界平均水平的情景分析

项目	增长率		起点（基线值）	2020	2030	2035	2040	2050	变化 I	变化 II	性质
	实际值	预测值									
参考 2000~2018 年年均增长率估算											
人均蛋白质供应	0.6	0.6	81.2ª	84.8	90.1	92.9	95.7	101.7	1.1	1.2	1,6
营养不良人口比例	−1.8	−1.8	10.8ª	10.2	8.5	7.7	7.1	5.9	1.3	1.7	2
儿童超重比例	0.8	−0.1	5.6ª	5.6	5.5	5.5	5.5	5.4	1	1	5
平均预期寿命	0.4	0.4	72.4ª	73.3	76.3	77.9	79.5	82.8	1.1	1.1	1
总和生育率	−0.6	−0.6	2.4ª	2.4	2.2	2.2	2.1	2	0.9	0.8	3,6
家庭人均可支配收入	—	—	—	—	—	—	—	—	—	—	1
人均住房面积	—	—	—	—	—	—	—	—	—	—	1,6
安全饮水普及率	0.6	0.6	89.6ª	91.3	97.3	100	100	100	1.1	1.1	1
卫生设施普及率	1.7	1.7	73.4ª	77.1	90.9	98.7	100	100	1.3	1.3	1
汽车普及率	2.6	2.6	129ᶜ	147	189	215	244	315	1.5	2.1	1,6
人均航行次数	4.1	4.1	0.56	0.6	0.9	1.1	1.4	2	1.8	3.3	1
网购人口比例	—	—	—	—	—	—	—	—	—	—	1
人工智能家庭普及率	84.3	20.0	0.215	0.4	2.8	6.9	17.1	105.8	15.4	237.4	1
生活满意度	—	—	—	—	—	—	—	—	—	—	5
参考 1990~2018 年年均增长率估算											
人均蛋白质供应	0.6	0.6	81.2ª	84.8	90.2	93.1	96	102.1	1.1	1.2	1,6
营养不良人口比例	—	—	—	—	—	—	—	—	—	—	2
儿童超重比例	0.4	0.4	5.6ª	5.7	5.9	6	6.2	6.4	1.1	1.1	5
平均预期寿命	0.4	0.4	72.4ª	73.2	76	77.4	78.9	81.9	1.1	1.1	1
总和生育率	−1.1	−1.1	2.4ª	2.4	2.1	2	1.9	1.7	0.9	0.7	3,6
家庭人均可支配收入	—	—	—	—	—	—	—	—	—	—	1
人均住房面积	—	—	—	—	—	—	—	—	—	—	1,6
安全饮水普及率	—	—	89.6ª	—	—	—	—	—	—	—	1
卫生设施普及率	—	—	73.4ª	—	—	—	—	—	—	—	1
汽车普及率	—	—	129ᶜ	—	—	—	—	—	—	—	1,6
人均航行次数	3.9	3.9	0.56	0.6	0.9	1.1	1.3	1.9	1.8	3.2	1
网购人口比例	—	—	—	—	—	—	—	—	—	—	1
人工智能家庭普及率		14.0	0.215	0.36	1.35	2.59	4.99	18.5	7.1	51	1
生活满意度	—	—	—	—	—	—	—	—	—	—	5

注：(1) 基线值的数据来源同表 2-21（数值为 2018 年或最近可获得年数据）。(2) 变化 I 和变化 II 的计算方法：逆指标（指标性质为 2），变化 I＝2020 年数值/2035 年数值，变化 II＝2020 年数值/2050 年数值；其他指标，变化 I＝2035 年数值/2020 年数值，变化 II＝2050 年数值/2020 年数值。(3) 基线值对应的年份，没有标注的指标数值为 2018 年值；其他如标注：a 为 2017 年数据，b 为 2016 年数据，c 为 2015 年数据，d 为 2014 年数据，e 为 2013 年数据。

附录 1-3-1　中国经济指标国际差距(差异)的情景分析

项目	2035 年国际差距(差异)					2050 年国际差距(差异)				
	中国	高收入国家	世界	高收入国家/中国	世界/中国	中国	高收入国家	世界	高收入国家/中国	世界/中国
参考 2000~2018 年年均增长率估算										
人均 GDP	20 877	52 842	19 487	2.53	0.93	50 033	62 663	32 647	1.25	0.65
人均制造业增加值	4558	7141	2770	1.57	0.61	8209	8213.2	4315	1	0.53
人均知识产业增加值	7389	26 194	12 354	3.55	1.67	23 438	39 637.2	17 892	1.69	0.76
人均 GDP 年增长率	4.4	1.7	1.81	0.38	0.41	3.3	1.6	1.78	0.49	0.54
劳动生产率	58 697	112 087	54 311	1.91	0.93	88 695	130 318	76 660	1.47	0.86
农业劳动生产率	8778	39 076	5276	4.45	0.6	18 250	47 207	8220	2.59	0.45
工业劳动生产率	62 357	124 745	29 696	2.0	0.48	149 441	158 677	34 477	1.06	0.23
服务业劳动生产率	29 203	89 344	28 111	3.06	0.96	52 593	95 017	32 636	1.81	0.62
能源生产率	9.6	12.9	10.6	1.35	1.11	13.8	16.8	13	1.21	0.94
水生产率	43.5	177.6	6.0	4.09	0.14	96.5	329.2	7	3.41	0.07
农业增加值比例*	3.6	1.0	2.4	0.27(3.8)	0.66(1.5)	1.9	0.7	1.7	0.38(2.7)	0.90(1.1)
工业增加值比例	34.3	19.5	22.1	0.57	0.64	29.5	17.2	19.7	0.58	0.67
服务业增加值比例	62.1	79.5	75.5	1.28	1.22	68.5	82	78.6	1.2	1.15
知识产业增加值比例	34.4	48.5	22.4	1.41	0.65	46.3	58.1	25.3	1.25	0.55
农业劳动力比例*	13.4	1.9	20.3	0.14(6.9)	1.52(0.7)	7.3	1.3	15.2	0.18(5.5)	2.09(0.5)
工业劳动力比例	27.6	18.6	22.4	0.67	0.81	26.8	15.7	22.1	0.59	0.82
服务业劳动力比例	59	79.5	57.2	1.35	0.97	65.9	82.9	62.7	1.26	0.95
知识产业劳动力比例	29.8	51.4	25.7	1.73	0.86	46.4	57.2	28.6	1.23	0.62
新企业密度	2.4	5.4	2.4	2.2	0.97	2.8	6.2	2.7	2.2	0.97
工业机器人使用比例	222	311	193	1.4	0.87	462	754	347	1.63	0.75
通货膨胀率	2.5	1.7	2.4	0.71	0.96	2.9	1.7	2.3	0.6	0.81
劳动者税收比例	13.5	32.8	12.9	2.44	0.96	16.8	31.1	16.1	1.85	0.96
国家税收比例	9.9	14.8	14.6	1.5	1.48	10.4	14.2	14.2	1.36	1.37
最终消费比例	62.2	70.3	77.3	1.13	1.24	71.1	69.9	75	0.98	1.05
固定资本形成比例	30	19.7	23.4	0.66	0.78	22.2	18.4	23.2	0.83	1.05
参考 1990~2018 年年均增长率估算										
人均 GDP	18 611	55 601	17 947	2.99	0.96	40 303	68 964	27 960	1.71	0.69
人均制造业增加值	3830	7755	2324	2.02	0.61	5968	9553	3127	1.6	0.52
人均知识产业增加值	6249	27 233	11 203	4.36	1.79	17 243	42 427	15 077	2.46	0.87
人均 GDP 年增长率	5.6	1.7	2.43	0.31	0.44	5.2	1.7	3.12	0.33	0.6
劳动生产率	64 636	124 114	55 271	1.92	0.86	103 484	146 179	70 606	1.41	0.68
农业劳动生产率	7281	51 603	5449	7.09	0.75	12 835	79 674	8736	6.21	0.68
工业劳动生产率	56 970	134 390	33 076	2.36	0.58	126 070	181 893	42 231	1.44	0.33
服务业劳动生产率	27 002	91 452	33 236	3.39	1.23	45 380	99 166	44 731	2.19	0.99
能源生产率	10	12.2	11	1.23	1.08	14.8	15.2	13	1.03	0.9
水生产率	44	170.9	9	3.89	0.2	98	307.8	14	3.13	0.14
农业增加值比例*	4.5	1.1	1.79	0.24(4.1)	0.40(2.5)	3.0	0.9	1.04	0.32(3.1)	0.35(2.8)
工业增加值比例	34.3	19.6	21.1	0.57	0.62	29.5	17.3	18.1	0.59	0.61
服务业增加值比例	61.2	79.3	77.1	1.3	1.26	67.5	81.8	80.9	1.21	1.2
知识产业增加值比例	33.2	49.7	24.8	1.5	0.75	43.4	60.5	30.2	1.39	0.7
农业劳动力比例*	16	1.8	21.4	0.11(8.9)	1.34(0.7)	10.1	1.1	16.8	0.11(8.8)	1.66(0.6)
工业劳动力比例	26.3	18.6	23.6	0.71	0.9	24.4	15.7	24.3	0.65	1.0
服务业劳动力比例	57.8	79.6	54.9	1.38	0.95	65.5	83.1	58.9	1.27	0.9
知识产业劳动力比例	30.4	58	30.4	1.91	1.0	45	73.3	38.4	1.63	0.85
新企业密度	3.0	5.2	2.2	1.73	0.74	4.0	6.0	2.4	1.5	0.6
工业机器人使用比例	160	261	164	1.63	1.02	250	543	255	2.17	1.02
通货膨胀率	1.8	1.7	2.3	0.96	1.3	1.59	1.7	2.3	1.05	1.42
劳动者税收比例	12.2	36.7	11.8	3	0.97	14.2	37.8	13.7	2.67	0.97
国家税收比例	9.6	16.5	15.8	1.73	1.65	9.8	17.3	16.3	1.76	1.66
最终消费比例	61.1	69.5	78.7	1.14	1.29	68.9	68.3	77.5	0.99	1.12
固定资本形成比例	32.7	19.7	22.4	0.6	0.68	26.1	18.2	21.4	0.7	0.82

注：* 括号中为逆指标的国际差距＝中国/高收入国家(世界)。

附录 1-3-2　中国社会指标国际差距(差异)的情景分析

项目	2035年国际差距(差异)					2050年国际差距(差异)				
	中国	高收入国家	世界	高收入国家/中国	世界/中国	中国	高收入国家	世界	高收入国家/中国	世界/中国
参考2000~2018年年均增长率估算										
人口自然增长率	0.39	0.39	0.9	1.01	2.43	0.33	0.32	0.82	0.97	2.45
城市人口比例	70.1	86	67.7	1.23	0.97	81.4	90.3	81	1.11	0.99
郊区人口比例	16.3	38.7	—	2.37	—	23.1	48.37	—	2.09	—
老龄人口比例	14.5	23.1	11.3	1.6	0.78	18.4	29	14	1.57	0.76
医生比例	2.5	3.6	2.1	1.43	0.83	3.2	4.08	2.61	1.28	0.82
护士比例	4.5	9.7	6.2	2.14	1.37	7.5	10.37	9.62	1.39	1.29
婴儿死亡率*	4.4	2.9	12.1	0.65(1.5)	2.74(0.3)	2.8	2.01	5.6	0.72(1.4)	2.01(0.5)
孕产妇死亡率*	10.1	2.0	—	0.20(5.1)	—	6.0	1.14	—	0.19(5.2)	—
卫生支出比例	6.0	13.8	11	2.29	1.82	7.0	14.9	11.9	2.13	1.69
中学普及率	102.9	112.6	94	1.09	0.91	109.2	119.1	114.1	1.09	1.04
大学普及率	65.2	81.7	53.3	1.25	0.82	81.5	88.1	71.69	1.08	0.88
小学生师比*	13.7	10.8	16.9	0.79(1.3)	1.23(0.8)	11	8.5	16.37	0.77(1.3)	1.48(0.7)
平均受教育年限	10.2	14.6	9.8	1.43	0.97	12.7	16.49	11.33	1.3	0.89
受过高等教育劳动力比例	32.0	79.0	—	2.47	—	57.6	81.37	—	1.41	—
政府教育支出比例	5.5	6.5	—	1.18	—	6.9	6.95	—	1.01	—
成年女性就业率	—	54.3	—	—	—	—	57.6	—	—	—
童工比例	—	—	—	—	—	—	—	—	—	—
失业率	4.6	4.3	4.9	0.95	1.07	4.7	3.75	4.79	0.8	1.02
人均国民收入	20 796	53 630	19 526	2.58	0.94	49 840	63 964	32 713	1.28	0.66
人均购买力	31 402	55 788	26 303	1.78	0.84	56 553	67 573	40 980	1.19	0.72
收入不平等:基尼系数	25.8	22.5	—	0.87	—	19	18.2	—	0.95	—
绝对贫困人口比例*	0.5	0.6	2.4	1.23(0.8)	5.07(0.2)	0.35	0.49	0.8	1.43(0.7)	2.33(0.4)
实际平均工作时间	—	1548	—	—	—	—	1499	—	—	—
休闲和个人保健的时间	969	1009	—	1.04	—	1014	1055	—	1.04	—
养老保险覆盖率	100	100	—	1	—	100	100	—	1	—
参考1990~2018年年均增长率估算										
人口自然增长率	0.3	0.37	0.84	1.22	2.79	0.21	0.29	0.66	1.38	3.18
城市人口比例	67.8	85.9	65.5	1.27	0.97	76.4	90.24	76	1.18	0.99
郊区人口比例	19.5	34.9	—	1.79	—	35.1	40.49	—	1.15	—
老龄人口比例	14.1	22.6	11.1	1.61	0.79	17.5	27.82	13.45	1.59	0.77
医生比例	2.3	4.0	2.0	1.74	0.89	2.7	4.91	2.53	1.8	0.93
护士比例	6.1	11.4	5.6	1.86	0.92	13	13.8	8.12	1.09	0.64
婴儿死亡率*	4	2.5	14.4	0.64(1.6)	3.65(0.3)	2.3	1.57	7.83	0.69(1.5)	3.43(0.3)
孕产妇死亡率*	13	2.7	—	0.21(4.8)	—	9.6	2.0	—	0.21(4.8)	—
卫生支出比例	7.3	13.8	—	1.9	—	9.8	14.9	—	1.52	—
中学普及率	100.9	107.6	89.5	1.07	0.89	106	109.2	103.9	1.03	0.98
大学普及率	70.9	88.9	45.1	1.26	0.64	100	100	52.3	1.0	0.52
小学生师比*	15	11.7	16.4	0.78(1.3)	1.09(0.9)	13.2	9.86	15.44	0.75(1.3)	1.17(0.9)
平均受教育年限	9.5	14.9	10.5	1.57	1.11	11.1	17.25	12.77	1.55	1.15
受过高等教育劳动力比例	25.1	83.1	—	3.31	—	39.1	89.54	—	2.29	—
政府教育支出比例	5.0	6.7	—	1.33	—	5.8	7.37	—	1.26	—
成年女性就业率	—	53.9	—	—	—	—	56.8	—	—	—
童工比例	—	—	—	—	—	—	—	—	—	—
失业率	4.48	5.03	5.02	1.12	1.13	4.5	4.95	5.11	1.09	1.13
人均国民收入	17 817	56 309	17 983	3.16	1.01	37 254	70 111	28 017	1.88	0.75
人均购买力	34 070	58 665	24 215	1.72	0.71	65 935	74 282	35 071	1.13	0.53
收入不平等:基尼系数	35.6	27.1	—	0.76	—	33.5	25.2	—	0.75	—
绝对贫困人口比例*	0.6	0.6	3.6	1.0(1.0)	6.29(0.2)	0.5	0.49	1.67	1.0(1.0)	3.4(0.3)
实际平均工作时间	—	1571.7	—	—	—	—	1540.3	—	—	—
休闲和个人保健的时间	953	992	—	1.04	—	982	1022	—	1.04	—
养老保险覆盖率	94.5	100	—	1.06	—	100	100	—	1	—

注：* 括号中为逆指标的国际差距＝中国/高收入国家(世界)。

附录1-3-3 中国政治指标国际差距(差异)的情景分析

项目	2035年国际差距(差异)					2050年国际差距(差异)				
	中国	高收入国家	世界	高收入国家/中国	世界/中国	中国	高收入国家	世界	高收入国家/中国	世界/中国
参考2000~2018年年均增长率估算										
选民投票率	—	75.3	—	—	—	—	76.5	—	—	—
女性全国人大代表比例	26.9	34.7	25.0	1.29	0.93	28.7	42.1	26	1.47	0.9
政府收入比例	19.1	25	25.1	1.31	1.31	22.2	24.8	25.4	1.12	1.15
政府消费比例	13.7	18.1	17.7	1.32	1.29	12.9	18.4	18.3	1.43	1.42
转移支付比例	—	18.7	—	—	—	—	19	—	—	—
法律权力指数	5.6	7.2	6.5	1.28	1.17	7.5	9.0	7.6	1.19	1.01
营商环境指数	75.3	80.1	68	1.06	0.9	76.4	86.2	73	1.13	0.96
养老金支出比例	11.2	14.8		1.32		17.9	19.9		1.11	
开办企业所需天数*	4.2	5	18.8	1.17(0.9)	4.43(0.2)	2.3	2.3	17.5	1.00(1.0)	7.59(0.1)
平均出口通关时间*	3.8	2.5	—	0.67(1.5)	—	2.1	1.8	—	0.90(1.1)	—
国防费用比例	2.1	2.3	2.2	1.13	1.05	2.2	2.4	2.2	1.08	0.99
道路交通死亡率*	16.1	10.1	19.9	0.63(1.6)	1.24(0.8)	14.6	11.7	21.5	0.80(1.3)	1.47(0.7)
参考1990~2018年年均增长率估算										
选民投票率										
女性全国人大代表比例	26.4	33	24.8	1.25	0.94	27.7	38.3	25.6	1.38	0.92
政府收入比例	17.4	27.2	25.5	1.57	1.47	18.7	28.9	26.3	1.54	1.4
政府消费比例	15.1	18.1	17.4	1.2	1.15	15.5	18.3	17.8	1.18	1.15
转移支付比例	—	20	—	—	—	—	21.5	—	—	—
法律权力指数	4.8	6.7	—	1.4	—	5.6	7.8	—	1.4	—
营商环境指数	76.7	76.3	—	0.99	—	79	79	—	0.99	—
养老金支出比例	10.7	10.9	—	1.02	—	19.7	12.7	—	0.64	—
开办企业所需天数*	6.0	7.1	—	1.17(0.9)	—	4.5	4.5	—	1.00(1.0)	—
平均出口通关时间*	5.4	3.1	—	0.57(1.7)	—	4	2.7	—	0.67(1.5)	—
国防费用比例	1.7	1.9	2.1	1.12	1.22	1.6	1.7	2.1	1.05	1.32
道路交通死亡率*	15.0	7.7	—	0.51(2.0)	—	12.9	7.1	—	0.55(1.8)	—

注:*括号中为逆指标的国际差距=中国/高收入国家(世界)。

附录 1-3-4　中国文化指标国际差距（差异）的情景分析

项目	2035 年国际差距（差异）					2050 年国际差距（差异）				
	中国	高收入国家	世界	高收入国家/中国	世界/中国	中国	高收入国家	世界	高收入国家/中国	世界/中国
参考 2000~2018 年年均增长率估算										
人均年看电影次数	1.9	2.7	—	1.39	—	2.8	2.7	—	0.97	—
人均出国旅游次数	0.3	0.9	0.3	3.24	1.17	0.6	1.1	0.5	1.77	0.72
互联网普及率	92.4	100	61.6	1.08	0.67	144	100	73.7	0.69	0.51
移动通信普及率	136	137	124	1.01	0.91	158	148	144	0.94	0.91
网络音乐用户比例	59.0	31.1	—	0.53	—	79.4	74.6	—	0.94	—
网络犯罪报案比例	—	1372	—	—	—	—	1847	—	—	—
科研经费比例	2.5	2.9	2.4	1.13	0.93	3	3.1	2.4	1.06	0.82
科研人员比例	2972	6057	2246	2.04	0.76	6179	8094	3074	1.31	0.5
发明专利申请比例	12.9	7	6.5	0.54	0.5	16.1	7.2	12.7	0.45	0.79
人均知识产权出口	102	1067	150	10.47	1.47	1779	3209	443	1.8	0.25
人均知识产权进口	320	1240	229	3.87	0.71	2969	4481	874	1.51	0.29
企业创新比例	39.6	20.3	—	0.51	—	40.2	23.5	—	0.58	—
参考 1990~2018 年年均增长率估算										
人均年看电影次数	1.8	2.6	—	1.46	—	2.4	2.5	—	1.06	—
人均出国旅游次数	0.2	1	0.3	4.83	1.72	0.4	1.3	0.5	3.68	1.45
互联网普及率	77.6	100	71	1.29	0.92	104.4	100	95.5	0.96	0.92
移动通信普及率	125	149	124	1.19	0.99	135	173	144	1.28	1.07
网络音乐用户比例	48.9	21.2	—	0.43	—	56.8	38.2	—	0.67	—
网络犯罪报案比例	—	1619.8	—	—	—	—	2523.6	—	—	—
科研经费比例	2.6	3.0	2.4	1.13	0.9	3.2	3	2.5	1.07	0.78
科研人员比例	2502	6087	—	2.43	—	4506	8164	—	1.81	—
发明专利申请比例	11.8	7.9	4.6	0.67	0.39	13.7	9.1	6.7	0.66	0.48
人均知识产权出口	50	917	165	18.44	3.31	461	2414	528	5.24	1.15
人均知识产权进口	176	1376	232	7.8	1.31	966	5446	897	5.64	0.93
企业创新比例	40.5	23.9	—	0.59	—	41.8	32.2	—	0.77	—

附录1-3-5 中国环境指标国际差距(差异)的情景分析

项目	2035年国际差距(差异)					2050年国际差距(差异)				
	中国	高收入国家	世界	高收入国家/中国	世界/中国	中国	高收入国家	世界	高收入国家/中国	世界/中国
参考2000~2018年年均增长率估算										
人均能源消费	3058	4424	2448	1.45	0.8	3823	4294	2909	1.12	0.76
可再生能源消费比例	15.1	20.1	18.3	1.33	1.21	17.6	31.2	18.4	1.78	1.05
人均淡水消费	354	357	—	1.01	—	305	299	—	0.98	—
森林覆盖率	25.3	29.3	30.2	1.16	1.2	27.8	29.5	29.8	1.06	1.07
PM$_{2.5}$年均浓度	30.5	13.2	45.1	0.43	1.48	19.3	12.1	44.7	0.63	2.32
二氧化碳排放密度	1.0	0.2	0.5	0.19	0.47	0.9	0.1	0.4	0.17	0.52
生活废水处理率	100	100	—	1.0	—	100	100	—	1.0	—
城市废物处理率	100	100	—	1.0	—	100	100	—	1.0	—
国际移民比例	0.1	17.2	4.2	157	38.05	0.2	20.6	4.9	133.6	32.1
国际贸易比例	41.6	65.9	60.5	1.59	1.45	44.8	69	61.4	1.54	1.37
外国直接投资净流入比例	0.9	1.0	1.7	1.08	1.78	0.6	0.9	1.9	1.53	3.14
简单平均关税*	5.6	2.2	3.6	0.40(2.5)	0.64(1.6)	4	1.4	2.7	0.35(2.8)	0.67(1.5)
参考1990~2018年年均增长率估算										
人均能源消费	2757	4633	2183	1.68	0.79	3201	4654	2390	1.45	0.75
可再生能源消费比例	16.7	17.4	18.9	1.04	1.13	20.9	24.3	19.5	1.16	0.93
人均淡水消费	430	371.3	—	0.86	—	427	319.4	—	0.75	—
森林覆盖率	25.5	29.3	30.2	1.15	1.18	28.2	29.6	29.7	1.05	1.05
PM$_{2.5}$年均浓度	36.6	13.5	46.4	0.37	1.27	27.1	12.6	47.1	0.47	1.74
二氧化碳排放密度	0.7	0.2	0.4	0.26	0.49	1	0.2	0.3	0.29	0.55
生活废水处理率	100	100	—	1.0	—	100	100	—	1.0	—
城市废物处理率	100	100	—	1.0	—	100	100	—	1.0	—
国际移民比例	0.1	16.5	3.8	157	35.7	0	19.2	4.1	134	28.7
国际贸易比例	45.1	68.2	61	1.51	1.35	52	73.5	62.4	1.41	1.2
外国直接投资净流入比例	1.7	1.2	1.8	0.69	1.05	2	1.3	2.3	0.66	1.16
简单平均关税*	4.4	2.3	4.3	0.52(1.9)	0.98(1.0)	2.5	1.5	3.7	0.59(1.7)	1.46(0.7)

注：* 括号中为逆指标的国际差距＝中国/高收入国家(世界)。

附录 1-3-6　中国个人生活指标国际差距(差异)的情景分析

项目	2035年国际差距(差异)					2050年国际差距(差异)				
	中国	高收入国家	世界	高收入国家/中国	世界/中国	中国	高收入国家	世界	高收入国家/中国	世界/中国
参考2000~2018年年均增长率估算										
人均蛋白质供应	103.2	106.8	92.9	1.03	0.9	104.8	107.6	101.7	1.03	0.97
营养不良人口比例*	5.8	1.89	7.74	0.33(3.1)	1.34(0.7)	4.1	1.39	5.86	0.34(3.0)	1.42(0.7)
儿童超重比例	6.8	5.78	5.5	0.85	0.81	6.9	5.52	5.42	0.8	0.79
平均预期寿命	79.9	84.1	77.9	1.05	0.97	82.9	87.1	82.8	1.05	1.0
总和生育率	1.8	1.55	2.18	0.88	1.23	1.8	1.49	1.98	0.82	1.09
家庭人均可支配收入	13 479	39 703	—	2.95	—	37 188	49 637	—	1.33	—
人均住房面积	44.2	58.01	52.11	1.31	1.18	51.3	68.15	60.49	1.33	1.18
安全饮水普及率	100	100	100	1.0	1.0	100	100	100	1.0	1.0
卫生设施普及率	100	100	98.73	1.0	0.99	100	100	100	1.0	1.0
汽车普及率	263	522	215	1.99	0.82	546	564	315	1.03	0.58
人均航行次数	1.2	3.15	1.11	2.66	0.93	2.8	4.66	2.02	1.64	0.71
网购人口比例	61	76.27	—	1.24	—	82.5	88.55	—	1.07	—
人工智能家庭普及率	10	13.88	4.77	1.39	0.48	120	113	73.5	0.95	0.61
生活满意度	7	7.13	—	1.02	—	7.1	7.23	—	1.02	—
参考1990~2018年年均增长率估算										
人均蛋白质供应	103.6	108	93.1	1.04	0.9	105.5	109.6	102.1	1.04	0.97
营养不良人口比例*	7.2	2.57	—	0.36(2.8)	—	6.2	2.46	—	0.4(2.5)	—
儿童超重比例	6.7	6.47	6.04	0.97	0.91	6.7	6.8	6.43	1.01	0.96
平均预期寿命	79.7	84.4	77.4	1.06	0.97	82.4	87.7	81.9	1.06	0.99
总和生育率	1.5	1.5	2.0	0.99	1.33	1.4	1.4	1.7	1.03	1.25
家庭人均可支配收入	13 273	36 326	—	2.74	—	36 127	42 173	—	1.17	—
人均住房面积	39.8	56.8	55	1.43	1.38	42.9	65.9	65.7	1.54	1.53
安全饮水普及率	96.2	99.7		1.04		99.1	99.85		1.01	
卫生设施普及率	101.4	99.54		0.98		117.8	99.69		0.85	
汽车普及率	217	489		2.26		391	504		1.29	
人均航行次数	1.0	3.41	1.07	3.38	1.06	2.1	5.42	1.91	2.59	0.91
网购人口比例	52.9	69.4		1.31		61.4	74.8		1.22	
人工智能家庭普及率	6.1	12.0		1.96		49.8	85.4		1.72	
生活满意度	7	7.6		1.09		7.1	8.2		1.16	

注：* 括号中为逆指标的国际差距＝中国/高收入国家(世界)。

附录二 世界现代化水平评价的数据集

附表 2-1-1	2017 年世界现代化水平	288
附表 2-1-2	2017 年根据第二次现代化指数的国家分组	290
附表 2-2-1	2017 年世界第一次现代化指数	292
附表 2-2-2	2017 年世界第一次现代化评价指标	294
附表 2-2-3	2017 年世界第一次现代化发展阶段	296
附表 2-2-4	世界第一次现代化指数的增长率和预期完成时间	298
附表 2-2-5	1950～2017 年世界第一次现代化指数	300
附表 2-2-6	1950～2017 年世界第一次现代化指数的排名	302
附表 2-3-1	2017 年世界第二次现代化指数	304
附表 2-3-2	2017 年世界知识创新指数	306
附表 2-3-3	2017 年世界知识传播指数	308
附表 2-3-4	2017 年世界生活质量指数	310
附表 2-3-5	2017 年世界经济质量指数	312
附表 2-3-6	2017 年世界第二次现代化发展阶段	314
附表 2-3-7	1990～2015 年第二次现代化指数的年均增长率	316
附表 2-3-8	1970～2017 年世界第二次现代化指数	318
附表 2-3-9	1970～2017 年世界第二次现代化指数的排名	320
附表 2-4-1	2017 年世界综合现代化指数	322
附表 2-4-2	2017 年世界经济发展指数	324
附表 2-4-3	2017 年世界社会发展指数	326
附表 2-4-4	2017 年世界知识发展指数	328
附表 2-4-5	1980～2017 年世界综合现代化指数	330
附表 2-4-6	1980～2017 年世界综合现代化指数的排名	332

附表 2-1-1　2017 年世界现代化水平

国家	编号	人口/100万	第一次现代化 指数	第一次现代化 排名[a]	第一次现代化 阶段[b]	第二次现代化 指数	第二次现代化 排名	第二次现代化 阶段[c]	综合现代化 指数	综合现代化 排名	国家阶段[d]	国家分组[e]
瑞典	1	10.1	100.0	1	4	107.5	2	2	98.9	3	6	1
美国	2	325.1	100.0	1	4	106.4	5	2	98.3	5	6	1
芬兰	3	5.5	100.0	1	4	98.7	10	2	97.8	7	6	1
澳大利亚	4	24.6	100.0	1	4	91.1	16	2	90.0	17	6	1
瑞士	5	8.5	100.0	1	4	107.2	3	2	97.2	8	6	1
挪威	6	5.3	100.0	1	4	99.3	9	1	92.4	13	5	1
日本	7	126.8	100.0	1	4	95.9	14	1	94.4	10	5	1
丹麦	8	5.8	100.0	1	4	109.1	1	2	100.0	1	6	1
德国	9	82.7	100.0	1	4	99.6	8	2	95.9	9	6	1
荷兰	10	17.1	100.0	1	4	106.5	4	2	98.4	4	6	1
加拿大	11	36.5	100.0	1	4	89.0	19	2	87.7	18	6	1
新加坡	12	5.6	100.0	1	4	102.9	7	2	98.0	6	6	1
英国	13	66.1	100.0	1	4	96.0	13	2	90.5	15	6	1
法国	14	66.9	100.0	1	4	96.4	12	2	91.1	14	6	1
比利时	15	11.4	100.0	1	4	103.5	6	2	99.5	2	6	1
奥地利	16	8.8	100.0	1	4	95.8	15	2	93.8	12	6	1
新西兰	17	4.8	100.0	1	4	82.4	20	1	85.6	19	4	1
韩国	18	51.5	100.0	1	4	91.1	17	1	84.8	20	5	1
以色列	19	8.7	100.0	1	4	89.1	18	2	90.3	16	6	1
意大利	20	60.5	100.0	1	4	73.8	22	2	78.7	22	6	2
爱尔兰	21	4.8	100.0	1	4	97.2	11	1	93.8	11	5	1
西班牙	22	46.6	100.0	1	4	77.5	21	2	79.6	21	6	2
爱沙尼亚	23	1.3	100.0	1	4	64.5	27	1	67.0	29	5	2
斯洛文尼亚	24	2.1	100.0	1	4	70.9	25	1	73.6	23	5	2
乌拉圭	25	3.4	100.0	1	3	55.7	34		64.7	33	3	2
俄罗斯	26	144.5	100.0	1	4	52.2	37		58.8	40	4	2
斯洛伐克	27	5.4	100.0	1	4	55.8	33		60.9	36	4	2
希腊	28	10.8	100.0	1	4	72.8	23		69.4	28	3	2
匈牙利	29	9.8	100.0	1	4	63.6	28	1	66.0	31	5	2
捷克	30	10.6	100.0	1	4	64.5	26		70.4	25	4	2
葡萄牙	31	10.3	100.0	1	4	72.4	24	1	70.4	26	5	2
白俄罗斯	32	9.5	95.5	57	3	47.7	42		54.4	46	3	3
拉脱维亚	33	1.9	100.0	1	4	61.9	30	1	65.6	32	5	2
立陶宛	34	2.8	100.0	1	4	62.5	29	1	66.9	30	5	2
格鲁吉亚	35	3.7	91.5	74	2	37.2	56		46.1	63	2	3
乌克兰	36	44.8	92.5	73	3	36.9	57		47.4	61	3	3
保加利亚	37	7.1	98.8	50	4	47.9	41		55.7	44	4	3
黎巴嫩	38	6.8	98.0	51	3	35.5	63		56.6	43	3	3
哈萨克斯坦	39	18.0	98.9	49	4	41.0	50		51.3	53	4	3
波兰	40	38.0	100.0	1	4	55.2	35		59.9	37	4	2
阿根廷	41	44.0	100.0	1	4	54.0	36		64.5	34	4	2
巴拿马	42	4.1	100.0	1	4	45.7	45		53.4	48	4	3
克罗地亚	43	4.1	100.0	1	4	58.3	31		62.1	35	4	2
沙特阿拉伯	44	33.1	100.0	1	4	58.2	32		71.0	24	4	2
哥伦比亚	45	48.9	96.6	54	3	41.9	49		54.0	47	3	3
科威特	46	4.1	99.9	46	4	49.8	40		70.4	27	4	3
智利	47	18.5	100.0	1	4	50.6	39		59.7	38	4	2
北马其顿	48	2.1	95.5	58	3	38.6	53		48.3	58	3	3
阿塞拜疆	49	9.9	92.7	71	3	31.8	73		44.2	66	3	3
摩尔多瓦	50	3.5	90.7	76	3	32.6	69		42.8	68	3	3
罗马尼亚	51	19.6	100.0	1	4	47.2	44		52.5	51	4	2
委内瑞拉	52	29.4	100.0	1	4	34.2	64		51.9	52	4	2
乌兹别克斯坦	53	32.4	82.7	89	2	22.4	91		30.7	91	2	4
多米尼加	54	10.5	97.9	52	3	42.8	48		59.6	39	3	3
亚美尼亚	55	2.9	93.4	69	2	32.8	67		49.7	56	3	3
巴拉圭	56	6.9	87.1	83	3	32.3	70		40.1	75	3	3
哥斯达黎加	57	4.9	100.0	1	3	51.4	38		57.6	41	3	2
巴西	58	207.8	99.7	47	4	47.5	43		57.5	42	4	3
墨西哥	59	124.8	100.0	1	4	38.0	54		52.7	50	4	3
博茨瓦纳	60	2.2	91.1	75	3	32.8	68		41.1	71	3	3
秘鲁	61	31.4	96.8	53	3	36.7	58		50.1	55	3	3
牙买加	62	2.9	95.3	60	3	35.9	60		44.2	65	3	3
约旦	63	9.8	94.5	61	4	32.2	71		48.2	59	4	3
南非	64	57.0	94.2	63	4	31.4	74		40.6	74	4	3
土耳其	65	81.1	100.0	1	3	40.9	51		51.2	54	3	3
厄瓜多尔	66	16.8	96.5	55	3	36.5	59		46.6	62	3	3
伊朗	67	80.7	96.1	56	3	40.1	52		48.5	57	3	3
蒙古	68	3.1	92.8	70	3	28.9	78		41.1	72	3	4
摩洛哥	69	35.6	87.0	85	3	30.2	77		40.8	73	3	3
马来西亚	70	31.1	100.0	1	3	45.5	46		53.0	49	3	3

（续表）

国家	编号	人口/100万	第一次现代化 指数	排名[a]	阶段[b]	第二次现代化 指数	排名	阶段[c]	综合现代化 指数	排名	国家阶段[d]	国家分组[e]
萨尔瓦多	71	6.4	94.0	64	3	31.4	75		41.2	70	3	3
埃及	72	96.4	88.7	79	3	28.1	80		33.4	85	3	4
中国	73	1386.4	99.7	48	3	44.4	47		45.5	64	3	3
阿尔及利亚	74	41.4	93.8	67	3	33.6	65		43.5	67	3	3
土库曼斯坦	75	5.8	87.0	84	3	22.7	89		34.9	84	3	4
突尼斯	76	11.4	93.8	66	3	32.9	66		41.5	69	3	3
阿尔巴尼亚	77	2.9	90.5	77	2	35.9	61		47.6	60	2	3
吉尔吉斯斯坦	78	6.2	87.2	82	3	25.3	85		32.6	86	3	4
塔吉克斯坦	79	8.9	79.0	92	2	20.0	99		26.4	99	2	4
玻利维亚	80	11.2	92.7	72	3	25.0	86		39.0	78	3	4
缅甸	81	53.4	74.2	97	2	18.7	106		23.3	105	2	4
菲律宾	82	105.2	93.4	68	3	31.0	76		40.1	76	3	3
泰国	83	69.2	94.3	62	3	35.8	62		39.9	77	3	3
纳米比亚	84	2.4	84.9	87	3	27.6	81		37.3	80	3	4
津巴布韦	85	14.2	67.0	104	2	19.3	102		21.0	109	2	4
洪都拉斯	86	9.4	85.0	86	3	25.3	84		29.4	94	3	4
尼加拉瓜	87	6.4	90.1	78	2	24.6	87		29.5	93	2	4
越南	88	94.6	83.2	88	2	27.4	82		31.9	88	2	4
肯尼亚	89	50.2	64.7	108	1	19.1	103		20.1	113	1	4
斯里兰卡	90	21.4	87.6	80	3	37.8	55		34.9	83	3	3
刚果（布）	91	5.1	75.6	94	3	19.9	100		27.1	96	3	4
印度尼西亚	92	264.6	87.5	81	3	28.3	79		32.1	87	3	4
赞比亚	93	16.9	61.6	110	2	18.8	104		23.2	106	2	4
危地马拉	94	16.9	93.9	65	3	26.4	83		38.0	79	3	4
毛里塔尼亚	95	4.3	59.6	115	1	17.0	117		17.5	108	1	4
科特迪瓦	96	24.4	61.9	109	2	18.7	107		25.8	101	2	4
印度	97	1338.7	80.9	90	2	20.1	97		26.3	100	2	4
巴基斯坦	98	207.9	70.7	101	2	18.5	108		23.5	104	2	4
莱索托	99	2.1	60.8	114	2	18.3	111		18.7	115	2	4
柬埔寨	100	16.0	72.5	99	2	19.7	101		21.0	110	2	4
喀麦隆	101	24.6	68.3	103	2	18.2	112		27.7	95	2	4
厄立特里亚	102	3.2	76.2	93	2	20.7	95		35.6	81	2	4
叙利亚	103	17.1	95.4	59	3	31.9	72		54.7	45	3	3
加纳	104	29.1	75.2	96	2	21.9	92		35.1	82	2	4
乍得	105	15.0	37.4	131	0	12.9	131		11.0	130	0	4
莫桑比克	106	28.6	55.8	122	1	16.9	119		15.6	122	1	4
几内亚	107	12.1	56.7	120	2	17.8	113		20.5	111	2	4
也门	108	27.8	70.7	102	3	20.1	98		27.1	97	3	4
巴布亚新几内亚	109	8.4	57.1	119	2	21.8	93		14.0	126	2	4
海地	110	11.0	61.5	111	2	18.5	109		16.2	116	2	4
尼泊尔	111	27.6	66.5	105	1	16.8	120		23.8	103	1	4
塞内加尔	112	15.4	73.0	98	2	22.6	90		29.6	92	2	4
塞拉利昂	113	7.5	44.3	129	0	15.9	123		15.8	121	0	4
刚果（金）	114	81.4	57.5	117	2	13.3	129		14.4	125	2	4
老挝	115	7.0	75.3	95	2	20.6	96		25.5	102	2	4
马拉维	116	17.7	49.3	127	1	17.8	114		13.4	128	1	4
多哥	117	7.7	65.8	107	2	17.2	115		20.4	112	2	4
马达加斯加	118	25.6	61.2	113	1	18.5	110		16.8	120	1	4
马里	119	18.5	49.6	126	1	15.5	126		19.3	114	1	4
尼日利亚	120	190.9	66.5	106	2	18.7	105		30.8	90	2	4
孟加拉国	121	159.7	80.6	91	3	21.2	94		26.6	98	3	4
坦桑尼亚	122	54.7	57.1	118	1	16.7	121		17.2	118	1	4
贝宁	123	11.2	61.4	112	2	17.0	118		22.9	107	2	4
尼日尔	124	21.6	43.0	130	1	13.7	128		13.4	129	1	4
安哥拉	125	29.8	70.9	100	2	23.7	88		31.2	89	2	4
乌干达	126	41.2	56.0	121	1	15.8	124		15.5	123	1	4
中非	127	4.6	45.3	128	1	13.2	130		15.0	124	1	4
布基纳法索	128	19.2	55.2	123	2	16.4	122		17.1	119	2	4
埃塞俄比亚	129	106.4	53.0	124	1	14.9	127		13.8	127	1	4
布隆迪	130	10.8	49.9	125	0	15.6	125		10.4	131	0	4
卢旺达	131	12.0	58.4	116	1	17.1	116		17.9	117	1	4
高收入国家		1204.4	100.0		4	100.0		2	100.0		6	
中等收入国家		5619.1	95.4		3	30.6			37.9		3	
低收入国家		687.4	60.0		1	16.3			19.2		1	
世界		7511.0	100.0		3	41.0			48.3		3	

注：a. 第一次现代化指数达到100%时，排名不分先后。b. 第一次现代化的阶段：4代表过渡期，3代表成熟期，2代表发展期，1代表起步期，0代表传统农业社会。c. 第二次现代化的阶段：2代表发展期，1代表起步期。d. 国家阶段划分：0代表传统农业社会，1代表第一次现代化起步期，2代表第一次现代化发展期，3代表第一次现代化成熟期，4代表第一次现代化过渡期，5代表第二次现代化起步期，6代表第二次现代化发展期，7代表第二次现代化成熟期，8代表第二次现代化过渡期。e. 国家分组为根据第二次现代化指数的分组，1代表发达国家，2代表中等发达国家，3代表初等发达国家，4代表欠发达国家。"—"表示没有数据，后同。

附表 2-1-2　2017 年根据第二次现代化指数的国家分组

国家	编号	第二次现代化指数	第一次现代化指数	综合现代化指数	人均国民收入	2017 年分组[a]	2016 年分组[a]
瑞典	1	107.5	100.0	98.9	52 850	1	1
美国	2	106.4	100.0	98.3	59 030	1	1
芬兰	3	98.7	100.0	97.8	44 680	1	1
澳大利亚	4	91.1	100.0	90.0	51 600	1	1
瑞士	5	107.2	100.0	97.2	81 120	1	1
挪威	6	99.3	100.0	92.4	76 210	1	1
日本	7	95.9	100.0	94.4	38 470	1	1
丹麦	8	109.1	100.0	100.0	56 340	1	1
德国	9	99.6	100.0	95.9	43 640	1	1
荷兰	10	106.5	100.0	98.4	47 110	1	1
加拿大	11	89.0	100.0	87.7	42 960	1	1
新加坡	12	102.9	100.0	98.0	54 200	1	1
英国	13	96.0	100.0	90.5	41 370	1	1
法国	14	96.4	100.0	91.1	38 330	1	1
比利时	15	103.5	100.0	99.5	42 720	1	1
奥地利	16	95.8	100.0	93.8	45 120	1	1
新西兰	17	82.4	100.0	85.6	38 470	1	1
韩国	18	91.1	100.0	84.8	28 380	1	1
以色列	19	89.1	100.0	90.3	37 420	1	1
意大利	20	73.8	100.0	78.7	31 340	2	2
爱尔兰	21	97.2	100.0	93.8	53 050	1	1
西班牙	22	77.5	100.0	79.6	27 040	2	1
爱沙尼亚	23	64.5	100.0	67.0	18 690	2	2
斯洛文尼亚	24	70.9	100.0	73.6	22 090	2	2
乌拉圭	25	55.7	100.0	64.7	14 900	2	2
俄罗斯	26	52.2	100.0	58.8	9230	2	2
斯洛伐克	27	55.8	100.0	60.9	16 650	2	2
希腊	28	72.8	100.0	69.4	18 340	2	2
匈牙利	29	63.6	100.0	66.0	13 080	2	2
捷克	30	64.5	100.0	70.4	17 970	2	2
葡萄牙	31	72.4	100.0	70.4	20 040	2	2
白俄罗斯	32	47.7	95.5	54.4	5300	3	3
拉脱维亚	33	61.9	100.0	65.6	14 710	2	2
立陶宛	34	62.5	100.0	66.9	15 240	2	2
格鲁吉亚	35	37.2	91.5	46.1	4030	3	3
乌克兰	36	36.9	92.5	47.4	2260	3	3
保加利亚	37	47.9	98.8	55.7	7860	3	3
黎巴嫩	38	35.5	98.0	56.6	7500	3	3
哈萨克斯坦	39	41.0	98.9	51.3	8040	3	3
波兰	40	55.2	100.0	59.9	12 730	2	2
阿根廷	41	54.0	100.0	64.5	13 120	2	2
巴拿马	42	45.7	100.0	53.4	13 260	3	3
克罗地亚	43	58.3	100.0	62.1	12 640	2	2
沙特阿拉伯	44	58.2	100.0	71.0	19 990	2	2
哥伦比亚	45	41.9	96.6	54.0	5930	3	3
科威特	46	49.8	99.9	70.4	31 660	3	3
智利	47	50.6	100.0	59.7	13 290	2	2
北马其顿	48	38.6	95.5	48.3	4890	3	3
阿塞拜疆	49	31.8	92.7	44.2	4070	3	3
摩尔多瓦	50	32.6	90.7	42.8	2590	3	3
罗马尼亚	51	47.2	100.0	52.5	10 010	3	3
委内瑞拉	52	34.2	100.0	51.9	13 080	3	3
乌兹别克斯坦	53	22.4	82.7	30.7	2350	4	4
多米尼加	54	42.8	97.9	59.6	7090	3	3
亚美尼亚	55	32.8	93.4	49.7	3950	3	3
巴拉圭	56	32.3	87.1	40.1	5390	3	3
哥斯达黎加	57	51.4	100.0	57.6	11 090	2	2
巴西	58	47.5	99.7	57.5	8670	3	3
墨西哥	59	38.0	100.0	52.7	8930	3	3
博茨瓦纳	60	32.8	91.1	41.1	7020	3	3
秘鲁	61	36.6	96.8	50.1	6060	3	3
牙买加	62	35.9	95.3	44.2	4740	3	3
约旦	63	32.2	94.5	48.2	4020	3	3
南非	64	31.4	94.2	40.6	5410	3	3
土耳其	65	40.9	100.0	51.2	10 900	3	3
厄瓜多尔	66	36.5	96.5	46.6	5860	3	3
伊朗	67	40.1	96.1	48.5	5470	3	3
蒙古	68	28.9	92.8	41.1	3230	4	3
摩洛哥	69	30.2	87.0	40.8	2870	3	3
马来西亚	70	45.5	100.0	53.0	9940	3	3

（续表）

国家	编号	第二次现代化指数	第一次现代化指数	综合现代化指数	人均国民收入	2017年分组[a]	2016年分组[a]
萨尔瓦多	71	31.4	94.0	41.2	3600	3	3
埃及	72	28.1	88.7	33.4	3040	4	4
中国	73	44.4	99.7	45.5	8650	3	3
阿尔及利亚	74	33.6	93.8	43.5	3920	3	3
土库曼斯坦	75	22.7	87.0	34.9	6380	4	4
突尼斯	76	32.9	93.8	41.5	3520	3	3
阿尔巴尼亚	77	35.9	90.5	47.6	4290	3	3
吉尔吉斯斯坦	78	25.3	87.2	32.6	1110	4	4
塔吉克斯坦	79	20.0	79.0	26.4	1000	4	4
玻利维亚	80	25.0	92.7	39.0	3090	4	4
缅甸	81	18.7	74.2	23.3	1200	4	4
菲律宾	82	31.0	93.4	40.1	3650	3	3
泰国	83	35.8	94.3	39.9	5950	3	3
纳米比亚	84	27.6	84.9	37.3	4800	4	3
津巴布韦	85	19.3	67.0	21.0	1370	4	4
洪都拉斯	86	25.3	85.0	29.4	2220	4	4
尼加拉瓜	87	24.6	90.1	29.5	2090	4	4
越南	88	27.4	83.2	31.9	2120	4	4
肯尼亚	89	19.1	64.7	20.1	1440	4	4
斯里兰卡	90	37.8	87.6	34.9	3880	3	3
刚果(布)	91	19.9	75.6	27.1	1480	4	4
印度尼西亚	92	28.3	87.5	32.1	3530	4	4
赞比亚	93	18.8	61.6	23.2	1300	4	4
危地马拉	94	26.4	93.9	38.0	4060	4	4
毛里塔尼亚	95	17.0	59.6	21.7	1110	4	4
科特迪瓦	96	18.7	61.9	25.8	1480	4	4
印度	97	20.1	80.9	26.3	1830	4	4
巴基斯坦	98	18.5	70.7	23.5	1500	4	4
莱索托	99	18.3	60.8	18.7	1250	4	4
柬埔寨	100	19.7	72.5	21.0	1240	4	4
喀麦隆	101	18.2	68.3	27.5	1340	4	4
厄立特里亚	102	20.7	76.2	35.6	—	4	4
叙利亚	103	31.9	95.4	54.7	—	3	3
加纳	104	21.9	75.2	35.1	1900	4	4
乍得	105	12.9	37.4	11.0	640	4	4
莫桑比克	106	16.9	55.8	15.6	470	4	4
几内亚	107	17.8	56.7	20.5	820	4	4
也门	108	20.1	70.7	27.1	1460	4	4
巴布亚新几内亚	109	21.8	57.1	14.0	2570	4	4
海地	110	18.5	61.5	16.2	760	4	4
尼泊尔	111	16.8	66.5	23.8	860	4	4
塞内加尔	112	22.6	73.0	29.6	1280	4	4
塞拉利昂	113	15.9	44.3	15.8	520	4	4
刚果(金)	114	13.3	57.5	14.4	460	4	4
老挝	115	20.6	75.3	25.5	2240	4	4
马拉维	116	17.8	49.3	13.4	340	4	4
多哥	117	17.2	65.8	20.4	600	4	4
马达加斯加	118	18.5	61.2	16.8	470	4	4
马里	119	15.5	49.6	19.3	770	4	4
尼日利亚	120	18.7	66.5	30.8	2100	4	4
孟加拉国	121	21.2	80.6	26.6	1520	4	4
坦桑尼亚	122	16.7	57.1	17.2	970	4	4
贝宁	123	17.0	61.4	22.9	800	4	4
尼日尔	124	13.7	43.0	13.4	360	4	4
安哥拉	125	23.7	70.9	31.2	3560	4	4
乌干达	126	15.8	56.0	15.5	620	4	4
中非	127	13.2	45.3	15.0	440	4	4
布基纳法索	128	16.4	55.2	17.1	590	4	4
埃塞俄比亚	129	14.9	53.0	13.8	740	4	4
布隆迪	130	15.6	49.9	10.4	280	4	4
卢旺达	131	17.1	58.4	17.9	730	4	4
高收入国家		100.0	100.0	100.0	41433		
中等收入国家		30.6	95.4	37.9	4993		
低收入国家		16.3	60.0	19.2	791		
世界		41.0	100.0	48.3	10447		

注:a. 1代表发达国家,2代表中等发达国家,3代表初等发达国家,4代表欠发达国家。

附表 2-2-1 2017 年世界第一次现代化指数

国家	编号	经济指标				社会指标				知识指标		指数	排名	达标个数
		人均国民收入	农业劳动力比例[a]	农业增加值比例[a]	服务业增加值比例[a]	城市人口比例	医生比例[a]	婴儿死亡率	平均预期寿命	成人识字率	大学入学率[a]			
瑞典	1	100	100	100	100	100	100	100	100	—	100	100.0	1	9
美国	2	100	100	100	100	100	100	100	100	—	100	100.0	1	9
芬兰	3	100	100	100	100	100	100	100	100	—	100	100.0	1	9
澳大利亚	4	100	100	100	100	100	100	100	100	—	100	100.0	1	9
瑞士	5	100	100	100	100	100	100	100	100	—	100	100.0	1	9
挪威	6	100	100	100	100	100	100	100	100	—	100	100.0	1	9
日本	7	100	100	100	100	100	100	100	100	—	—	100.0	1	8
丹麦	8	100	100	100	100	100	100	100	100	—	100	100.0	1	9
德国	9	100	100	100	100	100	100	100	100	—	100	100.0	1	9
荷兰	10	100	100	100	100	100	100	100	100	—	100	100.0	1	9
加拿大	11	100	100	100	100	100	100	100	100	—	100	100.0	1	9
新加坡	12	100	100	100	100	100	100	100	100	100	100	100.0	1	10
英国	13	100	100	100	100	100	100	100	100	—	100	100.0	1	9
法国	14	100	100	100	100	100	100	100	100	—	100	100.0	1	9
比利时	15	100	100	100	100	100	100	100	100	—	100	100.0	1	9
奥地利	16	100	100	100	100	100	100	100	100	—	100	100.0	1	9
新西兰	17	100	100	100	100	100	100	100	100	—	100	100.0	1	9
韩国	18	100	100	100	100	100	100	100	100	—	100	100.0	1	9
以色列	19	100	100	100	100	100	100	100	100	—	100	100.0	1	9
意大利	20	100	100	100	100	100	100	100	100	100	100	100.0	1	10
爱尔兰	21	100	100	100	100	100	100	100	100	—	100	100.0	1	9
西班牙	22	100	100	100	100	100	100	100	100	100	100	100.0	1	10
爱沙尼亚	23	100	100	100	100	100	100	100	100	100	100	100.0	1	10
斯洛文尼亚	24	100	100	100	100	100	100	100	100	100	100	100.0	1	10
乌拉圭	25	100	100	100	100	100	100	100	100	100	100	100.0	1	10
俄罗斯	26	100	100	100	100	100	100	100	100	—	100	100.0	1	9
斯洛伐克	27	100	100	100	100	100	100	100	100	—	100	100.0	1	9
希腊	28	100	100	100	100	100	100	100	100	100	100	100.0	1	10
匈牙利	29	100	100	100	100	100	100	100	100	100	100	100.0	1	10
捷克	30	100	100	100	100	100	100	100	100	—	100	100.0	1	9
葡萄牙	31	100	100	100	100	100	100	100	100	100	100	100.0	1	10
白俄罗斯	32	59	100	100	100	100	100	100	100	—	100	95.5	57	8
拉脱维亚	33	100	100	100	100	100	100	100	100	100	100	100.0	1	10
立陶宛	34	100	100	100	100	100	100	100	100	100	100	100.0	1	10
格鲁吉亚	35	45	70	100	100	100	100	100	100	100	100	91.5	74	8
乌克兰	36	25	100	100	100	100	100	100	100	100	100	92.5	73	9
保加利亚	37	88	100	50	100	100	100	100	100	100	100	98.8	50	9
黎巴嫩	38	84	100	100	100	100	100	100	100	—	—	98.0	51	7
哈萨克斯坦	39	90	100	100	100	100	100	100	100	—	100	98.9	49	8
波兰	40	100	100	100	100	100	100	100	100	—	100	100.0	1	9
阿根廷	41	100	100	100	100	100	100	100	100	100	100	100.0	1	10
巴拿马	42	100	100	100	100	100	100	100	100	100	—	100.0	1	9
克罗地亚	43	100	100	100	100	100	100	100	100	100	100	100.0	1	10
沙特阿拉伯	44	100	100	100	100	100	100	100	100	100	100	100.0	1	10
哥伦比亚	45	66	100	100	100	100	100	100	100	100	100	96.6	54	9
科威特	46	100	100	100	99	100	100	100	100	100	100	99.9	46	9
智利	47	100	100	100	100	100	100	100	100	100	100	100.0	1	10
北马其顿	48	55	100	100	100	100	100	100	100	100	100	95.5	58	9
阿塞拜疆	49	45	83	100	99	100	100	100	100	100	100	92.7	71	7
摩尔多瓦	50	29	93	100	100	85	100	100	100	100	100	90.7	76	7
罗马尼亚	51	100	100	100	100	100	100	100	100	100	100	100.0	1	10
委内瑞拉	52	100	100	100	100	100	—	100	100	100	—	100.0	1	8
乌兹别克斯坦	53	26	90	50	100	100	100	100	100	100	61	82.7	89	6
多米尼加	54	79	100	100	100	100	100	100	100	100	100	97.9	52	9
亚美尼亚	55	44	90	100	100	100	100	100	100	100	100	93.4	69	8
巴拉圭	56	60	100	100	100	100	24	100	100	100	—	87.1	83	7
哥斯达黎加	57	100	100	100	100	100	100	100	100	100	100	100.0	1	10
巴西	58	97	100	100	100	100	100	100	100	100	100	99.7	47	9
墨西哥	59	100	100	100	100	100	100	100	100	100	100	100.0	1	9
博茨瓦纳	60	78	100	100	100	100	37	97	98	100	100	91.1	75	6
秘鲁	61	68	100	100	100	100	100	100	100	100	100	96.8	53	9
牙买加	62	53	100	100	100	100	100	100	100	100	100	95.3	60	9
约旦	63	45	100	100	100	100	100	100	100	100	100	94.5	61	9
南非	64	60	100	100	100	100	91	100	91	100	100	94.2	63	7
土耳其	65	100	100	100	100	100	100	100	100	100	—	100.0	1	9
厄瓜多尔	66	65	100	100	100	100	100	100	100	100	100	96.5	55	9
伊朗	67	61	100	100	100	100	100	100	100	100	100	96.1	56	9
蒙古	68	36	100	100	100	100	100	100	99	—	100	92.8	70	7
摩洛哥	69	32	78	100	100	73	100	100	100	87	100	87.0	85	6
马来西亚	70	100	100	100	100	100	100	100	100	100	100	100.0	1	10

(续表)

国家	编号	经济指标				社会指标				知识指标		指数	排名	达标个数
		人均国民收入	农业劳动力比例[a]	农业增加值比例[a]	服务业增加值比例[a]	城市人口比例[a]	医生比例[a]	婴儿死亡率	平均预期寿命	成人识字率[a]	大学入学率[a]			
萨尔瓦多	71	40	100	100	100	100	100	100	100	100	100	94.0	64	9
埃及	72	34	100	100	100	85	79	100	100	89	100	88.7	79	6
中国	73	97	100	100	100	100	100	100	100	100	100	99.7	48	9
阿尔及利亚	74	44	100	100	100	100	100	100	100	—	100	93.8	67	8
土库曼斯坦	75	71	100	100	75	100	100	74	97	100	53	87.0	84	5
突尼斯	76	39	100	100	100	100	100	100	100	99	100	93.8	66	8
阿尔巴尼亚	77	48	79	79	100	100	100	100	100	100	100	90.5	77	7
吉尔吉斯斯坦	78	12	100	100	100	72	100	100	100	—	100	87.2	82	7
塔吉克斯坦	79	11	59	71	100	54	100	96	100	100	100	79.0	92	5
玻利维亚	80	34	100	100	100	100	100	100	100	100	—	92.7	72	8
缅甸	81	13	59	64	90	61	86	79	95	94	100	74.2	97	1
菲律宾	82	41	100	100	100	93	100	100	100	100	100	93.4	68	8
泰国	83	66	97	100	100	98	81	100	100	100	100	94.3	62	6
纳米比亚	84	54	100	100	100	98	37	100	90	—	—	84.9	87	4
津巴布韦	85	15	45	100	100	64	8	85	87	100	67	67.0	104	3
洪都拉斯	86	25	94	100	100	100	31	100	100	100	100	85.0	86	7
尼加拉瓜	87	23	96	100	100	100	91	100	100	100	—	90.1	78	5
越南	88	24	75	98	100	70	82	100	100	—	100	83.2	88	4
肯尼亚	89	16	52	43	100	53	20	94	94	98	76	64.7	108	1
斯里兰卡	90	43	100	100	100	37	96	100	100	100	100	87.6	80	7
刚果(布)	91	17	83	100	89	100	12	81	91	99	84	75.6	94	2
印度尼西亚	92	39	97	100	100	100	38	100	100	100	100	87.5	81	7
赞比亚	93	15	55	100	100	86	9	72	90	—	27	61.6	110	2
危地马拉	94	45	100	100	100	100	—	100	100	100	100	93.9	65	8
毛里塔尼亚	95	12	54	63	100	100	18	57	92	67	33	59.6	115	2
科特迪瓦	96	17	62	70	100	100	23	49	81	55	62	61.9	109	2
印度	97	20	67	96	100	67	78	95	99	87	100	80.9	90	2
巴基斯坦	98	17	71	66	100	73	98	51	96	74	62	70.7	101	1
莱索托	99	14	45	100	100	55	7	44	76	96	72	60.8	114	2
柬埔寨	100	14	97	64	100	46	17	100	99	100	88	72.5	99	3
喀麦隆	101	15	64	100	100	100	9	57	84	—	85	68.3	103	3
厄立特里亚	102	—	48	100	100	—	—	93	94	—	22	76.2	93	2
叙利亚	103	—	100	72	91	100	100	100	100	—	100	95.4	59	6
加纳	104	21	88	76	100	100	18	83	91	—	100	75.2	96	3
乍得	105	7	37	31	82	46	5	41	77	28	22	37.4	131	0
莫桑比克	106	5	42	71	100	71	7	54	85	76	47	55.8	122	1
几内亚	107	9	45	84	100	72	8	45	87	40	77	56.7	120	1
也门	108	16	85	100	100	72	31	70	94	—	68	70.7	102	2
巴布亚新几内亚	109	29	44	84	100	26	5	77	91	—	—	57.1	119	1
海地	110	8	60	85	60	100	14	59	90	77	—	61.5	111	1
尼泊尔	111	10	43	57	100	39	65	100	100	75	77	66.5	105	3
塞内加尔	112	14	92	94	100	93	7	91	96	65	77	73.0	98	1
塞拉利昂	113	6	51	25	77	83	3	37	77	41	—	44.3	129	0
刚果(金)	114	5	44	76	85	88	9	43	86	76	—	57.5	117	1
老挝	115	25	44	93	100	69	50	77	96	100	100	75.3	95	3
马拉维	116	4	42	57	100	33	2	82	90	78	5	49.3	127	1
多哥	117	7	86	64	100	82	5	62	86	80	87	65.8	107	1
马达加斯加	118	5	44	75	100	73	18	77	95	89	35	61.2	113	1
马里	119	9	46	39	97	83	14	47	84	41	37	49.6	126	1
尼日利亚	120	23	82	72	100	99	38	39	77	—	68	66.5	106	1
孟加拉国	121	17	74	100	100	72	53	100	100	91	100	80.6	91	5
坦桑尼亚	122	11	45	52	100	66	4	77	92	97	27	57.1	118	1
贝宁	123	9	72	65	100	94	16	48	87	41	82	61.4	112	1
尼日尔	124	4	39	38	99	33	5	61	88	38	25	43.0	130	0
安哥拉	125	40	61	100	100	100	21	56	86	83	62	70.9	100	3
乌干达	126	7	42	61	100	46	9	85	89	88	32	56.0	121	1
中非	127	5	41	44	100	82	6	35	75	—	20	45.3	128	1
布基纳法索	128	7	100	52	100	57	6	60	87	43	40	55.5	123	2
埃塞俄比亚	129	8	45	45	95	41	10	74	94	65	54	53.0	124	0
布隆迪	130	3	33	49	100	25	5	71	87	85	40	49.9	125	1
卢旺达	131	8	45	48	100	34	13	100	98	89	49	58.4	116	1
高收入国家		100	100	100	100	100	100	100	100	—	100	100.0	—	9
中等收入国家		56	98	100	100	100	100	100	100	100	100	95.4	—	8
低收入国家		9	48	58	100	64	32	61	91	78	59	60.0	—	1
世界		100	100	100	100	100	100	100	100	100	—	100.0	—	10

注：a. 为 2010~2017 年期间最近年的数据。

附表 2-2-2　2017 年世界第一次现代化评价指标

国家	编号	经济指标				社会指标				知识指标	
		人均国民收入	农业劳动力比例[a]	农业增加值比例[a]	服务业增加值比例[a]	城市人口比例	医生比例	婴儿死亡率	平均预期寿命	成人识字率	大学入学率[a]
瑞典	1	52 850	1.8	1.1	77	87	5.4	2	82	—	67
美国	2	59 030	1.4	0.9	81	82	2.6	6	79	—	88
芬兰	3	44 680	3.8	2.3	73	85	3.8	2	81	—	88
澳大利亚	4	51 600	2.6	2.7	74	86	3.6	3	82	—	113
瑞士	5	81 120	3.1	0.7	75	74	4.2	4	84	—	60
挪威	6	76 210	2.1	1.9	69	82	4.6	2	83	—	82
日本	7	38 470	3.4	1.2	70	92	2.4	2	84	—	—
丹麦	8	56 340	2.2	1.4	78	88	4.5	4	81	—	81
德国	9	43 640	1.3	0.8	71	77	4.2	3	81	—	70
荷兰	10	47 110	2.3	1.9	80	91	3.5	3	82	—	85
加拿大	11	42 960	1.5	1.7	73	81	2.6	4	82	—	69
新加坡	12	54 200	0.5	0.0	76	100	2.3	2	83	97	85
英国	13	41 370	1.2	0.6	81	83	2.8	4	81	—	60
法国	14	38 330	2.6	1.6	81	80	3.2	3	83	—	66
比利时	15	42 720	1.2	0.7	80	98	3.3	3	81	—	80
奥地利	16	45 120	3.9	1.2	74	58	5.1	3	82	—	85
新西兰	17	38 470	6.2	6.6	74	86	3.0	5	82	—	82
韩国	18	28 380	4.8	2.0	62	82	2.4	3	83	—	94
以色列	19	37 420	1.0	1.2	79	92	3.2	3	83	—	63
意大利	20	31 340	3.8	1.9	77	70	4.1	3	83	99	62
爱尔兰	21	53 050	5.1	1.2	63	63	3.1	3	82	—	78
西班牙	22	27 040	4.4	2.7	75	80	4.1	3	83	98	89
爱沙尼亚	23	18 690	3.5	2.3	73	69	3.5	2	78	100	70
斯洛文尼亚	24	22 090	5.6	1.7	70	54	3.0	2	81	100	79
乌拉圭	25	14 900	8.7	5.1	70	95	5.0	7	78	99	63
俄罗斯	26	9230	5.9	3.6	66	74	4.0	7	72	—	82
斯洛伐克	27	16 650	2.7	3.1	65	54	2.5	5	77	—	47
希腊	28	18 340	12.1	3.7	81	79	4.6	4	81	97	137
匈牙利	29	13 080	5.0	3.8	71	71	3.2	4	76	99	49
捷克	30	17 970	2.8	2.1	65	73	4.3	3	79	—	64
葡萄牙	31	20 040	6.4	2.0	79	65	3.3	3	81	94	64
白俄罗斯	32	5300	10.7	7.6	61	78	4.1	3	74	—	88
拉脱维亚	33	14 710	6.9	3.2	77	68	3.2	4	75	100	88
立陶宛	34	15 240	7.8	3.1	71	68	4.3	4	75	100	72
格鲁吉亚	35	4030	43.1	6.9	70	58	5.1	9	73	99	57
乌克兰	36	2260	15.4	10.2	66	69	3.0	8	72	100	83
保加利亚	37	7860	7.0	4.1	71	75	4.0	6	75	98	71
黎巴嫩	38	7500	12.2	2.9	82	88	2.3	7	79	—	—
哈萨克斯坦	39	8040	15.1	4.4	63	57	3.3	9	73	—	50
波兰	40	12 730	10.2	2.4	68	60	2.4	4	78	—	68
阿根廷	41	13 120	0.1	5.5	73	92	4.0	9	76	99	90
巴拿马	42	13 260	14.5	2.4	68	67	1.6	14	78	—	48
克罗地亚	43	12 640	7.0	3.0	75	57	3.0	4	78	99	67
沙特阿拉伯	44	19 990	4.9	2.5	52	84	2.4	6	75	95	70
哥伦比亚	45	5930	16.5	6.4	67	80	2.1	13	77	95	56
科威特	46	31 660	2.3	0.5	45	100	2.6	7	75	96	55
智利	47	13 290	9.3	3.9	67	87	1.1	6	80	96	88
北马其顿	48	4890	16.2	7.9	68	58	2.9	10	76	98	41
阿塞拜疆	49	4070	36.3	5.6	45	55	3.4	20	73	100	27
摩尔多瓦	50	2590	32.3	11.5	67	43	3.2	14	72	99	41
罗马尼亚	51	10 010	22.8	4.3	66	54	2.3	7	75	99	48
委内瑞拉	52	13 080	7.2	5.0	58	88	—	21	72	97	—
乌兹别克斯坦	53	2350	33.5	30.1	45	51	2.4	20	71	100	9
多米尼加	54	7090	9.6	5.7	67	80	1.6	25	74	94	60
亚美尼亚	55	3950	33.4	15.0	59	63	2.9	12	75	100	52
巴拉圭	56	5390	20.2	10.3	55	61	0.2	18	74	95	—
哥斯达黎加	57	11 090	12.6	5.0	76	79	1.1	8	80	97	56
巴西	58	8670	9.5	4.6	77	86	2.2	13	75	93	51
墨西哥	59	8930	13.1	3.4	66	80	2.2	12	75	95	40
博茨瓦纳	60	7020	23.2	2.0	68	69	0.4	31	69	88	25
秘鲁	61	6060	27.7	6.7	62	78	1.3	12	76	94	71
牙买加	62	4740	16.7	6.6	74	55	1.3	13	74	88	27
约旦	63	4020	3.5	5.5	67	91	2.3	14	74	98	31
南非	64	5410	5.2	2.4	71	66	0.9	30	64	87	22
土耳其	65	10 900	19.4	6.1	65	75	1.8	10	77	96	—
厄瓜多尔	66	5860	27.7	9.3	58	64	2.1	13	77	93	45
伊朗	67	5470	17.6	9.5	56	74	1.1	13	76	86	70
蒙古	68	3230	28.8	10.3	51	68	2.9	15	70	—	64
摩洛哥	69	2870	38.3	12.4	61	62	0.7	20	76	69	34
马来西亚	70	9940	11.2	8.8	52	75	1.5	7	76	94	44

(续表)

国家	编号	经济指标				社会指标				知识指标	
		人均国民收入	农业劳动力比例[a]	农业增加值比例[a]	服务业增加值比例[a]	城市人口比例	医生比例[a]	婴儿死亡率	平均预期寿命	成人识字率[a]	大学入学率[a]
萨尔瓦多	71	3600	18.6	5.0	71	71	1.6	12	73	88	29
埃及	72	3040	25.0	11.5	55	43	0.8	19	72	71	35
中国	73	8650	27.0	7.6	52	58	1.8	8	76	95	49
阿尔及利亚	74	3920	9.4	12.3	50	72	1.8	21	76	—	48
土库曼斯坦	75	6380	22.9	9.3	34	51	2.2	41	68	100	8
突尼斯	76	3520	15.0	9.5	67	69	1.3	15	76	79	32
阿尔巴尼亚	77	4290	38.2	19.0	61	59	1.2	8	78	97	57
吉尔吉斯斯坦	78	1110	26.6	12.5	60	36	1.9	18	71	—	43
塔吉克斯坦	79	1000	51.3	21.2	52	27	1.7	31	71	100	31
玻利维亚	80	3090	28.2	11.6	62	69	1.6	23	71	92	—
缅甸	81	1200	50.6	23.3	40	30	0.9	38	67	76	16
菲律宾	82	3650	25.4	9.7	60	47	1.3	23	71	98	35
泰国	83	5950	30.9	8.3	56	49	0.8	8	77	93	49
纳米比亚	84	4800	19.9	7.0	64	49	0.4	30	63	—	—
津巴布韦	85	1370	67.1	9.7	65	32	0.1	35	61	89	10
洪都拉斯	86	2220	32.0	12.8	61	56	0.3	16	75	89	20
尼加拉瓜	87	2090	31.1	15.1	60	58	0.9	16	74	83	—
越南	88	2120	40.2	15.3	51	35	0.8	17	75	—	29
肯尼亚	89	1440	57.8	34.8	48	27	0.2	32	66	79	11
斯里兰卡	90	3880	26.1	7.8	65	18	1.0	7	77	92	19
刚果(布)	91	1480	36.0	6.4	40	66	0.1	37	64	79	13
印度尼西亚	92	3530	30.8	13.2	47	55	0.4	22	71	95	36
赞比亚	93	1300	54.2	4.0	59	43	0.1	42	63	—	4
危地马拉	94	4060	29.3	10.1	65	51	—	23	74	81	22
毛里塔尼亚	95	1110	55.7	23.9	49	53	0.2	53	64	53	5
科特迪瓦	96	1480	48.4	21.6	54	50	0.2	61	57	44	9
印度	97	1830	44.5	15.6	58	34	0.8	32	69	69	27
巴基斯坦	98	1500	42.0	22.9	59	36	1.0	59	67	59	9
莱索托	99	1250	67.1	6.1	62	28	0.1	69	53	77	11
柬埔寨	100	1240	30.8	23.4	46	23	0.2	25	69	81	13
喀麦隆	101	1340	46.6	14.4	60	56	0.1	52	59	—	13
厄立特里亚	102	—	62.9	12.6	68	—	—	32	66	—	3
叙利亚	103	—	14.7	20.7	41	54	1.2	14	71	—	40
加纳	104	1900	34.3	19.7	50	55	0.2	36	63	—	16
乍得	105	640	81.7	48.6	37	23	0.0	73	54	22	3
莫桑比克	106	470	71.9	21.3	54	35	0.1	56	59	61	7
几内亚	107	820	67.0	17.8	50	36	0.1	66	61	32	12
也门	108	1460	35.3	6.0	52	36	0.3	43	66	—	10
巴布亚新几内亚	109	2570	67.8	17.9	47	13	0.1	39	64	—	—
海地	110	760	49.8	17.7	27	54	0.1	51	63	62	—
尼泊尔	111	860	70.4	26.2	60	19	0.7	28	70	60	12
塞内加尔	112	1280	32.5	16.0	61	47	0.1	33	67	52	12
塞拉利昂	113	520	59.2	60.3	35	42	0.0	81	54	32	—
刚果(金)	114	460	68.8	19.7	38	44	0.1	70	60	77	7
老挝	115	2240	68.4	16.2	53	34	0.5	39	67	85	16
马拉维	116	340	72.1	26.1	60	17	0.0	37	63	62	1
多哥	117	600	34.9	23.6	59	41	0.1	49	60	64	13
马达加斯加	118	470	68.4	19.9	58	37	0.2	39	66	72	5
马里	119	770	65.7	38.3	44	42	0.1	64	58	33	6
尼日利亚	120	2100	36.8	20.8	57	50	0.4	77	54	—	10
孟加拉国	121	1520	40.6	13.4	59	36	0.5	27	72	73	18
坦桑尼亚	122	970	66.9	28.7	46	33	0.0	39	64	78	4
贝宁	123	800	41.8	23.0	55	47	0.2	62	61	33	12
尼日尔	124	360	76.1	39.7	44	16	0.1	49	62	31	4
安哥拉	125	3560	49.3	10.0	48	65	0.2	53	60	66	9
乌干达	126	620	71.1	24.6	55	23	0.1	35	63	70	4
中非	127	440	73.1	33.9	48	41	0.1	87	52	—	3
布基纳法索	128	590	29.2	28.7	53	29	0.1	50	61	35	6
埃塞俄比亚	129	740	67.1	33.7	43	20	0.1	41	66	52	8
布隆迪	130	280	91.9	30.6	58	13	0.1	42	61	68	6
卢旺达	131	730	67.1	31.0	53	17	0.1	28	68	71	7
高收入国家		41 433	3.0	1.3	76	81	3.0	4	81	—	77
中等收入国家		4993	30.5	8.2	60	52	1.3	28	72	86	36
低收入国家		791	63.1	25.8	49	32	0.3	49	63	63	9
世界		10 447	28.4	3.4	71	55	1.5	30	72	86	38
标准值		8960	30.0	15.0	45	50	1.0	30	70	80	15

注:a. 为2010~2017年期间最近年的数据。

附表 2-2-3 2017 年世界第一次现代化发展阶段

| 国家 | 编号 | 信号指标 ||||信号赋值|||| 平均值 | 发展阶段[a] | 第一次现代化指数 |
		农业增加产值占GDP比例	农业增加值/工业增加值	农业劳动力占总劳动力比例	农业劳动力/工业劳动力	农业增加产值占GDP比例	农业增加值/工业增加值	农业劳动力占总劳动力比例	农业劳动力/工业劳动力			
瑞典	1	1.1	0.05	1.8	0.10	4	4	4	4	4.0	4	100
美国	2	0.9	0.05	1.4	0.07	4	4	4	4	4.0	4	100
芬兰	3	2.3	0.10	3.8	0.17	4	4	4	4	4.0	4	100
澳大利亚	4	2.7	0.12	2.6	0.13	4	4	4	4	4.0	4	100
瑞士	5	0.7	0.03	3.1	0.15	4	4	4	4	4.0	4	100
挪威	6	1.9	0.07	2.1	0.11	4	4	4	4	4.0	4	100
日本	7	1.2	0.04	3.4	0.14	4	4	4	4	4.0	4	100
丹麦	8	1.4	0.07	2.2	0.12	4	4	4	4	4.0	4	100
德国	9	0.8	0.03	1.3	0.05	4	4	4	4	4.0	4	100
荷兰	10	1.9	0.10	2.3	0.14	4	4	4	4	4.0	4	100
加拿大	11	1.7	0.07	1.5	0.08	4	4	4	4	4.0	4	100
新加坡	12	0.0	0.00	0.5	0.03	4	4	4	4	4.0	4	100
英国	13	0.6	0.03	1.2	0.06	4	4	4	4	4.0	4	100
法国	14	1.6	0.09	2.6	0.13	4	4	4	4	4.0	4	100
比利时	15	0.7	0.03	1.2	0.06	4	4	4	4	4.0	4	100
奥地利	16	1.2	0.05	3.9	0.16	4	4	4	4	4.0	4	100
新西兰	17	6.6	0.34	6.2	0.30	3	3	4	3	3.3	4	100
韩国	18	2.0	0.05	4.8	0.19	4	4	4	4	4.0	4	100
以色列	19	1.2	0.06	1.0	0.06	4	4	4	4	4.0	4	100
意大利	20	1.9	0.09	3.8	0.15	4	4	4	4	4.0	4	100
爱尔兰	21	1.2	0.03	5.1	0.27	4	4	4	3	3.8	4	100
西班牙	22	2.7	0.12	4.4	0.22	4	4	4	3	3.8	4	100
爱沙尼亚	23	2.3	0.10	3.5	0.12	4	4	4	4	4.0	4	100
斯洛文尼亚	24	1.7	0.06	5.6	0.17	4	4	4	4	4.0	4	100
乌拉圭	25	5.1	0.21	8.7	0.44	3	3	4	3	3.3	4	100
俄罗斯	26	3.6	0.12	5.9	0.22	4	4	4	3	3.8	4	100
斯洛伐克	27	3.1	0.10	2.7	0.07	4	4	4	4	4.0	4	100
希腊	28	3.7	0.25	12.1	0.78	4	3	3	3	3.3	4	100
匈牙利	29	3.8	0.15	5.0	0.16	4	4	4	4	4.0	4	100
捷克	30	2.1	0.06	2.8	0.07	4	4	4	4	4.0	4	100
葡萄牙	31	2.0	0.09	6.4	0.26	4	4	4	3	3.8	4	100
白俄罗斯	32	7.6	0.24	10.7	0.35	3	3	3	3	3.0	3	95
拉脱维亚	33	3.2	0.16	6.9	0.29	4	4	4	3	3.8	4	100
立陶宛	34	3.1	0.12	7.8	0.31	4	4	4	3	3.8	4	100
格鲁吉亚	35	6.9	0.30	43.1	3.27	3	3	2	1	2.3	2	91
乌克兰	36	10.2	0.44	15.4	0.63	3	3	3	3	3.0	3	93
保加利亚	37	4.1	0.17	7.0	0.23	4	4	4	3	3.8	4	99
黎巴嫩	38	2.9	0.20	12.2	0.55	4	3	3	3	3.3	4	98
哈萨克斯坦	39	4.4	0.14	15.1	0.71	4	4	3	3	3.5	4	99
波兰	40	2.4	0.08	10.2	0.32	4	4	3	3	3.5	4	100
阿根廷	41	5.5	0.25	0.1	0.00	3	3	4	4	3.5	4	100
巴拿马	42	2.4	0.08	14.5	0.78	4	4	3	3	3.5	4	100
克罗地亚	43	3.0	0.14	7.0	0.26	4	4	4	3	3.8	4	100
沙特阿拉伯	44	2.5	0.06	4.9	0.20	4	4	4	4	3.8	4	100
哥伦比亚	45	6.4	0.24	16.5	0.85	3	3	3	2	2.8	3	97
科威特	46	0.5	0.01	2.3	0.09	4	4	4	4	4.0	4	100
智利	47	3.9	0.13	9.3	0.41	4	4	4	3	3.8	4	100
北马其顿	48	7.9	0.33	16.2	0.53	3	3	3	3	3.0	3	95
阿塞拜疆	49	5.6	0.11	36.3	2.53	3	4	2	1	2.5	3	93
摩尔多瓦	50	11.5	0.52	32.3	1.94	3	3	2	2	2.5	3	91
罗马尼亚	51	4.3	0.15	22.8	0.76	4	4	3	3	3.5	4	100
委内瑞拉	52	5.0	0.13	7.2	0.34	3	4	4	3	3.5	4	100
乌兹别克斯坦	53	30.1	1.22	33.5	1.11	1	2	2	2	1.8	2	83
多米尼加	54	5.7	0.21	9.6	0.49	3	3	4	3	3.3	3	98
亚美尼亚	55	15.0	0.58	33.4	2.12	2	3	2	1	2.3	3	93
巴拉圭	56	10.3	0.30	20.2	1.00	3	3	3	2	2.8	3	87
哥斯达黎加	57	5.0	0.26	12.6	0.68	3	3	3	3	3.0	4	100
巴西	58	4.6	0.25	9.5	0.46	4	3	4	3	3.5	4	100
墨西哥	59	3.4	0.11	13.1	0.50	4	4	3	3	3.5	4	100
博茨瓦纳	60	2.0	0.07	23.2	1.28	4	4	3	2	3.3	4	91
秘鲁	61	6.7	0.22	27.7	1.77	3	3	3	2	2.8	3	97
牙买加	62	6.6	0.34	16.7	1.06	3	3	3	2	2.8	3	95
约旦	63	5.5	0.20	3.5	0.14	3	3	4	4	3.8	4	94
南非	64	2.4	0.09	5.2	0.22	4	4	4	3	3.8	4	94
土耳其	65	6.1	0.21	19.4	0.73	3	3	3	3	3.0	4	100
厄瓜多尔	66	9.3	0.29	27.7	1.49	3	3	3	2	2.8	3	97
伊朗	67	9.5	0.27	17.6	0.55	3	3	3	3	3.0	3	96
蒙古	68	10.3	0.27	28.8	1.50	3	3	3	2	2.8	3	93
摩洛哥	69	12.4	0.47	38.3	1.77	3	3	2	2	2.5	3	87
马来西亚	70	8.8	0.23	11.2	0.41	3	3	3	3	3.0	3	100

(续表)

国家	编号	信号指标				信号赋值				平均值	发展阶段[a]	第一次现代化指数
		农业增加产值占GDP比例	农业增加值/工业增加值	农业劳动力占总劳动力比例	农业劳动力/工业劳动力	农业增加产值占GDP比例	农业增加值/工业增加值	农业劳动力占总劳动力比例	农业劳动力/工业劳动力			
萨尔瓦多	71	5.0	0.21	18.6	0.85	3	3	3	2	2.8	3	94
埃及	72	11.5	0.34	25.0	0.94	3	3	3	2	2.8	3	89
中国	73	7.6	0.19	27.0	0.93	3	4	3	2	3.0	3	100
阿尔及利亚	74	12.3	0.33	9.4	0.31	3	3	4	3	3.3	3	94
土库曼斯坦	75	9.3	0.16	22.9	0.68	3	4	3	3	3.3	3	87
突尼斯	76	9.5	0.41	15.0	0.46	3	3	3	3	3.0	3	94
阿尔巴尼亚	77	19.0	0.93	38.2	1.97	2	2	2	2	2.0	2	91
吉尔吉斯斯坦	78	12.5	0.46	26.6	1.20	3	3	3	2	2.8	3	87
塔吉克斯坦	79	21.2	0.79	51.3	3.08	2	3	1	1	1.8	2	79
玻利维亚	80	11.6	0.44	28.2	1.30	3	3	3	2	2.8	3	93
缅甸	81	23.3	0.64	50.6	3.17	2	3	1	1	1.8	2	74
菲律宾	82	9.7	0.32	25.4	1.39	3	3	3	2	2.8	3	93
泰国	83	8.3	0.24	30.9	1.31	3	3	3	2	2.5	3	94
纳米比亚	84	7.0	0.24	19.9	1.03	3	3	3	2	2.8	3	85
津巴布韦	85	9.7	0.37	67.1	9.25	3	3	1	0	1.8	2	67
洪都拉斯	86	12.8	0.49	32.0	1.55	3	3	2	2	2.5	3	85
尼加拉瓜	87	15.1	0.60	31.1	1.84	2	3	2	2	2.3	2	90
越南	88	15.3	0.46	40.2	1.56	2	3	2	2	2.3	2	83
肯尼亚	89	34.8	2.07	57.8	7.69	1	1	1	0	0.8	1	65
斯里兰卡	90	7.8	0.29	26.1	0.92	3	3	3	2	2.8	3	88
刚果(布)	91	6.4	0.12	36.0	1.62	3	4	2	2	2.8	3	76
印度尼西亚	92	13.2	0.33	30.8	1.40	3	3	2	2	2.5	3	87
赞比亚	93	4.0	0.11	54.2	5.10	4	4	1	0	2.3	2	62
危地马拉	94	10.1	0.40	29.3	1.40	3	3	3	2	2.8	3	94
毛里塔尼亚	95	23.9	0.89	55.7	5.04	2	2	1	0	1.3	1	60
科特迪瓦	96	21.6	0.87	48.4	7.72	2	2	2	0	1.5	2	62
印度	97	15.6	0.59	44.5	1.82	2	3	2	2	2.3	2	81
巴基斯坦	98	22.9	1.28	42.0	1.78	2	2	2	2	2.0	2	71
莱索托	99	6.1	0.19	67.1	6.76	3	4	1	0	2.0	2	61
柬埔寨	100	23.4	0.76	30.8	1.15	2	3	2	2	2.3	2	72
喀麦隆	101	14.4	0.57	46.6	3.30	3	3	2	1	2.3	2	68
厄立特里亚	102	12.6	0.66	62.9	7.66	3	3	1	0	1.8	2	76
叙利亚	103	20.7	0.54	14.7	0.51	2	3	3	3	2.8	3	95
加纳	104	19.7	0.64	34.3	1.84	2	3	2	2	2.3	2	75
乍得	105	48.6	3.32	81.7	26.89	0	1	0	0	0.3	0	37
莫桑比克	106	21.3	0.85	71.9	9.25	2	2	1	0	1.3	1	56
几内亚	107	17.8	0.56	67.0	9.97	2	3	1	0	1.5	2	57
也门	108	6.0	0.14	35.3	3.30	3	4	2	1	2.5	3	71
巴布亚新几内亚	109	17.9	0.51	67.8	13.69	2	3	1	0	1.5	2	57
海地	110	17.7	0.32	49.8	4.81	2	3	2	1	2.0	2	62
尼泊尔	111	26.2	1.96	70.4	5.53	2	2	1	0	1.3	1	66
塞内加尔	112	16.0	0.71	32.5	2.43	2	3	2	1	2.0	2	73
塞拉利昂	113	60.8	11.69	59.2	10.56	0	0	0	0	0.3	0	44
刚果(金)	114	19.7	0.47	68.8	6.62	2	3	1	0	1.5	2	58
老挝	115	16.2	0.52	68.4	7.58	2	3	1	0	1.5	2	75
马拉维	116	26.1	1.82	72.1	8.76	2	2	1	0	1.3	1	49
多哥	117	23.6	1.39	34.9	1.81	2	2	2	2	2.0	2	66
马达加斯加	118	19.9	0.88	68.4	9.37	2	2	1	0	1.3	1	61
马里	119	38.3	2.12	65.7	10.28	1	1	1	0	0.8	1	50
尼日利亚	120	20.8	0.93	36.8	3.18	2	2	2	1	1.8	2	54
孟加拉国	121	13.4	0.48	40.6	1.99	3	3	2	2	2.5	3	81
坦桑尼亚	122	28.7	1.15	66.9	9.76	2	2	1	0	1.3	1	57
贝宁	123	23.0	1.07	41.8	2.17	2	2	2	2	1.8	2	61
尼日尔	124	39.7	2.50	76.1	9.46	1	1	1	0	0.8	1	43
安哥拉	125	10.0	0.24	49.3	5.97	3	3	2	0	2.0	2	71
乌干达	126	24.6	1.21	71.1	9.76	2	2	1	0	1.3	1	56
中非	127	33.9	1.90	73.1	8.10	1	2	1	0	1.0	1	45
布基纳法索	128	28.7	1.56	29.2	0.89	2	2	2	2	2.0	2	55
埃塞俄比亚	129	33.7	1.43	67.1	5.86	1	2	1	0	1.0	1	53
布隆迪	130	30.6	2.64	91.9	43.05	1	1	0	0	0.5	0	50
卢旺达	131	31.0	1.96	67.1	7.84	1	2	1	0	1.0	1	58
高收入国家		1.3	0.06	3.0	0.13	4	4	4	4	4.0	4	100
中等收入国家		8.2	0.26	30.5	1.24	3	3	3	2	2.5	3	95
低收入国家		25.8	1.04	63.1	5.62	2	2	1	0	1.3	1	60
世界		3.4	0.13	28.4	1.23	4	4	3	2	3.3	3	100

注：a. 4代表第一次现代化的过渡期，3代表成熟期，2代表发展期，1代表起步期，0代表传统农业社会。

附表 2-2-4　世界第一次现代化指数的增长率和预期完成时间

国家	编号	2000 年指数	2017 年指数	2000～2017 年年均增长率	指数达到 100 需要的年数（按 2000～2017 年速度）
瑞典	1	100.0	100.0	0.0	
美国	2	100.0	100.0	0.0	
芬兰	3	100.0	100.0	0.0	
澳大利亚	4	100.0	100.0	0.0	
瑞士	5	100.0	100.0	0.0	
挪威	6	100.0	100.0	0.0	
日本	7	100.0	100.0	0.0	
丹麦	8	100.0	100.0	0.0	
德国	9	100.0	100.0	0.0	
荷兰	10	100.0	100.0	0.0	
加拿大	11	100.0	100.0	0.0	
新加坡	12	100.0	100.0	0.0	
英国	13	100.0	100.0	0.0	
法国	14	100.0	100.0	0.0	
比利时	15	100.0	100.0	0.0	
奥地利	16	100.0	100.0	0.0	
新西兰	17	100.0	100.0	0.0	
韩国	18	100.0	100.0	0.0	
以色列	19	100.0	100.0	0.0	
意大利	20	100.0	100.0	0.0	
爱尔兰	21	100.0	100.0	0.0	
西班牙	22	100.0	100.0	0.0	
爱沙尼亚	23	95.1	100.0	0.3	0
斯洛文尼亚	24	100.0	100.0	0.0	
乌拉圭	25	99.4	100.0	0.0	0
俄罗斯	26	91.0	100.0	0.6	0
斯洛伐克	27	95.3	100.0	0.3	0
希腊	28	100.0	100.0	0.0	
匈牙利	29	97.4	100.0	0.2	0
捷克	30	98.0	100.0	0.1	0
葡萄牙	31	100.0	100.0	0.0	
白俄罗斯	32	92.5	95.5	0.2	25
拉脱维亚	33	94.6	100.0	0.3	0
立陶宛	34	94.6	100.0	0.3	0
格鲁吉亚	35	82.1	91.5	0.6	14
乌克兰	36	89.8	92.5	0.2	45
保加利亚	37	92.4	98.8	0.4	3
黎巴嫩	38	95.9	98.0	0.1	16
哈萨克斯坦	39	90.4	98.9	0.5	2
波兰	40	96.2	100.0	0.2	0
阿根廷	41	100.0	100.0	0.0	
巴拿马	42	94.5	100.0	0.3	0
克罗地亚	43	96.9	100.0	0.2	0
沙特阿拉伯	44	99.3	100.0	0.0	0
哥伦比亚	45	92.4	96.6	0.3	13
科威特	46	100.0	99.9	0.0	
智利	47	97.2	100.0	0.2	0
北马其顿	48	92.0	95.5	0.2	22
阿塞拜疆	49	84.0	92.7	0.6	13
摩尔多瓦	50	78.9	90.7	0.8	12
罗马尼亚	51	88.7	100.0	0.7	0
委内瑞拉	52	96.4	100.0	0.2	0
乌兹别克斯坦	53	77.0	82.7	0.4	45
多米尼加	54	89.6	97.9	0.5	4
亚美尼亚	55	81.7	93.4	0.8	9
巴拉圭	56	88.4	87.1	−0.1	
哥斯达黎加	57	94.4	100.0	0.3	0
巴西	58	93.9	99.7	0.4	1
墨西哥	59	97.9	100.0	0.1	0
博茨瓦纳	60	70.2	91.1	1.5	6
秘鲁	61	91.9	96.8	0.3	11
牙买加	62	90.0	95.3	0.3	14
约旦	63	91.9	94.5	0.2	34
南非	64	80.0	94.2	1.0	6
土耳其	65	88.4	100.0	0.7	0
厄瓜多尔	66	91.0	96.5	0.3	10
伊朗	67	84.4	96.1	0.8	5
蒙古	68	77.8	92.8	1.0	7
摩洛哥	69	74.9	87.0	0.9	16
马来西亚	70	90.6	100.0	0.6	0

(续表)

国家	编号	2000 年指数	2017 年指数	2000～2017 年年均增长率	指数达到 100 需要的年数（按 2000～2017 年速度）
萨尔瓦多	71	92.3	94.0	0.1	57
埃及	72	83.9	88.7	0.3	37
中国	73	76.1	99.7	1.6	0
阿尔及利亚	74	85.1	93.8	0.6	11
土库曼斯坦	75	71.6	87.0	1.2	12
突尼斯	76	89.2	93.8	0.3	21
阿尔巴尼亚	77	75.1	90.5	1.1	9
吉尔吉斯斯坦	78	70.9	87.2	1.2	11
塔吉克斯坦	79	77.6	79.0	0.1	
玻利维亚	80	78.6	92.7	1.0	8
缅甸	81	55.1	74.2	1.8	17
菲律宾	82	88.4	93.4	0.3	21
泰国	83	77.1	94.3	1.2	5
纳米比亚	84	65.2	84.9	1.6	11
津巴布韦	85	63.7	67.0	0.3	
洪都拉斯	86	81.8	85.0	0.2	71
尼加拉瓜	87	75.8	90.1	1.0	10
越南	88	66.3	83.2	1.3	14
肯尼亚	89	57.6	64.7	0.7	63
斯里兰卡	90	71.7	87.6	1.2	11
刚果(布)	91	63.0	75.6	1.1	26
印度尼西亚	92	67.7	87.5	1.5	9
赞比亚	93	50.2	61.6	1.2	40
危地马拉	94	77.8	93.9	1.1	6
毛里塔尼亚	95	53.0	59.6	0.7	75
科特迪瓦	96	51.4	61.9	1.1	44
印度	97	58.6	80.9	1.9	11
巴基斯坦	98	60.2	70.7	0.9	37
莱索托	99	50.7	60.8	1.1	47
柬埔寨	100	44.3	72.5	2.9	11
喀麦隆	101	52.1	68.3	1.6	24
厄立特里亚	102	48.2	76.2	2.7	10
叙利亚	103	79.0	95.4	1.1	4
加纳	104	55.1	75.2	1.8	16
乍得	105	43.1	37.4	−0.8	
莫桑比克	106	48.5	55.8	0.8	71
几内亚	107	47.5	56.7	1.0	55
也门	108	56.2	70.7	1.4	26
巴布亚新几内亚	109	45.6	57.1	1.3	42
海地	110	53.5	61.5	0.8	59
尼泊尔	111	38.8	66.5	3.2	13
塞内加尔	112	54.5	73.0	1.7	18
塞拉利昂	113	34.4	44.3	1.5	55
刚果(金)	114	42.4	57.5	1.8	31
老挝	115	38.5	75.3	4.0	7
马拉维	116	37.0	49.3	1.7	42
多哥	117	46.2	65.8	2.1	20
马达加斯加	118	46.7	61.2	1.6	31
马里	119	37.3	49.6	1.7	42
尼日利亚	120	49.9	66.5	1.7	24
孟加拉国	121	50.7	80.6	2.8	8
坦桑尼亚	122	42.0	57.1	1.8	31
贝宁	123	46.2	61.4	1.7	29
尼日尔	124	36.8	43.0	0.9	92
安哥拉	125	39.5	70.9	3.5	10
乌干达	126	39.4	56.0	2.1	28
中非	127	37.8	45.3	1.1	75
布基纳法索	128	38.7	55.2	2.1	28
埃塞俄比亚	129	33.0	53.0	2.8	23
布隆迪	130	31.1	49.9	2.8	25
卢旺达	131	33.7	58.4	3.3	17
高收入国家		100.0	100.0	0.0	
中等收入国家		92.6	95.4	0.2	27
低收入国家		57.6	60.0	0.2	
世界		89.4	100.0	0.7	0

附表 2-2-5 1950～2017 年世界第一次现代化指数

国家	编号	1950	1960	1970	1980	1990	2000	2010	2016	2017
瑞典	1	80.6	95.5	100.0	100.0	100.0	100.0	100.0	100.0	100.0
美国	2	100.0	100.0	100.0	100.0	100.0	100.0	100.0	100.0	100.0
芬兰	3	60.6	84.3	100.0	100.0	100.0	100.0	100.0	100.0	100.0
澳大利亚	4	85.9	98.7	100.0	100.0	100.0	100.0	100.0	100.0	100.0
瑞士	5	83.6	93.3	100.0	100.0	100.0	100.0	100.0	100.0	100.0
挪威	6	85.4	91.1	100.0	100.0	100.0	100.0	100.0	100.0	100.0
日本	7	62.6	88.5	100.0	100.0	100.0	100.0	100.0	100.0	100.0
丹麦	8	83.7	96.7	100.0	100.0	100.0	100.0	100.0	100.0	100.0
德国	9	75.1	91.9	100.0	100.0	100.0	100.0	100.0	100.0	100.0
荷兰	10	80.3	96.6	100.0	100.0	100.0	100.0	100.0	100.0	100.0
加拿大	11	90.0	100.0	100.0	100.0	100.0	100.0	100.0	100.0	100.0
新加坡	12	54.6	76.8	90.2	94.3	94.2	100.0	100.0	100.0	100.0
英国	13	83.6	96.0	100.0	100.0	100.0	100.0	100.0	100.0	100.0
法国	14	76.2	96.7	100.0	100.0	100.0	100.0	100.0	100.0	100.0
比利时	15	82.8	95.4	100.0	100.0	100.0	100.0	100.0	100.0	100.0
奥地利	16	72.6	89.6	100.0	100.0	100.0	100.0	100.0	100.0	100.0
新西兰	17	84.7	98.3	100.0	100.0	100.0	100.0	100.0	100.0	100.0
韩国	18	34.6	51.5	70.6	86.6	97.3	100.0	100.0	100.0	100.0
以色列	19	84.5	95.5	91.5	100.0	100.0	100.0	100.0	100.0	100.0
意大利	20	63.0	86.8	100.0	100.0	100.0	100.0	100.0	100.0	100.0
爱尔兰	21	64.6	85.4	96.3	100.0	100.0	100.0	100.0	100.0	100.0
西班牙	22	58.2	73.1	95.4	100.0	100.0	100.0	100.0	100.0	100.0
爱沙尼亚	23	—	—	—	—	—	95.1	100.0	100.0	100.0
斯洛文尼亚	24	—	—	—	—	—	100.0	100.0	100.0	100.0
乌拉圭	25	—	80.8	85.5	95.9	94.4	99.4	100.0	100.0	100.0
俄罗斯	26	—	90.1	—	—	—	91.0	99.8	100.0	100.0
斯洛伐克	27	—	—	—	—	—	95.3	100.0	100.0	100.0
希腊	28	63.4	73.9	91.6	99.6	98.8	100.0	100.0	100.0	100.0
匈牙利	29	72.3	79.4	91.9	94.8	94.9	97.4	100.0	100.0	100.0
捷克	30	—	—	100.0	95.8	93.3	98.0	100.0	100.0	100.0
葡萄牙	31	48.2	59.6	73.4	85.8	95.4	100.0	100.0	100.0	100.0
白俄罗斯	32	—	—	—	—	—	92.5	97.2	96.4	95.5
拉脱维亚	33	—	—	—	97.5	—	94.6	94.6	100.0	100.0
立陶宛	34	—	—	—	—	—	94.6	100.0	100.0	100.0
格鲁吉亚	35	—	—	—	—	92.2	82.1	89.0	91.6	91.5
乌克兰	36	—	—	—	—	—	89.8	93.7	92.6	92.5
保加利亚	37	—	81.4	94.9	96.8	86.7	92.4	97.9	98.6	98.8
黎巴嫩	38	—	77.1	85.2	92.8	—	95.9	100.0	99.0	98.0
哈萨克斯坦	39	—	—	—	—	—	90.4	99.1	100.0	98.9
波兰	40	49.9	80.2	95.4	100.0	92.5	96.2	100.0	100.0	100.0
阿根廷	41	80.7	85.5	91.2	94.5	93.3	100.0	100.0	100.0	100.0
巴拿马	42	48.1	62.9	82.6	94.4	93.6	94.5	98.6	100.0	100.0
克罗地亚	43	—	—	—	—	—	96.9	100.0	100.0	100.0
沙特阿拉伯	44	—	27.5	51.7	65.8	90.8	99.3	97.4	100.0	100.0
哥伦比亚	45	35.8	54.2	65.8	77.6	87.3	92.4	87.9	97.2	96.6
科威特	46	—	76.8	88.5	91.1	98.1	100.0	100.0	100.0	99.9
智利	47	68.4	73.1	76.6	91.6	85.5	97.2	100.0	99.9	100.0
北马其顿	48	—	—	—	—	—	92.0	95.8	95.2	95.5
阿塞拜疆	49	—	—	—	—	—	84.0	88.6	93.1	92.7
摩尔多瓦	50	—	—	—	—	—	78.9	91.1	89.8	90.7
罗马尼亚	51	—	67.7	82.4	90.3	83.4	88.7	99.8	100.0	100.0
委内瑞拉	52	52.0	74.6	89.3	95.5	93.6	96.4	99.3	100.0	100.0
乌兹别克斯坦	53	—	—	—	—	—	77.0	77.7	86.7	82.7
多米尼加	54	39.6	47.7	61.9	75.6	81.7	89.6	95.4	97.3	97.9
亚美尼亚	55	—	—	—	—	—	81.7	88.3	91.6	93.4
巴拉圭	56	46.8	55.5	69.1	67.8	72.7	88.4	89.0	92.1	87.1
哥斯达黎加	57	55.3	57.5	72.8	89.5	92.2	94.4	98.4	100.0	100.0
巴西	58	52.8	59.3	72.1	80.8	86.6	93.9	100.0	100.0	99.7
墨西哥	59	52.9	64.4	79.0	87.8	91.0	97.9	100.0	100.0	100.0
博茨瓦纳	60	—	25.3	29.1	47.2	65.6	70.2	84.0	89.3	91.1
秘鲁	61	35.6	59.3	71.9	79.1	82.1	91.9	94.8	96.8	96.8
牙买加	62	47.0	67.9	77.9	80.8	82.8	90.0	100.0	88.9	95.3
约旦	63	—	43.9	55.4	85.4	86.5	91.9	95.2	94.5	94.5
南非	64	55.7	62.6	76.1	78.2	80.0	80.0	91.9	93.4	94.2
土耳其	65	34.3	45.0	53.7	60.9	79.0	88.4	100.0	100.0	100.0
厄瓜多尔	66	48.1	53.2	64.7	81.6	85.9	91.0	94.8	96.6	96.5
伊朗	67	—	41.6	56.6	71.8	64.8	84.4	98.9	96.2	96.1
蒙古	68	—	66.2	—	87.4	86.7	77.8	88.9	93.9	92.8
摩洛哥	69	35.7	40.6	48.5	54.1	65.7	74.9	82.5	86.1	87.0
马来西亚	70	—	46.5	55.4	68.5	76.5	90.6	99.0	100.0	100.0

(续表)

国家	编号	1950	1960	1970	1980	1990	2000	2010	2016	2017
萨尔瓦多	71	43.4	47.0	54.0	60.4	81.4	92.3	94.2	94.5	94.0
埃及	72	32.5	48.4	60.5	71.5	73.1	83.9	90.2	89.9	88.7
中国	73	26.1	36.5	39.9	53.9	63.0	76.1	92.3	99.4	99.7
阿尔及利亚	74	38.3	43.4	54.3	71.8	79.8	85.1	90.5	94.4	93.8
土库曼斯坦	75	—	—	—	—	—	71.6	86.0	84.8	87.0
突尼斯	76	—	42.9	54.5	67.6	78.0	89.2	94.3	94.1	93.8
阿尔巴尼亚	77	—	48.3	—	58.4	—	75.1	89.6	88.8	90.5
吉尔吉斯斯坦	78	—	—	—	—	—	70.9	84.6	87.2	87.2
塔吉克斯坦	79	—	—	—	—	—	77.6	76.0	76.1	79.0
玻利维亚	80	36.7	44.6	61.0	61.4	72.3	78.6	86.0	86.8	92.7
缅甸	81	—	39.8	24.5	40.3	—	55.1	77.7	69.3	74.2
菲律宾	82	43.0	58.2	52.9	61.0	70.8	88.4	89.6	92.5	93.4
泰国	83	37.0	41.2	55.3	62.2	73.5	77.1	81.7	89.9	94.3
纳米比亚	84	—	—	—	—	64.3	65.2	81.2	81.7	84.9
津巴布韦	85	—	43.5	47.5	52.5	59.1	63.7	68.2	64.9	67.0
洪都拉斯	86	31.0	39.8	51.9	56.9	66.3	81.8	90.0	86.4	85.0
尼加拉瓜	87	—	49.2	65.0	70.0	—	75.8	86.8	88.8	90.1
越南	88	—	36.8	—	—	—	66.3	79.1	81.0	83.2
肯尼亚	89	24.0	30.8	36.6	42.0	48.5	57.6	59.3	61.1	64.7
斯里兰卡	90	—	50.2	54.3	52.5	66.3	71.7	80.0	86.8	87.6
刚果(布)	91	—	41.2	55.4	62.1	64.3	63.0	60.0	73.9	75.6
印度尼西亚	92	15.9	29.9	40.6	43.5	58.5	67.7	82.0	85.2	87.5
赞比亚	93	—	42.3	47.2	51.9	52.0	50.2	55.5	65.1	61.6
危地马拉	94	27.4	45.7	46.4	61.7	64.8	77.8	80.5	93.7	93.9
毛里塔尼亚	95	—	26.2	32.3	43.9	53.0	53.0	56.0	54.3	59.6
科特迪瓦	96	—	—	37.1	53.6	51.5	51.4	59.0	59.4	61.9
印度	97	30.4	33.4	38.7	43.7	51.4	58.6	71.4	79.1	80.9
巴基斯坦	98	19.6	34.0	42.0	44.6	49.0	60.2	65.8	69.8	70.7
莱索托	99	—	22.8	33.9	49.4	53.9	50.7	62.9	71.9	60.8
柬埔寨	100	—	24.6	—	—	—	44.3	58.7	67.5	72.5
喀麦隆	101	—	35.0	34.9	47.5	51.7	52.1	70.8	68.8	68.3
厄立特里亚	102	—	—	—	—	—	48.2	62.2	58.2	76.2
叙利亚	103	—	47.7	61.8	74.6	79.1	79.0	88.9	86.7	95.4
加纳	104	—	36.7	38.9	42.3	53.0	55.1	61.9	73.4	75.2
乍得	105	—	25.9	28.2	36.7	37.9	43.1	49.3	36.7	37.4
莫桑比克	106	—	23.8	12.9	23.4	36.2	48.5	47.5	51.9	55.8
几内亚	107	—	15.0	—	26.8	43.6	47.5	51.7	55.5	56.7
也门	108	—	18.7	—	25.6	60.7	56.2	66.7	68.8	70.7
巴布亚新几内亚	109	—	31.2	35.7	39.3	47.9	45.6	45.8	62.9	57.1
海地	110	17.1	30.9	30.2	30.5	47.0	53.5	60.3	66.1	61.5
尼泊尔	111	—	16.2	23.0	26.1	31.5	38.8	59.5	64.6	66.5
塞内加尔	112	—	34.5	41.7	46.5	47.8	54.5	64.5	66.1	73.0
塞拉利昂	113	—	19.3	39.4	38.2	41.5	34.4	40.7	40.0	44.3
刚果(金)	114	—	—	—	46.1	—	42.4	49.0	62.9	57.5
老挝	115	—	23.6	24.9	33.7	33.7	38.5	67.3	69.4	75.3
马拉维	116	—	26.2	28.2	28.2	36.6	37.0	45.9	47.5	49.3
多哥	117	—	27.4	34.4	41.9	48.4	46.2	55.2	60.6	65.8
马达加斯加	118	—	32.7	40.8	39.3	46.7	46.7	54.6	59.6	61.2
马里	119	—	23.6	28.2	31.1	36.8	37.3	43.0	47.7	49.6
尼日利亚	120	20.9	24.7	37.4	45.5	48.2	49.9	57.2	67.5	66.5
孟加拉国	121	—	28.7	—	32.1	43.2	50.7	65.5	79.6	80.6
坦桑尼亚	122	—	27.0	34.8	38.9	32.5	42.0	50.2	55.4	57.1
贝宁	123	—	29.9	37.7	39.9	54.7	46.2	55.7	61.1	61.4
尼日尔	124	—	21.3	24.2	30.4	35.3	36.8	32.5	37.9	43.0
安哥拉	125	—	30.3	—	28.9	59.5	39.5	66.0	68.7	70.9
乌干达	126	—	27.7	24.3	30.0	32.9	39.2	50.0	54.8	56.0
中非	127	—	30.6	34.7	37.4	43.0	37.8	44.5	46.7	45.3
布基纳法索	128	—	—	24.6	31.6	32.4	38.7	42.0	53.6	55.2
埃塞俄比亚	129	—	17.8	26.2	26.3	33.0	33.0	44.0	49.3	53.0
布隆迪	130	—	16.6	21.5	27.5	33.8	31.1	47.2	50.9	49.9
卢旺达	131	—	20.0	23.7	28.8	34.7	33.7	50.5	57.5	58.4
高收入国家		—	100.0	100.0	100.0	100.0	100.0	100.0	100.0	100.0
中等收入国家		—	50.9	—	84.0	84.1	92.6	91.3	95.5	95.4
低收入国家		—	33.9	32.8	45.0	51.7	57.6	55.6	57.3	60.0
世界		—	—	67.5	79.8	81.0	89.4	96.4	99.9	100.0

附表 2-2-6　1950~2017 年世界第一次现代化指数的排名

国家	编号	1950	1960	1970	1980	1990	2000	2010	2016	2017
瑞典	1	12	9	1	1	1	1	1	1	1
美国	2	1	1	1	1	1	1	1	1	1
芬兰	3	23	21	1	1	1	1	1	1	1
澳大利亚	4	3	3	1	1	1	1	1	1	1
瑞士	5	8	12	1	1	1	1	1	1	1
挪威	6	4	14	1	1	1	1	1	1	1
日本	7	22	17	1	1	1	1	1	1	1
丹麦	8	7	5	1	1	1	1	1	1	1
德国	9	15	13	1	1	1	1	1	1	1
荷兰	10	13	7	1	1	1	1	1	1	1
加拿大	11	2	1	1	1	1	1	1	1	1
新加坡	12	27	27	27	31	27	1	1	1	1
英国	13	9	8	1	1	1	1	1	1	1
法国	14	14	6	1	1	1	1	1	1	1
比利时	15	10	11	1	1	1	1	1	1	1
奥地利	16	16	16	1	1	1	1	1	1	1
新西兰	17	5	4	1	1	1	1	1	1	1
韩国	18	46	47	42	40	23	1	1	1	1
以色列	19	6	10	25	1	1	1	1	1	1
意大利	20	21	18	1	1	1	1	1	1	1
爱尔兰	21	19	20	19	1	1	1	1	1	1
西班牙	22	24	32	20	1	1	1	1	1	1
爱沙尼亚	23	—	—	—	—	—	39	1	1	1
斯洛文尼亚	24	—	—	—	—	—	1	1	1	1
乌拉圭	25	—	23	30	25	26	28	1	1	1
俄罗斯	26	—	15	—	—	—	52	43	1	1
斯洛伐克	27	—	—	—	—	—	38	1	1	1
希腊	28	20	30	24	1	21	1	1	1	1
匈牙利	29	17	25	23	28	25	32	1	1	1
捷克	30	—	—	1	26	30	30	1	1	1
葡萄牙	31	32	39	38	41	24	1	1	1	1
白俄罗斯	32	—	—	—	—	—	45	53	56	57
拉脱维亚	33	—	—	—	23	—	41	1	1	1
立陶宛	34	—	—	—	—	—	40	1	1	1
格鲁吉亚	35	—	—	33	—	—	68	71	70	74
乌克兰	36	—	—	—	—	—	57	61	67	73
保加利亚	37	—	22	22	24	38	47	51	51	50
黎巴嫩	38	—	26	31	32	—	37	1	50	51
哈萨克斯坦	39	—	—	—	—	—	55	46	1	49
波兰	40	31	24	21	1	32	36	1	1	1
阿根廷	41	11	19	26	29	31	1	1	1	1
巴拿马	42	33	37	32	30	29	42	49	1	1
克罗地亚	43	—	—	—	—	—	34	1	1	1
沙特阿拉伯	44	—	87	63	58	35	29	52	1	1
哥伦比亚	45	43	45	44	48	36	46	76	53	54
科威特	46	—	28	29	35	22	1	1	1	46
智利	47	18	31	36	34	42	33	1	48	1
北马其顿	48	—	—	—	—	—	49	54	58	58
阿塞拜疆	49	—	—	—	—	—	66	74	66	71
摩尔多瓦	50	—	—	—	—	—	73	64	74	76
罗马尼亚	51	—	34	33	36	43	60	44	1	1
委内瑞拉	52	30	29	28	27	28	35	45	1	1
乌兹别克斯坦	53	—	—	—	—	—	79	89	83	89
多米尼加	54	39	52	47	49	46	58	55	52	52
亚美尼亚	55	—	—	—	—	—	70	75	71	69
巴拉圭	56	36	44	43	56	56	61	70	69	83
哥斯达黎加	57	26	43	39	37	33	43	50	1	1
巴西	58	29	40	40	44	39	44	1	1	47
墨西哥	59	28	36	34	38	34	31	1	1	1
博茨瓦纳	60	—	93	88	76	62	87	81	75	75
秘鲁	61	45	41	41	46	45	50	58	54	53
牙买加	62	35	33	35	45	44	56	1	76	60
约旦	63	—	59	52	42	40	51	56	60	61
南非	64	25	38	37	47	48	71	63	65	63
土耳其	65	47	57	60	64	51	62	1	1	1
厄瓜多尔	66	34	46	46	43	41	53	57	55	55
伊朗	67	—	64	51	52	63	65	48	57	56
蒙古	68	—	35	—	39	37	75	73	63	70
摩洛哥	69	44	67	64	68	61	83	82	85	85
马来西亚	70	—	55	53	55	53	54	47	1	1

(续表)

国家	编号	1950	1960	1970	1980	1990	2000	2010	2016	2017
萨尔瓦多	71	37	54	59	65	47	48	60	59	64
埃及	72	48	50	50	53	55	67	66	72	79
中国	73	52	72	72	69	67	80	62	49	48
阿尔及利亚	74	40	61	57	51	49	64	65	61	67
土库曼斯坦	75	—	—	—	—	—	85	78	87	84
突尼斯	76	—	62	56	57	52	59	59	62	66
阿尔巴尼亚	77	—	51	—	66	—	82	68	77	77
吉尔吉斯斯坦	78	—	—	—	—	—	86	80	79	82
塔吉克斯坦	79	—	—	—	—	—	77	91	92	92
玻利维亚	80	42	58	49	62	57	74	79	80	72
缅甸	81	—	69	95	87	—	97	90	98	97
菲律宾	82	38	42	61	63	58	63	69	68	68
泰国	83	41	66	55	59	54	78	84	73	62
纳米比亚	84	—	—	—	—	65	90	85	88	87
津巴布韦	85	—	60	65	72	70	91	94	107	104
洪都拉斯	86	49	68	62	67	59	69	67	84	86
尼加拉瓜	87	—	49	45	54	—	81	77	78	78
越南	88	—	70	—	—	—	89	88	89	88
肯尼亚	89	53	80	79	85	81	95	107	112	108
斯里兰卡	90	—	48	58	71	60	84	87	81	80
刚果（布）	91	—	65	54	60	66	92	105	93	94
印度尼西亚	92	57	84	71	83	71	88	83	86	81
赞比亚	93	—	63	66	73	76	106	113	106	110
危地马拉	94	51	56	67	61	64	76	86	64	65
毛里塔尼亚	95	—	90	86	81	74	101	111	121	115
科特迪瓦	96	—	—	78	70	78	103	108	115	109
印度	97	50	76	75	82	79	94	92	91	90
巴基斯坦	98	55	75	68	80	80	93	98	96	101
莱索托	99	—	99	85	74	73	105	101	95	114
柬埔寨	100	—	95	—	—	—	115	109	102	99
喀麦隆	101	—	73	81	75	77	102	93	100	103
厄立特里亚	102	—	—	—	—	—	109	102	116	93
叙利亚	103	—	53	48	50	50	72	72	82	59
加纳	104	—	71	74	84	75	98	103	94	96
乍得	105	—	92	90	94	92	116	120	131	131
莫桑比克	106	—	96	101	110	95	108	122	123	122
几内亚	107	—	—	107	—	106	88	110	116	118	120
也门	108	—	—	103	—	109	68	96	96	99	102
巴布亚新几内亚	109	—	—	78	80	90	84	114	125	109	119
海地	110	56	79	87	99	86	100	104	104	111
尼泊尔	111	—	106	99	108	104	121	106	108	105
塞内加尔	112	—	74	69	77	85	99	100	105	98
塞拉利昂	113	—	102	73	92	91	128	130	129	129
刚果（金）	114	—	—	—	78	—	117	121	110	117
老挝	115	—	97	93	95	99	123	95	97	95
马拉维	116	—	91	89	104	94	126	124	127	127
多哥	117	—	88	84	86	82	112	114	113	107
马达加斯加	118	—	77	70	89	87	111	115	114	113
马里	119	—	—	98	91	98	93	125	128	126	126
尼日利亚	120	54	94	77	79	83	107	110	103	106
孟加拉国	121	—	85	—	96	89	104	99	90	91
坦桑尼亚	122	—	89	82	91	102	118	118	119	118
贝宁	123	—	83	76	88	72	113	112	111	112
尼日尔	124	—	100	97	100	96	127	131	130	130
安哥拉	125	—	82	—	102	69	119	97	101	100
乌干达	126	—	86	96	101	101	120	119	120	121
中非	127	—	81	83	93	90	124	126	128	128
布基纳法索	128	—	—	94	97	103	122	129	122	123
埃塞俄比亚	129	—	104	92	107	100	130	127	125	124
布隆迪	130	—	105	100	105	98	131	123	124	125
卢旺达	131	—	101	98	103	97	129	117	117	116

注：第一次现代化指数达到100，排名不分先后。排名为131个国家的排名。

附表 2-3-1 2017 年世界第二次现代化指数

国家	编号	知识创新指数	知识传播指数	生活质量指数	经济质量指数	第二次现代化指数	国家排名	国家分组	发展阶段[a]
瑞典	1	97.2	111.1	112.2	109.5	107.5	2	1	2
美国	2	115.3	94.0	103.2	113.0	106.4	5	1	2
芬兰	3	98.4	96.1	108.9	91.4	98.7	10	1	2
澳大利亚	4	58.9	90.8	110.0	104.8	91.1	16	1	2
瑞士	5	95.7	109.4	115.0	108.7	107.2	3	1	2
挪威	6	74.9	97.6	115.6	109.2	99.3	9	1	1
日本	7	116.3	68.8	108.1	90.6	95.9	14	1	1
丹麦	8	99.4	110.2	113.1	113.7	109.1	1	1	2
德国	9	102.5	86.8	112.1	97.1	99.6	8	1	2
荷兰	10	86.8	110.6	113.1	115.3	106.5	4	1	2
加拿大	11	55.9	105.4	103.4	91.4	89.0	19	1	2
新加坡	12	99.3	92.0	104.9	115.4	102.9	7	1	2
英国	13	78.8	86.6	106.9	111.8	96.0	13	1	2
法国	14	75.2	91.3	108.5	110.5	96.4	12	1	2
比利时	15	85.4	108.5	109.5	110.7	103.5	6	1	2
奥地利	16	81.1	90.1	111.8	100.1	95.8	15	1	2
新西兰	17	49.7	92.7	97.4	89.7	82.4	20	1	1
韩国	18	102.1	102.8	90.0	69.8	91.1	17	1	1
以色列	19	78.4	75.9	92.3	109.9	89.1	18	1	2
意大利	20	35.1	58.6	98.7	102.8	73.8	22	2	2
爱尔兰	21	71.6	98.7	115.4	103.2	97.2	11	1	1
西班牙	22	30.9	72.5	105.5	101.0	77.5	21	2	2
爱沙尼亚	23	29.7	58.5	100.7	69.0	64.5	27	2	1
斯洛文尼亚	24	47.5	67.6	96.1	72.6	70.9	25	2	1
乌拉圭	25	6.5	51.0	80.7	84.5	55.7	34	2	
俄罗斯	26	25.9	49.5	74.3	59.0	52.2	37	2	
斯洛伐克	27	21.8	52.2	83.3	65.8	55.8	33	2	
希腊	28	26.0	79.7	91.4	94.1	72.8	23	2	
匈牙利	29	38.4	59.0	89.1	68.0	63.6	28	2	
捷克	30	36.4	63.1	95.6	63.0	64.5	26	2	1
葡萄牙	31	35.6	63.1	101.4	89.6	72.4	24	2	1
白俄罗斯	32	3.7	57.7	81.8	47.9	47.7	42	3	
拉脱维亚	33	14.4	57.1	94.6	81.5	61.9	30	2	1
立陶宛	34	23.4	52.3	99.2	75.3	62.5	29	2	1
格鲁吉亚	35	9.0	34.9	56.8	48.1	37.2	56	3	
乌克兰	36	8.2	38.2	58.6	42.6	36.9	57	3	
保加利亚	37	15.8	47.3	70.5	58.2	47.9	41	3	
黎巴嫩	38	1.7	4.1	59.2	76.9	35.5	63	3	
哈萨克斯坦	39	6.3	29.7	72.8	55.2	41.0	50	3	
波兰	40	23.4	50.0	83.8	63.7	55.2	35	2	
阿根廷	41	9.6	53.9	73.1	79.4	54.0	36	2	
巴拿马	42	0.8	27.3	73.4	81.3	45.7	45	3	
克罗地亚	43	16.2	53.7	84.7	78.6	58.3	31	2	
沙特阿拉伯	44	11.3	75.6	71.8	74.0	58.2	32	2	
哥伦比亚	45	1.4	31.3	61.8	73.2	41.9	49	3	
科威特	46	4.8	42.1	75.0	77.3	49.8	40	3	
智利	47	5.2	56.1	71.1	69.9	50.6	39	2	
北马其顿	48	5.9	40.0	54.3	54.3	38.6	53	3	
阿塞拜疆	49	1.9	23.9	54.7	46.8	31.8	73	3	
摩尔多瓦	50	5.4	26.1	56.3	42.6	32.6	69	3	
罗马尼亚	51	8.9	40.6	77.9	61.4	47.2	44	3	
委内瑞拉	52	4.1	14.8	58.1	59.7	34.2	64	3	
乌兹别克斯坦	53	3.4	12.5	44.5	29.3	22.4	91	4	
多米尼加	54	0.5	35.0	61.8	73.9	42.8	48	3	
亚美尼亚	55	3.0	34.6	48.8	44.7	32.8	67	3	
巴拉圭	56	1.4	6.6	65.3	55.8	32.3	70	3	
哥斯达黎加	57	4.6	46.8	70.4	83.7	51.4	38	2	
巴西	58	9.0	34.4	68.2	78.5	47.5	43	3	
墨西哥	59	2.8	27.5	59.6	62.0	38.0	54	3	
博茨瓦纳	60	2.0	18.3	49.4	61.3	32.8	68	3	
秘鲁	61	0.5	31.6	54.5	60.0	36.6	58	3	
牙买加	62	0.6	18.9	63.9	61.1	35.9	60	3	
约旦	63	4.7	14.3	46.3	63.3	32.2	71	3	
南非	64	4.6	15.0	44.6	61.6	31.4	74	3	
土耳其	65	14.2	23.8	57.2	68.5	40.9	51	3	
厄瓜多尔	66	4.1	25.1	62.7	53.9	36.5	59	3	
伊朗	67	14.9	44.5	52.1	48.8	40.1	52	3	
蒙古	68	2.1	29.9	43.6	40.1	28.9	78	4	
摩洛哥	69	8.8	19.0	44.3	48.8	30.2	77	3	
马来西亚	70	19.4	30.3	77.2	54.9	45.5	46	3	

(续表)

国家	编号	知识创新指数	知识传播指数	生活质量指数	经济质量指数	第二次现代化指数	国家排名	国家分组	发展阶段a
萨尔瓦多	71	1.4	17.9	50.2	56.2	31.4	75	3	
埃及	72	6.3	21.0	38.0	47.0	28.1	80	4	
中国	73	41.9	42.0	52.8	40.8	44.4	47	3	
阿尔及利亚	74	5.5	28.9	46.0	54.0	33.6	65	3	
土库曼斯坦	75	0.5	6.0	49.3	35.0	22.7	89	4	
突尼斯	76	12.9	18.2	46.6	54.0	32.9	66	3	
阿尔巴尼亚	77	1.1	28.5	64.5	49.8	35.9	61	3	
吉尔吉斯斯坦	78	1.1	17.8	46.0	36.0	25.3	85	4	
塔吉克斯坦	79	0.1	10.7	35.2	33.9	20.0	99	4	
玻利维亚	80	1.8	7.1	47.4	43.7	25.0	86	4	
缅甸	81	0.2	5.4	36.8	32.4	18.7	106	4	
菲律宾	82	1.3	19.5	52.1	51.2	31.0	76	3	
泰国	83	8.9	32.9	59.5	41.7	35.8	62	3	
纳米比亚	84	1.5	4.3	43.1	61.5	27.6	81	4	
津巴布韦	85	1.1	5.1	39.7	31.3	19.3	102	4	
洪都拉斯	86	0.2	10.4	50.2	40.5	25.3	84	4	
尼加拉瓜	87	0.1	4.4	53.4	40.4	24.6	87	4	
越南	88	6.2	25.5	45.3	32.7	27.4	82	4	
肯尼亚	89	2.1	5.2	38.3	30.8	19.1	103	4	
斯里兰卡	90	1.6	15.7	76.1	57.7	37.8	55	3	
刚果(布)	91	0.5	6.5	33.2	39.5	19.9	100	4	
印度尼西亚	92	1.8	15.4	55.3	40.9	28.3	79	4	
赞比亚	93	0.5	2.0	37.5	35.0	18.8	104	4	
危地马拉	94	0.2	11.6	46.9	47.1	26.4	83	4	
毛里塔尼亚	95	0.5	2.1	31.8	33.8	17.0	117	4	
科特迪瓦	96	0.2	4.2	35.5	34.7	18.7	107	4	
印度	97	2.0	10.9	32.5	35.1	20.1	97	4	
巴基斯坦	98	2.2	4.2	31.7	36.0	18.5	108	4	
莱索托	99	0.2	5.1	32.9	35.2	18.3	111	4	
柬埔寨	100	0.2	5.2	42.0	31.2	19.7	101	4	
喀麦隆	101	0.5	4.6	27.0	40.5	18.2	112	4	
厄立特里亚	102	0.5	2.2	41.7	38.4	20.7	95	4	
叙利亚	103	1.5	38.6	50.7	36.6	31.9	72	3	
加纳	104	0.5	8.2	35.4	43.3	21.9	92	4	
乍得	105	0.8	1.8	24.6	24.5	12.9	131	4	
莫桑比克	106	0.4	2.9	38.3	26.0	16.9	119	4	
几内亚	107	0.5	5.3	35.7	29.9	17.8	113	4	
也门	108	0.5	6.1	32.2	41.5	20.1	98	4	
巴布亚新几内亚	109	0.3	0.6	54.6	31.6	21.8	93	4	
海地	110	0.4	0.5	47.1	25.9	18.5	109	4	
尼泊尔	111	0.5	7.3	30.8	28.7	16.8	120	4	
塞内加尔	112	4.7	4.9	34.9	46.0	22.6	90	4	
塞拉利昂	113	0.5	0.3	35.8	27.0	15.9	123	4	
刚果(金)	114	0.2	2.3	28.8	21.9	13.3	129	4	
老挝	115	0.5	7.9	41.6	32.5	20.6	96	4	
马拉维	116	0.5	0.5	38.8	31.4	17.8	114	4	
多哥	117	0.5	5.0	32.1	31.3	17.2	115	4	
马达加斯加	118	0.2	2.0	40.5	31.2	18.5	110	4	
马里	119	0.3	2.9	30.4	28.2	15.5	126	4	
尼日利亚	120	0.5	4.6	26.1	43.7	18.7	105	4	
孟加拉国	121	0.0	9.6	34.5	40.9	21.2	94	4	
坦桑尼亚	122	0.2	2.7	36.9	27.1	16.7	121	4	
贝宁	123	0.5	4.5	31.3	31.6	17.0	118	4	
尼日尔	124	0.5	1.8	25.7	26.9	13.7	128	4	
安哥拉	125	0.5	5.1	35.3	54.1	23.7	88	4	
乌干达	126	0.2	1.8	30.7	30.4	15.8	124	4	
中非	127	0.5	1.4	24.3	26.5	13.2	130	4	
布基纳法索	128	0.2	2.2	30.4	32.7	16.4	122	4	
埃塞俄比亚	129	0.3	3.0	33.4	22.8	14.9	127	4	
布隆迪	130	0.5	2.1	31.2	28.6	15.6	125	4	
卢旺达	131	0.5	3.7	34.5	29.8	17.1	116	4	
高收入国家		100.0	99.9	100.0	99.9	100.0			2
中等收入国家		15.0	24.7	39.2	43.7	30.6			
低收入国家		1.2	3.8	31.5	28.8	16.3			
世界		29.0	33.8	42.8	58.5	41.0			

注：a. 第二次现代化的阶段：2代表发展期，1代表起步期，0代表准备阶段。

附表 2-3-2　2017 年世界知识创新指数

国家	编号	知识创新指标的实际值				知识创新指标的指数				均值	知识创新指数[d]
		人均知识创新经费[a]	知识创新人员比例[b]	发明专利申请比例[c]	人均知识产权出口	人均知识创新经费	知识创新人员比例	发明专利申请比例	人均知识产权出口		
瑞典	1	1780.0	75.9	2.0	767.6	120	120	29	120	97.2	97.2
美国	2	1678.9	42.6	9.0	389.1	120	101	120	120	115.3	115.3
芬兰	3	1275.7	67.1	2.5	619.3	117	120	37	120	98.4	98.4
澳大利亚	4	1091.4	45.4	1.0	37.5	100	108	15	13	58.9	58.9
瑞士	5	2769.7	52.6	1.6	2673.0	120	120	23	120	95.7	95.7
挪威	6	1595.4	64.8	2.2	81.7	120	120	32	28	74.9	74.9
日本	7	1228.4	53.0	20.5	329.1	113	120	120	112	116.3	116.3
丹麦	8	1773.0	79.0	2.6	673.4	120	120	37	120	99.4	99.4
德国	9	1342.8	50.4	5.8	253.2	120	120	84	86	102.5	102.5
荷兰	10	971.9	50.1	1.3	1898.0	89	119	19	120	86.8	86.8
加拿大	11	714.5	42.7	1.1	117.4	66	102	16	40	55.9	55.9
新加坡	12	1261.8	67.3	2.9	1430.5	116	120	42	120	99.3	99.3
英国	13	675.5	43.8	2.0	378.2	62	104	29	120	78.8	78.8
法国	14	846.4	44.4	2.2	251.9	78	106	31	86	75.2	75.2
比利时	15	1152.4	49.4	0.9	308.8	106	118	13	105	85.4	85.4
奥地利	16	1498.5	51.6	2.4	146.9	120	120	34	50	81.1	81.1
新西兰	17	474.3	40.5	2.1	82.9	44	96	31	28	49.7	49.7
韩国	18	1354.3	75.1	30.9	141.6	120	120	120	48	102.1	102.1
以色列	19	1855.2	82.5	1.6	145.1	120	120	24	50	78.4	78.4
意大利	20	439.7	22.9	1.4	72.0	40	55	21	25	35.1	35.1
爱尔兰	21	727.0	41.1	0.1	2163.7	67	98	2	120	71.6	71.6
西班牙	22	339.3	28.7	0.5	50.9	31	68	7	17	30.9	30.9
爱沙尼亚	23	269.1	35.7	0.3	15.1	25	85	4	5	29.7	29.7
斯洛文尼亚	24	434.0	44.7	2.3	30.7	40	106	33	10	47.5	47.5
乌拉圭	25	62.8	6.7	0.1	9.8	6	16	1	3	6.5	6.5
俄罗斯	26	121.0	28.5	1.6	5.1	11	68	23	2	25.9	25.9
斯洛伐克	27	154.3	27.9	0.3	4.9	14	67	5	2	21.8	21.8
希腊	28	216.0	31.5	0.5	7.0	20	75	7	2	26.0	26.0
匈牙利	29	195.9	29.2	0.5	172.5	18	70	7	59	38.4	38.4
捷克	30	365.3	36.9	0.7	39.7	34	88	11	14	36.4	36.4
葡萄牙	31	284.5	42.9	0.6	15.1	26	102	9	5	35.6	35.6
白俄罗斯	32	33.8	—	0.5	3.7	3	—	7	1	3.7	3.7
拉脱维亚	33	79.8	17.9	0.5	3.5	7	43	7	1	14.4	14.4
立陶宛	34	150.3	30.1	0.3	10.9	14	72	4	4	23.4	23.4
格鲁吉亚	35	12.6	13.4	0.2	0.1	1	32	3	0	9.0	9.0
乌克兰	36	11.2	9.9	0.5	1.6	1	24	7	1	8.2	8.2
保加利亚	37	63.4	21.3	0.3	7.4	6	51	4	3	15.8	15.8
黎巴嫩	38	—	—	0.2	2.7	—	—	2	1	1.7	1.7
哈萨克斯坦	39	12.3	6.6	0.6	0.0	1	16	8	0	6.3	6.3
波兰	40	143.9	25.3	1.0	15.1	13	60	15	5	23.4	23.4
阿根廷	41	68.1	12.3	0.1	4.7	6	29	1	1	9.6	9.6
巴拿马	42	7.4	0.4	0.1	0.9	1	1	1	0	0.8	0.8
克罗地亚	43	116.7	18.7	0.4	13.1	11	44	5	4	16.2	16.2
沙特阿拉伯	44	202.5	—	0.3	—	19	—	4	—	11.3	11.3
哥伦比亚	45	15.6	0.9	0.1	1.3	1	2	1	0	1.4	1.4
科威特	46	24.0	4.9	0.0	—	2	12	0	—	4.8	4.8
智利	47	49.8	5.0	0.2	2.7	5	12	3	1	5.2	5.2
北马其顿	48	19.1	7.3	0.2	4.7	2	17	3	2	5.9	5.9
阿塞拜疆	49	7.7	—	0.2	—	1	—	3	—	1.9	1.9
摩尔多瓦	50	8.2	7.2	0.2	1.6	1	17	3	1	5.4	5.4
罗马尼亚	51	54.4	8.9	0.6	3.7	5	21	8	1	8.9	8.9
委内瑞拉	52	54.1	2.8	0.0	—	5	7	0	—	4.1	4.1
乌兹别克斯坦	53	3.5	5.0	0.1	0.0	0	12	2	0	3.4	3.4
多米尼加	54	—	—	0.0	—	—	—	0	—	0.3	0.5
亚美尼亚	55	8.9	—	0.4	—	1	—	5	—	3.0	3.0
巴拉圭	56	8.2	1.2	0.0	—	1	3	0	—	1.4	1.4
哥斯达黎加	57	53.4	5.3	0.0	1.1	5	13	1	0	4.6	4.6
巴西	58	110.3	8.8	0.3	3.1	10	21	4	1	9.0	9.0
墨西哥	59	42.5	2.4	0.1	0.1	4	6	2	0	2.8	2.8
博茨瓦纳	60	38.8	1.8	0.0	0.3	4	4	0	0	2.0	2.0
秘鲁	61	8.1	—	0.0	0.8	1	—	0	0	0.5	0.5
牙买加	62	—	—	0.0	1.7	—	—	1	1	0.6	0.6
约旦	63	29.5	6.0	0.0	3.5	3	14	0	1	4.7	4.7
南非	64	43.3	4.9	0.1	2.1	4	12	2	1	4.6	4.6
土耳其	65	101.1	13.9	1.0	0.1	9	33	15	0	14.2	14.2
厄瓜多尔	66	28.2	4.0	0.0	—	3	10	0	—	4.1	4.1
伊朗	67	15.4	6.7	1.9	—	1	16	27	—	14.9	14.9
蒙古	68	4.9	—	0.4	0.3	0	—	6	0	2.1	2.1
摩洛哥	69	—	10.7	0.1	0.2	—	25	1	0	8.8	8.8
马来西亚	70	141.1	23.6	0.4	9.2	13	56	5	3	19.4	19.4

(续表)

国家	编号	知识创新指标的实际值				知识创新指标的指数				均值	知识创新指数[d]
		人均知识创新经费[a]	知识创新人员比例[b]	发明专利申请比例[c]	人均知识产权出口	人均知识创新经费	知识创新人员比例	发明专利申请比例	人均知识产权出口		
萨尔瓦多	71	5.6	0.7	0.0	9.8	1	2	0	3	1.4	1.4
埃及	72	14.8	6.7	0.1	—	1	16	2	—	6.3	6.3
中国	73	186.4	12.3	9.0	3.5	17	29	120	1	41.9	41.9
阿尔及利亚	74	21.6	8.2	0.0	0.0	2	20	1	0	5.5	5.5
土库曼斯坦	75										0.5
突尼斯	76	22.2	19.6	0.2	1.8	2	47	2	1	12.9	12.9
阿尔巴尼亚	77			0.1	3.8			1	1	1.1	1.1
吉尔吉斯斯坦	78	1.4	—	0.2	0.1	0	—	3	0	1.1	1.1
塔吉克斯坦	79	0.9	—	0.0	—	0	—	0	—	0.1	0.1
玻利维亚	80	—	1.7	0.1	2.2	—	4	1	1	1.8	1.8
缅甸	81	0.4	0.3	—	0.0	0	1	—	0	0.2	0.2
菲律宾	82	3.8	1.9	0.0	0.2	0	4	0	0	1.3	1.3
泰国	83	46.7	12.1	0.1	1.5	4	29	2	1	8.9	8.9
纳米比亚	84	19.1	1.4	0.0	0.1	2	3	1	0	1.5	1.5
津巴布韦	85	—	0.9	0.0	—	—	2	0	—	1.1	1.1
洪都拉斯	86	0.3	—	0.0	—	0	—	1	—	0.2	0.2
尼加拉瓜	87	2.2	—	0.0	—	0	—	0	—	0.1	0.1
越南	88	12.5	7.0	0.1	—	1	17	1	—	6.2	6.2
肯尼亚	89	—	2.3	0.0	1.4	—	5	0	0	2.1	2.1
斯里兰卡	90	4.2	1.1	0.1	—	0	3	2	—	1.6	1.6
刚果(布)	91										0.5
印度尼西亚	92	9.1	2.2	0.1	0.2	1	5	1	0	1.8	1.8
赞比亚	93	—	—	0.0	—	—	—	0	—	0.1	0.5
危地马拉	94	1.2	0.2	0.0	0.0	0	—	0	0	0.2	0.2
毛里塔尼亚	95										
科特迪瓦	96	1.4	—	0.0	—	0	—	0	—	0.2	0.2
印度	97	10.0	2.2	0.1	0.5	1	5	2	0	2.0	2.0
巴基斯坦	98	3.5	3.5	0.0	0.0	0	8	1	0	2.2	2.2
莱索托	99	0.5	0.2	—	0.1	0	1	—	0	0.2	0.2
柬埔寨	100	1.4	0.3	0.0	0.1	0	1	0	0	0.2	0.2
喀麦隆	101	—	—	—	0.0	—	—	—	0	0.0	0.5
厄立特里亚	102										0.5
叙利亚	103	0.0	0.9	0.1	—	—	2	1	—	1.5	1.5
加纳	104	—	—	0.0	—	—	—	0	—	0.1	0.5
乍得	105	2.2	0.6	—	—	0	1	—	—	0.8	0.8
莫桑比克	106	2.0	0.4	0.0	—	0	1	0	—	0.4	0.4
几内亚	107										0.5
也门	108	—	—	0.0	—	—	—	0	—	0.1	0.5
巴布亚新几内亚	109	0.8	0.4	—	—	0	1	—	—	0.3	0.3
海地	110	—	—	—	2.3	—	—	—	1	0.4	0.4
尼泊尔	111	—	—	0.0	—	—	—	0	—	0.1	0.5
塞内加尔	112	9.2	5.5	—	0.3	1	13	—	0	4.7	4.7
塞拉利昂	113	—	—	—	0.7	—	—	—	0	0.2	0.5
刚果(金)	114	2.0	0.1	—	—	0	0	—	—	0.2	0.2
老挝	115	—	—	0.0	—	—	—	0	—	0.1	0.5
马拉维	116	—	—	0.0	—	—	—	0	—	0.0	0.5
多哥	117	1.7	0.4	—	—	0	1	—	—	0.5	0.5
马达加斯加	118	0.1	0.3	0.0	0.1	0	1	0	0	0.2	0.2
马里	119	2.4	—	0.0	0.0	0	—	1	0	0.3	0.3
尼日利亚	120	—	—	0.0	—	—	—	0	—	0.1	0.5
孟加拉国	121	—	—	0.0	0.0	—	—	0	0	0.0	0.0
坦桑尼亚	122	5.0	0.2	—	—	0	1	—	—	0.2	0.2
贝宁	123	—	—	—	0.0	—	—	—	0	0.0	0.5
尼日尔	124	—	—	0.0	—	—	—	0	—	0.0	0.5
安哥拉	125	—	—	—	0.4	—	—	—	0	0.1	0.5
乌干达	126	1.3	0.3	0.0	0.0	0	1	0	0	0.2	0.2
中非	127									—	0.5
布基纳法索	128	4.3	—	—	—	0	—	—	—	0.2	0.2
埃塞俄比亚	129	3.0	0.4	0.0	0.0	0	1	0	0	0.3	0.3
布隆迪	130	—	—	—	0.0	—	—	—	0	0.0	0.5
卢旺达	131	—	—	0.0	—	—	—	0	—	0.0	0.5
高收入国家		1089.8	42.0	6.9	293.0	100	100	100	100	100.0	100.0
中等收入国家		71.5	7.7	2.4	1.5	7	18	34	1	15.0	15.0
低收入国家		5.4	1.7	0.0	0.1	0	4	0	0	1.2	1.2
世界		248.2	14.8	2.9	48.1	23	35	42	16	29.0	29.0
基准值		1089.8	42.0	6.9	293.0						

注：a. 指人均研究与发展经费投入，其数据为2010～2017年期间最近年的数据。
b. 指从事研究与发展活动的研究人员全时当量/万人，其数据为2010～2017年期间最近年的数据。
c. 指居民申请国内发明专利数/万人，其数据为2010～2017年期间最近年数据。
d. 当评价指标个数少于2个时，知识创新指数的值设定为"0.5"。减少发展中国家数据缺失带来的评价误差。

附表 2-3-3　2017 年世界知识传播指数

国家	编号	知识传播指标的实际值				知识传播指标的指数				知识传播指数
		大学普及率	宽带网普及率	人均公共教育经费	人均知识产权进口	大学普及率	宽带网普及率	人均公共教育经费	人均知识产权进口	
瑞典	1	67	39	3986	509	87	117	120	120	111.1
美国	2	88	34	2731	164	115	102	99	60	94.0
芬兰	3	88	31	3019	184	115	93	110	66	96.1
澳大利亚	4	113	32	2639	139	120	97	96	50	90.8
瑞士	5	60	46	4099	1448	78	120	120	120	109.4
挪威	6	82	41	5620	121	107	120	120	44	97.6
日本	7	—	32	1368	169	—	95	50	61	68.8
丹麦	8	81	44	4776	264	105	120	120	96	110.2
德国	9	70	40	2021	171	91	120	74	62	86.8
荷兰	10	85	42	2521	2451	111	120	92	120	110.6
加拿大	11	69	38	2748	326	90	114	100	118	105.4
新加坡	12	85	26	1651	2659	110	78	60	120	92.0
英国	13	60	39	2254	190	78	117	82	69	86.6
法国	14	66	44	2008	239	85	120	73	87	91.3
比利时	15	80	38	2749	317	104	115	100	115	108.5
奥地利	16	85	28	2488	203	111	86	91	74	90.1
新西兰	17	82	34	2573	191	107	101	94	69	92.7
韩国	18	94	41	—	189	120	120	—	68	102.8
以色列	19	63	28	2183	155	82	85	79	56	75.9
意大利	20	62	27	1185	79	81	82	43	29	58.6
爱尔兰	21	78	29	2337	15663	101	88	85	120	98.7
西班牙	22	89	31	1116	109	116	94	41	39	72.5
爱沙尼亚	23	70	31	943	47	91	92	34	17	58.5
斯洛文尼亚	24	79	29	1037	120	102	87	38	43	67.6
乌拉圭	25	63	28	732	32	82	83	27	12	51.0
俄罗斯	26	82	21	333	41	107	64	12	15	49.5
斯洛伐克	27	47	26	644	130	61	77	23	47	52.2
希腊	28	137	36	—	32	120	107	—	12	79.7
匈牙利	29	49	30	612	163	63	91	22	59	59.0
捷克	30	64	30	1032	117	83	89	38	43	63.1
葡萄牙	31	64	35	940	84	83	104	34	30	63.1
白俄罗斯	32	88	33	248	17	115	101	9	6	57.7
拉脱维亚	33	88	27	668	23	115	81	24	8	57.1
立陶宛	34	72	28	601	24	94	84	22	9	52.3
格鲁吉亚	35	57	19	154	7	74	58	6	2	34.9
乌克兰	36	83	13	104	10	108	38	4	3	38.2
保加利亚	37	71	25	312	25	93	76	11	9	47.3
黎巴嫩	38	—	—	195	3	—	—	7	1	4.1
哈萨克斯坦	39	50	14	230	6	65	43	8	2	29.7
波兰	40	68	20	577	83	88	60	21	30	50.0
阿根廷	41	90	18	713	52	117	54	26	19	53.9
巴拿马	42	48	11	296	11	62	32	11	4	27.3
克罗地亚	43	67	26	622	74	87	79	23	27	53.7
沙特阿拉伯	44	70	20	—	0	91	60	—	—	75.6
哥伦比亚	45	56	13	263	9	73	39	10	3	31.3
科威特	46	55	4	—	0	72	12	—	—	42.1
智利	47	88	17	736	90	115	50	27	33	56.1
北马其顿	48	41	19	—	26	54	57	—	9	40.0
阿塞拜疆	49	27	18	113	3	35	55	4	1	23.9
摩尔多瓦	50	41	14	151	6	53	43	6	2	26.1
罗马尼亚	51	48	24	279	46	63	73	10	17	40.6
委内瑞拉	52	—	9	—	8	—	27	—	3	14.8
乌兹别克斯坦	53	9	10	176	1	12	31	6	0	12.5
多米尼加	54	60	7	—	13	78	22	—	5	35.0
亚美尼亚	55	52	11	99	0	68	32	4	—	34.6
巴拉圭	56	—	4	183	3	—	12	7	1	6.6
哥斯达黎加	57	56	15	828	109	73	45	30	39	46.8
巴西	58	51	14	550	25	67	42	20	9	34.4
墨西哥	59	40	14	429	2	52	41	16	1	27.5
博茨瓦纳	60	25	1	—	50	32	4	—	18	18.3
秘鲁	61	71	7	237	10	92	22	9	4	31.6
牙买加	62	27	8	257	17	35	25	9	6	18.9
约旦	63	31	3	160	2	41	10	6	1	14.3
南非	64	22	2	313	37	29	6	11	13	15.0
土耳其	65	—	15	—	9	—	44	—	3	23.8
厄瓜多尔	66	45	10	306	2	58	30	11	1	25.1
伊朗	67	70	12	177	0	91	36	6	—	44.5
蒙古	68	64	9	190	5	84	27	7	2	29.9
摩洛哥	69	34	4	—	4	44	12	—	1	19.0
马来西亚	70	44	9	474	59	57	26	17	21	30.3

(续表)

国家	编号	知识传播指标的实际值				知识传播指标的指数				知识传播指数
		大学普及率	宽带网普及率	人均公共教育经费[a]	人均知识产权进口	大学普及率	宽带网普及率	人均公共教育经费	人均知识产权进口	
萨尔瓦多	71	29	7	147	22	37	21	5	8	17.9
埃及	72	35	5	—	3	46	16	—	1	21.0
中国	73	49	28	364	21	64	83	13	8	42.0
阿尔及利亚	74	48	8	—	4	62	23	—	1	28.9
土库曼斯坦	75	8	0	204	0	10	0	7	0	6.0
突尼斯	76	32	7	255	1	42	21	9	1	18.2
阿尔巴尼亚	77	57	11	163	5	75	32	6	2	28.5
吉尔吉斯坦	78	43	4	74	1	56	13	3	0	17.8
塔吉克斯坦	79	31	0	49	0	41	0	2	0	10.7
玻利维亚	80	—	3	225	8	—	10	8	3	7.1
缅甸	81	16	0	9	0	20	1	0	0	5.4
菲律宾	82	35	3	—	7	46	10	—	3	19.5
泰国	83	49	12	254	62	64	36	9	22	32.9
纳米比亚	84	—	3	—	1	—	8	—	0	4.3
津巴布韦	85	10	1	88	0	13	4	3	0	5.1
洪都拉斯	86	20	3	148	6	27	8	5	2	10.4
尼加拉瓜	87	—	3	87	0	—	10	3	0	4.4
越南	88	29	12	95	—	37	36	3	—	25.5
肯尼亚	89	11	1	76	4	15	2	3	1	5.2
斯里兰卡	90	19	6	135	0	25	17	5	—	15.7
刚果（布）	91	13	0	80	0	16	0	3	—	6.5
印度尼西亚	92	36	2	119	7	47	7	4	3	15.4
赞比亚	93	4	0	—	0	5	1	—	0	2.0
危地马拉	94	22	3	117	12	28	9	4	4	11.6
毛里塔尼亚	95	5	0	30	0	7	1	1	0	2.1
科特迪瓦	96	9	1	80	0	12	2	3	0	4.2
印度	97	27	1	56	5	36	4	2	2	10.9
巴基斯坦	98	9	1	41	1	12	3	1	0	4.2
莱索托	99	11	0	—	2	14	1	—	1	5.1
柬埔寨	100	13	1	21	0	17	3	1	0	5.2
喀麦隆	101	13	0	36	0	17	1	1	0	4.6
厄立特里亚	102	3	0	—	—	4	0	—	—	2.2
叙利亚	103	40	8	—	0	52	25	—	—	38.6
加纳	104	16	0	87	0	21	1	3	—	8.2
乍得	105	3	0	28	0	4	0	1	0	1.8
莫桑比克	106	7	0	43	1	9	1	2	0	2.9
几内亚	107	12	0	18	0	15	0	1	0	5.3
也门	108	10	2	—	0	13	5	—	0	6.1
巴布亚新几内亚	109	—	0	—	0	—	1	—	0	0.6
海地	110	—	0	18	0	—	1	1	0	0.5
尼泊尔	111	12	2	35	0	15	5	1	0	7.3
塞内加尔	112	12	1	65	1	15	2	2	0	4.9
塞拉利昂	113	—	—	15	0	—	—	0	0	0.3
刚果（金）	114	7	0	10	0	9	0	0	0	2.3
老挝	115	16	0	59	0	20	1	2	—	7.9
马拉维	116	1	0	15	0	1	0	1	0	0.5
多哥	117	13	1	30	0	17	2	1	0	5.0
马达加斯加	118	5	0	15	1	7	0	1	0	2.0
马里	119	6	0	24	0	7	1	1	0	2.9
尼日利亚	120	10	0	—	1	13	0	—	0	4.6
孟加拉国	121	18	5	22	0	24	14	1	0	9.6
坦桑尼亚	122	4	1	34	0	5	4	1	0	2.7
贝宁	123	12	0	32	0	16	1	1	0	4.5
尼日尔	124	4	0	15	0	5	0	1	—	1.8
安哥拉	125	9	0	123	7	12	1	4	3	5.1
乌干达	126	5	0	16	0	6	0	1	0	1.8
中非	127	3	0	7	0	4	0	0	0	1.4
布基纳法索	128	6	0	24	0	8	0	1	0	2.2
埃塞俄比亚	129	8	0	30	0	11	0	1	0	3.0
布隆迪	130	6	0	13	0	8	0	0	0	2.1
卢旺达	131	7	0	26	0	10	1	1	0	3.7
高收入国家		77	33	2748	276	100	100	100	100	99.9
中等收入国家		36	11	406	12	47	33	15	4	24.7
低收入国家		9	1	54	0	11	2	2	0	3.8
世界		38	14	698	53	49	41	25	19	33.8
基准值		77	33	2748	276					

注：a. 为 2010～2017 年期间最近年的数据。

附表 2-3-4　2017 年世界生活质量指数

国家	编号	生活质量指标的实际值				生活质量指标的指数				生活质量指数
		平均预期寿命	人均购买力[a]	婴儿死亡率	环境质量[b]	平均预期寿命	人均购买力	婴儿死亡率	环境质量	
瑞典	1	82.3	52 660	2.2	6.2	102	107	120	120	112.2
美国	2	78.5	60 990	5.7	7.4	97	120	75	120	103.2
芬兰	3	81.4	46 740	1.5	5.9	101	95	120	120	108.9
澳大利亚	4	82.5	48 280	3.1	8.6	102	98	120	120	110.0
瑞士	5	83.6	67 140	3.7	10.3	104	120	116	120	115.0
挪威	6	82.5	64 760	2.1	7.0	102	120	120	120	115.6
日本	7	84.1	43 490	1.9	11.7	104	88	120	120	108.1
丹麦	8	81.0	55 560	3.6	10.0	100	113	119	120	113.1
德国	9	81.0	53 390	3.2	12.0	100	108	120	120	112.1
荷兰	10	81.6	54 910	3.3	12.0	101	111	120	120	113.1
加拿大	11	82.2	46 260	4.4	6.4	102	94	98	120	103.4
新加坡	12	82.9	89 840	2.2	19.1	103	120	120	77	104.9
英国	13	81.2	44 840	3.7	10.5	101	91	116	120	106.9
法国	14	82.5	45 310	3.4	11.8	102	92	120	120	108.5
比利时	15	81.4	50 760	3.0	12.9	101	103	120	114	109.5
奥地利	16	81.6	53 460	2.9	12.5	101	108	120	118	111.8
新西兰	17	81.7	38 870	4.8	6.0	101	79	90	120	97.4
韩国	18	82.6	38 830	2.8	25.0	102	79	120	59	90.0
以色列	19	82.6	38 470	3.0	21.4	102	78	120	69	92.3
意大利	20	83.2	41 430	2.7	16.8	103	84	120	88	98.7
爱尔兰	21	82.0	61 170	3.2	8.2	102	120	120	120	115.4
西班牙	22	83.3	38 880	2.6	9.7	103	79	120	120	105.5
爱沙尼亚	23	77.6	32 790	2.2	6.7	96	66	120	120	100.7
斯洛文尼亚	24	81.2	35 490	1.8	16.0	101	72	120	92	96.1
乌拉圭	25	77.6	21 380	6.8	9.3	96	43	63	120	80.7
俄罗斯	26	72.1	25 080	6.5	16.2	89	51	66	91	74.3
斯洛伐克	27	77.2	31 730	4.8	17.6	96	64	90	84	83.3
希腊	28	81.4	28 640	3.2	16.2	101	58	116	91	91.4
匈牙利	29	76.1	27 990	3.8	15.9	94	57	113	92	89.1
捷克	30	79.5	35 680	2.6	16.1	98	72	120	91	95.6
葡萄牙	31	81.1	32 010	3.1	8.2	101	65	120	120	101.4
白俄罗斯	32	74.1	18 200	2.7	18.8	92	37	120	78	81.8
拉脱维亚	33	74.7	27 990	3.6	13.4	93	57	119	109	94.6
立陶宛	34	74.7	32 070	3.6	11.9	93	65	119	120	99.2
格鲁吉亚	35	73.4	10 630	8.9	22.2	91	22	48	66	56.8
乌克兰	36	71.8	8460	7.7	20.3	89	17	56	72	58.6
保加利亚	37	74.8	21 220	6.2	19.1	93	43	69	77	70.5
黎巴嫩	38	78.8	12 800	6.6	30.6	98	26	65	48	59.2
哈萨克斯坦	39	73.0	23 610	9.2	13.8	90	48	47	106	72.8
波兰	40	77.9	28 690	3.9	20.9	96	58	110	70	83.8
阿根廷	41	76.4	20 310	9.3	13.3	95	41	46	110	73.1
巴拿马	42	78.1	22 190	13.6	11.4	97	45	32	120	73.4
克罗地亚	43	77.8	25 970	4.0	17.9	96	53	108	82	84.7
沙特阿拉伯	44	74.9	54 530	6.4	87.9	93	111	67	17	71.8
哥伦比亚	45	76.9	14 240	12.6	16.5	95	29	34	89	61.8
科威特	46	75.3	83 540	6.9	59.0	93	120	62	24	75.0
智利	47	79.9	23 260	6.3	21.0	99	47	68	70	71.1
北马其顿	48	75.6	14 690	9.7	29.7	94	30	44	49	54.3
阿塞拜疆	49	72.7	16 770	20.4	19.9	90	34	21	74	54.7
摩尔多瓦	50	71.7	7250	13.8	16.3	89	15	31	90	56.3
罗马尼亚	51	75.3	25 970	6.6	14.6	93	53	65	101	77.9
委内瑞拉	52	72.2	17 900	21.4	17.0	90	36	20	86	58.1
乌兹别克斯坦	53	71.4	8250	20.2	28.5	88	17	21	52	44.5
多米尼加	54	73.7	15 590	24.8	13.7	91	32	17	107	61.8
亚美尼亚	55	74.8	9960	11.6	32.5	93	20	37	45	48.8
巴拉圭	56	74.0	12 570	17.8	11.9	92	25	24	120	65.3
哥斯达黎加	57	79.9	16 110	7.6	15.7	99	33	57	93	70.4
巴西	58	75.5	15 370	13.2	12.7	94	31	33	116	68.2
墨西哥	59	74.9	18 940	11.6	20.9	93	38	37	70	59.6
博茨瓦纳	60	68.8	17 190	30.8	23.1	85	35	14	64	49.4
秘鲁	61	76.3	13 140	11.5	24.8	95	27	37	59	54.5
牙买加	62	74.3	8710	12.8	13.4	92	18	34	110	63.2
约旦	63	74.3	9190	14.3	33.0	92	19	30	45	46.3
南非	64	63.5	13 040	29.6	25.1	79	26	15	59	44.6
土耳其	65	77.2	27 550	9.7	44.3	96	56	44	33	57.2
厄瓜多尔	66	76.6	11 240	12.5	14.9	95	23	34	99	62.7
伊朗	67	76.3	21 050	12.8	39.0	95	43	34	38	52.1
蒙古	68	69.5	10 990	14.6	40.1	86	22	29	37	43.6
摩洛哥	69	76.2	8080	20.1	32.6	94	16	21	45	44.3
马来西亚	70	75.8	29 180	6.7	16.0	94	59	64	92	77.2

(续表)

国家	编号	生活质量指标的实际值				生活质量指标的指数				生活质量指数
		平均预期寿命	人均购买力[a]	婴儿死亡率	环境质量[b]	平均预期寿命	人均购买力	婴儿死亡率	环境质量	
萨尔瓦多	71	72.9	7530	12.2	24.5	90	15	35	60	50.2
埃及	72	71.7	11 510	18.7	87.0	89	23	23	17	38.0
中国	73	76.5	16 770	7.9	52.7	95	34	54	28	52.8
阿尔及利亚	74	76.5	14 970	20.6	38.9	95	30	21	38	46.0
土库曼斯坦	75	68.0	17 280	40.6	21.8	84	35	11	68	49.3
突尼斯	76	76.3	11 670	14.7	37.7	95	24	29	39	46.6
阿尔巴尼亚	77	78.3	12 960	8.0	18.2	97	26	54	81	64.5
吉尔吉斯斯坦	78	71.2	3550	17.9	22.7	88	7	24	65	46.0
塔吉克斯坦	79	70.6	3710	31.3	46.2	88	8	14	32	35.2
玻利维亚	80	70.9	7270	22.8	21.6	88	15	19	68	47.4
缅甸	81	66.6	5990	38.0	35.6	82	12	11	41	36.8
菲律宾	82	71.0	10 030	22.9	18.1	88	20	19	81	52.1
泰国	83	76.7	17 120	8.2	26.3	95	35	52	56	59.5
纳米比亚	84	63.0	10 800	29.7	25.4	78	22	14	58	43.1
津巴布韦	85	60.8	2580	35.4	22.3	75	5	12	66	39.7
洪都拉斯	86	74.9	4570	15.6	20.6	93	9	28	71	50.2
尼加拉瓜	87	74.1	5540	15.9	17.6	92	11	27	83	53.4
越南	88	75.2	6340	16.9	29.6	93	13	25	50	45.3
肯尼亚	89	65.9	3230	31.8	28.6	82	7	14	51	38.3
斯里兰卡	90	76.6	12 540	6.7	11.1	95	25	64	120	76.1
刚果(布)	91	64.0	5070	37.1	46.6	79	10	12	32	33.2
印度尼西亚	92	71.3	11 880	21.9	16.5	88	24	20	89	55.3
赞比亚	93	63.0	3910	41.5	27.4	78	8	10	54	37.5
危地马拉	94	73.8	8020	22.8	24.1	91	16	19	61	46.9
毛里塔尼亚	95	64.5	3940	52.8	47.4	80	8	8	31	31.8
科特迪瓦	96	57.0	3760	61.0	25.9	71	8	7	57	35.5
印度	97	69.2	7090	31.5	90.9	86	14	14	16	32.5
巴基斯坦	98	66.9	5530	58.8	58.3	83	11	7	25	31.7
莱索托	99	52.9	3520	68.8	28.0	66	7	6	52	32.9
柬埔寨	100	69.3	3770	25.1	25.6	86	8	17	57	42.0
喀麦隆	101	58.5	3580	52.2	72.8	73	7	8	20	27.0
厄立特里亚	102	65.5	—	32.2	48.0	81	—	13	31	41.7
叙利亚	103	71.0	—	14.0	43.8	88	—	31	34	50.7
加纳	104	63.5	4340	36.1	34.7	79	9	12	42	35.4
乍得	105	53.7	1900	73.1	66.0	67	4	6	22	24.6
莫桑比克	106	59.3	1380	55.5	21.3	73	3	8	69	38.3
几内亚	107	60.7	2360	66.3	26.1	75	5	6	56	35.7
也门	108	66.1	3800	42.9	50.5	82	8	10	29	32.2
巴布亚新几内亚	109	64.0	4270	38.9	12.3	79	9	11	120	54.6
海地	110	63.3	1830	50.8	15.0	78	4	8	98	47.1
尼泊尔	111	70.2	2910	27.6	99.7	87	6	16	15	30.8
塞内加尔	112	67.4	3460	32.8	40.7	83	7	13	36	34.9
塞拉利昂	113	53.9	1500	81.3	21.6	67	3	5	68	35.8
刚果(金)	114	60.0	860	70.0	44.9	74	2	6	33	28.8
老挝	115	67.3	6580	39.0	25.1	83	13	11	59	41.6
马拉维	116	63.3	1260	36.8	23.6	78	3	12	62	38.8
多哥	117	60.5	1680	48.7	35.7	75	3	9	41	32.1
马达加斯加	118	66.3	1760	39.1	22.5	82	4	11	65	40.5
马里	119	58.5	2150	63.6	38.5	72	4	7	38	30.4
尼日利亚	120	54.0	5710	76.9	71.8	67	12	6	20	26.1
孟加拉国	121	72.1	4170	26.5	60.8	89	8	16	24	34.5
坦桑尼亚	122	64.5	3020	38.8	29.1	80	6	11	51	36.9
贝宁	123	61.2	2260	61.9	39.0	76	5	7	38	31.3
尼日尔	124	61.6	990	49.1	94.1	76	2	9	16	25.7
安哥拉	125	60.4	6450	53.4	32.4	75	13	8	45	35.3
乌干达	126	62.5	1890	35.2	50.5	77	4	12	29	30.7
中非	127	52.2	860	86.5	56.8	65	2	5	26	24.3
布基纳法索	128	60.8	1800	50.4	42.9	75	4	9	34	30.4
埃塞俄比亚	129	65.9	1890	40.6	39.0	82	4	11	38	33.4
布隆迪	130	60.9	740	42.4	38.9	75	2	10	38	31.2
卢旺达	131	68.3	2030	28.2	43.2	85	4	15	34	34.5
高收入国家		80.7	49 330	4.3	14.7	100	100	100	100	100.0
中等收入国家		71.7	12 088	28.2	52.4	89	25	15	28	39.2
低收入国家		63.4	2246	49.4	43.2	79	5	9	34	31.5
世界		72.4	17 123	29.7	45.5	90	35	14	32	42.8
基准值		80.7	49 330	4.3	14.7					

注：a. 按购买力平价 PPP 计算的人均国民收入(国际美元)；
b. 为空气质量，为 $PM_{2.5}$ 年均浓度(微克/米^3)。

附表 2-3-5 2017 年世界经济质量指数

国家	编号	经济质量指标的实际值				经济质量指标的指数				经济质量指数
		劳动生产率[a]	单位GDP的能源消耗	物质产业增加值比例[b]	物质产业劳动力比例[b]	劳动生产率	单位GDP的能源消耗	物质产业增加值比例	物质产业劳动力比例	
瑞典	1	96 449	0.10	23.2	20.0	104	111	103	120	109
美国	2	112 677	0.12	19.1	21.2	120	92	120	120	113
芬兰	3	90 277	0.14	26.7	25.9	97	79	90	99	91
澳大利亚	4	90 194	0.10	26.2	22.0	97	114	92	117	105
瑞士	5	103 485	0.04	25.4	23.6	111	120	94	109	109
挪威	6	128 746	0.08	31.3	21.5	120	120	77	120	109
日本	7	75 235	0.10	30.3	28.1	81	111	79	92	91
丹麦	8	96 219	0.05	21.5	21.0	104	120	111	120	114
德国	9	89 748	0.09	28.8	28.7	97	119	83	90	97
荷兰	10	96 389	0.09	19.6	18.8	104	117	120	120	115
加拿大	11	85 696	0.18	26.5	21.0	92	63	90	120	91
新加坡	12	150 325	0.09	23.6	17.2	120	120	102	120	115
英国	13	80 848	0.06	18.5	19.4	87	120	120	120	112
法国	14	94 504	0.11	18.8	23.1	102	109	120	111	111
比利时	15	103 229	0.11	20.3	21.9	111	96	118	117	111
奥地利	16	93 508	0.09	26.5	28.9	101	120	91	89	100
新西兰	17	68 627	0.12	25.8	26.7	74	95	93	96	90
韩国	18	69 179	0.20	37.8	29.9	74	55	63	86	70
以色列	19	78 308	0.08	20.8	18.4	84	120	115	120	110
意大利	20	95 245	0.08	23.4	29.8	103	120	102	86	103
爱尔兰	21	150 487	0.05	36.9	23.9	120	120	65	108	103
西班牙	22	84 530	0.10	24.6	24.4	91	110	98	105	101
爱沙尼亚	23	59 057	0.24	26.8	33.5	64	46	90	77	69
斯洛文尼亚	24	67 169	0.15	30.2	38.8	72	72	79	66	73
乌拉圭	25	44 025	0.08	29.9	28.5	47	120	80	90	84
俄罗斯	26	51 813	0.35	34.0	32.9	56	31	71	78	59
斯洛伐克	27	64 574	0.14	34.5	39.9	69	60	70	64	66
希腊	28	66 270	0.12	18.7	27.5	71	92	120	93	94
匈牙利	29	58 319	0.19	29.4	36.6	63	57	82	70	68
捷克	30	65 469	0.22	35.3	40.9	70	50	68	63	63
葡萄牙	31	59 883	0.11	21.4	31.1	64	99	112	83	90
白俄罗斯	32	34 304	0.35	39.1	41.5	37	31	61	62	48
拉脱维亚	33	52 725	0.14	22.9	30.2	57	80	105	85	82
立陶宛	34	59 911	0.14	29.2	32.9	64	76	82	78	75
格鲁吉亚	35	19 736	0.25	29.5	56.3	21	44	81	46	48
乌克兰	36	18 294	0.75	33.6	39.7	20	15	72	65	43
保加利亚	37	41 542	0.32	28.7	36.9	45	35	84	70	58
黎巴嫩	38	39 226	0.16	17.5	34.6	42	71	120	74	77
哈萨克斯坦	39	49 019	0.35	36.6	36.4	53	32	66	71	55
波兰	40	58 502	0.20	32.0	41.9	63	56	75	61	64
阿根廷	41	45 357	0.16	27.3	22.5	49	67	88	114	79
巴拿马	42	48 019	0.08	31.7	33.0	52	120	76	78	81
克罗地亚	43	56 803	0.14	24.7	33.4	61	79	97	77	79
沙特阿拉伯	44	123 786	0.28	48.4	29.4	120	39	50	87	74
哥伦比亚	45	27 146	0.09	33.2	35.9	29	120	72	71	73
科威特	46	114 338	0.21	55.3	27.7	120	53	43	93	77
智利	47	49 239	0.15	33.5	32.0	53	74	72	80	70
北马其顿	48	36 766	0.23	32.0	46.8	40	48	75	55	54
阿塞拜疆	49	32 779	0.19	55.3	50.7	35	58	43	51	47
摩尔多瓦	50	13 288	0.35	33.3	49.0	14	32	72	52	43
罗马尼亚	51	52 508	0.16	33.7	52.9	57	69	71	49	61
委内瑞拉	52	29 706	0.19	42.3	28.4	32	59	57	91	60
乌兹别克斯坦	53	14 173	0.62	54.8	63.8	15	18	44	40	29
多米尼加	54	34 285	0.11	32.7	29.0	37	97	73	89	74
亚美尼亚	55	22 797	0.25	40.8	49.2	25	43	59	52	45
巴拉圭	56	18 591	0.13	44.7	40.3	20	86	54	64	56
哥斯达黎加	57	35 943	0.10	24.0	31.0	39	113	100	83	84
巴西	58	32 254	0.12	23.0	30.0	35	89	104	86	78
墨西哥	59	40 066	0.16	34.1	39.1	43	69	70	66	62
博茨瓦纳	60	38 860	0.17	31.8	41.2	42	66	75	62	61
秘鲁	61	22 662	0.12	37.9	43.3	24	93	63	59	60
牙买加	62	17 942	0.20	26.3	32.4	19	54	91	79	61
约旦	63	38 574	0.23	33.2	28.3	42	49	72	91	63
南非	64	42 854	0.42	28.7	25.7	46	26	84	90	62
土耳其	65	71 389	0.15	35.2	45.9	77	73	68	56	68
厄瓜多尔	66	22 228	0.14	41.9	46.2	24	79	57	56	54
伊朗	67	64 306	0.55	44.4	49.6	69	20	54	52	49
蒙古	68	30 012	0.44	48.6	48.0	32	25	49	54	40
摩洛哥	69	25 328	0.18	38.5	59.9	27	63	62	43	49
马来西亚	70	56 939	0.27	47.6	38.6	61	41	50	67	55

(续表)

国家	编号	经济质量指标的实际值				经济质量指标的指数				经济质量指数
		劳动生产率[a]	单位GDP的能源消耗	物质产业增加值比例[b]	物质产业劳动力比例[b]	劳动生产率	单位GDP的能源消耗	物质产业增加值比例	物质产业劳动力比例	
萨尔瓦多	71	17 263	0.18	29.5	40.5	19	61	81	64	56
埃及	72	37 439	0.24	45.2	51.6	40	45	53	50	47
中国	73	27 645	0.29	48.1	56.0	30	38	50	46	41
阿尔及利亚	74	54 043	0.24	49.5	40.1	58	46	48	64	54
土库曼斯坦	75	37 755	0.61	66.3	56.6	41	18	36	45	35
突尼斯	76	36 188	0.22	32.7	48.0	39	50	73	54	54
阿尔巴尼亚	77	28 917	0.18	39.4	57.6	31	62	61	45	50
吉尔吉斯斯坦	78	8898	0.51	39.8	48.8	10	22	60	53	36
塔吉克斯坦	79	11 502	0.31	48.2	67.9	12	36	50	38	34
玻利维亚	80	15 333	0.25	38.0	49.8	17	44	63	52	44
缅甸	81	12 464	0.30	59.6	66.5	13	37	40	39	32
菲律宾	82	19 117	0.17	40.1	43.7	21	66	60	59	51
泰国	83	29 225	0.33	43.6	54.5	31	33	55	47	42
纳米比亚	84	32 445	0.14	35.5	39.2	35	78	68	66	61
津巴布韦	85	4075	0.59	35.5	74.3	4	19	68	35	31
洪都拉斯	86	10 620	0.27	39.3	52.7	11	41	61	49	40
尼加拉瓜	87	11 764	0.31	40.1	48.0	13	36	60	54	40
越南	88	10 550	0.35	48.7	65.9	11	31	49	39	33
肯尼亚	89	8358	0.38	51.7	65.4	9	29	46	39	31
斯里兰卡	90	31 240	0.13	35.1	54.5	34	81	68	47	58
刚果(布)	91	13 575	0.19	59.9	58.3	15	59	40	44	40
印度尼西亚	92	23 933	0.25	52.5	52.8	26	43	46	49	41
赞比亚	93	9572	0.34	41.3	64.8	10	32	58	40	35
危地马拉	94	18 862	0.23	35.3	50.2	20	49	68	51	47
毛里塔尼亚	95	14 429	—	50.6	66.8	16	—	47	38	34
科特迪瓦	96	11 186	0.39	46.3	54.7	12	28	52	47	35
印度	97	17 547	0.40	42.1	69.0	19	27	57	37	35
巴基斯坦	98	14 994	0.37	40.8	65.6	16	30	59	39	36
莱索托	99	8645	—	38.1	77.1	9	—	63	33	35
柬埔寨	100	6621	0.38	54.2	57.6	7	29	44	45	31
喀麦隆	101	7958	0.22	39.7	60.2	9	51	61	42	40
厄立特里亚	102	3961	0.29	31.8	71.1	4	38	76	36	38
叙利亚	103	9664	—	59.2	43.7	10	—	41	59	37
加纳	104	10 907	0.17	50.5	52.9	12	65	48	49	43
乍得	105	4798	—	63.2	84.7	5	—	38	30	24
莫桑比克	106	2701	0.66	46.1	79.7	3	17	52	32	26
几内亚	107	5786	—	49.5	73.7	6	—	48	35	30
也门	108	6178	0.20	48.1	46.0	7	54	50	56	42
巴布亚新几内亚	109	12 991	—	52.6	72.8	14	—	46	35	32
海地	110	4211	0.47	72.9	60.2	5	23	33	43	26
尼泊尔	111	4312	0.58	39.6	83.2	5	19	61	31	29
塞内加尔	112	9967	0.20	38.6	45.8	11	55	62	56	46
塞拉利昂	113	4311	—	65.4	64.9	5	—	37	40	27
刚果(金)	114	2457	0.80	61.9	79.2	3	14	39	32	22
老挝	115	12 278	—	47.1	77.4	13	—	51	33	32
马拉维	116	2679	—	40.4	80.3	3	—	59	32	31
多哥	117	3199	0.72	40.6	54.2	3	15	59	47	31
马达加斯加	118	2827	—	42.5	75.7	3	—	57	34	31
马里	119	5990	—	56.4	72.1	6	—	43	36	28
尼日利亚	120	18 365	0.24	43.2	48.4	20	46	56	53	44
孟加拉国	121	8763	0.20	41.2	61.0	9	54	58	42	41
坦桑尼亚	122	5787	0.48	53.8	73.8	6	23	45	35	27
贝宁	123	5175	0.44	44.6	61.0	6	25	54	42	32
尼日尔	124	2367	0.35	55.5	84.1	3	31	43	31	27
安哥拉	125	15 156	0.10	52.2	57.5	16	109	46	45	54
乌干达	126	4656	—	44.9	78.4	5	—	53	33	30
中非	127	1725	—	51.7	82.1	2	—	46	31	27
布基纳法索	128	4950	—	47.0	61.8	5	—	51	42	33
埃塞俄比亚	129	3693	0.87	57.2	78.5	4	13	42	33	23
布隆迪	130	1641	—	42.3	94.0	2	—	57	27	29
卢旺达	131	3726	—	46.7	75.6	4	—	51	34	30
高收入国家		92 914	0.11	24.0	25.7	100	99	100	100	100
中等收入国家		25 681	0.27	40.2	55.0	28	41	60	47	44
低收入国家		4066	—	50.7	74.4	4	—	47	35	29
世界		35 761	0.18	28.9	51.5	38	63	83	50	58
基准值		92 914	0.11	24.0	25.7					

注：a. 为雇员人均GDP(2011年不变价格国际美元PPP)，为2010~2017年期间最近年的数据；
b. 为2010~2017年期间最近年的数据。

附表 2-3-6 2017 年世界第二次现代化发展阶段

国家	编号	2017年第一次现代化的阶段[a]	2017年第二次现代化指数	产业结构信号 物质产业增加值占GDP比例	赋值	劳动力结构信号 物质产业劳动力占总劳动力比例	赋值	平均值	第二次现代化的阶段[b]
瑞典	1	4	107.5	23.2	2	20.0	2	2.0	2
美国	2	4	106.4	19.1	3	21.2	2	2.5	2
芬兰	3	4	98.7	26.7	2	25.9	2	2.0	2
澳大利亚	4	4	91.1	26.2	2	22.0	2	2.0	2
瑞士	5	4	107.2	25.4	2	23.6	2	2.0	2
挪威	6	4	99.3	31.2	1	21.5	2	1.5	1
日本	7	4	95.9	30.3	1	28.1	2	1.5	1
丹麦	8	4	109.1	21.5	2	21.0	2	2.0	2
德国	9	4	99.6	28.8	2	28.7	2	2.0	2
荷兰	10	4	106.5	19.6	3	18.8	3	3.0	3
加拿大	11	4	89.0	26.5	2	21.0	2	2.0	2
新加坡	12	4	102.9	23.6	2	17.2	3	2.5	2
英国	13	4	96.0	18.5	3	19.4	3	3.0	3
法国	14	4	96.4	18.8	3	23.1	2	2.5	2
比利时	15	4	103.5	20.3	2	21.9	2	2.0	2
奥地利	16	4	95.8	26.5	2	28.9	2	2.0	2
新西兰	17	4	82.4	25.8	2	26.7	2	2.0	1
韩国	18	4	91.1	37.8	1	29.9	2	1.5	1
以色列	19	4	89.1	20.8	2	18.4	3	2.5	2
意大利	20	4	73.8	23.4	2	29.8	2	2.0	2
爱尔兰	21	4	97.2	36.9	1	23.9	2	1.5	1
西班牙	22	4	77.5	24.6	2	24.4	2	2.0	2
爱沙尼亚	23	4	64.5	26.8	2	33.5	1	1.5	1
斯洛文尼亚	24	4	70.9	30.2	1	38.8	1	1.0	1
乌拉圭	25	3	55.7	29.9		28.5			
俄罗斯	26	4	52.2	34.0		32.9			
斯洛伐克	27	4	55.8	34.5		39.9			
希腊	28	3	72.8	18.7		27.5			
匈牙利	29	4	63.6	29.4	2	36.6	1	1.5	1
捷克	30	4	64.5	35.3	1	40.9		0.5	
葡萄牙	31	4	72.4	21.4	2	31.1	1	1.5	1
白俄罗斯	32	3	47.7	39.1		41.5			
拉脱维亚	33	4	61.9	22.9	2	30.2	1	1.5	1
立陶宛	34	4	62.5	29.2	2	32.9	1	1.5	1
格鲁吉亚	35	2	37.2	29.5		56.3			
乌克兰	36	3	36.9	33.6		39.7			
保加利亚	37	4	47.9	28.7		36.9			
黎巴嫩	38	3	35.5	17.5		34.6			
哈萨克斯坦	39	4	41.0	36.6		36.4			
波兰	40	4	55.2	32.0		41.9			
阿根廷	41	4	54.0	27.3		22.5			
巴拿马	42	4	45.7	31.7		33.0			
克罗地亚	43	4	58.3	24.7		33.4			
沙特阿拉伯	44	4	58.2	48.4		29.4			
哥伦比亚	45	3	41.9	33.2		35.9			
科威特	46	4	49.8	55.3		27.7			
智利	47	4	50.6	33.5		32.0			
北马其顿	48	3	38.6	32.0		46.8			
阿塞拜疆	49	3	31.8	55.3		50.7			
摩尔多瓦	50	3	32.6	33.3		49.0			
罗马尼亚	51	4	47.2	33.7		52.9			
委内瑞拉	52	4	34.2	42.3		28.4			
乌兹别克斯坦	53	2	22.4	54.8		63.8			
多米尼加	54	3	42.8	32.7		29.0			
亚美尼亚	55	2	32.8	40.8		49.2			
巴拉圭	56	3	32.3	44.7		40.3			
哥斯达黎加	57	3	51.4	24.0		31.0			
巴西	58	4	47.5	23.0		30.0			
墨西哥	59	4	38.0	34.1		39.1			
博茨瓦纳	60	3	32.8	31.8		41.2			
秘鲁	61	3	36.6	37.9		43.3			
牙买加	62	3	35.9	26.3		32.4			
约旦	63	4	32.2	33.2		28.3			
南非	64	4	31.4	28.7		28.5			
土耳其	65	3	40.9	35.2		45.9			
厄瓜多尔	66	3	36.5	41.9		46.2			
伊朗	67	3	40.1	44.4		49.6			
蒙古	68	3	28.9	48.8		48.0			
摩洛哥	69	3	30.2	38.5		59.9			
马来西亚	70	3	45.5	47.6		38.6			

附录二 世界现代化水平评价的数据集　315

(续表)

国家	编号	2017年第一次现代化的阶段[a]	2017年第二次现代化指数	产业结构信号 物质产业增加值占GDP比例	赋值	劳动力结构信号 物质产业劳动力占总劳动力比例	赋值	平均值	第二次现代化的阶段[b]
萨尔瓦多	71	3	31.4	29.5		40.5			
埃及	72	3	28.1	45.2		51.6			
中国	73	3	44.4	48.1		56.0			
阿尔及利亚	74	3	33.6	49.5		40.1			
土库曼斯坦	75	3	22.7	66.3		56.6			
突尼斯	76	3	32.9	32.7		48.0			
阿尔巴尼亚	77	2	35.9	39.4		57.6			
吉尔吉斯斯坦	78	3	25.3	39.8		48.8			
塔吉克斯坦	79	2	20.0	48.2		67.9			
玻利维亚	80	3	25.0	38.0		49.8			
缅甸	81	2	18.7	59.6		66.5			
菲律宾	82	3	31.0	40.1		43.7			
泰国	83	3	35.8	43.6		54.5			
纳米比亚	84	3	27.6	35.5		39.2			
津巴布韦	85	2	19.3	35.5		74.3			
洪都拉斯	86	3	25.3	39.3		52.7			
尼加拉瓜	87	2	24.6	40.1		48.0			
越南	88	2	27.4	48.7		65.9			
肯尼亚	89	1	19.1	51.7		65.4			
斯里兰卡	90	3	37.8	35.1		54.5			
刚果(布)	91	3	19.9	59.9		58.3			
印度尼西亚	92	3	28.3	52.5		52.8			
赞比亚	93	2	18.8	41.3		64.8			
危地马拉	94	3	26.4	35.3		50.2			
毛里塔尼亚	95	1	17.0	50.6		66.8			
科特迪瓦	96	2	18.7	46.3		54.7			
印度	97	2	20.1	42.1		69.0			
巴基斯坦	98	2	18.5	40.8		65.6			
莱索托	99	2	18.3	38.1		77.1			
柬埔寨	100	2	19.7	54.2		57.6			
喀麦隆	101	2	18.2	39.7		60.7			
厄立特里亚	102	2	20.7	31.8		71.1			
叙利亚	103	3	31.9	59.2		43.7			
加纳	104	2	21.9	50.5		52.9			
乍得	105	0	12.9	63.2		84.7			
莫桑比克	106	1	16.9	46.1		79.7			
几内亚	107	2	17.8	49.5		73.7			
也门	108	3	20.1	48.1		46.0			
巴布亚新几内亚	109	2	21.8	52.6		72.8	2		
海地	110	2	18.5	72.9		60.2			
尼泊尔	111	1	16.8	39.6		83.2			
塞内加尔	112	2	22.6	38.6		45.8			
塞拉利昂	113	0	15.9	65.4		64.9			
刚果(金)	114	2	13.3	61.9		79.2			
老挝	115	2	20.6	47.1		77.4			
马拉维	116	1	17.8	40.4		80.8			
多哥	117	2	17.2	40.6		54.2			
马达加斯加	118	1	18.5	42.5		75.7			
马里	119	1	15.5	56.4		72.1			
尼日利亚	120	2	18.7	43.2		48.4			
孟加拉国	121	3	21.2	41.2		61.0			
坦桑尼亚	122	1	16.7	53.8		73.8			
贝宁	123	2	17.0	44.6		61.0			
尼日尔	124	1	13.7	55.5		84.1			
安哥拉	125	2	23.7	52.2		57.5			
乌干达	126	1	15.8	44.9		78.4			
中非	127	1	13.2	51.7		82.1			
布基纳法索	128	2	16.4	47.0		61.8			
埃塞俄比亚	129	1	14.9	57.2		78.5			
布隆迪	130	0	15.6	42.3		94.0			
卢旺达	131	1	17.1	46.7		75.6			
高收入国家		4	100.0	24.0	2	25.7	2	2.0	2
中等收入国家		3	30.6	40.2		55.0			
低收入国家		1	16.3	50.7		74.4			
世界		3	41.0	28.9		51.5			

注:a. 第一次现代化的阶段:4代表过渡期,3代表成熟期,2代表发展期,1代表起步期,0代表传统社会。
　　b. 处于第一次现代化的过渡期和第二次现代化指数大于60时,再判断第二次现代化的阶段;
　　第二次现代化的阶段:3代表成熟期,2代表发展期,1代表起步期。

附表 2-3-7　1990～2015 年第二次现代化指数的年均增长率

国家	编号	1990	2000	2010	2015	1990～2015 年年均增长率	2000～2015 年年均增长率
瑞典	1	65.6	83.8	100.8	106.6	2.0	1.6
美国	2	66.6	81.0	101.8	107.3	1.9	1.9
芬兰	3	60.7	78.3	101.4	98.8	2.0	1.6
澳大利亚	4	51.4	64.2	87.5	93.1	2.4	2.5
瑞士	5	77.8	85.9	104.5	106.7	1.3	1.5
挪威	6	59.0	76.8	96.8	98.7	2.1	1.7
日本	7	74.7	80.9	95.0	96.8	1.0	1.2
丹麦	8	68.7	88.2	106.5	109.3	1.9	1.4
德国	9	56.8	67.6	88.5	98.0	2.2	2.5
荷兰	10	58.0	70.8	99.8	106.1	2.4	2.7
加拿大	11	61.3	68.3	86.0	90.3	1.6	1.9
新加坡	12	55.8	70.3	94.7	103.7	2.5	2.6
英国	13	54.8	71.9	90.7	99.0	2.4	2.2
法国	14	56.5	66.5	91.5	97.5	2.2	2.6
比利时	15	53.8	64.8	90.4	102.5	2.6	3.1
奥地利	16	51.0	66.3	91.1	95.1	2.5	2.4
新西兰	17	50.0	60.0	78.7	84.2	2.1	2.3
韩国	18	35.2	55.8	76.8	87.7	3.7	3.1
以色列	19	52.1	69.8	85.8	90.5	2.2	1.7
意大利	20	50.4	57.7	74.8	73.4	1.5	1.6
爱尔兰	21	52.2	68.4	95.4	101.3	2.7	2.6
西班牙	22	45.7	53.7	74.3	77.9	2.2	2.5
爱沙尼亚	23	36.4	40.3	59.0	63.9	2.3	3.1
斯洛文尼亚	24	38.0	47.6	69.6	70.6	2.5	2.7
乌拉圭	25	33.1	38.5	46.7	54.0	2.0	2.3
俄罗斯	26	38.7	36.0	49.3	53.9	1.3	2.7
斯洛伐克	27	32.2	34.3	49.5	56.4	2.3	3.4
希腊	28	39.6	48.7	69.8	72.2	2.4	2.7
匈牙利	29	34.5	35.5	59.3	62.2	2.4	3.8
捷克	30	33.3	37.9	56.5	63.5	2.6	3.5
葡萄牙	31	36.6	47.3	65.7	71.2	2.7	2.8
白俄罗斯	32	31.7	32.6	48.1	48.1	1.7	2.6
拉脱维亚	33	38.9	35.8	51.2	57.8	1.6	3.3
立陶宛	34	36.6	35.7	54.6	59.7	2.0	3.5
格鲁吉亚	35	26.2	25.5	29.9	35.3	1.2	2.2
乌克兰	36	32.8	27.4	36.1	37.7	0.6	2.2
保加利亚	37	30.1	28.4	39.6	46.4	1.7	3.3
黎巴嫩	38	26.9	34.4	42.6	44.7	2.1	1.8
哈萨克斯坦	39	27.8	25.7	33.5	39.7	1.4	3.0
波兰	40	27.9	35.0	48.9	54.6	2.7	3.0
阿根廷	41	33.0	41.2	47.5	52.6	1.9	1.6
巴拿马	42	31.7	35.2	42.7	44.8	1.4	1.6
克罗地亚	43	38.7	38.5	52.2	56.3	1.5	2.6
沙特阿拉伯	44	31.0	35.5	45.0	52.8	2.2	2.7
哥伦比亚	45	24.2	28.7	37.5	42.3	2.3	2.6
科威特	46	37.0	41.4	46.9	50.3	1.2	1.3
智利	47	27.0	34.5	44.9	51.1	2.6	2.6
北马其顿	48	20.2	25.9	33.7	36.1	2.3	2.2
阿塞拜疆	49	21.7	19.6	26.7	31.6	1.5	3.2
摩尔多瓦	50	24.7	21.8	29.4	32.5	1.1	2.7
罗马尼亚	51	22.1	25.1	40.8	44.7	2.9	3.9
委内瑞拉	52	25.1	27.3	39.4	40.4	1.9	2.6
乌兹别克斯坦	53	22.2	16.2	20.2	23.2	0.2	2.4
多米尼加	54	23.8	24.9	34.8	38.0	1.9	2.9
亚美尼亚	55	16.5	23.7	29.7	32.6	2.8	2.1
巴拉圭	56	26.7	23.2	29.0	32.8	0.8	2.3
哥斯达黎加	57	29.2	30.5	43.9	50.2	2.2	3.4
巴西	58	26.9	30.4	42.6	47.0	2.3	2.9
墨西哥	59	25.3	28.9	36.1	38.3	1.7	1.9
博茨瓦纳	60	20.8	23.2	30.7	34.1	2.0	2.6
秘鲁	61	28.5	28.4	32.0	34.2	0.7	1.3
牙买加	62	23.2	27.6	35.7	35.3	1.7	1.6
约旦	63	22.2	30.7	35.5	36.3	2.0	1.1
南非	64	21.4	23.9	30.6	30.6	1.4	1.7
土耳其	65	22.0	26.5	38.8	46.2	3.0	3.8
厄瓜多尔	66	26.2	26.0	33.0	37.7	1.5	2.5
伊朗	67	22.3	24.1	33.5	39.6	2.3	3.4
蒙古	68	23.1	22.2	28.3	31.4	1.2	2.3
摩洛哥	69	22.9	23.3	27.5	30.6	1.2	1.8
马来西亚	70	26.1	32.8	40.7	44.9	2.2	2.1

(续表)

国家	编号	1990	2000	2010	2015	1990~2015年年均增长率	2000~2015年年均增长率
萨尔瓦多	71	21.9	22.5	27.4	30.0	1.3	2.0
埃及	72	18.9	21.2	23.7	27.1	1.5	1.7
中国	73	14.3	17.0	27.7	41.1	4.3	6.1
阿尔及利亚	74	22.2	22.7	28.9	30.9	1.3	2.1
土库曼斯坦	75	16.0	15.2	19.2	22.0	1.3	2.5
突尼斯	76	19.8	25.1	31.0	33.3	2.1	1.9
阿尔巴尼亚	77	18.6	24.7	32.5	35.1	2.6	2.4
吉尔吉斯斯坦	78	22.3	23.2	26.4	27.4	0.8	1.1
塔吉克斯坦	79	14.8	15.0	19.3	20.0	1.2	1.9
玻利维亚	80	22.9	20.6	23.5	25.9	0.5	1.5
缅甸	81	14.4	14.4	18.3	19.7	1.3	2.1
菲律宾	82	20.8	22.4	26.8	29.6	1.4	1.9
泰国	83	21.4	24.9	31.3	34.5	1.9	2.2
纳米比亚	84	22.0	22.6	27.5	29.7	1.2	1.8
津巴布韦	85	16.0	13.1	17.1	19.4	0.8	2.6
洪都拉斯	86	17.3	19.4	23.1	23.8	1.3	1.4
尼加拉瓜	87	17.4	20.0	23.1	23.4	1.2	1.1
越南	88	14.6	17.1	24.3	29.5	2.9	3.7
肯尼亚	89	17.5	18.3	21.1	21.5	0.8	1.1
斯里兰卡	90	19.1	20.8	28.9	32.5	2.2	3.0
刚果（布）	91	16.9	15.5	20.1	21.0	0.9	2.0
印度尼西亚	92	20.3	21.4	26.9	28.1	1.3	1.8
赞比亚	93	12.5	14.0	17.9	19.4	1.8	2.2
危地马拉	94	18.5	19.8	24.1	25.6	1.3	1.7
毛里塔尼亚	95	13.5	15.2	16.4	17.4	1.0	0.9
科特迪瓦	96	15.0	15.6	17.3	18.5	0.8	1.2
印度	97	12.9	14.6	17.9	20.0	1.8	2.1
巴基斯坦	98	14.0	14.8	17.2	18.5	1.1	1.5
莱索托	99	19.1	16.5	20.3	19.9	0.2	1.3
柬埔寨	100	17.1	14.9	18.4	19.2	0.5	1.7
喀麦隆	101	12.8	13.0	16.7	18.5	1.5	2.4
厄立特里亚	102	18.0	15.8	16.6	17.7	−0.1	0.7
叙利亚	103	24.7	24.3	29.4	28.9	0.6	1.2
加纳	104	13.4	13.9	20.0	22.6	2.1	3.3
乍得	105	13.0	12.8	13.2	14.2	0.3	0.7
莫桑比克	106	12.7	14.8	16.8	18.0	1.4	1.3
几内亚	107	14.0	14.8	16.5	18.5	1.1	1.5
也门	108	14.6	15.9	20.1	20.2	1.3	1.6
巴布亚新几内亚	109	18.0	18.3	20.9	21.7	0.7	1.1
海地	110	15.6	14.3	15.4	15.9	0.1	0.7
尼泊尔	111	10.6	12.6	16.8	17.8	2.1	2.3
塞内加尔	112	17.5	16.9	19.8	20.4	0.6	1.3
塞拉利昂	113	12.7	13.2	15.0	16.7	1.1	1.6
刚果（金）	114	11.1	13.5	15.0	14.2	1.0	0.3
老挝	115	14.4	15.8	18.3	19.9	1.3	1.6
马拉维	116	12.3	14.4	16.7	17.8	1.5	1.4
多哥	117	12.5	12.9	15.3	15.9	1.0	1.4
马达加斯加	118	18.5	18.5	19.8	19.9	0.3	0.5
马里	119	12.2	13.9	14.3	15.3	0.9	0.6
尼日利亚	120	10.1	11.8	18.4	21.2	3.0	4.0
孟加拉国	121	14.2	15.8	18.2	20.2	1.4	1.6
坦桑尼亚	122	13.4	15.1	17.3	17.7	1.1	1.1
贝宁	123	12.7	13.9	16.7	18.3	1.5	1.9
尼日尔	124	11.3	11.2	12.6	14.1	0.9	1.5
安哥拉	125	12.7	14.1	21.7	23.7	2.5	3.5
乌干达	126	10.9	13.3	15.1	15.4	1.4	1.0
中非	127	11.5	12.4	13.2	13.8	0.7	0.7
布基纳法索	128	12.6	12.7	14.9	15.3	0.9	1.3
埃塞俄比亚	129	11.0	13.0	14.9	15.6	1.4	1.2
布隆迪	130	11.1	12.5	14.0	14.1	0.9	0.8
卢旺达	131	11.1	13.0	16.1	16.8	1.7	1.7
高收入国家		55.7	68.7	90.4	99.7	2.4	2.5
中等收入国家		15.2	18.2	24.4	29.3	2.7	3.2
低收入国家		13.3	14.5	15.9	15.7	0.7	0.6
世界		24.2	27.5	35.2	40.0	2.0	2.5

注：采用第二次现代化评价模型第三版的评价结果，以2015年高收入国家平均值为基准值的评价。

附表 2-3-8　1970～2017 年世界第二次现代化指数

国家	编号	1970[a]	1980[a]	1990[a]	2000[a]	2010[b]	2015[c]	2016[c]	2017[c]
瑞典	1	58.2	74.7	92.9	108.9	104.5	106.6	107.9	107.5
美国	2	70.6	79.2	96.9	107.8	103.7	107.3	108.6	106.4
芬兰	3	49.2	62.0	84.7	103.2	104.3	98.8	99.8	98.7
澳大利亚	4	53.7	60.8	76.9	98.9	89.8	93.1	95.3	91.1
瑞士	5	50.9	65.0	97.8	98.7	100.4	106.7	107.2	107.2
挪威	6	56.1	64.6	87.4	100.4	95.0	98.7	99.8	99.3
日本	7	58.5	72.4	88.3	103.4	101.2	96.8	99.6	95.9
丹麦	8	54.0	66.1	86.8	102.1	105.2	109.3	109.8	109.1
德国	9	55.8	61.9	80.0	96.5	99.6	98.0	100.6	99.6
荷兰	10	59.8	67.7	85.3	92.6	99.5	106.1	107.7	106.5
加拿大	11	59.2	68.6	89.0	91.9	91.6	90.3	94.3	89.0
新加坡	12	41.0	40.7	68.8	76.4	98.8	103.7	103.3	102.9
英国	13	54.3	64.0	75.1	92.0	95.2	99.0	99.5	96.0
法国	14	48.3	67.0	78.3	89.8	96.4	97.5	99.1	96.4
比利时	15	53.2	73.7	83.2	89.8	96.7	102.5	104.9	103.5
奥地利	16	43.7	55.4	78.2	81.7	93.5	95.1	97.0	95.8
新西兰	17	46.8	61.6	69.4	77.2	80.0	84.2	86.0	82.4
韩国	18	25.2	34.5	54.6	83.6	96.0	87.7	89.6	91.1
以色列	19	45.0	64.1	64.8	81.4	85.9	90.5	93.4	89.1
意大利	20	39.3	46.6	66.1	73.9	76.9	73.4	77.1	73.8
爱尔兰	21	37.7	44.4	59.0	75.9	94.4	101.3	102.2	97.2
西班牙	22	31.1	55.0	62.0	71.9	77.2	77.9	80.0	77.5
爱沙尼亚	23	—	81.1	—	65.8	67.9	63.9	65.4	64.5
斯洛文尼亚	24	—	—	—	66.5	79.4	70.6	73.9	70.9
乌拉圭	25	33.8	48.0	59.4	69.3	47.8	54.0	55.1	55.7
俄罗斯	26	—	96.7	—	57.2	55.8	53.9	55.8	52.2
斯洛伐克	27	—	—	—	57.0	57.4	56.4	58.7	55.8
希腊	28	35.0	55.6	52.1	62.5	63.9	72.2	74.7	72.8
匈牙利	29	49.8	52.5	51.3	56.6	68.5	62.2	63.5	63.6
捷克	30	66.2	70.0	61.6	60.4	66.0	63.5	65.7	64.5
葡萄牙	31	24.0	27.8	39.4	67.6	71.8	71.2	73.3	72.4
白俄罗斯	32	—	69.5	—	50.8	46.0	48.1	49.3	47.7
拉脱维亚	33	—	60.3	—	55.8	56.1	57.8	62.3	61.9
立陶宛	34	—	79.1	—	54.7	58.5	59.7	63.5	62.5
格鲁吉亚	35	—	62.7	—	49.1	28.7	35.3	38.3	37.2
乌克兰	36	—	74.7	—	49.2	41.0	37.7	39.2	36.9
保加利亚	37	50.1	67.7	62.8	47.9	44.8	46.4	48.3	47.9
黎巴嫩	38	—	51.9	—	54.5	54.7	44.7	46.7	35.5
哈萨克斯坦	39	—	73.8	—	40.9	39.4	39.7	40.8	41.0
波兰	40	55.4	51.1	46.9	51.1	57.5	54.6	56.1	55.2
阿根廷	41	35.6	40.1	54.4	54.4	56.4	52.6	54.6	54.0
巴拿马	42	40.9	47.7	52.8	51.5	42.7	44.8	46.5	45.7
克罗地亚	43	—	—	—	50.7	57.1	56.3	59.5	58.3
沙特阿拉伯	44	26.3	39.6	52.3	50.5	67.6	52.8	55.9	58.2
哥伦比亚	45	22.9	27.0	42.6	47.2	39.1	42.3	43.7	41.9
科威特	46	58.6	53.5	89.8	54.1	61.7	50.3	46.8	49.8
智利	47	30.1	36.3	38.5	48.0	49.0	51.1	53.4	50.6
北马其顿	48	—	—	—	40.8	37.3	36.1	39.8	38.6
阿塞拜疆	49	—	64.9	—	43.4	32.7	31.6	33.9	31.8
摩尔多瓦	50	—	61.1	—	38.6	34.2	32.5	34.1	32.6
罗马尼亚	51	35.6	42.1	41.1	41.6	45.2	44.7	47.6	47.2
委内瑞拉	52	32.1	34.0	39.2	39.9	52.0	40.4	33.5	34.2
乌兹别克斯坦	53	—	59.9	—	40.3	40.3	23.2	24.4	22.4
多米尼加	54	26.1	34.7	44.2	42.3	44.1	38.0	41.4	42.8
亚美尼亚	55	—	—	—	36.2	37.3	32.6	34.9	32.8
巴拉圭	56	24.0	22.3	31.3	40.1	37.2	32.8	31.4	32.3
哥斯达黎加	57	33.0	31.0	34.6	37.0	45.4	50.2	53.2	51.4
巴西	58	30.2	29.1	43.0	39.7	40.4	47.0	48.6	47.5
墨西哥	59	26.2	33.1	46.0	39.6	38.4	38.3	41.2	38.0
博茨瓦纳	60	10.6	23.2	27.9	33.2	28.6	34.1	33.2	32.8
秘鲁	61	25.1	29.0	37.2	38.4	36.2	34.2	35.3	36.6
牙买加	62	25.3	39.4	42.4	45.9	36.6	35.3	37.3	35.9
约旦	63	19.5	31.7	49.7	38.2	54.9	36.3	33.7	32.2
南非	64	39.4	32.5	37.6	37.3	32.2	30.6	31.8	31.4
土耳其	65	20.0	25.3	32.2	36.5	44.9	46.2	47.8	40.9
厄瓜多尔	66	24.8	39.5	27.7	33.0	42.3	37.7	38.9	36.5
伊朗	67	20.8	21.7	29.5	32.6	49.6	39.6	40.4	40.1
蒙古	68	—	55.0	52.0	30.1	29.1	31.3	31.3	28.9
摩洛哥	69	23.1	25.9	30.3	33.3	31.4	30.6	32.0	30.2
马来西亚	70	25.4	24.2	28.7	39.1	46.8	44.9	47.6	45.5

(续表)

国家	编号	1970[a]	1980[a]	1990[a]	2000[a]	2010[b]	2015[c]	2016[c]	2017[c]
萨尔瓦多	71	21.7	25.4	28.5	40.2	29.5	30.0	31.4	31.4
埃及	72	24.6	26.0	34.6	39.5	31.2	27.1	28.8	28.1
中国	73	21.0	24.7	26.0	31.2	37.7	41.1	45.3	44.4
阿尔及利亚	74	18.6	30.2	38.9	32.7	29.5	30.9	32.3	33.6
土库曼斯坦	75	—	—	—	34.7	25.3	22.0	22.4	22.7
突尼斯	76	20.2	29.4	28.0	32.5	44.5	33.3	34.3	32.9
阿尔巴尼亚	77	—	35.1	—	22.3	37.8	35.1	38.9	35.9
吉尔吉斯斯坦	78	—	55.6	—	31.6	25.3	27.4	28.4	25.3
塔吉克斯坦	79	—	—	—	32.0	21.9	20.0	20.0	20.0
玻利维亚	80	29.0	24.8	36.0	28.9	25.3	25.9	26.0	25.0
缅甸	81	15.7	21.0	20.6	27.0	28.6	19.7	19.1	18.7
菲律宾	82	25.5	25.5	28.6	31.5	23.9	29.6	31.7	31.0
泰国	83	18.4	25.7	23.8	30.1	35.1	34.5	37.3	35.8
纳米比亚	84	—	—	35.1	28.2	24.5	29.7	30.8	27.6
津巴布韦	85	20.1	21.3	27.5	25.8	19.5	19.4	20.3	19.3
洪都拉斯	86	16.8	26.8	28.8	28.3	34.1	23.8	25.8	25.3
尼加拉瓜	87	21.5	31.1	33.9	25.2	33.1	23.4	25.3	24.6
越南	88	—	16.7	—	22.3	31.6	29.5	28.9	27.4
肯尼亚	89	16.2	15.1	23.6	26.0	20.1	21.5	23.6	19.1
斯里兰卡	90	22.3	21.2	34.1	24.2	33.3	32.5	35.1	37.8
刚果(布)	91	33.0	27.8	23.4	21.9	25.4	21.0	21.1	19.9
印度尼西亚	92	18.6	18.7	28.8	22.4	25.5	28.1	29.4	28.3
赞比亚	93	15.0	21.7	21.8	20.0	18.1	19.4	19.7	18.8
危地马拉	94	16.9	25.0	37.5	22.0	26.2	25.6	27.3	26.4
毛里塔尼亚	95	21.3	21.0	25.3	23.6	20.6	17.4	15.3	17.0
科特迪瓦	96	9.1	28.3	31.1	20.4	17.8	18.5	16.9	18.7
印度	97	17.1	19.3	23.8	20.7	23.7	20.0	20.9	20.1
巴基斯坦	98	15.5	16.5	17.9	25.0	17.8	18.5	18.7	18.5
莱索托	99	19.8	24.5	31.7	18.7	25.0	19.9	20.8	18.3
柬埔寨	100	—	4.0	—	19.2	20.8	19.2	21.1	19.7
喀麦隆	101	16.0	23.5	24.3	19.0	19.9	18.5	18.2	18.2
厄立特里亚	102	—	—	—	19.1	23.6	17.7	17.6	20.7
叙利亚	103	30.5	34.7	37.8	23.8	43.9	28.9	30.8	31.9
加纳	104	18.3	24.5	22.4	18.4	19.6	22.6	21.0	21.9
乍得	105	15.6	25.8	18.3	16.5	17.9	14.2	12.9	12.9
莫桑比克	106	8.0	10.7	17.7	18.3	14.2	18.0	18.7	16.9
几内亚	107	8.1	13.9	26.3	18.0	16.9	18.5	16.7	17.8
也门	108	4.0	13.9	40.2	23.3	27.6	20.2	20.0	20.1
巴布亚新几内亚	109	13.0	19.0	19.5	18.6	16.8	21.7	26.6	21.8
海地	110	13.7	15.4	24.1	17.2	13.7	15.9	18.0	18.5
尼泊尔	111	14.6	13.2	20.9	18.0	26.7	17.8	17.0	16.8
塞内加尔	112	23.5	19.1	24.5	16.0	22.4	20.4	20.2	22.6
塞拉利昂	113	23.8	19.1	22.5	14.1	14.0	16.7	14.8	15.9
刚果(金)	114	—	17.0	—	13.8	19.6	14.2	13.9	13.3
老挝	115	6.2	14.9	17.2	18.2	26.5	19.9	21.7	20.6
马拉维	116	20.7	14.9	23.1	15.7	20.4	17.8	17.8	17.8
多哥	117	18.8	22.1	23.3	17.4	14.0	15.9	15.1	17.2
马达加斯加	118	17.9	14.7	17.1	16.2	16.6	19.9	20.1	18.5
马里	119	19.9	16.6	16.9	16.0	17.5	15.3	14.4	15.5
尼日利亚	120	14.9	15.8	25.0	14.7	27.4	21.2	19.7	18.7
孟加拉国	121	5.3	15.9	21.3	16.2	19.3	20.2	21.3	21.2
坦桑尼亚	122	15.3	13.6	16.6	14.3	16.5	17.7	19.6	16.7
贝宁	123	19.6	21.3	25.3	15.1	17.3	18.3	16.3	17.0
尼日尔	124	13.2	16.0	17.8	15.5	18.5	14.1	13.4	13.7
安哥拉	125	19.2	15.8	34.7	14.8	26.4	23.7	23.0	23.7
乌干达	126	11.5	14.6	16.6	14.2	18.0	15.4	15.6	15.8
中非	127	13.5	15.2	20.5	11.9	14.9	13.8	13.0	13.2
布基纳法索	128	1.6	16.9	16.3	13.0	18.8	15.3	15.0	16.4
埃塞俄比亚	129	14.1	15.2	17.7	14.8	12.3	15.6	15.4	14.9
布隆迪	130	9.6	12.2	15.5	11.2	15.0	14.1	14.6	15.6
卢旺达	131	13.0	10.2	16.2	9.5	23.7	16.8	17.6	17.1
高收入国家[d]		72.3	76.4	88.9	100.2	100.1	99.7	100.1	100.0
中等收入国家		19.7	35.6	33.4	38.4	31.3	29.3	30.9	30.6
低收入国家		9.4	20.2	21.9	20.1	20.5	15.7	15.7	16.3
世界		33.2	43.9	46.8	46.0	47.6	40.0	41.7	41.0

注：a. 1970～2000 年是以 2000 年高收入国家平均值为基准值的评价。
其中，1970 年和 1990 年没有知识创新和知识传播的数据，评价结果仅供参考。
b. 采用第二次现代化评价模型第二版的评价结果，以高收入 OECD 国家平均值为基准值。
c. 采用第二次现代化评价模型第三版的评价结果，以当年高收入国家平均值为基准值的评价。
d. 1970～2000 年和 2015～2017 年数据为高收入国家的平均值，2010 年数据为高收入 OECD 国家的平均值。

附表 2-3-9　1970～2017 年世界第二次现代化指数的排名

国家	编号	1970[a]	1980[a]	1990[a]	2000[a]	2010[b]	2015[c]	2016[c]	2017[c]
瑞典	1	7	2	3	1	2	4	3	2
美国	2	1	1	2	2	4	2	2	5
芬兰	3	18	15	10	4	3	10	11	10
澳大利亚	4	13	18	15	7	18	16	16	16
瑞士	5	15	11	1	8	6	3	5	3
挪威	6	8	12	7	6	14	11	10	9
日本	7	6	4	6	3	5	14	12	14
丹麦	8	12	10	8	5	1	1	1	1
德国	9	9	16	12	9	7	12	9	8
荷兰	10	3	7	9	10	8	5	4	4
加拿大	11	4	6	5	12	17	18	17	19
新加坡	12	23	32	18	19	9	6	7	7
英国	13	11	14	16	11	13	9	13	13
法国	14	19	9	13	13	11	13	14	12
比利时	15	14	3	11	14	10	7	6	6
奥地利	16	22	20	14	16	16	15	15	15
新西兰	17	20	17	17	18	20	20	20	20
韩国	18	46	41	26	15	12	19	19	17
以色列	19	21	13	20	17	19	17	18	18
意大利	20	26	29	19	21	23	22	22	22
爱尔兰	21	27	30	25	20	15	8	8	11
西班牙	22	35	21	22	22	22	21	21	21
爱沙尼亚	23	—	—	—	26	26	26	27	27
斯洛文尼亚	24	—	—	—	25	21	25	24	25
乌拉圭	25	31	27	24	23	43	34	36	34
俄罗斯	26	—	—	—	29	39	35	35	37
斯洛伐克	27	—	—	—	30	34	31	32	33
希腊	28	30	19	30	27	29	23	23	23
匈牙利	29	17	24	32	31	25	28	29	28
捷克	30	2	5	23	28	28	27	26	26
葡萄牙	31	51	53	42	24	24	24	25	24
白俄罗斯	32	—	—	—	39	45	41	40	42
拉脱维亚	33	—	—	—	32	37	30	30	30
立陶宛	34	—	—	—	33	32	29	28	29
格鲁吉亚	35	—	—	—	43	81	60	59	56
乌克兰	36	—	—	—	42	55	56	56	57
保加利亚	37	16	8	21	45	49	43	42	41
黎巴嫩	38	—	25	—	34	31	47	47	63
哈萨克斯坦	39	—	—	—	51	58	52	53	50
波兰	40	10	26	34	38	33	33	33	35
阿根廷	41	29	33	27	35	36	37	37	36
巴拿马	42	24	28	28	37	53	46	48	45
克罗地亚	43	—	—	—	40	35	32	31	31
沙特阿拉伯	44	40	34	29	41	27	36	34	32
哥伦比亚	45	55	55	38	46	59	49	50	49
科威特	46	5	23	4	36	30	39	46	40
智利	47	38	37	45	44	42	38	38	39
北马其顿	48	—	—	—	52	64	59	55	53
阿塞拜疆	49	—	—	—	48	73	71	67	73
摩尔多瓦	50	—	—	—	61	69	69	66	69
罗马尼亚	51	28	31	40	50	47	48	44	44
委内瑞拉	52	34	42	43	56	40	51	69	64
乌兹别克斯坦	53	—	—	—	53	57	89	89	91
多米尼加	54	42	39	36	49	51	55	51	48
亚美尼亚	55	—	—	—	67	63	68	64	67
巴拉圭	56	50	72	59	55	65	67	76	70
哥斯达黎加	57	32	47	53	65	46	40	39	38
巴西	58	37	50	37	57	56	42	41	43
墨西哥	59	41	43	35	58	60	54	52	54
博茨瓦纳	60	96	71	69	70	83	65	70	68
秘鲁	61	47	51	49	62	67	64	62	58
牙买加	62	45	36	39	47	66	61	60	60
约旦	63	69	45	33	63	39	58	68	71
南非	64	25	44	47	64	74	74	73	74
土耳其	65	65	63	57	66	48	44	43	51
厄瓜多尔	66	48	35	70	71	54	57	57	59
伊朗	67	61	74	62	73	41	53	54	52
蒙古	68	—	22	31	80	49	72	77	78
摩洛哥	69	54	58	61	69	76	75	72	77
马来西亚	70	44	69	65	60	44	45	45	46

(续表)

国家	编号	1970[a]	1980[a]	1990[a]	2000[a]	2010[b]	2015[c]	2016[c]	2017[c]
萨尔瓦多	71	57	62	67	54	78	76	75	75
埃及	72	49	57	54	59	77	83	82	80
中国	73	60	66	73	78	62	50	49	47
阿尔及利亚	74	72	48	44	72	79	73	71	65
土库曼斯坦	75	—	—	—	68	92	91	92	89
突尼斯	76	63	49	68	74	50	66	65	66
阿尔巴尼亚	77	—	38	—	94	61	62	58	61
吉尔吉斯斯坦	78	—	—	—	76	94	82	83	85
塔吉克斯坦	79	—	—	—	75	102	100	103	99
玻利维亚	80	39	65	50	81	93	84	86	86
缅甸	81	82	80	91	84	82	104	108	106
菲律宾	82	43	61	66	77	97	78	74	76
泰国	83	74	60	80	79	68	63	61	62
纳米比亚	84	—	—	51	83	96	77	79	81
津巴布韦	85	64	76	71	86	110	106	100	102
洪都拉斯	86	79	56	64	82	70	86	87	84
尼加拉瓜	87	58	46	56	87	72	88	88	87
越南	88	—	88	—	95	75	79	81	82
肯尼亚	89	80	98	82	85	106	93	90	103
斯里兰卡	90	56	78	55	89	71	70	63	55
刚果(布)	91	33	54	83	97	91	95	95	100
印度尼西亚	92	73	85	63	93	90	81	80	79
赞比亚	93	86	75	88	100	114	105	106	104
危地马拉	94	78	64	48	96	89	85	84	83
毛里塔尼亚	95	59	79	75	91	104	118	122	117
科特迪瓦	96	98	52	60	99	117	108	117	107
印度	97	77	81	81	98	99	99	98	97
巴基斯坦	98	84	90	95	88	118	111	110	108
莱索托	99	67	68	58	104	95	103	99	111
柬埔寨	100	—	110	—	101	103	107	96	101
喀麦隆	101	81	70	78	103	107	109	111	112
厄立特里亚	102	—	—	—	102	100	117	115	95
叙利亚	103	36	40	46	90	52	80	78	72
加纳	104	75	67	87	106	108	90	97	92
乍得	105	83	59	94	113	116	128	131	131
莫桑比克	106	100	108	97	107	127	113	109	119
几内亚	107	99	104	72	109	121	110	118	113
也门	108	103	103	41	92	84	97	104	98
巴布亚新几内亚	109	94	84	93	105	122	92	85	93
海地	110	90	95	79	112	130	122	112	109
尼泊尔	111	88	106	90	110	86	115	116	120
塞内加尔	112	53	83	77	117	101	96	101	90
塞拉利昂	113	52	82	86	126	128	120	125	123
刚果(金)	114	—	86	—	127	109	127	128	129
老挝	115	101	100	99	108	87	101	93	96
马拉维	116	62	99	85	118	105	114	113	114
多哥	117	71	73	84	111	129	121	123	115
马达加斯加	118	76	101	100	114	123	102	102	110
马里	119	66	89	101	116	119	126	127	127
尼日利亚	120	87	93	76	123	85	94	105	105
孟加拉国	121	102	92	89	115	111	98	94	94
坦桑尼亚	122	85	105	103	124	124	116	107	121
贝宁	123	68	77	74	120	120	112	119	118
尼日尔	124	92	91	96	119	113	129	129	128
安哥拉	125	70	94	52	121	88	87	91	88
乌干达	126	95	102	102	125	115	124	120	124
中非	127	91	97	92	129	126	131	130	130
布基纳法索	128	104	87	104	128	112	125	124	122
埃塞俄比亚	129	89	96	98	122	131	123	121	127
布隆迪	130	97	107	106	130	125	130	126	125
卢旺达	131	93	109	105	131	98	119	114	116

注：a. 1970～2000年是以2000年高收入国家平均值为基准值的评价。
其中，1970年和1990年没有知识创新和知识传播的数据，评价结果仅供参考。
b. 采用第二次现代化评价模型第二版的评价结果，以高收入OECD国家平均值为基准值。
c. 采用第二次现代化评价模型第三版的评价结果，以当年高收入国家平均值为基准值的评价。

附表 2-4-1　2017 年世界综合现代化指数

国家	编号	经济发展指数	社会发展指数	知识发展指数	综合现代化指数	排名
瑞典	1	100.0	100.0	96.8	98.9	3
美国	2	100.0	95.6	99.3	98.3	5
芬兰	3	99.0	94.5	100.0	97.8	7
澳大利亚	4	87.7	99.5	82.8	90.0	17
瑞士	5	99.5	97.7	94.4	97.2	8
挪威	6	93.3	100.0	83.9	92.4	13
日本	7	95.3	92.1	95.7	94.4	10
丹麦	8	100.0	100.0	100.0	100.0	1
德国	9	97.4	98.8	91.3	95.9	9
荷兰	10	97.9	100.0	97.3	98.4	4
加拿大	11	93.4	86.6	83.3	87.7	18
新加坡	12	100.0	94.2	99.8	98.0	6
英国	13	90.4	96.1	85.0	90.5	15
法国	14	89.6	97.6	86.0	91.1	14
比利时	15	98.6	100.0	100.0	99.5	2
奥地利	16	98.1	92.9	90.4	93.8	12
新西兰	17	89.4	94.6	72.9	85.6	19
韩国	18	86.2	78.8	89.5	84.8	20
以色列	19	93.5	94.5	82.8	90.3	16
意大利	20	88.2	92.6	55.4	78.7	22
爱尔兰	21	95.7	94.4	91.4	93.8	11
西班牙	22	79.8	94.4	64.7	79.6	21
爱沙尼亚	23	69.5	74.8	56.5	67.0	29
斯洛文尼亚	24	77.5	78.6	64.8	73.6	23
乌拉圭	25	64.3	85.8	43.9	64.7	33
俄罗斯	26	55.6	68.8	52.2	58.9	40
斯洛伐克	27	65.2	68.8	48.6	60.9	36
希腊	28	68.1	87.7	52.4	69.4	28
匈牙利	29	64.5	76.0	57.6	66.0	31
捷克	30	73.0	79.0	59.3	70.4	25
葡萄牙	31	71.6	86.1	53.4	70.4	26
白俄罗斯	32	48.2	66.4	48.6	54.4	46
拉脱维亚	33	64.4	80.9	51.6	65.6	32
立陶宛	34	67.3	81.9	51.4	66.9	30
格鲁吉亚	35	41.9	59.9	36.6	46.1	63
乌克兰	36	44.8	54.4	43.1	47.4	61
保加利亚	37	54.6	67.9	44.7	55.7	44
黎巴嫩	38	54.4	68.9	46.5	56.6	43
哈萨克斯坦	39	51.6	62.9	39.4	51.3	53
波兰	40	60.0	67.6	52.1	59.9	37
阿根廷	41	64.8	77.8	50.9	64.5	34
巴拿马	42	56.9	70.1	33.3	53.4	48
克罗地亚	43	62.2	76.2	47.9	62.1	35
沙特阿拉伯	44	64.3	80.1	68.6	71.0	24
哥伦比亚	45	50.2	74.3	37.5	54.0	47
科威特	46	67.7	85.3	58.1	70.4	27
智利	47	59.5	65.2	54.4	59.7	38
北马其顿	48	46.1	61.6	37.1	48.3	58
阿塞拜疆	49	34.6	65.6	32.4	44.2	66
摩尔多瓦	50	42.0	50.1	36.3	42.8	68
罗马尼亚	51	52.9	66.7	37.9	52.5	51
委内瑞拉	52	59.3	66.1	30.4	51.9	52
乌兹别克斯坦	53	29.6	44.1	18.5	30.7	91
多米尼加	54	54.9	70.6	53.3	59.6	39
亚美尼亚	55	40.7	59.9	48.3	49.7	56
巴拉圭	56	46.3	49.6	24.4	40.1	75
哥斯达黎加	57	60.8	66.9	45.2	57.6	41
巴西	58	58.2	74.0	40.3	57.5	42
墨西哥	59	54.4	70.9	33.0	52.7	50
博茨瓦纳	60	48.2	50.1	25.0	41.1	71
秘鲁	61	46.9	65.4	38.0	50.1	55
牙买加	62	51.5	46.7	34.5	44.2	65
约旦	63	51.9	62.0	30.7	48.2	59
南非	64	53.9	41.3	26.5	40.6	74
土耳其	65	54.0	70.7	29.0	51.2	54
厄瓜多尔	66	44.6	63.0	32.2	46.6	62
伊朗	67	41.4	48.3	55.8	48.5	57
蒙古	68	37.8	57.2	28.2	41.1	72
摩洛哥	69	37.5	45.6	39.1	40.8	73
马来西亚	70	53.5	61.5	44.0	53.0	49

(续表)

国家	编号	经济发展指数	社会发展指数	知识发展指数	综合现代化指数	排名
萨尔瓦多	71	48.1	54.8	20.8	41.2	70
埃及	72	37.8	37.3	25.1	33.4	85
中国	73	48.1	51.1	37.3	45.5	64
阿尔及利亚	74	43.4	56.9	30.2	43.5	67
土库曼斯坦	75	39.4	47.7	17.7	34.9	84
突尼斯	76	44.0	50.7	30.0	41.5	69
阿尔巴尼亚	77	38.0	51.1	53.6	47.6	60
吉尔吉斯斯坦	78	38.5	34.2	25.2	32.6	86
塔吉克斯坦	79	28.8	33.7	16.7	26.4	99
玻利维亚	80	40.7	49.8	26.7	39.0	78
缅甸	81	26.5	29.3	14.2	23.3	105
菲律宾	82	43.3	47.2	29.6	40.1	76
泰国	83	45.1	39.3	35.5	39.9	77
纳米比亚	84	47.3	44.0	20.7	37.3	80
津巴布韦	85	31.4	16.7	15.0	21.0	109
洪都拉斯	86	39.0	32.9	16.2	29.4	94
尼加拉瓜	87	39.8	37.7	11.0	29.5	93
越南	88	31.2	29.1	35.6	31.9	88
肯尼亚	89	29.0	18.9	12.3	20.1	113
斯里兰卡	90	41.8	41.3	21.7	34.9	83
刚果（布）	91	28.6	39.5	13.3	27.1	96
印度尼西亚	92	36.9	37.3	21.9	32.1	87
赞比亚	93	32.5	24.3	12.7	23.2	106
危地马拉	94	43.9	43.2	26.7	38.0	79
毛里塔尼亚	95	28.5	26.3	10.3	21.7	108
科特迪瓦	96	34.6	26.7	16.0	25.8	101
印度	97	31.8	27.5	19.5	26.3	100
巴基斯坦	98	32.7	30.0	7.7	23.5	104
莱索托	99	29.6	14.5	12.1	18.7	115
柬埔寨	100	31.0	17.9	13.9	21.0	110
喀麦隆	101	34.8	32.9	14.6	27.5	95
厄立特里亚	102	64.4	39.5	3.0	35.6	81
叙利亚	103	64.7	53.3	46.2	54.7	45
加纳	104	34.2	37.8	33.4	35.1	82
乍得	105	17.7	11.2	4.0	11.0	130
莫桑比克	106	25.0	16.6	5.3	15.6	122
几内亚	107	26.3	17.2	18.1	20.5	111
也门	108	36.7	29.7	14.9	27.1	97
巴布亚新几内亚	109	26.5	8.9	6.6	14.0	126
海地	110		24.9	7.5	16.2	116
尼泊尔	111	26.2	17.8	27.5	23.8	103
塞内加尔	112	40.3	31.1	17.5	29.6	92
塞拉利昂	113	23.5	18.4	5.4	15.8	121
刚果（金）	114	20.2	18.3	4.7	14.4	125
老挝	115	27.1	24.1	25.3	25.5	102
马拉维	116	26.6	7.9	5.8	13.4	128
多哥	117	35.5	17.9	7.9	20.4	112
马达加斯加	118	27.6	18.2	4.6	16.8	120
马里	119	32.2	20.1	5.7	19.3	114
尼日利亚	120	38.1	33.5	21.0	30.8	90
孟加拉国	121	34.5	31.6	13.8	26.6	98
坦桑尼亚	122	24.9	18.0	8.8	17.2	118
贝宁	123	32.3	23.4	13.2	22.9	107
尼日尔	124	20.3	14.1	5.6	13.4	129
安哥拉	125	33.3	50.0	10.1	31.2	89
乌干达	126	26.0	11.8	8.6	15.5	123
中非	127	22.5	18.1	4.5	15.0	124
布基纳法索	128	30.8	13.7	6.8	17.1	119
埃塞俄比亚	129	21.9	11.3	8.2	13.8	127
布隆迪	130	21.3	6.3	3.7	10.4	131
卢旺达	131	26.2	9.9	17.6	17.9	117
高收入国家		100.0	100.0	100.0	100.0	
中等收入国家		42.4	43.8	27.4	37.9	
低收入国家		25.6	24.2	7.8	19.2	
世界		53.5	54.4	37.1	48.3	

附表 2-4-2　2017 年世界经济发展指数

国家	编号	经济发展指标的实际值				经济发展指标的指数				经济发展指数
		人均国民收入	人均制造业增加值	服务业增加值比例[a]	服务业劳动力比例[a]	人均国民收入	人均制造业增加值	服务业增加值比例	服务业劳动力比例	
瑞典	1	52 850	7054	76.8	80.0	100	100	100	100	100.0
美国	2	59 030	6684	80.9	78.8	100	100	100	100	100.0
芬兰	3	44 680	7004	73.3	74.1	100	100	96	100	99.0
澳大利亚	4	51 600	3133	73.8	78.0	100	54	97	100	87.7
瑞士	5	81 120	14 709	74.6	76.4	100	100	98	100	99.5
挪威	6	76 210	4832	68.8	78.5	100	83	91	100	93.3
日本	7	38 470	7945	69.7	71.9	93	100	92	97	95.3
丹麦	8	56 340	7332	78.5	79.0	100	100	100	100	100.0
德国	9	43 640	9097	71.2	71.3	100	100	94	96	97.4
荷兰	10	47 110	5367	80.4	81.2	100	92	100	100	97.9
加拿大	11	42 960	4496	73.5	79.0	100	77	97	100	93.4
新加坡	12	54 200	11 379	76.4	82.8	100	100	100	100	100.0
英国	13	41 370	3625	81.5	80.6	100	62	100	100	90.4
法国	14	38 330	3866	81.2	76.9	93	66	100	100	89.6
比利时	15	42 720	5522	79.7	78.1	100	94	100	100	98.6
奥地利	16	45 120	8008	73.5	71.1	100	100	97	96	98.1
新西兰	17	38 470	4001	74.2	73.3	93	68	98	99	89.4
韩国	18	28 380	8201	62.2	70.1	68	100	82	94	86.2
以色列	19	37 420	4894	79.2	81.6	90	84	100	100	93.5
意大利	20	31 340	4833	76.6	70.2	76	83	100	95	88.2
爱尔兰	21	53 050	22 049	63.1	76.1	100	100	83	100	95.7
西班牙	22	27 040	3210	75.4	75.6	65	55	99	100	79.8
爱沙尼亚	23	18 690	2748	73.2	66.5	45	47	96	90	69.5
斯洛文尼亚	24	22 090	4835	69.8	61.2	53	83	92	82	77.5
乌拉圭	25	14 900	1924	70.1	71.5	36	33	92	96	64.3
俄罗斯	26	9230	1335	66.0	67.1	22	23	87	90	55.6
斯洛伐克	27	16 650	3137	65.5	60.1	40	54	86	81	65.2
希腊	28	18 340	1784	81.3	72.5	44	30	100	98	68.1
匈牙利	29	13 080	2825	70.6	63.4	32	48	93	85	64.5
捷克	30	17 970	4904	64.7	59.1	43	84	85	80	73.0
葡萄牙	31	20 040	2646	78.6	68.9	48	45	100	93	71.6
白俄罗斯	32	5300	1246	60.9	58.5	13	21	80	79	48.2
拉脱维亚	33	14 710	1638	77.1	69.8	36	28	100	94	64.4
立陶宛	34	15 240	2858	70.8	67.1	37	49	93	90	67.3
格鲁吉亚	35	4030	375	70.5	43.7	10	6	93	59	41.9
乌克兰	36	2260	302	66.4	60.3	5	5	87	81	44.8
保加利亚	37	7860	1208	71.3	63.1	19	21	94	85	54.6
黎巴嫩	38	7500	671	82.5	65.4	18	11	100	88	54.4
哈萨克斯坦	39	8040	1043	63.4	63.6	19	18	83	86	51.6
波兰	40	12 730	2437	68.0	58.1	31	42	90	78	60.0
阿根廷	41	13 120	1875	72.7	77.5	32	32	96	100	64.8
巴拿马	42	13 260	913	68.3	67.0	32	16	90	90	56.9
克罗地亚	43	12 640	1731	75.3	66.6	31	30	99	90	62.2
沙特阿拉伯	44	19 990	2682	51.6	70.6	48	46	68	95	64.3
哥伦比亚	45	5930	728	66.8	64.1	14	12	88	86	50.2
科威特	46	31 660	2232	44.7	72.3	76	38	59	97	67.7
智利	47	13 290	1577	66.5	68.0	32	27	88	92	59.5
北马其顿	48	4890	687	68.0	53.2	12	12	89	72	46.1
阿塞拜疆	49	4070	195	44.7	49.3	10	3	59	66	34.6
摩尔多瓦	50	2590	315	66.7	51.0	6	5	88	69	42.0
罗马尼亚	51	10 010	2155	66.3	47.1	24	37	87	63	52.9
委内瑞拉	52	13 080	1938	57.7	71.6	32	33	76	96	59.3
乌兹别克斯坦	53	2350	265	45.2	36.2	6	5	59	49	29.6
多米尼加	54	7090	1073	67.3	71.0	17	18	89	96	54.9
亚美尼亚	55	3950	416	59.2	50.8	10	7	78	68	40.7
巴拉圭	56	5390	1105	55.3	59.7	13	19	73	80	46.3
哥斯达黎加	57	11 090	1379	76.0	69.0	27	24	100	93	60.8
巴西	58	8670	1041	77.0	70.0	21	18	100	94	58.2
墨西哥	59	8930	1601	65.9	60.9	22	27	87	82	54.4
博茨瓦纳	60	7020	404	68.2	58.8	17	7	90	79	48.2
秘鲁	61	6060	870	62.1	56.7	15	15	82	76	46.9
牙买加	62	4740	390	73.7	67.6	11	7	97	91	51.5
约旦	63	4020	799	66.8	71.7	10	14	88	96	51.9
南非	64	5410	737	71.3	71.5	13	13	94	96	53.9
土耳其	65	10 900	1849	64.8	54.1	26	32	85	73	54.0
厄瓜多尔	66	5860	893	58.1	53.8	14	15	77	72	44.6
伊朗	67	5470	675	55.6	50.4	13	12	73	68	41.4
蒙古	68	3230	331	51.4	52.0	8	6	68	70	37.8
摩洛哥	69	2870	484	61.5	40.1	7	8	81	54	37.5
马来西亚	70	9940	2241	52.4	61.4	24	38	69	83	53.5

(续表)

国家	编号	经济发展指标的实际值				经济发展指标的指数				经济发展指数
		人均国民收入	人均制造业增加值	服务业增加值比例	服务业劳动力比例	人均国民收入	人均制造业增加值	服务业增加值比例	服务业劳动力比例	
萨尔瓦多	71	3600	635	70.5	59.5	9	11	93	80	48.1
埃及	72	3040	401	54.8	48.4	7	7	72	65	37.8
中国	73	8650	2567	51.9	44.0	21	44	68	59	48.1
阿尔及利亚	74	3920	1002	50.5	59.9	9	17	66	81	43.4
土库曼斯坦	75	6380	—	33.7	43.4	15	—	44	58	39.4
突尼斯	76	3520	515	67.3	52.0	8	9	89	70	44.0
阿尔巴尼亚	77	4290	278	60.6	42.4	10	5	80	57	38.0
吉尔吉斯斯坦	78	1110	186	51.2	51.2	3	3	79	69	38.5
塔吉克斯坦	79	1000	81	51.8	32.1	2	1	68	43	28.8
玻利维亚	80	3090	352	62.0	50.2	7	6	82	68	40.7
缅甸	81	1200	298	40.4	33.5	3	5	53	45	26.5
菲律宾	82	3650	580	59.9	56.3	9	10	79	76	43.3
泰国	83	5950	1797	56.4	45.5	14	31	74	61	45.1
纳米比亚	84	4800	635	64.5	60.8	12	11	85	82	47.3
津巴布韦	85	1370	173	64.5	25.7	3	3	85	35	31.4
洪都拉斯	86	2220	418	60.7	47.3	5	7	80	64	39.0
尼加拉瓜	87	2090	303	59.9	52.0	5	5	79	70	39.8
越南	88	2120	363	51.3	34.1	5	6	67	46	31.2
肯尼亚	89	1440	126	48.3	34.6	3	2	64	47	29.0
斯里兰卡	90	3880	655	64.9	45.5	9	11	85	61	41.8
刚果(布)	91	1480	111	40.1	41.7	4	2	53	56	28.6
印度尼西亚	92	3530	774	47.5	47.2	9	13	62	64	36.9
赞比亚	93	1300	125	58.7	35.2	3	2	77	47	32.5
危地马拉	94	4060	805	64.7	49.8	10	14	85	67	43.9
毛里塔尼亚	95	1110	98	49.4	33.2	3	2	65	45	28.5
科特迪瓦	96	1480	192	53.7	45.3	4	3	71	61	34.6
印度	97	1830	295	57.9	31.0	4	5	76	42	31.8
巴基斯坦	98	1500	176	59.2	34.4	4	3	78	46	32.7
莱索托	99	1250	168	61.9	22.9	3	3	81	31	29.6
柬埔寨	100	1240	224	45.8	42.4	3	4	60	57	31.0
喀麦隆	101	1340	215	60.3	39.3	3	4	79	53	34.8
厄立特里亚	102	—	—	68.2	28.9	—	—	90	39	64.4
叙利亚	103	—	—	40.8	56.3	—	—	54	76	64.7
加纳	104	1900	221	49.5	47.1	5	4	65	63	34.2
乍得	105	640	20	36.8	15.3	2	0	48	21	17.7
莫桑比克	106	470	38	53.9	20.3	1	1	71	27	25.0
几内亚	107	820	86	50.5	26.3	2	1	66	35	26.3
也门	108	1460	143	51.9	54.0	4	2	68	73	36.7
巴布亚新几内亚	109	2570	52	47.4	27.2	6	1	62	37	26.5
海地	110	760	51	27.1	39.8	2	1	36	54	23.0
尼泊尔	111	860	46	60.4	16.8	2	1	79	23	26.2
塞内加尔	112	1280	260	61.4	54.2	3	4	81	73	40.3
塞拉利昂	113	520	10	34.6	35.1	1	0	45	47	23.5
刚果(金)	114	460	91	38.1	20.8	1	2	50	28	20.2
老挝	115	2240	181	52.9	22.6	5	3	70	30	27.1
马拉维	116	340	33	59.6	19.7	1	1	78	27	26.6
多哥	117	600	41	59.4	45.8	1	1	78	62	35.5
马达加斯加	118	470	47	57.5	24.3	1	1	76	33	27.6
马里	119	770	—	43.6	27.9	2	—	57	38	32.2
尼日利亚	120	2100	172	56.8	51.6	5	3	75	69	38.1
孟加拉国	121	1520	271	58.8	39.0	4	5	77	52	34.5
坦桑尼亚	122	970	75	46.2	26.2	2	1	61	35	24.9
贝宁	123	800	102	55.4	39.0	2	2	73	52	32.3
尼日尔	124	360	21	44.5	15.9	1	0	59	21	20.3
安哥拉	125	3560	270	47.8	42.5	9	5	63	57	33.3
乌干达	126	620	54	55.1	21.6	1	1	72	29	26.0
中非	127	440	83	48.3	17.9	1	1	64	24	22.5
布基纳法索	128	590	31	53.0	38.2	1	1	70	51	30.8
埃塞俄比亚	129	740	48	42.8	21.5	2	1	56	29	21.9
布隆迪	130	280	57.7		6.0	1	0	76	8	21.3
卢旺达	131	730	18	53.3	24.4	2	0	70	33	26.2
高收入国家		41 433	5853	76.0	74.3	100	100	100	100	100.0
中等收入国家		4993	1077	59.8	45.0	12	18	79	61	42.4
低收入国家		791	65	49.3	25.6	2	1	65	34	25.6
世界		10 447	1750	71.1	48.5	25	30	94	65	53.5
参考值		41 433	5853	76.0	74.3					

注:a. 为2010～2017年期间最近年的数据。

附表 2-4-3 2017 年世界社会发展指数

国家	编号	社会发展指标的实际值				社会发展指标的指数				社会发展指数
		城市人口比例	医生比例	生活水平[a]	能源使用效率[b]	城市人口比例	医生比例	生活水平	能源使用效率	
瑞典	1	87.1	5.4	52 660	10.1	100	100	100	100	100.0
美国	2	82.1	2.6	60 990	8.3	100	86	100	96	95.6
芬兰	3	85.3	3.8	46 740	7.2	100	100	95	83	94.5
澳大利亚	4	85.9	3.6	48 280	10.3	100	100	98	100	99.5
瑞士	5	73.8	4.2	67 140	27.7	91	100	100	100	97.7
挪威	6	81.9	4.6	64 760	12.8	100	100	100	100	100.0
日本	7	91.5	2.4	43 490	10.1	100	80	88	100	92.1
丹麦	8	87.8	4.5	55 560	18.9	100	100	100	100	100.0
德国	9	77.3	4.2	53 390	10.8	95	100	100	100	98.8
荷兰	10	91.1	3.5	50 910	10.7	100	100	100	100	100.0
加拿大	11	81.4	2.6	46 260	5.7	100	87	94	66	86.6
新加坡	12	100.0	2.3	89 840	11.2	100	77	100	100	94.2
英国	13	83.1	2.8	44 840	16.3	100	94	91	100	96.1
法国	14	80.2	3.2	45 310	9.9	99	100	92	100	97.6
比利时	15	98.0	3.3	50 760	8.7	100	100	100	100	100.0
奥地利	16	58.1	5.1	53 460	11.6	72	100	100	100	92.9
新西兰	17	86.5	3.0	38 870	8.7	100	100	79	100	94.6
韩国	18	81.5	2.4	38 830	5.0	100	79	79	58	78.8
以色列	19	92.3	3.2	38 470	12.9	100	100	78	100	94.5
意大利	20	70.1	4.1	41 430	12.2	86	100	84	100	92.6
爱尔兰	21	62.9	3.1	61 170	22.0	78	100	100	100	94.4
西班牙	22	80.1	4.1	38 880	10.0	99	100	79	100	94.4
爱沙尼亚	23	68.7	3.5	32 790	4.2	85	100	66	48	74.8
斯洛文尼亚	24	54.3	3.0	35 490	6.6	67	100	72	76	78.6
乌拉圭	25	95.2	5.0	21 380	12.1	100	100	43	100	85.8
俄罗斯	26	74.3	4.0	25 080	2.9	91	100	51	33	68.8
斯洛伐克	27	53.8	2.5	31 730	5.4	66	82	64	62	68.5
希腊	28	78.7	4.6	28 640	8.3	97	100	58	96	87.7
匈牙利	29	71.1	3.2	27 990	5.2	88	100	57	60	76.0
捷克	30	73.7	4.3	35 680	4.6	91	100	72	53	79.0
葡萄牙	31	64.7	3.3	32 010	9.0	80	100	65	100	86.1
白俄罗斯	32	78.1	4.1	18 200	2.8	96	100	37	33	66.4
拉脱维亚	33	68.1	3.2	27 990	7.2	84	100	57	83	80.9
立陶宛	34	67.5	4.3	32 070	6.9	83	100	65	80	81.9
格鲁吉亚	35	58.2	5.1	10 630	4.0	72	100	22	46	59.9
乌克兰	36	69.2	3.0	8460	1.3	85	100	17	15	54.4
保加利亚	37	74.7	4.0	21 220	3.2	92	100	43	36	67.9
黎巴嫩	38	88.4	2.3	12 800	6.4	100	76	26	74	68.9
哈萨克斯坦	39	57.3	3.3	23 610	2.9	71	100	48	33	62.9
波兰	40	60.1	2.4	28 690	5.0	74	80	58	58	67.6
阿根廷	41	91.7	4.0	20 310	6.1	100	100	41	70	77.8
巴拿马	42	67.4	1.6	22 190	11.8	83	52	45	100	70.1
克罗地亚	43	56.7	3.0	25 970	7.2	70	100	53	82	76.2
沙特阿拉伯	44	83.6	2.4	54 540	3.5	100	80	100	41	80.1
哥伦比亚	45	80.4	2.1	14 240	11.2	99	69	29	100	74.3
科威特	46	100.0	2.6	83 540	4.8	100	86	100	55	85.3
智利	47	87.5	1.1	23 260	6.8	100	36	47	78	65.2
北马其顿	48	57.7	2.9	14 690	4.3	71	96	30	50	61.6
阿塞拜疆	49	55.3	3.4	16 770	5.3	68	100	34	60	65.6
摩尔多瓦	50	42.6	3.2	7250	2.9	52	100	15	33	50.1
罗马尼亚	51	53.9	2.3	25 970	6.3	66	75	53	72	66.7
委内瑞拉	52	88.2	—	17 900	5.4	100	—	36	62	66.1
乌兹别克斯坦	53	50.6	2.4	8250	1.6	62	79	17	18	44.1
多米尼加	54	80.3	1.6	15 590	8.8	99	52	32	100	70.6
亚美尼亚	55	63.1	2.9	9960	3.9	78	97	20	45	59.9
巴拉圭	56	61.3	0.2	12 570	7.8	75	8	25	90	49.6
哥斯达黎加	57	78.6	1.1	16 110	10.3	97	38	33	100	66.9
巴西	58	86.3	2.2	15 370	8.1	100	72	31	93	74.0
墨西哥	59	79.9	2.2	18 940	6.2	98	75	38	72	70.9
博茨瓦纳	60	68.7	0.4	17 190	6.0	85	12	35	69	50.1
秘鲁	61	77.7	1.3	13 140	8.4	96	42	27	97	65.4
牙买加	62	55.4	1.3	8710	4.9	68	44	18	57	46.7
约旦	63	90.7	2.3	9190	4.4	100	78	19	51	62.0
南非	64	65.9	0.9	13 040	2.4	81	30	26	27	41.3
土耳其	65	74.6	1.8	27 550	6.6	92	59	56	76	70.7
厄瓜多尔	66	63.7	2.1	11 240	7.2	78	68	23	82	63.0
伊朗	67	74.4	1.1	21 050	1.8	92	38	43	21	48.3
蒙古	68	68.4	2.9	10 990	2.3	84	96	22	26	57.2
摩洛哥	69	61.9	0.7	8080	5.7	76	24	16	66	45.6
马来西亚	70	75.4	1.5	29 180	3.8	93	50	59	43	61.5

（续表）

国家	编号	社会发展指标的实际值				社会发展指标的指数				社会发展指数
		城市人口比例	医生比例	生活水平[a]	能源使用效率[b]	城市人口比例	医生比例	生活水平	能源使用效率	
萨尔瓦多	71	71.3	1.6	7530	5.6	88	52	15	64	54.8
埃及	72	42.7	0.8	11510	4.1	53	26	23	47	37.3
中国	73	58.0	1.8	16770	3.4	71	60	34	39	51.1
阿尔及利亚	74	72.1	1.8	14970	4.1	89	61	30	48	56.9
土库曼斯坦	75	51.2	2.2	17280	1.6	63	74	35	19	47.7
突尼斯	76	68.6	1.3	11670	4.5	85	42	24	52	50.7
阿尔巴尼亚	77	59.4	1.2	12960	5.7	73	40	26	65	51.1
吉尔吉斯斯坦	78	36.1	1.9	3550	2.0	45	63	7	23	34.2
塔吉克斯坦	79	27.0	1.7	3710	3.2	33	57	8	37	33.7
玻利维亚	80	69.1	1.6	7270	4.0	85	54	15	46	49.8
缅甸	81	30.3	0.9	5990	3.4	37	29	12	39	29.3
菲律宾	82	46.7	1.3	10030	6.0	57	43	20	69	47.2
泰国	83	49.2	0.8	17120	3.0	61	27	35	35	39.3
纳米比亚	84	49.0	0.4	10800	7.1	60	12	22	81	44.0
津巴布韦	85	32.2	0.1	3470	1.7	40	3	5	19	16.7
洪都拉斯	86	56.5	0.6	4570	3.7	70	10	9	42	32.9
尼加拉瓜	87	58.3	0.9	5540	3.2	72	30	11	37	37.7
越南	88	35.2	0.8	6340	2.9	43	27	13	33	29.1
肯尼亚	89	26.6	0.2	3230	2.6	33	7	7	30	18.9
斯里兰卡	90	18.4	1.0	12540	7.4	23	32	25	85	41.3
刚果（布）	91	66.5	0.1	5070	5.4	82	4	10	62	39.5
印度尼西亚	92	54.7	0.4	11880	4.0	67	13	24	45	37.3
赞比亚	93	43.0	0.1	3910	2.9	53	3	8	33	24.3
危地马拉	94	50.7	—	8020	4.4	62	—	16	51	43.3
毛里塔尼亚	95	52.8	0.2	3940	—	65	6	8	—	26.3
科特迪瓦	96	50.3	0.2	3760	2.5	62	8	8	29	26.7
印度	97	33.6	0.8	7090	2.5	41	26	14	28	27.5
巴基斯坦	98	36.4	1.0	5530	2.7	45	33	11	31	30.0
莱索托	99	27.7	0.1	3520	—	34	2	7	—	14.5
柬埔寨	100	23.0	0.1	3770	2.6	28	6	8	30	17.9
喀麦隆	101	55.8	0.1	3580	4.6	69	3	7	53	32.9
厄立特里亚	102	—	—	—	3.4	—	—	—	39	39.5
叙利亚	103	53.5	1.2	—	—	66	41	—	—	53.3
加纳	104	55.4	—	4340	5.9	68	6	9	68	37.8
乍得	105	22.9	0.0	1900	—	28	2	4	—	11.2
莫桑比克	106	35.5	0.1	1380	1.5	44	2	3	18	16.6
几内亚	107	35.8	0.1	2360	—	44	3	5	—	17.2
也门	108	36.0	0.3	3800	4.9	44	10	8	56	29.7
巴布亚新几内亚	109	13.1	0.1	4270	—	16	2	9	—	8.9
海地	110	54.3	0.1	1830	2.1	67	5	4	24	24.9
尼泊尔	111	19.3	0.7	2910	1.7	24	22	6	20	17.8
塞内加尔	112	46.7	0.1	3460	5.0	58	2	7	57	31.1
塞拉利昂	113	41.6	0.0	1500	—	51	1	3	—	18.4
刚果（金）	114	43.9	0.1	860	1.3	54	3	2	14	18.3
老挝	115	34.4	0.5	6580	—	42	17	13	—	24.1
马拉维	116	16.7	0.0	1260	—	21	1	3	—	7.9
多哥	117	41.2	0.0	—	1.4	51	2	3	16	17.9
马达加斯加	118	36.5	0.2	1760	—	45	6	4	—	18.2
马里	119	41.6	0.1	2150	—	51	5	4	—	20.1
尼日利亚	120	49.5	0.4	5710	4.2	61	13	12	49	33.5
孟加拉国	121	35.9	0.5	4170	4.9	44	18	8	56	31.6
坦桑尼亚	122	33.1	0.0	3020	2.1	41	1	6	24	18.0
贝宁	123	46.8	0.2	2260	2.3	58	5	5	26	23.4
尼日尔	124	16.4	0.1	990	2.9	20	2	2	33	14.1
安哥拉	125	64.8	0.2	6450	9.9	80	7	13	100	50.0
乌干达	126	23.2	0.1	1890	—	29	3	4	—	11.8
中非	127	41.0	0.1	860	—	50	2	2	—	18.1
布基纳法索	128	28.7	0.1	1800	—	35	2	4	—	13.7
埃塞俄比亚	129	20.3	0.1	1890	1.1	25	3	4	13	11.3
布隆迪	130	12.7	0.1	740	—	16	2	2	—	6.3
卢旺达	131	17.1	0.1	2030	—	21	4	4	—	9.9
高收入国家		81.2	3.0	49330	8.7	100	100	100	100	100.0
中等收入国家		52.0	1.3	12088	3.7	64	44	25	43	43.8
低收入国家		32.1	0.3	2246	3.6	40	11	5	42	24.2
世界		54.8	1.5	17123	5.7	68	50	35	65	54.4
参考值		81.2	3.0	49330	8.7					

注：a. 指人均购买力，按购买力平价 PPP 计算的人均 GNI（国际美元）。
b. 为能源使用效率，人均 GDP/人均能源消费。

附表 2-4-4 2017 年世界知识发展指数

国家	编号	知识发展指标的实际值				知识发展指标的指数				知识发展指数
		人均知识创新经费[a]	人均知识产权贸易[b]	大学普及率	互联网普及率	人均知识创新经费	人均知识产权贸易	大学普及率	互联网普及率	
瑞典	1	1780	1276	67	96	100	100	87	100	96.8
美国	2	1679	553	88	87	100	97	100	100	99.3
芬兰	3	1276	803	88	87	100	100	100	100	100.0
澳大利亚	4	1091	177	113	87	100	31	100	100	82.8
瑞士	5	2770	4121	60	90	100	100	78	100	94.4
挪威	6	1595	203	82	96	100	36	100	100	83.9
日本	7	1228	498	—	85	100	87	—	100	95.7
丹麦	8	1773	938	81	97	100	100	100	100	100.0
德国	9	1343	425	70	84	100	75	91	99	91.3
荷兰	10	972	4349	85	93	89	100	100	100	97.3
加拿大	11	714	443	69	91	66	78	90	100	83.3
新加坡	12	1262	4090	85	84	100	100	100	99	99.8
英国	13	675	568	60	95	62	100	78	100	85.0
法国	14	847	491	66	81	78	86	85	95	86.0
比利时	15	1152	626	80	88	100	100	100	100	100.0
奥地利	16	1498	350	85	88	100	62	100	100	90.4
新西兰	17	474	274	82	91	44	48	100	100	72.9
韩国	18	1354	330	94	95	100	58	100	100	89.5
以色列	19	1855	300	63	82	100	53	82	96	82.8
意大利	20	440	151	62	63	40	27	81	74	55.4
爱尔兰	21	727	17827	78	84	67	100	100	99	91.4
西班牙	22	339	160	89	85	31	28	100	100	64.7
爱沙尼亚	23	269	62	70	88	25	11	91	100	56.5
斯洛文尼亚	24	434	150	79	79	40	26	100	93	64.8
乌拉圭	25	63	42	63	68	6	7	82	80	43.9
俄罗斯	26	121	46	82	76	11	8	100	89	52.2
斯洛伐克	27	154	135	47	82	14	24	61	96	48.6
希腊	28	216	39	137	71	20	7	100	83	52.4
匈牙利	29	196	336	49	77	18	59	63	90	57.6
捷克	30	365	157	64	79	34	28	83	93	59.3
葡萄牙	31	285	99	64	74	26	17	83	87	53.4
白俄罗斯	32	34	20	88	74	3	4	100	88	48.6
拉脱维亚	33	80	27	88	80	7	5	100	94	51.6
立陶宛	34	150	35	72	78	14	6	94	91	51.4
格鲁吉亚	35	13	7	57	60	1	1	74	70	36.6
乌克兰	36	11	11	83	59	1	2	100	69	43.1
保加利亚	37	63	33	71	63	6	6	93	75	44.7
黎巴嫩	38	—	6	—	78	—	1	—	92	46.5
哈萨克斯坦	39	12	7	50	76	1	1	65	90	39.4
波兰	40	144	99	68	76	13	17	88	89	52.1
阿根廷	41	68	57	90	74	6	10	100	87	50.9
巴拿马	42	7	12	48	58	1	2	62	68	33.3
克罗地亚	43	117	88	67	67	11	15	87	79	47.9
沙特阿拉伯	44	203	—	70	82	19	—	91	97	68.6
哥伦比亚	45	16	10	56	62	1	2	73	73	37.5
科威特	46	24	—	55	100	2	—	72	100	58.1
智利	47	50	93	88	82	5	16	100	97	54.4
北马其顿	48	19	30	41	75	2	5	54	88	37.1
阿塞拜疆	49	8	3	27	79	1	1	35	93	32.4
摩尔多瓦	50	8	7	41	76	1	1	53	90	36.3
罗马尼亚	51	54	49	48	64	5	9	63	75	37.9
委内瑞拉	52	54	8	—	72	5	1	—	85	30.4
乌兹别克斯坦	53	3	1	9	52	0	—	12	62	18.5
多米尼加	54	—	13	60	68	—	2	78	79	53.3
亚美尼亚	55	9	—	52	65	1	—	68	76	48.3
巴拉圭	56	8	3	—	61	1	0	—	72	24.4
哥斯达黎加	57	53	110	56	71	5	19	73	84	45.2
巴西	58	110	28	51	67	10	5	67	79	40.3
墨西哥	59	43	2	40	64	4	0	52	75	33.0
博茨瓦纳	60	39	50	25	47	4	9	32	55	25.0
秘鲁	61	8	11	71	49	1	2	92	57	38.0
牙买加	62	—	19	27	55	—	3	35	65	34.5
约旦	63	29	6	31	67	3	1	41	79	30.7
南非	64	43	39	22	56	4	7	29	66	26.5
土耳其	65	101	10	—	65	9	2	—	76	29.0
厄瓜多尔	66	28	2	45	57	3	0	58	67	32.2
伊朗	67	15	—	70	64	1	—	91	75	55.8
蒙古	68	5	—	64	24	0	—	84	28	28.2
摩洛哥	69	—	4	34	62	—	1	44	73	39.1
马来西亚	70	141	68	44	80	13	12	57	94	44.0

(续表)

国家	编号	知识发展指标的实际值				知识发展指标的指数				知识发展指数
		人均知识创新经费[a]	人均知识产权贸易[b]	大学普及率	互联网普及率	人均知识创新经费	人均知识产权贸易	大学普及率	互联网普及率	
萨尔瓦多	71	6	31	29	34	1	6	37	40	20.8
埃及	72	15	3	35	45	1	0	46	53	25.1
中国	73	186	24	49	54	17	4	64	64	37.3
阿尔及利亚	74	22	4	48	48	2	1	62	56	30.2
土库曼斯坦	75	—	—	8	21	—	—	10	25	17.7
突尼斯	76	22	3	32	64	2	1	42	76	30.0
阿尔巴尼亚	77	—	8	57	72	—	1	75	85	53.6
吉尔吉斯斯坦	78	1	1	43	38	0	0	56	45	25.2
塔吉克斯坦	79	1	0	31	22	0	0	41	26	16.7
玻利维亚	80	—	11	—	44	—	2	—	52	26.7
缅甸	81	0	1	16	31	0	0	20	36	14.2
菲律宾	82	4	7	35	60	0	1	46	71	29.6
泰国	83	47	63	49	53	4	11	64	62	35.5
纳米比亚	84	19	1	—	51	2	0	—	60	20.7
津巴布韦	85	—	0	10	27	—	0	13	32	15.0
洪都拉斯	86	0	6	20	32	0	1	27	37	16.2
尼加拉瓜	87	2	0	—	28	0	0	—	33	11.0
越南	88	12	—	29	58	1	—	37	68	35.6
肯尼亚	89	—	5	11	18	—	1	15	21	12.3
斯里兰卡	90	4	0	19	34	0	0	25	40	21.7
刚果(布)	91	—	—	13	9	—	—	16	10	13.3
印度尼西亚	92	9	7	36	32	1	1	47	38	21.9
赞比亚	93	—	0	4	28	—	0	5	33	12.7
危地马拉	94	1	12	22	65	0	2	28	76	26.7
毛里塔尼亚	95	—	0	5	21	—	0	7	24	10.3
科特迪瓦	96	1	0	9	44	0	0	12	52	16.0
印度	97	10	5	27	34	1	1	36	41	19.5
巴基斯坦	98	3	1	9	16	0	0	12	18	7.7
莱索托	99	1	2	11	29	0	0	14	34	12.1
柬埔寨	100	1	1	13	32	0	0	17	38	13.9
喀麦隆	101	—	0	13	23	—	0	17	27	14.6
厄立特里亚	102	—	—	3	1	—	—	4	2	3.0
叙利亚	103	—	—	40	34	—	—	52	40	46.2
加纳	104	—	—	16	39	—	—	21	46	33.4
乍得	105	2	—	3	6	0	—	4	8	4.0
莫桑比克	106	2	1	7	10	0	0	9	12	5.3
几内亚	107	—	—	12	18	—	—	15	21	18.1
也门	108	—	0	10	27	—	0	13	31	14.9
巴布亚新几内亚	109	1	—	—	11	0	—	—	13	6.6
海地	110	—	2	—	12	—	0	—	15	7.5
尼泊尔	111	—	—	12	34	—	—	15	40	27.5
塞内加尔	112	9	1	12	46	1	0	15	54	17.5
塞拉利昂	113	—	—	—	9	—	—	—	11	5.4
刚果(金)	114	2	0	7	9	0	0	9	10	4.7
老挝	115	—	—	16	26	—	—	20	30	25.3
马拉维	116	—	0	1	14	—	0	1	16	5.8
多哥	117	2	0	13	13	0	0	17	15	7.9
马达加斯加	118	0	1	5	10	0	0	7	12	4.6
马里	119	2	0	6	13	0	0	7	15	5.7
尼日利亚	120	—	1	10	42	—	0	13	49	21.0
孟加拉国	121	—	0	18	15	—	0	24	18	13.8
坦桑尼亚	122	5	0	4	25	0	0	5	29	8.8
贝宁	123	—	0	12	20	—	0	16	24	13.2
尼日尔	124	—	0	4	10	—	0	5	12	5.6
安哥拉	125	—	8	9	14	—	1	12	17	10.1
乌干达	126	1	0	5	24	0	0	6	28	8.6
中非	127	—	—	3	4	—	—	4	5	4.5
布基纳法索	128	4	0	6	16	0	0	8	19	6.8
埃塞俄比亚	129	3	0	8	19	0	0	11	22	8.2
布隆迪	130	—	0	6	3	—	0	8	3	3.7
卢旺达	131	—	—	7	22	—	—	10	26	17.6
高收入国家		1090	569	77	85	100	100	100	100	100.0
中等收入国家		72	13	36	46	7	2	47	54	27.4
低收入国家		5	0	9	16	0	0	11	19	7.8
世界		248	101	38	50	23	18	49	58	37.1
参考值		1090	569	77	85					

注:a. 指人均研究与发展经费,其数据为2010～2017年期间最近年的数据。
b. 指人均知识产权贸易(进口和出口),其数据为2010～2017年期间最近年数据。

附表 2-4-5　1980～2017 年世界综合现代化指数

国家	编号	1980[a]	1990[a]	2000[a]	2010[b]	2016[c]	2017[c]
瑞典	1	98.0	98.1	98.3	99.3	98.6	98.9
美国	2	92.4	90.7	95.3	96.2	98.0	98.3
芬兰	3	87.0	91.8	89.4	96.8	97.8	97.8
澳大利亚	4	90.8	87.8	86.2	92.2	90.3	90.0
瑞士	5	89.0	92.1	95.9	95.6	97.2	97.2
挪威	6	91.2	91.4	90.2	93.5	92.8	92.4
日本	7	94.4	93.1	93.9	93.3	94.3	94.4
丹麦	8	92.8	97.7	95.1	99.7	100.0	100.0
德国	9	93.0	93.5	94.7	93.2	95.0	95.9
荷兰	10	91.0	95.8	90.2	97.6	98.3	98.4
加拿大	11	92.6	85.0	82.0	90.7	89.7	87.7
新加坡	12	59.8	63.9	87.6	95.6	97.9	98.0
英国	13	88.4	88.7	88.4	91.1	91.1	90.5
法国	14	89.2	89.8	85.6	93.1	91.8	91.1
比利时	15	90.9	94.4	85.7	97.1	99.4	99.5
奥地利	16	87.2	92.0	86.9	93.8	92.9	93.8
新西兰	17	87.4	78.4	74.1	85.0	87.2	85.6
韩国	18	47.1	63.5	78.7	80.2	85.0	84.8
以色列	19	82.1	80.6	83.5	86.9	90.5	90.3
意大利	20	74.6	84.6	77.9	82.9	79.0	78.7
爱尔兰	21	68.3	71.0	75.0	95.0	95.0	93.8
西班牙	22	72.7	83.5	74.0	80.9	80.4	79.6
爱沙尼亚	23	76.4	56.1	62.5	63.3	66.6	67.0
斯洛文尼亚	24	—	71.0	64.5	73.9	73.1	73.6
乌拉圭	25	64.0	66.4	62.8	60.5	64.3	64.7
俄罗斯	26	85.4	56.3	53.9	55.4	58.5	58.8
斯洛伐克	27	—	69.3	53.1	61.6	64.3	60.9
希腊	28	68.8	67.4	60.4	74.7	69.3	69.4
匈牙利	29	63.0	57.9	58.2	67.4	66.2	66.0
捷克	30	72.7	58.7	57.0	68.2	70.3	70.4
葡萄牙	31	52.5	60.5	69.3	70.1	70.0	70.4
白俄罗斯	32	—	62.9	46.6	48.5	53.9	54.4
拉脱维亚	33	74.7	56.8	56.0	60.7	65.0	65.6
立陶宛	34	—	57.4	53.7	61.3	65.9	66.9
格鲁吉亚	35	76.9	48.0	40.9	39.6	45.7	46.1
乌克兰	36	91.3	50.6	46.0	43.8	46.4	47.4
保加利亚	37	62.8	52.2	48.0	54.9	55.5	55.7
黎巴嫩	38	71.8	54.2	56.7	53.9	59.3	56.6
哈萨克斯坦	39	—	52.9	43.2	45.1	51.1	51.3
波兰	40	65.2	50.8	53.3	57.2	59.1	59.9
阿根廷	41	66.6	54.7	64.0	63.9	63.9	64.5
巴拿马	42	56.3	49.4	50.8	50.7	53.4	53.4
克罗地亚	43	—	61.9	49.5	58.2	62.3	62.1
沙特阿拉伯	44	57.4	55.6	43.2	58.9	72.1	71.0
哥伦比亚	45	50.1	51.3	45.8	47.1	53.2	54.0
科威特	46	74.0	61.8	54.2	63.9	69.5	70.4
智利	47	59.5	47.6	54.4	53.1	60.2	59.7
北马其顿	48	—	44.4	46.8	43.8	48.1	48.3
阿塞拜疆	49	—	—	38.4	39.0	44.7	44.2
摩尔多瓦	50	59.4	42.5	39.9	37.4	42.4	42.8
罗马尼亚	51	50.0	40.2	38.9	48.5	52.9	52.5
委内瑞拉	52	57.6	52.0	50.2	64.6	53.8	51.9
乌兹别克斯坦	53	—	19.8	28.9	29.3	36.3	30.7
多米尼加	54	49.6	63.2	59.9	52.2	58.1	59.6
亚美尼亚	55	—	21.4	37.1	42.1	49.3	49.7
巴拉圭	56	41.4	40.4	54.6	39.8	40.5	40.1
哥斯达黎加	57	54.3	49.6	46.7	50.5	57.5	57.6
巴西	58	51.0	55.9	47.9	52.7	56.7	57.5
墨西哥	59	57.0	53.4	50.9	46.8	52.2	52.7
博茨瓦纳	60	20.1	33.3	36.6	31.8	39.8	41.1
秘鲁	61	47.2	54.3	50.0	47.7	45.5	50.1
牙买加	62	41.7	43.7	42.1	41.4	40.5	44.2
约旦	63	49.0	56.1	48.6	54.1	53.7	48.2
南非	64	50.7	44.6	35.8	38.7	40.1	40.6
土耳其	65	41.8	45.3	42.3	54.0	56.8	51.2
厄瓜多尔	66	55.7	42.7	38.0	47.2	45.3	46.6
伊朗	67	38.8	36.7	33.5	42.4	48.7	48.5
蒙古	68	65.3	38.9	35.2	37.5	41.8	41.1
摩洛哥	69	35.3	38.1	37.2	33.6	37.2	40.8
马来西亚	70	39.4	37.2	43.2	47.5	53.2	53.0

(续表)

国家	编号	1980ª	1990ª	2000ª	2010ᵇ	2016ᶜ	2017ᶜ
萨尔瓦多	71	43.4	48.7	48.8	36.9	40.7	41.2
埃及	72	38.2	39.9	39.6	37.5	34.2	33.4
中国	73	21.1	27.7	31.3	34.2	46.7	45.5
阿尔及利亚	74	45.6	40.0	30.4	38.6	40.9	43.5
土库曼斯坦	75	—	—	26.3	26.0	34.7	34.9
突尼斯	76	40.6	40.0	41.9	41.6	39.6	41.5
阿尔巴尼亚	77	35.0	31.8	30.2	39.2	47.3	47.6
吉尔吉斯斯坦	78	—	21.7	35.9	30.1	32.5	32.6
塔吉克斯坦	79	—	5.5	30.5	23.2	26.0	26.4
玻利维亚	80	33.2	53.8	40.7	34.1	35.0	39.0
缅甸	81	25.6	30.2	23.6	21.2	23.3	23.3
菲律宾	82	39.6	40.1	39.1	35.7	40.7	40.1
泰国	83	34.2	36.6	32.2	36.6	38.2	39.9
纳米比亚	84	—	32.5	30.7	31.1	34.4	37.3
津巴布韦	85	30.4	26.3	24.0	19.4	20.2	21.0
洪都拉斯	86	36.6	37.8	32.7	32.1	31.7	29.4
尼加拉瓜	87	42.0	36.7	34.4	30.0	29.1	29.5
越南	88	—	21.3	22.3	30.2	30.0	31.9
肯尼亚	89	26.1	27.0	26.5	18.3	19.4	20.1
斯里兰卡	90	31.8	35.0	27.8	27.7	35.1	34.9
刚果（布）	91	33.6	37.2	24.6	25.2	26.4	27.1
印度尼西亚	92	30.7	27.1	30.0	27.4	29.9	32.1
赞比亚	93	29.6	21.0	18.7	19.1	22.9	23.2
危地马拉	94	41.2	36.8	30.9	29.7	35.0	38.0
毛里塔尼亚	95	32.7	37.8	25.5	17.3	18.5	21.7
科特迪瓦	96	61.7	49.5	23.4	19.5	26.4	25.8
印度	97	30.0	27.4	29.5	20.8	25.7	26.3
巴基斯坦	98	29.8	25.7	31.2	21.7	23.5	23.5
莱索托	99	26.7	44.9	18.6	17.1	23.1	18.7
柬埔寨	100	—	30.8	19.9	15.8	21.0	21.0
喀麦隆	101	34.3	31.6	21.3	21.9	27.2	27.5
厄立特里亚	102	—	—	19.9	22.2	15.6	35.6
叙利亚	103	44.6	39.3	29.2	41.3	42.8	54.7
加纳	104	33.9	33.4	19.4	22.7	29.3	35.1
乍得	105	28.4	25.6	23.7	11.6	10.5	11.0
莫桑比克	106	18.0	20.7	21.7	13.4	16.6	15.6
几内亚	107	14.2	42.6	28.5	14.1	18.8	20.5
也门	108	13.0	30.8	23.3	28.1	25.2	27.1
巴布亚新几内亚	109	25.9	23.6	19.3	10.3	20.9	14.0
海地	110	24.3	42.6	22.4	12.2	19.6	18.4
尼泊尔	111	20.2	22.8	16.9	16.2	18.5	23.8
塞内加尔	112	29.8	30.4	23.9	19.3	23.0	29.6
塞拉利昂	113	26.7	27.2	15.4	11.4	15.5	15.8
刚果（金）	114	35.4	33.4	13.8	15.0	15.6	14.4
老挝	115	18.9	20.1	17.5	18.4	25.5	25.5
马拉维	116	21.0	31.6	19.4	12.2	11.5	13.4
多哥	117	28.7	33.7	21.2	14.6	18.2	20.4
马达加斯加	118	27.3	27.8	22.1	16.9	15.1	16.8
马里	119	22.6	22.1	17.5	15.8	18.8	19.3
尼日利亚	120	29.7	30.7	19.1	25.5	29.7	30.8
孟加拉国	121	25.1	31.3	24.0	20.7	26.7	26.6
坦桑尼亚	122	18.2	22.7	15.7	14.0	15.5	17.2
贝宁	123	29.5	36.1	20.9	19.4	22.0	22.9
尼日尔	124	25.9	23.7	17.4	11.7	11.9	13.4
安哥拉	125	19.5	44.0	14.6	27.7	35.4	31.2
乌干达	126	21.3	24.0	21.7	13.6	15.2	15.5
中非	127	26.7	28.4	17.3	14.5	15.5	15.0
布基纳法索	128	33.4	22.2	18.7	11.4	16.6	17.1
埃塞俄比亚	129	17.0	23.8	15.3	16.5	13.4	13.8
布隆迪	130	24.9	24.0	17.7	9.6	9.6	10.4
卢旺达	131	19.2	21.5	16.4	14.1	17.6	17.9
高收入国家ᵈ		99.9	99.9	99.9	100.0	100.0	100.0
中等收入国家		51.5	44.4	42.4	31.7	37.7	37.9
低收入国家		28.2	31.7	23.6	13.6	17.3	19.2
世界		59.8	52.9	50.2	44.5	48.4	48.3

注：a. 采用综合现代化评价模型第一版的评价结果。
　　b. 采用综合现代化评价模型第二版的评价结果。
　　c. 采用综合现代化评价模型第三版的评价结果，见技术注释。
　　d. 1980～2000年和2016～2017年数据为高收入国家的平均值，2010～2013年数据为高收入OECD国家的平均值。

附表 2-4-6　1980～2017 年世界综合现代化指数的排名

国家	编号	1980[a]	1990[a]	2000[a]	2010[b]	2016[c]	2017[c]
瑞典	1	1	1	1	2	3	3
美国	2	6	11	3	6	5	5
芬兰	3	17	9	9	5	7	7
澳大利亚	4	11	14	13	15	17	17
瑞士	5	13	7	2	8	8	8
挪威	6	8	10	7	11	13	13
日本	7	2	6	6	12	11	10
丹麦	8	4	2	4	1	1	1
德国	9	3	5	5	13	9	9
荷兰	10	9	3	8	3	4	4
加拿大	11	5	15	17	17	18	18
新加坡	12	37	25	11	7	6	6
英国	13	14	13	10	16	15	15
法国	14	12	12	15	14	14	14
比利时	15	10	4	14	4	2	2
奥地利	16	16	8	12	10	12	12
新西兰	17	15	19	21	19	19	19
韩国	18	54	27	18	22	20	20
以色列	19	19	18	16	18	16	16
意大利	20	23	16	19	20	22	22
爱尔兰	21	29	20	20	9	10	11
西班牙	22	26	17	22	21	21	21
爱沙尼亚	23	21	38	27	31	29	29
斯洛文尼亚	24	—	21	24	24	23	23
乌拉圭	25	33	24	26	35	34	33
俄罗斯	26	18	36	37	39	40	40
斯洛伐克	27	—	22	40	32	33	36
希腊	28	28	23	28	23	28	28
匈牙利	29	34	33	30	27	30	31
捷克	30	25	32	31	26	25	25
葡萄牙	31	46	31	23	25	26	26
白俄罗斯	32	—	28	52	49	46	46
拉脱维亚	33	22	35	33	34	32	32
立陶宛	34	—	34	38	33	31	30
格鲁吉亚	35	20	56	61	65	61	63
乌克兰	36	7	51	53	58	60	61
保加利亚	37	35	47	48	40	45	44
黎巴嫩	38	27	43	32	43	38	43
哈萨克斯坦	39	—	46	55	56	54	53
波兰	40	32	50	39	38	39	37
阿根廷	41	30	41	25	30	35	34
巴拿马	42	43	54	42	47	49	48
克罗地亚	43	—	29	45	37	36	35
沙特阿拉伯	44	41	40	57	36	24	24
哥伦比亚	45	49	49	54	54	51	47
科威特	46	24	30	36	29	27	27
智利	47	38	57	35	44	37	38
北马其顿	48	—	61	50	57	57	58
阿塞拜疆	49	—	—	67	67	64	66
摩尔多瓦	50	39	67	63	72	66	68
罗马尼亚	51	50	69	66	50	52	51
委内瑞拉	52	40	48	43	28	47	52
乌兹别克斯坦	53	—	127	89	86	78	91
多米尼加	54	51	26	29	46	41	39
亚美尼亚	55	—	122	70	60	55	56
巴拉圭	56	61	68	34	64	71	75
哥斯达黎加	57	45	52	51	48	42	41
巴西	58	47	39	49	45	44	42
墨西哥	59	42	45	41	55	53	50
博茨瓦纳	60	106	90	71	80	74	71
秘鲁	61	53	42	44	51	62	55
牙买加	62	60	63	59	62	72	65
约旦	63	52	37	47	41	48	59
南非	64	48	60	73	68	73	74
土耳其	65	59	58	58	42	43	54
厄瓜多尔	66	44	64	68	53	63	62
伊朗	67	66	82	76	59	56	57
蒙古	68	31	75	74	71	67	72
摩洛哥	69	70	76	69	78	77	73
马来西亚	70	65	79	56	52	50	49

(续表)

国家	编号	1980[a]	1990[a]	2000[a]	2010[b]	2016[c]	2017[c]
萨尔瓦多	71	57	55	46	73	70	70
埃及	72	67	73	64	70	85	85
中国	73	103	103	79	76	59	64
阿尔及利亚	74	55	71	84	69	68	67
土库曼斯坦	75	—	—	93	91	83	84
突尼斯	76	63	72	60	61	75	69
阿尔巴尼亚	77	71	92	85	66	58	60
吉尔吉斯斯坦	78	—	120	72	83	86	86
塔吉克斯坦	79	—	128	83	94	97	99
玻利维亚	80	77	44	62	77	82	78
缅甸	81	97	100	100	99	102	105
菲律宾	82	64	70	65	75	69	76
泰国	83	73	84	78	74	76	77
纳米比亚	84	—	91	82	81	84	80
津巴布韦	85	81	108	97	104	109	109
洪都拉斯	86	68	77	77	79	87	94
尼加拉瓜	87	58	83	75	84	92	93
越南	88	—	123	104	82	88	88
肯尼亚	89	94	107	92	108	111	113
斯里兰卡	90	79	86	91	89	80	83
刚果(布)	91	75	80	95	93	96	96
印度尼西亚	92	80	106	86	90	89	87
赞比亚	93	86	124	117	106	105	106
危地马拉	94	62	81	81	85	81	79
毛里塔尼亚	95	78	78	94	109	115	108
科特迪瓦	96	36	53	101	102	95	101
印度	97	82	104	87	100	98	100
巴基斯坦	98	84	109	80	98	101	104
莱索托	99	91	59	119	110	103	115
柬埔寨	100	—	96	111	115	107	110
喀麦隆	101	72	94	108	97	93	95
厄立特里亚	102	—	—	112	96	121	81
叙利亚	103	56	74	88	63	65	45
加纳	104	74	89	114	95	91	82
乍得	105	89	110	99	127	130	130
莫桑比克	106	111	125	107	123	118	122
几内亚	107	113	66	90	119	113	111
也门	108	114	97	102	87	100	97
巴布亚新几内亚	109	96	115	115	130	108	126
海地	110	100	65	103	124	110	116
尼泊尔	111	105	116	125	113	114	103
塞内加尔	112	83	99	98	105	104	92
塞拉利昂	113	92	105	128	128	123	121
刚果(金)	114	69	88	131	116	120	125
老挝	115	109	126	122	107	99	102
马拉维	116	104	93	113	125	129	128
多哥	117	88	87	109	117	116	112
马达加斯加	118	90	102	105	111	126	120
马里	119	101	119	121	114	112	114
尼日利亚	120	85	98	116	92	90	90
孟加拉国	121	98	95	96	101	94	98
坦桑尼亚	122	110	117	127	121	122	118
贝宁	123	87	85	110	103	106	107
尼日尔	124	95	114	123	126	128	129
安哥拉	125	107	62	130	88	79	89
乌干达	126	102	111	106	122	125	123
中非	127	93	101	124	118	124	124
布基纳法索	128	76	118	118	129	119	119
埃塞俄比亚	129	112	113	129	112	127	127
布隆迪	130	99	112	120	131	131	131
卢旺达	131	108	121	126	120	117	117

注:a. 采用综合现代化评价模型第一版的评价结果,以当年高收入国家平均值为参考值的评价。
    b. 同附表2-4-5。
    c. 同附表2-4-5。

附录三 中国地区现代化水平评价的数据集

附表 3-1-1	2017年中国地区现代化指数 ···	335
附表 3-1-2	2017年中国现代化的地区分组 ···	336
附表 3-2-1	2017年中国地区第一次现代化指数和排名 ································	337
附表 3-2-2	2017年中国地区第一次现代化评价指标 ··································	338
附表 3-2-3	2017年中国地区第一次现代化发展阶段 ··································	339
附表 3-2-4	中国地区第一次现代化指数的增长率和预期完成时间 ······················	340
附表 3-2-5	1970~2017年中国地区第一次现代化指数和排名 ··························	341
附表 3-3-1	2017年中国地区第二次现代化指数和排名 ································	342
附表 3-3-2	2017年中国地区知识创新指数 ···	343
附表 3-3-3	2017年中国地区知识传播指数 ···	344
附表 3-3-4	2017年中国地区生活质量指数 ···	345
附表 3-3-5	2017年中国地区经济质量指数 ···	346
附表 3-3-6	2017年中国地区第二次现代化发展阶段 ··································	347
附表 3-3-7	1970~2017年中国地区第二次现代化指数 ··································	348
附表 3-3-8	1970~2017年中国地区第二次现代化指数的排名 ··························	349
附表 3-4-1	2017年中国地区综合现代化指数 ··	350
附表 3-4-2	2017年中国地区经济发展指数 ···	351
附表 3-4-3	2017年中国地区社会发展指数 ···	352
附表 3-4-4	2017年中国地区知识发展指数 ···	353
附表 3-4-5	1980~2017年中国地区综合现代化指数 ··································	354
附表 3-4-6	1980~2017年中国地区综合现代化指数的排名 ····························	355

附表 3-1-1 2017 年中国地区现代化指数

地区	编号	人口/100 万	第一次现代化				第二次现代化[a]			综合现代化	
			指数	排名	达标个数	发展阶段[b]	指数	排名	发展阶段[c]	指数	排名
北京	1	21.7	100.0	1	10	F4	83.8	1	S2	82.7	1
天津	2	15.6	100.0	1	10	F4	67.2	3		69.6	3
河北	3	75.2	96.6	16	7	F3	33.8	25		41.9	18
山西	4	37.0	96.9	14	9	F4	34.4	24		41.8	19
内蒙古	5	25.3	97.2	13	9	F2	35.8	22		45.1	14
辽宁	6	43.7	98.4	10	8	F3	43.7	13		50.1	11
吉林	7	27.2	98.1	12	8	F3	41.6	15		50.2	10
黑龙江	8	37.9	93.0	25	7	F2	36.0	21		42.7	17
上海	9	24.2	100.0	1	10	F4	78.2	2	S1	78.8	2
江苏	10	80.3	100.0	1	10	F4	64.4	4		65.8	4
浙江	11	56.6	100.0	1	10	F4	61.4	5		61.7	5
安徽	12	62.6	96.4	17	7	F3	44.0	12		40.8	22
福建	13	39.1	100.0	1	10	F4	54.3	7		54.9	6
江西	14	46.2	96.7	15	8	F3	36.7	20		40.2	24
山东	15	100.1	100.0	1	10	F3	48.2	9		51.0	9
河南	16	95.6	95.5	23	7	F3	39.1	18		40.7	23
湖北	17	59.0	98.4	11	8	F3	47.5	10		49.3	12
湖南	18	68.6	95.7	20	8	F3	38.5	19		43.1	16
广东	19	111.7	100.0	1	10	F4	61.4	6		54.7	7
广西	20	48.9	91.6	27	5	F2	41.1	16		36.5	27
海南	21	9.3	92.4	26	7	F2	39.6	17		43.7	15
重庆	22	30.8	100.0	1	10	F3	51.4	8		52.0	8
四川	23	83.0	95.5	22	8	F3	42.2	14		41.4	20
贵州	24	35.8	90.8	29	5	F2	31.9	27		32.5	31
云南	25	48.0	90.9	28	7	F2	30.8	29		33.2	30
西藏	26	3.4	88.6	31	5	F2	31.1	28		33.9	28
陕西	27	38.4	95.8	18	7	F3	45.2	11		47.4	13
甘肃	28	26.3	89.5	30	7	F2	33.5	26		33.4	29
青海	29	6.0	95.8	19	8	F3	29.9	30		37.2	26
宁夏	30	6.8	95.7	21	8	F3	35.1	23		41.1	21
新疆	31	24.5	94.6	24	7	F2	28.5	31		38.4	25
香港	32	7.4	100.0		10	F4	86.8		S2	80.4	
澳门	33	0.6	100.0		9	F4	85.6		S2	81.6	
台湾	34	23.6	100.0		10	F4	73.8		S1	79.7	
中国		1390.1	99.7		9	F3	43.8			45.5	
高收入国家		1204.4	100.0		9	F4	100.0		S2	100.0	
中等收入国家		5619.1	95.4		8	F3	29.7			37.9	
低收入国家		687.4	60.0		1	F1	16.0			19.2	
世界		7511.0	100.0		10	F3	40.2			48.3	

注：a. 第二次现代化指数和经济质量指数与世界现代化评价有所不同；因为经济质量指数评价时，劳动生产率采用人均 GDP 代替。

b. F 代表第一次现代化，F4 代表过渡期，F3 代表成熟期，F2 代表发展期，F1 代表起步期。

c. S 代表第二次现代化，S2 代表发展期，S1 代表起步期，香港的发展阶段根据第二次现代化指数进行了调整。

附表 3-1-2　2017 年中国现代化的地区分组

地区	编号	第二次现代化指数	第一次现代化指数	综合现代化指数	人均国民收入[a]	阶段[b]	根据第二次现代化指数的分组[c]	根据综合现代化指数的分组[c]
北京	1	83.8	100.0	82.7	19 085	6	1	1
天津	2	67.2	100.0	69.6	17 599	4	2	2
河北	3	33.8	96.6	41.9	6715	3	3	3
山西	4	34.4	96.9	41.8	6223	4	3	3
内蒙古	5	35.8	97.2	45.1	9434	2	3	3
辽宁	6	43.7	98.4	50.1	7920	3	3	2
吉林	7	41.6	98.1	50.2	8114	3	3	2
黑龙江	8	36.0	93.0	42.7	6202	2	3	3
上海	9	78.2	100.0	78.8	18 736	5	2	2
江苏	10	64.4	100.0	65.8	15 854	4	2	2
浙江	11	61.4	100.0	61.7	13 620	4	2	2
安徽	12	44.0	96.4	40.8	6421	3	3	3
福建	13	54.3	100.0	54.9	12 233	4	2	2
江西	14	36.7	96.7	40.2	6425	3	3	3
山东	15	48.2	100.0	51.0	10 772	3	3	2
河南	16	39.1	95.5	40.7	6906	3	3	3
湖北	17	47.5	98.4	49.3	8907	3	3	3
湖南	18	38.5	95.7	43.1	7332	3	3	3
广东	19	61.4	100.0	54.7	11 974	4	2	2
广西	20	41.1	91.6	36.5	5637	2	3	3
海南	21	39.6	92.4	43.7	7166	2	3	3
重庆	22	51.4	100.0	52.0	9387	3	2	2
四川	23	42.2	95.5	41.4	6606	3	3	3
贵州	24	31.9	90.8	32.5	5616	2	3	3
云南	25	30.8	90.9	33.2	5063	2	3	3
西藏	26	31.1	88.6	33.9	5810	2	3	3
陕西	27	45.2	95.8	47.4	8473	3	3	3
甘肃	28	33.5	89.5	33.4	4216	2	3	3
青海	29	29.9	95.5	37.2	6517	3	4	3
宁夏	30	35.1	95.7	41.1	7511	3	3	3
新疆	31	28.5	94.6	38.4	6649	2	4	3
香港	32	86.8	100.0	80.4	46 226	6	1	1
澳门	33	85.6	100.0	81.6	81 517	6	1	1
台湾	34	73.8	100.0	79.7	24 936	5	2	2
中国		43.8	99.7	45.5	8650	3	3	3
高收入国家		100.0	100.0	100.0	41 433	6		
中等收入国家		29.7	95.4	37.9	4993	3		
低收入国家		16.0	60.0	19.2	791	1		
世界		40.2	100.0	48.3	10 447	3		

注：a. 中国内地数据为人均GDP。b. 阶段划分：0代表传统农业社会，1代表第一次现代化起步期，2代表第一次现代化发展期，3代表第一次现代化成熟期，4代表第一次现代化过渡期，5代表第二次现代化起步期，6代表第二次现代化发展期。c. 分组：1代表发达水平，2代表中等发达水平，3代表初等发达水平，4代表欠发达水平。

附表 3-2-1 2017 年中国地区第一次现代化指数和排名

地区	编号	经济指标达标程度				社会和知识指标达标程度						指数	排名[f]	达标个数
		人均国民收入[a]	农业劳动力比例[b]	农业增加值比例	服务业增加值比例	城市人口比例	医生比例	婴儿死亡率[c]	平均预期寿命[d]	成人识字率	大学入学率[e]			
北京	1	100	100	100	100	100	100	100	100	100	100	100.0	1	10
天津	2	100	100	100	100	100	100	100	100	100	100	100.0	1	10
河北	3	75	92	100	98	100	100	100	100	100	100	96.6	16	7
山西	4	69	100	100	100	100	100	100	100	100	100	96.9	14	9
内蒙古	5	100	72	100	100	100	100	100	100	100	100	97.2	13	9
辽宁	6	88	96	100	100	100	100	100	100	100	100	98.4	10	8
吉林	7	91	91	100	100	100	100	100	100	100	100	98.1	12	8
黑龙江	8	69	81	80	100	100	100	100	100	100	100	93.0	25	7
上海	9	100	100	100	100	100	100	100	100	100	100	100.0	1	10
江苏	10	100	100	100	100	100	100	100	100	100	100	100.0	1	10
浙江	11	100	100	100	100	100	100	100	100	100	100	100.0	1	10
安徽	12	72	96	100	95	100	100	100	100	100	100	96.4	17	7
福建	13	100	100	100	100	100	100	100	100	100	100	100.0	1	10
江西	14	72	100	100	95	100	100	100	100	100	100	96.7	15	8
山东	15	100	100	100	100	100	100	100	100	100	100	100.0	1	10
河南	16	77	81	100	96	100	100	100	100	100	100	95.5	23	7
湖北	17	99	85	100	100	100	100	100	100	100	100	98.4	11	8
湖南	18	82	76	100	100	100	100	100	100	100	100	95.7	20	8
广东	19	100	100	100	100	100	100	100	100	100	100	100.0	1	10
广西	20	63	60	97	98	98	100	100	100	100	100	91.6	27	5
海南	21	80	74	70	100	100	100	100	100	100	100	92.4	26	7
重庆	22	100	100	100	100	100	100	100	100	100	100	100.0	1	10
四川	23	74	82	100	100	100	100	100	100	100	100	95.5	22	8
贵州	24	63	54	100	100	92	100	100	100	100	100	90.8	29	5
云南	25	57	59	100	100	93	100	100	100	100	100	90.9	28	7
西藏	26	65	80	100	100	62	100	100	97	81	100	88.6	31	5
陕西	27	95	70	100	94	100	100	100	100	100	100	95.8	18	7
甘肃	28	47	55	100	100	93	100	100	100	100	100	89.5	30	7
青海	29	73	85	100	100	100	100	100	100	100	100	95.8	19	8
宁夏	30	84	73	100	100	100	100	100	100	100	100	95.7	21	7
新疆	31	74	73	100	100	99	100	100	100	100	100	94.6	24	7
香港	32	100	100	100	100	100	100	100	100	100	100	100.0	1	10
澳门	33	100	100	—	100	100	100	100	100	100	100	100.0	1	9
台湾	34	100	100	100	100	100	100	100	100	100	100	100.0	1	10
中国		97	100	100	100	100	100	100	100	100	100	99.7		
高收入国家		100	100	100	100	100	100	100	100	—	100	100.0		9
中等收入国家		56	98	100	100	100	100	100	100	100	100	95.4		8
低收入国家		9	48	58	100	64	32	61	91	78	59	60.0		1
世界		100	100	100	100	100	100	100	100	100	100	100.0		10

注:a. 中国内地数据为人均居民生产总值(人均 GDP)。
  b. 中国内地数据为 2012~2017 年期间的数值。
  c. 中国内地数据为 2017 年或最近年值,新疆数据为根据 2010 年人口普查结果和 2017 年全国婴儿死亡率的换算值。
  d. 中国内地数据为 2017 年或最近年值,山西和新疆数据为根据 2010 年人口普查结果和 2017 年全国平均预期寿命的换算值。
  e. 中国内地数据为在校大学生占 18~21 岁人口比例,根据在校大学生人数和 2011 年人口普查数据计算,北京、上海和天津为估计值。
  f. 指数达到 100,排名为 1,不分先后。

附表 3-2-2 2017 年中国地区第一次现代化评价指标

地区	编号	经济指标				社会和知识指标					
		人均国民收入[a]	农业劳动力比例[b]	农业增加值比例	服务业增加值比例	城市人口比例	医生比例	婴儿死亡率[c]	平均预期寿命[d]	成人识字率	大学入学率[e]
北京	1	19 085	3.9	0.4	80.6	86.5	4.4	2.3	82.2	98.8	98.0
天津	2	17 599	7.0	0.9	58.2	82.9	2.6	3.6	81.7	98.1	98.0
河北	3	6715	32.5	9.2	44.2	55.0	2.6	7.6	76.2	96.5	48.4
山西	4	6223	9.7	4.6	51.7	57.3	2.6	5.9	77.0	98.2	39.5
内蒙古	5	9434	41.4	10.2	50.0	62.0	2.8	5.0	76.8	95.2	44.3
辽宁	6	7920	31.3	8.1	52.6	67.5	2.7	4.6	78.9	98.5	67.3
吉林	7	8114	33.0	7.3	45.8	56.7	2.6	4.3	76.5	96.5	72.0
黑龙江	8	6202	37.2	18.6	55.8	59.4	2.3	5.9	77.0	97.1	54.1
上海	9	18 736	3.1	0.4	69.2	87.7	2.8	3.7	83.4	97.7	98.0
江苏	10	15 854	16.8	4.7	50.3	68.8	2.7	2.6	77.5	94.0	68.7
浙江	11	13 620	11.8	3.7	53.3	68.0	3.2	2.4	78.4	94.6	52.7
安徽	12	6421	31.1	9.6	42.9	53.5	1.9	4.5	76.0	93.2	40.3
福建	13	12 233	21.7	6.9	45.4	64.8	2.2	4.6	77.2	94.4	54.5
江西	14	6425	28.5	9.2	42.7	54.6	1.8	6.0	76.0	95.6	42.7
山东	15	10 772	28.3	6.7	48.0	60.6	2.6	4.5	78.5	93.9	52.8
河南	16	6906	36.9	9.3	43.3	50.2	2.3	4.0	75.0	95.0	40.7
湖北	17	8907	35.4	9.9	46.5	59.3	2.5	5.6	76.5	94.3	69.4
湖南	18	7332	39.7	8.8	49.4	54.6	2.5	8.1	76.5	96.9	45.9
广东	19	11 974	21.4	4.0	53.6	69.2	2.3	2.6	77.1	97.5	35.3
广西	20	5637	49.8	15.5	44.2	49.2	2.1	3.8	76.9	96.7	34.4
海南	21	7166	40.3	21.6	56.1	58.0	2.2	6.1	77.3	95.8	40.3
重庆	22	9387	27.7	6.6	49.2	64.1	2.2	4.6	76.7	97.0	52.0
四川	23	6606	36.8	11.5	49.7	50.8	2.4	5.6	76.9	93.0	36.8
贵州	24	5616	55.5	15.0	44.9	46.0	2.1	7.4	73.3	89.9	21.8
云南	25	5063	50.8	14.3	47.8	46.7	2.0	8.7	73.6	91.6	25.4
西藏	26	5810	37.3	9.4	51.5	30.9	2.3	16.0	68.2	65.1	18.0
陕西	27	8473	43.1	8.0	42.4	56.8	2.4	6.8	75.7	94.5	66.4
甘肃	28	4216	54.9	11.5	54.1	46.4	2.1	4.5	73.3	90.8	32.2
青海	29	6517	35.1	9.1	46.6	53.1	2.6	9.7	71.7	90.4	19.5
宁夏	30	7511	40.8	7.3	46.8	58.0	2.7	6.7	74.7	92.8	30.8
新疆	31	6649	40.9	14.3	45.9	49.4	2.6	13.0	74.4	96.8	28.7
香港	32	46 226	0.2	0.1	92.7	100.0	1.9	1.7	84.7	100.0	74.3
澳门	33	81 517	2.1	—	95.0	100.0	2.6	2.7	84.0	96.5	84.7
台湾	34	24 936	4.9	1.8	62.9	83.0	2.1	3.8	80.5	98.4	84.5
中国		8650	27.0	7.6	51.9	58.0	1.8	7.9	76.5	95.1	49.1
高收入国家		41 433	3.0	1.3	76.0	81.2	3.0	4.3	80.7	—	76.8
中等收入国家		4993	30.5	8.2	59.8	52.0	1.3	28.2	71.7	85.9	35.8
低收入国家		791	63.1	25.8	49.3	32.1	0.3	49.4	63.4	62.8	8.8
世界		10 447	28.4	3.4	71.1	54.8	1.5	29.7	72.4	86.1	37.9
标准值		8960	30.0	15.0	45.0	50.0	1.0	30.0	70.0	80.0	15.0

注：a. 中国内地数据为人均居民生产总值（人均 GDP）。
　　b. 中国内地数据为 2012～2017 年期间的数值。
　　c. 中国内地数据为 2017 年或最近年值，新疆数据为根据 2010 年人口普查结果和 2017 年全国婴儿死亡率的换算值。
　　d. 中国内地数据为 2017 年或最近年值，山西和新疆数据为根据 2010 年人口普查结果和 2017 年全国平均预期寿命的换算值。
　　e. 中国内地数据为在校大学生占 18～21 岁人口比例，根据在校大学生人数和 2010 年人口普查数据计算，北京、上海和天津为估计值。

附表 3-2-3 2017 年中国地区第一次现代化发展阶段

地区	编号	信号指标				信号赋值				平均值	发展阶段[b]
		农业增加产值占GDP比例	农业增加值/工业增加值	农业劳动力占总劳动力比例[a]	农业劳动力/工业劳动力[a]	农业增加产值占GDP比例	农业增加值/工业增加值	农业劳动力占总劳动力比例	农业劳动力/工业劳动力		
北京	1	0.4	0.02	3.90	0.25	4.0	4	4.00	3	3.8	F4
天津	2	0.9	0.02	7.00	0.22	4.0	4	4.00	3	3.8	F4
河北	3	9.2	0.20	32.49	0.98	3.0	3	2.00	2	2.5	F3
山西	4	4.6	0.11	9.73	0.25	4.0	4	4.00	3	3.8	F4
内蒙古	5	10.2	0.26	41.40	2.62	3.0	3	2.00	1	2.3	F2
辽宁	6	8.1	0.21	31.30	1.28	3.0	3	2.00	2	2.5	F3
吉林	7	7.3	0.16	33.01	1.56	3.0	4	2.00	2	2.8	F3
黑龙江	8	18.6	0.73	37.20	2.14	2.0	3	2.00	1	2.0	F2
上海	9	0.4	0.01	3.09	0.10	4.0	4	4.00	4	4.0	F4
江苏	10	4.7	0.10	16.80	0.39	4.0	4	3.00	3	3.5	F4
浙江	11	3.7	0.09	11.80	0.26	4.0	4	3.00	3	3.5	F4
安徽	12	9.6	0.20	31.10	1.08	3.0	3	2.00	2	2.5	F3
福建	13	6.9	0.14	21.70	0.61	3.0	4	3.00	3	3.3	F4
江西	14	9.2	0.19	28.47	0.87	3.0	4	3.00	2	3.0	F3
山东	15	6.7	0.15	28.30	0.79	3.0	4	3.00	3	3.3	F3
河南	16	9.3	0.20	36.86	1.19	3.0	3	2.00	2	2.5	F3
湖北	17	9.9	0.23	35.40	1.52	3.0	3	2.00	2	2.5	F3
湖南	18	8.8	0.21	39.70	1.74	3.0	3	2.00	2	2.5	F3
广东	19	4.0	0.10	21.40	0.53	4.0	4	3.00	3	3.5	F4
广西	20	15.5	0.39	49.79	2.84	2.0	3	2.00	1	2.0	F2
海南	21	21.6	0.97	40.31	3.43	2.0	2	2.00	1	1.8	F2
重庆	22	6.6	0.15	27.70	1.03	3.0	4	3.00	2	3.0	F3
四川	23	11.5	0.30	36.80	1.36	3.0	3	2.00	2	2.5	F3
贵州	24	15.0	0.37	55.55	3.07	2.0	3	1.00	1	1.8	F2
云南	25	14.3	0.38	50.80	3.79	3.0	3	1.00	1	2.0	F2
西藏	26	9.4	0.24	37.30	2.11	3.0	3	2.00	1	2.3	F2
陕西	27	8.0	0.16	43.06	2.28	3.0	4	2.00	1	2.5	F3
甘肃	28	11.5	0.34	54.86	3.49	3.0	3	1.00	1	2.0	F2
青海	29	9.1	0.21	35.11	1.57	3.0	3	2.00	2	2.5	F3
宁夏	30	7.3	0.16	40.84	2.26	3.0	4	2.00	1	2.5	F3
新疆	31	14.3	0.36	40.88	2.83	3.0	3	2.00	1	2.3	F2
香港	32	0.1	0.01	0.21	0.02	4.0	4	4.00	4	4.0	F4
澳门	33		0.00	2.10	0.12	4.0	4	4.00	4	4.0	F4
台湾	34	1.8	0.05	4.90	0.14	4.0	4	4.00	4	4.0	F4
中国		7.6	0.19	26.98	0.93	3.0	4	3.00	2	3.0	F3

注:a. 中国内地为 2012 年的数据。
b. F 代表第一次现代化,F1 代表起步期,F2 代表发展期,F3 代表成熟期,F4 代表过渡期。

附表 3-2-4　中国地区第一次现代化指数的增长率和预期完成时间

地区	编号	1990年指数	2000年指数	2017年指数	1990~2017年年均增长率	指数达到100需要的年数（按1990~2017年速度）	2000~2017年年均增长率	指数达到100需要的年数（按2000~2017年速度）
北京	1	90.5	94.2	100.0	0.37	0	0.35	0
天津	2	84.2	93.4	100.0	0.64	0	0.40	0
河北	3	62.9	73.6	96.6	1.57	3	1.61	2
山西	4	69.0	77.4	96.9	1.18	5	1.33	2
内蒙古	5	65.3	72.1	97.2	1.48	2	1.77	2
辽宁	6	79.2	87.2	98.4	0.81	2	0.71	2
吉林	7	68.6	78.7	98.1	1.31	2	1.31	1
黑龙江	8	72.0	80.8	93.0	0.98	7	0.83	9
上海	9	89.4	96.5	100.0	0.42	0	0.21	0
江苏	10	64.2	83.1	100.0	1.66	0	1.10	0
浙江	11	66.3	82.8	100.0	1.53	0	1.12	0
安徽	12	56.7	68.9	96.4	1.94	2	1.99	2
福建	13	65.0	78.7	100.0	1.59	0	1.42	0
江西	14	56.2	68.1	96.7	2.01	2	2.08	2
山东	15	63.4	77.2	100.0	1.70	0	1.53	0
河南	16	59.1	67.1	95.5	1.74	4	2.09	2
湖北	17	62.7	79.5	98.4	1.64	2	1.27	1
湖南	18	57.5	72.5	95.7	1.89	3	1.65	3
广东	19	69.2	81.2	100.0	1.37	0	1.23	0
广西	20	56.4	68.1	91.6	1.78	6	1.76	5
海南	21	61.7	70.0	92.4	1.46	6	1.65	5
重庆	22	—	77	100.0			1.58	0
四川	23	57.0	69.1	95.5	1.89	3	1.92	2
贵州	24	51.3	60.0	90.8	2.07	6	2.47	4
云南	25	49.8	60.5	90.9	2.21	5	2.42	4
西藏	26	44.3	59.2	88.6	2.53	6	2.39	5
陕西	27	64.3	78.3	95.8	1.45	4	1.20	4
甘肃	28	59.9	67.0	89.5	1.48	8	1.72	7
青海	29	57.0	71.3	95.8	1.93	2	1.76	2
宁夏	30	61.7	72.5	95.7	1.61	3	1.65	3
新疆	31	60.2	72.2	94.6	1.60	5	1.61	3
香港	32	100.0	100.0	100.0	0.00	0	0	0
澳门	33	100.0	100.0	100.0	0.00	0	0	0
台湾	34	100.0	100.0	100.0	0.00	0	0	0
中国		63.0	75.5	99.7	1.71	0	1.64	0

附表 3-2-5　1970～2017 年中国地区第一次现代化指数和排名

地区	编号	第一次现代化指数							排名[a]						
		1970	1980	1990	2000	2010	2016	2017	1970	1980	1990	2000	2010	2016	2017
北京	1	64.1	82.9	90.5	94.2	100.0	100.0	100.0	3	1	1	2	1	1	1
天津	2	66.4	77.7	84.2	93.4	100.0	100.0	100.0	2	3	3	3	1	1	1
河北	3	35.1	56.4	62.9	73.6	89.6	95.8	96.6	19	10	15	16	17	15	16
山西	4	42.7	62.5	69.0	77.4	90.5	94.6	96.9	9	7	7	13	15	22	14
内蒙古	5	46.3	58.8	65.3	72.1	93.0	97.2	97.2	8	9	10	20	11	13	13
辽宁	6	60.3	69.5	79.2	87.2	95.7	98.5	98.4	4	4	4	4	8	10	10
吉林	7	49.0	64.7	68.6	78.7	90.9	97.5	98.1	6	5	8	10	14	11	12
黑龙江	8	56.1	63.7	72.0	80.8	90.0	93.8	93.0	5	6	5	8	16	24	25
上海	9	69.8	82.3	89.4	96.5	100.0	100.0	100.0	1	2	2	1	1	1	1
江苏	10	41.5	56.3	64.2	83.1	99.0	100.0	100.0	11	11	13	5	5	1	1
浙江	11	36.5	52.7	66.3	82.8	99.2	100.0	100.0	17	18	9	6	4	1	1
安徽	12	33.7	51.5	56.7	68.9	87.5	95.4	96.4	22	20	25	24	21	17	17
福建	13	40.8	54.8	65.0	78.7	96.2	99.5	100.0	13	12	11	11	7	9	1
江西	14	34.0	51.6	56.2	68.1	88.0	96.2	96.7	21	19	27	25	20	14	15
山东	15	33.1	51.2	63.4	77.2	94.1	100.0	100.0	24	21	14	14	9	1	1
河南	16	37.6	50.5	59.1	67.1	85.3	94.1	95.5	15	24	21	27	25	23	23
湖北	17	37.6	53.8	62.7	79.5	93.5	97.4	98.4	14	14	16	9	10	12	11
湖南	18	32.4	50.8	57.5	72.5	88.5	95.3	95.7	26	22	22	18	19	18	20
广东	19	42.5	59.2	69.2	81.2	98.3	100.0	100.0	10	8	6	7	6	1	1
广西	20	33.3	53.4	56.4	68.1	83.8	90.7	91.6	23	16	26	26	30	27	27
海南	21	—	31.3	61.7	70.0	86.1	91.3	92.4	—	30	17	22	23	26	26
重庆	22	—	—	—	76.7	92.3	100.0	100.0	—	—	—	15	12	1	1
四川	23	30.7	48.8	57.0	69.1	86.8	94.7	95.5	27	25	23	23	22	21	22
贵州	24	34.1	45.4	51.3	60.0	85.2	89.2	90.8	20	27	28	30	26	29	29
云南	25	32.6	44.1	49.8	60.5	84.7	90.0	90.9	25	28	29	29	27	28	28
西藏	26	—	38.4	44.3	59.2	81.2	87.0	88.6	—	29	30	31	31	31	31
陕西	27	37.0	53.5	64.3	78.3	89.1	94.9	95.8	16	15	12	12	18	20	18
甘肃	28	27.8	46.0	59.9	67.0	84.3	89.0	89.5	28	26	20	28	28	30	30
青海	29	41.3	53.1	57.0	71.3	86.0	95.4	95.8	12	17	24	21	24	16	19
宁夏	30	47.3	54.2	61.7	72.5	91.4	95.0	95.7	7	13	18	17	13	19	21
新疆	31	35.2	50.6	60.2	72.2	83.8	92.3	94.6	18	23	19	19	29	25	24
香港	32	—	—	100.0	100.0	100.0	100.0	100.0							
澳门	33	—	—	100.0	100.0	100.0	100.0	100.0							
台湾	34	—	—	100.0	100.0	100.0	100.0	100.0							
中国		39.9	54.0	63.0	75.5	93.2	99.4	99.7							
高收入国家		100.0	100.0	100.0	100.0	100.0	100.0	100.0							
中等收入国家		—	84.0	84.0	92.6	91.3	95.5	95.4							
低收入国家		32.8	45.0	52.0	57.6	55.6	57.3	60.0							
世界		67.5	80.0	81.0	89.4	96.4	99.9	100.0							

注：a. 指数达到 100，排名为 1，不分先后。

附表 3-3-1　2017 年中国地区第二次现代化指数和排名[a]

地区	编号	知识创新指数	知识传播指数	生活质量指数	经济质量指数[b]	第二次现代化指数[b]	指数排名	水平分组[c]
北京	1	92.1	68.8	80.3	94.1	83.8	1	1
天津	2	77.6	58.2	78.3	54.4	67.2	3	2
河北	3	18.0	37.5	48.6	31.0	33.8	25	3
山西	4	16.5	33.3	53.8	33.9	34.4	24	3
内蒙古	5	13.9	32.8	62.9	33.5	35.8	22	3
辽宁	6	33.2	43.5	62.8	35.1	43.7	13	3
吉林	7	22.8	40.5	64.7	38.5	41.6	15	3
黑龙江	8	19.3	33.7	54.5	36.4	36.0	21	3
上海	9	88.6	77.6	82.4	64.2	78.2	2	2
江苏	10	71.6	59.2	78.6	48.1	64.4	4	2
浙江	11	69.4	54.4	75.7	46.4	61.4	5	2
安徽	12	46.8	31.9	60.0	37.1	44.0	12	3
福建	13	51.9	48.8	72.6	44.0	54.3	7	2
江西	14	19.2	33.2	56.7	37.7	36.7	20	3
山东	15	49.5	40.1	64.2	38.9	48.2	9	3
河南	16	25.8	32.4	62.6	35.4	39.1	18	3
湖北	17	49.3	42.9	58.5	39.5	47.5	10	3
湖南	18	31.0	33.0	51.2	38.7	38.5	19	3
广东	19	69.7	42.4	86.7	46.7	61.4	6	2
广西	20	33.7	28.9	67.9	34.0	41.1	16	3
海南	21	12.9	36.0	67.0	42.6	39.6	17	3
重庆	22	44.0	55.8	64.7	41.0	51.4	8	2
四川	23	41.7	34.7	56.1	36.2	42.2	14	3
贵州	24	19.9	22.9	54.3	30.5	31.9	27	3
云南	25	12.8	24.2	53.2	33.1	30.8	29	3
西藏	26	5.6	28.9	51.9	38.1	31.1	28	3
陕西	27	50.0	42.4	52.6	36.0	45.2	11	3
甘肃	28	14.9	30.2	58.3	30.4	33.5	26	3
青海	29	12.9	26.3	50.4	29.9	29.9	30	4
宁夏	30	24.6	31.8	54.1	29.7	35.1	23	3
新疆	31	9.4	31.2	43.0	30.3	28.5	31	4
香港	32	43.1	89.0	115.0	100.0	86.8		1
澳门	33	27.1	100.5	114.7	100.0	85.6		1
台湾	34	65.0	57.2	104.5	68.7	73.8		2
中国		41.9	42.0	52.8	38.5	43.8		3
高收入国家		100.0	99.9	100.0	99.9	100.0		
中等收入国家		15.0	24.7	39.2	39.9	29.7		
低收入国家		1.0	3.8	31.5	27.9	16.0		
世界		29.0	33.8	42.8	55.2	40.2		

注：a. 采用第二次现代化评价模型第三版的评价结果，见技术注释。后同。
　　b. 经济质量指数评价，劳动生产率采用人均 GDP 代替；经济质量指数和第二次现代化指数与世界现代化评价有所不同。
　　c. 根据第二次现代化指数分组，1 代表发达水平，2 代表中等发达水平，3 代表初等发达水平，4 代表欠发达水平。

附表 3-3-2 2017 年中国地区知识创新指数

地区	编号	知识创新指标的实际值				知识创新指标的指数				知识创新指数
		人均知识创新经费[a]	知识创新人员比例[b]	发明专利申请比例[c]	人均知识产权出口[d]	人均知识创新经费	知识创新人员比例	发明专利申请比例	人均知识产权出口	
北京	1	1077.1	124.3	45.7	86.5	98.8	120.0	120.0	29.5	92.1
天津	2	434.8	66.2	16.5	90.0	39.9	120.0	120.0	30.7	77.6
河北	3	84.1	15.1	1.9	4.8	7.7	35.8	26.9	1.6	18.0
山西	4	61.4	12.9	2.0	2.7	5.6	30.7	28.9	0.9	16.5
内蒙古	5	77.4	13.1	1.1	3.3	7.1	31.1	16.3	1.1	13.9
辽宁	6	142.3	20.3	4.7	9.7	13.1	48.4	68.0	3.3	33.2
吉林	7	68.1	16.8	2.9	10.6	6.3	39.9	41.5	3.6	22.8
黑龙江	8	56.2	12.5	2.8	5.3	5.2	29.8	40.6	1.8	19.3
上海	9	749.6	75.9	22.6	134.1	68.8	120.0	120.0	45.8	88.6
江苏	10	416.3	69.7	23.3	23.7	38.2	120.0	120.0	8.1	71.6
浙江	11	331.2	70.4	17.5	21.2	30.4	120.0	120.0	7.2	69.4
安徽	12	131.2	22.5	15.0	4.9	12.0	53.5	120.0	1.7	46.8
福建	13	204.7	35.9	6.8	15.4	18.8	85.4	98.0	5.3	51.9
江西	14	78.7	13.4	2.5	4.9	7.2	31.9	36.1	1.7	19.2
山东	15	259.0	30.5	6.8	10.8	23.8	72.5	98.2	3.7	49.5
河南	16	89.2	17.0	3.7	2.1	8.2	40.5	54.0	0.7	25.8
湖北	17	170.8	23.7	8.7	14.4	15.7	56.5	120.0	4.9	49.3
湖南	18	120.2	19.1	4.6	3.6	11.0	45.4	66.3	1.2	31.0
广东	19	309.8	50.6	16.4	30.0	28.4	120.0	120.0	10.2	69.7
广西	20	39.1	7.5	7.8	1.7	3.6	18.0	112.7	0.6	33.7
海南	21	36.9	8.3	1.8	8.9	3.4	19.8	25.5	3.0	12.9
重庆	22	174.8	25.7	6.3	22.9	16.0	61.3	90.9	7.8	44.0
四川	23	113.7	17.4	7.8	5.8	10.4	41.5	112.8	2.0	41.7
贵州	24	39.6	7.9	3.9	2.4	3.6	18.8	56.2	0.8	19.9
云南	25	48.2	9.7	1.6	0.3	4.4	23.1	23.5	0.1	12.8
西藏	26	12.6	3.7	0.8	1.6	1.2	8.8	11.7	0.5	5.6
陕西	27	177.8	25.6	12.2	7.4	16.3	61.0	120.0	2.5	50.0
甘肃	28	48.4	9.0	2.2	4.7	4.4	21.5	31.9	1.6	14.9
青海	29	44.0	9.5	1.6	5.7	4.0	22.5	23.0	2.0	12.9
宁夏	30	84.2	14.5	3.8	5.3	7.7	34.4	54.4	1.8	24.6
新疆	31	34.3	6.2	1.3	1.5	3.2	14.8	19.0	0.5	9.4
香港	32	369.7	34.1	1.7	97.3	33.9	81.2	24.2	33.2	43.1
澳门[e]	33	140.4	32.3	1.3	—	12.9	76.8	18.6	0.0	27.1
台湾[e]	34	803.8	80.0	4.6	—	73.7	120.0	66.4	0.0	65.0
中国		186.4	12.3	9.0	3.5	17.1	29.4	120.0	1.2	41.9
高收入国家		1089.8	42.0	6.9	293.0	100.0	99.9	100.1	100.0	100.0
中等收入国家		71.5	7.7	2.4	1.5	6.6	18.4	34.3	0.5	15.0
低收入国家		5.4	1.7	0.0	0.1	0.5	4.0	0.4	0.0	1.0
世界		248.2	14.8	2.9	48.1	22.8	35.2	41.7	16.4	29.0
标准值		1089.8	42.0	6.9	293.0					

注：a. 指人均研究与发展经费投入，其数据为 2010~2017 年期间最近年的数据。
b. 指从事研究与发展活动的研究人员全时当量/万人，其数据为 2010~2017 年期间最近年的数据。
c. 指居民申请国内发明专利数/万人，其数据为 2010~2017 年期间最近年数据。
d. 指人均技术转让收入（美元），其数据为 2010~2017 年期间最近年数据。
e. 知识产权缺数据，知识创新指数被低估。

附表 3-3-3　2017 年中国地区知识传播指数

地区	编号	知识传播指标的实际值[d]				知识传播指标的指数				知识传播指数
		大学普及率[a]	宽带网普及率	人均公共教育经费[b]	人均知识产权进口[c]	大学普及率	宽带网普及率	人均公共教育经费	知识产权进口	
北京	1	98	25	740	126	127.6	75.0	26.9	45.7	68.8
天津	2	98	22	470	63	127.6	65.4	17.1	22.8	58.2
河北	3	48	25	263	3	63.1	76.3	9.6	1.3	37.5
山西	4	39	24	284	2	51.4	70.8	10.3	0.6	33.3
内蒙古	5	44	20	394	1	57.7	58.7	14.3	0.5	32.8
辽宁	6	67	24	262	11	87.6	72.8	9.5	3.9	43.5
吉林	7	72	18	300	5	93.7	55.4	10.9	1.8	40.5
黑龙江	8	54	18	257	6	70.4	52.7	9.3	2.2	33.7
上海	9	98	28	608	210	127.6	84.6	22.1	76.1	77.6
江苏	10	69	39	386	47	89.4	116.2	14.0	17.2	59.2
浙江	11	53	44	417	38	68.6	120.0	15.2	13.6	54.4
安徽	12	40	21	270	5	52.5	63.6	9.8	1.9	31.9
福建	13	55	35	345	17	71.0	105.5	12.5	6.2	48.8
江西	14	43	22	315	3	55.6	64.8	11.5	0.9	33.2
山东	15	53	26	293	9	68.7	77.7	10.7	3.3	40.1
河南	16	41	22	261	1	53.0	66.9	9.5	0.2	32.4
湖北	17	69	21	277	21	90.4	63.2	10.1	7.7	42.9
湖南	18	46	19	256	15	59.8	57.6	9.3	5.4	33.0
广东	19	35	29	381	62	46.0	87.3	13.9	22.4	42.4
广西	20	34	20	300	1	44.8	59.5	10.9	0.3	28.9
海南	21	40	25	436	4	52.5	74.2	15.9	1.3	36.0
重庆	22	52	28	365	159	67.7	84.7	13.3	57.6	55.8
四川	23	37	26	281	6	47.9	78.4	10.2	2.2	34.7
贵州	24	22	16	405	2	28.4	47.7	14.7	0.6	22.9
云南	25	25	17	354	0	33.1	50.8	12.9	0.1	24.2
西藏	26	18	18	1036	0	23.4	54.5	37.7	0.0	28.9
陕西	27	66	24	325	2	86.4	70.7	11.8	0.7	42.4
甘肃	28	32	22	359	0	41.9	65.9	13.1	0.1	30.2
青海	29	20	20	527	0	25.8	60.3	19.2	0.0	26.3
宁夏	30	31	23	432	3	40.1	70.1	15.7	1.2	31.8
新疆	31	29	23	477	1	37.4	70.0	17.3	0.2	31.2
香港	32	74	36	1532	260	96.8	109.3	55.7	94.3	89.0
澳门	33	85	30	2248	449	110.3	89.7	81.8	120.0	100.5
台湾[e]	34	85	25	1222	—	110.0	74.2	44.5	0.0	57.2
中国		49	28	364	21	63.9	83.3	13.3	7.5	42.0
高收入国家		77	33	2748	276	100.0	99.9	100.0	99.9	99.9
中等收入国家		36	11	406	12	46.6	33.3	14.8	4.3	24.7
低收入国家		9	1	54	0	11.5	1.7	2.0	0.1	3.8
世界		38	14	698	53	49.3	41.2	25.4	19.2	33.8
标准值		77	33.3	2748	275.6					

注：a. 中国内地数据为在校大学生占 18～21 岁人口比例，根据在校大学生人数和 2010 年人口普查数据计算，北京、上海和天津为估计值。

b. 为人均政府教育支出。

c. 中国内地数据为人均技术进口费用。

d. 中国内地数据，没有考虑出国留学和外地借读的影响。

e. 知识产权缺数据，知识传播指数被低估。

附表 3-3-4 2017 年中国地区生活质量指数

地区	编号	生活质量指标的实际值				生活质量指标的指数				生活质量指数
		平均预期寿命[a]	人均购买力[b]	婴儿死亡率[c]	环境质量[d]	平均预期寿命	人均购买力	婴儿死亡率	环境质量	
北京	1	82.2	36 542	2.3	58	101.8	74.1	120.0	25.3	80.3
天津	2	81.7	33 695	3.6	62	101.2	68.3	120.0	23.7	78.3
河北	3	76.2	12 858	7.6	86	94.4	26.1	56.7	17.1	48.6
山西	4	77.0	11 915	5.9	65	95.5	24.2	72.9	22.6	53.8
内蒙古	5	76.8	18 063	5.0	43	95.1	36.6	85.7	34.2	62.9
辽宁	6	78.9	15 163	4.6	50	97.7	30.7	93.5	29.4	62.8
吉林	7	76.5	15 535	4.3	46	94.8	31.5	100.5	32.0	64.7
黑龙江	8	77.0	11 874	5.9	58	95.4	24.1	73.1	25.3	54.5
上海	9	83.4	35 874	3.7	39	103.3	72.7	115.9	37.7	82.4
江苏	10	77.5	30 354	2.6	40	96.0	61.5	120.0	36.8	78.6
浙江	11	78.4	26 078	2.4	45	97.1	52.9	120.0	32.7	75.7
安徽	12	76.0	12 295	4.5	56	94.2	24.9	94.7	26.3	60.0
福建	13	77.2	23 421	4.6	27	95.7	47.5	92.7	54.4	72.6
江西	14	76.0	12 301	6.0	41	94.2	24.9	71.7	35.9	56.7
山东	15	78.5	20 625	4.5	65	97.3	41.8	94.9	22.6	64.2
河南	16	75.6	13 222	4.0	66	93.7	26.8	107.5	22.2	62.6
湖北	17	76.5	17 054	5.6	52	94.8	34.6	76.4	28.3	58.5
湖南	18	76.5	14 039	8.1	52	94.8	28.5	53.1	28.3	51.2
广东	19	77.1	22 927	2.6	35	95.5	46.5	162.9	42.0	86.7
广西	20	76.9	10 794	3.8	35	95.3	21.9	112.3	42.0	67.9
海南	21	77.3	13 720	6.1	20	95.8	27.8	71.0	73.5	67.0
重庆	22	76.7	17 972	4.6	45	95.0	36.4	94.5	32.7	64.7
四川	23	76.9	12 649	5.6	56	95.3	25.6	77.1	26.3	56.1
贵州	24	73.8	10 752	7.4	32	91.4	21.8	58.1	45.9	54.3
云南	25	73.6	9 694	8.7	28	91.2	19.7	49.4	52.5	53.2
西藏	26	68.2	11 124	16.0	20	84.5	22.5	26.9	73.5	51.9
陕西	27	75.7	16 223	6.8	73	93.8	32.9	63.7	20.1	52.6
甘肃	28	73.3	8 073	4.5	49	90.8	16.4	96.2	30.0	58.3
青海	29	71.7	12 478	9.7	34	88.8	25.3	44.3	43.2	50.4
宁夏	30	74.7	14 381	6.7	48	92.5	29.2	64.0	30.6	54.1
新疆	31	74.4	12 731	13.0	70	92.2	25.8	33.1	21.0	43.0
香港	32	84.7	64 390	1.7	—	104.9	120.0	120.0	—	115.0
澳门	33	84.0	106 990	2.7	—	104.1	120.0	120.0	—	114.7
台湾	34	80.5	49 865	3.8	—	99.7	101.1	112.7	—	104.5
中国		76.5	16 770	7.9	53	94.8	34.0	54.4	27.9	52.8
高收入国家		80.7	49 330	4.3	15	100.0	100.0	100.0	100.1	100.0
中等收入国家		71.7	12 088	28.2	52	88.9	24.5	15.2	28.1	39.2
低收入国家		63.4	2 246	49.4	43	78.6	4.6	8.7	34.0	31.5
世界		72.4	17 123	29.7	46	89.7	34.7	14.5	32.3	42.8
标准值		80.7	49 330	4.3	15					

注:a. 中国内地数据为 2017 年或最近年值,山西和新疆数据为根据 2010 年人口普查结果和 2017 年全国平均预期寿命的换算值。
b. 中国内地数据为按购买力平价计算的人均 GDP,其他为按购买力平价计算的人均 GNI。
c. 中国内地数据为 2017 年或最近年值,新疆数据为根据 2010 年人口普查结果和 2017 年全国婴儿死亡率的换算值。
d. 为 $PM_{2.5}$ 年均浓度,中国内地数据为直辖市或各地省会城市的值。

附表 3-3-5　2017 年中国地区经济质量指数

地区	编号	经济质量指标的实际值				经济质量指标的指数				经济质量指数
		劳动生产率[a]	单位GDP的能源消耗[b]	物质产业增加值比例[c]	物质产业劳动力比例[c]	劳动生产率	单位GDP的能源消耗	物质产业增加值	物质产业劳动力比例	
北京	1	19 085	0.12	19.4	19.4	45.0	91.3	120.0	120.0	94.1
天津	2	17 599	0.20	41.8	39.5	41.5	53.8	57.3	65.1	54.4
河北	3	6715	0.42	55.8	65.7	15.8	26.1	43.0	39.1	31.0
山西	4	6223	0.61	48.3	48.4	14.7	18.0	49.7	53.1	33.9
内蒙古	5	9434	0.58	50.0	57.2	22.3	18.8	48.0	44.9	33.5
辽宁	6	7920	0.44	47.4	55.8	18.7	25.2	50.6	46.1	35.1
吉林	7	8114	0.25	54.2	54.2	19.1	43.2	44.3	47.5	38.5
黑龙江	8	6202	0.37	44.2	54.6	14.6	29.5	54.3	47.1	36.4
上海	9	18 736	0.18	30.8	34.5	44.2	60.0	77.9	74.6	64.2
江苏	10	15 854	0.17	49.7	59.7	37.4	63.6	48.3	43.0	48.1
浙江	11	13 620	0.19	46.7	58.0	32.1	57.6	51.4	44.3	46.4
安徽	12	6421	0.23	57.1	59.9	15.2	48.4	42.0	42.9	37.1
福建	13	12 233	0.19	54.6	57.2	28.9	58.3	44.0	44.9	44.0
江西	14	6425	0.21	57.3	61.1	15.2	51.9	41.9	42.2	37.7
山东	15	10 772	0.25	52.0	63.9	25.4	43.8	46.1	40.2	38.9
河南	16	6906	0.24	56.7	68.0	16.3	45.2	42.4	37.8	35.4
湖北	17	8907	0.23	53.5	58.6	21.0	48.2	44.9	43.8	39.5
湖南	18	7332	0.23	50.6	62.5	17.3	48.9	47.5	41.1	38.7
广东	19	11 974	0.17	46.4	61.5	28.3	65.0	51.7	41.8	46.7
广西	20	5637	0.27	55.8	67.3	13.3	41.4	43.0	38.2	34.0
海南	21	7166	0.22	43.9	52.1	16.9	49.6	54.7	49.4	42.6
重庆	22	9387	0.23	50.8	54.6	22.2	47.5	47.3	47.0	41.0
四川	23	6606	0.27	50.3	63.8	15.6	41.3	47.7	40.3	36.2
贵州	24	5616	0.36	55.1	73.6	13.3	30.1	43.6	34.9	30.5
云南	25	5063	0.32	52.2	64.2	11.9	34.4	46.0	40.0	33.1
西藏	26	5810	0.26	48.5	55.0	13.7	42.3	49.4	46.7	38.1
陕西	27	8473	0.27	57.6	61.9	20.0	40.7	41.6	41.5	36.0
甘肃	28	4216	0.48	45.9	70.6	9.9	23.1	52.3	36.4	30.4
青海	29	6517	0.75	53.4	57.5	15.4	14.6	45.0	44.7	29.9
宁夏	30	7511	0.89	53.2	58.9	17.7	12.4	45.1	43.7	29.7
新疆	31	6649	0.75	54.1	55.3	15.7	14.7	44.4	46.5	30.3
香港[d]	32	46 226	0.04	7.3	12.0	120.0	120.0	120.0	120.0	120.0
澳门[d]	33	81 517	—	5.0	19.5	120.0	—	120.0	120.0	120.0
台湾	34	24 936	0.13	37.1	40.7	58.8	88.0	64.6	63.1	68.7
中国[e]		8759	0.29	48.1	56.0	20.7	37.6	49.9	45.9	38.5
高收入国家[e]		42 376	0.11	24.0	25.7	100.0	99.5	99.9	100.1	99.9
中等收入国家[e]		5232	0.27	40.2	55.0	12.3	40.7	59.7	46.7	39.9
低收入国家[e]		789	—	50.7	74.4	1.9	—	47.3	34.6	27.9
世界[e]		10778	0.18	28.9	51.5	25.4	62.6	83.0	49.9	55.2
标准值		42 376	0.11	24.0	25.7					

注：a. 由于缺少数据，全部采用人均 GDP 代替。

b. 为人均能源消费与人均 GDP 之比，为 2010~2017 年期间最近年数据。

c. 为 2010~2017 年期间最近年的数据。

d. 香港和澳门人口规模比较小，经济质量指数最大值为 100。

e. 经济质量指数评价，劳动生产率采用人均 GDP 代替；经济质量指数与世界现代化评价有所不同。

附表 3-3-6　2017 年中国地区第二次现代化发展阶段

地区	编号	第一次现代化的阶段[a]	第二次现代化指数	产业结构信号		劳动力结构信号		平均值	第二次现代化的阶段[b]
				物质产业增加值占GDP比例	赋值	物质产业劳动力占总劳动力比例[c]	赋值		
北京	1	F4	84	19.4	3	19.4	3	3.0	S2
天津	2	F4	67	41.8		39.5	1	0.5	
河北	3	F3	34	55.8		65.7			
山西	4	F4	34	48.3		48.4			
内蒙古	5	F2	36	50.0		57.2			
辽宁	6	F3	44	47.4		55.8			
吉林	7	F3	42	54.2		54.2			
黑龙江	8	F2	36	44.2		54.6			
上海	9	F4	78	30.8	1	34.5	1	1	S1
江苏	10	F4	64	49.7		59.7			
浙江	11	F4	61	46.7		58.0			
安徽	12	F3	44	57.1		59.9			
福建	13	F4	54	54.6		57.2			
江西	14	F3	37	57.3		61.1			
山东	15	F3	48	52.0		63.9			
河南	16	F3	39	56.7		68.0			
湖北	17	F3	48	53.5		58.6			
湖南	18	F3	38	50.6		62.5			
广东	19	F4	61	46.4		61.5			
广西	20	F2	41	55.8		67.3			
海南	21	F2	40	43.9		52.1			
重庆	22	F3	51	50.8		54.6			
四川	23	F3	42	50.3		63.8			
贵州	24	F2	32	55.1		73.6			
云南	25	F2	31	52.2		64.2			
西藏	26	F2	31	48.5		55.0			
陕西	27	F3	45	57.6		61.9			
甘肃	28	F2	33	45.9		70.6			
青海	29	F3	30	53.4		57.5			
宁夏	30	F3	35	53.2		58.9			
新疆	31	F2	28	54.1		55.3			
香港	32	F4	87	7.3	3	12.0	3	3.0	S2
澳门	33	F4	86	5.0	3	19.5	3	3.0	S2
台湾	34	F4	74	37.1	2	40.7		1.0	S1
中国		F3	44	48.1		56.0			
高收入国家		F4	100	24.0	2	25.7	2	2	S2
中等收入国家		F3	30	40.2		55.0			
低收入国家		F1	16	50.7		74.4			
世界		F3	40	28.9		51.5			

注：a. F 代表第一次现代化，F4 代表过渡期，F3 代表成熟期，F2 代表发展期，F1 代表起步期。
b. S 代表第二次现代化，S2 代表发展期，S1 代表起步期，香港的发展阶段根据第二次现代化指数进行了调整。
c. 中国内地为 2010～2017 年期间最近年的数据。

附表 3-3-7　1970～2017 年中国地区第二次现代化指数

地区	编号	1970[a]	1980[a]	1990[a]	2000[a]	2010[b]	2016[c]	2017[c]
北京	1	30.8	43.9	54.7	74.2	74.7	82.3	83.8
天津	2	31.3	40.4	42.5	53.9	61.6	67.5	67.2
河北	3	16.7	28.9	25.2	29.3	33.9	33.6	33.8
山西	4	23.7	36.1	28.4	31.6	36.8	34.6	34.4
内蒙古	5	25.6	31.3	26.7	29.1	37.2	38.6	35.8
辽宁	6	28.2	34.3	34.5	39.9	46.8	46.5	43.7
吉林	7	24.8	34.3	29.9	33.9	37.2	43.7	41.6
黑龙江	8	24.9	33.0	30.1	34.8	39.2	38.5	36.0
上海	9	38.7	43.5	49.4	65.7	74.1	77.3	78.2
江苏	10	20.0	28.7	32.2	34.6	52.3	64.2	64.4
浙江	11	16.6	24.2	27.1	35.2	49.0	61.1	61.4
安徽	12	15.6	24.8	21.9	27.3	31.3	44.6	44.0
福建	13	17.7	25.5	23.4	30.5	39.5	55.2	54.3
江西	14	17.6	25.2	22.0	26.0	29.0	36.6	36.7
山东	15	17.9	26.0	27.6	31.9	39.4	50.9	48.2
河南	16	18.3	27.2	23.2	26.3	31.9	38.0	39.1
湖北	17	16.8	28.2	26.8	31.3	37.3	47.1	47.5
湖南	18	16.5	25.2	23.6	27.8	31.8	37.7	38.5
广东	19	22.3	26.5	27.0	33.9	45.3	58.8	61.4
广西	20	16.9	24.6	20.6	25.4	29.1	43.0	41.1
海南	21	—	—	21.3	25.8	34.0	40.5	39.6
重庆	22	—	—	—	27.2	44.4	50.2	51.4
四川	23	—	22.4	23.9	30.1	32.1	39.6	42.2
贵州	24	20.0	22.9	19.1	22.4	25.8	31.2	31.9
云南	25	18.8	21.8	20.0	22.5	24.9	31.8	30.8
西藏	26	—	15.5	19.7	21.6	26.0	30.2	31.1
陕西	27	22.2	31.5	26.4	38.8	36.3	43.5	45.2
甘肃	28	12.0	21.8	23.9	26.9	28.7	32.9	33.5
青海	29	20.1	28.1	24.1	26.6	31.2	30.2	29.9
宁夏	30	26.0	28.4	26.1	28.5	37.8	35.3	35.1
新疆	31	17.6	30.1	26.4	28.0	31.4	28.7	28.5
香港[d]	32	—	—	74.9	92.5	82.6	88.0	86.8
澳门[d]	33	—	—	51.1	78.7	82.7	83.7	85.6
台湾[d]	34	—	—	65.0	79.8	76.1	78.7	73.8
中国		21.5	26.3	25.9	31.0	33.2	44.8	43.8
高收入国家		72.3	76.4	88.9	100.2	95.3	100.1	100.0
中等收入国家		19.7	35.6	31.7	38.4	28.0	30.0	29.7
低收入国家		9.4	20.2	26.7	20.1	16.8	15.6	16.0
世界		33.2	43.9	46.8	46.0	42.6	40.9	40.2

注：a. 1970～2000 年是以 2000 年高收入国家平均值为基准值的评价。

b. 采用第二次现代化评价模型第二版的评价结果。

c. 采用第二次现代化评价模型第三版的评价结果，以当年高收入国家平均值为基准值的评价。

d. 香港、澳门和台湾的统计指标数据不全，评价结果仅供参考。

附表 3-3-8　1970～2017 年中国地区第二次现代化指数的排名

地区	编号	1970[a]	1980[a]	1990[a]	2000[a]	2000[b]	2010[b]	2016[c]	2017[c]
北京	1	3	1	1	1	2	1	1	1
天津	2	2	3	3	3	3	3	3	3
河北	3	23	11	17	16	16	19	25	25
山西	4	9	4	8	12	14	16	24	24
内蒙古	5	6	9	13	17	24	15	18	22
辽宁	6	4	5	4	4	5	6	11	13
吉林	7	8	6	7	9	12	14	13	15
黑龙江	8	7	7	6	7	8	11	19	21
上海	9	1	2	2	2	1	2	2	2
江苏	10	14	12	5	8	6	4	4	4
浙江	11	24	24	10	6	7	5	5	5
安徽	12	26	22	25	21	21	24	12	12
福建	13	18	19	22	14	11	9	7	7
江西	14	20	21	24	26	20	27	22	20
山东	15	17	18	9	11	10	10	8	9
河南	16	16	16	23	25	23	21	20	18
湖北	17	22	14	12	13	17	13	10	10
湖南	18	25	20	21	20	22	22	21	19
广东	19	10	17	11	10	9	7	6	6
广西	20	21	23	27	28	27	26	15	16
海南	21	—	—	26	27	18	18	16	17
重庆	22	—	—	—	22	4	8	9	8
四川	23	—	26	19	15	19	20	17	14
贵州	24	13	25	30	30	31	29	28	27
云南	25	15	27	28	29	30	31	27	29
西藏	26	—	29	29	31	29	30	29	28
陕西	27	11	8	15	5	15	17	14	11
甘肃	28	27	28	20	23	28	28	26	26
青海	29	12	15	18	24	26	25	30	30
宁夏	30	5	13	16	18	13	12	23	23
新疆	31	19	10	14	19	25	23	31	31
香港	32								
澳门	33								
台湾	34								

注：a. 1970～2000 年是以 2000 年高收入国家平均值为基准值的评价。
　　b. 同附表 3-3-7。
　　c. 同附表 3-3-7。

附表 3-4-1　2017 年中国地区综合现代化指数[a]

地区	编号	经济发展指数	社会发展指数	知识发展指数	综合现代化指数	指数排名	水平分组[b]
北京	1	72.1	92.3	83.7	82.7	1	1
天津	2	74.1	78.1	56.7	69.6	3	2
河北	3	40.1	51.5	34.2	41.9	18	3
山西	4	46.6	49.6	29.1	41.8	19	3
内蒙古	5	47.5	56.3	31.5	45.1	14	3
辽宁	6	46.0	57.1	47.1	50.1	11	2
吉林	7	47.5	58.2	44.7	50.2	10	2
黑龙江	8	42.1	51.5	34.4	42.7	17	3
上海	9	74.9	82.2	79.3	78.8	2	2
江苏	10	62.7	75.6	58.9	65.8	4	2
浙江	11	58.6	74.2	52.3	61.7	5	2
安徽	12	41.0	51.4	30.1	40.8	22	3
福建	13	54.3	64.9	45.4	54.9	6	2
江西	14	40.2	51.6	28.7	40.2	24	3
山东	15	50.0	62.5	40.5	51.0	9	2
河南	16	39.7	53.1	29.2	40.7	23	3
湖北	17	46.6	60.3	41.1	49.3	12	3
湖南	18	42.7	57.7	29.0	43.1	16	3
广东	19	55.0	69.3	39.7	54.7	7	2
广西	20	35.4	48.6	25.5	36.5	27	3
海南	21	41.9	56.4	32.7	43.7	15	3
重庆	22	48.8	59.8	47.4	52.0	8	2
四川	23	40.1	52.4	31.8	41.4	20	3
贵州	24	33.5	45.0	19.1	32.5	31	3
云南	25	35.4	44.6	19.6	33.2	30	3
西藏	26	37.1	45.0	19.7	33.9	28	3
陕西	27	44.2	56.6	41.4	47.4	13	3
甘肃	28	33.9	42.2	24.4	33.4	29	3
青海	29	40.6	48.0	23.0	37.2	26	3
宁夏	30	42.5	50.6	30.3	41.1	21	3
新疆	31	41.4	46.7	27.2	38.4	25	3
香港	32	77.0	90.8	73.4	80.4		1
澳门	33	76.9	95.5	72.4	81.6		1
台湾	34	80.3	90.6	68.3	79.7		2
中国		48.0	51.1	37.3	45.5		3
高收入国家		100.0	100.1	100.0	100.0		1
中等收入国家		42.5	43.8	27.4	37.9		3
低收入国家		25.6	24.2	7.8	19.2		4
世界		53.5	54.4	37.1	48.3		3

注：a. 采用综合现代化评价模型第三版的评价结果，见技术注释。后同。
　　b. 根据综合现代化指数分组，1 代表发达水平，2 代表中等发达水平，3 代表初等发达水平，4 代表欠发达水平。

附表 3-4-2　2017年中国地区经济发展指数

地区	编号	经济指标的实际值				经济指标的指数				经济发展指数
		人均国民收入[a]	人均制造业增加值[b]	服务业增加值比例	服务业劳动力比例[c]	人均国民收入	人均制造业增加值	服务业增加值比例	服务业劳动力比例	
北京	1	19 085	2529	80.6	80.6	45.0	43.2	100.0	100.0	72.1
天津	2	17 599	5664	58.2	60.5	41.5	96.8	76.5	81.4	74.1
河北	3	6715	2350	44.2	34.3	15.8	40.2	58.2	46.2	40.1
山西	4	6223	2003	51.7	51.6	14.7	34.2	68.0	69.5	46.6
内蒙古	5	9434	2595	50.0	42.8	22.3	44.3	65.8	57.6	47.5
辽宁	6	7920	2147	52.6	44.2	18.7	36.7	69.2	59.5	46.0
吉林	7	8114	2864	45.8	45.8	19.1	48.9	60.3	61.7	47.5
黑龙江	8	6202	1130	55.8	45.4	14.6	19.3	73.4	61.1	42.1
上海	9	18 736	4459	69.2	65.5	44.2	76.2	91.0	88.2	74.9
江苏	10	15 854	5443	50.3	40.3	37.4	93.0	66.1	54.2	62.7
浙江	11	13 620	4423	53.3	42.0	32.1	75.6	70.2	56.5	58.6
安徽	12	6421	2242	42.9	40.1	15.2	38.3	56.5	54.0	41.0
福建	13	12 233	4164	45.4	42.8	28.9	71.1	59.7	57.6	54.3
江西	14	6425	2165	42.7	38.9	15.2	37.0	56.2	52.3	40.2
山东	15	10 772	3686	48.0	36.1	25.4	63.0	63.1	48.6	50.0
河南	16	6906	2480	43.3	32.0	16.3	42.4	57.0	43.1	39.7
湖北	17	8907	2843	46.5	41.4	21.0	48.6	61.2	55.7	46.6
湖南	18	7332	2225	49.4	37.5	17.3	38.0	65.0	50.5	42.7
广东	19	11 974	4059	53.6	38.5	28.3	69.4	70.5	51.8	55.0
广西	20	5637	1531	44.2	32.7	13.3	26.2	58.2	44.0	35.4
海南	21	7166	733	56.1	47.9	16.9	12.5	73.8	64.5	41.9
重庆	22	9387	2752	49.2	45.4	22.2	47.0	64.8	61.1	48.8
四川	23	6606	1791	49.7	36.2	15.6	30.6	65.4	48.7	40.1
贵州	24	5616	1529	44.9	26.4	13.3	26.1	59.1	35.5	33.5
云南	25	5063	1094	47.8	35.8	11.9	18.7	62.9	48.2	35.4
西藏	26	5810	389	51.5	44.9	13.7	6.7	67.7	60.4	37.1
陕西	27	8473	2912	42.4	38.1	20.0	49.7	55.7	51.2	44.2
甘肃	28	4216	863	54.1	29.4	9.9	14.7	71.2	39.6	33.9
青海	29	6517	1670	46.6	42.5	15.4	28.5	61.4	57.2	40.6
宁夏	30	7511	2065	46.8	41.1	17.7	35.3	61.6	55.4	42.5
新疆	31	6649	1710	45.9	44.7	15.7	29.2	60.4	60.2	41.4
香港	32	46 226	474	92.7	88.0	100.0	8.1	100.0	100.0	77.0
澳门	33	81 517	452	95.0	80.9	100.0	7.7	100.0	100.0	76.9
台湾	34	24 936	7790	62.9	59.3	58.8	100.0	82.7	79.8	80.3
中国		8759	2567	51.9	44.0	20.7	43.9	68.3	59.3	48.0
高收入国家		42 376	5853	76.0	74.3	100.0	100.0	100.0	100.0	100.0
中等收入国家		5232	1077	59.8	45.0	12.3	18.4	78.7	60.5	42.5
低收入国家		789	65	49.3	25.6	1.9	1.1	64.9	34.5	25.6
世界		10 778	1750	71.1	48.5	25.4	29.9	93.5	65.3	53.5
参考值		42 376	5853	76.0	74.3					

注：a. 中国内地数据为人均GDP。
　　b. 中国内地数据为估计值，为人均工业增加值的80%，工业增加值包括采矿业、制造业和公共事业的增加值。
　　c. 中国内地数据来自地区统计年鉴。

附表 3-4-3　2017 年中国地区社会发展指数

地区	编号	社会指标的实际值				社会指标的指数				社会发展指数
		城市人口比例	医生比例	生活水平[a]	能源使用效率[b]	城市人口比例	医生比例	生活水平	能源使用效率	
北京	1	86.5	4.4	36 542	8.3	99.9	100.1	74.1	95.1	92.3
天津	2	82.9	2.6	33 695	4.9	99.9	88.0	68.3	56.0	78.1
河北	3	55.0	2.6	12 858	2.4	67.7	85.0	26.1	27.2	51.5
山西	4	57.3	2.6	11 915	1.6	70.6	85.0	24.2	18.8	49.6
内蒙古	5	62.0	2.8	18 063	1.7	76.4	92.7	36.6	19.6	56.3
辽宁	6	67.5	2.7	15 163	2.3	83.1	88.3	30.7	26.3	57.1
吉林	7	56.7	2.6	15 535	3.9	69.8	86.7	31.5	45.0	58.2
黑龙江	8	59.4	2.3	11 874	2.7	73.2	78.0	24.1	30.7	51.5
上海	9	87.7	2.8	35 874	5.5	99.9	93.7	72.7	62.5	82.2
江苏	10	68.8	2.7	30 354	5.8	84.7	90.0	61.5	66.3	75.6
浙江	11	68.0	3.2	26 078	5.2	83.7	100.1	52.9	60.0	74.2
安徽	12	53.5	1.9	12 295	4.4	65.9	64.3	24.9	50.4	51.4
福建	13	64.8	2.2	23 421	5.3	79.8	71.7	47.5	60.7	64.9
江西	14	54.6	1.8	12 301	4.7	67.2	60.3	24.9	54.0	51.6
山东	15	60.6	2.6	20 625	4.0	74.6	88.0	41.8	45.6	62.5
河南	16	50.2	2.3	13 222	4.1	61.8	76.7	26.8	47.1	53.1
湖北	17	59.3	2.5	17 054	4.4	73.0	83.3	34.6	50.2	60.3
湖南	18	54.6	2.5	14 039	4.4	67.3	84.0	28.5	50.9	57.7
广东	19	69.9	2.3	22 927	5.9	86.0	77.0	46.5	67.7	69.3
广西	20	49.2	2.1	10 794	3.8	60.6	69.0	21.9	43.1	48.6
海南	21	58.0	2.2	13 720	4.5	71.5	74.7	27.8	51.6	56.4
重庆	22	64.1	2.2	17 972	4.3	78.9	74.3	36.4	49.5	59.8
四川	23	50.8	2.4	12 649	3.8	62.5	78.3	25.6	43.0	52.4
贵州	24	46.0	2.1	10 752	2.7	56.7	70.3	21.8	31.4	45.0
云南	25	46.7	2.0	9694	3.1	57.5	65.3	19.7	35.9	44.6
西藏	26	30.9	2.3	11 124	3.8	38.0	75.3	22.5	44.1	45.0
陕西	27	56.8	2.4	16 223	3.7	69.9	81.0	32.9	42.4	56.6
甘肃	28	46.4	2.1	8073	2.1	57.1	71.3	16.4	24.0	42.2
青海	29	53.1	2.6	12 478	1.3	65.4	86.3	25.3	15.2	48.0
宁夏	30	58.0	2.7	14 381	1.1	71.4	89.0	29.2	12.9	50.6
新疆	31	49.4	2.6	12 731	1.3	60.8	85.0	25.8	15.3	46.7
香港	32	100.0	1.9	64 390	23.5	99.9	63.3	100.0	100.0	90.8
澳门	33	100.0	2.6	106 990	—	99.9	86.7	100.0	—	95.5
台湾	34	83.0	2.1	49 865	8.0	99.9	71.0	100.0	91.6	90.6
中国		58.0	1.8	16 770	3.4	71.4	59.5	34.0	39.3	51.1
高收入国家		81.2	3.0	49 330	8.7	99.9	100.1	100.0	100.3	100.1
中等收入国家		52.0	1.3	12 088	3.7	64.0	44.1	24.5	42.6	43.8
低收入国家		32.1	0.3	2246	3.6	39.6	10.8	4.6	41.9	24.2
世界		54.8	1.5	17 123	5.7	67.5	50.1	34.7	65.4	54.4
参考值		81.2	3.0	49 330	8.7					

注：a. 中国内地数据为按购买力平价计算的人均 GDP，其他为按购买力平价计算的人均 GNI。
b. 人均 GDP 与人均能源消费之比。

附表 3-4-4 2017 年中国地区知识发展指数

地区	编号	知识指标的实际值				知识指标的指数				知识发展指数
		人均知识创新经费[a]	人均知识产权贸易[b]	大学普及率[c]	互联网普及率	人均知识创新经费	人均知识产权贸易	大学普及率	互联网普及率	
北京	1	1077	213	98.0	83.7	98.8	37.4	100.0	98.5	83.7
天津	2	435	153	98.0	51.1	39.9	26.9	100.0	60.1	56.7
河北	3	84	8	48.4	54.9	7.7	1.5	63.1	64.6	34.2
山西	4	61	4	39.5	49.7	5.6	0.8	51.4	58.5	29.1
内蒙古	5	77	5	44.3	51.2	7.1	0.8	57.7	60.2	31.5
辽宁	6	142	21	67.3	71.4	13.1	3.6	87.6	84.0	47.1
吉林	7	68	16	72.0	64.8	6.3	2.7	93.7	76.3	44.7
黑龙江	8	56	11	54.1	51.1	5.2	2.0	70.4	60.1	34.4
上海	9	750	344	98.0	74.9	68.8	60.5	100.0	88.1	79.3
江苏	10	416	71	68.7	81.4	38.2	12.5	89.4	95.7	58.9
浙江	11	331	59	52.7	96.4	30.4	10.3	68.6	100.0	52.3
安徽	12	131	10	40.3	45.9	12.0	1.8	52.5	54.0	30.1
福建	13	205	33	54.5	73.2	18.8	5.7	71.0	86.1	45.4
江西	14	79	8	42.7	43.0	7.2	1.3	55.6	50.5	28.7
山东	15	259	20	52.8	55.9	23.8	3.5	68.7	65.8	40.5
河南	16	89	3	40.7	46.8	8.2	0.5	53.0	55.1	29.2
湖北	17	171	36	69.4	44.1	15.7	6.3	90.4	51.9	41.1
湖南	18	120	19	45.9	35.5	11.0	3.3	59.8	41.8	29.0
广东	19	310	92	35.3	58.0	28.4	16.1	46.0	68.3	39.7
广西	20	39	2	34.4	45.4	3.6	0.4	44.8	53.4	25.5
海南	21	37	12	40.3	61.7	3.4	2.2	52.5	72.6	32.7
重庆	22	175	182	52.0	62.9	16.0	31.9	67.7	74.0	47.4
四川	23	114	12	36.8	56.6	10.4	2.1	47.9	66.6	31.8
贵州	24	40	4	21.8	37.0	3.6	0.7	28.4	43.6	19.1
云南	25	48	0	25.4	34.6	4.4	0.1	33.1	40.7	19.6
西藏	26	13	2	18.0	45.9	1.2	0.3	23.4	54.0	19.7
陕西	27	178	9	66.4	52.0	16.3	1.6	86.4	61.1	41.4
甘肃	28	48	5	32.2	41.9	4.4	0.9	41.9	49.3	24.1
青海	29	44	6	19.8	51.9	4.0	1.0	25.8	61.1	23.0
宁夏	30	84	9	30.8	60.7	7.7	1.5	40.1	71.6	30.3
新疆	31	34	2	28.7	57.6	3.2	0.4	37.4	67.7	27.2
香港	32	370	358	74.3	89.4	33.9	62.9	96.8	100.0	73.4
澳门	33	140	449	84.7	83.2	12.9	78.9	100.0	97.9	72.4
台湾	34	804	—	84.5	26.4	73.7	—	100.0	31.1	68.3
中国		186	24	49.1	54.3	17.1	4.3	63.9	63.9	37.3
高收入国家		1090	569	76.8	85.0	100.0	99.9	100.0	100.0	100.0
中等收入国家		72	13	35.8	46.1	6.6	2.3	46.6	54.3	27.4
低收入国家		5	0	8.8	16.4	0.5	0.0	11.5	19.3	7.8
世界		248	101	37.9	49.7	22.8	17.8	49.3	58.5	37.1
参考值		1090	569	76.8	85.0					

注:a. 指人均研究与发展经费,其数据为 2010～2017 年期间最近年的数据。
b. 中国内地数据为估计值,为人均技术转让费用和人均技术进口费用的总和。
c. 中国内地数据为在校大学生占 18～21 岁人口比例,根据在校大学生人数和 2010 年人口普查数据计算。北京、上海和天津为估计值。

附表 3-4-5　1980～2017 年中国地区综合现代化指数

地区	编号	1980[a]	1990[a]	2000[a]	2010[b]	2016[c]	2017[c]
北京	1	42.1	51.9	65.2	66.3	80.8	82.7
天津	2	35.9	43.0	49.8	57.1	71.3	69.6
河北	3	25.3	29.0	28.3	29.5	40.1	41.9
山西	4	26.4	31.1	31.8	33.0	39.9	41.8
内蒙古	5	27.0	31.0	30.4	36.4	47.1	45.1
辽宁	6	29.1	38.0	38.8	41.4	48.7	50.1
吉林	7	28.1	33.0	35.3	35.4	48.5	50.2
黑龙江	8	28.0	33.7	33.3	33.8	42.3	42.7
上海	9	41.7	48.5	62.3	63.0	76.5	78.8
江苏	10	27.6	32.4	34.8	42.6	61.0	65.8
浙江	11	23.4	31.2	35.5	44.9	58.1	61.7
安徽	12	22.2	24.3	27.0	26.7	39.4	40.8
福建	13	24.3	28.9	33.6	37.6	52.7	54.9
江西	14	22.7	25.7	29.2	27.4	39.6	40.2
山东	15	20.0	29.0	31.5	35.8	49.8	51.0
河南	16	19.3	24.7	25.0	26.1	38.7	40.7
湖北	17	24.5	30.1	33.3	33.0	48.0	49.3
湖南	18	21.7	26.2	29.7	29.0	42.4	43.1
广东	19	25.9	32.4	37.5	42.7	54.9	54.7
广西	20	22.3	25.4	27.6	25.3	36.6	36.5
海南	21	—	32.8	31.5	31.7	41.8	43.7
重庆	22	—	—	30.1	34.4	50.5	52.0
四川	23	21.1	28.0	30.0	27.4	39.0	41.4
贵州	24	19.4	22.9	23.5	23.1	32.1	32.5
云南	25	20.8	23.7	24.5	23.2	32.6	33.2
西藏	26	26.5	28.3	24.7	26.5	33.2	33.9
陕西	27	26.6	29.0	37.0	31.9	45.1	47.4
甘肃	28	17.0	26.3	26.9	24.9	32.7	33.4
青海	29	27.7	28.7	28.9	28.6	36.7	37.2
宁夏	30	25.4	28.9	28.8	29.6	39.5	41.1
新疆	31	25.5	30.7	30.1	30.0	37.1	38.4
香港	32	63.8	76.7	76.1	80.2	80.6	80.4
澳门	33	—	74.9	65.3	82.7	80.9	81.6
台湾	34	—	73.6	74.2	70.1	74.3	79.7
中国		23.3	27.9	32.0	34.2	46.7	45.5
高收入国家[d]		99.9	99.9	100.1	100.0	100.0	100.0
中等收入国家		51.5	48.3	42.9	31.7	37.7	37.9
低收入国家		28.2	37.9	23.7	13.6	16.5	19.2
世界		59.8	59.4	50.2	44.5	48.4	48.3

注：a. 采用综合现代化评价模型第一版的评价结果，以当年高收入国家平均值为参考值的评价。
　　b. 采用综合现代化评价模型第二版的评价结果。
　　c. 采用综合现代化评价第三版的评价结果。
　　d. 1980～2000 年和 2015～2017 年数据为高收入国家的平均值，2010～2013 年数据为高收入 OECD 国家的平均值。

附表 3-4-6　1980～2017 年中国地区综合现代化指数的排名

地区	编号	1980[a]	1990[a]	2000[a]	2010[b]	2016[c]	2017[c]
北京	1	1	1	1	1	1	1
天津	2	3	3	3	3	3	3
河北	3	16	15	24	20	18	18
山西	4	12	11	13	14	19	19
内蒙古	5	9	12	16	9	13	14
辽宁	6	4	4	4	7	10	11
吉林	7	5	6	8	11	11	10
黑龙江	8	6	5	11	13	16	17
上海	9	2	2	2	2	2	2
江苏	10	8	8	9	6	4	4
浙江	11	19	10	7	4	5	5
安徽	12	22	28	26	25	22	22
福建	13	18	18	10	8	7	6
江西	14	20	25	21	24	20	24
山东	15	26	17	14	10	9	9
河南	16	28	27	28	27	24	23
湖北	17	17	14	12	15	12	12
湖南	18	23	24	20	21	15	16
广东	19	13	9	5	5	6	7
广西	20	21	26	25	28	27	27
海南	21	—	7	15	17	17	15
重庆	22	—	—	18	12	8	8
四川	23	24	22	19	23	23	20
贵州	24	27	30	31	31	31	31
云南	25	25	29	30	30	30	30
西藏	26	11	21	29	26	28	28
陕西	27	10	16	6	16	14	13
甘肃	28	29	23	27	29	29	29
青海	29	7	20	22	22	26	26
宁夏	30	15	19	23	19	21	21
新疆	31	14	13	17	18	25	25
香港	32						
澳门	33						
台湾	34						

注：a. 采用综合现代化评价模型第一版的评价结果，以当年高收入国家平均值为参考值的评价。
　　b. 同附表 3-4-5。
　　c. 同附表 3-4-5。

数据资料来源

本报告的统计数据和资料主要来自国际组织、有关国家和地区的官方统计出版物。如果没有相关国际组织、国家和地区的统计专家和工作人员通过长期的、艰苦的、系统的努力而积累的高质量的统计数据，本报告是无法完成的。特此向他们表示最诚挚的感谢！

本报告的数据资料来源主要包括：

国家统计局，国家科技部，1991～2019. 中国科技统计年鉴[M]. 北京：中国统计出版社.

国家统计局，1991～2019. 中国能源统计年鉴[M]. 北京：中国统计出版社.

国家统计局，1982～2019. 中国统计年鉴[M]. 北京：中国统计出版社.

米切尔，2002. 帕尔格雷夫世界历史统计：欧洲卷(1750—1993)[M]. 4版. 贺力平，译. 北京：经济出版社.

米切尔，2002. 帕尔格雷夫世界历史统计：亚洲、非洲和大洋洲卷(1750—1993)[M]. 4版. 贺力平，译. 北京：经济出版社.

米切尔，2002. 帕尔格雷夫世界历史统计：美洲卷(1750—1993)[M]. 4版. 贺力平，译. 北京：经济出版社.

FAO，2020. FAO Statistics [DB/OL]. [2020-04-17]. http://www.fao.org/faostat/en/#home.

HDI (Human Development Index)，2020. Human Development Data [DB/OL]. [2020-04-17]. http://hdr.undp.org/en/data.

IC3 (Internet Crime Complaint Center)，2020. IC3 Annual Report [DB/OL]. [2020-04-17]. https://www.ic3.gov/default.aspx.

IFR (International Federation of Robotics)，2020. World Robotics Statistics [DB/OL]. [2020-04-17]. https://ifr.org/free-downloads/.

ILO，2020. ILOSTAT [DB/OL]. [2020-04-17]. https://ilostat.ilo.org/data/country-profiles/.

International Labor Office. 2018. Statistics and Database. http://www.ilo.org/global/statistics-and-databases/lang-en/index.htm.

OECD，2020. OECD Statistics [DB/OL]. [2020-04-17]. https://stats.oecd.org/.

OICA (Organisation Internationale des Constructeurs d'Automobiles)，2020. Vehicle in use [DB/OL]. [2020-04-17]. http://www.oica.net/category/vehicles-in-use/.

RIAA (Recording Industry Association of America)，2020. Facts & Research [DB/OL]. [2020-04-17]. https://www.riaa.com/reports/.

UNDP，1990～2020. Human Development Report[R/OL]. http://www.undp.org/.

UNESCO，2020. UNESCO UIS [DB/OL]. [2020-04-17]. http://uis.unesco.org/.

United Nations，1951～2010. Statistics Yearbook[R]. New York：United Nations.

World Bank，1978～2019. World Development Report[R]. New York：Oxford University Press.

World Bank，2020. World Development Indicators [DB/OL]. [2020-04-17]. https://databank.worldbank.org/source/world-development-indicators.

参 考 文 献

卜雄洙,朱丽,吴键,2018.计量学基础[M].北京:清华大学出版社.
布莱克,[1966]1988.现代化的动力[M].景跃进,张静译.成都:四川人民出版社.
布莱克,1996.比较现代化[M].杨豫,陈祖洲,译.上海:上海译文出版社.
曹风中,1996.美国的可持续发展指标[J].环境科学动态,2:5-8.
陈海燕,彭补拙,朱振华,等,1999.农村现代化区域差异AHP-Fuzzy综合评判[J].经济地理,6:27-31.
陈佳贵,黄群慧,2003.工业现代化的标志、衡量指标及对中国工业的初步评价[J].中国社会科学,(3):18-205.
陈佳贵,黄群慧,2009.我国实现工业现代化了吗?——对15个重点工业行业现代化水平的分析与评价[J].中国工业经济,(4):5-16.
陈立新,2005.社会指标与社会协同发展[M].长沙:湖南大学出版社.
陈宪,殷凤,程大中,2012.中国服务经济发展报告2012[M].上海:上海交通大学出版社.
陈依元,王益澄,2001.宁波文化现代化指标体系的制定及评价[J].宁波大学学报(人文科学版),14(4):12-16.
陈瑜,陈晓红,2010.区域生态现代化评价指标及实证研究[J].系统工程,28(04):110-114.
戴林送,杨国才,2007.我国农村现代化的实证研究[J].数理统计与管理,5:840-845.
戴西超,2003.城市现代化水平的综合测度方法研究——以江苏省地级城市为例[C].管理科学与系统科学研究新进展——第7届全国青年管理科学与系统科学学术会议论文集:615-621.
党亚苹,2019.京津冀城市竞争力综合评价研究[D].保定:河北大学.
杜萍,2009.新农村建设中农村现代化评价指标体系及评价的研究——以江苏省为例[J].安徽农业科学,37(26):12722-12724+12768.
段菁菁,2017.求索现代化中国方案·八问之二:在现代化指标体系中,中国坐标如何[J].半月谈,20:9-10.
耿建敏,张瑞兰,龙文研,2007.城市现代化水平综合评价方法研究[J].数学的实践与认识,7:40-45.
谷德斌,2005.关于黑龙江城市现代化水平的研究[J].中国科技信息,8:53.
顾朝林,黄春晓,吴骏莲,2000.江苏省城市现代化水平评价及预测[J].城市规划汇刊,6:34-39+79.
韩民青,2018.全面建设现代化的主要经济指标及其实现路径[J].东岳论丛,3:21-27.
何传启,1998.知识经济与第二次现代化[J].科技导报,6:3-4.
何传启,1999.第二次现代化——人类文明进程的启示[M].北京:高等教育出版社.
何传启,2010.现代化科学:国家发达的科学原理[M].北京:科学出版社.
何传启,2011.中国现代化报告2011——现代化科学概论[M].北京:北京大学出版社.
何传启,2012.中国现代化报告2012——农业现代化研究[M].北京:北京大学出版社.
何传启,2013a.第二次现代化理论:人类发展的世界前沿和科学逻辑[M].北京:科学出版社.
何传启,2013b.中国现代化报告2013——城市现代化研究[M].北京:北京大学出版社.
何传启,2015.中国现代化报告2014~2015——工业现代化研究[M].北京:北京大学出版社.
何传启,2016.中国现代化报告2016——服务业现代化研究[M].北京:北京大学出版社.
何传启,2017a.如何成为一个现代化国家——中国现代化报告概要2001~2016[M].北京:北京大学出版社.
何传启,2017b.中国现代化报告2017——健康现代化研究[M].北京:北京大学出版社.
何传启,2018.中国现代化报告2018——产业结构现代化研究[M].北京:北京大学出版社.
何传启,2019a.现代化科学领导干部读本:现代化100问[M].北京:人民日报出版社.
何传启,2019b.中国现代化报告2019——生活质量现代化研究[M].北京:北京大学出版社.
何关新,2014.杭州市农村现代化县(市)标准体系研究——以桐庐县城乡统筹为例[J].现代化城市,9(2):8-13.

何自力,乔晓楠,2017. 建设现代化经济体系,增强我国经济创新力和竞争力[J]. 马克思主义研究,12:22-25.
贺圣达,齐欢,2007. 对革新开放以来越南经济现代化水平的评价[J]. 亚太经济,(06):46-50.
洪银兴,2018. 以建设现代化经济体系开启现代化新征程[J]. 政治经济学评论,1:11-15.
华强森,张英杰,马海涛 等,2017. 城市可持续发展指数 2016[R/OL]. [2020-01-07]. http://www.urbanchinainitia-tive.org/zh/research/usi.html.
黄文新,马康贫,顾建敏,1995. 农村现代化指标体系及其推广应用[J]. 江苏农业科学,3:2-5.
黄晓芬,2006. 基于资源生产率的城市绿色竞争力研究[D]. 上海:同济大学.
加尔布雷斯,1965. 丰裕社会[M]. 徐世平,译. 上海:上海人民出版社.
贾俊平,何晓群,金勇进,2018. 统计学[M]. 7版. 北京:中国人民大学出版社.
蒋和平,张成龙,刘学瑜,2015. 北京都市型现代农业发展水平的评价研究[J]. 农业现代化研究,36(03):327-332.
康丽玮,王晓峰,甄江红,2013. 基于 AHP 法的城市现代化水平综合评析——以鄂尔多斯市为例[J]. 干旱区资源与环境,27(02):41-45.
孔伟,张贵,李涛,2019. 中国区域创新生态系统的竞争力评价与实证研究[J]. 科技管理研究,39(04):64-71.
李东升,2019. 计量学基础[M]. 2版. 北京:机械工业出版社.
李娟娟,徐小明,2011. 基于 SOM 网络的江苏省城市现代化水平分类[J]. 山东建筑大学学报,26(01):50-54.
李扬,何传启,李力,2016. 中国地级地区现代化的评价方法和指标体系[C]. 科学与现代化,2:55-70.
李永宁,2009. 江苏省农村现代化的实证研究[J]. 统计与决策,13:106-108.
李媛,2015. 新中国工业产业政策演进及其绩效评价[D]. 西安:西北大学.
李贞,李玉江,2005. 济南市城市现代化水平综合评价[J]. 山东师范大学学报(自然科学版),1:56-60.
梁丹,张小林,连建功,2005. 我国农村现代化评价指标体系的研究——以宜兴市为例[J]. 安徽农业科学,9:1732-1733+1736.
廖雅珍,2017. 普京治下政府主导型经济现代化问题研究[D]. 沈阳:辽宁大学.
林皆敏,2006. 城市现代化水平的综合评价——以福建省 9 个地级市为例[J]. 福建论坛(人文社会科学版),S1:31-32.
刘威,周士跃,2018. 现代化经济体系研究述评[J]. 改革与战略,34(5):11-16.
罗荣渠,1990. 从西化到现代化[M]. 北京:北京大学出版社.
罗荣渠,1993. 现代化新论[M]. 北京:北京大学出版社.
罗斯托,[1960]2001. 经济增长的阶段[M]. 郭熙保,王松茂,译. 北京:中国社会科学出版社.
马蒂内利,何传启,2014. 世界现代化报告[M]. 北京:科学出版社.
马铭波,2013. 中国地区现代化 40 年实证分析[C]. "现代化和全球变化"首届世界现代化研究论坛论文集:247-259.
孟召宜,马晓冬,殷薇,2012. 我国区域文化现代化建设现状评价[J]. 江苏师范大学学报(自然科学版),30(3):57-61.
莫里斯,1985. 衡量世界上穷人境况的指标:物质生活质量指数[M]. 吴立夫,译. 北京:科学技术文献出版社.
倪鹏飞,马尔科·卡米亚,王海波,等,2018. 全球城市竞争力报告(2017—2018)[M]. 北京:中国社会科学出版社.
农业现代化评价指标体系构建研究课题组,2012. 农业现代化评价指标体系构建研究[J]. 调研世界,(7):41-47.
彭翊,2011. 中国城市文化产业发展评价体系研究[M]. 北京:中国人民大学出版社.
彭志宏,陈志刚,张国林,等,2012. 城市现代化模型的建立及实证分析[J]. 上海经济研究,24(07):102-110.
祁述裕,殷国俊,2005. 中国文化产业国际竞争力评价和若干建议[J]. 国家行政学院学报,(2):50-53.
钱纳里,1995. 工业化和经济增长的比较研究[M]. 吴奇,等译. 上海:上海三联书店.
社会发展水平综合评价研究课题组,2003. 我国社会发展水平综合评价结果揭晓[J]. 中国国情国力,(6):18-20.
石霞,陈挺,2007. 模糊数学在城市现代化水平评估中的应用[J]. 实验科学与技术,6:30-33.
宋林飞,2012. 我国基本实现现代化指标体系与评估[J]. 南京社会科学,1:1-8.
宋彦蓉,张宝元,2015. 基于地区现代化评价的客观赋权法比较[J]. 统计与决策,11:82-86.
宿鹏,2004. 山东省城市现代化水平的分析与评价[J]. 现代城市研究,8:65-68.
孙立平,1988. 社会现代化[M]. 北京:华夏出版社.

唐金虎,吴胜荣,周忠林,1993.无锡县农村现代化指标研究[J].中国农村经济,(07):55-59.
王春光,1998.我国农村现代化阶段性指标体系研究[J].浙江社会科学,3:90-95+109.
王桂芹,郑伯红,2016.长沙城市现代化评价指标体系建构研究[J].湖南科技大学学报(社会科学版),19(05):117-122.
王欢,黄健元,2016.我国人的现代化指标体系的构建[J].统计与决策,6:49-52.
王茜茜,2017.西北五省城市化质量水平比较研究[J].中国市场,27:28-29+31.
王腾飞,谷人旭,姜炎鹏,等,2019.长江三角洲城市创新梯度研究[J].经济问题探索,7:78-84.
吴传清,高坤,2019.长江经济带城市创新发展指数研究[J].长江大学学报(社会科学版),42(05):41-49.
吴永保,2001.城市现代化及其指标体系的构建与应用[J].城市发展研究,1:9-14.
肖艳玲,唐静姬,雷鸣,2013.黑龙江省城市现代化水平综合评价[J].辽宁工程技术大学学报(社会科学版),15(06):577-581+600.
谢洪礼,1999.关于可持续发展指标体系的述评(二)——国外可持续发展指标体系研究的简要介绍[J].统计研究,16(1):59-64.
辛岭,蒋和平,2010.我国农业现代化发展水平评价指标体系的构建和测算[J].农业现代化研究,31(6):646-650.
徐星明,杨万江,2000.我国农业现代化进程评价[J].农业现代化研究,21(5):276-282.
严辉,2002.重庆市城市现代化指标体系及其应用[J].渝西学院学报(自然科学版),3:82-86.
阎小培,翁计传,2002.城市现代化水平综合评价分析——以广东大城市为例[J].现代城市研究,4:7-11.
杨道建,赵喜仓,付星星,等,2010.江苏省区域竞争力实证研究[J].科技管理研究,30(22):78-82.
杨国枢,黄光国,1991.中国人的心理与行为[M].台北:桂冠图书公司.
杨青,张莉萍,2005.城市现代化指标体系研究[J].商业研究,22:131-133.
杨晓光,樊杰,2005.中国农村工业地区竞争力差异分析[J].地理科学,1:1-6.
杨豫,1996.译者前言.布莱克.比较现代化[M].杨豫,陈祖洲,译.上海:上海译文出版社,1-28.
姚丽,谷人锋,2014.东北地区大城市现代化水平比较研究[J].北华大学学报(社会科学版),15(05):41-44.
姚士谋,朱英明,汤茂林,等,1999.城市现代化基本概念与指标体系[J].地域研究与开发,3:57-60.
叶南客,1990.人的现代化的实证比较分析——江苏等五省调查[J].社会学研究,(05):26-37.
叶南客,2013.城市文化现代化指标体系构建与发展水平实证评价[J].金陵科学院学报(社会科学版),27(2):1-6.
叶裕民,2001.中国城市化质量研究[J].中国软科学,7:27-31.
虞和平,2002.中国现代化历程[M].南京:江苏人民出版社.
张焕波,张永军,2011.转变经济发展方式评价指数研究[J].中国经贸导刊,4:18-19.
张天译,2017.中国区域创新能力比较研究[D].长春:吉林大学.
张同功,2011.城市现代化进程与水平比较的实证研究——以济南和青岛为例[J].青岛科技大学学报(社会科学版),27(04):23-26.
张燕生,梁婧姝,2019.现代化经济体系的指标体系研究[J].宏观经济管理,4:17-24.
赵茜,2009.广东省城市现代化水平的综合分析[J].特区经济,10:48-49.
甄江红,杜淑芳,2008.内蒙古城市现代化水平综合评价与分析[J].干旱区地理,1:149-154.
甄江红,赵艳,2006.呼和浩特市城市现代化水平综合评价与分析[J].内蒙古农业大学学报(自然科学版),3:39-45.
郑杭生,李强,李路路,1989.社会指标理论研究[M].北京:中国人民大学出版社.
中国21世纪议程管理中心,等,2005.可持续发展指标体系的理论与实践[M].北京:社会科学文献出版社.
中国互联网络信息中心,2019.中国互联网络发展状况统计报告2019[R/OL].[2019-08-30].http://www.urbanchinainitiative.org/zh/research/usi.html.
中国现代化战略研究课题组,等,2004.中国现代化报告2004——地区现代化之路[M].北京:北京大学出版社.
中国现代化战略研究课题组,等,2005.中国现代化报告2005——经济现代化研究[M].北京:北京大学出版社.
中国现代化战略研究课题组,等,2006.中国现代化报告2006——社会现代化研究[M].北京:北京大学出版社.
中国现代化战略研究课题组,等,2007.中国现代化报告2007——生态现代化研究[M].北京:北京大学出版社.

中国现代化战略研究课题组,等,2008. 中国现代化报告 2008——国际现代化研究[M]. 北京:北京大学出版社.
中国现代化战略研究课题组,等,2009. 中国现代化报告 2009——文化现代化研究[M]. 北京:北京大学出版社.
中国现代化战略研究课题组,等,2010. 中国现代化报告 2010——世界现代化概览[M]. 北京:北京大学出版社.
周 波,2018. 如何看待建设现代化经济体系与高质量发展[J]. 国际贸易问题,2:28-32.
朱光远,2019. 京津冀地区创新能力评价及提升路径研究[J]. 创新科技,19(06):25-31.
朱庆芳,1992. 1990 年各省市自治区社会发展水平的比较与评价[J]. 中国国情国力,(02):63-68.
朱庆芳,盛兆荣,1991. 我国社会发展水平的国际比较[J]. 中央财政金融学院学报,(02):37-43+50.
朱庆芳,吴寒光,2001. 社会指标体系[M]. 北京:中国社会科学出版社.
朱新玲,朱喜安,2003. 城市现代化指标体系及综合评价方法研究. 郑州航空工业管理学院学报,21(1):73-76.
朱英明,姚士谋,李玉见,2000. 我国城市现代化指标体系有关问题研究[J]. 人文地理,4:16-19.
左继宏,胡树华,2004. 关于区域竞争力的指标体系设计研究[J]. 武汉理工大学学报(信息与管理工程版),4:64-67.
2Thinknow,2019. Innovation cities index 2019: global[R/OL]. [2020-01-07]. https://www.innovation-cities.com/index-2019-global-city-rankings/18842/.
ARMER M,1970. Formal education and individual modernity in an African society[J]. Sociology of education,43(spring):143-158.
ATKINSON R D,WU J J,2017. The 2017 state new economy index: benchmarking economic transformation in the states[R/OL]. [2020-01-15]. https://papers.ssrn.com/sol3/papers.cfm?abstract_id=3066923.
BELL D,1973. The coming of postindustrial society[M]. New York:Penguin.
BENDIX R,1967. Tradition and modernity reconsidered[J]. Comparative studies in society and history,IX(3):292-346.
BENTON J E,2005. An assessment of research on American counties[J]. Public administration review,65(4):462-474.
Board of Governors of the Federal Reserve System. US,2020. Industrial production explanatory notes[R/OL]. [2020-02-20]. https://www.federalreserve.gov/releases/g17/IpNotes.htm.
BOLLEN K A,1979. Political democracy and the timing of development[J]. American sociological review,44(8):572-587.
BRYDEN J,2011. Rural development indicators and diversity in the European Union[R/OL]. [2020-01-07]. https://www.researchgate.net/publication/228865950_Rural_Development_Indicators_and_Diversity_in_the_European_Union.
BUCK G,1969. A quantitative analysis of modernization[M]. El Paso:Texas University at El Paso.
CANTRIL H,1965. The patterns of human concerns[M]. New Brunswick:Rutgers University Press.
CANTRIL H,2006. Pattern of human concerns data,1957—1963(ICPSR 7023)[DB/OL]. [2020-01-12]. https://doi.org/10.3886/ICPSR07023.v1.
CRITTENDEN J,1967. Dimensions of modernization in the American states[J]. American political science review,6:989-1001.
CSD(Commission on Sustainable Development),2001. Indicators of sustainable development:guidelines and methodologies[R]. New York.
CUTRIGHT P,1963. National political development:measurement and analysis[J]. American sociological review,28(2):253-264.
DEREK H C,CARL J D,2006. The knowledge economy,the KAM methodology and World Bank operations[R/OL]. [2020-02-16]. http://documents.worldbank.org/curated/en/695211468153873436/pdf/358670WBI0The11dge1Economy01PUBLIC1.pdf.
DEUK(Department of the Environment of United Kingdom),1994. Indicators of sustainable development for the United Kingdom[R]. London.
DIAMOND L,1992. Economic development and democracy reconsidered[C]//MARKS G,DIAMOND L. Reexamining

democracy:essays in honor of Seymour Martin Lipset. Newbury Park:Sage.

DIENER E,1995. A value based index for measuring national quality of life[J]. Social indicators research,36:107-127.

DIJKSTRA L,ANNONI P,KOZOVSKA K,2011. A new regional competitiveness index:theory,methods and findings[R/OL]. [2020-01-07]. https://pdfs.semanticscholar.org/2b92/a38b19e03d91408d987f112d3e138fb2b263.pdf.

DIVALE W,SEDA A,2001. Modernization as change in cultural complexity:new cross-cultural measurements[J]. Cross-culture research,35(2):127-153.

DUMANSKI J,et al,1998. Performance indicators for sustainable agriculture[R/OL]. [2020-02-15]. http://siteresources.worldbank.org/INTARD/864477-1112703179105/20434502/SustInd.pdf.

EISENSTADT S N,1966. Modernization,protest and change[M]. Englewood Cliffs,N.J.:Prentice-Hall.

EMES J,HAHN T,2001. Measuring development:an index of human progress[R/OL]. [2020-02-12]. https://www.fraserinstitute.org/sites/default/files/MeasuringDevelopmentIHP.pdf.

ENTRANZE. 2020. Average floor area per capita[R/OL]. [2020-04-22]. https://entranze.enerdata.net/.

ESTES R J,2015. The index of social progress:objective approach[C]//GLATZER W,et al. Global handbook of quality of life. New York:Springer.

ESTY D C,et al,2005. Environmental sustainability index:benchmarking national environmental stewardship[M]. New Haven:Yale Center for Environmental Law and Policy.

European Commission,2012. Regional innovation scoreboard 2012[R/OL]. [2020-01-08]. https://op.europa.eu/en/publication-detail/-/publication/aaff75f0-8d26-4503-96a4-a61a7906d133/language-en/format-PDF♯.

European Commission,2019. The EU regional competitiveness index 2019[R/OL]. [2020-01-08]. https://cohesiondata.ec.europa.eu/stories/s/Regional-Competitiveness-Index-2019/363v-4uq6/.

European Union,1999. Euro Stat. Towards environmental pressure indicators for the EU[R]. EU.

European Union,2018. The EU in the world — 2018 edition[R]. Luxembourg:Publications Office of the European Union.

European Union,2020. Industrial modernisation[R/OL]. [2020-01-20]. https://s3platform.jrc.ec.europa.eu/industrial-modernisation.

FAO(Food and Agriculture Organization of the United Nations),2020. Indices of agricultural production[R/OL]. [2020-02-20]. http://www.fao.org/waicent/faostat/agricult/indices-e.htm.

FELICE E,VASTA M,2015. Passive modernization? The new human development index and its components in Italy's regions(1871—2007)[J]. European review of economic history,19(1):44-66.

FLORIDA R,TINAGLI I,2004. Europe in the Creative Age[R/OL]. [2020-02-13]. http://www.creativeclass.com/rfcgdb/articles/Europe_in_the_Creative_Age_2004.pdf.

GLYNN P J,CADMAN T,MARASENI T N,2017. Business,organized labour and climate policy[M]. Cheltenham:Edward Elgar Publishing.

HARBISON F H,et al,1970. Quantitative analysis of modernization and development[M]. Princeton:Princeton University.

HDI(Human Development Index),2020. Human development data[DB/OL]. [2020-04-17]. http://hdr.undp.org/en/data.

HE C,2010. China modernization report outlook:2001~2010[M]. Beijing:Peking University Press.

HE C,2012. Modernization science:principles and methods of national advancement[M]. New York:Springer.

HE C,2017. How to become a modernized country:China modernization report outlook:2001~2016[M]. Beijing:Peking University Press.

HIRSCHLE J,2013. "Secularization of consciousness" or alternative opportunities? The impact of economic growth on religious belief and practice in 13 European countries[J]. Journal for the scientific study of religion,52(2):410-424.

HOFFERBERT R I,1968. Socioeconomic dimensions of the American states:1890—1960[J]. Midwest journal of political science,12(3):401-418.

HUOVARI J,KANGASHARJU A,ALANEN A,2002. Constructing an index for regional competitiveness[M]. //ACS Z J,DE GROOT H L F,NIJKAMP P. The emergence of the knowledge economy: a regional perspective. Berlin: Springer.

IFR(International Federation of Robotics),2018. Executive Summary World Robotics 2018 Service Robots[R/OL]. [2020-04-22]. https://ifr.org/downloads/press2018/Executive_Summary_WR_Service_Robots_2018.pdf.

IFR,2019. Executive Summary World Robotics 2019 Industrial Robots [R/OL]. [2020-04-22]. https://www.ifr.org/downloads/press2018/Executive%20Summary%20WR%202019%20Industrial%20Robots.pdf.

IMD,2018. The IMD world competitiveness yearbook 2018[R/OL]. [2020-03-24]. https://www.imd.org/research-knowledge/books/world-competitiveness-yearbook-2018/.

INGLEHART R,1997. Modernization and postmodernization: cultural, economic and political change in 43 societies [M]. Princeton: Princeton University Press.

ITURRIAGAGOITIA J M Z,et al,2007. Regional innovation systems: how to assess performance[J]. Regional studies, 41:661-672.

JESINGHAUS J,1999. A European system of environmental pressure indices[R]. //First volume of the environmental pressure indices handbook: the indicators. European commission,Joint Research Centre.

KAHL J,1968. The measurement of modernism. Latin American monograph No.12[M]. Austin: University of Taxes Press.

KEARNEY A T,2019. 2019 Global cities report[R/OL]. [2020-01-07]. https://www.atkearney.com/global-cities/2019.

KHRAMOV V,LEE J R,2012. The economic performance index(EPI): an intuitive indicator for assessing a country's economic performance dynamics in an historical perspective [R/OL]. [2020-2-16]. https://www.imf.org/external/pubs/ft/wp/2013/wp13214.pdf.

LAPIN N I,2014. On the strategy of integrated modernization[J]. Economic and social changes: facts,trends,forecast, 1(31):22-29.

LEE Y,HUANG C,2007. Sustainability index for Taipei[J]. Environmental impact assessment review,27(6):505-521.

LEVY M J,1996. Modernization & the structure of societies[M]. New Brunswick and London: Transaction Publishers:35-84.

LI Y,et al,2014. Problem regions and regional problems of socioeconomic development in China: a perspective from the coordinated development of industrialization,informatization,urbanization and agricultural modernization[J]. Journal of geographical sciences,24(6):1115-1130.

LONG H,2011. Analysis of rural transformation development in China since the turn of the new millennium [J]. Applied geography,31(3):1094-1105.

LYOTARD JEAN-FRANCOIS,1984 [1979]. The postmodern condition: a report on knowledge [M]. Minneapolis: University of Minnesota.

Measure of America,2019. Mapping America[R/OL]. [2019-03-30]. http://www.measureofamerica.org/maps/.

MERCER,2019. Quality of living city ranking[R/OL]. [2020-01-07]. https://mobilityexchange.mercer.com/Insights/quality-of-living-rankings.

MIRINGOFF M L,1999. The Social health of the nation: how American is really doing[M]. New York: Oxford University Press.

MITCHELL B R,2002. 帕尔格雷夫世界历史统计：亚洲、非洲和大洋洲卷(1750—1993)[M]. 3版.贺力平,译. 北京：经济科学出版社.

MORGAN D R,KICKHAMV K,1997. Modernization among the U.S. States: change and continuity from 1960 to 1990 [J]. The journal of federalism,27(3):23-40.

Mori Memorial Foundation,2019. Global power city index 2019[R/OL]. [2020-01-07]. http://www.mori-m-foundation.or.jp/pdf/GPCI2019_Summary.pdf.

OECD,2014. How's life in your region? measuring regional and local well-being for policy making[R/OL]. [2020-01-07]. http://dx.doi.org/10.1787/9789264217416-en.

OECD,2016. Well-being in Danish Cities[R/OL]. [2020-01-07]. http://dx.doi.org/10.1787/9789264265240-en.

OECD,2017. Better life index—edition 2017[R/OL]. [2019-03-30]. https://stats.oecd.org/Index.aspx?DatasetCode=BLI.

OECD,2018. OECD regions and cities at a glance 2018[R/OL]. [2020-01-07]. https://doi.org/10.1787/reg_cit_glance-2018-en.

OECD,2019. Better life index[BD/OL]. [2019-03-30]. https://www.oecdbetterlifeindex.org/.

OECD,2020. General statistics archives[DB/OL]. [2020-04-17]. https://stats.oecd.org/#.

Office for National Statistic,UK,2019. Index of services,UK statistical bulletins[R/OL]. [2019-12-12]. https://www.ons.gov.uk/economy/economicoutputandproductivity/output/bulletins/indexofservices/previousReleases.

PANDEY R,1988. Modernisation and social change[M]. New Delhi:Criterion Publications.

PORTER M E,STERN S,1999. The new challenge to America's prosperity:findings from the innovation index[M]. Washington:Council on Competitiveness.

PwC,2019. Cities of opportunity 7[R/OL]. [2020-01-07]. https://www.pwc.com/us/en/cities-of-opportunity/2016/cities-of-opportunity-7-report.pdf.

RAYMOND A B,1966. Social indicators[M]. Cambridge:MIT Press.

ROMASHKINA G,DIDENKO N,2015. The processes of modernization in the Russian regions of the circumpolar zone: possibilities and imitations[J]. Mediterranean journal of social sciences,6(4):264-273.

RUBIO M D,YANEZ C,FOLCHI M,et al,2010. Energy as an indicator of modernization in Latin America,1890—1925[J]. Econ Hist Rev,63:769-804.

SACHS J,et al,2019. Sustainable development report 2019[R]. New York:Bertelsmann Stiftung and Sustainable Development Solutions Network.

SCHNAIBERG A,1970. Measuring modernism:theoretical and empirical explorations[J]. American journal of sociology,76(3):399-425.

SCHROTT L,GACHTER M,THEURL E,2015. Regional development in advance countries:a within-country application of the human development index for Austria[J]. Law and economics review,6(1):1-23.

SCHULTINK G,2000. Critical environmental indicators:performance indices and assessment models for sustainable rural development planning[J]. Ecological modelling,130(1-3):47-58.

SCHWAB K,World Economic Forum,2019. The global competitiveness report 2019[R/OL]. [2020-03-24]. https://cn.weforum.org/reports/how-to-end-a-decade-of-lost-productivity-growth.

SEDA A,1996. A cross-cultural measurement of modernization[D]. New York:York College,CUNY.

SHANDRA J M,2007. Economic dependency,repression,and deforestation:a quantitative,cross-national analysis[J]. Sociol inq,77:543-571.

SHANDRA J M,NOBLES J E,LONDON B,et al,2005. Multinational corporations,democracy and child mortality:a quantitative,cross-national analysis of developing countries[J]. Soc indic res,73:267-293.

SHAPIRA P,YOUTIE J,ROESSNER J D,1994. Modernization programs:issues,practices,and strategies[M]. Atlanta:Georgia Institute of Technology.

SHAPIRA P,YOUTIE J,ROESSNER J D,1996. Current practices in the evaluation of US industrial modernization programs[J]. Research policy,25:185-214.

SHARKANSKY I,1975. The United States:a study of a developing country[M]. New York:David McKay.

SHILLITO K M,1993. Modernization in Mainland China:a comment[J]. American journal of economics and sociolo-

gy,52(3):345-352.
SILVA R,FERREIRA L A,2014. A regional development index for Portugal[J]. Social indicators research,118(3):1055-1085.
SMITH D H,INKELESS A,1966. The OM scale:a comparative socio-psychological measure of individual modernity[J]. Sociometry,29(4):353-377.
SOLIDIANCE,2013. The most innovative cities in Asia Pacific[R/OL]. [2020-01-07]. http://www.asiainnovativecities.com/solidiance-most-innovative-cities-in-asia-pacific.pdf.
SOMARRIBA N,PENA B,2009. Synthetic Indicators of quality of life in Europe[J]. Social indicators research,94:115-133.
The Economist Intelligence Unit,2018. The global liveability index 2018[R/OL]. [2020-01-07]. https://bluesyemre.files.wordpress.com/2018/08/the_global_liveability_index_2018.pdf.
The Forum for a New World Governance,2010. World governance index[R/OL]. [2020-02-14]. http://www2.world-governance.org/IMG/pdf_WGI_short_version_EN_web-4.pdf.
UNCHS,2001. The state of the worlds cities 2001[R]. Nairobi:United Nations.
UNCS (United Nations Commission on Sustainable Development),1996. Indicators of sustainable development framework & methodologies[R]. New York.
UNDP(United Nations Development Programme),1990. Human development report 1990[R]. New York:United Nations Development Programme.
UNDP,2018. Human development indices and indicators:2018 statistical update[R/OL]. New York:UNDP. [2019-03-30]. http://hdr.undp.org/sites/default/files/2018_human_development_statistical_update.pdf.
UNDP, 2019a. Human development report 2019[R]. New York:AGS:300-307.
UNDP,2019b. Technical notes of HDI[R/OL]. [2020-03-24]. http://hdr.undp.org/sites/default/files/hdr2019_technical_notes.pdf.
UNIDO(United Nations Industrial Development Organization),2018. Competitive industrial performance report 2018[R/OL]. [2020-03-30]. https://www.unido.org/sites/default/files/files/2019-05/CIP.pdf.
UNIDO,2020. Industrial upgrading and modernization programme[R/OL]. [2020-01-12]. https://www.unido.org/our-focus/advancing-economic-competitiveness/industrial-upgrading-and-modernization-programme-iump.
United Nations,1949. Statistical yearbook 1948[R]. Lake Success,New York.
United Nations,1989. Handbook on social indicators[M]. New York:United Nations Publication.
United Nations,2015. The millennium development goals report 2015[R]. New York:United Nations.
United Nations,2018. Global indicator framework for the sustainable development goals and targets of the 2030 Agenda for sustainable development [R/OL]. [2020-01-20]. https://unstats.un.org/sdgs/indicators/Global%20Indicator%20Framework%20after%20refinement_Eng.pdf.
United Nations,2020. UN country profiles[DB/OL]. [2020-04-17]. http://data.un.org/.
USAID(United States Agency for International Development),2014. Democracy,human rights, and governance strategic assessment framework[R/OL]. [2020-01-15]. https://www.usaid.gov/sites/default/files/documents/1866/Master_SAF_FINAL%20Fully%20Edited%209-28-15.pdf.
VALENTINA P,OLGA B,ELENA M,2015. Evaluation of innovative regional development Russia[J]. Asian social science,11(5):201-207.
WEF(World Economic Forum),2018. The inclusive development index 2018[R/OL]. [2020-02-14]. http://www3.weforum.org/docs/WEF_Forum_IncGrwth_2018.pdf.
WENDLING Z A,et al. 2018. Environmental performance index 2018[R]. New Haven:Yale Center for Environmental Law & Policy.
WIPO,2019. Global innovation index (GII) 2019[R/OL]. [2020-03-24]. https://www.wipo.int/global_innovation_

index/en/2019/.

World Bank,1995. Implementation completion report:Colombia[R/OL]. [2020-02-16]. http://documents.worldbank.org/curated/en/255131468019802133/pdf/multi-page.pdf.

World Bank,2020. World development indicators[DB/OL]. [2020-04-17]. https://databank.worldbank.org/source/world-development-indicators.

World Economic Forum,2018. The global competitiveness report 2018[R]. Geneva:World Economic Forum.

WWF(World Wildlife Fund),2004. Living planet report 2004[R/OL]. [2020-01-16]. http://www.panda.org/downloads/general/lpr 2004.pdf.

XU Z,et al,2020. Assessing progress towards sustainable development over space and time[J]. Nature,577:74-78.

中国现代化报告系列

何传启主编. 2020. 中国现代化报告 2020——世界现代化的度量衡. 北京:北京大学出版社.
何传启主编. 2019. 中国现代化报告 2019——生活质量现代化研究. 北京:北京大学出版社.
何传启主编. 2018. 中国现代化报告 2018——产业结构现代化研究. 北京:北京大学出版社.
何传启主编. 2017. 中国现代化报告 2017——健康现代化研究. 北京:北京大学出版社.
何传启主编. 2016. 中国现代化报告 2016——服务业现代化研究. 北京:北京大学出版社.
何传启主编. 2015. 中国现代化报告 2014~2015——工业现代化研究. 北京:北京大学出版社.
何传启主编. 2013. 中国现代化报告 2013——城市现代化研究. 北京:北京大学出版社.
何传启主编. 2012. 中国现代化报告 2012——农业现代化研究. 北京:北京大学出版社.
何传启主编. 2011. 中国现代化报告 2011——现代化科学概论. 北京:北京大学出版社.
中国现代化战略研究课题组等(执笔:何传启,张凤). 2010. 中国现代化报告 2010——世界现代化概览. 北京:北京大学出版社.
中国现代化战略研究课题组等(执笔:何传启,张凤). 2009. 中国现代化报告 2009——文化现代化研究. 北京:北京大学出版社.
中国现代化战略研究课题组等(执笔:何传启,张凤). 2008. 中国现代化报告 2008——国际现代化研究. 北京:北京大学出版社.
中国现代化战略研究课题组等(执笔:何传启,张凤). 2007. 中国现代化报告 2007——生态现代化研究. 北京:北京大学出版社.
中国现代化战略研究课题组等(执笔:何传启,张凤). 2006. 中国现代化报告 2006——社会现代化研究. 北京:北京大学出版社.
中国现代化战略研究课题组等(执笔:何传启,张凤). 2005. 中国现代化报告 2005——经济现代化研究. 北京:北京大学出版社.
中国现代化战略研究课题组等(执笔:何传启,张凤). 2004. 中国现代化报告 2004——地区现代化之路. 北京:北京大学出版社.
中国现代化战略研究课题组等(执笔:何传启等). 2003. 中国现代化报告 2003——现代化理论与展望. 北京:北京大学出版社.
中国现代化战略研究课题组(执笔:何传启等). 2002. 中国现代化报告 2002——知识经济与现代化. 北京:北京大学出版社.
中国现代化报告课题组(执笔:何传启,张凤,刘细文). 2001. 中国现代化报告 2001——现代化与评价. 北京:北京大学出版社.
何传启主编. 2017. 如何成为一个现代化国家:中国现代化报告概要(2001~2016). 北京:北京大学出版社.
He C. 2017. How to Become a Modernized Country:China Modernization Report Outlook (2001~2016). Beijing:Peking University Press;2020. Singapore:World Scientific.
何传启主编. 2010. 中国现代化报告概要(2001~2010). 北京:北京大学出版社.
He C. 2010. China Modernization Report Outlook (2001~2010). Beijing:Peking University Press.

Чуаньци Хэ. 2011. Обзорный доклад о модернизация в мире и Китае（2001－2010）. Москва：Весь мир.

中国现代化战略研究课题组等(执笔：何传启,张凤). 2007. 中国现代化报告概要(2001～2007). 北京：北京大学出版社.

第二次现代化与现代化科学

何传启. 2019. 现代化科学领导干部读本：现代化100问. 北京：人民日报出版社.

何传启. 2013. 第二次现代化理论：人类发展的世界前沿和科学逻辑. 北京：科学出版社.

Chuanqi He. 2012. Modernization Science：The Principles and Methods of National Advancement. New York：Springer.

何传启. 2010. 现代化科学：国家发达的科学原理. 北京：科学出版社.

何传启. 2003. 东方复兴：现代化的三条道路. 北京：商务印书馆.

何传启. 2001. 分配革命——按贡献分配(第二次现代化前沿Ⅱ). 北京：经济管理出版社.

何传启,张凤. 2001. 知识创新——竞争新焦点(第二次现代化前沿Ⅰ). 北京：经济管理出版社.

何传启. 2000. K管理：企业管理现代化(第二次现代化的行动议程Ⅱ). 北京：中国经济出版社.

何传启. 2000. 公民意识现代化(第二次现代化的行动议程Ⅰ). 北京：中国经济出版社.

何传启. 1999. 第二次现代化——人类文明进程的启示. 北京：高等教育出版社.

张凤,何传启. 1999. 国家创新系统——第二次现代化的发动机. 北京：高等教育出版社.